民法研究系列

2025年重排版

民法总则

王泽鉴 著

北京大学出版社
PEKING UNIVERSITY PRESS

著作权合同登记号　图字：01-2009-3930

图书在版编目（CIP）数据

民法总则/王泽鉴著．—最新版．—北京：北京大学出版社，2009.12
（民法研究系列）
ISBN 978-7-301-16020-6

Ⅰ．民… Ⅱ．王… Ⅲ．民法—总则—研究 Ⅳ．D913.04

中国版本图书馆 CIP 数据核字（2009）第 187687 号

简体中文版由元照出版有限公司（Taiwan）授权出版发行
民法总则，王泽鉴著
2008 年 10 月版

书　　　名	民法总则 MINFA ZONGZE
著作责任者	王泽鉴　著
责 任 编 辑	焦春玲
标 准 书 号	ISBN 978-7-301-16020-6
出 版 发 行	北京大学出版社
地　　　址	北京市海淀区成府路 205 号　100871
网　　　址	http://www.pup.cn　http://www.yandayuanzhao.com
电 子 邮 箱	编辑部 yandayuanzhao@pup.cn　总编室 zpup@pup.cn
新 浪 微 博	@北京大学出版社　@北大出版社燕大元照法律图书
电　　　话	邮购部 010-62752015　发行部 010-62750672　编辑部 010-62117788
印 刷 者	三河市北燕印装有限公司
经 销 者	新华书店
	650 毫米×980 毫米　16 开本　43 印张　759 千字 2009 年 12 月第 1 版　2025 年 1 月第 31 次印刷
定　　　价	98.00 元

未经许可，不得以任何方式复制或抄袭本书之部分或全部内容。
版权所有，侵权必究
举报电话：010-62752024　电子邮箱：fd@pup.cn
图书如有印装质量问题，请与出版部联系，电话：010-62756370

总　序

拙著民法研究系列丛书包括《民法学说与判例研究》（八册）、《民法思维：请求权基础理论体系》《民法概要》《民法总则》《债法原理》《不当得利》《侵权行为》及《民法物权》，自2004年起曾在大陆发行简体字版，兹再配合法律发展增补资料，刊行新版，谨对读者的鼓励和支持，表示诚挚的谢意。

《民法学说与判例研究》的写作期间长达二十年，旨在论述1945年以来台湾地区民法实务及理论的演变，并在一定程度上参与、促进台湾地区民法的发展。《民法思维：请求权基础理论体系》乃在建构请求权基础体系，作为学习、研究民法，处理案例的思考及论证方法。其他各书系运用法释义学、案例研究及比较法阐述"民法"各编（尤其是总则、债权及物权）的基本原理、体系构造及解释适用的问题。现行台湾地区"民法"系于1929年制定于大陆，自1945年起适用于台湾地区，长达六十四年，乃传统民法的延续与发展，超过半个世纪的运作及多次的立法修正，累积了相当丰富的实务案例、学说见解及规范模式，对大陆民法的制定、解释适用，应有一定的参考价值，希望拙著的出版能有助于增进两岸法学交流，共为民法学的繁荣与进步而努力。

作者多年来致力于民法的教学研究，得到两岸许多法学界同仁的指教和勉励，元照出版公司与北京大学出版社协助、出版发行新版，认真负责，谨再致衷心的敬意。最要感谢的是，蒙　神的恩典，得在喜乐平安中从事卑微的工作，愿民法所体现的自由、平等、人格尊严的价值理念得获更大的实践与发展。

王泽鉴

二○○九年八月一日

《民法总则》出版40周年序言

——"民法"总则编90余年的发展:回顾与瞻望

"民法"总则编于1929年制定,并自1945年起适用于台湾地区,迄今已有90多年的历史了。"民法"的制定源起于1911年清末变法维新,继受德国民法,历经政治、社会及经济变迁,尤其是在台湾地区长达70余年的实践,建构了一个维护人格尊严、个人自由平等,由民法与特别民法所形成的私法秩序与法治社会。回顾"民法"90余年的发展,应对立法者的高瞻远瞩,法律学者、各级法院与所有为民法努力的人表示敬意。

民法总则不仅是民法的总则,更是私法的总则,具有四个重要意义:

1. 体现以人为本的价值理念,私法自治、财产权保护及两性平等的法律原则。

2. 明定私法的法源及适用的顺序。

3. 建构私法制度,包括权利主体(自然人、法人)、权利客体(物、权利)、权利得丧变更的机制(法律行为),以及权利行使的规范(消灭时效、权利行使内容的限制)。

4. 民法总则是学习民法的入门,期望能借助民法总则的教学研究,使初习法律者认识私法的价值理念,培养法律思维及法之适用的基本能力,增强对法律的信念及热情。

90余年来"民法"总则编经过二次重要增修。第一次是1982年的全面修正,反映社会变迁及法律思潮的发展,更坚实建造民法的基本规范体系。第二次是2021年调整成年制度,将成年年龄修正为18岁,规定满18岁为成年(第12条),男女未满17岁者不得订定婚约(第973条),男女未满18岁者不得结婚(第980条)。此项修正已于2023年1月1日施行,旨在积极响应社会需求与国际接轨,强化私法自治,具有重大的意义与深远的影响。

必须特别强调的是,民法总则的实践与变迁体现于实务判决与学说理论。伟大的法学家Rabel曾言,法律譬如身体,判例是其血肉,学说为其神经。判例与学说的共同协力,使90余年的"民法"更为成熟健全,更具适应的活力,更能促进台湾地区私法的进步,巩固法治社会的发展,此为本书写作的目的与内容。兹以此为重点说明"民法"总则编90余年来的发展。

法律的开展不是始于文本,而是始于案例。法学方法论旨在提出法之适用的思维及论证的基本规则,促进法之适用的合理性及可检验性,维护法之适用的平等原则(同事同判)及法秩序的安定性、统一性与一贯性。以下分就法律解释、概括条款具体化及法之续造三个重点,参照判例学说作简要的说明:

法律解释的任务在于阐释法律适用的争议,例如肯定胎儿得依"民法"第194条规定请求因他人不法致其父母死亡的非财产上损害的金钱赔偿("最高法院"1977年台上字第2759号判例),加强对胎儿人格权的保护。认为"民法"第95条所称非对话意思表示的通知达到相对人,系指意思表示达到相对人之支配范围,置于相对人可了解其内容的客观状态而言,而具有风险分配的功能。关于"民法"第98条意思表示及契约的解释,强调契约的解释应探求当事人立约时之真意,当事人之真意为何,得参酌契约目的、交易习惯、经济法则及诚实信用原则等,然不能任由法院采取从宽或从严的解释方法,将文义不明之不利益归由特定一方承受("最高法院"2014年台上字第1364号判决)。"最高法院"2016年台上字第1834号判决谓:"在债权双重让与之场合,先订立让与契约之第一受让人依'债权让与优先性'原则虽取得让与之债权,但第二受让人之让与契约,并非受让不存在之债权,而系经债权人处分现存在之他人(第一受让人)债权,性质上乃无权处分,依'民法'第118条规定,应属效力未定,此为本院最新之见解。而无权利人就权利标的物为处分后,取得其权利者,其处分自始有效,同条第2项定有明文。"此类最新的见解判决,显现"最高法院"作为一个法律审的功能,对于案例法持续不断的更新创造具有重要的意义。

关于法律解释,判例学说具有几点共识:任何法律均须解释,法律解释是一种创造性的活动。法律解释始于文义,终于文义,超越法律可能文义,乃进入法之续造。法律解释之目的在于探求立法者的意思,实践法律的客观意旨(结合主观说及客观说)。传统法律解释方法指文义解释、立法史解释、体系解释及目的解释。广义的体系解释包括比较法及符合宪法的法律解释,此二种方法对民法的现代化具有重要的功能。

法律之目的系在实现正义,法律解释的各种方法乃实践正义的手段或途径。诚如萨维尼(Savigny)所言,文义、逻辑、历史、体系诸因素,不是四种解释,可凭己好任意选择;乃是不同的活动,必须加以结合,使解释臻于完善。各种解释方法具有协力的关系,乃属一种互相支持、补充,彼此质疑、阐明的辩论过程。法律文义有疑义时,得依法律体系关联、立法资料予以澄清。有多种解释可能性时,得借比较法的规范模式、法律之规范目的,排除或肯定某种解释。解释方法不必然能保障结论的正确,但确可减少个人判断的主观性。切勿任意选择一种解释方法,应作通盘性的思考检讨,始能获致合理结果,而在个案中妥当调和当事人利益,贯彻正义的理念。

"最高法院"2016年台上字第2268号判决强调:"司法审判机关于行使审判权解释相关法律规定时,应本诸'宪法'保障男女平等意旨,为'合宪性'解释。法律之解释固以法律文义为基石,惟有实现更大法价值之必要时,执法者非不得舍文义解释,而为体系解释或目的解释。前者系以体系之一贯性及融整性,后者则以法规范目的,各为阐述法律疑义之方法。"

"民法"总则编设有五个概括条款:①"民法"第71条:"法律行为,违反强制或禁止之规定者,无效。但其规定并不以之为无效者,不在此限。"②第72条:"法律行为,有背于公共秩序或善良风俗者,无效。"③第148条第1项前段:"权利之行使,不得违反公共利益。"④第148条第1项后段:权利之行使,不得"以损害他人为主要目的"。⑤第148条第2项:"行使权利,履行义务,应依诚实及信用方法。"此五个概括条款具不同的规范功能、适用范围及适用方法,简示如下:

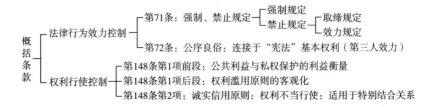

概括条款涉及立法与司法、法官与法律的关系。就立法及司法的关系言,概括条款留给司法者造法空间,在某个意义上,可以说是预先设计的法律对特殊案件个别性的让步(授权功能),使法律运用灵活,顾及个案,适应社会发展,并引进变迁中的伦理观念,使法律能与时俱进,实践其规范功能(弹性功能)。使法律的适用更能接近社会事实,与法律外的规范体系建立更密切的互动关系,并使宪法上的基本权利、法律原则得经由概括条款进入法律之内,使基本权利构成多元社会价值理念的最小共识(继受功能)。就法官与法律的关系言,概括条款使法官更能创造地参与法律的适用,实践个案正义(法之续造功能)。

概括条款没有所谓的概念核心,除借助解释方法外,更须加以具体化,始能在个案上予以适用。具体化是法在个案上的实现过程。在方法论上应从事案例比较,发现异同,组成类型,形成次位原则,建立类似构成要件及法律效果,并采动态体系的衡量因素。案例比较与动态体系的衡量因素是法学上细微辛苦的工作。兹就基于"民法"第148条第2项规定"行使权利,履行义务,应依诚实及信用方法"而创设的权利失效理论,加以说明。

关于诚实信用原则,应先认定其具有三种功能:①给付义务的具体化及补充。②契约控制。③禁止权利不当行使。其次是基于这三种功能,从事类型比较。

权利失效(Verwirkung)系本诸禁止权利不当行使所建立的次位原则,实务上长年累积的案例,在某种程度总结于"最高法院"2013年台上字第1732号判决:"按行使权利,履行义务,应依诚实及信用方法,'民法'第148条第2项定有明文。上开规定,依'劳基法'第1条第1项后段规定,对于该法所规范之事件,亦有其适用。而权利人就其已可行使之权利,在相当期间内一再不为行使,并因其行为造成特殊情况,足以引起义务人之正当信任,以为权利人已不欲行使其权利,经斟酌该权利之性质,法律行为之种类,当事人间之关系,社会经济情况,时空背景之变化及其他主客观因素,如可认为权利人在长期不行使其权利后忽又出尔行使权利,足以令义务人陷入窘境,有违事件之公平及个案之正义时,本于诚信原则所发展出之法律伦理(权利失效)原则,应认此际权利人所行使之权利有违诚信原则,其权利应受到限制而不得再为行使。"[参阅王泽鉴:《权利失效》,载王泽鉴:《民法学说与判例研究》(第一册),北京大学出版社2009年版,第154页。]

兹为便于观察,将权利失效在诚实信用原则类型化的体系地位及概括条款具体化的思维模式,图解如下:

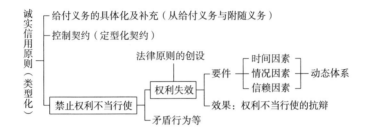

前揭"民法"五个概括条款的适用,体现了"民法"90余年案例法的重要发展及法释义学的核心构成部分,将于本书相关部分作较详细的论述。

法之适用方法论上应予特别重视的是法之续造,"最高法院"2012年台上字第1695号判决谓:"按适用法律为法院之职责,根据'法官知法'之原则,法院应就当事人主张之事实,依职权寻求适当之法律规范,作为判断之依据。而'民法'第1条规定'民事,法律所未规定者,依习惯;无习惯者,依法理',所谓法理,乃指为维持法秩序之和平,事物所本然或应然之原理;法理之补充功能,在适用上包括制定法内之法律续造(如基于平等原则所作之类推适用)及制定法外之法律续造(即超越法律计划外所创设之法律规范)。因此,'证券交易法'第2条既规定'有价证券之募集、发行、买卖,其管理、监督依本法之规定;本法未规定者,适用公司法及其他有关法律之规定',则有关因证券交易所生之损害赔偿事件,在事实发生时纵无实定法可资适用或比附援引(类推适用),倘其后就规范该项事实所增订之法律,斟酌立法政策、社会价值及法律整体精神,认为合乎事物本质及公平原则时,亦可本于制定法外法之续造机能(司法自由造法之权限),以该增订之条文作为法理而填补之,俾法院对同一事件所作之价值判断得以一贯,以维事理之平。"

本件判决的重要意义在于将法之适用区别法律解释与法之续造,并以"民法"第 1 条规定的法理作为法之续造的依据、填补法律漏洞的类推适用及创设法律规范的基础,为台湾地区"民法"更向前开展提供了法学方法论的共识。

"民法"总则编规定类推适用的案例甚多,例如关于意思表示及法律行为的规定得类推适用于准法律行为;无权代理人责任的规定类推适用于无权代表、无权传达等。兹先举二个具代表性的类推适用的案例:

1. 合伙的侵权能力:合伙人因经营共同事业,须有合伙代表、一定之组织、财产及活动管理机制,故于契约之外,亦同时表现团体之性质,与法人之本质并无轩轾。是以,合伙人若因执行合伙事务,侵害他人权利而成立侵权行为者,与法人之有代表权人,因执行职务加损害于他人之情形相类,其所生之法效应等量齐观,被害人自可类推适用"民法"第 28 条之规定,请求合伙与该合伙人连带负赔偿责任(2012 年台上字第 1695 号,本书①第 193 页)。

2. 使用人知之归责:为本人服劳务之使用人有此情形时,究以何人之意思表示以为断?"民法"虽未设有规范,惟使用人为本人为意思表示或从事一定事务,对外均未自为意思表示,且其效力亦应同归于本人,殊与本人借代理人之行为辅助而扩大其活动范围者相类。因此,使用人在参与本人意思表示形成之过程中,如因其被诈欺、胁迫;或为本人从事一定事务(包括法律及非法律行为)时,就其是否明知其事情或可得而知其事情?致其效力受影响者,各该事实之有无?参照"民法"第 1 条"相类似之案件,应为相同处理"之法理,自应类推适用"民法"第 105 条前段规定,就使用人决之,而由本人主张或承担其法律效果(2015 年台上字第 206 号)。

---

① 为方便读者查找,序言或说明中的"本书"指 2025 年重排版。

类推适用系法之发现或法之获取过程中法律解释的继续。法官从事法之续造,旨在贯彻现行法(制定法)上的价值判断,维持法秩序的一体性,使法官得有作成有创意裁判的空间,参与法的形成及发展,具有三点重要意义:

1. 社会变迁,科技发展,价值观改变,法律有时而穷,产生违反法律规范计划的法律漏洞,必须加以补充,完善法律规范计划的圆满性。

2. 法学方法论上的自觉性的加强,法院认识到造法的必要。

3. "民法"的进步,可以"类推适用"作为测试的指标,90余年来,"民法"因类推适用而更趋成熟,更向前迈进。

法之续造,除类推适用外,包括所谓制定法外法之续造,即超越法律计划外,在法秩序内创造法律规范。其值得提出的是死者人格权财产利益的保护(2015年台上字第107号判决)、法人自己侵权行为责任的创设(2019年台上字第2035号判决)。

"民法"总则编90余年,每年数以万计的个案判决,阐释法律解释,具体化法律原则,从事法之续造,贯彻平等原则,而为类推适用,补充法律的漏洞,创造超越制定法外法律体系之内的制度,强化民法的体质及功能,涓涓细流汇聚成法律的长河,使民法更能促进维护、实践自由平等的价值理念及人格尊严的"宪法"原则。兹以人格权保护体系的建构为例,作综合性的简要说明。

"民法"第18条第1项规定:"人格权受侵害时,得请求法院除去其侵害;有受侵害之虞时,得请求防止之。"(1982年增订后段)第2项规定:"前项情形,以法律有特别规定者为限,得请求损害赔偿或慰抚金。""最高法院"2017年台上字第2677号判决明确认为:"此项以人格权受侵害为内容,而向法院请求除去之侵害除去请求权,为维护人性尊严所必要,应予终身保障,自不得因受侵害者于一定时间不请求除去其侵害,即不予保障,与民法规范消灭时效之立法目的在于确保交易之安全与维持社会秩序之公平无涉,故'民法'第18条第1项前段规定之人格权侵害除去请求权,并无消灭时效之适用。""民法"第184条第1项前段规定:"因故意或过失,不法侵害他人之权利者,负损害赔偿责任。"所称权利,包括人格权。"民法"第184条第1项前段规定是保护人格权的请求权基础,"民法"第192条至第195条是其法律效果。民法上人格权的概念影响"宪法"上人格权基本权利的创设,以人格尊严构筑人格权规范体系。"宪法"上人格权的保护,尤其是调和人格权与言论自由的"宪法"基准("司法院"释字第509号解释),其合理查证基准亦适用于"民法"第184条第1项前段关于名誉权与言论自由的调和及侵害行为违法性的判断。

"民法"第184条第1项前段人格权的保护亦扩大及于尊重病人对其人格尊严延伸的自主决定权("最高法院"2017年台上字第2418号判决)。值得特别提出的是,所谓人格权的保护包括精神利益及财产利益二个构成部分,"最高法院"2015年台上字第1407号判决谓:"按传统人格权系以人格为内容之权利,以体现人之尊严及价值的'精神利益'为其保护客体,该精神利益不能以金钱计算,不具财产权之性质,固有一身专属性,而不得让与及继承。然随社会变动、科技进步、传播事业发达、企业竞争激烈,常见利用姓名、肖像等人格特征于商业活动,产生一定之经济效益,该人格特征已非单纯享有精神利益,实际上亦有其'经济利益',而具财产权之性质,应受保障。又人之权利能力终于死亡,其权利义务因死亡而开始继承,由继承人承受。故人格特征主体死亡后,其人格特征倘有产生一定之经济利益,该人格特征使用之权利尚非不得由其继承人继承,而无任由第三人无端使用以获取私利之理。"

关于侵害人格权的法律效果,就财产上损害,"民法"第192条至第193条设有特别规定。就非财产上损害,"民法"第194条规定:"不法侵害他人致死者,被害人之父、母、子、女及配偶,虽非财产上之损害,亦得请求赔偿相当之金额。"第195条第1项规定:"不法侵害他人之身体、健康、名誉、自由、信用、隐私、贞操,或不法侵害其他人格法益而情节重大者,被害人虽非财产上之损害,亦得请求赔偿相当之金额。其名誉被侵害者,并得请求回复名誉之适当处分。"(1982年修订)采例示性概括保护,实务将"其他人格法益"扩大于三种情形:①居住品质的人格法益("最高法院"2018年台上字第3号、2003年台上字第164号判决)。②遗族对死者的敬爱追慕之情(台北地方法院2007年诉字第2348号判决)。③迁葬之人格利益。

关于"民法"第195条第1项后段"其名誉被侵害者,并得请求回复名誉之适当处分"之规定,"最高法院"认为包括得命加害人负担费用刊登道歉启事,"司法院"释字第 656 号解释强调:"所谓回复名誉之适当处分,如属以判决命加害人公开道歉,而未涉及加害人自我羞辱等损及人性尊严之情事者,即未违背'宪法'第 23 条比例原则,而不抵触'宪法'对不表意自由之保障。""司法院宪法法庭"2022 年宪判字第 2 号判决谓:"民法"第 195 条第 1 项后段规定"其名誉被侵害者,并得请求回复名誉之适当处分"。所称之"适当处分",应不包括法院以判决命加害人道歉之情形,始符"宪法"保障民众言论自由及思想自由之意旨。"司法院"释字第 656 号解释,于此范围内,应予变更。依此判决,其名誉权受侵害者,仍得请求法院以判决命加害人道歉外之其他适当处分,被害人亦得依"民法"第 18 条第 1 项规定请求排除其侵害,例如撤回其侵害名誉权的言论。

兹综据前述,图示现行法上人格权保护的规范体系:

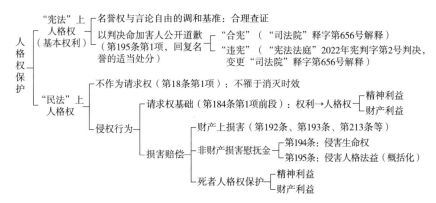

前揭图示简要显示"民法"施行 95 年以来(1929—2024),人格权保护的发展过程,始于 1929 年公布施行的民法第 18 条,历经立法修正、"宪法"解释、域外法的继受、实务判决及学说理论的协力,建构了一个完善的规范体系,作为未来更进一步开展的基础。诚如伟大的法学家耶林所强调,要为法律权利、人格尊严而奋斗。我们要坚定持续为台湾地区自由、平等、公正的法治社会的进步发展作出贡献!

本书初版发行于 1982 年,与"民法"总则编同行 40 余年,曾在海峡两岸多次修正再版,一方面整理判例学说,建构理论体系;他方面亦积极参与民法的形成与开展。在漫长的岁月里,蒙 神恩典,得到师长、同仁、读者的鼓励与支持,尤其是获益于实务判决及著作论文,谨表示最诚挚的感谢。希望本书仍能有益于民法总则的教学研究及法律的进步与发展。

本书刊行已届40余年,兹再检视全书内容,增补数据。承蒙新学林出版社许承先先生负责缮打、绘图与编辑,东吴大学法律学系博士生陈旺圣先生提供资料与校阅全书,尽心尽力,认真负责,谨致谢忱。

本次中文简体版重印,由李昊教授负责专业审校,中南财经政法大学法学院硕士生王晓龙同学协助参与,认真负责,为本书增色不少,谨致谢意。

王泽鉴

2025年1月

2022年重排版说明
——"民法"总则九十年

"民法"总则编于1929年制定,并自1945年起适用于台湾地区,迄今已有九十年的历史了。"民法"的制定源起于1911年,继受德国民法,历经政治、社会及经济变迁,尤其是在台湾地区长达七十余年的实践,建构了一个维护人格尊严、个人自由平等,由民法与特别民法所形成的私法秩序与法治社会。回顾"民法"九十年的发展,应对立法者的高瞻远瞩,法律学者、各级法院与所有为民法努力的人表示敬意。

民法总则不仅是民法的总则,更是私法的总则,具有四个重要意义:

(1)建构私法制度,包括权利主体(自然人、法人)、权利客体(物、权利)、权利得丧变更的机制(法律行为),以及权利行使的规范(消灭时效、权利行使内容的限制)。

(2)体现以人为本的价值理念,私法自治、财产权保护及两性平等的法律原则。

(3)明定私法的法源及适用的顺序。

(4)民法总则是学习民法的入门,期望能借助民法总则的教学研究,使初习法律者认识私法的价值理念,培养法律思维及法之适用的基本能力,增强学习法律的信念及热情。

九十年来"民法"总则编的实践与变迁体现于"最高法院"丰富的判决及其所实践的法学方法。首先是阐释法律适用上的争议,例如肯定胎儿得依"民法"第194条之规定请求因他人不法致其父母死亡的非财产上损害的金钱赔偿(1977年台上字第2759号判例),加强对胎儿人格权的保护。认为"民法"第95条所称非对话意思表示的通知达到相对人,系指意思表示达到相对人之支配范围,置于相对人可了解其内容的客观状态而言，而具有风险分配的功能。关于"民法"第 98 条意思表示及契约的解释，强调契约的解释应探求当事人立约时之真意，当事人之真意为何，得参酌契约目的、交易习惯、经济法则及诚实信用原则等，然不能任由法院采取从宽或从严的解释方法，将文义不明之不利益归由特定一方承受（2014 年台上字第 1364 号）。"民法"第 110 条规定："无代理权人，以他人之代理人名义所为之法律行为，对于善意之相对人，负损害赔偿之责。""最高法院"认为：按无权代理人之责任，系基于"民法"第 110 条之规定而发生之特别责任，相对人依该条规定请求损害赔偿，不得超过相对人因契约有效所得利益之程度（2012 年台上字第 641 号）。问题在于何谓特别责任？损害赔偿究应指信赖利益或履行利益？如何论证？

　　法律解释涉及解释目的（主观说？客观说？）、解释方法（文义、体系、历史、目的、比较法及"宪法"基本权利等）位阶性及解释客观性等。在一个涉及祭祀公业派下员资格的案件，"最高法院"2016 年台上字第 2268 号判决强调："司法审判机关于行使审判权解释相关法律规定时，应本诸'宪法'保障男女平等意旨，为'合宪性'解释。法律之解释固以法律文义为基石，惟有实现更大法价值之必要时，执法者非不得舍文义解释，而为体系解释或目的解释。前者系以体系之一贯性及融整性，后者则以法规范目的，各为阐述法律疑义之方法。"本件判决具有方法论上的意义（详见拙著《民法思维》，北京大学出版社 2022 年重排版）。

　　值得提出的是"民法"总则编设有五个概括条款：①"民法"第 71 条规定："法律行为，违反强制或禁止之规定者，无效。但其规定并不以之为无效者，不在此限。"②第 72 条规定："法律行为，有背于公共秩序或善良风俗者，无效。"③第 148 条第 1 项前段规定："权利之行使，不得违反公共利益。"④第 148 条第 1 项后段规定：权利之行使，不得"以损害他人为主要目的"。⑤第 148 条第 2 项规定："行使权利，履行义务，应依诚实及信用方法。"此五个概括条款具有不同的规范功能、适用范围及适用方法，简示如下：

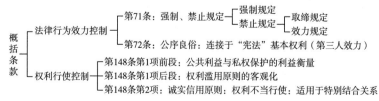

概括条款涉及立法与司法、法官与法律的关系。就立法及司法的关系而言,概括条款留给司法者造法空间,在某种意义上,可以说是预先设计的法律对特殊案件个别性的让步(授权功能),使法律运用灵活,顾及个案,适应社会发展,并引进变迁中的伦理观念,使法律能与时俱进,实践其规范功能(弹性功能)。使法律的适用更能接近社会事实,与法律外的规范体系建立更密切的互动关系,并使民众的基本权利、法律原则得经由概括条款进入法律之内,使基本权利构成多元社会价值理念的最小共识(继受功能)。就法官与法律的关系而言,概括条款使法官更能创造性地参与法律的适用,实践个案正义(法之续造功能)。

概括条款没有所谓的概念核心,除借助解释方法外,更需加以具体化,始能在个案中予以适用。具体化是法在个案中的实现过程。在方法论上应从事案例比较,发现异同,组成类型,形成次位原则,建立类似构成要件及法律效果,并采动态体系的衡量因素。案例比较与动态体系的衡量因素是法学上细微辛苦的工作。兹就基于"民法"第148条第2项规定"行使权利,履行义务,应依诚实及信用方法"而创设的权利失效理论加以说明。

关于诚实信用原则,首先应先认定其具有三种功能:第一,给付义务的具体化及补充。第二,契约控制。第三,禁止权利不当行使。其次是基于这三种功能,从事类型比较。所谓权利失效系本诸禁止权利不当行使所建立的次位原则,实务上长年累积的案例,在某种程度上总结于"最高法院"2013年台上字第1732号判决:"按行使权利,履行义务,应依诚实及信用方法,'民法'第148条第2项定有明文。上开规定,依'劳基法'第1条第1项后段规定,对于该法所规范之事件,亦有其适用。而权利人就其已可行使之权利,在相当期间内一再不为行使,并因其行为造成特殊情况,足以引起义务人之正当信任,以为权利人已不欲行使其权利,经斟酌该权利之性质,法律行为之种类,当事人间之关系,社会经济情况,时空背景之变化及其他主客观因素,如可认为权利人在长期不行使其权利后忽又行使权利,足以令义务人陷入窘境,有违事件之公平及个案之正义时,本于诚信原则所发展出之法律伦理(权利失效)原则,应认此际权利人所行使之权利有违诚信原则,其权利应受到限制而不得再为行使。"

兹为便于观察,将权利失效在诚实信用原则类型化的体系地位及概

括条款具体化的思维模式,图解如下:

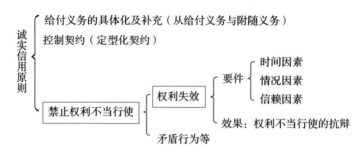

关于前揭"民法"五个概括条款的适用,体现了"民法"九十年的重要发展,将于本书相关部分作较详细的论述。

法之适用方法论上最值得重视的是法之续造,"最高法院"2012年台上字第1695号判决谓:"按适用法律为法院之职责,根据'法官知法'之原则,法院应就当事人主张之事实,依职权寻求适当之法律规范,作为判断之依据。而'民法'第1条规定'民事,法律所未规定者,依习惯;无习惯者,依法理',所谓法理,乃指为维持法秩序之和平,事物所本然或应然之原理;法理之补充功能,在适用上包括制定法内之法律续造(如基于平等原则所作之类推适用)及制定法外之法律续造(即超越法律计划外所创设之法律规范)。因此,'证券交易法'第2条既规定'有价证券之募集、发行、买卖,其管理、监督依本法之规定;本法未规定者,适用公司法及其他有关法律之规定',则有关因证券交易所生之损害赔偿事件,在事实发生时纵无实定法可资适用或比附援引(类推适用),倘其后就规范该项事实所增订之法律,斟酌立法政策、社会价值及法律整体精神,认为合乎事物本质及公平原则时,亦可本于制定法外法之续造机能(司法自由造法之权限),以该增订之条文作为法理而填补之,俾法院对同一事件所作之价值判断得以一贯,以维事理之平。"本件判决以"民法"第1条规定的法理作为法之续造的依据、填补法律漏洞的类推适用及创设法律规范的基础,对台湾地区"民法"未来的进步发展提供了法学方法论的共识。

"民法"总则编规定类推适用的案例甚多,例如关于意思表示及法律行为的规定得类推适用于准法律行为;无权代理人责任的规定类推适用于无权代表、无权传达等。最具启发性的是两个类推适用的案例:

(1) 合伙的侵权能力：合伙人因经营共同事业，须有合伙代表、一定之组织、财产及活动管理机制，故于契约之外，亦同时表现团体之性质，与法人之本质并无轩轾。是以，合伙人若因执行合伙事务，侵害他人权利而成立侵权行为者，与法人之有代表权人，因执行职务加损害于他人之情形相类，其所生之法效应等量齐观，被害人自可类推适用"民法"第28条之规定，请求合伙与该合伙人连带负赔偿责任（2012年台上字第1695号，本书第193页）。

(2) 使用人知之归责：为本人服劳务之使用人有此情形时，究以何人之意思表示为断？"民法"虽未设有规范，惟使用人为本人为意思表示或从事一定事务，对外均未自为意思表示，且其效力亦应同归于本人，殊与本人借代理人之行为辅助而扩大其活动范围者相类。因此，使用人在参与本人意思表示形成之过程中，如因其被诈欺、胁迫；或为本人从事一定事务（包括法律及非法律行为）时，就其是否明知其事情或可得而知其事情？致其效力受影响者，各该事实之有无？参照"相类似之案件，应为相同处理"之法理（"民法"第1条），自应类推适用"民法"第105条前段规定，就使用人决之，而由本人主张或承担其法律效果（2015年台上字第206号，本书第496页）。

类推适用系法之发现或法之获取过程中法律解释的继续。法官从事法之续造，旨在贯彻现行法（制定法）上的价值判断，维持法秩序的一体性，使法官得有作成有创意裁判的空间，共同参与法的形成及发展，具有三点重要意义：

(1) 社会变迁，科技发展，价值观改变，法律有时而穷，产生违反法律规范计划的法律漏洞，必须加以补充，以促进法律进步。

(2) 法学方法论上的自觉性的加强，法院认识到造法的必要。

(3) "民法"的进步，可以"类推适用"作为测试的指标，九十年来，"民法"因类推适用而更趋成熟，更向前迈进发展。

"民法"关于成年年龄制度的修正

成年年龄制度攸关自然人完全行为能力的取得及私法自治，对于社会生活影响深远。"民法"第12条规定："满二十岁为成年。"为考量青年身心发展现况，回应社会需求，决定修正"民法"成年年龄相关规定：

第12条修正为："满十八岁为成年。"

第 13 条修正为："未满七岁之未成年人,无行为能力。满七岁以上之未成年人,有限制行为能力。"(删除本条第 3 项有关未成年人已结婚而取得行为能力之规定。)

第 973 条修正为："男女未满十七岁者,不得订定婚约。"

第 980 条修正为："男女未满十八岁者,不得结婚。"

其他修正条文包括第 981 条、第 990 条、第 1049 条、第 1077 条、第 1091 条、第 1127 条及第 1128 条。

"民法"部分条文修正草案业经"行政院"会衔"司法院"送请"立法院"审议,暂定于 2023 年 1 月 1 日施行。兹将修正草案总说明及修正条文对照表附录于下,以便参照。

"民法"部分条文修正草案总说明

"民法"总则编自 1929 年 5 月 23 日制定公布,自同年 10 月 10 日施行,"民法"亲属编自 1930 年 12 月 26 日制定公布,自 1931 年 5 月 5 日施行。其后历经多次修正,最近一次修正公布日期为 2019 年 6 月 19 日。查现行"民法"第 12 条有关成年年龄为 20 岁之规定,系自 1929 年 5 月 23 日公布,迄今已逾九十一年。而成年年龄制度,攸关自然人完全行为能力之取得,对于社会生活影响深远,鉴于现今世界主要各国或地区立法例(如英国、法国及德国等)多以 18 岁作为成年年龄,日本亦于 2018 年 6 月 13 日修正民法,将成年年龄自 20 岁下修为 18 岁,以及社会各界亦迭有调降民法成年年龄为 18 岁之倡议,兹考量当今青年身心发展现况,且为积极回应社会需求,爰有修正"民法"第 12 条成年年龄规定之必要。

又依《消除对妇女一切形式歧视公约》第 15 条第 1 款规定:"缔约各国应给予男女在法律面前平等的地位。"第 16 条第 1 款、第 2 款规定:"缔约各国应采取一切适当措施,消除在有关婚姻和家庭关系的一切事务上对妇女的歧视,并特别应保证她们在男女平等的基础上:(a)有相同的缔婚权利……""童年订婚和童婚应不具法律效力,并应采取一切必要行动,包括制订法律,规定结婚最低年龄,并规定婚姻必须向正式登记机构登记。"复依《消除对妇女一切形式歧视公约》第 21 号一般性建议"婚姻和家庭关系中的平等"第 36 段至第 38 段规定:1993 年 6 月 14 日至 25 日在维也纳举行的世界人权会议通过的《维也纳宣言行动纲领》，敦促缔约国废止歧视女童和引起对女童的伤害的现行法律和条例并废除这类习俗和惯例。第 16 条第 2 款和《儿童权利公约》均规定防止缔约国允许未成年者结婚或使这种婚姻生效。根据《儿童权利公约》，"儿童系指 18 岁以下的任何人，除非对其适用之法律规定成年年龄低于 18 岁"。尽管有此定义并且注意到《维也纳宣言》的规定，委员会仍认为男女结婚的最低年龄都应为 18 岁。男女结婚时承担重要的责任，因此不应准许他们在达到成年和取得充分行为能力之前结婚。根据世界卫生组织的观点，未成年人特别是少女结婚生育，对其健康有不利影响，同时妨碍其学业教育。结果，她们的经济自立也受到局限。这不仅影响妇女个人，还限制她们的能力发展和独立性，减少她们的就业机会，从而对其家庭和社区都有不利影响。一些国家或地区规定了男女不同的最低结婚年龄。这种规定不正确地假定，妇女的心智发展速度与男子不同，或者她们结婚时生理的心智发展无关紧要，这些规定应予废除……是以，现行"民法"第 980 条规定女性未满 16 岁不得结婚，且对男女之最低结婚年龄作不同规定，有违前揭公约保障儿童权益及男女平等之意旨，为符合《消除对妇女一切形式歧视公约》第 15 条、第 16 条之规定，爰修正"民法"第 973 条、第 980 条规定，将男女最低订婚及结婚年龄调整为一致，分别修正为 17 岁及 18 岁。

另日本除将成年年龄自 20 岁下修为 18 岁外，亦将结婚年龄由男 18 岁、女 16 岁修正为男女均为 18 岁。爰参酌日本等国或地区立法例及配合成年年龄与最低结婚年龄之修正，拟具"民法"部分条文修正草案，其修正要点如下：

（1）成年年龄由 20 岁修正为 18 岁。（修正条文第 12 条）

（2）配合成年年龄及最低结婚年龄均修正为 18 岁，删除未成年人已结婚而取得行为能力之规定。（修正条文第 13 条）

（3）修正男女最低订婚年龄均为 17 岁。（修正条文第 973 条）

（4）修正男女最低结婚年龄均为 18 岁。（修正条文第 980 条）

（5）配合成年年龄及最低结婚年龄均修正为 18 岁，爰删除现行条文第 981 条、第 990 条。

（6）配合成年年龄及结婚年龄均修正为 18 岁，爰修正未成年人离婚"应得法定代理人同意"，收养之效力仅及于被收养人"未成年且未结婚之直系血亲卑亲属"，未成年人已结婚者如无父母或父母均不能行使亲权亦无须设置监护人,未成年人已结婚者得请求由家分离或其家长得令其由家分离等规定。(修正条文第 1049 条、第 1077 条、第 1091 条、第 1127 条、第 1128 条)

"民法"部分修正条文对照表

修正条文	现行条文	说 明
第十二条 满十八岁为成年。	第十二条 满二十岁为成年。	现行有关成年年龄之规定乃于 1919 年间制定并施行,迄今已施行约一百余年,鉴于现今社会网络科技发达、大众传播媒体普及、信息大量流通,青年之身心发展及建构自我意识之能力已不同以往,本条对于成年之定义,似已不符合社会当今现况;又世界多数国家或地区就成年多定为 18 岁,日本亦于 2018 年将成年年龄自 20 岁下修为 18 岁;另现行法制上,有关应负刑事责任及行政罚责任之完全责任年龄,亦均规定为 18 岁("刑法"第 18 条、"行政罚法"第 9 条),与"民法"规定的成年年龄有异,使外界产生"权责不相符"之感,是为符合当今社会青年身心发展现况,保障其权益,并与国际接轨,爰将成年年龄修正为 18 岁。
第十三条 未满七岁之未成年人,无行为能力。 满七岁以上之未成年人,有限制行为能力。	第十三条 未满七岁之未成年人,无行为能力。 满七岁以上之未成年人,有限制行为能力。 未成年人已结婚者,有行为能力。	一、第 1 项及第 2 项未修正。 二、因应修正条文第 12 条将成年年龄修正为 18 岁,以及修正条文第 980 条将男、女最低结婚年龄均修正为 18 岁后,"民法"规定的成年年龄与男、女最低结婚年龄一致,爰配合删除本条第 3 项有关未成年人已结婚而取得行为能力之规定。
第九百七十三条 男女未满十七岁者,不得订定婚约。	第九百七十三条 男未满十七岁,女未满十五岁者,不得订定婚约。	修正条文第 980 条修正男女最低结婚年龄均为 18 岁,爰修正男女最低订婚年龄均为 17 岁。

(续表)

修正条文	现行条文	说 明
第九百八十条 男女未满十八岁者,不得结婚。	第九百八十条 男未满十八岁,女未满十六岁者,不得结婚。	依《消除对妇女一切形式歧视公约》第 15 条第 1 款规定:"缔约各国应给予男女在法律面前平等的地位。"第 16 条第 1 款、第 2 款规定:"缔约各国应采取一切适当措施,消除在有关婚姻和家庭关系的一切事务上对妇女的歧视,并特别应保证她们在男女平等的基础上:(a)有相同的缔婚权利……""童年订婚和童婚应不具法律效力,并应采取一切必要行动,包括制订法律,规定结婚最低年龄,并规定婚姻必须向正式登记机构登记。"复依《消除对妇女一切形式歧视公约》第 21 号一般性建议,该公约第 16 条第 2 款和《儿童权利公约》均规定防止缔约国允许未成年者结婚或使该等婚姻生效。根据《儿童权利公约》的规定,儿童系指 18 岁以下的任何人,除非对其适用之法律规定成年年龄低于 18 岁。又未成年人,尤指少女结婚生育,对其健康会造成不利影响,同时妨碍其学业,导致其经济自立也受到局限。不仅影响妇女本身,还限制其能力发展和独立性,减少其就业机会,从而对家庭和社区皆造成不利影响。是为保障儿童权益及男女平等,以符合《消除对妇女一切形式歧视公约》第 15 条、第 16 条之规定,爰修正男女最低结婚年龄为 18 岁。
第九百八十一条 (删除)	第九百八十一条 未成年人结婚,应得法定代理人之同意。	一、本条删除。 二、因成年年龄与最低结婚年龄均修正为 18 岁,故已无未成年人结婚应得法定代理人同意之情形,爰予删除。
第九百九十条 (删除)	第九百九十条 结婚违反第九百八十一条之规定者,法定代理人得向法院请求撤销之。但自知悉其事实之日起,已逾六个月,或结婚后已逾一年,或已怀胎者,不得请求撤销。	一、本条删除。 二、配合第 981 条规定删除,爰删除本条规定。

（续表）

修正条文	现行条文	说明
第一千零四十九条 夫妻两愿离婚者，得自行离婚。	第一千零四十九条 夫妻两愿离婚者，得自行离婚。但未成年人，应得法定代理人之同意。	一、因成年年龄与最低结婚年龄均修正为18岁，删除但书所定未成年人应得法定代理人同意之规定。 二、又于本次修正条文施行前结婚之未成年人，于修正条文施行后仍未满18岁而欲两愿离婚者，因其于修正条文施行前已因结婚而取得行为能力（现行"民法"第13条第3项规定参照），于修正条文施行后，其已取得之行为能力不因现行"民法"第13条第3项规定删除而受影响（"民法总则施行法"第1条后段规定参照），是其为完全行为能力人，且因本条删除但书规定，故该未满18岁之人离婚无须再得其法定代理人之同意，并此叙明。
第一千零七十七条 养子女与养父母及其亲属间之关系，除法律另有规定外，与婚生子女同。 养子女与本生父母及其亲属间之权利义务，于收养关系存续中停止之。但夫妻之一方收养他方之子女时，他方与其子女之权利义务，不因收养而受影响。 收养者收养子女后，与养子女之本生父或母结婚时，养子女回复与本生父或母及其亲属间之权利义务。但第三人已取得之权利，不受影响。 养子女于收养认可时已有直系血亲卑亲属者，收养之效力仅及于其未成年之直系血亲卑亲属。但收养认可前，其已成年之直系血亲卑亲属表示同意者，不在此限。	第一千零七十七条 养子女与养父母及其亲属间之关系，除法律另有规定外，与婚生子女同。 养子女与本生父母及其亲属间之权利义务，于收养关系存续中停止之。但夫妻之一方收养他方之子女时，他方与其子女之权利义务，不因收养而受影响。 收养者收养子女后，与养子女之本生父或母结婚时，养子女回复与本生父或母及其亲属间之权利义务。但第三人已取得之权利，不受影响。 养子女于收养认可时已有直系血亲卑亲属者，收养之效力仅及于其未成年且未结婚之直系血亲卑亲属。但收养认可前，其已成年或已结婚之直系血亲卑亲属表示同意	一、第1项至第3项及第5项未修正。 二、配合成年年龄与最低结婚年龄均修正为18岁，爰将本条第4项"且未结婚""或已结婚"等文字删除。

(续表)

修正条文	现行条文	说 明
前项同意,准用第一千零七十六条之一第二项及第三项之规定。	者,不在此限。前项同意,准用第一千零七十六条之一第二项及第三项之规定。	
第一千零九十一条 未成年人无父母,或父母均不能行使、负担对于其未成年子女之权利、义务时,应置监护人。	第一千零九十一条 未成年人无父母,或父母均不能行使、负担对于其未成年子女之权利、义务时,应置监护人。但未成年人已结婚者,不在此限。	配合成年年龄与最低结婚年龄均修正为18岁,爰将本条但书规定删除。
第一千一百二十七条 家属已成年者,得请求由家分离。	第一千一百二十七条 家属已成年或虽未成年而已结婚者,得请求由家分离。	配合成年年龄与最低结婚年龄均修正为18岁,爰将"或虽未成年而已结婚"文字删除。
第一千一百二十八条 家长对于已成年之家属,得令其由家分离。但以有正当理由时为限。	第一千一百二十八条 家长对于已成年或虽未成年而已结婚之家属,得令其由家分离。但以有正当理由时为限。	配合成年年龄与最低结婚年龄均修正为18岁,爰将"或虽未成年而已结婚"文字删除。

本书初版发行于1982年,与"民法"总则编同行将近四十年,曾多次修正再版,一方面整理判例学说,建构理论体系;他方面亦积极参与"民法"的形成与开展。

本次重印由李昊教授负责专业审校,认真尽责,为本书增色不少,谨致谢意。

在漫长的岁月里,蒙 神恩典,得到师长、同仁、读者的鼓励与支持,谨表示最诚挚的感谢。希望本书重版修正,仍能有益于民法总则的教学研究及法律的进步与发展。

王泽鉴
2022年3月1日

增订新版序

一、感谢

拙著《民法总则》于1982年发行初版,曾数度修正再印,兹再调整全书构造、增删内容,检视论证说理,期望更能有助于民法的教学研究。本书由北京大学出版社发行简体字版,谨表敬意。最要感谢的是 神的恩典,保守我的身心,使我仍能继续不断地学习,以卑微的工作彰显 祂的荣耀。

二、学习民法总则的意义

民法总则规定私法的原理原则,规范人类社会生活的基本制度,体现法学上最精致的概念体系。学习民法总则具有三点重要意义:

(1)了解私法以人为本,自由、平等及私法自治的理念。私法自治是私法的核心价值。私法自治体现于法律行为,法律行为以意思表示为要素,强调人的自主性。民法总则创设法律行为制度,构建了整个私法秩序的规范模式及思考架构。

(2)认识法学上概念形成及体系构造的功能,学习如何运用法学方法解释适用法律,进行法律适用上的涵摄及评价,促进法律发展。

(3)民法总则源自德国民法,系德国继受罗马法后,经过数百年的研究所创设的体系,乃法学上的伟大成就。学习民法总则,可以增强对法律文化的了解,从事比较法上的对话沟通,了解私法欧洲化及环球性的整合与变迁。

三、写作方法

为有助于活泼民法总则的教学研究,本书增订新版兼采多种写作方法:

（1）民法总则规定私法的基本原则，必须结合民法其他各编，始能把握其立法技术及规范功能，此为本书的重点。所举例题旨在阐述民法的体系构造，俾能综合各编规定而为解释适用。

（2）整合判例学说，纳入数以百计重要的判决，整合实务与理论，建构民法总则的法解释学（Dogmatik，法教义学），较有系统地呈现现行法的规范框架，提出处理疑难问题的思考途径。

（3）建构体系及设计案例，使二者相互为用、彼此释明，得在抽象规范中认知具体案例，在具体案例中适用抽象规范，期望能强化运用具体案例阐释抽象法律规定的能力。

（4）法学重在实践，本书采用请求权基础方法、解说实例，并以实例引导法律的学习。德国最近民法总则教科书亦多采此种方法。

（5）以各种图表展现抽象的法律规范体系及较为复杂的法律关系。一个简明的图表，有时常能胜过"千言万语"。

四、自我学习

为提高学习的效率，须采积极主动的态度，在此提出三点建议：

（1）加强研读法律条文。读到教科书引用的法律条文时，必须确实查阅精读该条文及相关规定，来回于教科书与法律条文之间，始能真正把握理解法学理论与解释适用的相互关系。经常阅读法条有助于了解法律规范的目的，探究社会问题，发现争点、探寻解决可能性。民法条文的文字精确典雅，经常研读、背诵，确可提升驾驭法律文字的素养。

（2）从大一开始即须演练实例题，并将其列入课程内容，由简入繁，始能透彻了解法律概念体系，运用法律解释适用方法，培养处理案例的能力。在台湾地区的大学图书馆，学生多在看书。在德国（或美国）大学法学院图书馆，从早到晚，座无虚席，学生多在查阅资料，解答实例题，研读判例、提出报告。此涉及法学教育的目的及使命，教学研究及司法考试的核心问题。

（3）加强沟通及共同讨论。法学是在共同研讨中成长进步的，遇到疑难问题时，应求教于老师，查阅文献，与同学讨论。为演练实例题，得组成小组，定期聚会轮流出题（此可促使我们认真阅读资料，培养发掘问题设计案例的能力），同时个别作答、集体讨论，若能持之以恒，必有显著效果。

五、十个指导性裁判（Leading Cases）

法律规范社会生活，实践于具体案件，实务案件体现法学方法。"最高法院"关于"民法"总则编有着甚多裁判，其中重要的多已纳入本书，兹选录十个指导性裁判，以供参照：

（1）"司法院"释字第580号解释：私法自治、契约自由系受"宪法"保障的基本权利（本书第263页）。

（2）法理与法之续造（2012年台上字第2037号判决，本书第54页）。

（3）合伙的侵权能力，"民法"第28条规定的类推适用（2012年台上字第1695号判决，本书第193页）。

（4）负担行为、处分行为、处分行为的无因性（1999年台上字第1310号判决，本书第283页）。

（5）借名登记（2009年台上字第76号判决，本书第560页）。

（6）"民法"第105条关于代理行为瑕疵"明知其事情或可得而知其事情"规定，于使用人的类推适用（2001年台上字第4号判决，本书第495页）。

（7）意思表示的解释方法（1976年台上字第2135号判决，本书第446页）。

（8）自己代理禁止规定的目的性限缩（1970年台上字第4401号判决，本书第513页）。

（9）行使权利不得以损害他人为主要目的与利益衡量（1982年台上字第737号判例，本书第612页）。

（10）诚实信用原则与权利失效（1967年台上字第1708号判例，本书第624页）。

前揭十个指导性裁判，有为私法（契约自由及私法自治）的"宪法化"；有为法理与法的续造，以类推适用、目的性限缩填补法律漏洞；有为法律行为制度的构建；有为概括条款的具体化，均具法学方法的意义。希望读者能搜集裁判全文、装订成册，详为研读，撰写简要评释。

六、期待

学习法律之人第一次所读的法律常为民法总则，教者、学者，难免受困于其抽象性的规定。本书旨在提供学习的方向。读者若能善用本书，并参照其他著作，加以补充，应能扩展宏观的视野、认知私法的任务、丰富法学的想象力,培育法律解释适用的基本素养,奠定学习法律的基础,成为一个有方法、有思想、有理念的法律人。

王泽鉴
2014年1月30日
春节除夕深夜

新版序言

2008年5月23日公布"民法"总则编及亲属编修正条文,废止禁治产制度,创设成年监护制度,以保护受监护宣告者的人格尊严及权益,规定"监护宣告"及"辅助宣告"(第14条至第15条之2、第1110条以下),将自公布后1年6个月施行(请参阅"民法总则施行法"修正条文第4条、第4条之1、第4条之2)。兹参照修正条文,于本书相关部分加以说明。应注意的是,为配合新修正规定,本书中的禁治产人均改为受监护宣告之人。禁治产人或受监护宣告之人为无行为能力(第15条)。此外并纳入与总则有关的新修正法律条文。林清贤先生协助校阅全书,谨再致诚挚谢意。

王泽鉴

二〇〇八年九月一日

序　言

　　拙著《民法总则》初版刊行于1982年，曾多次再版，谨对读者爱护表示感谢。此次全面修订的重点在于结合教科书及实例演习二重体裁，并整理、分析近年来立法、判例及学说的发展。由本书注解所引用的判决及论文可知，台湾地区民法学的研究已有一定程度累积性的成果，本书获益良多，谨表示最大的敬意。

　　学习民法总则的主要意义在于认识私法的价值理念与原理原则，把握民法上的概念形成与体系构造，了解私法上的基本规范模式，增益法律思维能力。为此，本书乃本诸价值法学的立场，采请求权基础方法，借着实例引导读者发掘问题、思考问题，及探求解决的途径。所设计的实例多涉及"民法"各编，尤其是债编及物权编的规定，虽因此增加本书阅读的难度，然深信本书定能帮助读者较深刻地体会"民法"总则编与其他各编在体系、功能及解释适用上的关联，启发法学上的想象力，以及提升法学论证的素养。又本书对若干重要制度用以图解，其目的系为整理基本问题，希望能有助于培养法律人所应具备之归纳、演绎及来回穿梭于抽象规定及具体案件间思考的能力。

　　为留下时间，早日完成侵权行为法、担保物权法等著述，对若干问题未能作较精细的讨论，疏漏错误在所难免，敬请不吝指正。林清贤先生审阅本书，助益甚巨，谨表示诚挚的谢意；林美惠博士和马纬中、向国华二君及小女慕华协助校对，备极辛劳，并此致谢。

王泽鉴
二〇〇〇年八月八日
新店　五峰山

目 录

第一章　私法绪论
　　——私法社会、私法秩序、私法原则 …………………………… 1
第一节　法律的斗争 ……………………………………………… 1
第二节　法、私法与公法 ………………………………………… 9
第三节　民法的制定、编制体裁与私法体系 …………………… 17
第四节　民法的历史基础、伦理性、社会模式及民法的发展
　　　　趋势 …………………………………………………… 28
第五节　民法的学习、教学研究
　　　　——请求权基础与案例研习 ………………………… 38

第二章　民法的法源及法律的适用
　　——法学方法论 ………………………………………………… 50
第一节　"民法"第1条、法源及法学方法 ……………………… 50
第二节　法律解释 ………………………………………………… 58
第三节　习惯法及习惯 …………………………………………… 69
第四节　法理与法之续造 ………………………………………… 74
第五节　判例(裁判)、学说与法释义学 ………………………… 90
第六节　使用文字的准则 ………………………………………… 94
第七节　决定数量的标准 ………………………………………… 98

第三章　法律关系与权利体系
　　——私法关系的建构 …………………………………………… 100
第一节　法律关系的结构分析 …………………………………… 100
第二节　权利的概念、功能及体系 ……………………………… 104
第三节　债权与物权 ……………………………………………… 109

第四节 请求权、抗辩权及形成权 ……………………………… 113

第四章 权利主体
——自然人与法人 …………………………… 124
第一节 以人为权利主体而建构的私法体系 ……………… 124
第二节 自然人 …………………………………………… 125
第三节 法　人 …………………………………………… 166

第五章 权利的客体
——物、权利、财产、企业 …………………… 226
第一节 概　说 …………………………………………… 226
第二节 物 ………………………………………………… 228
第三节 财产与企业 ……………………………………… 250

第六章 权利的变动
——私法自治与法律行为 …………………… 254
第一节 总　论 …………………………………………… 254
第二节 法律行为 ………………………………………… 266
第三节 法律行为内容的限制 …………………………… 305
第四节 行为能力 ………………………………………… 345
第五节 意思表示 ………………………………………… 366
第六节 意思与表示不一致
——意思瑕疵 ……………………………………… 385
第七节 意思表示不自由 ………………………………… 424
第八节 意思表示及契约的解释 ………………………… 441

第七章 条件与期限
——法律行为的规划及风险管控 …………… 459
第一节 风险管控与规范功能 …………………………… 459
第二节 条　件 …………………………………………… 463
第三节 期　限 …………………………………………… 476

第四节　体系构成与案例研习 …………………………… 478

第八章　代　理
　　——私法自治的扩大与补充 ……………………………… 480
　　第一节　总　说 …………………………………………… 480
　　第二节　代理的要件及法律效果 ………………………… 489
　　第三节　代理权的发生、范围与消灭 …………………… 498
　　第四节　自己代理与双方代理 …………………………… 509
　　第五节　无权代理 ………………………………………… 514
　　第六节　权利表见代理权 ………………………………… 521
　　第七节　代理制度的体系及案例研习 …………………… 528

第九章　法律行为的效力
　　——无效、得撤销及效力未定 …………………………… 532
　　第一节　概　说 …………………………………………… 532
　　第二节　无效的法律行为 ………………………………… 535
　　第三节　得撤销的法律行为 ……………………………… 548
　　第四节　效力未定的法律行为
　　　　　　——须得同意的法律行为 ……………………… 555

第十章　期日与期间
　　——权利义务变动的时点 ………………………………… 568

第十一章　消灭时效
　　——权利行使在时间上的限制 …………………………… 572
　　第一节　问题提出及法律规范 …………………………… 572
　　第二节　消灭时效的制度 ………………………………… 574
　　第三节　消灭时效的客体 ………………………………… 578
　　第四节　消灭时效的期间 ………………………………… 583
　　第五节　消灭时效期间的起算 …………………………… 589
　　第六节　消灭时效中断与消灭时效不完成 ……………… 592

第七节　消灭时效完成的效力 …………………………………… 600

第十二章　权利的行使
　　　　　——权利行使的自由与限制 …………………………… 607
　　　第一节　概　说
　　　　　——凡权利皆受限制,无不受限制的权利 …………… 607
　　　第二节　行使权利及履行义务 …………………………………… 608
　　　第三节　权利的自力救济 ………………………………………… 628

主要参考书目 …………………………………………………………… 637

索　引 …………………………………………………………………… 641

第一章　私法绪论
——私法社会、私法秩序、私法原则

第一节　法律的斗争

鲁道夫·冯·耶林　原著

萨孟武教授　翻译

本文原载于三民书局出版的《孟武自选文集》(第101页至第113页),承刘振强先生同意转载,谨致最大的谢意。萨孟武先生是台湾地区著名的政治学学者,著作等身,影响深远,贡献至巨。

关于此一文本,萨师孟武作有如下的说明:是篇是节译意译德国法学权威鲁道夫·冯·耶林(Rudolf von Jhering)的《法律的斗争》(Der Kampf um das Recht),是书本来是一篇演讲稿,以后修改成书,除台湾地区外,世界各国及地区均有译本。Recht 一语有两种意义,一是法律,二是权利。英译本书名为 The Struggle for Law [由约翰·J. 莱勒(John J. Lalor)从原书第五版译出],另有日译本。两译本内容稍有不同之处。但日译本文字艰涩,不易了解,比之英译本逊色多了。余参考两种译本,有的根据英译本,有的根据日译本,只意译其大旨,删去字数极多,增加字数亦多。盖不删去,稍嫌芜杂;不增加,意义不明。余特别爱好是书富有感情,而且创见极多,能够说出别人所不能说的话。故节译出来,以供台湾地区法律学者参考。

耶林的《法律的斗争》可作为初习民法的"精神教育",特转录如下。

一

法律的目的是和平,而达到和平的手段则为斗争。法律受到不法的侵害之时——这在世界上可能永远存在——斗争是无法避免的。法律的生命是斗争,即民族的斗争、国家的斗争、阶级的斗争、个人的斗争。

世界上一切法律都是经过斗争而后得到的。法律的重要原则无一不是从反对者的手中夺来。法律的任务在于保护权利,不问民族的权利或个人的权利,凡想保全权利,事前须有准备。法律不是纸上的条文,而是含有生命的力量。正义之神,一手执衡器以权正义,一手执宝剑以实现正义,有宝剑而无衡器,不过暴力。有衡器而无宝剑,只是有名无实的正义。二者相依相辅,运用宝剑的威力与运用衡器的技巧能够协调,而后法律才完全见诸实行。

世上有不少的人,一生均在和平的法律秩序之中,过其优游的生活。我们若对他们说"法律是斗争",他们将莫名其妙。因为他们只知道法律保障和平与秩序。这也难怪他们,犹如豪门子弟继承祖宗的遗产,不知稼穑艰难,从而不肯承认财产是劳动的成果。我们以为法律也好,财产也好,都包含两个要素,人们因其环境之不同,或只看到享乐与和平之一面,或只看到劳苦与斗争之一面。

财产及法律犹如双面神雅奴斯的头颅(Janus-head)一样,对甲示其一面,对乙又示其另一面,于是各人所得的印象就完全不同。此种双面的形象,不但个人,就是整个时代也是一样。某一时代的生活是战争,另一时代的生活又是和平。各民族因其所处时代不同,常常发生一种错觉。此种错觉实和个人的错觉相同,当和平继续之时,人们均深信永久和平能够实现,然而炮声一响,美梦醒了。以前不劳而得的和平时代已成陈迹,接着而来的则为面目全非的混乱时代。要冲破这个混乱时代,非经过艰苦的战争,绝不能回复和平。没有战斗的和平及没有勤劳的收益,只存在于天堂。其在人间,则应视为辛苦奋斗的结果。

德文 Recht 有客观的(objective)及主观的(subjective)两种意义。客观的意义是指法律,即指国家所维护的法律原则,也就是社会生活的法律秩序。主观的意义是指权利,即将抽象的规则改为具体的权利。法律也好,权利也好,常常遇到障碍;要克服障碍,势非采取斗争的方法不可。

我们知道法律需要国家维持。任何时代必定有人想用不法的手段侵害法律。此际国家若袖手旁观,不与之斗争,则法律的尊严扫地,人民将轻蔑法律,视为一纸具文。然而我们须知法律又不是永久不变的,一方有拥护的人,同时又有反对的人,两相对立,必引起一场斗争。在斗争中,胜负之数不是决定于理由的多少,而是决定于力量的大小。不过人世的事常不能循着直线进行,多采取中庸之道。拥护现行法律是一个力量,反对现行法律也是一个力量,两个力量成为平行四边形的两边垂直线,两力互相牵制,终则新法律常趋向对角线的方向发展。一种制度老早就应废止,而卒不能废止者,并不是由于历史的惰性,而是由于拥护者的抵抗力。

是故在现行法律之下,要采用新的法律,必有斗争。这个斗争或可继续数百年之久。两派对立,都把自己的法律——权利视为神圣不可侵犯。其结果如何,只有听历史裁判。在过去法制史之上,如奴隶农奴的废除,土地私有的确立,营业的自由,言论的自由,信教的自由,等等,都是人民经过数世纪的斗争,才能得到的。法律所经过的路程不是香花铺路,而是腥血涂地,吾人读欧洲历史,即可知之。

总而言之,法律不是人民从容揖让,坐待苍天降落的。人民要取得法律,必须努力,必须斗争,必须流血。人民与法律的关系犹如母子一样,母之生子须冒生命的危险,母子之间就发生了亲爱感情。凡法律不由人民努力而获得者,人民对之常无爱惜之情。母亲失掉婴儿,必伤心而痛哭;同样,人民流血得到的法律亦必爱护备至,不易消灭。

二

现在试来说明法律斗争。这个斗争是由一方要侵害法益,他方又欲保护法益而引起的。不问个人的权利或国家的权利,其对侵害,无不尽力防卫。盖权利由权利人观之,固然是他的利益,而由侵害人观之,亦必以侵害权利为他的利益,所以斗争很难避免。上自国权,下至私权,莫不皆然。国际上有战争,国内有暴动与革命。在私权方面,中世纪有私刑及决斗,今日除民事诉讼之外,尚有自助行为。此数者形式不同,目的亦异,而其为斗争则一。于是就发生一个问题:我们应该为权利而坚决反抗敌人乎,抑为避免斗争,不惜牺牲权利乎?前者是为法律而牺牲和平,后者则为和平而牺牲法律。固然任谁都不会因为一元银币落在水中,而愿出两元银币雇人捞取。这纯粹出于计算。至于诉讼却未必如此,当事人不会计较诉讼费用多少,也不想将诉讼费用归诸对方负担。胜诉的人虽知用费不赀,得不偿失,而尚不肯中辍诉讼,此中理由固不能以常理测之。

个人的纠纷姑且不谈,今试讨论两国的纷争。甲国侵略乙国,虽然不过荒地数里,而乙国往往不惜对之宣战。为数里之荒地,而竟牺牲数万人之生命,数亿元之巨款,有时国家命运且因之发生危险。此种斗争有什么意义?盖乙国国民若沉默不作抗争,则今天甲国可夺取数里荒地,明天将得寸进尺,夺取其他土地,弄到结果,乙国将失掉一切领土,而国家亦灭亡了。由此可知国家因数里荒地所以不惜流血,乃是为生存而作战,为名誉而作战,牺牲如何,结果如何,他们是不考虑的。

国民须保护其领土,则农民土地若为豪强侵占数丈,自可起来反抗,而提起诉讼。被害人提起诉讼,往往不是因为实际上的利益,而是基于权利感情(feeling of right),对于不法行为,精神上感觉痛苦。即不是单单要讨还标的物,而是要主张自己应有的权利。他的心声告诉他说:你不要退缩,这不是关系毫无价值的物,而是关系你的人格、你的自尊、你的权利感情。简单言之,诉讼对你,不单单是利益问题,而是名誉问题,即人格问题。

世上必有不少的人反对吾言。这个反对意见一旦流行,则法律本身就归于毁灭。法律能够存在,乃依靠人们对于不法,肯作勇敢的反抗,若因畏惧而至逃避,这是世上最卑鄙的行为。我敢坚决主张,吾人遇到权利受到损害,应投身于斗争之中,出来反抗。此种反抗乃是每个人的义务。

三

权利斗争是权利人受到损害,对于自己应尽的义务。

生存的保全是一切动物的最高原则。但是其他动物只依本能而保全肉体的生命,人类除肉体的生命之外,尚有精神上的生命。而此精神上的生命由法律观之,则为权利。没有法律,人类将与禽兽无别。一种法律都是集合许多片段而成,每个片段无不包括肉体上及精神上的生存要件。抛弃法律等于抛弃权利,这在法律上是不允许的,而且亦不可能。如其可能,必定受到别人侵害;抵抗侵害乃是权利人的义务。吾人的生存不是单由法律之抽象的保护,而是由于具体地坚决主张权利。坚决主张自己的权利,不是由于利益,而是出于权利感情的作用。

那辈窃盗因他自己不是所有权人,故乃否认所有权的存在,更否认所有权为人格的要件。是则窃盗的行为不但侵害别人的财物,且又侵害别人的人格,受害人应为所有权而防卫自己的人格。因此窃盗的行为可以发生两种结果:一是侵害别人的权益,二是侵害别人的人格。至于上述豪强侵占农民的田地,情形更见严重。倘若该受害农民不敢抗争,必为同辈所轻视。同辈认为其人可欺,虽不敢明目张胆,亦将偷偷摸摸,蚕食该农民的土地。所有权观念愈发达,受害人愈难忍受侵害,从而反抗的意志亦愈益强烈。故凡提起诉讼而能得到胜诉,应对加害人要求双重赔偿,一是讨还标的物,二是赔偿权利感情的损伤。

各种国家对于犯罪之会加害国家的生存者,多处以严刑。在神权国,凡慢渎神祇的处刑,而擅自改变田界的,只视为普通的犯罪(例如摩西法)。农业国则反是,擅自改变田界的处严刑,慢渎神祇的处轻刑(古罗马法)。商业国以伪造货币,陆军国以妨害兵役,君主国以图谋不轨,共和国以运动复辟,为最大的罪状。要之,个人也好,国家也好,权利感情乃于生存要件受到损害之时,最为强烈。

权利与人格结为一体之时,不问是哪一种权利,均不能计算价值之多少。此种价值不是物质上的价值(material value),而是观念上的价值(ideal value)。对于观念上的价值,不论贫与富,不论野蛮人与文明人,评价都是一样。至其发生的原因,不是由于知识的高低,而是由于苦痛感情的大小。也许野蛮人比之文明人,权利感情更见强烈。文明人往往无意之中,计算得失孰大孰小。野蛮人不凭理智,只依感情,故能勇往猛进,坚决反抗权利之受侵害。但是文明人若能认识权利受到侵害,不但对他自己,而且对整个社会,都可以发生影响,亦会拔剑而起,挺身而斗,不计利害,不计得失。吾于欧洲许多民族之中,只知英国人民有此权利感情。英国人民旅行欧洲大陆,若受旅馆主人或马车驭者的欺骗,纵令急于出发,亦愿延期启行,向对方交涉,虽牺牲十倍的金钱,亦所不惜。这也许可以引人嗤笑,其实嗤笑乃是不知英国人民的性格,所以与其嗤笑英人,不如认识英人。

四

为法律而斗争,是权利人的义务,已如上所言矣。兹再进一步,说明个人拥护自己的法律——即法律上的权利——又是对于社会的义务。

法律与权利有何关系?我们深信法律乃是权利的前提,只有法律之抽象的原则存在,而后权利才会存在。权利由于法律,而后才有生命,才有气力,同时又将生命与气力归还法律。法律的本质在于实行,法律不适于实行或失去实行的效力,则法律已经没有资格称为法律了;纵令予以撤废,亦不会发生任何影响。这个原则可适用于一切国法,不问其为公法,其为刑法,其为私法。公法及刑法的实行,是看官署及官吏是否负起责任,私法的实行则看私人是否拥护自己的权利。私人放弃自己的权利,也许由于愚昧,不知权利之存在;也许由于懒惰或由于畏惧,不欲多事,其结果,法律常随之丧失锐气而等于具文。由此可知私法的权威乃悬于权利的行使,一方个人的生命由法律得到保障,他方个人又将生命给予法律,使法律有了生气。法律与权利的关系犹如血液的循环,出自心脏,归于心脏。

个人坚决主张自己应有的权利,这是法律能够发生效力的条件。少数人若有勇气督促法律的实行,借以保护自己的权利,虽然受到迫害,也无异于信徒为宗教而殉难。自己的权利受到侵害,而乃坐听加害人的横行,不敢起来反抗,则法律将为之毁灭。故凡劝告被害人忍受侵害,无异于劝告被害人破坏法律。不法行为遇到权利人坚决反抗,往往会因之中止。是则法律的毁灭,责任不在于侵害法律的人,而在于被害人缺乏勇气。我敢大胆主张:"勿为不法"(Do no injustice)固然可嘉,"勿宽容不法"(Suffer no injustice)尤为可贵。盖不法行为不问是出之于个人,或是出之于官署,被害人若能不挠不屈,与其抗争,则加害人有所顾忌,必不敢轻举妄动。由此可知我的权利受到侵犯,受到否认,就是人人权利受到侵犯,受到否认。反之,我能防护权利,主张权利,回复权利,就是人人权利均受防护,均有主张,均能回复。故凡为一己的权利而奋斗,乃有极崇高的意义。

在这个观念之下,权利斗争同时就是法律斗争,当事人提起诉讼之时,成为问题的不限于权利主体的利益,即整个法律亦会因之发生问题。莎士比亚在其所著《威尼斯商人》(The Merchant of Venice)中,描写犹太商人夏洛克(Shylock)贷款给安东尼奥(Antonio)的故事①,中有夏洛克所说的一段话:

---

① 参阅王泽鉴:《举重明轻、衡平原则与类推适用》,载王泽鉴:《民法学说与判例研究》(第八册),北京大学出版社2009年版,第1页以下;O. Hood Phillips, Shakespeare and the Lawyers (London 1972), pp. 91-118。

> 我所要求一磅的肉,
> 是我买来的,这属于我,我必须得到;
> 你们拒绝不予,就是唾弃你们的法律;
> 这样,威尼斯的法律又有什么威力。
> ……我需要法律,
> ……我这里有我的证件。

"我需要法律"一语,可以表示权利与法律的关系,又有人人应为维护法律而作斗争的意义。有了这一句话,事件便由夏洛克之要求权利,一变而为威尼斯的法律问题了。当他发出这个喊声之时,他已经不是要求一磅肉的犹太人,而是凛然不可侵犯的威尼斯法律的化身,他的权利与威尼斯的法律成为一体。他的权利消灭之时,威尼斯的法律也归于消灭。不幸得很,法官竟用诡计,拒绝夏洛克履行契约。契约内容苟有反于善良风俗,自得谓其无效。法官不根据这个理由,既承认契约为有效,而又附以割肉而不出血的条件。这犹如法官承认地役权人得行使权利,又不许地役权人留足印于地上。这种判决,夏洛克何能心服。当他悄然离开法庭之时,威尼斯的法律也悄然毁灭了。

说到这里,我又想起另一作家克莱斯特(Heinrich von Kleist)所写的小说《米夏埃尔·科尔哈斯》(Michael Kohlhaas)了。夏洛克悄然走出,失去反抗之力,而服从法院的判决。反之,科尔哈斯则不然。他应得的权利受到侵害,法官曲解法律,不予保护,领主又左袒法官,不作正义的主张。他悲愤极了,说道:"为人而受践踏,不如为狗""禁止法律保护吾身,便是驱逐吾身于蛮人之中。他们是把棍子给我,叫我自己保护自己"。于是愤然而起,由正义的神那里,夺得宝剑,挥之舞之,全国为之震骇,腐化的制度为之动摇,君主的地位为之战栗。暴动的号角已经鸣了。权利感情受到侵害,无异于对人类全体宣战。但是驱使科尔哈斯做此行动,并不是单单报仇而已,而是基于正义的观念。即余当为自己目前所受的侮辱,回复名誉;并为同胞将来所受的侵害,要求保护,这是余的义务。结果,他便对于从前宣告他为有罪的人——君主、领主及法官,科以二倍三倍以上的私刑。世上不法之事莫过于执行法律的人自己破坏法律。法律的看守人变为法律的杀人犯,医生毒死病人,监护人绞杀被监护人,这是天下最悖理的事。而惟视金钱多少,势力大小,法律消灭了,人民就由政治社会回归到自然世界,各人均用自己的腕力,以保护自己的权利,这是势之必然。

人类的权利感情不能得到满足,往往采取非常手段。盖国家权力乃所以保护人民的权利感情,而今人民的权利感情反为国家权力所侵害,则人民放弃法律途径,用自助行为以求权利感情的满足,不能不说是出于万不得已。然此又不是毫无结果,教徒的殉难可使罗马皇帝承认基督教,欧洲各国的民主宪制何一不是由流血得来。科尔哈斯挥动宝剑实是"法治"发生的基础。

五

国民只是个人的总和,个人之感觉如何,思想如何,行动如何,常表现为国民的感觉思想和行动。个人关于私权的主张,冷淡而又卑怯,受了恶法律和恶制度的压迫,只有忍气吞声,不敢反抗,终必成为习惯,而丧失权利感情。一旦遇到政府破坏宪法或外国侵略领土,而希望他们奋然而起,为宪制而斗争,为祖国而斗争,事所难能。凡沉于安乐,怯于抗斗,不能勇敢保护自己权利的人,哪肯为国家的名誉,为民族的利益,牺牲自己的生命。至于名誉或人格也会因而受到损害,此辈是不了解的。此辈关于权利,只知其为物质上的利益,我们何能希望他们另用别的尺度以考虑国民的权利及名誉。

所以国法上能够争取民权,国际法上能够争取主权的人,常是私权上勇敢善战之士。前曾说过,英国人愿为区区一便士之微而付出十倍以上的金钱,与加害人进行斗争。有这斗争精神,故在国内能够争取民主政治,于国外能够争取世界霸权。

对于国民施行政治教育的是私法,绝不是公法。国民在必要时,若能知道如何保护政治的权利,如何于各国之间,防卫国家的独立,必须该国人民在私人生活方面,能够知道如何主张他们自己的权利。自己权利受到侵害,不问来自何方,是来自个人乎,来自政治乎,来自外国乎,若对之毫无感觉,必是该国人民没有权利情感。是故反抗侵害,不是因为侵害属于哪一种类,而是悬于权利感情之有无。

依上所述,我们可以得到简单的结论,即对外国要发扬国家的声望,对国内要建立强国的基础,莫贵于保护国民的权利感情;且应施以教育,使国民的权利感情能够生长滋蔓。

专制国家的门户常开放给敌人进来。盖专制政府无不蔑视私权,赋税任意增加,没有人反对;徭役任意延长,没有人抗议。人民养成了盲从的习惯,一旦遇到外敌来侵,人民必萎靡不振,移其过去盲从专制政府者以盲从敌人政府。到了这个时候,政治家方才觉悟,要培养对外民气,须先培养对内民气,亦已晚矣。①

第二节　法、私法与公法

一、试就下例思考法律、道德与习俗的规范功能及相互关系:

1. 甲见老妪乙昏迷于途,能救助而不为救助时,有无法律责任?甲为救助时,成立何种法律关系?试就"民法"相关规定加以说明。
2. 您如何看待同性恋?是否赞成同性婚姻?

二、甲酒醉驾车违规超速,撞到路人乙致重伤。试问:

1. 乙得向甲主张何种权利?
2. 甲应负何种刑事责任?
3. 主管机关得否吊销甲的驾照?
4. 试就上揭情形说明管辖的法院。(查阅相关条文!)②

三、甲参加全民健康保险,因保险给付与承办保险机关发生争执时,究应依行政救济主张其权利,抑或向普通法院起诉?

四、试就上举三个案例说明私法与公法的区别标准、区别实益、规范功能及二者的关系。

第一款　社会规范:法律、道德与习俗

人类社会生活需要一定的规范,包括法律、道德及习俗。法律是由国家制定具有强制性的规范,以一定的裁制(刑罚、损害赔偿等)要求人民应为一定行为,包括作为(如缴纳税捐、服兵役)或不作为(如不喝酒驾

---

① 耶林 Der Kampf um das Recht 一书的中文全译本,参阅〔德〕耶林:《法(权利)的抗争》,蔡震荣、郑善印译,三锋出版社 1993 年版;〔德〕耶林:《为权利而抗争》,林文雄译,协志出版社 1997 年版。关于耶林的生平与法学思想,参阅李建良:《戏谑与严肃之间:耶林的法学世界》,载《月旦法学杂志》2001 年第 75 期,第 183 页。

② 用心、耐心、细心,研读案例事实,阅读法律条文与法院裁判,慎思明辨,是法律人必备的基本素养。

车、不作伪证),以维持社会和平、实践正义。道德系本诸个人的良知及伦理上的是非观念,例如救助落难之人、非礼勿言、以德报怨,旨在追求至善、良心自由,违反者难免良心不安。习俗系社会生活上的人情世故、节庆祭典及交易惯例,其目的在于促进和谐,其违反时(如参加婚宴不送礼)将受到他人的责难、鄙视、孤立或敬而远之。

法律、道德及习俗三者共同协力维护增进社会生活。法律必须建立在道德之上,始具伦理性,并将一部分的道德加以法律规范化。例如"民法"第72条规定:"法律行为,有背于公共秩序或善良风俗者,无效。"①第180条第1款规定,"给付系履行道德上之义务者",不得请求返还。第408条第2项规定,为履行道德上义务者,赠与物之权利未移转前,赠与人不得撤销其赠与。第1084条第1项规定:"子女应孝敬父母。"习俗(包括交易惯例)亦得作为意思表示及契约解释的参考因素。

兹将法律、道德及习俗的规范性及相互关系,图示如下(参阅案例一):

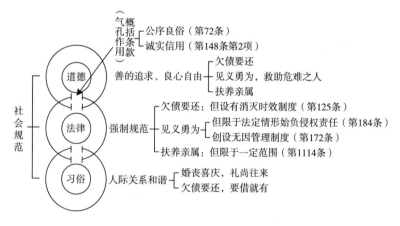

① 法律、道德及习俗各有其功能,得发生重叠,以不同的方式共同协力维护增进人类社会生活。

② 任何社会或国家皆以最低限度的共同价值为其存在的前提,例如不得作伪证、不得杀人、负债要还、信守承诺等,法律仅能将社会道德的核

---

① 本书引用的条文未注明者,均指"民法"规定而言。须特别强调的是,务请查阅本书所引用的每一个法律条文,并对照本书内容,理解其规范意旨及法律构造(尤其是构成要件及法律效果)。研读法条并须注意其章节的体系关系,运用想象力,构想各种具体案例,测试其在适用上可能产生的争议及解决途径,培养法律思维能力。

心部分加以强制(法律系最低的道德或伦理)。例如欠债要还,故意或过失不法侵害他人权利应负损害赔偿(第 184 条第 1 项前段)责任,但"民法"设有消灭时效制度,使请求权因一定期间不行使而消灭(第 125 条、第 198 条、第 114 条第 1 项)。救助危难之人(如落水之人),乃道德上义行,但须有法定或约定的作为义务时,始负法律责任。扶养亲属具有伦理性,但法律将法定扶养义务限于一定范围之人(第 1114 条)。道德得作为法的目标,但国家不能以法律应符合道德而用法律强制规定一定的意识形态,限制属于私人领域的行为(如宗教信仰、性生活),拘束公民的良心。[①] 近年来同性婚姻成为举世重视的争议课题,体现不同社会以不同的方式处理社会变迁中道德与法律的调整问题。

③法律不能成为一种封闭的体系,"民法"上的概括条款[公序良俗(第 72 条)、诚实信用(第 148 条第 2 项)]具有气孔作用,使"民法"得与变迁中的道德、习俗沟通,经由判例(裁判)学说与时俱进,适应社会变迁而发挥其规范功能。

④法律不强制每个人成为好撒马利亚人(good Samaritan,《圣经》"路加福音"第 10 章第 25 节),负有救助遭遇危难之人的义务,但"民法"创设了无因管理制度,以债的关系(第 172 条)调和救助者与被救助者的权利义务。

第二款　法律体系

一、法律体系的功能

对一个初习民法的人而言,前揭案例(本书第 9 页,请再阅读思考)有助于了解民法在法律体系上的地位及法律适用关系。

在案例二中,乙得对甲主张何种权利?此属民事问题。学习民法的人都应该知道,不能单凭公平、正义而论断,亦不能仅从伦理、道德去考量,必须依法律去思考判断。因此,关键问题在于现行法上是否有一个足以支持

[①] Lon L. Fuller, The Morality of Law (2nd, New Haven, Yale University Press 1969)提出法的内在道德性,强调法的规则特征,须能体现法治国家的基本原则:(1)法律规范是一般性表达的规则,而不只涉及个别案件。(2)国家机关系根据这些规则对待任何人。(3)规则须为公众所知晓。(4)规则长期而稳定。(5)从理论上看,规则自身须具有内部的协调性。(6)任何人都能在规则的范围内尽力而为。

乙向甲主张损害赔偿请求权的规定,学说上称为请求权规范基础(Anspruchsnormengrundlage),简称为请求权基础(Anspruchsgrundlage)。① 学习法律、处理案例的主要工作,就在于探寻此种可以支持乙的请求权的法律规范,必须于找到一定的请求权基础(如第 184 条第 1 项前段、后段和第 2 项,第 191 条之 2)时,始可肯定乙的请求权。反之,倘若翻遍了"六法全书",穷尽了法律解释方法,仍然找不到一个可以支持乙的请求权的法律规范时,原则上应认定乙的请求为无理由。

关于案例二的其他二个问题,涉及酒醉肇事者的刑事责任及行政制裁,属于公法问题。在采罪刑法定主义("刑法"第 1 条)及依法行政的法治社会,对民众施以刑事或行政上的制裁,应有法律依据,并有说明理由的义务,且须依一定的程序为之。

思考敏锐的读者必定会提出一个基本问题:在一个具体案例中,如何去寻找可用于决定当事人间权利义务关系的法律规范? 如何知道管辖的法院,提起诉讼? 法令多如牛毛②,从何找起? 法律虽然多如牛毛,但法律有其体系,而法律体系主要功能之一,就在于指引如何去发现于具体案例可以适用的法规范及管辖法院。

二、法律体系:外部体系与内在体系③

将众多法律,依一定的观点,加以归类组织而形成的秩序,并体现其基本原则,构成所谓的法律体系。法律体系分为外部体系及内部体系。法律的外部体系指法律的归类,例如将法律分为公法与私法、实体法与程序法。将私法分为民法与特别民法。"民法"采五编制,分为总则、债、物权、亲属、继承。法律的内部体系指法律的基本原则,例如刑法的罪刑法定主义、税法上的租税法定原则、民法上的私法自治等。法律体系有助于认识法律的整体性,在个案中探寻得适用的规定及阐释法律的规范意旨④,并可培养法律

---

① 关于请求权基础,参阅王泽鉴:《民法思维》,北京大学出版社 2022 年重排版,第 34—87 页。

② 一牛之毛究有多少,不得而知,论者有谓牛健者多毛,现代化社会的法令多如牛毛,虽属比喻,实寓真理。

③ Vgl. C.-W. Canaris, Systemdenken und Systembegriff in der Jurisprudenz (2. Aufl., Berlin 1983).

④ Vgl. C. Höpfner, Die systemkonforme Auslegung (Tübingen 2008).

人的体系思考能力,此乃法律人的基本素养。①

第三款　公法与私法

自罗马法以来,法律在传统上分为二类,一为公法,一为私法。公法与私法的区别始于罗马法,使私法不受公法的影响或限制(政治因素或政权更替)。罗马法2000多年来持续不断的发展及在欧陆的继受,支配形成欧陆的私法体系,而有异于英美法的特色。公法与私法涉及二个基本问题:①区别标准;②区别实益。分述如下:

一、区别标准

(一)学说理论

公法与私法的区别标准②,主要有四说:①利益说:以公益为目的者,为公法;以私益为目的者,为私法。③ ②从属规范说:规范上下隶属关系者,为公法;规范平等关系者,为私法。③主体说:法律关系主体的一方或双方为国家或机关者,为公法;法律关系的主体双方均为私人者,为私法。④特别权利说(新主体说):国家或机关以公权力主体地位作为权利义务的主体时,其适用的法律为公法;该法律对任何人皆可适用时,则为私法。④

由公法与私法区别标准见解的分歧,可知诸说各有所长,但亦均具缺点。就利益说言,如民法为私法,但亦须兼顾公益(如交易安全)。就从属规范说言,如民法上父母与未成年子女之间亦具有强制服从关系,所谓

---

① 德国伟大法学家萨维尼(Savigny)谓:学术研究不仅取决于天赋(个人智力的程度)与勤奋(对智力的一定运用),它还更多地取决于第三种因素,那就是方法,即智力的运用方向。每个人都有其方法,但很少人能够在这方面达到自觉和体系化的程度。如果我们对一门科学(Wissenschaft)或其理念按照合乎这门科学之本性的法则(Gesetze)进行深入彻底的思考,那么我们的方法将走向体系化,对科学理念的观察将能够把我们引向正确的方向。参阅〔德〕萨维尼、〔德〕格林:《萨维尼法学方法论讲义与格林笔记》,杨代雄译,法律出版社2008年版,第67页。

② 关于公法与私法的区别,参阅吴庚、盛子龙:《行政法之理论与实用》(增订十六版),三民书局2020年版,第25—31页;陈敏:《行政法总论》(第九版),2016年自版,第33—37页;Renck, Über die Unterscheidung zwischen öffentlichem und privatem Recht, JuS 1986, 268 f.

③ 此为罗马法所采的标准,认为:"公法者为罗马国家制度之法;私法者,为关于个人利益之法。"Ulpian (170-228 A.D.): "publicum iusest quod ad statum rei Romane spectat, privatum quod ad singulorum utilitatem." (Ulp. Dig. 1,1,1,2); Honsell/Mayer-Maly/Selb, Römisches Recht (4. Aufl., München 1987), S. 49 f.

④ Vgl. Larenz/Wolf, Allgemeiner Teil des Bürgerlichen Rechts (9. Aufl., 2004), S. 7.

的行政契约亦系基于平等关系。就主体说言,政府或机关从事私法行为(如向私人承租房屋、购买物品)时,应属私法关系。特别权利说结合上述其他各说的优点,渐成通说而受肯定,例如政府或机关向私人承租房屋,因非基于公权力的地位,故属私法行为;行政契约的订立(如医学院公费生与"教育部"缔结的契约,"司法院"释字第348号解释),因一方的主体系居于公权力的地位而发生一定的权利义务,故具公法性质。

(二)民法系属私法

公法与私法的区别标准分歧,虽如上述,但民法系属私法,则无争议。因为民法旨在规范个人间的利益(如订立契约、移转所有权、结婚或为遗嘱),以平等为基础,其主体为私人或政府非基于公权力的地位,对任何人皆可适用。民法的主要特征及规范意义在于私法自治,即个人得自主决定、自我负责地形成彼此间的权利义务关系。

关于诉讼法,一般多将其归类为公法,其理由为司法涉及公权力的活动;当事人、证人或鉴定人与法院的关系,乃处于上下隶属关系。然须注意的是,民事诉讼当事人间系居于平等对立关系,民事诉讼法亦容许当事人拥有一定程度的处分权限,此乃基于诉讼上当事人的私法自治,故有人认为公法与私法的区别应着眼于规范权利主体间的生活关系,以定其权利义务的实体法,而不及于规范如何实现权利的民事诉讼法。此项见解可供参考。

二、区别实益

公法与私法的区别,除有助于认识二者的规范功能及内容外,其主要实益在于诉讼时的法院管辖及救济程序。此攸关"宪法"对于民众诉讼权的保障及实践(参照"司法院"释字第466、533号解释)。"法院组织法"第2条规定:"法院审判民事、刑事及其他法律规定诉讼案件,并依法管辖非讼事件。"所称"法院"指普通法院,"民事诉讼案件"指私法案件而言,"其他法律规定",如"公职人员选举罢免法"第126条第1款规定选举、罢免之诉讼属普通法院管辖。

至于公法上的争议,依"行政诉讼法"第2条规定,除法律别有规定外,得依该法提起行政诉讼,归行政法院管辖。所称除法律别有规定,除上揭"公职人员选举罢免法"外,尚有"道路交通管理处罚条例"(第87条)等。

关于诉讼案件的法院管辖，公法与私法的区别应就个案加以认定，其争议主要发生于行政法。政府行为涉及公权力行使的，如课征税捐、核发建照等，系属公法行为。其属私经济行为者，如租用办公厅舍、对中低收入者出租社会住宅、经营公车捷运等，则属私法上行为。关于公有耕地放领行为，"司法院"释字第89号解释认系政府与承领人间订立的私法上买卖契约，略谓：行政官署依"台湾省放领公有耕地扶植自耕农实施办法"，将公有耕地放领于民众，其因放领之撤销或解除所生之争执，应由普通法院管辖。解释理由书强调耕作人承领与否非属强制，乃承领人可选择的自由。

基于给付行政而提供的给付或服务，究系公法行为或私法行为，颇难认定，而此与台湾地区行政诉讼制度的发展具有关系。公务人员保险为公法事件，向无疑问。值得注意的是健康保险局与各医事服务机构缔结全民健康保险特约医事服务机构合约，"司法院"释字第533号解释认系行政契约，其所生争议具公法上的性质，得依法提起行政争讼。[①]

三、私法与公法的协力

法律分为私法与公法，并将个别法律归类为私法或公法，非谓二者可完全分离、互不相关。实者，私法与公法关系密切，共同协力规范社会生活，建构统一的法秩序，分三点言之：

①为形成一定社会生活，法律（如"公平交易法""消费者保护法"）常兼用私法（契约、侵权行为损害赔偿）及公法（刑罚或罚款）的手段（请查

---

① "司法院"释字第533号解释谓："宪法"第16条规定，民众之诉讼权应予保障，旨在确保民众于其权利受侵害时，得依法定程序提起诉讼以求救济。健康保险局依其组织法规系公权力机关，为执行其法定之职权，就办理全民健康保险医疗服务有关事项，与各医事服务机构缔结全民健康保险特约医事服务机构合约，约定由特约医事服务机构提供被保险人医疗保健服务，以达促进全民健康、增进公共利益之行政目的，故此项合约具有行政契约之性质。缔约双方如对契约内容发生争议，属于公法上争讼事件，依1998年10月28日修正公布之"行政诉讼法"第2条"公法上之争议，除法律别有规定外，得依本法提起行政诉讼"及第8条第1项的民众与政府机关间"因公法上原因发生财产上之给付或请求作成行政处分以外之其他非财产上之给付，得提起给付诉讼。因公法上契约发生之给付，亦同"之规定，应循行政诉讼途径寻求救济。保险医事服务机构与健康保险局缔结前述合约，如因而发生履约争议，经该医事服务机构依"全民健康保险法"第5条第1项所定程序提请审议，对审议结果仍有不服，自得依法提起行政争讼。该解释理由书论及民众的诉讼权、公法与私法的区别实益及行政契约的认定标准，甚属重要，务请参阅。

阅相关条文)。

②各部门法律的内容以多种方式结合,例如私法与民事诉讼法,使私法上的权利得依诉讼秩序予以实现。又违反公法规定时得发生私法上效果,例如"民法"第 71 条前段规定:"法律行为,违反强制或禁止规定者,无效。"此项强制或禁止规定多属公法。"民法"第 184 条第 2 项规定违反保护他人法律者,推定其有过失,应负损害赔偿责任,其所称保护他人法律,亦多具公法性质。

③所有权系私法关系的基础,其形成私法生活的空间受具公法性质的建筑法规、环保法令的限制。

四、私法的优先性:有疑义时为自由

私法与公法有不同的规范原则:私法以个人自由决定为特征,公法则以强制或拘束为内容;前者强调自主决定,后者须有法律依据及一定的权限。公法与私法相互补充,彼此协力,如何运用,应在"宪法"的界限内,由立法者判断何者宜让私人形成,何者须交由公权力处理。任何社会在决定如何以公法或私法形成民众生活时,对于此种区别应有清楚的认识。基于对个人自由权利的保障,应遵循"有疑义时为自由"(in dubio pro libertate)的原则,以私法为优先,其主要理由系个人乃自己事务的最佳判断者及照顾者,选择自由有助于促进社会进步及经济发展。政府必须保障私法制度能有发挥其功能的空间,并限制契约自由的滥用。政府为更高的价值或公益而为强制或干预时,应有正当理由,符合比例原则(参照"宪法"第 23 条)。

五、案例研习

在前揭案例二(本书第 9 页),乙得否向甲请求损害赔偿,系民事案件,由普通法院审判。民事,应先依法律规定(第 1 条),包括"民法"及其他民事特别法。乙得向甲依"民法"第 184 条第 1 项前段、第 2 项或第 191 条之 2 规定请求损害赔偿。

甲酒醉驾车过失肇事致乙重伤,犯"刑法"第 185 条之 3 第 1 项、第 2 项规定的不能安全驾驶罪,即驾驶动力交通工具,服用酒类致重伤者,处 1 年以上 7 年以下有期徒刑,得并科 100 万元以下罚金;"道路交通管理处罚条例"第 86 条第 1 项第 3 款、第 5 款规定酒醉驾车,行驶人行道或行

经行人穿越道不依规定让行人优先通行,因而致人受伤或死亡,依法应负刑事责任者,加重其刑至二分之一。

又依"道路交通管理处罚条例"第35条第1项第1款规定,汽车驾驶人,驾驶汽车酒精浓度超过规定标准,致人重伤或死亡者,吊销其驾驶执照,并不得再考领。

由上述可知,私法与公法的区别实益在于法律的适用、管辖法院及救济程序。同一行为得同时构成民事责任、刑事责任及行政责任。私法与公法依其不同的规范功能,共同协力保障民众权益,维持社会秩序。为便于观察,图示如下:

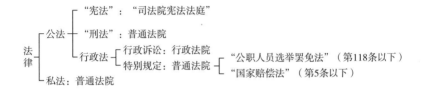

第三节 民法的制定、编制体裁与私法体系

第一款 民商合一与民商分立①

何谓"民商分立"与"民商合一"？现行"民法"采何制度？立法政策？

私法旨在规范私人间的法律关系,已如上述。此种私人间的法律关系,或为买卖、租赁、所有权等财产上关系,或为婚姻、亲子、继承的身份上关系。关于如何规范私法上法律关系(尤其是财产上关系),立法例上有采"民商分立"制度,即除规范个人间法律关系的"民法法典"外,尚制定有规范商事交易及其他商事关系的"商法法典",法国、德国、日本等在20世纪以前制定民法法典的国家多采此种民商分立制度。

现行"民法"立法之际,曾就历史关系、社会进步、世界交通、各国或

---

① 关于民商合一立法政策上的问题,参阅王伯琦:《民法债篇总论》,第302页;郑玉波:《民法总则》,第34页。

地区立法趋势、民众平等、编制标准、编制体例及商法与民法的关系,详加研究,决定仿照瑞士立法例,采取民商合一制度,即于"民法法典"外,不另立"商法法典",因此一方面将以前"商人通例"中的经理人与代办商及商业行为中的交互计算、行纪、仓库、运送营业、承揽运送等编入"民法"债编之中;一方面关于公司、票据、海商、保险以及证券交易法,各订为单行法规,使其独立存在,以适应实际需要。惟须注意的是,基于传统沿革的理由,通常仍将公司、票据、海商、保险以及证券交易法合称为商事法(财经法),作为"民法"的特别法(特别私法)。部分大学课程,仍列有"商事法",台湾地区高普考亦有"商事法"的科目,坊间以"商事法"命名的教科书,尤属常见。

据上所述,私法分为二个体系,一为民法法典(简称民法);一为特别民法,除商事法外,尚有"土地法""耕地三七五减租条例""矿业法""动产担保交易法""劳动基准法"等。"民法"适用于全体民众及一般事项,称为普通法(一般法),其他民事法规,则为特别法。关于同一事项,特别法有规定者,应优先适用特别法,其无规定时,始适用民法,此即特别法优先于普通法的原则(参见台湾地区"法规标准法"第 16 条)。①

第二款　民法的制定

近代各国或地区制定民法法典,均有其特殊的政治社会背景。1804 年的《法国民法典》(通称《拿破仑法典》),旨在建构法国大革命推翻"旧政权"后的法律秩序,以贯彻自由、平等、博爱的理想。1900 年的《德国民法典》乃在实践一个民族、一个国家、一个法律的目标。1898 年公布施行的《日本民法典》,则是明治维新的产物。

"民法"制定的背景,与《日本民法典》相似,亦在变法图强。庚子乱后,朝野上下体察时局艰难,认为国家的富强,非全恃坚甲利兵,法制的变革,亦属基本,历经争议,乃于光绪三十年开设法律馆,其初首先致力于刑律的修订,至宣统三年(1911 年)始次第完成《大清民律草案》,是为民法

---

① 例如关于自任耕作而承租的耕地,应先适用"耕地三七五减租条例",次适用"土地法"之规定(第 106 条以下),最后则适用"民法"之规定。参照"最高法院"1961 年台上字第 1000 号判例:"支票之背书如确系他人逾越权限之行为,按之'票据法'第 10 条第 2 项之规定,就权限外部分,即应由无权代理人自负票据上之责任,此乃特别规定优先于一般规定而适用之当然法理,殊无适用'民法'第 107 条之余地。"

第一次草案,未及颁布施行,清室已屋。第二次草案于1925年完成。1927年国民政府奠都南京,于1928年成立立法院,积极进行法典编制,于1929年5月23日公布民法总则,同年10月10日施行。其后陆续制定债编、物权编、亲属编及继承编,而自1930年完成第一部民法法典,施行迄今(自1945年起适用于台湾地区),已90余年了,体现台湾地区的历史与政治演变,对台湾地区私法秩序及法治社会的建构,作出了长远重大的贡献。

第三款　民法编制体裁[①]

一、所有读法律的学生在一年级必修民法总则,遭遇重大困难,其原因有二:

1. 陌生的概念,抽象的规定,多层次的构造。

2. 民法总则必须结合"民法"其他各编(债、物权、亲属、继承),始能适用于处理具体案例。请思考"民法"的风格、建构原则、优点及缺点。

二、甲18岁,继承其父的A古董机车。甲将A车出售于乙,并依让与合意,交付该车:

1. 2个月后甲发现受乙诈欺让售该车,乃向乙表示撤销其意思表示,而向乙请求返还该车,有无理由?请就此案例,查阅"民法"相关条文,理解法律概念、法律体系、适用的相关规定、请求权基础的构造(要件及效果)。

2. 在前举案例,设乙已将该车让售于丙,丙不知或明知甲受乙诈欺时,甲、乙、丙间的法律关系?请于阅读本书时,经常思考解答此类较为典型复杂的案例。

一、德国学说汇纂的体系

"民法"继受德国立法例,采五编制(详后),其最大的特色系总则编,此为德国法系的民法(如日本、韩国、泰国等)所特有,英美法无

[①] 参阅曾世雄:《民法总则之现在与未来》,1993年自版(此为甚具启示性的重要著作);Heck, Der Allgemeiner Teil des Privatrechts, AcP 146 (1939), 1 ff.; Larenz, Neubau des Privatrechts, AcP 145 (1938), 97 ff.; Medicus, AT, S. 8 ff.

之,法国民法及瑞士民法亦不采此编制体例。五编制及总则编是长期法学发展的产物,肇始自德国18世纪普通法(Gemeines Recht)对6世纪优士丁尼大帝所编纂《学说汇纂》[Digesten(拉丁文)、Pandekten(希腊文)]所作的体系整理。首见于格奥尔格·阿诺尔德·海泽(Georg Arnold Heise)于1807年出版的《德国普通法体系概论》(Grundriss eines Systems des Gemeinen Zivilrechts zum Behuf von Pandekten),建构潘德克顿(学说汇纂)法学,集大成于伟大法学家温德沙伊德(Windscheid)[①],其理论体系为德国民法所采用,充分展现德意志民族抽象、概念、体系的思考方法。

二、五编制体系的构成

"民法"共有五编,即总则编、债编、物权编、亲属编及继承编。此种编制体例系建立在"由抽象到具体""由一般到特殊"的立法技术之上。易言之,即尽量将共同事项归纳在一起。

债编规定契约、无因管理、不当得利及侵权行为四种债之发生原因,其构成"债之关系"的共同因素,非其社会功能,而是其法律效果,即当事人的一方得向他方当事人请求给付,自得请求的一方言,是为债权,自应为给付的一方言,则为债务。例如在买卖中,物之出卖人,负交付其物于买受人,并使其取得该物所有权之义务(第348条第1项,此为出卖人的债务,相对言之,为买受人的债权),买受人对于出卖人,有交付约定价金及受领标的物之义务(第367条,此为买受人的债务,相对言之,为出卖人的债权)。债权系相对性的权利,所有权及其他物权则为绝对权,此乃"民法"于债编之外,另设物权编的主要理由。债编及物权编合称为财产法。

亲属编及继承编的体系结构基础在于彼此相类似的社会生活事实,即亲属编系规定因婚姻而生的亲子关系、扶养及家等的法律关系。继承编所规定的,则是因人之死亡而发生的财产法上效果。亲属编及继承编合称为身份法。

[①] Vgl. Windscheid/Kipp, Lehrbuch des Pandektenrechts (9. Aufl., Frankfurt/M. 1906). 关于温德沙伊德(1817—1892)的生平及贡献,参阅 Kleinheyer/Schröder (Hrsg.), Deutsche und Europäische Juristen aus neun Jahrhunderten (Heidelberg 1996);[德]格尔德·克莱因海尔、[德]杨·施罗德主编:《九百年来德意志及欧洲法学家》,许兰译,法律出版社2005年版,第451—455页。

总则编规定"民法"其他各编的共同原则,包括自由平等、私法自治、私有财产等民法的内部体系(详见本书第 32 页以下)。外部体系则为总则、债、物权、亲属、继承。兹以下图表示此种五编制的体系构成:

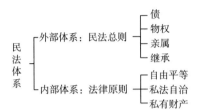

三、总则编的体例

(一)体系构成

总则编是建立在二个基本核心概念之上,一为权利(subjektives Recht),一为法律行为(Rechtsgeschäft)。基于权利而组成权利体系,包括权利主体(人)、权利客体(物、权利)、权利行使等问题。法律行为乃权利得丧变更的法律事实,而以意思表示为要素。此种体系构成体现在总则编的结构之上:

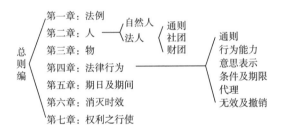

前揭总则编体系构成中,法律行为系私法学的最高成就,区分负担行为(契约、单独行为)、处分行为(契约、单独行为)及身份行为(亲属行为及继承行为),而以意思表示为必备的核心概念,经由多层次的抽象化过程而建造其体系,参阅下图(查阅条文,关于负担行为与处分行为,详见本书第 276 页):

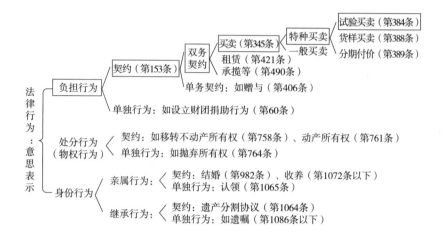

(二)总则编的优点与缺点

1. 优点

将私法上的共同事项加以归纳,具有合理化的作用,避免重复或大量采准用性的规定。例如关于法律行为的生效要件(如行为能力等),不必就各种债权契约或物权契约另设规定。总则编的体系构成有助于培养法律人归纳演绎、抽象思考方法及形成法律原则的能力。

2. 缺点

(1)原则与例外的复杂关系

利之所在,弊亦随之,抽象规定的优点在于概括,其缺点系必须创设例外。例如法律行为包括买卖、赠与、租赁、所有权移转、婚姻等不同性质和功能的契约,须就各该契约另设规定,因而形成各种原则及例外、竞合或特别规定的复杂关系。又关于当事人行为能力,总则编规定限制行为能力人未得法定代理人之允许的单独行为无效(第78条),满7岁以上之未成年人未得法定代理人之允许所订立的契约为效力未定(第79条),此于债权行为及物权行为均应适用,但对于订婚及遗嘱则有特别规定(第973条、第1186条,阅读!)。

(2)法律适用上的各编关联

抽象化的规定脱离了实际的法律生活,增加理解及法律适用的困难。学习"民法"的过程,系由"一般到特殊",即先学习总则编,后学习债编;就债编言,则先学习债编通则(债总),再学习各种之债(债各)。

但关于法律的适用,则反其道而行之,即由"特殊到一般",由"后"到"前",须无特别规定时,始适用一般原则。必须借助案例,始能融会贯通,以请求权基础为核心,结合相关规定,从事法之适用(请参阅前揭案例)。

四、民法总则的重要意义

民法总则不仅是民法的总则,更是私法的总则,具有四个重要意义:

①体现以人为本的价值理念,私法自治、财产权保护及两性平等的法律原则。

②明定私法的法源及适用的顺序。

③建构私法制度,包括权利主体(自然人、法人)、权利客体(物、权利)、权利得丧变更的机制(法律行为),以及权利行使的规范(消灭时效、权利行使内容的限制)。

④民法总则是学习民法的入门,期望能借助民法总则的教学研究,使初习法律者认识私法的价值理念,培养法律思维及法之适用的基本能力,增强法律的信念及热情。

五、立法技术与法之适用

(一)通则

值得注意的是,"民法"各编多设有"通则",亦属共同事项的归纳。"民法"总则编第一章法例①,可谓是总则编的"通则"。第二章第二节第一款设有通则,作为"法人"的共同规定。第四章第一节亦设有通则,作为"法律行为"的共同规定。其他各编亦多如此。此种通则化的立法技术,对于了解"民法"的结构体系及解释适用,甚为重要,为便于观察比较(查阅条文!),图示如下:

---

① 立法理由谓:谨按法例者,关于全部民法之法则,以总括规定之谓也。各国或地区民法,导源于罗马邱司基尼恩人民法典,要皆各按已国或地区风俗习尚之情形,而异其编制。有设法例者,如瑞士、泰国及苏联之民法是。有不设法例者,如德国、法国等国之民法是,惟民法为民众权利义务之准绳,间亦有共通适用之法则,分门编订,重复必多。故举其大纲,概括规定,庶几繁简适中,体例斯当,是曰法例。

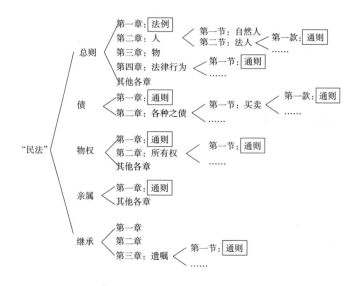

(二)抽象、一般化、概括的法律规范

1. 请求权规范

现行"民法"的法条构造主要系采抽象、一般化的风格,借着精确的概念形成请求权规范的构成要件及法律效果。例如:

①第 226 条第 1 项规定:"因可归责于债务人之事由,致给付不能者,债权人得请求赔偿损害。"(给付不能之债务不履行,如出卖之物于订约后因出卖人的过失而灭失)

②第 179 条规定:"无法律上之原因而受利益,致他人受损害者,应返还其利益。虽有法律上之原因,而其后已不存在者,亦同。"(不当得利,如误偿他人之债)

③第 184 条第 1 项前段规定:"因故意或过失,不法侵害他人之权利者,负损害赔偿责任。"(侵权行为,如驾车闯红灯,撞伤行人)

④第 767 条规定:"所有人对于无权占有或侵夺其所有物者,得请求返还之。对于妨害其所有权者,得请求除去之。有妨害其所有权之虞者,得请求防止之。前项规定,于所有权以外之物权,准用之。"(物上请求权,如无权占用他人土地)

此种立法技术有助于促进法律的安定及预见性,惟必须建立在高度抽象化思考方法及概念体系形成的法学之上,深刻影响民法教学研究及法之适用。

2. 概括条款

现行"民法"并设有若干概括条款,如"民法"第 72 条规定:"法律行为,有背于公共秩序或善良风俗者,无效。"第 148 条第 2 项规定:"行使权利,履行义务,应依诚实及信用方法。"具有方针规定及对法院授权的功能,期能顾及个案正义及社会发展。此涉及法律解释适用的问题,将于本书第二章再为详论。

(三)准用

关于现行"民法"的立法技术,应再提出说明的是,广泛使用准用性法条,即对某一事项,不径设明文,而"比附援引"其他规定,其用语不一,或为准用(第 81 条第 2 项),或为比照(第 89 条),或为依……规定(第 221 条)。此外尚有亦同(第 75 条后段)、视为(第 88 条第 2 项)等规定。

此项立法技术旨在避免重复,简约条文,自有必要,其缺点在于使法律的适用趋于复杂。例如甲偷乙之犬,喂食该犬,并为其支付医药费。乙向甲请求返还其犬时(第 767 条第 1 项前段),依"民法"第 957 条规定:"恶意占有人,因保存占有物所支出之必要费用,对于回复请求人,得依关于无因管理之规定,请求偿还。"无因管理系规定于"民法"债编通则,共有七个条文(第 172 条至 178 条),而其中又设有一条准用性条文,即第 173 条第 2 项:"第五百四十条至第五百四十二条关于委任之规定,于无因管理准用之。"足见准用的繁复![1]

第四款　私法体系:民法与特别民法

一、法典化与私法秩序

民法典的制定系基于法典化的理念(Kodifikationsidee),即将涉及社会生活的私法关系,在一定原则之下作通盘完整的规范。如何贯彻此项理念,于立法技术上甚有困难,并将使民法典编制体例过于庞杂,影响法律适用,故在民法典外容许特别民事立法的存在,建构私法体系。民法系私法的核心基础,乃私法的总则。

---

[1] 1999 年"民法"债编修正又增加了许多准用性法条(参阅第 164 条第 4 项、第 177 条第 2 项、第 195 条第 3 项、第 217 条第 3 项、第 218 条之 1 第 2 项、第 227 条之 1、第 227 条之 2 第 2 项等,阅读之!)。

二、特别法与民法发展

特别民法体现台湾地区私法的发展,分三类加以说明:

①与"民法"同一时期制定:如"公司法""票据法""海商法""保险法"(合称商事法);"著作权法""商标法""专利法"(合称无体财产法、智慧财产权法),以及"土地法""矿业法"和"建筑法"等(请查阅各该法律公布、施行及修正日期)。

②20世纪50年代为实践社会正义而制定:如"耕地三七五减租条例"(1951)、"实施耕者有其田条例"(1953—1993)、"平均地权条例"(1954)等,旨在从事土地改革,对台湾地区土地所有权制度及社会经济结构产生深远的影响。又1958年制定的"劳工保险条例",为台湾地区社会安全制度奠定基石,具有重大意义。此等规定系为处理农工问题所采的重要措施。

③20世纪60年代后为因应台湾地区社会经济发展而制定:为便于观察,举其重要者依公元纪年排列如下(请阅读各该法律,了解其立法目的、基本内容及最近修正)。①

年 份	法 律
1963	"动产担保交易法"(物权)
1973	"儿童福利法"(亲属)
1984	"劳动基准法"(债)
1989	"少年福利法"(亲属)
1991	"公平交易法"(债)
1992	"公害纠纷处理法"(债)
1994	"消费者保护法"(债)
1995	"公寓大厦管理条例"(物权)

---

① 其他涉及民事关系的法令规章甚多,难以列举,如"违章建筑处理办法"、"大众捷运法"(第45条及第46条)、"民用航空法"(第九章)、"医疗法"(第56条以下)、"性别工作平等法"(第7条以下)等。

(续表)

年　份	法　　　律
1996	"营业秘密法"(债)
1996	"信托法"(债)
1996	"强制汽车责任保险法"(债)
2003	"儿童及少年福利与权益保障法"(亲属)
2007	"祭祀公业条例"(物权)
2019	"'司法院'释字第七四八号解释施行法"(同性婚姻、亲属)
2019	"病人自主权利法"(人格权、民法总则)

前揭20世纪60年代后制定的特别民法,涉及债法(尤其是契约、侵权行为)、物权法及亲属法(同性婚姻),调整了契约自由、过失责任、物权制度、未成年人福利及保护原则。每一个法律均扩大了"民法"的范围及功能,体现台湾地区的社会变迁及经济发展。

须注意的是,现行"民法"系继受欧陆法而属于大陆法系,前揭特别法采德国、日本立法例的,如"公寓大厦管理条例"。"动产担保交易法"则系继受美国法。其他法律的形式及实质则并受欧陆法及美国法的影响。如何兼采其长,整合融入既有的概念理论体系,互相渗透启发,使台湾地区私法的内容和思考方法(如法释义学及法律经济分析等),更为丰富,更具开创性,更能公平、有效率地发挥其规范功能,实为21世纪台湾地区民法学的重大任务。

值得特别指出的是,学习民法不应局限于民法典,而应扩张及于特别民法,依自己的志趣,选定一个特别法作为深入的研究对象,始能相互启发,深化对整个私法及社会变迁的了解,扩大视野,丰富思考能力,而有助于未来法律生涯的发展。专门研究特别法者亦应加强与民法典的联结,促进私法秩序的统一性。德国学者李塞耳(Riesser)及哥德休米特(Goldschmidt)的名言谓:"商法在交易错综之里程上,常作为民法之向导,且为勇敢之开路先锋。亦即成为民法吸取新鲜思想而借以返老还童之源泉。""民商两法之关系,譬之冰河,在其下流之积雪虽渐次消融,而与一般沉淀物混合,但其上流却渐次形成新的积雪。"①此等深具启示性的见解,可用以说明民法典及各个特别民法的相互渗透,彼此交流,共同建构私法秩序的关系。

第四节 民法的历史基础、伦理性、社会模式及民法的发展趋势

一、现行"民法"施行已有90余年,请观察近60年台湾地区社会变迁与"民法"发展的关系。试就父母对未成年子女亲权行使的问题,查阅"民法"、"'司法院'大法官解释"("宪法法庭"判决)、"儿童及少年福利与权益保障法"的规定加以说明。

二、探究如何以"人为本位",作为民法的伦理基础及一般法律原则,此等法律原则如何具体化于"民法"规定及具体案例,并如何影响"民法"的适用及发展。

第一款 百年"民法"的历史基础②

现行"民法"制定于1929年,完成于1930年,以1911年的《大清民律草案》为基础,迄今已90余年,实际上则有100年的历史基础。1895年清朝因甲午战争失败将台湾地区割让给日本。日本于1898年公布民法典,其内容体例基本上系采德国立法例,渐次施行于台湾地区,并建立司法、户籍、土地登记等制度。③ 1945年日本战败,台湾地区开始适用1929年制定的民法。如前所述,在大陆施行的民法,系继受德国民法,并受日

---

① 参阅郑玉波:《民法总则》,第34页。现代商法,源自欧洲商人法。拉德布鲁赫(Radbruch)在其著名的《法学导论》(Einführung in die Rechtswissenschaft)中曾谓:"商人法"(Kaufmannsrecht)是中世纪唯一的职业法,并且保留至今,它不只是历史的遗迹,而是具有更新的能力,很少有其他法律领域可堪与比拟。商人法因人类活动而不断充实,同时也丰富了整个私法制度。在个人主义的法律时代,商法总是成为普通私法的先驱和领导者。〔德〕古斯塔夫·拉德布鲁赫:《法学导论》,王怡苹、林宏涛译,商周出版社2011年版,第113页。

② 此一标题来自早年于英国剑桥大学旁听密尔松(S. F. C. Milsom)教授讲授英国法制史及阅读其名著 Historical Foundations of the Common Law (2nd, London 1981) 所获灵感。中译本参阅〔英〕S. F. C. 密尔松:《普通法的历史基础》,李显冬等译,中国大百科全书出版社1999年版。

③ 参阅王泰升:《台湾日治时期的法律改革》,元照出版公司1999年版;王泰升:《变迁中的台湾人民法律观》,载《月旦法学杂志》1999年第53期,第10页。

本民法的影响。现行"民法"因继受德国民法而接受了欧陆2000年来的法律制度及法学思潮。此种历史的巧合或命运,使台湾地区的私法秩序未因各种影响而被破坏,能够在稳固的基础上持续不断地成长发展。兹参照关于"民法"制定及发展的说明,以年代纪事显明百年"民法"的发展过程:

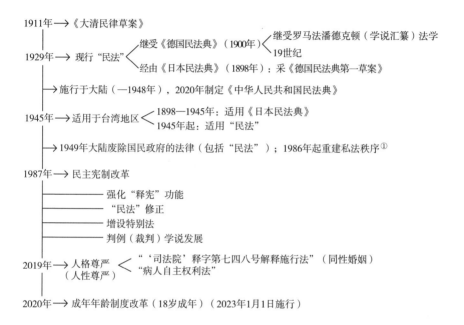

百年"民法"为台湾地区作出五个重要贡献:

---

① 1949年10月1日,中华人民共和国成立,1949年《中共中央关于废除国民党的六法全书与确定解放区的司法原则的指示》中明确,在人民民主专政的政权下,国民党的"六法全书"应该废除,人民的司法工作不能再以国民党的"六法全书"为依据,而应该以人民的新的法律作依据。同时司法机关应该经常以蔑视和批判"六法全书"及国民党其他一切反动的法律、法令的精神,以蔑视和批判欧美日本资本主义国家一切反人民的法律、法令的精神,以学习掌握马列主义—毛泽东思想的国家观、法律观及新民主主义政策来教育、改造司法干部。参阅郭道晖、李步云、郝钱川主编:《中国当代法学争鸣实录》,湖南人民出版社1988年版(此书为大陆著名法学家谢怀栻先生所赠,谨表谢意)。1978年后,为促进发展社会主义市场经济,开始重建民商法体系,先后完成《民法通则》(1986年)、《合同法》(1999年)、《物权法》(2007年)及《侵权责任法》(2009年),在立法及理论上取得了重大成就,而于2020年制定七编制的《民法典》(2021年施行)。比较研究两岸民法典及其适用,对于认识两岸社会发展及法学交流,具有积极重大的意义。所以特别提出此点,旨在强调私法理念及法秩序的重要性。

①使台湾地区法律制度科学化①,建立了较精确的法律概念,形成私法体系,以及法律适用上的逻辑、评价及论证的法学方法。

②引进了私法的理念及权利意识。

③为台湾地区社会经济发展提供了稳定合理的私法秩序。

④为台湾地区形成创造了一个以人格尊严(人性尊严)、个人自由平等为基础的私法社会。

⑤值得特别提出的是,伴随着"民法"的发展,产生一个由法官、律师及学者组成的法律人社群(法律职业团体),共同关心、促进、维护法律的进步发展。

第二款　以人为本的民法

第一项　人的目的性及相互尊重的伦理基础

各国或地区法律多以一定之人的图像(Menschbild)为规范基础。不同的时代、不同的国家或地区常以不同的"人的图像"建构不同的私法制度。现行"民法"系以"人"为本位,开宗明义揭示于"民法"第6条:"人之权利能力,始于出生,终于死亡。"在立法技术上明定人之权利能力的存续期间,更将人(Person)、权利主体(Rechtssubjekt)及权利能力(Rechtsfähigkeit)三者等同视之。其伦理基础则在于"人的互相尊重":即每个人得要求他人尊重其存在及尊严,而此更须以尊重他人为前提。诚如康德所提出的道德上基本诫命:"人之为人,其自身系属目的,不得仅以目的使用之。"并如黑格尔所云:"法的基本命令是:自以为人,并敬重他人为人。"②民法系以此伦理的人格性作为人的关系,其体现于法律的,系

---

① 德国著名罗马法学家 Koschaker 在其名著 Europa und das römisches Recht (2. Aufl., München 1953) 中认为,德国继受罗马法的主要意义是使德国法制科学化(Verwissenschaftlichung des deutschen Rechtswesens)。台湾地区因继受德国法,而承继了欧陆2000年私法发展的成果。

② Kant, Grundlegung der Metaphysik der Sitten, 2 Abschnitt: „Handele so, dass du die Menschheit sowohl in dieser Person als in der Person jedes anderen zugleich als Zweck, niemals bloss als Mittel brauchst."康德的思想体现于其墓碑上的名言:"在我头上者,繁星之天空;在我心中者,道德之法则。" (Der bestirnte Himmel über mir und das moralische Gesetz in mir.) Hegel, Grundlinien der Philosophie des Rechts, § 36: „Das Rechtsgebot ist daher: sei eine Person und respektiere die anderen als Person."学者王伯琦在其名著《近代法律思潮与中国固有文化》(法务通讯杂志社1981年版)中,对独立人格观念的建立及逻辑体系的建立有极为深入精辟的阐释,每次读之,多获启发。

相互肯定为同享权利与义务的主体。此种法律上的基本关系,乃人类社会生活及每一个个别法律关系的基石。

第二项　人格尊严的"宪法"理念

人格尊严(人性尊严)是整个法律秩序的最高原则,近年来具体化于"司法院"大法官会议所作成的三个解释之上①:

①人格尊严与人格权。"司法院"释字第399号解释谓:姓名权为人格权之一种,人之姓名为其人格之表现,故如何命名为民众之自由,应为"宪法"第22条所保障。本件解释的重要性在于第一次肯定人格权为受"宪法"保障的基本权利(参见"司法院"释字第585、603、664、689号解释理由书及"宪法法庭"2022年宪判字第2号判决)。

②人格尊严与婚姻制度。"司法院"释字第748号解释理由书谓:适婚民众而无配偶者,本有结婚自由,包含"是否结婚"暨"与何人结婚"之自由(参见"司法院"释字第362号解释)。该项自主决定攸关人格健全发展与人性尊严之维护,为重要之基本权(a fundamental right),应受"宪法"第22条之保障。按相同性别二人为经营共同生活之目的,成立具有亲密性及排他性之永久结合关系,既不影响不同性别二人适用婚姻章第一节至第五节有关订婚、结婚、婚姻普通效力、财产制及离婚等规定,亦未改变既有异性婚姻所建构之社会秩序;且相同性别二人之婚姻自由,经法律正式承认后,更可与异性婚姻共同成为稳定社会之盘石。复鉴于婚姻自由,攸关人格健全发展与人性尊严之维护,就成立上述亲密、排他之永久结合之需求、能力、意愿、渴望等生理与心理因素而言,其不可或缺性,于同性性倾向者与异性性倾向者间并无二致,均应受"宪法"第22条婚姻自由之保障。现行婚姻章规定,未使相同性别二人,得为经营共同生活之目的,成立具有亲密性及排他性之永久结合关系,显属立法上之重大瑕疵。于此范围内,与"宪法"第22条保障民众婚姻自由之意旨有违。

③人格尊严与财产权。"司法院"释字第400号解释谓:"宪法"第15条关于民众财产权应予保障之规定,旨在确保个人依财产之存续状态行使其自由使用、收益及处分之权能,并免于遭受公权力或第三人之侵害,俾能实现个人自由、发展人格及维护尊严。如因公用或其他公益目的

---

① 参阅王泽鉴:《人格权法》,北京大学出版社2013年版,第61页以下。

之必要,政府机关虽得依法征收民众之财产,但应给予相当之补偿,方符"宪法"保障财产权之意旨。

第三项 民法基本原则

基于人的本位及人格尊严的伦理基础,产生了民法的基本原则。关于民法基本原则及其演变,包括契约自由及契约自由的限制、由过失责任趋向无过失责任、所有权的绝对性及所有权的社会化,在此难以详论(请参照契约法、侵权行为法及物权法的论述)。兹提出自由、责任、社会关怀及信赖保护四个原则加以阐述:

一、自由

民法的首要任务在于保护人的自由,即维护人的个体性及人格关系。肯定每个人皆为权利义务的归属主体,而非他人支配的客体,得以平等地位从事法律生活。权利能力及行为能力不得抛弃(第16条)。人的自由应受保障,不得抛弃(第17条第1项)。个人在其私人领域享有法律上的自由,并得与他人形成彼此间的法律关系,因而建立了私法自治(尤其是契约自由)及权利行使自由原则。

二、责任

人既为权利主体,享有行为自由,自应就其行为负责。法律责任须以法律上的归责为前提,在侵权行为方确立过失责任原则(第184条)。在契约方面产生契约应予遵守原则及债务不履行责任(第226—227条等)。

三、社会关怀

"人的互相尊重"伦理原则的法律化,乃指个人之自由的范围及权利的行使应顾虑他人或更高的价值利益。故自由得因维护公共秩序或善良风俗的必要而受限制(第17条第2项)。法律行为不得违反强制或禁止之规定(第71条),亦不得有背于公共秩序或善良风俗(第72条)。权利的行使不得违反公共利益,或以损害他人为主要目的;行使权利,履行义务,应依诚实及信用方法(第148条)。其他规定,例如损害赔偿要顾及债务人的生计(第218条)、亲属间的扶养义务(第1114条)、特留分制度等。上述规定所体现的民法社会性亦应扩大对弱势者的关怀,尤其是对劳动者及消费者的保护,并及于对高龄生存配偶居住权的保障。①

四、信赖保护

对他人的尊重亦产生了信赖保护原则,并以不同的形式表现于"民法",如法律行为上意思与表示不一致时所采的表示主义(第88条)、因意思表示错误而发生的信赖利益损害赔偿责任(第89条)、表见代理(第169条)、诚实信用原则上的权利失效,以及物权善意取得(第759条之1、第801条、第948条以下)等。

前揭法律基本原则多明定或蕴含于"民法"总则编,从而"民法"总则编的重要性非仅在外部体系上设共同适用规定,更在于其所彰显体现的内在价值体系。此为学习"民法"总则编所应有的基本认识与所应把握的方法,期能更深刻体会及致力于实践以人为本位、维护人格尊严的私法秩序。

民法:以人为本位 — 人格尊严
- 自由平等
- 自我负责
- 社会关怀
- 信赖保护

第三款　社会模式的变迁与"民法"发展

一、"民法"的社会模式

现行"民法"系以"人"为本位,但人非遗世而孤立,而是具有社会性,共营社会及经济生活,因此"民法"乃以一定的社会模式为出发点,并因应社会变迁而发展。如前所述,现行"民法"基本上系采德国立法例,《德国民法典》制定于19世纪及20世纪交替之际,其社会模式系以手工业、个别商人为主的资本主义体制,《德国民法典》以之为基础而采取个人主义的契约自由,保护个人主义的所有权,其亲属法则以小家庭为规范对象,具有浓厚的家父思想。《德国民法典》制定于1896年,施行于1900年,已届满百年,历经第二帝国、第一次世界大战、第三帝国纳粹政

---

① 参阅邓学仁:《高龄生存配偶居住权之保障》,载《月旦法学教室》2023年第244期,第13页;魏大晓:《高龄生存配偶就婚姻住宅法定居住权研议》,载《政大法学评论》2021年第165期,第1页。

权企图制定 Volksgesetzbuch(《人民法典》)取代《德国民法典》,第二次世界大战后,德意志民主共和国改采社会主义法制及其终结,最后终又统一于德国民法及基本法的价值理念。在法学上经由 19 世纪的概念法学、20 世纪的利益法学及第二次世界大战后的评价法学(价值法学),建构了法之适用及思维方法。①

现行"民法"于 20 世纪 30 年代制定施行之际,当时仍属农村家族社会,欠缺以个人为本位的权利意识。此种超前立法使法律与现实脱离,但在某种程度上也引导着社会变迁,并因着社会变迁影响着"民法"的发展,而使台湾地区的社会模式经历了重大变迁。20 世纪 60 年代的土地改革、70 年代以后快速的经济成长、长期间威权统治等,使台湾地区逐渐成为一个社会法治区域,应予提出的有三:

①社会正义与风险管控:经济的发展及科技的进步,使台湾地区成为一个以工商业为主,产品与服务并重的后工业信息社会。财富的增加、人格的自觉,使个人拥有较多可支配的财产、较多的自由及较实质的平等。但此种发展也带来许多有待克服的问题,如契约正义的维护、各种意外事故损害的防范与危险的合理分配,以及所有权的保护与社会化等。

②社会力的解放与法律进步:劳工、妇女、环保及消费者保护等运动,释放了长期被压抑的社会正义的意识,以更有组织的力量由下而上促进相关法律的研拟制定。

③民主化与宪制改革:经济的发展及社会力的释放,促成了 1987 年以来的民主化过程及宪制改革,确立自由民主宪制原则,强调基本人权的保障,强化大法官"释宪"功能,以及逐步实现法治福利社会的"宪法"理念。

二、共同协力的发展机制

为因应台湾地区社会的演变,"民法"担负着如何维护人的尊严,保障个人自由平等的重大使命。为达成此项任务,必须动员各种机制,如经由判例(广义,除所谓判例外,包括其他裁判)学说的协力促成"民法"的

---

① Vgl. Wieacker, Privatgeschichte der Neuzeit (2. Aufl., Göttingen 1967); Wieacker, Das Sozialmodell der klassischen Privatrechtsgesetzbücher und die Entwicklung der modernen Gesellschaft (Göttingen 1953). 关于其发展过程、修正与欧洲化,参阅 Bürgerliches Gesetzbuch 1896 – 1996, Ringvorlesung veranstaltet von der Juristischen Fakultät der Universität Augsburg, anlässlich ihres 25 jährigen Bestehens, sowie der Verkündung des BGB vor 100 Jahren (München 1997).

变迁;借着"司法院"大法官的"合宪性"审查,使"宪法"基本权利的价值实践于"民法"及法院的判决;透过"民法"的修正及特别法的制定调整既有的立法政策及法律体系。

兹以两性平等及对未成年人亲权行使为例加以说明:旧"民法"第1089条规定,关于父母对于未成年子女权利之行使意思不一致时,由父行使之。1994年9月23日"司法院"释字第365号解释认为上开"民法"规定与"宪法"第7条民众无分男女在法律上一律平等及"宪法"增修条文第9条第5项消除性别歧视意旨不符,应予检讨修正,并应自本件解释公布之日起,至迟于届满2年时,失其效力。1996年9月25日修正公布"民法"第1089条规定:"对于未成年子女之权利义务,除法律另有规定外,由父母共同行使或负担之。父母之一方不能行使权利时,由他方行使之。父母不能共同负担义务时,由有能力者负担之。父母对于未成年子女重大事项权利之行使意思不一致时,得请求法院依子女之最佳利益酌定之。法院为前项裁判前,应听取未成年子女、主管机关或社会福利机构之意见。"又为保障儿童及少年的身心健康及福利,2003年制定的"儿童及少年福利与权益保障法"关于儿童或少年的收养、亲权或监护权的停止或监护人之改变,设有详细规定(请查阅相关条文),实践落实了"宪法"基本权利的防御功能及社会保护义务。

三、"民法"的发展趋势

关于"民法"的修正发展及其未来的趋势,非本书所能详论,兹列举八项,用供参照:

①加强对人格的保护。"民法"第195条扩大人格关系被侵害的慰抚金请求权(并参阅第227条之1)。在侵权行为法上调和言论自由与人格权保护。

②定型化契约的规定。为实践私法自治原则,兼顾契约自由及契约正义,分别于"消费者保护法"(第11条以下)及"民法"(第247条之1)增设关于规范定型化契约的规定。

③侵权行为归责原则的调整。为合理分配意外灾害的损害,债编修正调整了侵权行为法的归责原则,就商品制造人责任、动力车辆驾驶人及危险事业责任,创设了三个推定过失的特别侵权行为(参阅第184条第2项、第191条、第191条之1、第191条之2、第191条之3等规定)。

④团体化的保护及损害赔偿。个人自由的维护及权利的实现得借助团体的协力,其主要者有:A.劳动者组织工会,与雇主订立团体协约(参阅"团体协约法")。B."消费者保护法"第49条规定,消费者团体得以自己之名义提起诉讼(详见同法第49条以下规定)。C.损害赔偿或补偿的集体化,即经由强制责任保险(如"强制汽车责任保险法")、无过失补偿(如"犯罪被害人保护法")及社会安全制度(如"全民健康保险法"),更公平、有效率地分散损害。

⑤物权法的现代化。于2007年、2009年、2010年全面修正,调整物权种类及内容(如废除永佃权,增设第850条之1农育权及第881条之1最高限额抵押权),更进一步健全财产权的保护,促进物尽其用的效率,并重视用益物权的行使应注意土地生产力的保持或得永续经营的理念(第850条之6)。

⑥身份法的"宪法化"。为实现"宪法"保障两性平等及未成年子女利益的原则,亲属编曾数次修正。继承法最重要的修正系于"民法"第1148条第2项规定:"继承人对于被继承人之债务,以因继承所得遗产为限,负清偿责任。"

⑦诚实信用原则的一般化。旧"民法"第219条规定:"行使债权,履行债务,应依诚实及信用方法。""最高法院"曾据此规定认为诚实信用原则仅适用于债之关系。① 为使诚实信用原则成为规范私法关系的帝王条款,1982年1月4日增订"民法"第148条第2项:"行使权利、履行义务,应依诚实及信用方法。"其后"消费者保护法"第12条第1项又规定:"定型化契约中之条款违反诚信原则,对消费者显失公平者,无效。""民法"债编修正更增订"民法"第245条之1,规定当事人为准备或商议订立契约,显然违反诚实及信用方法者,应负损害赔偿责任(请查阅条文)。此三项规定使诚实信用原则得用于规范权利的行使及义务履行,得用于控制定型化契约条款的效力,得作为发生先契约义务的依据,对"民法"发展具有重大深远的意义。应附带提及的是,《德国民法典》第242条同于旧"民法"第219条规定,但经由判例学说的协力早在半世纪前即兼具上述诸种机能。由是观之,"民法"的修正固属重要,但法律的有机发展

---

① 参阅王泽鉴:《诚信原则仅适用于债之关系?》,载王泽鉴:《民法学说与判例研究》(第一册),北京大学出版社2009年版,第149页。

终有赖于判例学说共同协力所促成的"宁静革命",以及对法学方法的思考、反省与更新。

⑧全球化的发展。现代化与全球化是目前各国或地区法律的重要课题,致力于重新检视民法的历史基础、传统体系架构及理论发展,使其更能适应当代社会经济变迁的需要。20世纪70年代开始的欧洲私法统一运动,采用比较方法,发现萃取各国私法的共同核心(common core),借以整合欧洲各国的私法,并以制定欧洲民法典为目标。2009年欧盟提出《欧洲示范民法典草案:欧洲私法的原则、定义与示范规则》(Draft Common Frame of Reference,简称DCFR)。欧洲私法整合的重点是契约法,除"欧洲契约法原则"(Principles of European Contract Law,简称PECL)外,尚有二个重要的国际契约法文件,即1980年《联合国国际货物销售合同公约》(United Nations Convention on Contracts for the International Sale of Goods,简称CISG)及私法统一协会(UNIDROIT)所提出的《国际商事合同通则》(Principles of International Commercial Contracts,简称PICC,有1994、2004、2010年版)。DCFR、PECL、CISG、PICC(请记住这些简称)四个契约文件体现契约法国际化的趋势,四者的性质、适用范围各有不同,但内容多相互参考,具有共通性,也因此发挥其影响力,更受重视,在台湾地区应列为大学的教学研究课题。必须特别指出的是,契约法的整合涉及民法总则上若干基本问题,如信守承诺及其履行、错误、诈欺、告知义务及诚实信用原则等。比较法的研究,可供探寻不同的规范模式,发现异同,知己知彼,有助于"民法"的发展。①

"民法"债编于1999年修正,确有助于使"民法"更能适应社会的需要。其修正条文虽多,但仍以现行法律体系架构为基础,属于补充修缮的性质,并未彻底检讨调整其基本原则及体系构造。鉴于欧洲私法整合,德国(2002年)、日本(2017年)债法现代化的变迁,实有再次修正的必要,其理由有五:

---

① 参阅陈自强:《整合中之契约法》,元照出版公司2011年版;Zimmermann/Whittaker(eds.), Good Faith in European Contract Law (Cambridge 2000)(中文译本参阅〔德〕莱因哈德·齐默曼、〔德〕西蒙·惠特克主编:《欧洲合同法中的诚信原则》,丁广宇、杨才然、叶桂峰译,法律出版社2005年版); Gordley (ed.), The Enforceability of Promises in European Contract Law (Cambridge 2001); Ruth Sefton-Green (ed.), Mistake, Fraud and Duties to inform in European Contract Law (Cambridge 2009). 以上三书系英国剑桥出版社The Common Core of European Private Law系列丛书。

①以再法典化的理念,检讨"民法"与特别法的关系,重整债务不履行的法律构造等根本问题。

②使契约法能与国际接轨。推动全球化的经济贸易活动。

③台湾地区"民法"深受德国、日本的影响,若不能与其衔接,将不利判例学说的发展,恐使台湾地区法律与民法学孤立、边缘化,无对话交流的"共同语言"。

④"民法"的第二次修正若能借鉴他人的经验,而有所创新,将使台湾地区更能积极有贡献地参与东亚法律的整合与发展。

⑤私法的全球化与现代化将带动民法学的研究,吸引更多的人才,丰富教学研究的内容,活化停滞不进的民法学。

第五节　民法的学习、教学研究

——请求权基础与案例研习

一、(饮料自动贩卖机故障案):甲在某大学摆设饮料自动贩卖机,乙投入三个10元硬币购买一罐咖啡,咖啡出来后,该三个10元硬币因机器故障跳出,乙见四处无人,乃取该三个10元硬币放入口袋,适为甲的职员所发现。试问甲得否向乙请求返还该三个10元硬币?

二、(法律系学生租屋被拒案):甲住澎湖,考上台北某大学,急于寻找租屋。某日在大学附近发现乙在某公寓前张贴租屋广告:"A屋出租:10坪套房,厨浴俱全,租金每月1万元,水电另计,租期最少1年,即可入住。"甲入内参观,甚为满意。甲于3日后到乙处,表示租屋,同意所提条件,并郑重表明自己是法律系学生。乙回答:"不愿出租给法律系学生。"甲表示乙有歧视,坚持租赁契约成立,乙有交屋义务,有无理由?

三、(未成年人无权处分其父小提琴案):甲系某交响乐团的小提琴手,因妻遭车祸死亡,忧虑成疾住院。其17岁的独子乙,擅将其父之B琴与18岁丙的C机车互易,并交付之,丙明知该琴非属乙所有。甲闻知其事,怒甚,心脏病猝发死亡,乙悲痛不已。一个月后,乙成年,向丙请求返还B琴,丙拒绝之,有无理由?

以上三个案例对于法律初学者较为困难,旨在强调案例的重要,可先理解其思维方法,因其较为困难,须在学习民法过程中反复思考及复习,演练、培养法律思维及论证能力。

第一款　请求权基础方法与案例研习①

一、案例研习的重要

法律系实用之学,法律人的重要任务在于处理具争议性的案例,案例研习应为法学教育的重点,须通过具体案例,始能精确理解抽象法律规定及其概念体系,培养法之适用及论证说理的能力。具体案例或采自法院判决,或来自学说争点,此种结合判例及学说的教学研究有助于强化法律人的专业素养,提升法院裁判的品质。

二、请求权基础方法

(一)请求权基础的意义

处理实例或案例研习基本上应采请求权基础方法。请求权基础又称为请求权规范基础,指得支持一方当事人(原告)向他方当事人(被告)有所请求的法律依据。兹举一例以供参考:甲出租 A 屋给乙,租期届满后,乙擅自将该屋出租于丙,甲得对乙、丙主张何种权利?(阅读条文!)

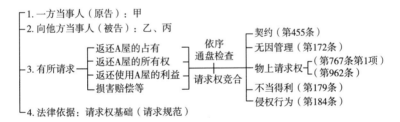

---

① 参阅王泽鉴:《民法思维》,北京大学出版社2022年重排版,第34页以下;刘昭辰:《民法总则实例研习》,三民书局2009年版;刘昭辰:《债法实例研习》,三民书局2010年版;刘昭辰:《物权法实例研习》,三民书局2013年版。推广请求权基础方法在台湾地区民法上的教学研究,甚具参考价值。另参见陈聪富:《民法案例分析方法:民法总则案例解说举隅》,载《月旦民商法杂志》2022年第75期,第6—46页;黄松茂:《民法学与请求权基础思维——优势、极限与反思》,载《台湾法律人》2022年第15期,第35—47页;陈忠五:《裁判阅读与法学素养》,载《月旦法学教室》2022年第240期,第61页;游进发:《民法研究方法论》,载《台湾法学杂志》2021年第415期,第13页。

(二)请求权基础方法的功能

①请求权是民法(私法)的构造性概念,指一方当事人得向他方请求为一定给付(作为或不作为)的权利。请求权整合散布"民法"各编及整个私法的法律关系。处理一个法律问题,实乃适用"民法"全部条文,以请求权基础贯穿组构法律关系。

②法治原则,依法律实现正义,体现于"民法"第 1 条:"民事,法律所未规定者,依习惯;无习惯者,依法理。"

③请求权基础在诉讼上具有重要作用,即民事诉讼的诉之标的,诚如"最高法院"1997 年台上字第 3760 号判决所言:"按因故意或过失不法侵害他人之权利者,负损害赔偿责任,故意以背于善良风俗之方法加损害于他人者亦同,'民法'第 184 条第 1 项定有明文。本项规定前后两段为相异之侵权行为类型。关于保护之法益,前段为权利,后段为一般法益。关于主观责任,前者以故意过失为已足,后者则限制须故意以背于善良风俗之方法加损害于他人,两者要件有别,请求权基础相异,诉讼标的自属不同。"

(三)请求权基础方法及历史方法

处理实例应采请求权基础方法,并辅之以历史方法。历史方法系以事实的发展过程认定当事人间的法律关系,此多用于判断契约是否成立及物权变动(请参阅下文关于案例一的说明)。

(四)请求权基础的规范、辅助规范与反对性规范

请求权基础系由完全法条所构成,包括要件及法律效果。法律适用系将具体案例事实涵摄于其要件之下,而发生一定的法律效果。请求权基础涉及法律解释及法律续造(请求权基础的创设),将于本书第二章"民法的法源及法律的适用"中详为说明。

为辅助请求权规范(Anspruchsnorm),法律另设有辅助规范(Hilfsnorm),属不完全法条,包括定义性法条、补充性法条、拟制性法条(视为)及准用性法条(比照、依……)规定。

应特别提出的是与请求权规范对立的反对性规范,包括权利不发生、权利已消灭、权利行使障碍。此种对立性构造对于处理当事人间的权利义务关系至为重要,将于相关部分再为详论,为便于了解,图示如下(请查阅条文!):

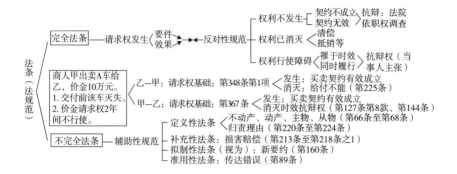

三、处理案例的步骤[①]

①确实精确研读了解案例:对较复杂的三人(多人)关系,得图示其法律关系(人、事、时、地)。

②针对提出的问题解答:如 A.甲得否向乙请求价金。B.当事人间的法律关系如何？于此情形应讨论所有的请求权基础。

③检查次序:原则上应依契约、类似契约(缔约过失)、无因管理、物上请求权、不当得利、侵权行为的次序检讨其请求权基础,此乃基于避免重复的目的考虑,例如有契约关系时,不发生缔约过失,不成立无因管理、物上请求权、不当得利。须强调的是,应全面检查所有可能的请求权基础,并说明其竞合关系。

④解题结构:解答时应参照前揭说明,作成简明解题结构。

⑤案例解答有裁判及鉴定二种体裁:裁判体裁系先有结论,再说理由,例如甲得向乙依"民法"第 767 条第 1 项前段规定请求返还 A 车,因为甲系所有人,乙系无权占有。在鉴定体裁,其结论在后,即先提出大前提(甲得否向乙依"民法"第 767 条第 1 项前段规定请求返还 A 车),分析其要件,再就案例事实为涵摄,以认定是否该当于其要件,而获致"因此,甲得(或不得)向乙请求返还 A 车"的结论。案例研习应采鉴定体裁,涉及简单问题时得采裁判体裁。

---

① 参阅王泽鉴:《民法思维》,北京大学出版社 2022 年重排版,第 25 页以下。

第二款 （案例一）饮料自动贩卖机故障案①

一、思考构造

兹借案例一（饮料自动贩卖机故障案，本书第38页），说明请求权基础方法的基本问题。为便于理解，先图示其思考模式：

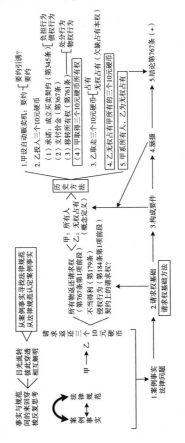

---

① 笔者于1964年先后到德国海德堡大学、慕尼黑大学留学。德国教授讲授民法总则时常举自动贩卖机的案例，带领学生学习思考处理案例的方法，以便更深刻理解民法基本概念（例如三个10元硬币是三个动产所有权）、契约如何成立，区别负担行为（买卖、契约）及处分行为（物权行为）。德国教授上课时一再提到请求权基础（Anspruchsgrundlage），至今印象深刻，其情景犹在眼前。此种教学方法使台湾地区留学生受到震撼，因为当时台湾地区教学偏重基本概念、体系、理论等，并未采用案例教学，学生多不具备处理案例方法的认识及能力。近年来台湾地区教学研究推广请求权基础方法及案例研习，强化了法律能力。法院开庭时法官常会问律师："当事人的请求权基础？"此有助于提升诉讼的效率及司法的品质。

二、事实与规范

处理案例(无论是法学教育的案例演习、司法考试或法院诉讼)的基本步骤在于认定事实,明确案例问题(法律问题),寻找适用的法律规范(请求权基础),即由事实寻找规范,借规范认定事实,应在事实与规范之间来回穿梭思考,目光流转于二者之间,彼此贯穿、相互解明。为此必须了解法律的规范体系。

三、请求权基础及历史方法

基于事实与规范的来回思考,而寻找检查认定甲得否向乙请求返还三个10元硬币的请求权基础,包括物上请求权(第767条第1项前段)、不当得利(第179条)、侵权行为(第184条第1项前段)、契约上请求权。

本件案例对于初习民法者不易理解,但先为解说,引导进入法律思考的世界,认识法之适用的过程及请求权基础方法的运用。

(一)物上请求权

①甲得向乙依"民法"第767条第1项前段规定请求返还该三个10元硬币,须甲系该三个10元硬币的所有人,乙为无权占有(此须依历史方法加以认定)。

A. 甲摆设自动贩卖机,是为要约,而非要约引诱。

B. 乙投入三个10元硬币,系以默示意思表示对甲的要约为承诺,因互相意思表示一致(第153条第1项),而在甲与乙间成立买卖契约(第345条)。

C. 乙投入三个10元硬币乃在履行其支付价金的义务(第367条)。

D. 乙将三个10元硬币投入甲的自动贩卖机,具移转其该动产所有权的让与合意,并为交付,使甲取得该三个10元硬币的所有权(第761条)。

E. 该三个投入甲的自动贩卖机的10元硬币,因机器故障而跳出,其所有权仍归属于甲。乙擅取之放入口袋,因欠缺占有本权,成立无权占有。

②甲得向乙依"民法"第767条第1项前段规定请求返还其占有的三个10元硬币。

(二) 不当得利请求权

①甲得向乙依"民法"第 179 条规定请求乙返还三个 10 元硬币的占有,其要件须乙受有利益,侵害甲的权益归属,致甲受损害,无法律上原因(权益侵害型不当得利)。

A. 乙占有甲所有的三个 10 元硬币,受有利益。"民法"第 179 条所称受有利益,除权利外,尚包括占有在内。

B. 乙占有三个 10 元硬币,侵害归属于甲的权益,致甲受损害。

C. 乙无权占有甲所有的三个 10 元硬币,欠缺法律上原因。

②甲得向乙依"民法"第 179 条规定请求返还三个 10 元硬币的占有。

(三) 侵权行为损害赔偿请求权

①甲得向乙依"民法"第 184 条第 1 项前段规定请求返还三个 10 元硬币,其要件须乙系故意或过失不法侵害甲的所有权,而应负损害赔偿责任。

A. 乙取走甲所有的三个 10 元硬币,系侵害甲的所有权,乙的侵害行为具不法性。乙系故意侵害甲的所有权。

B. 乙对甲负损害赔偿责任,应回复甲损害发生前原状(第 213 条第 1 项),返还其取走的三个 10 元硬币。

②甲得向乙依"民法"第 184 条第 1 项前段规定请求返还三个 10 元硬币。

(四) 契约上请求权?

乙向甲所摆设的自动贩卖机投入三个 10 元硬币购买咖啡,成立买卖契约,并履行其支付价金及受领标的物的给付义务(第 367 条)。其所投入的硬币因自动贩卖机故障而跳出,乙应否将其再为投入,涉及契约后附随义务,乃契约法上的问题,暂置不论。①

第三款 (案例二)法律系学生租屋被拒案

一、解题思考

(一) 要约、要约引诱、契约成立

关于契约成立,首先应区别好意施惠行为与契约,其次应明辨要约引

---

① 参阅王泽鉴:《债法原理》,北京大学出版社 2022 年重排版,第 31—32 页。

诱与要约。要约与要约引诱二者不易区辨,"民法"特就二种常见的争议问题明文加以规定。"民法"第154条第2项规定:"货物标定卖价陈列者,视为要约。但价目表之寄送,不视为要约。"所谓不视为要约,系指要约引诱。货物标价视为要约,但要约人得预先声明不受拘束(例如标示货物为样本,第154条第1项但书)。报纸上常见各种人事广告及房屋买卖、房屋出租广告,特设本例说明要约与要约引诱的区别,及其所涉的私法自治、契约自由原则。

案例研习要从法律系一年级开始。要精确研读案例事实,须对涵摄的概念加以定义,发现问题重点,针对争点,详为论证。请先建构解题纲要,自行作答,再与以下解答加以比较研究。

(二)解题构造

一、甲得否向乙依"民法"第423条规定请求交付A屋?
 (一)租赁契约:甲与乙相互意思表示一致(第153条)
    1. 乙的要约?
      (1)要约:受法律上拘束的意思表示(要约的定义?如何定义?)
      (2)出租房屋系对公众邀约:要约引诱
      (3)不成立要约
    2. 甲的要约
      (1)受拘束的意思表示:要约
      (2)要约发出:对话
      (3)要约生效:乙了解(第94条)
    3. 乙的承诺
      (1)乙拒绝承诺(契约自由)
      (2)要约消灭
 (二)租赁契约不成立
二、甲不得向乙依"民法"第423条规定请求交付A屋

二、解说

①甲得向乙依"民法"第423条规定请求交付A屋,须甲与乙间要约与承诺二个意思表示相互一致成立租赁契约(第153条)。

首须认定的是,乙出租A屋的广告是否为要约。要约系欲以一定可

确定的要素(如买卖标的物与价金)与相对人成立契约,在法律上受拘束的意思表示。乙出租 A 屋的广告内容包括标的物及租金,虽具可确定的要素,但因系对公众为邀约,不具在法律上受拘束的意思。之所以如此解释,其理由有二:A.若属要约,乙将与任何为承诺之多数人成立契约,承担不能履行的违约责任。B.是否成立租赁契约亦须考虑相对人的性质、支付能力等。乙出租套房的广告非属要约而系要约引诱。

甲因乙的要约引诱而对乙为表示愿以所提条件承租 A 屋,其内容可得确定,并具受法律上拘束的意思,应认系对乙为对话要约,因乙的了解而发生效力(第 94 条)。乙对甲表示不愿出租,系拒绝甲的要约。要约经拒绝者,失其拘束力(第 155 条),要约归于消灭。因此在甲与乙间并未因要约与承诺相互一致表示而成立租赁契约。

值得提出的是,甲以乙系法律系学生拒绝租屋,具有歧视性。拒绝要约不必说明理由,乃在体现缔约自由。乙对甲表示:"不愿出租给法律系学生。"或系基于以前经验,或为避免纠纷,或出于其他缘由,非径可认为具有歧视性。拒绝缔约的理由纵使具有歧视性,并不因此使乙负有缔约的义务,甲与乙间不成立租赁契约。

②甲不得向乙依"民法"第 423 条规定请求交付 A 屋。

第四款 (案例三)未成年人无权处分其父小提琴案

案例三(请再阅读,本书第 38 页)是一个较为复杂的案例,但有助于了解"民法"五编的综合运用关系,亦请精确理解案例事实,明确法律问题,发现争点,详为论证,并构思解题结构,先自行作答。

①关于乙对丙主张返还 B 琴的请求权基础,应检讨的是"民法"第 767 条第 1 项前段:"所有人对于无权占有或侵夺其所有物者,得请求返还之。"乙依此规定向丙请求返还 B 琴,须具备二项要件:A.乙为该琴的所有人。B.丙为无权占有。

A. 乙是否为 B 琴的所有人?

a. B 琴系动产(第 67 条),属甲所有。

b. 乙擅将 B 琴与丙的 C 机车互易。互易乃当事人双方约定互相移转金钱以外之财产权的契约,准用买卖之规定(第 398 条)。准此以言,乙与丙就互易之标的物互相同意时,互易契约即为成立(准用第 345 条第 2

项)。至于当事人意思表示是否一致,应依"民法"第153条以下规定认定之,就本案例的事实而言,可径为认定。乙仅17岁,尚未成年(第12条),系限制行为能力人(第13条第2项)。限制行为能力人未得法定代理人之允许,所订立之契约,效力未定(第79条)。又限制行为能力人于限制原因消灭后(如成年),其所订立的契约并不因此有效,仍须经其承认,始生效力(第81条)。乙于成年后向丙请求返还B琴,应解为拒绝承认(第81条),其互易契约不生效力。

c. 乙将B琴交付于丙,应认当事人间有让与合意(第761条第1项),作成移转该琴所有权的物权契约(物权行为、处分行为)。关于当事人间之让与合意,应类推适用"民法"第153条以下之规定,就本案例的事实言,亦得径为认定。"民法"第79条所谓契约,除债权契约(如买卖、互易)外,尚包括物权契约在内,未得法定代理人之允许时亦不生效力。

d. 物权行为因其作成而直接引起标的物所有权的移转,属处分行为。为处分行为之人对于权利标的物无处分之权能时,其处分行为不生效力。处分权原则上属于标的物所有人。B琴系属甲所有,乙擅将之让与丙,自属无权处分,未经甲之承认,不生效力(第118条第1项)。

e. 甲死亡后,乙为其独生子,为甲遗产继承人,承受甲财产上之一切权利义务(第1138条第1款、第1148条第1项),故乙取得B琴所有权。"民法"第118条第2项规定,无权利人就权利标的物为处分后,取得其权利者,其处分自始有效。惟乙为处分行为时,系属限制行为能力,效力未定。乙于成年后,又拒绝承认,解释上应包括互易契约及对B琴的处分,其处分行为确定不生效力,B琴所有权仍属乙。

B. 丙系无权占有。

丙虽受让乙交付的B琴,但并未取得其所有权,已如上述。又乙与丙间的互易契约因乙拒绝承认而不生效力,丙占有B琴,欠缺物权及债权上的本权,应成立无权占有。

②结论:乙系B琴之所有人,丙为无权占有,乙得向丙依"民法"第767条第1项前段规定请求返还B琴。

为使读者对以上说明有较简明的了解,兹将法律关系图示如下:

```
乙  ┌(一)请求权基础：第767条第1项前段·············物    权┐
│   │  1.乙系所有人？                                    │
│   │    (1)甲系小提琴所有人：动产所有权：第67条·······总    则│
│   │    (2)乙与丙间的互易契约：第398条··············债编各论│
│   │      ①成立                                         │
│   │        A：第398条准用第345条第2项············债编各论│
│   │        B：意思合致：第153条···················债编通则│
│   │      ②生效？                                       │
│   │        A：乙系限制行为能力人：第12条、第13条第2项····总    则│
│   │        B：未得允许所订契约┌第79条··············总    则│
│   │                            └第1086条·············亲    属│
│   │        C：乙成年后拒绝承认，契约确定不生效力：第81条··总    则│
│   │    (3)乙与丙间的物权契约（处分行为）                 │
│   │      ①成立                                         │民
请  │        A：让与合意┌第761条·····················物    权│法
求  │                    └第153条以下类推适用········债编通则│各
返  │        B：交付：第761条·························物    权│编
还  ├▶                                                    │规
其  │      ②效力                                         │定
琴  │        A：限制行为能力人所订立的物权契约：第79条·····总    则│的
│   │            a.未得法定代理人允许：第79条·········总    则│适
│   │            b.乙于成年后拒绝承认，确定不生效力：第81条·总    则│用
│   │        B：无权处分：第118条第1项·················总    则│
│   │    (4)乙继承甲：第1138条··························继    承│
│   │        A：乙因继承取得小提琴所有权：第1148条······继    承│
│   │        B：有权处分：第118条第2项·················总    则│
│   │        C：限制行为能力人的处分···················总    则│
│   │  2.丙系无权占有？                                   │
│   │    (1)乙与丙间互易契约不生效力┌第398条·········债编各论│
│   │                                └第79条··········总    则│
│   │    (2)丙未取得所有权┌第761条···················物    权│
│   │                      └第79条····················总    则│
丙  └(二)乙得向丙依"民法"第767条第1项前段规定请求返还B琴···物    权┘
```

第五款　学习民法总则的重要意义

兹就请求权基础及案例研习提出六点，进一步阐释如何学习民法及民法总则的重要性：

①民法的立法技术，系由抽象到具体，从一般到特殊，但于处理案例时，应反其道而行之：由具体到抽象，从特殊到一般，以请求权基础为思考的出发点。

②"民法"在体例上分为五编,但各编并非孤立存在,而是互相关联,形成体系,须对各编均能透彻了解,综合运用,始能妥适地处理具体案例。

③为处理本件案例,须引用的条文遍及"民法"各编。此种具有"构成要件"及"法律效果"的请求权基础规范,在"民法"上居于重要地位,但为数不多,其主要者有契约上请求权(如第348条、第367条)及债务不履行(第226条、第227条、第231条等)、缔约过失(第245条之1)、无因管理(第172条)、不当得利(第179条)、侵权行为(第184条)等,应通过了解,确实把握。其他条文多在辅助此项请求权基础的构成。如前所述,在某种意义上,可以说适用一个条文,实际上就是适用整个"民法",不但要明白了解每一条文的内容,而且要彻底了然于其错综复杂的关系。

④"民法"条文的构造,是建立在基本概念之上,如权利能力、自然人、法人、行为能力、意思表示、法律行为、契约、处分行为、无权处分、代理、消灭时效、除斥期间、公序良俗、诚实信用等。专门用语对任何学科言,均属必要,法律概念乃在简约复杂法律思考过程、体现价值判断及利益衡量,为法律人的思考工具,必须透彻确实掌握,始能适用法律、处理案例,应请注意!

⑤学习民法的重要意义在于认识法的规范功能、私法与公法的区别,以及私法的基本原则。民法作为建构私法秩序的基础,以"民法"总则编建立五编制体系,整合法之适用。

⑥学习民法始于民法总则。"民法"各编及民事特别法是"民法"总则编的开展、扩大及特别法,在学习民事法律,在立法,在法之适用要注意回到"民法"总则编的基本原理、价值理念、体系构造、核心概念,以维护私法的一贯性及统一性。

第二章 民法的法源及法律的适用

——法学方法论

第一节 "民法"第1条、法源及法学方法

（狼犬咬人致死案）甲有 A 狼犬，出借于乙。乙疏于照顾，该犬咬死丙。丙遗有未认领的非婚生子丁。请阅读"民法"第184条、第190条、第194条及第195条规定，说明：丁得否对甲或乙主张因丙死亡所受精神痛苦的金钱赔偿？丁于丙死亡后不久病故时，其请求权得否由生母戊继承？

第一款 问题的提出

在前揭（狼犬咬人致死案），丁得否向甲或乙主张因丙死亡所受精神痛苦的金钱赔偿，涉及民事关系（私法关系）。"民法"第 1 条规定："民事，法律所未规定者，依习惯；无习惯者，依法理。"丁的请求权基础为"民法"第 194 条："不法侵害他人致死者，被害人之父、母、子、女及配偶，虽非财产上之损害，亦得请求赔偿相当之金额。"所称不法侵害他人致死，须具备"民法"第 184 条第 1 项前段规定的要件，在本案例，应适用第 190 条第 1 项前段规定："动物加损害于他人者，由其占有人负损害赔偿责任。"请求权基础构成要件涵摄的关键问题有三：

①丁是否为"民法"第 194 条所称的"子、女"？
②甲或乙谁为"民法"第 190 条所称动物"占有人"？
③"子、女"或动物"占有人"，应如何解释？

丁对甲或乙的请求权若经肯定，于丁死亡后，其财产上损害赔偿请求

权原则上得由其生母继承(第1138条、第1148条)。惟依"民法"第195条第2项规定,因身体、健康等人格权被侵害时,其金钱赔偿请求权不得让与或继承,但已依契约承诺或已起诉者,不在此限。于此发生一个问题:究应就"民法"第195条第2项作"反面推论",认为"民法"第194条的非财产上损害金钱赔偿(慰抚金)请求权得为让与或继承;抑或认为应"类推适用""民法"第195条第2项?

据上所述,可知前举案例涉及"民法"第1条规定的法源,尤其是法律解释及类推适用等法学方法论的问题。民法总则通常是安排于法律系一年级的课程,所讲授的,除民法的原理原则外,尚应包括法学方法论的基本问题。初习法律之人若不努力使自己具备或培养法律思维能力,条文的背诵、学说的记忆殆无益于案例的处理。此之所谓法学方法论指法之适用的逻辑、评价及论证所形成的规则及思维方法,首先发展于民法学,在一定程度上亦可运用于宪法、行政法或刑法等其他部门法之上。为此特辟本章作简要的说明,并在本书相关问题中作较详细的说明。①

第二款 "民法"第1条的规范意义及"民法"的法源

一、规范意义

"民法"第1条规定:"民事,法律所未规定者,依习惯;无习惯者,依法理。"本条具有五个重要的规范意义②:

①规定民事(私法关系)的法源及其适用次序,授权法院得依法理而为法之续造。

②就法律思想言,综合汇集了分析法学派(法律)、历史法学派(习

---

① 较详细的说明,参阅王泽鉴:《民法思维》,北京大学出版社2022年重排版,第127页以下;黄茂荣:《法学方法与现代民法》(第七版),2020年自版;杨仁寿:《法学方法论》(新版),2010年自版;陈旺圣:《寻找法学方法论之轨迹——人本主义思维与现代法学之视野》,载《世新法学》2020年第15卷第2号,第459—485页。关于宪法、行政法、刑法及其他部门法的解释适用在方法论上的特色,请参阅相关著作,并请特别注意其与民法的不同。

② 参阅杨日然:《"民法"第一条之研究》,载《法学丛刊》1959年第4卷第3期,第38页;姚瑞光:《"民法"总则及第一条释论》,载《法令月刊》1990年第41卷第11期,第3页;黄阳寿:《"民法"第一条之研究》,载《东吴法律学报》1996年第9卷第1期,第1页;苏永钦:《"民法"第一条的规范意义》,载杨与龄主编:《民法总则争议问题研究》,五南图书出版公司1998年版,第1页;吴从周:《法源理论与诉讼经济:民事法学与法学方法》(第五册),元照出版公司2013年版。

惯)及自然法学派(法理)对法及法律的见解。①

③就法学方法论言,克服了19世纪的法实证主义,肯定制定法的漏洞,明定其未规定者,得适用习惯(法)或依法理加以补充。

④当事人本于私法关系起诉请求保护其权利,法院不得借口法无明文,将法律关系之争议,拒绝不为裁判,故设第1条以为补充"民法"之助(第1条立法理由)。

⑤当事人主张其民事上权利,法院所为裁判,须述明其法源,尤其是请求权基础,例如"民法"规定(如第184条第1项后段)、习惯法或法理(如"民法"某条规定的类推适用)。

二、"民法"法源

法源指法的渊源,系对法律适用者有拘束力的法规范,其义多歧,在本书系指法的存在形式而言。"民法"第1条明定"民法"的法源为法律、习惯(法)及法理,前者为制定法(成文法),后二者为非制定法(不成文法)。"民法"的法源依拘束力直接与否予以区分:①直接法源,包含制定法(法律)、非制定法(习惯法、法理);②间接法源,包含司法解释("司法院"大法官会议解释、"宪法法庭"判决)、立法解释(立法理由)、判例、决议、大法庭裁定、司法裁判。

《瑞士民法典》第1条第1项规定:"关于法律问题,本法在其文字或解释上,已有规定者,一概适用本法。"第2项规定:"本法未规定者,审判官依习惯法;无习惯法者,依自居于立法者地位时,所应行制定之法规,裁判之。"第3项规定:"前项情形,审判官应准据确定之学说及先例。"可资参照。②

第三款 法学方法与法之适用

第一项 法学方法论

一、法学方法论的意涵

"民法"第1条明定"民法"的法源及其次序,实乃规定法的发现过程

---

① 参阅王伯琦:《民法总则》,第5页(注2)。
② Vgl. Meiyer-Hayoz, Richter als Gesetzgeber (Zürich 1951); Liver, Das Schweizerische Zivilgesetzbuch, Kodifikation und Rechtswissenschaft, ZSR 80 (1961), 193.

及获取法律的途径,就前举(狼犬咬人致死案)言,即在探求有无可支持非婚生子女请求权的规范基础,以及关于此项请求权的继承性,均涉及法之适用及法学方法。

法律解释适用的理论向来有之,"法学方法论"(Juristische Methodenlehre)则系于20世纪70年代自德国引进台湾地区,主要采用卡尔·拉伦茨教授1960年巨著《法学方法论》(Methodenlehre der Rechtswissenschaft)的基本理论。① 德国民法的继受,法学方法论的思考、案例演习及请求权基础的教学研究,对台湾地区"民法"的发展作出了重大贡献。②

法学系就法律本身及其运作,探求共通原理,以特定的法秩序为基础及界限,旨在探究准则性法规范及法适用的路径规则,发现规范内的法律原则,针对不同的案件情境,将法律规范加以具体化而为适用,并以法官如何获得正当裁判为中心,体现法学的实践意义。

方法论不仅是法律的形式逻辑,亦为解决问题技艺(Kunst)的指示。方法论是对法学思维的自我反省,有利于法律工作者(包括法官、学者及律师等)的自我认知、自我监督、自我警惕,强化论证说理的说服力及方法的透明性与诚实性(Methodenehrlichkeit),借着增强的方法意识,协助法学达成其实践上的任务。

法之适用的法学方法论,是每一个法律人必须在具体案例中反复演练,认真学习理解、掌握的思维方法与论证工具,在一定程度上将决

---

① 参阅 Karl Larenz, Methodenlehre der Rechtswissenschaft (1. Aufl., 1960, 6. Aufl., Berlin 1991)[〔德〕卡尔·拉伦茨:《法学方法论》(全本·第六版),黄家镇译,商务印书馆 2020 年版]; Larenz/Canaris, Methodenlehre der Rechtswissenschaft (3. Aufl., Berlin 1995)[〔德〕卡尔·拉伦茨:《法学方法论》(第二版),陈爱娥译,五南图书出版公司 2022 年版];〔德〕托马斯·M. J. 默勒斯:《法学方法论》(第四版),杜志浩译,北京大学出版社 2022 年版。拉伦茨教授的法学方法论为德国实务所采用,半个世纪以来影响德国法律思考方法及民法发展。其他重要方法论著作有 Engisch, Einführung in das juristische Denken (11. Aufl., Stüttgart 2010)[〔德〕卡尔·恩吉施:《法律思维导论》,郑永流译,法律出版社 2004 年版(译自原书 9. Aufl., 1999)]; Rüther/Fischer/Birk, Rechtstheorie, mit juristischer Methodenlehre (6. Aufl., München 2011)[〔德〕魏德士:《法理学》,丁晓春、吴越译,法律出版社 2005 年版(译自原书 4. Aufl.)]。

② 法学的进步有赖于法学方法的反省与创新,参阅陈爱娥:《规范与事实之间的歧路彷徨——德国近代法学方法论的发展路径》,载《警大法学论集》1997 年第 2 期,第 5 页以下;郑国鼎:《法律之解释与适用——诠释学循环与先前理论之评介》,台湾大学 1997 年硕士论文;李冠宜:《裁量、诠释与论证——司法裁判客观性之研究》,台湾大学 1999 年硕士论文;吴从周长期撰述民事法学与法学方法系列专论(已出版九册),结合民法与诉讼法的理论与实务,对方法论的建构及实践具有贡献。

定您是否为一个有素养的法律人及司法的品质,特在本书作较深刻的论述。

二、"最高法院"与法学方法论

（一）"最高法院"2012年台上字第1695号判决

法学方法论及法释义学(法教义学、信条学)系以法院裁判(实证法)为研究对象。法院的工作在于适用法律,通常不会在其裁判理由叙明其解释适用法律的方法。值得特别提出的是"最高法院"2012年台上字第1695号判决对法律适用方法有以下论述(请详细研读判决全文):"按适用法律为法院之职责,根据'法官知法'之原则,法院应就当事人主张之事实,依职权寻求适当之法律规范,作为判断之依据。而'民法'第1条规定:'民事,法律所未规定者,依习惯;无习惯者,依法理。'所谓法理,乃指为维持法秩序之和平,事物所本然或应然之原理;法理之补充功能,在适用上包括制定法内之法律续造(如基于平等原则所作之类推适用)及制定法外之法律续造(即超越法律计划外所创设之法律规范)。因此,'证交法'第2条既规定:'有价证券之募集、发行、买卖,其管理、监督依本法之规定;本法未规定者,适用公司法及其他有关法律之规定。'则有关因证券交易所生之损害赔偿事件,在事实发生时纵无实定法可资适用或比附援引(类推适用),倘其后就规范该项事实所增订之法律,斟酌立法政策、社会价值及法律整体精神,认为合乎事物本质及公平原则时,亦可本于制定法外法之续造机能(司法自由造法之权限),以该增订之条文作为法理而填补之,俾法院对同一事件所作之价值判断得以一贯,以维事理之平。"本件判决适用之方法论已成为实务上的基本见解(参照"最高法院"2012年台上字第2037号、2014年台上字第736号、2019年台上字第106号、2020年台上字第918号等判决)。

（二）法学方法论上的分析

前开"最高法院"裁判体现了继受德国法学方法论的基本见解,以"民法"第1条规定的法理作为法之续造的依据、填补法律漏洞的类推适用及创设法律规范的基础,对台湾地区"民法"未来的进步发展提供了法学方法论的共识,兹分二点言之:

1. 请求权基础

所谓法院应就当事人主张的事实,依职权寻求适当的法律规范,作为判断的依据,乃指请求权基础规范而言。

2. 二个层次的法之适用

①第一个层次为法律解释,此指制定法的适用,涉及解释目的(目标)、解释方法及解释客观性三个基本问题。

②第二个层次为法之续造,此指以法理补充制定法的不备,有法律漏洞存在,更可分为:

A. 制定法内的法之续造,如基于平等原则所作之类推适用,以及基于规范目的之目的性扩张、目的性限缩,涉及法律漏洞的补充。

B. 制定法外法秩序内的法之续造,即超越法律计划外所创设的法律规范。

兹先将法之发现及法之适用的方法图示如下:

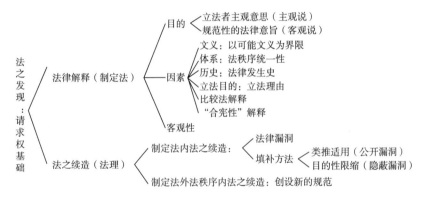

法之适用在于发现法律,获得法律。① 法律适用方法也是法律形成的作用方式,包括法律解释(实定法,广义言之,包括习惯法)、制定法内的法之续造及制定法外的法之续造。三者系同一思考过程的不同阶段,非属泾渭分明,常难以明确其界限,但各有其典型思考操作方法,仍有区别的必要,将于下文详加说明。

---

① 参阅林大洋:《民事裁判大前提之探寻与形成——从法的发现到法的实现之实务历程》,载《法令月刊》2018年第69卷第6期,第30—53页;游进发:《民法研究方法论》,载《台湾法学杂志》2021年第415期,第13—30页。

第二项 法之适用的逻辑与价值判断

一、法之适用的逻辑及涵摄

法之适用的逻辑表现于所谓的涵摄(Subsumtion),即将具体的案例事实(Sachverhalt=S),置于法律规范的要件(Tatbestand=T)之下,以获致一定结论(Schlussfolgerung=R)的一种思维过程。易言之,即认定某特定事实是否该当于法律规范的要件,而发生一定的权利义务关系。以涵摄为核心的法之适用过程,得以逻辑三段论加以表示,即①法律规范(T)为大前提。②具体的案例事实(S)为小前提。③以一定法律效果的发生为其结论(R)。此种法之适用的逻辑结构,即可称为决定法律效果的三段论法,简单表示如下:

$T=t^1+t^2+t^3 \rightarrow R$:具备 T 的要件时,即适用 R 的法律效果

$S=t^1+t^2+t^3=T$:具体的案例事实该当于 T 的要件

$S \rightarrow R$:关于该具体的案例事实,适用 R 的法律效果

应注意的是,法律规范的要件(T),通常系由多数的要件特征(要件因素,Tatbestandsmerkmale=t^1、t^2、t^3 等)所组成,并以一定的法律概念加以表示,或为描述性概念(如物、时日),或为不确定法律概念(如公序良俗、公共利益)。一定的案例事实,必须该当于所有的要件特征(要件因素),始能发生该法律规范所定的法律效果。

兹将前述法学方法论运用于前揭狼犬咬人致死案。丁是否为丙的子女,得否依"民法"第 194 条规定向甲请求慰抚金,系法律解释问题。丁死后其请求权得否由其生母戊继承,乃法之续造问题,俟于下文再为详论。

"民法"第 194 条规定:"不法侵害他人致死者,被害人之父、母、子、女及配偶,虽非财产上之损害,亦得请求赔偿相当之金额。"按诸上开模式,T 为 t^1(不法致他人于死)+t^2(被害人之父、母、子、女及配偶)+t^3(非财产损害)。R 为请求赔偿相当的金额。"民法"第 190 条第 1 项规定:"动物加损害于他人者,由其占有人负损害赔偿责任。但依动物之种类及性质已为相当注意之管束,或纵为相当注意之管束而仍不免发生损害者,不在此限。"所应认定的是,具体案例事实(S)是否该当于法律规范(T),而发生一定的法律效果(R)。

在前揭狼犬咬人致死案,丁得向甲或乙请求非财产上损害金钱赔偿

(慰抚金)的规范基础,须连接"民法"第190条及第194条。兹将第194条适用的结构图示如下(请读者参照此种适用结构,分析"民法"第191条的适用):

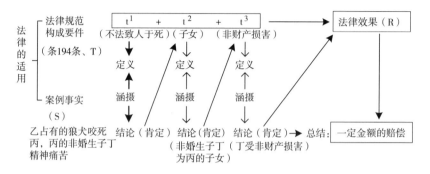

兹再强调法之适用的四个层次:
①前提命题:条件式效果开放的规范假设(如第190条、第194条)。
②构成要件及定义。
③涵摄:建构案例事实,检查其是否该当于构成要件。在此涵摄,构成要件(概念)的定义最为重要,不能重复教科书的定义,应就案例事实的必要而为定义,"最高法院"判决可供参照。
④结论:对前提命题的肯定或否定。
须特别提出的是,此种四个层次的法之适用,不仅适用于整个规范(如第194条),亦适用于各个构成要件因素(非婚生子女是否为第194条所称子女)。

二、法律的评价

法律适用的形式为逻辑三段论法,其实质则为评价(价值判断、利益衡量),即对其前提(包括法律规范及案例事实)为必要的判断,如非婚生子女是否为"民法"第194条规定的子女?此须对其要件所使用的概念(子女)加以定义(definition),始能进行涵摄,此乃法律适用的重要任务。关于"民法"第194条所定慰抚金的继承性,究应依"民法"第195条第2项规定作"反面推论",抑或为"类推适用"?此项评价亦在探究法律规定所蕴含的利益衡量和价值判断,并以"宪法"上的基本权利及价值体系作为最高的准据。

三、法律适用与论证

基于逻辑形式而为评价的法律适用,乃是一种论证,即以必要充分的理由构成去支持所作成法律上的判断。法学上的论证是一种规范论证,非在证明真理的存在,乃在于证明某种法律规范适用的妥当或正确,即在有效力的法规范上作法律适用的合理性的推论和证明。所谓合理性,在形式上要求其合法,在实质上则要求符合正义。论证本身包括内部论证及外部论证,前者指法律适用的三段论法,前已述及。后者系以内部论证过程中所使用的前提为对象,如非婚生子女得否依"民法"第194条请求相当金额的损害赔偿。论证系对某种判断加以正当化的过程,因此必须提出客观、符合事理,可供检验的理由构成。

第二节 法律解释

第一款 "民法"第1条所称的法律

第一项 法律的意义

"民法"第1条所称法律,指制定法,应从广义解释,不仅指公布的"法律"("宪法"第170条),并且包括行政规章(如"土地登记规则")、自治法规及条约。条约经公布后,即有同等的效力,无须再经由特别立法程序,法院得径行援用。条约内容与法律相抵触时,条约具有优先效力,应优先适用之。值得参照的是2009年4月22日公布的"公民与政治权利国际公约及经济社会文化权利国际公约施行法"。

第二项 "宪法"与私法

一、基本权利的构造:垂直效力与水平效力

"民法"第1条所称法律,不包括"宪法"在内。易言之,"宪法"非属私法的法源,从而不能直接适用"宪法"以处理民事问题。惟"宪法"上的基本权利,不仅是一种对抗公权力的权利,确保民众的自由与财产免于受到公权力的侵犯,使民众得享有不受公权力干预的自由空间(自

由权利或防御权),此乃基本权利的垂直效力,其核心问题在于法律的"违宪"审查。基本权利更是一种客观的价值秩序,系立法、行政及司法机关行使职权时所应遵循的客观规范,以保障民众免于遭受公权力或其他人(即第三人)不法的侵害,此并涉及基本权利的第三人效力,即基本权利在私人契约、侵权行为上的水平效力。"宪法"基本权利与"民法"的规范关系,乃建立在此种具保护义务的客观价值秩序之上,兹先图示如下:

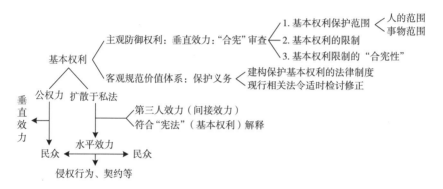

二、基本权利的第三人效力

"宪法"基本权利对第三人具有所谓的"间接效力",即基本权利得透过"民法"的概括条款或不确定法律概念(即转介条款,如第72条、第184条第1项后段),而实践"宪法"的基本价值。就契约言,如认劳动契约上的单身条款,约定受雇妇女于结婚时即须离职,系违反"宪法"保障民众的工作权或婚姻自由的基本权利,背于公共秩序或善良风俗(第72条)而无效。至于侵权行为法上关于基本权利间接第三人效力的最重要问题,则系如何调和人格权与言论自由此二种同受"宪法"保障的基本权利。①

---

① 参阅王泽鉴:《人格权法》,北京大学出版社2013年版,第306页以下。

三、"民法"的规定违反"宪法"者，无效（参照"司法院"释字第362、365、452号解释）

"司法院"大法官"违宪"审查可分为四个步骤及思考层次：

①认定何种基本权利被侵害。

②基本权利的保护范围（人的范围及事物范围，如言论自由是否包括商业言论）。

③基本权利的限制，即政府行为是否侵害某种基本权利的保护范围，使权利受有限制，难以行使。例如旧"户籍法"第8条第2项规定请领身份证须捺指纹，是否侵害隐私权？旧"民法"第1063条规定仅夫妻得提起否认子女之诉，子女不得提起，是否侵害子女的人格权？

④基本权利限制的"合宪性"，即政府对基本权利的限制亦应受有限制（限制的限制），即对基本权利的限制，须有阻却"违宪"的正当事由，尤其是比例原则的适用（"宪法"第23条）。

兹举五个"违宪"审查案件，以供参照：

①亲权平等原则。"司法院"释字第365号解释："民法"第1089条，关于父母对于未成年子女权利之行使意思不一致时，由父行使之规定部分，与"宪法"第7条民众无分男女在法律上一律平等，及"宪法"增修条文第9条第5项消除性别歧视之意旨不符，应予检讨修正，并应自本解释公布之日起，至迟于届满2年时，失其效力。请参阅修正"民法"第1089条。（阅读之！）

②异性婚姻。"民法"规定婚姻限于男女（第980条），不包括同性结婚，是否"违宪"？"司法院"释字第748号解释谓："民法"第四编亲属第二章婚姻规定，未使相同性别二人，得为经营共同生活之目的，成立具有亲密性及排他性之永久结合关系，于此范围内，与"宪法"第22条保障民众婚姻自由及第7条保障民众平等权之意旨有违。有关机关应于本解释公布之日起2年内，依本解释意旨完成相关法律之修正或制定。至于以何种形式达成婚姻自由之平等保护，属立法形成之范围。逾期未完成相关法律之修正或制定者，相同性别二人为成立上开永久结合关系，得依上开婚姻章规定，持二人以上证人签名之书面，向户政机关办理结婚登记。为符合"释宪"意旨，2019年5月22日制定公布"'司法院'释字第七四八号解释施行法"。（阅读之！）

③共有物分割。"司法院"释字第349号解释:"最高法院"1959年台上字第1065号判例,认为"共有人于与其他共有人订立共有物分割或分管之特约后,纵将其应有部分让与第三人,其分割或分管契约,对于受让人仍继续存在",就维持法律秩序之安定性而言,固有其必要,惟应有部分之受让人若不知悉有分管契约,亦无可得而知之情形,受让人仍受让与人所订分管契约之拘束,有使善意第三人受不测损害之虞,与"宪法"保障民众财产权之意旨有违,首开判例在此范围内,嗣后应不再援用。至建筑物为区分所有,其法定空地应如何使用,是否共有共享或共有专用,以及该部分让与之效力如何,应尽速立法加以规范,并此说明。请参阅修正"民法"第826条之1。(阅读之!)

④名誉权侵害之回复。"宪法法庭"2022年宪判字第2号判决:"民法"第195条第1项后段规定:"其名誉被侵害者,并得请求回复名誉之适当处分。"所称之"适当处分",应不包括法院以判决命加害人道歉之情形,始符"宪法"保障民众言论自由及思想自由之意旨。"司法院"释字第656号解释,于此范围内,应予变更。

⑤限制唯一有责配偶请求裁判离婚。"宪法法庭"2023年宪判字第4号判决:"民法"第1052条第2项规定,有同条第1项规定以外之重大事由,难以维持婚姻者,夫妻之一方得请求离婚;但其事由应由夫妻之一方负责者,仅他方得请求离婚。其中但书规定限制有责配偶请求裁判离婚,原则上与"宪法"第22条保障婚姻自由之意旨尚属无违。惟其规定不分难以维持婚姻之重大事由发生后,是否已逾相当期间,或该事由是否已持续相当期间,一律不许唯一有责之配偶一方请求裁判离婚,完全剥夺其离婚之机会,而可能导致个案显然过苛之情事,于此范围内,与"宪法"保障婚姻自由之意旨不符。相关机关应自本判决宣示之日起2年内,依本判决意旨妥适修正之。逾期未完成修法,法院就此等个案,应依本判决意旨裁判之。

四、符合"宪法"的法律解释

此项"合宪"解释系以法律(或判例、判决及决议)为对象,性质上属法律的解释,惟在其具体化的过程中,尚须对"宪法"加以诠释,一方面在于保全法律,以维护法秩序的安定,他方面亦在开展"宪法",以实践"宪法"的规范功能。不惟法院负有依"合宪"原则解释法律的义务,"释宪"机关更可借此原则的运用达成规范控制之目的,期能在发现规范内容的过程中,调整下位规范与上位规范的互动,以维持法秩序之和谐。

第三项　强行法、任意法及半强行性法

法律可分为强行法与任意法。强行法,指不得以当事人的意思排除其适用的法规。任意法,指得以当事人的意思排除其适用的法规,其功能乃在补充当事人的意思;当事人未为排除者,仍具"强行性"而应适用之。"民法"关于身份及物权的规定多属强行法,因亲属关系涉及人伦秩序,物权关系为社会经济制度的基础,不应任由个人的意思加以变更。"民法"总则编关于权利能力及法律行为能力的规定,因涉及人的权利主体性及行为自由,亦属强行规定。至于有关法律行为,尤其是契约及遗嘱部分则几乎全属任意法,旨在实践私法自治原则。"民法"上个别条文,究属强行规定抑或仅具任意性质,有疑义时,应依其规范目的加以认定。①

值得注意的是,所谓的"半强行性法规",即将强行法与任意法的对立性予以相对性,仅使法律规定的一部分具有强行性。"劳动基准法"第1条第2项规定:"雇主与劳工所订劳动条件,不得低于本法所定之最低标准。"乃在表示"劳动基准法"的规定具半强行性,即雇主与劳工所订劳动条件高于本法所规定之最低标准者,仍为有效,仅其较低者,无效,立法目的在于保障劳工权益。如何善用此类半强行性法规,以保护居于弱势的劳工、消费者,是一个值得深入研究的课题。

第二款　法律解释的目的

具体的事实须具备法律规范的要件,始克发生一定的法律效果。在此涵摄的过程中,常须对要件所使用的法律概念加以解释,如"民法"第6条规定:"人之权利能力,始于出生,终于死亡。"何谓"权利能力"?何谓"出生"?何谓"死亡"?均有疑义,有待阐释。德国法儒萨维尼曾谓:"解释法律,系法学的开端,并为其基础,系一项科学性的工作,但又为一种艺

---

① 关于契约法上的任意规定,参阅 Johannes Cziupka, Dispositives Vertragsrecht: Funktionsweise und Qualitätsmerkmale gesetzlicher Regelungsmuster (Tübingen 2010)。

术(Kunst)。"①美哉斯言。

关于法律解释的目的(使命或目标),有"主观说"及"客观说"二种见解。② 主观说认为法律解释系在探求立法者意思,客观说则认为法律解释乃在阐释法律规范性的意义。就整个发展趋势而言,19 世纪及 20 世纪初期偏重主观说,在今日随着民主宪制的发展,客观说成为通说,其主要理由有四:

①法律的制定,历经各种过程,何人为立法者,殊难确定。意思不一致时,应以何人为准,实有疑问。

②具有法律效力的,系依法律形式而为的外部表示,而非存在于所谓立法者的内心意思。

③受法律规范之人所信赖的,乃法律的客观表示,而非立法者主观的意思。

④客观说较能达成补充或创造法律的功能。倘采主观说,则法律的发展将受制于"古老的意思",不能适应新的社会需要。

法律哲学家拉德布鲁赫倡导客观说,认为法律似如船,虽由领港者引导出港,但在海上则由船长指导,循其航线而驶行,不受领港者的支配,否则将无以应付惊涛骇浪,变色的风云。拉德布鲁赫并引用康德所谓"解释者较诸作者本人,更能认识自己"的见解。亦有认为"法律制定之后,即进入了社会之力的磁场,由此而获得其在内容上的继续发展"。此等比喻在某种程度上说出了客观说的基本论点。

诚如伟大罗马法学家 Celsus 所言:"对法律为解释,不是服从其文字,乃在实践其意义和目的。"(Scire leges non hoc est verba earum tenere, sed vim ac potestatem. ——Celsus, Dig. 1,3,17)须指出的是,认定法律规范意旨亦须探求立法者的意思,结合主观说与客观说。

第三款 法律解释方法

一、法律解释的标准(因素)

法律解释在于探究法律客观的规范意旨,其主要解释方法(标准或因

---

① 关于萨维尼的生平,参阅陈爱娥:《萨维尼——历史法学派与近代法学方法论的创始者》,载《月旦法学杂志》2000 年第 62 期,第 167 页。
② 较详细的说明,参阅王泽鉴:《民法思维》,北京大学出版社 2022 年重排版,第 164 页以下。

素)有六:

1. 法律文义 ⎫
2. 法律体系 ⎬ 传统解释方法
3. 立法史   ⎪
4. 立法目的 ⎭
5. 比较法   ⎫ 广义体系解释
6. "合宪性"解释 ⎭

分述如下:

(一)法律文义(文义解释)

文义是法律解释的开始,也是法律解释的终点。法律解释始于文义(法律语意,Wortsinn),然如所周知,法律概念具多义性,有其核心领域(概念核心,Begriffskern)及边际地带(概念周边,Begriffshof),其射程的远近,应依法律意旨而定,在边际灰色地带容有判断余地,但不能逾越其可能的文义,否则即超越法律解释的范畴,而进入另一阶段的法院造法活动(法之续造,Rechtsfortbildung)。尊重文义,为法律解释正当性的基础,旨在维持法律尊严及其适用的安定性。法律概念具有不确定的语词空间,一方面虽不利于法律安定性及可计算性,但他方面具有适应多样性变动的社会生活及其法律问题的优点,提供一个灵活语意边界。诚如亚里士多德所言:"法应当像能适应石头的形状,而不是僵硬不变的量具一样。"

(二)法律体系(体系解释)

法律体系可分为外部体系及内在体系,前已说明,均属法律解释应予考虑的因素。法律外部体系指法律的编制体例,如民法第几编、第几章、第几节、第几项、第几款及前后条文的关联位置,此可资阐明法律的规范意义。法律的内在体系指法律秩序的内在、原则及价值判断而言。法秩序是个阶层结构,犹如金字塔,"宪法"居其顶层,其下为一般法律,再其下为命令,基于法秩序统一性的理念及法律系一种价值体系,应使其互相协调,不生冲突。在解释方法上应予实践的有二:

①为维护法律用语的统一性,同一的概念用语应作相同的解释;但亦须注意法律概念的相对性。

②须使下位阶层的规范不与上位阶层的规范发生矛盾。若有矛盾存在,则应依规范冲突的规则处理,如法律与"宪法"抵触者无效;命令与法

律或"宪法"抵触者无效。有解释的可能时,应维持该下级规范的存在,作符合"宪法"的解释,命令亦应作符合法律的解释。此外,法律亦须作符合国际公约的解释。

(三)立法史(历史解释)

立法史及立法资料(历史解释),有助于探寻立法者制定法律时的立法政策及其所欲实践之目的,亦属解释法律的一项重要方法。就现行"民法"言,其值参考的,有《大清民律草案》(尤其是立法理由书)、第二次民律草案及历次"民法"修正的相关资料。

(四)立法目的(目的论解释)

任何法律均有其规范意义和目的,解释法律乃在实践法律的意旨,因此解释法律时必须想到:"为何设此规定,其目的何在?"须注意的是,法律目的具有多种层面:有为具体的规范目的;有为抽象目的,如法律的社会作用、经济效率以及公平正义等,应视情形,一并加以斟酌。德国法学家厄尔特曼(Oertmann)曾谓:"立法目的之探求,乃阐明疑义之钥匙也。"实属至理名言。①

(五)比较法②

各立法例及判例学说的比较研究,可供发现不同的规范模式及共同的正义观念,自得作为立法及法律适用(法律解释、概括条款的具体化及类型化、填补法律漏洞)的参考。比较法通常被列入"体系目的"解释方法之内,鉴于台湾地区法律多为继受,法学具比较法的特色,特单独予以列出,作为一种解释方法,期能更获重视,并加强在此方面的研究。

(六)"合宪性"解释

"合宪性"解释属体系解释,亦可作为目的解释之一种,在法律解释方法上居于优越地位,特予强调,期能实现基本权利的价值,对不确定法律概念及概括条款的具体化,甚为重要,前已论及,敬请参照。

---

① Vgl. Paul Oertmann, Interesse und Begriff in der Rechtswissenschaft (Tübingen 1931), S. 12. 早年在慕尼黑大学精读此书,受益良多。

② 参阅王泽鉴:《比较法与法律之解释适用》,载王泽鉴:《民法学说与判例研究》(第二册),北京大学出版社2009年版,第1页以下。关于比较法,值得注意的是比较法与经济分析,参阅 Ugo Mattei, Comparative Law and Economics (University of Michigan Press 1997)。

二、各种解释的位阶关系:法律解释的客观性[①]

初习民法之人常感困惑的是,关于某一法律问题,常有多种学说见解。在法律教科书上常见的一句话是:"关于此项问题,学说不一,有认为……,有认为……,有认为……,颇有争论,依余所信,应以第三说为是,盖……"(或依余所信,以上诸说,均不可采,而应采如下见解……)之所以发生此种现象,系由于法律解释方法的多样性,而每一种解释方法又有不同的诠释,学者各持一端,致生歧异。然则,各种解释方法相互间是否具有某种位阶关系,可以决定各种解释的优先次序,期能获致法律解释的客观性?

法律之目的,终极言之,系在实现正义,法律解释的各种方法乃实践正义的手段或途径。诚如萨维尼所言,文义、逻辑、历史、体系诸因素,不是四种解释,可凭己好任意选择;而是不同的活动,必须加以结合,使解释臻于完善。各种解释方法没有固定的位阶次序,而是协力的关系,乃属一种互相支持、补充,彼此质疑、阐明的论辩过程。法律文义有疑义时,得依法律体系关联、立法资料予以澄清。有多种言之有理(vertretbar)的解释可能性时,得借比较法的规范模式、法律之规范目的,排除或肯定某种解释。解释方法不必然能保障结论的正确,但确可减少个人判断的主观性。切勿任意选择一种解释方法,应作通盘性的思考检讨,始能获致合理结果,而在个案中妥当调和当事人利益,贯彻正义的理念。

三、限制解释及扩张解释

限制解释乃缩小法律文义的范围,使其限于或接近于法律概念的核心。扩张解释乃扩大解释范围及可能的文义,如认"民法"第3条所称亲自签名包括加盖铅字体的签名或以机械排印方式签章。究采限制解释及扩张解释,应综合各种解释因素加以判断。

须特别指出的是,法律的解释止于可能的文义。依法律可能的文义,作最广义的解释,尚不能使之涵摄于案例事实时,即应认无该法律的

[①] 参阅张钰光:《法律解释"客观性"之论证——从科学方法论出发》,辅仁大学1996年硕士论文;C.-W. Canaris, Das Rangverhältnis der klassischen Auslegungskriterien, demonstriert an Standardproblemen aus dem Zivilrecht in: Festschrift für Medicus (Tübingen 1999), S. 63 ff.; Aharon Barak, Purposive Interpretation in Law (Princoton University Press 2005).

适用,而属"法无明文"的情形,已经脱离了"法律解释"阶段,而进入另一个新的法之发现的阶段:法之续造、法律漏洞及类推适用。

第四款　狼犬咬人致死案解说

一、"民法"第194条的子女

为进一步阐释上述法律解释的"抽象理论",再就前揭狼犬咬人致死案说明阐释"民法"第194条所称"子、女"的思考过程。

"民法"第194条规定:"不法侵害他人致死者,被害人之父、母、子、女及配偶,虽非财产上之损害,亦得请求赔偿相当之金额。"所谓子女,就可能文义言,应可包括非婚生子女在内。就法律体系言,"民法"亲属编所称子女固指婚生子女及养子女而言,不及于非婚生子女,惟"民法"第194条所规定的,不是亲子间的权利义务,而是侵害他人的生命时,对于与被害人具有一定血统关系者所受精神上痛苦的赔偿。依此规范目的,所谓子女应与亲属编所称子女作不同解释(法律概念相对性),而扩张及于与被害人具有血统关系的非婚生子女。在比较法上,瑞士及日本判例均同此见解①,可资参照。又此项解释亦在实践"宪法"上的平等原则及人格利益,生父遭人不法侵害致死,其子女就精神上痛苦请求慰抚金,不应因婚生与否而有所区别。综合衡量各种解释方法的协力关系,应认"民法"第194条之子女包括非婚生子女。图示如下:

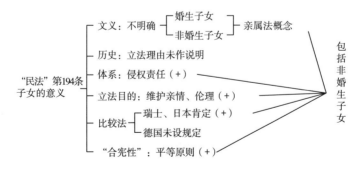

---

① 参阅史尚宽:《债法总论》,第204页:"子女包括养子女及非婚生子女。""民法"第194条仿自《瑞士债务法》第47条,瑞士通说亦认包括非婚生子女,参阅 BGE 37. Ⅱ 468/469; K. Oftinger, Schweizerisches Haftpflichtrecht (4. Aufl., Zürich 1975), S. 234. 日本实务亦采肯定说,参阅前田達明『民法Ⅵ(不法行為法)』(青林書院,1980年)283页。

二、"民法"第 190 条的动物占有人

"民法"第 190 条第 1 项前段规定:"动物加损害于他人者,由其占有人负损害赔偿责任。"关于占有(人),"民法"于物权编设有规定。第 940 条规定:"对于物有事实上管领之力者,为占有人。"第 941 条规定:"地上权人、农育权人、典权人、质权人、承租人、受寄人,或基于其他类似之法律关系,对于他人之物为占有者,该他人为间接占有人。"在前揭案例,甲有 A 狼犬,出借于乙,甲与乙皆为占有人,甲为间接占有人,乙为直接占有人。问题在于"民法"第 190 条第 1 项前段所称占有人是否包含间接占有人,或仅指直接占有人?解释上应依"民法"第 190 条规范意旨认为系指直接占有人,盖其有事实上管领力。但不包括间接占有人,因其系基于一定法律关系而占有,对于动物并无事实上管领力,难以管束,不应承担动物侵害他人的责任。

第五款　不确定法律概念及概括条款

"民法"使用甚多不确定的规范性概念,如公共秩序及善良风俗(第 2 条)、重大事由(第 489 条、第 976 条第 1 项第 7 款)、显失公平(第 74 条第 1 项、第 247 条之 1)①、不堪同居之虐待(第 1052 条第 1 项第 3 款)。此外,尚有概括条款②,如①第 71 条:"法律行为,违反强制或禁止之规定者,无效。但其规定并不以之为无效者,不在此限。"②第 72 条:"法律行为,有背于公共秩序或善良风俗者,无效。"③第 148 条第 1 项前段:"权利之行使,不得违反公共利益。"④第 148 条第 1 项后段:权利之行使,不得"以损害他人为主要目的"。⑤第 148 条第 2 项:"行使权利,履行义务,应依诚实及信用方法。"此五个概括条款具不同的规范功能、适用范围及适用方法,简示如下:

---

① "最高法院"2021 年台上字第 1172 号判决谓:"定型化契约条款是否显失公平而为无效,法院应于具体个案中,全盘考虑该契约条款之内容及目的、缔约当事人之能力、交易经过、风险控制与分配、权利义务平衡、客观环境条件等相关因素,本于诚信原则,以为判断之依据,发挥司法对定型化契约条款之审查规整功能,而维'宪法'平等原则及对契约自由之保障。"

② 参阅许政贤:《民法解释学方法论的不确定性——以概括条款具体化为例》,载《月旦民商法杂志》2015 年第 47 期,第 23—37 页。

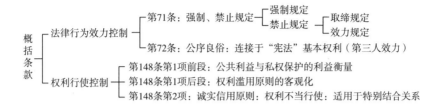

此等概括条款的主要机能在于使法律运用灵活，顾及个案，适应社会发展，并引进变迁中的伦理观念，使法律能与时俱进，实践其规范功能。此涉及立法及司法、法官与法律的关系。就立法及司法的关系言，概括条款系留给司法者造法空间，在某个意义上可以说是预先设计的法律对特殊案件个别性的让步，使法律的适用更能接近社会事实，与法律外的规范体系建立更密切的互动关系。就法官与法律的关系言，使法官更能创造性地参与法律的适用，实践个案正义，其具体化的价值判断，应参酌社会上可探知、认识的客观伦理秩序及公平正义原则，期能适应社会经济发展，以及道德价值观念的变迁。关于概括条款适用上的具体化，将于相关部分再加说明。

第三节 习惯法及习惯

甲与乙兄弟二人，继承其父丙所遗 A、B 古屋二栋，各有其一，相邻而立，颇具气势。兄弟因争产不睦，甲移居他处，决定出售 A 栋古屋，乙则主张当地卖产亲属得优先承买的习惯法。甲抗称此仅为该地的习惯，于本件无适用的余地，并质疑该习惯法的"公序良俗"。试问法院应如何处理？

第一款 习惯法

一、民事，法律所未规定者，依习惯

在前揭案例，当事人的争执为民事法律关系，故首应检讨的是，法律是否设有规定，可资适用。关于优先承买权，法律设有规定的，如"民法"第 426 条之 2、第 919 条，"土地法"第 104 条、第 107 条，"耕地三七五减租条例"第 15 条等，于本件案例均不能适用。又"土地法"第 34 条之 1 第

4项"共有人出卖其应有部分时,他共有人得以同一价格共同或单独优先承购"的规定,于本件案例亦无适用的余地。

基上所述,关于本件案例的争执问题,法律未设明文。"民法"第1条规定,民事,法律所未规定者,依习惯。所称习惯,指习惯法而言(详见下文)。由是可知,民事,法律已设规定时,既无适用习惯的余地。习惯仅有补充法律的效力,故习惯的成立时间,无论在法律制定之前或其后,凡与成文法相抵触时,均不能认为有法的效力。"最高法院"选著判例,再三强调此项制定法优先适用原则,如最高法院1948年上字第6809号判例谓:"习惯仅于法律无明文规定时有补充之效力,共同共有物之处分及其他权利之行使,除由共同关系所由规定之法律或契约另有规定外,应得共同共有人全体之同意,为民法第828条第2项所明定。纵如原判决所称该地习惯,尝产值理,有代表共同共有人全体处分尝产之权,苟非当事人有以此为其契约内容之意思,得认其共同关系所由规定之契约已另有规定,在民法施行以后殊无适用之余地。原判决仅以该地有此习惯,即认被上诉人之买受为有效,其法律上之见解实有违误。"

二、习惯法的成立①

关于民事,法律既未设规定,应依"习惯"。"民法"第1条、第2条所称"习惯"系指"习惯法"而言,须以多年惯行之事实及一般人之确信心为其成立基础(最高法院1928年上字第613号判例,已停止适用,但仍具参考价值)。习惯法存在与否,除主张之当事人依法提出证据外,法院应依职权调查(最高法院1930年上字第916号判例,已停止适用,但仍具参考价值)。关于当事人的举证责任,"最高法院"1951年台上字第1945号判决更进一步表示:"习惯法则之成立,以习惯事实为基础,故主张习惯法则,系以为攻击防御方法者,自应依主张事实之通例,就此项多年惯行,为地方之人均认其有拘束其行为之效力之事实,负举证责任。如不能举出确切可信之凭证以为证明,即不能认为有此项习惯之存在。"准此以言,在前揭案例,乙就该地有卖产亲属得优先承买习惯法的存在,固应负举证责任,惟法院亦应依职权调查之。

---

① 重要论文,参阅黄松茂:《习惯法之形成、承认与效力——谈Siegfried Brie之"习惯法之学说"》,载《"中研院"法学期刊》2020年第26期,第241页。

三、习惯法不得背于公序良俗

"民法"第 2 条规定:"民事所适用之习惯,以不背于公共秩序或善良风俗者为限。""最高法院"认为卖产应先尽亲属之习惯既属限制所有权之作用,则于经济上流通及地方发达均有障碍,且足助长把持掯勒之风,于社会经济毫无实益,有背于公共秩序,不能认为有法之效力;现行法上并无认不动产之近邻有先买权之规定,即使有此习惯,亦于经济之流通,地方之发达,均有障碍,不能予以法之效力(参阅最高法院 1928 年上字第 691 号、1929 年上字第 1346 号、1930 年上字第 1710 号、1941 年渝上字第 191 号判例,前三则已停止适用,但仍具参考价值)。准此以言,在前揭案例,乙纵使证明有优先承买习惯法的存在,法院亦应本其职权,依"民法"第 2 条规定,否定其效力。

四、物权法定与习惯法

关于习惯法的发展,最重要的是 2009 年修正"民法"第 757 条:"物权除依法律或习惯外,不得创设。"(习惯物权)使物权亦得依习惯法而创设,对于社会经济发展及产权的配置具有重大贡献(请参阅立法理由)。台湾地区实务上肯定的习惯法有"让与担保"("最高法院"2020 年台上字第 3214 号判决)。[①]

第二款 事实上的习惯

与习惯法应严予区别的,系事实上的习惯,此仅属一种惯行,尚欠缺法的确信。易言之,即一般人尚未具有此种惯行必须遵从,倘不遵从其共同生活势将不能维持法的确信。此种事实上习惯不具法源性,无补充法律的效力。"民法"第 1 条、第 2 条所称习惯系指习惯法而言,已如上述,其他条文所称习惯,究属习惯法抑或仅为事实上习惯,尚有究明的必要。

最高法院 1937 年渝上字第 948 号判例谓:"依民法第 1 条前段之规定,习惯固仅就法律所未规定之事项有补充之效力,惟法律于其有规定之事项明定另有习惯时,不适用其规定者,此项习惯即因法律之特别

[①] 参阅王泽鉴:《民法物权》,北京大学出版社 2023 年重排版,第 575 页以下。

规定,而有优先之效力,民法第 207 条第 2 项明定前项规定,如商业上另有习惯者不适用之,则商业上得将利息滚入原本再生利息之习惯,自应优于同条第 1 项之规定而适用之,不容再执民法第 1 条前段所定之一般原则,以排斥其适用。"于此判例,所应研究的是,第 207 条第 2 项所称商业上另有"习惯",与第 1 条、第 2 条所称习惯,是否具同一意义?

按"民法"第 1 条系仿自《瑞士民法典》第 1 条,其所谓习惯,系相当于《瑞士民法典》的 Gewohnheitsrecht。《瑞士民法典》除第 1 条使用 Gewohnheitsrecht 一语,其余条文,未再为使用。"民法"第 1 条、第 2 条、第 757 条以外规定所谓的习惯(如第 314 条、第 778 条第 2 项),在瑞士民法上多称为 Brauch、Ortsbrauch、kaufmännische Übungen 等,指交易上的惯行,并不具有习惯法的意义。再就"民法"第 207 条第 2 项而言,系仿自《瑞士债务法》第 314 条第 3 项,所称商业上习惯,即系《瑞士债务法》上的 üblich(Übung 的形容词),不具有习惯法的意涵。

基上所述,"民法"第 1 条、第 2 条及第 757 条以外规定所称习惯,原则上仅指事实上习惯而言,因法律的特别规定而具有优先效力。无论习惯法或事实上习惯,违反公序良俗者,均无适用余地。因此应予明辨者有二:

①民事,法律所未规定者,应适用习惯法,习惯法有补充法律之效力。

②法律明定习惯(事实上惯行)应优先适用者,此乃依法律规定而适用习惯,此项习惯本身并不具法源的性质。

第三款　祭祀公业

一、祭祀公业法人的创设

"民法"第 1 条规定:"民事,法律所未规定者,依习惯;无习惯者,依法理。"习惯指习惯法而言。在台湾地区,最重要的习惯法系以祭祀祖先、发挥孝道、延续宗族传统的祭祀公业。关于祭祀公业团体法律性质的变迁,"最高法院"1950 年台上字第 364 号判例可资参照:台湾地区关于祭祀公业之制度,虽有历来不问是否具备社团法人或财团法人之法定要件,均得视为法人之习惯,然此种习惯……其适用应受"民法"第 1 条规定之限制,仅就法律所未规定者有补充之效力,法人非依"民法"或其他法律之规定不得成立,在"民法"施行前,亦须具有财团及以公益为目的社团之性质，而有独立之财产者，始得视为法人，"民法"第 25 条及"民法总则施行法"第 6 条第 1 项既设有明文规定，自无适用与此相反之习惯，认其祭祀公业为法人之余地。本则判例已于 2002 年 7 月 1 日经"最高法院"决议不再援用。2007 年 12 月 12 日公布施行"祭祀公业条例"，明定祭祀公业的法人，立法目的在于健全祭祀公业土地地籍管理，促进土地利用，增进公共利益。

二、祭祀公业的派下权

祭祀公业的核心问题在于享有派下权利的派下员。关于派下员的资格，"祭祀公业条例"第 4 条、第 5 条设有规定（请阅读条文），实务上进一步扩大派下员资格的范围：

①男女平等原则。"司法院"释字第 728 号解释："'祭祀公业条例'第 4 条第 1 项前段规定：'本条例施行前已存在之祭祀公业，其派下员依规约定之。'并未以性别为认定派下员之标准，虽相关规约依循传统之宗族观念，大都限定以男系子孙（含养子）为派下员，多数情形致女子不得为派下员，但该等规约系设立人及其子孙所为之私法上结社及财产处分行为，基于私法自治，原则上应予尊重，以维护法秩序之安定。是上开规定以规约认定祭祀公业派下员，尚难认与'宪法'第七条保障性别平等之意旨有违，致侵害女子之财产权。""宪法法庭"2023 年宪判字第 1 号判决："'祭祀公业条例'第 4 条第 1 项规定：'本条例施行前已存在之祭祀公业……无规约或规约未规定者，派下员为设立人及其男系子孙（含养子）。'暨同条第 2 项规定：'派下员无男系子孙，其女子未出嫁者，得为派下员。该女子招赘夫或未招赘生有男子或收养男子冠母姓者，该男子亦得为派下员。'未涵盖设立人其余女系子孙部分，抵触'宪法'第 7 条保障性别平等之意旨。二、上开祭祀公业设立人之女系子孙（以现存亲等近者为先），尚未列为派下员者，均得检具其为设立人直系血亲卑亲属之证明，请求该祭祀公业列为派下员，并自请求之日起，享有为该祭祀公业派下员之权利及负担其义务，但原派下员已实现之权利义务关系不受影响。"

②肯定祭祀公业派下员之男子死亡后，不论有无直系血亲卑亲属，死者的遗妻亦得继承派下员（"最高法院"2016 年台上字第 2268 号判决）。为支持此项结论，"最高法院"提出了以下法之适用上的论证："原按司法

审判机关于行使审判权解释相关法律规定时,应本诸'宪法'保障男女平等意旨,为'合宪性'解释。法律之解释固以法律文义为基石,惟有实现更大法价值之必要时,执法者非不得舍文义解释,而为体系解释或目的解释。前者系以体系之一贯性及融整性,后者则以法规范目的,各为阐述法律疑义之方法。"

③肯定"祭祀公业条例"施行后,派下之女子、养女、赘婿亦得为派下员。"最高法院"2015年台上字第2411号判决谓:"系争祭祀公业之派下员许〇人倘以继嗣为目的而收养许〇,许〇人并无其他子女,由许〇承继养家之宗祧,且因收养关系而取得养家之嫡子女身份,上诉人为许〇之女,果尔,上诉人得否为系争祭祀公业之派下员,自应为'合宪性'之解释,倘遽认其无派下权,有无违反平等原则,即非无再酌之余地。"

④肯定私生子的派下员资格:台北地方法院2018年重诉字第214号判决引用"司法院"释字第728号解释作为判决理由。要强调的是,传统祭祀公业经由立法予以法人化、现代化,"最高法院"将派下员资格扩大及于遗妻、养女、赘婿及私生子,体现了台湾地区社会变迁、法制发展及"宪法"平等原则在法律解释方法论的实践。

第四节　法理与法之续造

一、试对照"民法"第195条规定,说明"民法"第194条规定的非财产上损害赔偿请求权得否继承或让与?

二、甲有儿女乙、丙、丁,甲死亡后,乙、丙径将甲之遗体进行火化,嗣后丁始得知甲之死讯,试问丁得否向乙、丙依"民法"第195条第1项规定请求精神慰抚金?

三、何谓法理、法之续造、法律漏洞、类推适用与反面推演、目的性限缩、目的性扩张,并就实务案例说明台湾地区"民法"法学方法论的方法。

第一款　"法理"作为一种法源

"民法"第1条规定:"民事,法律所未规定者,依习惯;无习惯者,依法理。"何谓法理,学者见解不一:有谓系指正当的法理(客观的),与条理(主观的)自然之道理不同;有谓系指法律通常之原理而言;有谓系指自然法而言;有谓系指自法律根本精神演绎而得之法律一般原则。"最高法院"虽常引用法理作为判决依据,仅抽象认为系指为法秩序之和平,事物所本然或当然之理,并未多作说明。①

法理的基本功能系在补充法律及习惯法的不备,使执法者得立于立法者的地位,寻求就该当案件所应适用的规范,以实现公平与正义,调和社会生活上相对立的各种利益,实乃立法者对司法裁判赋予维持法秩序一体性及从事法之续造的权限。所谓法理,应系指自隐含在立法、法秩序或一般价值体系演绎而出的一般法律原则,为谋社会生活事物不可不然之理,与所谓条理、自然法、通常法律的原理,殆具相同的意涵及功能。②"民法"第1条所谓法律所未规定者,系指法律无明文规定,且依现存之法条解释,仍不能知其法意之所在者而言(最高法院1940年渝上字第20号判例),故凡于具体案件可经由解释而适用法律或有习惯法时,即无以法理作为裁判准据的必要。

须说明的是,"最高法院"曾以其他立法例作为法理而适用,"最高法院"1970年台上字第1005号判决谓:因上诉人之增加设施,所借用房屋之价值显然增加,在"民法"使用借贷一节内,虽无得请求偿还或返还其价值之明文,然依据其他立法例,既不乏得依无因管理或不当得利之法则,请求偿还或返还之规定,则本于诚实信用之原则,似非不可将其他立法例视为法理而适用。此项判决认为将其他立法例视为法理而适用,系"本于诚实信用之原则",虽有商榷余地,但以其他立法例作为认定法理的资料,深具意义,应值赞同。③

---

① 对此之说明,参阅许政贤:《法理与法律不溯及既往原则》,载《月旦裁判时报》2023年第130期,第37—45页。

② 《德国民法典第一草案》第1条规定:"法律无规定的事项,准用关于类似事项的规定,无类似事项的规定时,适用由法意精神所生的原则。"《奥地利民法典》第7条规定:"无类推的法规时,应熟思审虑,依自然法则判断之。"《瑞士民法典》第1条第2项规定:"本法未规定者,审判官依习惯。无习惯者,依自居于立法者地位所应行制定之法规判断之。"德、奥、瑞民法所称:由法规精神所生之原则、自然法则或自居于立法者地位所应行制定之法规,其基本功能相同,实质意义殆无差别。

③ 参阅王泽鉴:《比较法与法律之解释适用》,载王泽鉴:《民法学说与判例研究》(第二册),北京大学出版社2009年版,第1页。

第二款　制定法内的法之续造

第一项　法之续造与"民法"发展

"民法"第 1 条规定"法理",其主要功能在于以"平等原则"作为类推适用的依据,以填补法律漏洞。类推适用系法之发现或法之获取过程中法律解释的继续。法官从事的法之续造,旨在贯彻现行法(制定法)上的价值判断,维持法秩序的一体性,使法官得有空间创造适应社会发展的裁判,共同参与法的发现、形成及发展。"民法"于 20 世纪 30 年代施行以来,实务上类推适用的案例,时常有之,20 世纪 80 年代之后更为增多,具有四点重要意义:

①社会变迁及科技发展迅速,价值观改变,法律有时而穷,产生违反法律规范计划的法律漏洞,必须加以补充,以促进法律进步。

②法学方法论上的自觉性加强,法院认识到造法的必要,法律人思维能力的提升。

③一个国家或地区民法的进步,可以"类推适用"作为测试的指标,90 余年来,"民法"因类推适用而渐趋成熟,更向前发展。

④"宪法"平等原则不但容许类推适用,亦使法院负有类推适用的义务。

第二项　法律漏洞与类推适用

一、法律漏洞

法律漏洞系法学方法论上的一个重要概念,乃于制定法内、制定法外之法秩序内从事法之续造(类推适用)的前提。法律漏洞,指关于某一个法律问题,法律依其内在目的及规范计划,应有所规定,而未设规定。① 所谓未设规定系指不为法律的可能文义所涵盖。法律漏洞的基本特征在于违反计划。假如法律是一面墙,则墙的缺口,即法律的漏洞,墙依其本质本应完整无缺,其有缺口,实违反墙之为墙的目的及计划,自应

---

① 法律漏洞之详细说明,参阅〔德〕克劳斯-威廉·卡纳里斯:《法律漏洞的确定:法官在法律外续造法之前提与界限的方法论研究》(第二版),杨旭译,北京大学出版社 2023 年版。

予以修补。例如"民法"第 360 条规定,出卖人故意不告知物之瑕疵者,买受人得不解除契约或请求减少价金,而请求不履行损害之赔偿。关于出卖人故意诈称买卖标的物具有实际上不存在的优点,"民法"未设明文,应认系法律漏洞,盖此亦为出卖人认识买受人对物有所误认,并故意利用此项认识使买受人缔约,其在法律评价应同于故意不告知物的瑕疵,其未设规定,乃违反规范计划,应类推适用"民法"第 360 条规定,使买受人亦得请求不履行之损害赔偿。

法律漏洞有为自始发生(自始漏洞),有为嗣后因社会及法律价值变迁或规范环境变动而发生(嗣后漏洞)。法律漏洞有为立法者所认识,有意让与判例学说处理。法律漏洞有为立法者所不知。在类推适用前,应先认定法律漏洞的存在,因此与法律漏洞应严予区别的,是立法政策上的考量,学说上称为"非固有的漏洞",即关于某项问题,自立法政策言,应设规定而未设规定,而应作反面推论,认为无该当法律的适用。例如"民法"第 194 条规定未包括未婚妻,系立法政策上的决定,非属法律漏洞,纵有不当,亦属立法论上的问题,无类推适用"民法"第 194 条规定的余地。

二、类推适用

类推适用为填补公开漏洞之方法,乃比附援引,即将法律于某案例类型 A 所明定的法律效果,转移适用于法律未设规定的案例类型 B 之上。类推适用在于填补所谓的公开漏洞,即关于某项问题,法律依其内在体系及规范计划应积极设其规定而未设规定。类推适用系基于一种认识,即基于案例的类似性,将法律规定的 A 案例类型的法律效果,适用于 B 案例类型,盖相类似者,应作相同的处理,系本诸平等原则,乃正义的要求。至于 A 案例类型与 B 案例类型是否相类似,应依法律规范意旨加以判断。由此可知,类推适用首先应探求某项法律规定之规范目的(法律理由,Ratio legis);其次判断得否基于"同一法律理由",依平等原则将该项法律规定类推及于其他法律所未规定的事项。此项基于平等原则而为的价值判断(法律评价),一方面用于确定法律漏洞与立法政策错误的界限,区别法律漏洞与反面推论,作为认定法律漏洞的依据,他方面则作为类推适用的基础。诚如拉丁法谚所云:"法律必有漏洞"(Non est regula quin fallet);"在同一理由应适用同一法律;类似事项应为类似判决"(Ubi eadem ratio, ibi idem jus; et de similibus idem est judicium)。

类推适用可分为个别类推及总体类推。个别类推,指就某个别法律规定而为类推适用,亦即其被类推适用的,为个别规定。总体类推,指就多数同类法律规定抽出的一般法律原则,而为类推适用,又称法之类推(Rechtsanalogie)。

三、思考模式

(一)四个检查层次

据上所述,对于法律漏洞的填补,在法律思维上可分为四个阶段,在逻辑上结合演绎与归纳:

①关于某案例 A,法律未设规定,系违反法律规范计划的不完整性,而为法律漏洞。

②寻找相类似的案例,探求其规范意旨,以发现同一法律理由。

③肯定 A 案例与 B 案例的类似性。

④基于同一法律理由及平等原则,应将法律规定的 B 案例的法律效果,类推适用于 A 案例之上。

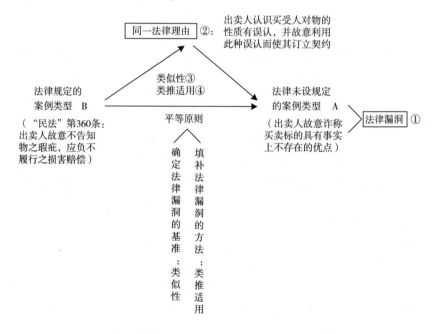

(二) 罗马法上的鸵鸟伤人案

类推适用是最基本的法律思维,在某种意义上可以说所有的法律思维皆是类推适用。罗马法上有一个绝妙的案例,可供参考。① 罗马法规定四脚动物(Quadrupes)的所有人,对该动物所加于他人的损害,应予负责,被害人得依 actio de pauperie 之诉,请求损害赔偿。有人自非洲携回二脚的鸵鸟,肇致损害,被害人得否请求损害赔偿,发生疑问。罗马法学者认应采肯定说,其推理过程为:

①四脚动物依其文义,不能解释为包括二脚的鸵鸟。然法律之所以仅规定四脚动物的所有人应负损害赔偿者,系因未能预见尚有二脚的鸵鸟,自法律内在目的及规范计划而言,应属法律漏洞。

②四脚动物的所有人应负损害赔偿责任的规定,其立法理由(立法意旨)在于使动物所有人尽其管束的义务,避免损害他人。

③四脚动物与二脚动物具有类似性,同为动物。

④基于同一法律理由及平等原则,关于四脚动物所有人侵权责任的规定,对鸵鸟所有人应予类推适用。

四、实务案例

实务上类推适用甚多,惟常径行肯定类推适用,而未先确定其有法律漏洞。兹举三个判例,请依前述方法的说明加以分析:

①终止租赁契约与撤销地上权。"最高法院"1979 年台上字第 777 号判例:"建筑房屋基地之出租人,以承租人积欠租金额达二年以上为原因,终止租赁契约,仍应依'民法'第 440 条第 1 项规定,定相当期限催告承租人支付租金,必承租人于其期限内不为支付者,始得终止租赁契约,非谓一有承租人欠租达二年以上之事实,出租人即得随时终止租赁契约,对于地上权人之保护,不宜较土地承租人为薄,故土地所有人以地上权人积欠地租达二年之总额为原因,依'民法'第 836 条第 1 项规定,撤销其地上权,仍应类推适用'民法'第 440 条第 1 项之规定,践行定期催告程序。"

---

① Vgl. H. Bartholomeyczik, Die Kunst der Gesetzesauslegung (Frankfurt/M. 1951), S. 84; Rüthers/Fischer/Birk, Rechtstheorie, mit Juristische Methodenlehre (6. Aufl., München 2011), S. 528. 类推适用始于法律漏洞的确定,参阅 Canaris, Die Feststellung von Lücken im Gesetz (2. überarbeitete Aufl., 1983)[中译本参阅〔德〕克劳斯-威廉·卡纳里斯:《法律漏洞的确定:法官在法律外续造法之前提与界限的方法论研究》(第二版),杨旭译,北京大学出版社 2023 年版]。

②终止租约与反对续租的意思表示。"最高法院"1974年台上字第2139号判例:"'民法'第451条之规定,乃出租人表示反对续租之意思,有阻却继续契约之效力,此与同法第263条所定,当事人依法律之规定终止契约之情形,具有同一之法律理由,自应类推适用。故租赁物为数人所共同出租者,表示此项意思时,应准用第258条第2项规定,由出租人全体为之。本件系争土地为上诉人等四人所共有,而由上诉人等四人共同出租与被上诉人使用,则其依'民法'第451条为反对续租之意思表示,自应由上诉人全体为之。"本件判例所称应"准用"第258条第2项规定,应指类推适用而言。

③法人与合伙的侵权行为。"最高法院"2012年台上字第1695号判决:"合伙人因经营共同事业,须有合伙代表、一定之组织、财产及活动管理机制,故于契约之外,亦同时表现团体之性质,与法人之本质并无轩轾。是以,合伙人若因执行合伙事务,侵害他人权利而成立侵权行为者,与法人之有代表权人,因执行职务加损害于他人之情形相类,其所生之法效应等量齐观,被害人自可类推适用'民法'第28条之规定,请求合伙与该合伙人连带负赔偿责任。"(详见本书第193页)。

第三项　法律适用、准用及类推适用
——法之发现的发展过程

一、旧"民法"第787条第1项规定的争议

关于法律漏洞及类推适用,具有启示性的是"最高法院"关于"民法"第787条邻地通行权的一则决议,可供检验及理解类推适用的基本概念,并体现法之发现的发展过程,特作较详细的说明。①

旧"民法"第787条第1项规定:"土地因与公路无适宜之联络,致不能为通常使用者,土地所有人得通行周围地以至公路,但对于通行地因此所受之损害,应支付偿金。"法律问题:土地因与公路无适宜之联络致不能

---

① 参阅王泽鉴:《关于邻地通行权之法律漏洞与类推适用》,载王泽鉴:《民法学说与判例研究》(第七册),北京大学出版社2009年版,第164页。更深刻具有启示性的论述,参阅苏永钦:《相邻关系规定可否类推适用于非物权人》,载苏永钦主编:《民法物权争议问题研究》,五南图书出版公司1999年版,第113页。

为通常使用者,土地使用权人是否得通行周围地以至公路?有甲、乙二说。①甲说。依"民法"第787条第1项规定主张对土地周围地有通行权之人,以该土地所有权人为限,土地使用权人不得径依上开规定,对土地周围地主张有通行权。②乙说。依1981年9月17日"最高法院"1981年台上字第3334号判决要旨:"查'民法'物权编关于土地相邻关系之规定,重在图谋相邻不动产之适法调和利用。邻地通行权之性质,为土地所有权人所有权之扩张,与邻地所有权人所有权之限制,是以土地所有权人或使用权人,如确有通行邻地之必要,邻地所有权人或使用权人,即有容忍其通行之义务,此为法律上之物的负担。土地所有权人或使用权人,基于其物权之作用行使上开请求权时,其对象并不以邻地所有权人为限。"似宜采肯定说。

二、"最高法院"1990年度第二次民事庭会议(二)决议

该决议为:"'民法'创设邻地通行权,原为发挥袋地之利用价值,使地尽其利,增进社会经济之公益目的,是以袋地无论由所有权或其他利用权人使用,周围地之所有权及其他利用权人均有容忍其通行之义务。'民法'第787条规定土地所有权人邻地通行权,依同法第833条、第850条、第914条之规定准用于地上权人、永佃权人或典权人间及各该不动产物权人与土地所有权人间,不外本此立法意旨所为一部分例示性质之规定而已,要非表示于所有权以外其他土地利用权人间即无相互通行邻地之必要而有意不予规定。从而邻地通行权,除上述法律已明定适用或准用之情形外,于其他土地利用权人相互间(包括承租人、使用借贷人在内),亦应援用'相类似案件,应为相同之处理'之法理,为之补充解释,以求贯彻。"

三、分析说明

(一)思考模式

本件决议深具法学方法论上的意义,请读者参照前揭法律漏洞与类推适用四个层次的检查模式,分析本件决议的论证构造。

(二)法律漏洞及其填补

本件决议删除了研究报告的"前言部分":"民事法律所未设之规定,苟非立法有意的不予规定,即属立法时之疏漏或嗣后情事变更形成之

立法不备,法官有义务探求其规范之目的,依'民法'第1条立法之授权,援用习惯或法理为之补充解释。"此前言部分,甚有价值。殊为可惜,因其阐释'民法'第1条的规范功能及补充解释(类推)适用,须以有法律漏洞(立法不备)为要件。

(三) 类推适用与补充解释

本件决议认为类推适用的依据在于"法理",而此系指平等原则而言,深值赞同。惟其认类推适用乃法律的"补充解释",则值商榷,其所涉及的不是法律解释,而为填补,"解释"二字应可删除。所谓"类推解释"宜改为"类推适用"。所谓"立法不备(法律漏洞)的法之续造",宜改为"反面推论"。

(四) 适用、类推适用与准用

本件决议于法律"适用"(第787条)及准用(旧"民法"第833条、第850条及第914条)外,尚认有法律漏洞存在,突破向来所采"反面解释(反面推论)"的见解,肯定邻地通行权得由物权关系类推适用于债权关系,系一项创造性之法的续造。此种法律漏洞非属立法时的疏漏,而是因嗣后情事变更、价值判断变迁而生的立法不备,其目的在于更进一步贯彻地尽其利的经济效率。

(五) 由类推适用到准用:准用的扩大

1. 增设"民法"第800条之1规定

准用系法律明定的类推适用,法律适用上的类推适用具准用的功能。值得注意的是,为明确法律适用,避免争议,2009年"民法"物权编修正,特删除第833条规定,增设第800条之1规定:"第七百七十四条至前条规定,于地上权人、农育权人、不动产役权人、典权人、承租人、其他土地、建筑物或其他工作物利用人准用之。"立法理由谓:"……增订本条规定,以符'民法'规范相邻关系之宗旨,并期立法之精简。至于建筑物所有人为土地之利用人,当然有本条之适用,不待明文。又本条所谓'准用',系指于性质不相抵触之范围内,始得准用,故何种情形可以准用,应依具体个案分别认定之。"

2. 准用的扩大

值得提出的是,"民法"修正将若干实务上的"类推适用",明定为"准用",举三个重要规定以供参照:

①不法管理。例如无权出卖处分他人之物,应返还其管理所得利益。

1999年修正"民法"第177条第2项将"不法管理"由类推适用适法管理修正为准用。

②代理人与有过失。例如未成年子女遭遇车祸,应承担父母的与有过失,受减免损害赔偿的不利益。1999年修正"民法"第217条第3项规定:"前二项之规定,于被害人之代理人或使用人与有过失者,准用之。"在此之前,实务上系采类推适用。

③物上请求权。无权占有地上权人的房屋,旧"民法"第767条仅规定所有人物上请求权,仅能类推适用第767条,2009年增订第767条第2项规定:"前项规定,于所有权以外之物权,准用之。"

第四项 "民法"第194条及第195条第2项规定的类推适用

一、"最高法院"见解

"民法"第194条规定:"不法侵害他人致死者,被害人之父、母、子、女及配偶,虽非财产上之损害,亦得请求赔偿相当之金额。"第195条规定:"不法侵害他人之身体、健康、名誉、自由、信用、隐私、贞操,或不法侵害其他人格法益而情节重大者,被害人虽非财产上之损害,亦得请求赔偿相当之金额。其名誉被侵害者,并得请求回复名誉之适当处分。前项请求权,不得让与或继承。但以金额赔偿之请求权已依契约承诺,或已起诉者,不在此限。前二项规定,于不法侵害他人基于父、母、子、女或配偶关系之身份法益而情节重大者,准用之。"问题在于"民法"第194条规定的非财产损害金钱赔偿的请求权得否继承或让与?

"最高法院"1995年台上字第2934号判例谓:"非财产上之损害赔偿请求权,因与被害人之人身攸关,具有专属性,不适于让与或继承。'民法'第195条第2项规定,身体、健康、名誉、自由被侵害而发生之非财产上损害赔偿请求权不得让与或继承,仅属例示规定。同法第194条规定之非财产上损害赔偿请求权,亦应作同一解释。惟第195条第2项但书规定'以金额赔偿之请求权已依契约承诺,或已起诉者,不在此限。'基于同一理由,此项但书规定,于第194条之情形,亦有其适用。"

二、分析说明

对此判例,应说明者有四:

①反面推论与类推适用。"民法"第194条未设相当于第195条第2项规定,"最高法院"不就"民法"第195条第2项规定采反面推论,认为慰抚金请求权得让与或继承,其理由系第195条第2项规定为例示规定,第194条亦得作同一解释,其结论可资赞同。

②法律解释与类推适用。"最高法院"认为"民法"第195条第2项本文(金钱损害赔偿请求权)不得让与或继承,仅属例示规定。所谓例示规定,难解其意,或系指体现此项不得让与或继承的法律原则。"民法"第195条第2项系规定不法侵害他人之身体、健康、名誉或自由,无论如何扩张其文义,似难认系对"民法"第194条的情形亦应作"同一解释"。

③总体类推适用。就方法论言,应认为"民法"第194条对慰抚金请求权得否让与或继承,未设明文,衡诸"民法"第195条第2项、第977条第3项(解除婚约)、第999条第3项(婚姻无效或撤销)及第1056条第3项规定(判决离婚,请阅读条文),系属违反规范计划的法律漏洞,应类推适用上开规定,以为补充。此种类推适用属于所谓的总体类推(法之类推),即"民法"第195条第2项、第977条第3项、第999条第3项、第1056条第3项等规定非财产上之损害赔偿请求权,因与被害人的人格攸关,具有专属性,不得让与或继承,但因契约承诺或已起诉时不在此限,乃属一般法律原则,于"民法"第194条情形,基于"同一法律理由",应予类推适用。

④总体类推适用的思考结构图示如下:

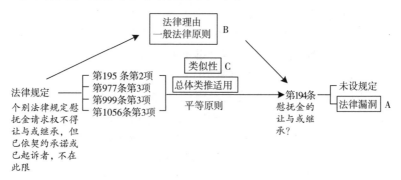

第五项 目的性扩张与目的性限缩

法律适用处于法律文义(文本)与法律目的之间的紧张关系,从而发展出二个法律适用的思考方法,一为目的性扩张(teleologische Extension),

一为目的性限制(teleologische Reduktion)。

一、目的性扩张

目的性扩张指法律文义范围过于狭隘,纵依其可能文义,亦不能达其规范目的,必须依其规范目的予以扩张,就方法论言,此为类推适用的特殊情形,可认为系法律类推适用的一种类型。例如"民法"第77条规定:"限制行为能力人为意思表示及受意思表示,应得法定代理人之允许。但纯获法律上利益,或依其年龄及身份、日常生活所必需者,不在此限。"所谓纯获法律上之利益,非经济利益的计算(如贱购某物),乃指其法律效果而言(如单得权利、单免义务)。此在适用上得扩张及于无权处分他人之物(如未成年人出卖他人寄托之物并移转其所有权)的中性行为,就文义而言,此非纯获法律利益,但对未成年人不生法律上利害关系,无害于未成年人,应依其规范目的,加以扩张适用。

二、目的性限缩

(一)四个检查层次

目的性限缩系法律规定的要件文义过于宽广,应依规范目的加以限缩,此适用于法律隐藏漏洞,即关于其项规定,依法律内在目的及规范计划,应消极地设有限制,而未设此限制。其填补之道,系将此项规定的适用范围,依法律规范意旨予以限缩,创设例外(但不在此限),学说上有称之为"例外漏洞"(Ausnahme Lücken),其非在修正规范目的,而是通过修正文义而实现规范目的。

类推适用的法理,在于"相类似的,应为相同的处理";目的性限缩的法理,则在于"非相类似的,应为不同的处理":均系基于正义的要求。目的性限缩,与狭义(限制)解释不同,前者系将某项法律规定的适用范围加以限缩,于特定案例类型不适用之;后者则系将法律概念局限于其核心范围。目的性限缩的适用,应依四个层次加以检查:

---

1. 一定的案例事实(A案例),为某法律规定的文义所涵盖。
2. 探究该法律规定的规范目的[通常案例(Nomalfall),B案例]。
3. A案例与B案例欠缺比较性,未设限制,构成法律漏洞。
4. 限缩该法律规定的适用范围,不适用于A案例。

(二) 三个案例

①夫妻一方收养他方子女。旧"民法"第 1074 条规定:"有配偶者,收养子女时,应与其配偶共同为之。"设甲男与乙女结婚,甲欲收养乙之子丙为养子,依本条规定文义,乙女似应共同为之。为此势将导致生母收养自己婚生子女的结果,违反伦理,不符合当事人利益,抵触收养制度。按旧"民法"第 1074 条之立法目的,在使双方配偶均能与被收养者发生亲子关系,以促进家庭和睦,故一方配偶收养他方配偶之子女,与收养他人子女不同,他方配偶应无共同为之的必要。准此以言,旧"民法"第 1074 条未设此项限制,自有缺漏。为贯彻法律规范意旨,应作目的性限缩,即有配偶者,一方收养他方子女时,无须与其配偶共同为之。值得注意的是,1985 年 6 月 3 日修正"民法"亲属编已将第 1074 条规定作此修正,增设但书:"但夫妻之一方,收养他方子女时,不在此限。"可供参照。另"民法"第 1074 条于 2007 年 5 月 23 日修正:"夫妻收养子女时,应共同为之。但有下列各款情形之一者,得单独收养:一、夫妻之一方收养他方之子女。二、夫妻之一方不能为意思表示或生死不明已逾三年。"

②劳动契约的撤销。"民法"第 88 条第 2 项规定:"当事人之资格或物之性质,若交易上认为重要者,其错误,视为意思表示内容之错误。"表意人得将其意思表示撤销之(第 88 条第 1 项)。第 114 条第 1 项规定:"法律行为经撤销者,视为自始无效。"本项规定依其文义适用于劳动契约的撤销,通说认为关于继续性债之关系,尤其是已履行的劳动契约(或合伙),应限缩第 114 条第 1 项自始无效规定的适用,以维持既已发生的法律关系,避免对劳动者产生不公平的结果。

③父母对未成年子女的赠与(自己代理)。"民法"第 106 条规定:"代理人非经本人之许诺,不得为本人与自己之法律行为,亦不得既为第三人之代理人,而为本人与第三人之法律行为。但其法律行为,系专履行债务者,不在此限。"此项禁止自己或双方代理的目的在于避免利益冲突,因此在根本未发生利益冲突的情形,例如父母赠与房屋于未成年子女(自己代理),应予除外,不在此限(详见本书第 510 页)。

第三款　制定法外的法之续造
——超越法律计划外在法秩序内所创设之法律规范

一、正当性、适用形态及界限

"最高法院"2012年台上字第1695号判决认为,"民法"第1条的法理具有补充制定法(法律或习惯法)的功能,在适用上包括:①制定法内之法律续造(如基于平等原则所作之类推适用)。②制定法外的法律续造,即超越法律计划外所创设之法律规范。前者前已详论。后者在台湾地区尚少讨论。此项法律续造的概念及方法来自拉伦茨教授,兹参照其对超越法律计划之外的法的续造(超越法律的法之续造)的正当性、适用形态及其适用限界的见解,简述如下:

法律漏洞系指法律违反计划的不圆满性。为使法律能依其规范计划及内存其中的评价来适用,法官必须填补漏洞。然而,在某些委实不能再认为系法律违反计划不圆满性的情况,司法裁判仍然从事法秩序的续造。基于法律交易上的需要,或者在考虑一些嗣后始被认识的法律原则或"宪法"原则,司法裁判会创构出一些法律计划原本并未包含,有时甚至与之背道而驰的法律制度。一般而言,法律固然也会为此等超越法律的法之续造提供一些线索,但后者毕竟已经逾越了单纯的漏洞填补的界限。它不再只是取向于法律理由、法律内存的目的本身,毋宁更以超越这些的法律思想为根据。这种法的续造当然不能抵触法秩序的一般原则及"宪法"的价值秩序,须与其一致,始具正当化。因此,此种法的续造虽然在法律之外(超越法律的规范),但仍在法秩序之内,仍须坚守由整体法秩序及其根本的法律原则所划定的界限。法律解释、法律内的法之续造所提出的各种方法上的辅助手段,并不足以解决超越法律的法之续造的问题,后者必须依法的考量说明其根据。

拉伦茨教授将德国实务上关于超越法律的法之续造的案例归纳为三种态样,并说明其法律考量上的依据:①基于法律上需要,如让与担保、期待权及其可让与性。②基于事物本质,如无权利能力社团,应类推适用社团,而非合伙的规定。③基于伦理性原则,得创设权利失效、缔约过失、契约上的保护义务及一般人格权等。

关于超越法律的法之续造,拉伦茨教授强调须具备二个前提。第一个前提是须确有法律问题存在;第二个前提是仅凭单纯的法律解释,乃至法律内的法之续造的方式所得答案不能满足解决该法律问题的最低要求,此最低要求或来自法律生活中不可反驳的需要,或源于法规范实用性的必要,或基于事物的本质及作为整个法秩序基础的法伦理上的要求。依法律内的法之续造不能获致满足前述要求的答案,必须全无疑义,法院始能从事超越法律的法之续造,并以现行法秩序为其界限。因为法院不拥有必要的信息及正当权限,仅凭法律性考量不能提供必要裁判的依据,尚须有基于目的性考量的政治性决定。在民主国家,此项决定原则上应由立法者作成,法院欠缺社会形成的权限。法院对此作有创意的法之续造时,必须严正对待其界限,儆醒留意,避免给法治国带来信赖危机。

二、实务案例:死者人格利益的保护①

"最高法院"2012 年台上字第 1695 号判决肯定法院得以法理补充法律,从事"法律外但在法之内的法之续造"。实务上究有何种案例可供分析研究,是法学方法论上值得重视的课题。"民法"自 1929 年施行以来,长达 90 余年,若干规定或制度的规范目的已有变更,来自教会法的著名法谚:"法律理由(目的、意义)不在,法律不在。"(Cessante ratione legis, cessat lex ipsa. Wenn der Zweck einer Norm entfällt, entfällt auch die Norm selbst.)此类逐渐丧失其法律理由的规定,自有检讨修正的必要。在法典老化的过程中,法律所调整的情事、体系构成及社会价值观念,难免发生根本性的变化,在立法与司法之间造成了紧张关系,使超越法律的法之续造处于法之安定与法之创造的两难之间。值得注意的是,台湾地区实务亦创设了拉伦茨教授所提出的超越法律计划的法之续造的案例(如让与担保、契约上的保护义务、权利失效等),亦以隐藏的方法,如法律解释(或以类推适用)从事法律计划外法之续造,兹就死者人格权(名誉权)的保护加以说明。

(一)死者名誉权与遗族对故人敬爱追慕的人格利益

"民法"第 6 条规定,人之权利能力,始于出生,终于死亡。人死亡后,其权利能力消灭,人格权亦不存在。是依现行法律,死者人格权(如名

---

① 详细论述,参阅王泽鉴:《人格权法》,北京大学出版社 2013 年版,第 52、283 页。

誉权、隐私权等)不受保护。关于人格权被侵害的精神痛苦(非财产损害)的金钱赔偿(慰抚金),"民法"第 18 条第 2 项明定,以法律有规定者为限。旧"民法"第 195 条第 1 项限定于身体、健康、自由、名誉。1999 年债编修正,"民法"第 195 条将之一般化,包括身体、健康、名誉、自由、信用、隐私、贞操、其他重大人格法益。死者人格权受侵害时,本无从此规定请求慰抚金,此为法律内的规范计划,不构成法律漏洞。问题在于此项规范计划不足保护死者人格尊严。为解决此一问题,台北地方法院 2007 年诉字第 2348 号判决谓:所谓其他人格法益,系指一般人格权中未经明定为特别人格权(人格利益)的部分,此一概括部分将随着人格自觉、社会进步、侵害的增加而扩大其保护范畴,故人格权之侵害,不限于他人之身体、健康、名誉、自由、信用、隐私、贞操,以吾风尚,对于死者向极崇敬,若对已死之人妄加侮辱诽谤,非独不能起死者于地下而辩白,亦使其遗族为之难堪,甚有痛楚愤怨之感,故而"刑法"第 312 条特规定侮辱诽谤死者罪,借以保护遗族对其先人之孝思追念,并进而激励善良风俗,自应将遗族对于故人敬爱追慕之情,视同人格上利益加以保护,始符"宪法"保障人性尊严之本旨……这在法学方法论上仍属对"民法"第 195 条"其他人格利益"的扩大解释,而非类推适用,对死者名誉权采间接保护。

"最高法院"2021 年台上字第 2399 号判决谓:按不法侵害他人之身体、健康、名誉、自由、信用、隐私、贞操,或不法侵害其他人格法益而情节重大者,被害人虽非财产上之损害,亦得请求赔偿相当之金额,"民法"第 195 条第 1 项定有明文。所谓人格权,系以人格为内容之权利,以体现人性尊严价值之精神利益及人格自由发展之价值理念,人格自由发展在使个人能够实现自我,形成其生活方式。被继承人之遗体非仅系继承人共同共有之物,对继承人子女而言,尚具有遗族对先人悼念不舍、虔敬追思情感之意义。基于一般社会风俗民情及伦理观念,子女对其已故父母之孝思、敬仰爱慕及追念感情,系属个人克尽孝道之自我实现,以体现人性尊严价值之精神利益,自属应受保护之人格法益。倘继承人子女因他人无正当理由未予通知即擅自处分其父母遗体火化下葬,致其虔敬追念感情不能获得满足,破坏其缅怀尽孝之追求,难谓其人格法益未受不法侵害。[①]

---

① 转引自陈忠五:《继承人妨害其他继承人参与丧葬事宜的侵权责任》,载《台湾法律人》2023 年第 20 期,第 111—122 页。

(二) 死者人格权(肖像权)的财产利益

"最高法院"2015 年台上字第 1407 号判决略谓:"按传统人格权系以人格为内容之权利,以体现人之尊严及价值的'精神利益'为其保护客体,该精神利益不能以金钱计算,不具财产权之性质,固有一身专属性,而不得让与及继承。然随社会变动、科技进步、传播事业发达、企业竞争激烈,常见利用姓名、肖像等人格特征于商业活动,产生一定之经济效益,该人格特征已非单纯享有精神利益,实际上亦有其'经济利益',而具财产权之性质,应受保障。又人之权利能力终于死亡,其权利义务因死亡而开始继承,由继承人承受。故人格特征主体死亡后,其人格特征倘有产生一定之经济利益,该人格特征使用之权利尚非不得由其继承人继承,而无任由第三人无端使用以获取私利之理。"在法学方法论上,乃属一种制定法外为保护人格权财产利益的法之续造。

据上所述,应说明者有四:

①现行法上规范计划并不包括对死者人格权(名誉权)的保护。

②就"民法"第195条创设遗族对故人敬爱追慕之情的人格法益,间接保护死者名誉权(法律解释)。肯定死者人格权具有财产利益,得为继承,强化人格权的保护(制定法外的法之续造)。法律解释与法之续造是不同阶段的法之发现,不能划分清楚的界限,而为一种流动的过程,然属各有其典型的方法,仍有区别的必要。

③此项法之续造乃基于伦理性原则,实践"宪法"保障人性尊严,乃法理念的具体化,其基础在于实质的正义内涵,仍在法秩序之内而具有正当性。

④此种法之适用离法律越远,法院更有详细论证说明的义务。

第五节 判例(裁判)、学说与法释义学

何谓"最高法院"的"判例"? 具有何种功能?"法院组织法"废除判例制度改采大法庭,解决法律争议,理由何在?"最高法院"判例或大法庭裁判是否为法源,具有拘束力? 学说对于法律的解释适用及发展具有何种功能? 您是否了解法院实务与学说的交流及协力的重要性及目前的情况?

第一款 判例(裁判)

一、判例的意义及其法源性

法院就具体案件所作成的判断,对外发生一定效力的,称为裁判(包括判决及裁定),成为以后判决的先例。判决先例制度各法域不同。在台湾地区,"最高法院"就其历年众多的判决,经由判例会议慎重审核讨论,选定若干"足堪为例"的,采为判例,录其要旨,称为"判例要旨"。旧"法院组织法"第57条规定:"最高法院"之裁判,其所持法律见解,认有编为判例之必要者,应分别经由院长、庭长、法官组成之民事庭会议、刑事庭会议或民、刑事庭总会决议后,报请"司法院"备查。"最高法院"审理案件,关于法律上之见解,认有变动判例之必要时,适用前项规定。由是可知,判例的意义较狭,数量不多,可谓"取舍严谨,难能而可贵"。

在英美等属于普通法(Common Law)法系国家或地区,判例为最重要的法源,具有一定程度的拘束力。台湾地区"最高法院"的判例在法律上并无拘束下级法院的效力。下级法院采取与判例不同的法律见解时,"最高法院"虽得以其违反判例,加以废弃,其实质理由系认下级法院的见解违反经由判例所阐释的法律含义。若"最高法院"认为下级法院的判决合于正确的法律含义时,得改采其见解,并依法定程序变更判例。"最高法院"判例虽无法律上的拘束力,但事实上多为下级法院所遵从,具事实上的拘束力,其理由有三:

①"最高法院"法官历经三审,学识经验丰富,法律见解自较稳妥,下级法院若无坚强的自信,实际上总会以"最高法院"的判例作为准据。

②判例变更不易,自1927年"判例要旨"刊行以来,仅作成数次变更判例。判例变更如此困难,下级法院纵有坚强的自信,基于实际上的考虑(如裁判的维持率),多会"萧规曹随",不愿提出不同的法律见解。

③判例的尊重,乃基于法律安定性的要求。人们在交易上多以判例为基础,预期法院对于同样案例,能作同一的判决,判例动辄变动,势必影响交易安全及人们对法律的信赖。

二、判例制度的废除与大法庭的创设

判例制度是台湾地区法的特色。2019年1月4日公布修正"法院组

织法"废除判例制度,创设大法庭制度,分三点加以说明:

①判例系将"最高法院"裁判中之法律见解自个案抽离,而独立于个案事实之外,成为抽象的判例要旨,使其具有通案之法规范效力,冀能达成统一终审法院法律见解之目的,但此与权力分立原则未尽相符,且大法庭制度已可达到统一终审法院法律见解之目的,故判例选编及变更制度自无再予维持之必要,爰删除"法院组织法"第57条之规定,废除判例选编及变更制度。

②判例选编制度废除后,先前已经依法选编之判例,仍应予以明确定位,"最高法院""最高行政法院"于2019年7月4日"法院组织法"修正施行前依法选编之判例,若无该判例之全文可资查考者,因无裁判所依凭之事实可供参佐,背离司法个案裁判之本质,应自"法院组织法"第57条之1生效后停止适用;其余先前已经依法选编之判例,则回归裁判之本质,即终审法院某一庭先前所为之"裁判",与未经选编为判例之其他终审法院先前裁判效力相同。

③大法庭制度的创设:"最高法院"民事庭、刑事庭各庭审理案件,经评议后认采为裁判基础之法律见解,具有原则重要性,或与先前裁判之法律见解歧异者,以裁定叙明理由(为裁定前先征询其他庭意见),提案予民事大法庭、刑事大法庭裁判,经言词辩论,以裁定记载主文与理由(公布不同意见书),以资统一法律见解(参阅"法院组织法"第51条之1至第51条之7规定)。①

三、案例法与法官法

"最高法院"裁判(尤其是以前的判例、决议、大法庭裁定)系间接法源,具有实质上的规范性,在法律解释与法之续造方面发挥重要的功能,形成所谓案例法(case law)或法官法(Richterrecht)。长期适用的案例法得发展成为习惯法(如让与担保)。案例法涉及法律适用的安定性、信赖保护及法律交易继续性的期待。"最高法院"裁判具有事实上的拘束力,隐藏性规范制定的权力由立法移向司法,攸关立法权与司法权的变动关系,使法官成为立法的替代者(Richter als Ersatzgesetzgeber)。

---

① 参阅郭玉林:《大法庭设置后之审判思维——一体适用与个案正义之冲突》,载《月旦法学杂志》2019年第294期,第144—160页。

第二款　学　说

学者关于实证法的解释、习惯法的认知、法理的探求等所表示的见解,是为学说。在制定法律时,权威著作的见解,常被接受而订立于法典条款,成为成文法(制定法)拘束人们的规范。法律制定后,在适用上遇有疑义时,多借学说理论加以阐释。在台湾地区,学说虽非属法源,不具法律上拘束力,但对于法律的发展及法院审判,甚属重要,其主要理由系为成文法传统,法律解释适用有待学说的阐释;法官多在大学受法律教育,长期受到学者见解的影响。

第三款　判例(裁判)与学说的协力、法释义学的建构与民法的发展

判例与学说对民法的解释适用及发展,关系至巨。就学说言,一方面须建立形成通说的机制,他方面应对已形成的通说加以检讨,期能促进法律的进步。此外并应加强学说理论为实务服务的功能,对有疑义的法律问题,事先作深入的研究,供法院参考,并为未发生的事件预作准备。此外,并须积极从事判例、判决、大法庭裁定的解释,指明其他的解决途径,提出不同的构成理由,阐发蕴含于个别判例、判决、大法庭裁定的一般法律原则,综合分析不同的判例、判决,作体系类型上的整理,以显明法律的发展。一个成文法国家或地区的判例或判决,通常不会超越当时的法学水平。对判例及判决的研究,实乃法学者的自我检讨,自我反省。台湾地区民法学的进一步发展实有赖于判例与学说的交流及协力。

判例与学说的协力旨在促进法的沟通,建构法释义学(Rechtsdogmatik,有译为法教义学、法信条学、法教条学),此指固有意义的法学,其主要活动包括对现行有效法律的描述、对现行有效法律从事法概念体系研究,以及提出解决疑难问题的建议(规范实践)。法释义学具有如下功能:

①体系化功能:有系统地整理分析现行法的概念体系,了解法律内部的价值体系与外部的结构,并在整体上把握具体规范间的关联,便于讲授、学习及传播。

②稳定功能:为司法实践及特定裁判提出适用的法律见解,期能长期

影响同一类型判决,形成普遍实践原则,以强化法院裁判的可预见性及法律安定性。

③减轻论证负担功能:为特定法律问题,提供可供检验,具说服力的解决方案,得以减轻法学研究及法院裁判论证上的负担,不必凡事都要重新讨论。因此要变更法释义学上具有共识的法律见解,应提出更好的理由,承担论证责任。

④修正与更新功能:法释义学所提出的关于法律解释及法律续造的原则,具有调节各个制度发展的作用,但不应拘泥于向来见解。为适应社会变迁,应为深刻的批评创造条件,发现矛盾,解决冲突,探寻符合体系的新的合理解决方法途径,而能有所革新进步。

法释义学为法学研究及法律实践储存多样可供选择的法律见解(信息),开展新的思考方向,体现法学的任务。所应努力的是,必须排除表面的论述,公开隐蔽的价值理念,不能满足于当前法律政策和法律实践的需求,必须对学说见解与司法实践进行必要的批评和修正。法释义学为法律实践(法律解释及法之续造)提供了法概念性手段,但不是评价中立、纯粹逻辑概念上的思考模式。法释义学的概念、分类、原则都与价值有关,具有实质的目的,参与法规范的形成与发展。法释义学处理价值判断时,须结合法学方法论,使法之适用及发展得为符合法秩序的一贯性及统一性。

本书的目的及内容系运用法学方法论及法释义学之融合,建构民法总则(私法基本原理)的理论体系。

第六节 使用文字的准则

一、甲受雇于乙,由丙为人事保证,并以书面为之。甲因职务之行为而应对乙为损害赔偿,乙向丙请求代负履行责任,丙拒绝之,其理由为该保证书,系就市面上出售之保证书格式填写,非由其自书,且未盖章,仅签其姓而已。试问丙有无代负履行之责任?

二、甲向乙贷款500万元,由丙保证,并约定应作成书面。甲届期无力清偿,乙向丙请求代负履行责任。丙以该保证书,仅有丙签名或盖章(或仅加盖签字体的签名章),而拒不负履行之责任,有无理由?

一、使用文字的必要

"民法"第 756 条之 1 规定:"称人事保证者,谓当事人约定,一方于他方之受雇人将来因职务上之行为而应对他方为损害赔偿时,由其代负赔偿责任之契约。前项契约,应以书面为之。"①人事保证系依法律之规定,有使用文字之必要者,即所谓的要式行为。②

二、"民法"第 3 条的解释适用

(一)适用范围:法定方式与约定方式

"民法"第 3 条第 1 项规定:"依法律之规定,有使用文字之必要者,得不由本人自写,但必须亲自签名。"此项规定适用于法定要式行为,前已论及,问题在于对约定要式行为得否类推适用?

最高法院 1942 年上字第 692 号判例谓:"民法第 3 条第 3 项规定之适用,以依法律之规定有使用文字之必要者为限。本件两造所订和解契约,本不以订立书面为必要,自难以合约内仅有某甲一人签名,即指为不生效力。"此判例似认为当事人以书面订立"不要式契约"者,该书面纵未经当事人签名或盖章,其契约仍为有效成立。然应注意的是,"民法"第 166 条规定:"契约当事人约定其契约须用一定方式者,在该方式未完成前,推定其契约不成立。"设当事人未能提出证据,反证其约定使用一定方式之目的,仅在以之为保全契约之证据方法时,自应认为该方式未完成

---

① 本条为 1999 年 4 月 3 日公布(2000 年 5 月 5 日施行)"民法"债编部分条文修正所增订。立法理由谓:①本条新增。②本条规定人事保证之意义。一般所称之人事保证,或称职务保证,乃系就雇佣或其他职务关系中将来可能发生之债务所为具有继续性与专属性,而独立负担损害赔偿责任之一种特殊保证,惟仍系就受雇人之行为而代负损害赔偿责任。为免人事保证之保证人负过重之责任,爰明定其责任范围为他方受雇人将来因职务之行为而应负之损害赔偿责任,惟不及于雇用人对于受雇人之求偿权,亦不及于非损害赔偿债务,如雇人因逃匿而代为搜寻是。又本条称受雇人者,与第 188 条所称之受雇人同其意义,亦即非仅限于雇佣契约所称之受雇人,凡客观上被他人使用为之服劳务而受其监督者均之("最高法院"1968 年台上字第 1663 号民事判例参照)。③为示慎重,并期减少纠纷,爰于第 2 项明定人事保证契约,应以书面为之。

② 依法律之规定,有使用文字之必要者,主要有:章程或捐助章程之订定(第 47 条、第 60 条),不动产的债权契约(第 166 条之 1),期限 1 年以上之不动产租赁契约(第 422 条),不动产物权之移转或设定(第 758 条第 2 项),夫妻财产制契约之订立、变更或废止(第 1007 条),两愿离婚(第 1050 条),收养子女(第 1079 条),继承权之抛弃(第 1174 条第 2 项),遗嘱(第 1189 条至第 1195 条)。

前,契约尚未成立。约定方式既推定为契约之成立要件,则该方式如何作成,应依当事人之约定,其无约定者,就书面而言,应类推适用"民法"第3条关于法定要式行为之规定。①

(二)亲自签名、代签名

1. 亲自签名

法定(或约定)书面,得不由本人自写,但必须亲自签名。有疑问者,系仅签姓或名,是否亦生签名之效力?"最高法院"1975年度第五次民庭庭推总会决议(一)谓:"所谓签名,法律上并未规定必须签其全名,且修正前'票据法'第6条更规定,票据上之签名得以画押代之,仅签姓或名,较画押慎重,足见票据上之签名,不限于签全名,如仅签姓或名者,亦生签名之效力,至于所签之姓或名,是否确系该人所签,发生争执者,应属举证责任问题。"此项决议,虽系针对"票据法"第5条"在票据上签名者,依票上所载文义负责"之规定,但具一般适用性,"民法"第3条的签名亦应作此解释(参阅案例一)。

2. 代签名

"民法"第3条第2项规定:"如有用印章代签名者,其盖章与签名生同等之效力。"第3项规定:"如以指印、十字或其他符号代签名者,在文件上,经二人签名证明,亦与签名生同等之效力。"应说明者有四:

①遗嘱应依法定方式为之,代笔遗嘱依"民法"第1194条规定,须由遗嘱人签名,遗嘱人不能签名者,应按指印代之。此为法定特别要件,故不能适用"民法"第3条第2项以印章代替签名之规定。

②所谓盖章,法律上并未规定其印章应包括姓名之全部,如所盖印章虽未包括姓名之全部,但能证明确系出于本人意思表示者,当亦生盖章之效力。

---

① 参阅胡长清:《中国民法总论》,第53页(注五)谓:"民法"第3条既明谓依法律之规定有使用文字之必要云云,一若专指法定要式行为而言,实则不然,盖约定要式行为,在"民法"并不禁止,故如原非要式行为而当事人约定须依一定方式,且以使用文字为必要者,自应类推适用"民法"第3条之规定,虽然,二者之效力则不相同,即在违背法定方式者,其法律行为原则上为无效(第73条),反之在未完成约定方式者,则推定其法律行为不成立(第166条)。采同说者,参阅施启扬:《民法总则》,第61页。惟郑玉波先生认为"民法"第3条所规定之签名盖章等办法,系专指依法律之规定而使用文字之情形而言,若其使用文字并非依据法律规定,而系由当事人任意者,自无须以本条之规定相绳,亦即只问其实质上是否真实可矣,参阅郑玉波:《民法总则》,第63页。

③印章并无一定之形式,以机器印录方式(facsimile)签章,其印版自属印章之一种。又印章委由他人代盖,并无不可。故在印制债券时委由印制人以机器印录方式签章,自与亲自签章同具法律上之效力。

④印章之印文系采铅字体抑或其他字体,意义并无不同。股份有限公司股票上记载董事签名等情形,其系委由他人加盖铅字体之签名章或以机械排印铅字方式签章,与本人亲自签章,在法律上具有相同之效力(参阅案例二)。

三、电子签章①

传统的通信及交易行为,系以书面文件(如契约书)及签名、盖章来确定相关的权利义务。在网络环境中,电子化政府及电子商务势必依赖电子文件及电子签章作为通信及交易的基础。为配合日益蓬勃的数字经济活动发展,建立电子签章法制,并为建立安全及可信赖之电子交易环境,裨益电子商务的发展,"行政院"特参酌其他立法体例、联合国及欧盟等国际组织订定的电子签章立法原则,拟具"电子签章法"草案函请"立法院"审议,并于"立法院"三读通过后,于2001年11月14日公布施行。

所谓"电子文件",指文字、声音、图片、影像、符号或其他资料,以电子或其他以人之知觉无法直接认识之方式,所制成足以表示其用意之记录,而供电子处理之用者。所谓"电子签章",指依附于电子文件上,用以辨识及确认电子文件签署人身份及电子文件真伪者。所谓"数字签名",指将电子文件以数学演算法或其他方式运算为一定长度之数位资料,并以签署人之私密金钥对其加密,形成电子签章,并得以公开金钥加以验证者(1991年"电子签章法"第2条第1款至第3款)。

1991年"电子签章法"除采技术中立原则及市场导向原则外,尚采取"契约自由原则",即对于民间的电子交易行为,由交易双方当事人自行约定采行何种适当的安全技术、程序及方法作成的电子签章或电子文件,作为双方共同信赖及遵守的依据,并作为事后相关法律责任之基础。

1991年"电子签章法"明定得以电子文件为表示方法的情形("电子签章法"第4条、第5条、第6条)。"电子签章法"第9条规定:"依法令

---

① 参阅郭戎晋:《论"民法"使用文字之必要与书面要式概念于数字环境下之适用问题》,载《中正大学法学集刊》2021年第70期,第135—188页。

规定应签名或盖章者,经相对人同意,得以电子签章为之。前项规定得依法令或行政机关之公告,排除其适用或就其应用技术与程序另为规定。但就应用技术与程序所为之规定,应公平、合理,并不得为无正当理由之差别待遇。"第10条规定:"以数字签名签署电子文件者,应符合下列各款规定,始生前条第一项之效力:一、使用经第十一条核定或第十五条许可之凭证机构依法签发之凭证。二、凭证尚属有效并未逾使用范围。"由是可知电子签章涉及网络运输及科技,凭证制度的建构,至属重要(请阅读"电子签章法"第11条以下规定)。为保护当事人及善意第三人权益,"电子签章法"第14条规定:"凭证机构对因其经营或提供认证服务之相关作业程序,致当事人受有损害,或致善意第三人因信赖该凭证而受有损害者,应负赔偿责任。但能证明其行为无过失者,不在此限。凭证机构就凭证之使用范围设有明确限制时,对逾越该使用范围所生之损害,不负赔偿责任。"值得注意的是,"经济部"于2002年4月10日订定"电子签章法施行细则",加以规范。

第七节　决定数量的标准

甲经营自助餐厅,向乙购货。某次甲收到乙送来之账单,内载:"……应付货款伍万伍仟捌佰陆拾元(55680元)……前开伍万捌仟伍佰陆拾元货款,请于×月×日前付清为荷……"甲即开具A银行支票予乙,记载金额为伍万捌仟伍佰陆拾元,但书写为55860元。试问:

1. 银行应付之金额?
2. 支票兑现后,当事人间之法律关系?

一、以文字为准

文字及号码误写,致不相符,甚属常见,为避免争议,"民法"第4条规定:"关于一定之数量,同时以文字及号码表示者,其文字与号码有不符合时,如法院不能决定何者为当事人之原意,应以文字为准。"又"票据法"第7条规定:"票据上记载金额之文字与号码不符时,以文字为准。"(参阅"最高法院"2021年台上字第2059号刑事判决)"民法"为普通法,"票据法"为特别法,依特别法优先于普通法之原则,在前揭案例应适用"票据法"第 7 条,即无须先推求当事人之原意,银行得径以文字为准,支付伍万捌仟伍佰陆拾元。法律所以设此规定,因为文字之书写通常较为郑重,而票据又特重文义及其便捷流通。

二、以最低额为准

甲开具支票予乙,旨在清偿债务,因此倘支票金额超过债务者,甲得依不当得利之规定向乙请求返还其所受之利益(第179条);反之,若支票金额低于债务时,则甲仍有支付之义务。因此首应确定者,系甲债务的数额。

乙在其送给甲之账单上,关于一定之数量,同时以文字及号码表示,其文字与号码不相符合。依"民法"第 4 条之规定,如法院不能决定何者为当事人之原意时,应以文字为凭。又甲以文字为数次表示,其表示亦不相符合,此际应适用"民法"第 5 条规定,即关于一定之数量,以文字(或号码)为数次之表示者,其表示有不符合时,如法院不能决定何者为当事人之原意,应以最低额为准。① 故甲应付之货款为伍万伍仟捌佰陆拾元。据上所述,甲开具支票支付伍万捌仟伍佰陆拾元,超过应付货款2700 元,乙无法律上之原因而受利益,致甲受损害,应负返还之义务。

---

① 关于一定之数量,以号码与文字各表示数次而各不相同,如不能确定何者为当事人之原意时,究应以文字最低额为准,抑或以两者之最低额为准,尚有争论。采前说者,有王伯琦(《民法总则》,第 39 页),实务上从之(《1977 年法律座谈会汇编》,第 11 页)。采后说者,有胡长清(《中国民法总论》,第 54 页)、史尚宽(《民法总论》,第 68 页)、郑玉波(《民法总则》,第 73 页)、施启扬(《民法总则》,第 87 页)。

第三章 法律关系与权利体系
——私法关系的建构

第一节 法律关系的结构分析

甲向乙购买 A 中古车,价金 20 万元。试问:
1. 甲与乙间有何权利义务?
2. 甲得否将其对乙的权利出卖于丙,使丁承担甲之债务,或由戊概括承受买卖契约上的债权债务?
3. 试就此例说明法律关系及债之关系。

第一款 法律关系的意义

民法以人为本位,人为权利义务的主体,权利为民法的核心概念,此乃个人主义权利本位的思考方法。为了解权利的意义及功能,宜将之纳入法律关系中加以观察。法律关系指由法所规范,以权利与义务为内容的关系,乃私法关系的基本构造,分四点说明如下:

一、法律关系的概念

①法律关系系由法所规范,而仅受道德或习惯规范的,不属法律关系。例如婚姻为一种法律关系。同居虽非法律关系,但关于生活费、房屋租金分担的约定,则为法律关系。甲与乙约定轮流开车一起上班,系属契约而为法律关系;但邀请他人搭乘便车,当事人间无受法律拘束的意思,则为好意施惠,不成立契约关系。

②法律关系存在于人与人之间,例如买卖为一种法律关系,存在于出

卖人与买受人之间(第345条以下)。因侵权行为发生损害赔偿之关系(第184条),存在于加害人与被害人之间。婚姻则存在于配偶之间。所有权亦属法律关系,虽以物为其直接支配的客体,但所有人得依法排除他人的干涉(第765条、第767条),即任何人负有尊重他人的所有权,不得侵害的义务。此种义务仅具一般性,于他人为侵害之前,所有权人尚无得对特定人有所主张的权利,可称为是一种潜在的法律关系。

二、法律关系的内容

法律关系以一定的权利义务为其内容。每一个法律关系至少须以一个权利为其要素,或为债权(债之关系),或为物权(物权关系),或为身份权(身份关系)等。每个权利皆有一定的权能。就债权言,债权人得向债务人请求给付(第199条第1项),得为抵销(第334条),得将债权让与(第294条),或设定质权(第900条)。就所有权言,所有人得对物为使用、收益及处分(第765条)。又基于当事人的约定或法律规定,法律关系尚可包括其他权利(如约定或法定解除契约的形成权)。

至于义务,系法律上的当为要求,即上开言及之给付,包括作为及不作为。[1] 在立法技术上,"民法"多从义务面加以规定,例如第482条规定:"称雇佣者,谓当事人约定,一方于一定或不定之期限内为他方服劳务,他方给付报酬之契约。"法律关系上除给付义务外,尚有其他行为义务(附随义务,如说明、照顾、守密义务)[2],例如受雇人不得泄露雇主的营业秘密、运动器材的出卖人应告知其使用方法及应注意事项。法律借

---

[1] 参阅王泽鉴:《契约上的不作为义务》,载王泽鉴:《民法学说与判例研究》(第八册),北京大学出版社2009年版,第86页。

[2] 参阅王泽鉴:《债法原理》,北京大学出版社2022年重排版,第30页;"最高法院"2012年台上字第2098号判决:"按'民法'第199条第1项规定:基于债之关系,债权人得向债务人请求给付。故债之核心在于给付,而给付义务,可分为主给付义务及从给付义务。此外,债之关系,尚可能发生当事人间之附随义务。主给付义务,系指基于债之关系所固有、必备,并能决定债之关系类型之基本义务,从给付义务系指为准备、确定、支持及完全履行主给付义务之具有本身目的之义务,附随义务则非给付义务,系指债务人有使债权人之给付利益获得最大满足,并保护债权人之人身或其他财产法益不会因债之履行而受损害之义务。系争和解契约约定,被上诉人提供之珠宝应经合格珠宝鉴定人之鉴定并出具鉴定书予上诉人,依此约定,被上诉人有提供经合格珠宝鉴定人出具之鉴定书予上诉人之给付义务,该给付义务似非仅属被上诉人之附随义务。果尔,则能否径认被上诉人依系争和解契约约定应交付鉴定书之义务为附随义务,即滋疑问。"关于给付义务,债权人得诉请履行,关于附随义务,债权人原则上不得请求履行,仅得请求不履行的损害赔偿。

着一定的制裁(如损害赔偿)或强制执行,保障权利的实现及义务的履行。

须注意的是,"民法"尚规定有所谓的"不真正义务"(德文称Obliegenheit),即当事人应为一定行为而不为时,法律课予某种不利益。例如"民法"第217条第1项规定:"损害之发生或扩大,被害人与有过失者,法院得减轻赔偿金额,或免除之。"甲寄托某物于乙处,未妥适包装,或未告知其为易碎的名贵花瓶,致该花瓶因乙的疏失而灭失。甲违反此项不真正义务仅发生减免赔偿金额的不利益,不生损害赔偿责任问题。

三、法律关系的变动性:发生、变更及消灭

法律关系发生于一定时间。关于其发生、变更及消灭,法律就各种法律关系设有规定,本诸私法自治原则,当事人亦得决定其法律关系的内容及存续期间。法律关系处于一种动态过程,例如甲为租屋,与乙商议,发生缔约关系(先契约义务、缔约过失,第245条之1),此种先契约法定债之关系因租赁契约的成立而结束,在当事人间另产生租赁契约债之关系的各种权利义务(第421条),其债之关系并得移转。租赁关系因期限届满或终止而消灭,但尚得发生后契约义务(如出租人应允许承租人悬挂其迁居的告示等)。了解法律关系变动过程中当事人间得发生的各种义务(或权利),甚为重要,图示如下(请阅读条文!):

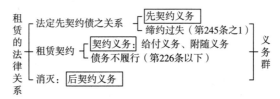

四、法律关系与法律制度

法律关系的整体构成法律制度,例如契约(买卖、租赁等)、所有权、婚姻等构成私法秩序。契约(自由)系受"宪法"保障的基本权利,并由法律规定缔结契约方法、债务不履行的救济方法,以及当事人得实现其权利的机制。

第二款　法律关系及其权利义务的移转

法律关系及其权利义务的移转性，最足彰显不同法律关系的特色，分三种情形说明如下：

①婚姻及亲子关系的内容，因人的变更而受影响，具专属之人格性，故其法律关系本身，或个别的权利义务（如亲权的行使、扶养义务请求权）均不得让与或继承。

②物权关系得为让与或继承。例如甲有 A 地，设定地上权于乙，甲得将该地所有权让与丙，乙得将其地上权让与丁。于此情形，该土地上的物权关系存在于丙、丁之间。其所移转的，包括与该物权关系相结合构成一体的权利或义务，如相邻关系，或地上权人支付地租的义务。

③债之关系，尤其是契约，其法律关系本身及个别独立的权利义务，原则上均得让与，充分显现债权的交易性及变动性。

第三款　案例解说：债之关系[①]

为使读者对法律关系有进一步的了解，就债之关系再加说明。债之关系包括约定债之关系（契约，第 153 条）及法定债之关系（无因管理，第 172 条；不当得利，第 179 条；侵权行为，第 184 条）。兹参照前揭买卖中古车案例（请再阅读之！）加以说明。甲与乙因订立 A 中古车的买卖契约，而发生债之关系。债之关系有广、狭二个意义。就广义言，指买卖契约本身。就狭义言，指个别的债权债务关系，即乙（出卖人）得向甲（买受人）请求受领汽车及支付价金（第 367 条）；甲得向乙请求交付其物，并移转其所有权（第 348 条第 1 项）。甲得将其对乙的债权出卖于丙（权利买卖，第 348 条第 2 项），并为让与，不必得乙的同意（第 294 条）；丁得与甲约定承担甲对乙支付价金的义务，但因涉及乙的债权，须经乙的承认，始对乙发生效力（第 301 条）。此外，甲亦得将其买卖契约上的权利与义务概括由戊承受，是为契约承担，因涉及债务承担，须得乙的承认，始生效力。该中古车具有缺陷时，甲得解除契约或请求减少价金（第 359 条），此二者系属所谓的形成权。

---

① 参阅王泽鉴：《债法原理》，北京大学出版社 2022 年重排版，第 39 页。

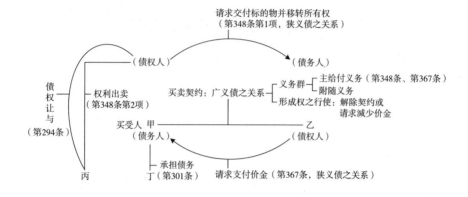

第二节　权利的概念、功能及体系

一、试就下列三例,说明所涉及之权利及其功能,以及当事人间的法律关系:

1. 甲受雇于乙,向丙购 A 屋,受让其所有权后设定抵押权于丁,丁的债权届期未获受偿。

2. 老妪甲,偕其心爱小狗(宠物),散步于陋巷,乙驾机车蛇行,撞伤甲,压死小狗。

3. 少女甲 14 岁,乙以结婚为饵,诱其离家在外同居,甲父丙耗费 2 万元寻找甲女。

二、举例说明何谓绝对权、相对权、支配权、请求权、抗辩权及形成权?

第一款　权利的概念

德国著名法学家安德烈·冯·图尔(Andreas v. Tuhr)曾谓:"权利系私法的中心概念,且为多样性法律生活的最终抽象化。"鉴于权利的重要性,德国学者自 19 世纪以来,致力于探究权利的本质。萨维尼及温德沙伊德二位伟大法学家首先提出了意思说(Willensmacht,意思力)或意思支配(Willensherrschaft)说,认为权利系为个人意思自由活动或个人意思所能支配的范围。耶林继而强调此项意思力的赋予旨在满足特定的利益,认为权利系法律所保护的利益(利益说)。通说结合此二项观点,肯

定权利乃享受特定利益的法律之力。兹就债权及物权加以说明:

①债权系特定人请求特定人为特定给付(作为、不作为)的权利。所谓"特定人为特定给付",即系债权的特定利益,"请求"者,乃债权的"法律之力"。例如承租人得向出租人请求交付租赁物供其使用收益,出租人得向承租人请求支付租金(第421条),借法律之力共享其利益。

②物权系直接支配其标的物,而享受其利益之具有排他性的权利。所谓"支配其标的物而受其利益",即系物权的特定利益。"直接支配,具有排他性"者,乃物权的法律之力。例如物之所有人于法令限制之范围内得自由使用、收益、处分其所有物,并排除他人之干涉(第765条)。对于无权占有或侵夺其所有物者,得请求返还;对于妨害其所有权者,得请求除去之;有妨害其所有权之虞者,得请求排除之(第767条第1项)。地上权人得以在他人土地上有建筑物或其他工作物,为目的而使用其土地(第832条)。

第二款　权利的机能

权利一语,系移译①,英语称为 right,德语称为 Recht。无论 right 或 Recht 均含蕴合理的意涵,乃指正当而得有所主张而言,并非"争权夺利"。

人群共处,各有需求,涉及不同的利益,不免发生冲突,为维护社会生活,自须定其分际,法律乃于一定要件之下,就其认为合理正当的,赋予个人某种力量,以享受其利益。权利的功能在于保障个人的自由范围,使其得自主决定、组织或形成其社会生活,尤其是实践私法自治原则。权利为主观化的法律(subjektives Recht),法律为客观化的权利(objektives Recht),行使权利乃为法律而奋斗,寓有伦理的意义。②

---

① 梅仲协:《民法要义》,第23页谓:"按现代法律学上所谓权利一语,系欧陆学者所创设,日本从而移译之。清季变法,权利二字,复自东瀛,输入中土,数十年来,习为口头禅。稽考典籍,权与利二字连用,殊罕其例,唯于桓宽铁盐论篇:'或尚仁义,或务权利',荀悦论游行:'连党类,立虚鉴,以为权利者,谓之游行',偶一见之,而其含义鄙陋,大率为士大夫所不取。我固有之法律思想,素以义务为本位,未闻有所谓权利其物者。"

② Vgl. Rudolf von Jhering, Der Kampf um das Recht (23. Aufl., Wien 1946). 此为在维也纳大学讲稿,参阅〔德〕耶林:《为法律而斗争》,萨孟武译,第一章第一节。耶林著作等身,尚有二本影响深远的著作:Der Zweck im Recht (5. Aufl., Leipzig 1916); Geist des römischen Rechts, 3 Teile (Nachdruck Aalen 1968). 笔者在台湾大学肄业期间曾略读三书,尤其是为学习德文,对照英译本而读前二书。

第三款　权利分类及权利体系

权利可以从各种不同的观点加以分类,组成体系,以认识各种权利的特征、区别及关联。兹分四类简要说明如下:

一、绝对权与相对权

权利以其效力所及的范围为标准,可分为绝对权及相对权。

绝对权指对于一般人请求不作为的权利,如人格权、身份权、物权等。有此权利者,得请求一般人不得侵害其权利,故又称对世权。

相对权指对于特定人请求其为一定行为的权利,如债权。有此权利者,不仅得请求特定人不得侵害其权利,并得请求其为该权利内容的行为,故又称为对人权。

二、非财产权与财产权

权利以其标的物为标准,可分为非财产权及财产权。前者指与权利主体的人格、身份有不可分离关系的权利,包括人格权与身份权。后者指具有经济利益的权利,可再分为债权、物权及无体财产权(智慧财产权:著作权、商标权、专利权)。

三、支配权、请求权、抗辩权与形成权

权利以其作用为标准,可分为支配权、请求权、抗辩权及形成权(详见本书第113页)。

四、既得权与期待权

权利以其成立全部要件已否具备,可分为既得权与期待权。如附条件买卖(保留所有权),取得所有权的物上期待权。[①]

为期醒目,将各种权利图示如下:

[①] 参阅王泽鉴:《附条件买卖中买受人之期待权》,载王泽鉴:《民法学说与判例研究》(第七册),北京大学出版社2009年版,第177页以下。

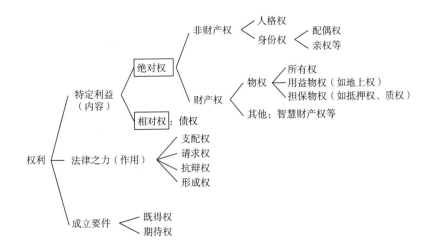

关于上揭权利体系,应注意的有四:

①绝对权与相对权的区别,系传统的分类。①

②权利分类系采"各种不同标准",从而同一权利得归属于数类,例如所有权系属绝对权、财产权、支配权、既得权,于遭受不法侵害时,尚会发生物上请求权(第767条),或债权请求权(第184条第1项前段)。

③权利是一个具有发展性的概念,某种利益具有加以保护的必要时,得经由立法或判例(裁判)学说赋予法律之力,使其成为权利。

④若干权利因社会变迁及法律发展而调整其内容,如父母对未成年子女的保护教养权及惩戒权(亲权),传统上认系对子女的支配权。然子女亦为权利主体,非属他方可任意支配的客体,故子女有要求父母尊重其人格、发展其人格的权利。亲权的行使,非为权利人的利益,系以促进未成年人利益为目的,故又称为义务权(Pflichtrecht)。配偶间的关系亦由"夫权"发展成一种"互相协力保持其共同生活之圆满及幸福"的权利("最高法院"1952年台上字第278号判例、1966年台上字第2053号判例)。人格权亦因保护的必要而逐渐具体形成各种新的特别人格利益(如居住安宁权、生活环境权)。②

---

① 参阅洪逊欣:《中国民法总则》,第62页。
② "最高法院"2019年台上字第2437号判决肯认生活环境权为"民法"第195条之重大人格法益,详见陈旺圣:《论相邻关系"居住环境权"保护之法秩序变迁》,载《高大法学论丛》2023年第19卷第1期,第109—182页。

第四款　案例研习

权利为民法的核心概念,学习民法的入门,首须能够于具体的案例中,认定一定法律关系中的各种权利,兹就前揭案例(请再阅读思考!)加以说明:

①案例一之1:甲受雇于乙,成立雇佣契约(第482条),为债之关系的一种,乙得请求甲服约定的劳务(债权),甲得请求乙支付报酬(债权)。甲向丙购买A屋,发生买卖契约之债的关系,甲得向丙请求交付其屋,并移转其所有权(债权,第348条)。甲自丙受让A屋所有权(物权,第767条),设定抵押权于丁(物权,第860条)而发生物权关系。丁的债权已届清偿期未获清偿时,丁得声请法院拍卖抵押物,就其卖得价金而受清偿(第873条)。

②案例一之2:乙在陋巷驾车蛇行,撞伤老妪甲,系因过失不法侵害甲的人格权(身体权及健康权)。甲得向乙依"民法"第184条第1项前段规定请求损害赔偿(债权,法定债之关系)。乙压死甲的小狗(宠物),系侵害甲的所有权(物权)与情感之人格法益,甲得向乙依"民法"第184条第1项前段、第195条第1项规定,请求财产上与非财产上之损害赔偿(债权,法定债之关系)。①

③案例一之3:乙男以结婚为饵,诱14岁的甲女同居,系故意不法侵害甲的人格权(身体、名誉、贞操),甲得向乙请求损害赔偿(债权,第184条第1项前段),包括财产上损害及非财产上损害的相当金额(慰抚金,第195条第1项)。在此情形,乙并侵害丙(甲父)对其未成年子女甲的监护权;此种监护权,系基于亲子关系而发生,以保护、教养为内容,为身份权的一种,并具支配权的性质,于其遭受他人不法侵害时,丙得向乙依侵权行为规定请求损害赔偿(债权,第184条第1项后段、第195条第3项)。又丙并得向乙请求送回其略诱的甲女(基于亲权而生的请求权)。

---

①　宠物侵害致死得请求精神慰抚金,见于台湾地区高等法院2017年消上易字第8号判决,相关分析,参阅陈妙芬:《事物本质——法理学方法的演变及实践推理》,载翁岳生、苏永钦、陈春生主编:《法学研究方法论——基础法学编》,元照出版公司2023年版,第179—188页。

第三节 债权与物权

甲于3月1日出卖A画于乙,约定于3月5日交付。该画于3月4日因甲保管失周,被丙所盗,甲届期未交画于乙。乙于5月20日在丙所经营的画廊店发现A画。试问:当事人间的法律关系如何?乙得否向丙请求返还A画?请采请求权基础方法,并作成解题构造(务请查阅条文,认真思考)。

第一款 债权与物权的区别

一、相对权与绝对权

在权利体系中,以债权与物权最为基本,最属重要,最要精确理解。债权系相对权,仅得对抗特定人,即仅以特定人为义务人,而要求其为一定行为的权利,并适用平等原则,即债权不论发生先后,均居于同等地位。物权系绝对权,即以一般不特定人为义务人,而要求其不为一定行为的权利。物权既具绝对性,在物权之间并有排他的优先效力问题。物权与社会公益攸关,其得丧变更,须有一定的公示方法,以维护交易安全,乃产生物权法定原则,即"物权除依法律或习惯外,不得创设"(第757条)。债权因仅具相对性,除法律规定者(如无因管理、不当得利、侵权行为)外,原则上当事人得依契约加以创设(契约自由原则)。

二、债权平等原则与物权优先效力

债权与物权的区别体现于债权的平等原则及物权的优先效力,最典型的案例为一屋二卖(双重买卖)。例如甲有A屋,先售于乙并移转其占有后,再售于丙。乙、丙均得向甲请求交付A屋,并移转其所有权,不因买卖契约先后,或乙先占有房屋而不同。设甲将该屋所有权移转登记于丙时(第758条),丙与甲的买卖契约虽在乙与甲的买卖之后,仍能取得A屋所有权。在此情形,乙占有该屋,对丙而言系属无权占有,乙不得以其与甲的买卖契约主张其有占有的本权(债权相对性)。因此,丙得向乙主张所有物返还请求权(第767条第1项前段),乙仅得向甲请求给付不能

之债务不履行损害赔偿(第226条)。

债权与物权的性质不同,在第三人侵害时最为显著,以下特就前揭案例再作进一步的说明。为便于掌握案例之法律关系,兹先图示如下,并提出解题结构,以供参照(阅读条文!):

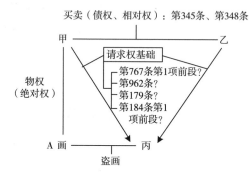

一、甲对丙得主张的权利
   1. 所有物返还请求权;物上请求权(第767条第1项前段)
      (1)甲系A画所有人
      (2)丙系无权占有
   2. 占有物返还请求权(第962条)、占有不当得利请求权(第179条)
   3. 侵权行为损害赔偿请求权(第184条第1项前段)
      (1)丙侵害甲的所有权
      (2)不法性
      (3)有责性(故意)
二、乙对甲得主张的权利
   1. 基于买卖契约而生的债权(第345条、第348条)
   2. 给付迟延的损害赔偿请求权(第229条、第231条)
三、乙对丙得主张的权利
   1. 基于对甲之债权而请求丙交付A画?
   2. 侵害债权的损害赔偿请求权(第184条第1项后段)?
   3. 债权人的代位权(第242条)

第二款　案例研习

一、甲对丙得主张的权利

(一) 所有物返还请求权

甲得向丙依"民法"第 767 条第 1 项前段规定请求返还 A 画,须甲为该画所有人,丙为无权占有。

甲对 A 画原有所有权。所有人于法令限制之范围内,得自由使用、收益、处分其所有物,并排除他人之干涉(第 765 条)。甲将该画出售于乙(法律上处分),在甲与乙间成立买卖契约(负担行为),乙得向甲请求交付其物并移转其所有权(债权)。动产物权所有权的移转,须当事人有让与其所有权的合意及交付(第 761 条,物权行为),甲出卖于乙的 A 画在交付前夕被盗,所有权尚未移转,甲仍为其所有人。丙窃取 A 画,欠缺占有本权,应构成无权占有。甲得向丙依"民法"第 767 条第 1 项前段规定请求返还 A 画。

(二) 占有物返还请求权及不当得利返还请求权

关于丙占有 A 画,甲尚得向丙请求占有物返还请求权(第 962 条)及以占有为客体的不当得利返还请求权(第 179 条)。

(三) 侵权行为损害赔偿请求权(第 184 条第 1 项前段)

甲为 A 画的所有人,丙窃取之,侵害甲对其所有物的使用、收益及占有,系故意不法侵害其所有权。甲得向丙依"民法"第 184 条第 1 项前段规定请求损害赔偿(债权)。

二、乙对甲得主张的权利

基于有效成立的买卖契约,乙得向甲请求交付 A 画,并移转其所有权(第 348 条)。于约定交付前夕,买卖标的物被盗,已查知其去处,尚未构成给付不能,债权人乙仍得向甲请求给付。甲得对丙依"民法"第 767 条第 1 项前段规定取回该画,再交付于乙;或将其对丙的所有物返还请求权让与乙,以代交付(第 761 条第 3 项)。债务人甲的给付有确定期限,自期限届满时,应负迟延责任,并因有可归责于债务人之事由,故乙得向甲请求其赔偿因迟延而生的损害(第 229 条、第 230 条、第 231 条)。

三、乙对丙得主张的权利

(一) 乙得否基于买卖契约而生的债权,向丙请求交付买卖标的物A画?

基于有效成立的买卖契约,乙得向甲请求交付买卖标的物,并移转其所有权(第348条)。问题在于乙得否基于此项债权向丙请求交付A画?关于此点,应采否定说,因为债权人仅得向债务人请求给付(债权相对性),对给付标的物本身并无直接支配的权利,故乙对于第三人丙无请求交付买卖标的物的权利。

(二) 侵害债权而生的损害赔偿请求权(第184条第1项前段)?

乙得否向丙依"民法"第184条第1项前段规定请求损害赔偿?问题的关键在于所称因故意或过失不法侵害他人之"权利",除人格权、物权等绝对权外,是否兼括债权在内。此为民法上具有争论的问题。债权系特定人间请求特定行为的权利,不具公示方法,第三人无由知之,且为维护营业竞争自由,应认债权非属"民法"第184条第1项前段所称权利,故伤害债务人,毁损给付标的物者,须出于故意以背于善良风俗之方法加损害于债权人时,始依第184条第1项后段规定负损害赔偿责任。丙盗取甲所有的A画非系出于故意以背于善良风俗之方法加损害于乙,纵明知甲将该画出售于乙,对乙亦不负损害赔偿责任。

(三) 债权人的代位权

乙基于与甲的买卖契约,得向甲请求交付A画,并移转其所有权。甲届期未为清偿,应负迟延责任,于甲怠于行使对丙的所有物返还请求权时,乙因保全债权,得以自己之名义,行使其权利(第242条)。乙代位行使甲对丙之请求权,得代位受领,但应以行使债权所得之利益归属于债务人,俾总债权人得均为主张。[1]

---

[1] 参照"最高法院"1975台上字第2916号判例:"债权人代位债务人起诉,求为财产上之给付,因债务人财产为总债权人之共同担保,故要求所得应直接属于债务人,即代位诉之债权人不得以之仅供清偿一己之债权,如须满足自己之债权应另经强制执行程序始可,债权人虽亦有代受领第三债务人清偿之权限,但系指应向债务人给付而由债权人代位受领而言,非指债权人直接请求第三债务人对自己清偿而言,故债权人代位债务人起诉请求给付者,须声明被告(第三债务人)应向债务人为给付之旨,并就代位受领为适当之表明,始与代位权行使效果之法理相符。"

第四节　请求权、抗辩权及形成权①

第一款　请求权

一、甲有 A 中古车，被乙所盗，试就此简单常见的事例说明：

1. 甲得对乙主张何种权利？各个请求权的消灭时效？
2. 设甲对乙得主张多种权利时，其关系如何？
3. 乙得否向甲请求偿还保养该车的必要费用？在甲返还该项费用前，乙得否拒绝返还该车？
4. 设甲于 1 年、2 年、3 年、10 年或 15 年后，始找到乙而行使其权利时，乙得否以时效消灭为理由，拒绝给付？

二、请说明何谓请求权、抗辩权、形成权？其适用上的关系？

一、请求权的意义及功能

请求权乃要求特定人为特定行为(作为或不作为)的权利作用，在权利体系中居于枢纽地位，因为任何权利，无论是相对权或绝对权，为发挥其功能，或回复不受侵害的圆满状态，均须借助请求权的行使。请求权(Anspruch)系由德国伟大法学家温德沙伊德由罗马法上的 Actio 发展出来的概念②，认为于诉权(公权)外，尚有实体法上的请求权(私权)，为法学上一项重大贡献。

二、请求权的发生及种类

请求权系由基础权利而发生。依其所发生基础权利的不同，可分为人格权上的请求权(第 18 条)、债权请求权(第 199 条)、物上请求权(第 767 条、第 962 条)及身份权上的请求权(如第 1001 条)等。由是可知请求权乃权利的表现，而非与权利同属一概念。此点于债权及其请求权最

---

① 关于请求权与抗辩的对立性思考，参阅王泽鉴：《民法思维》，北京大学出版社 2022 年重排版，第 71 页；Medicus, Anspruch und Einrede als Rückgrat einer zivilistischen Lehrmethode, AcP 174 (1974), 313; Schapp, Das Zivilrecht als Anspruchssystem, JuS 1992, 537 ff.。

② Vgl. Bernhard Windscheid, Die Actio des römischen Civilrechts vom Standpunkte des heutigen Rechts(Berlin 1856).

须明辨。债权的本质内容在于有效受领债务人的给付,请求权则为其作用。请求权于一定期间不行使,虽因罹于时效而消灭(第125条以下),其债权尚属存在;债务人仍为给付者,不得以不知时效为理由,请求返还(第144条第2项)。

债权上的请求权原则上于债权成立时随之存在。其他请求权则多于受第三人侵害时,始告发生。兹就所有物返还请求权加以说明。甲有A车被乙所盗时,甲对乙有所有物返还请求权(第767条第1项前段)。此项请求权经过15年未行使时(第125条),乙得拒绝给付(第144条第1项)。若该车又被丙所盗时,甲不得向现未占有该车的乙请求返还,仅得请求损害赔偿。惟甲得对现无权占有人丙行使所有物返还请求权,其消灭时效重新起算。物上请求权的功能旨在辅助所有权,以回复其被侵害前的状态。

三、请求权竞合

因同一原因事实而发生二个以上的请求权时,若其内容不同时,得为并存(请求权的聚集,Anspruchshäufung)。其内容同一时,则发生请求权竞合(Anspruchskonkurrenz),由权利人选择行使之。为便于观察,先将前揭案例中甲得向乙主张的请求权(请查阅各该请求权的消灭时效)图示如下:

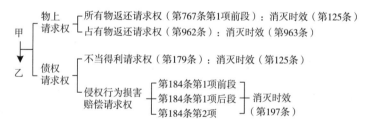

关于上开各种请求权,应说明者有三:

①一个日常生活上简单案例产生了多种请求权,足供认识各类请求权的功能及其与基本权利的关系。

②在诸种请求权中,得以并存的,如所有物返还请求权与侵权行为损害赔偿请求权。其属请求权竞合的,就损害赔偿言,如"民法"第184条第

1项前段、后段与第2项(三个独立的请求权!)。① 就物的返还言,如所有物返还请求权、占有物返还请求权及不当得利请求权。

③各种请求权的构成要件、举证责任、内容各有不同,从而在处理具体案件时,所有可能成立的请求权,均须确实加以检讨,始足维护当事人的利益。应特别强调的是消灭时效的差异(务请查阅第125条、第197条、第963条,了解各种请求权的消灭时效!),在某种意义上,请求权竞合可谓是消灭时效竞合的问题,某一请求权虽因时效而消灭时,仍得行使另一请求权②,此在诉讼上甚属重要,应请注意。

第二款　抗辩及抗辩权

甲系陶器烧制业者。乙向甲订购甲烧制的A陶器,经过一段时间,甲向乙请求付款,而发生如下争议,试说明甲对乙价金请求权的发生、不发生、消灭及排除(实现性):

1. 乙以订购当时,年仅17岁,认买卖契约不生效力;甲抗称乙

---

① 参阅王泽鉴:《侵权行为》(第三版),北京大学出版社2016年版,第63页。"最高法院"2011年台上字第1012号判决:"'民法'第184条第2项与同条第1项前段、后段,为三个独立的侵权行为类型,本件被上诉人依'民法'第184条第2项之规定请求,既已达其请求之目的,根据诉之重叠合并之审理原则,法院即毋庸再就同条第1项规定之请求予以审究。""最高法院"2009年台上字第1961号判决:"债务不履行与侵权行为在民事责任体系上,各有其不同之适用范围、保护客体、规范功能及任务分配。债务不履行(契约责任)保护之客体,主要为债权人之给付利益(履行利益)('民法'第199条参照),侵权行为保护之客体,则主要为被害人之固有利益(又称持有利益或完整利益)('民法'第184条第1项前段参照),因此'民法'第184条第1项前段所保护之法益,原则上限于权利(固有利益),而不及于权利以外之利益特别是学说上所称之纯粹经济上损失或纯粹财产上损害,以维护民事责任体系上应有之分际,并达成立法上合理分配及限制损害赔偿责任,适当填补被害人所受损害之目的。本件上诉人请求赔偿之损害为因参展斥资承租场地、派遣人员前往准备所费住宿交通,造成营业额之损失,核均非因人身或物被侵害而发生之损害(上诉人未请求系争仪器之损害),亦即与系争仪器之丧失无关之损害,而系直接遭受财产上之不利益,乃属纯粹经济上损失,并非'民法'第184条第1项前段所保护之客体,纵上诉人主张之损害属实,其依'民法'第184条第1项前段请求被上诉人连带赔偿损害,亦属无从准许。"

② "最高法院"1952年台上字第871号判例谓:"因侵权行为受利益致被害人受损害时,依法被害人固有损害赔偿请求权,与不当得利返还请求权,其损害赔偿请求权虽因时效而消灭,而其不当得利返还请求权,在同法第125条之消灭时效完成前,仍得行使之。"又"最高法院"1963年台上字第188号判例谓:"被上诉人主张上诉人(三湾乡农会职员)因离职移交未清而请求给付之款项,除合于侵权行为,得行使损害赔偿请求权外,其基本之法律关系,乃为委任契约返还处理事务所收取金钱之请求权('民法'第541条第1项),上诉人虽主张损害赔偿之请求权消灭时效已完成,而基于委任契约所生之上开请求权,显未逾'民法'第125条之时效期间。"可供参照。

使用诈术,使其信乙有行为能力。

2. 乙抗称以其对甲的债权抵销甲的价金债权。甲主张该债权已因清偿而消灭。

3. 乙抗称于其付款时,甲应同时交付其订购的陶器(第264条)。甲抗称约定乙应先交付价金。

4. 乙抗称甲的价金请求权因2年间不行使而消灭(第127条第8款);甲表示乙曾于半年前表示愿意付款,消灭时效业已中断,应重新起算(第129条第1项、第137条第1项)。

一方当事人主张权利时,他方当事人所提出的对抗或异议,称为抗辩,广义言之,包括所谓的抗辩(狭义,Einwendung)及抗辩权(Einrederecht,简称 Einrede)。①

抗辩:又可分为权利障碍抗辩及权利消灭抗辩,此二种抗辩足使请求权归于消灭,故在诉讼进行中,当事人纵未提出,法院亦应审查事实,如认为有抗辩事由的存在,为当事人利益,须依职权作有利的裁判(诉讼上抗辩)。

抗辩权:其效力不过对已存在的请求权,发生一种对抗的权利而已,义务人是否主张,有其自由。义务人放弃抗辩的权利时,法院不得予以审究;惟他方在诉讼上主张时,法院即有审究的义务。

兹将请求权与抗辩权的对立关系图示如下:

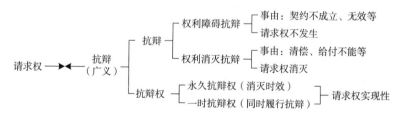

一、权利障碍抗辩

权利障碍抗辩,在于主张请求权根本不发生。关于构成权利障碍抗

---

① 参阅 Herbert Roth, Die Einrede des Bürgerlichen Rechts (München 1988);参阅王泽鉴:《民法思维》,北京大学出版社2022年重排版,第69页。

辩的事由,"民法"设有规定,其主要者有:①契约不成立。②法律行为的当事人为无行为能力人(第75条);限制行为能力人订立契约未得法定代理人之同意(第79条)。③法律行为,违反强制或禁止之规定(第71条)。④法律行为有背于公共秩序或善良风俗(第72条)。⑤法律行为不依法定之方式(第73条)。⑥自始客观给付不能(第246条第1项)。⑦无权代理未得本人之承认(第170条)等。

二、权利消灭抗辩

权利消灭抗辩,在于主张请求权虽曾一度发生,惟嗣后已归于消灭。足以构成权利消灭抗辩的主要事由有:①清偿、代物清偿(第309条、第319条)。②提存(第326条)。③抵销(第334条)。④免除(第343条)。⑤混同(第344条)。⑥不可归责于债务人或双方当事人事由的给付不能(第225条第1项、第266条)。⑦撤销权的行使(第88条、第89条、第92条)。⑧权利不当行使,如权利失效(Verwirkung)。

三、抗辩权

抗辩权可分为永久(灭却)抗辩权与一时(延期)抗辩权。

（一）永久抗辩权

永久抗辩权可使请求权的行使,永被排除,在诉讼上可使原告受驳回的判决,如消灭时效抗辩(第144条第1项),以及对侵权行为取得债权之拒绝履行权(第198条)。

（二）一时抗辩权

一时抗辩权非永久拒绝相对人的请求,仅能使请求权一时不能行使而已,如同时履行抗辩权(第264条)[①],以及保证人之先诉抗辩权(第745条)。

[①] 参阅王泽鉴:《同时履行抗辩:"民法"第264条规定之适用、准用与类推适用》,载王泽鉴:《民法学说与判例研究》(第六册),北京大学出版社2009年版,第108页。实务上重要见解,参阅"最高法院"2000年台上字第594号判决:"因契约互负债务者,于他方当事人未为对待给付前,得拒绝自己之给付,'民法'第264条第1项前段定有明文。又按双务契约当事人一方负担的给付与他方负担的对待给付有牵连关系,此项牵连关系于双务契约罹于无效以后仍然存在。是以,于买卖契约罹于无效后,买方固得以不当得利法律关系请求卖方返还收受之价金,卖方亦得依不当得利法律关系请求返还交付之房屋,双方似得依此为同时履行抗辩权之主张。"

四、思考模式

请求权与抗辩权的对立性,系基本法律思维及实务上双方当事人诉讼攻防极重要的问题,从大一开始就要学习理解。资参照前举案例(请再阅读思考,查阅条文!)图示如下:

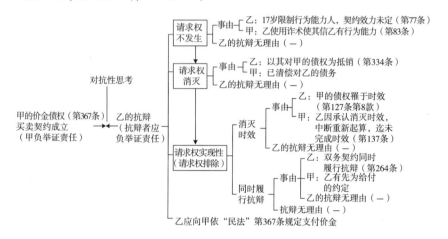

第三款 形成权

17岁之甲考上某大学资讯工程系,即前往乙电器行购买新开发的电脑,有A、B二个类型,价金均为4万元,甲表示购买其一,先付2000元作为定金,约定究购何型,翌日再行通知。甲回家后告知其父丙,丙以甲未经允许擅行购买昂贵器材,甚感不悦,但念其日夜苦读考上大学,而勉为承认,并表示究以何种类型为佳,可自行决定。甲与友人商议后,通知乙选择A型电脑。甲受领电脑后发现该电脑欠缺乙所保证的质量,经其父丙允许后,即向乙请求返还所交付的价金。

1. 您能否发现在此案例中的形成权?何谓形成权?如何分类理解?
2. 试说明当事人间的法律关系。

一、形成权的意义及特色

在前揭案例,除债权及物权外,尚有一种特殊的权利,即法定代理人对未成年人甲所订立买卖契约的"承认";甲对 A 型或 B 型电脑的"选择",以及甲"解除"买卖契约等。德国法学家泽克尔(Seckel)认为此等权利具有一个共同的特色,即得依权利人一方的意思表示而使法律关系发生、内容变更或消灭,称为形成权(Gestaltungsrecht),系在法律发展过程中逐渐形成,被赞誉为法学上的发现。[①] 此种得由形成权的行使而发生、变更或消灭的法律关系包括债之关系(如解除或终止契约)、物权关系(如物权行为的撤销)及身份关系(如撤销婚姻),是民法上一种极为重要的权利,务必确实理解。

如前所述,请求权乃请求特定行为的权利,须有相对人的协力,(或法院的强制执行)始克实现。形成权系赋予权利人得依其意思而形成一定法律效果的法律之力,相对人并不负有相对应的义务,只是受到拘束,须容忍此项形成权及其法律效果。形成权仅得由权利人行使,第三人无从加以侵害,故非属"民法"第 184 条第 1 项前段所称的权利。

二、形成权的发生及种类

基于契约自由原则,当事人得为形成权的约定,如契约的解除或终止。惟婚姻、亲子关系非当事人可以处分,不得有形成权的约定。法律为规范法律关系的必要,设有各种形成权,依其内容可归为三类:

①使法律关系发生:如法定代理人对限制行为能力人所订立契约的承认(第 79 条),"土地法"第 104 条所定的优先购买权。[②] 此等使法律关系发生的形成权,又称为积极形成权。

[①] 参阅 Emil Seckel, Die Gestaltungsrechte des Bürgerlichen Rechts, Festgabe für Richard Koch (Berlin 1903), S. 205 ff.; Hans Dölle, Juristische Entdeckungen Verh. d. 42. dt. Juristentages(München 1958) Bd. Ⅱ, Teil B, S. 11(这是一篇值得研读的重要论文);王泽鉴:《法学上之法学》,载王泽鉴:《民法学说与判例研究》(第四册),北京大学出版社 2009 年版,第 1—17 页;林诚二:《论形成权》,载杨与龄主编:《民法总则争议问题研究》,五南图书出版公司 1998 年版,第 57 页。

[②] "最高法院"1978 年度第五次民事庭庭推总会决议(一):"'土地法'第 104 条所定之优先购买权,为物权之先买权。先买权人于该不动产出卖于第三人时,有权向不动产所有人以意思表示,使其负有移转其不动产于自己,而自己负有支付所有人原与第三人所约定代价之义务,故亦为形成权之一种。此形成权之行使,须以行使时所有人与第三人间有买卖契约之存在为要件。"

②使法律关系内容变更：如选择之债的选择权（第208条以下），多种法律救济方法的选择（如解除契约，或请求减少价金，第359条）。

③使法律关系消灭：如解除权、终止权、撤销权等。此等使法律关系消灭的形成权，又称为消极形成权，最属常见，堪称为典型的形成权。

三、形成权的行使

（一）单纯形成权及形成诉权

形成权通常系依权利人的意思表示为之，于相对人了解，或到达相对人时发生效力，称为单纯形成权。须注意的是，若干形成权的行使，须提起诉讼（形成之诉），而由法院作成形成判决，学说上称为形成诉权（Gestaltungsklagerecht），如暴利行为的减轻给付（第74条）、诈害行为的撤销（第244条第2项）、撤销婚姻（第989条以下）、否认子女之诉（第1063条第2项）等。此等撤销权的行使之所以须经由诉讼为之，系因其影响相对人利益甚巨，或为创设明确的法律状态，有由法院审究认定形成权的要件是否具备的必要。

（二）形成权行使的期间

关于请求权的行使期间，"民法"设有消灭时效的一般规定及特别规定（第125条以下）。关于形成权的行使期间，其性质为除斥期间，"民法"未设一般规定，可分为三类：

①就个别形成权，设有存续期间（如第90条、第93条、第365条）①，惟其期间多较消灭时效为短，以早日确定当事人的法律关系。

②明定若干形成权的行使未定期间者，于他方当事人催告后，逾期未行使时，形成权消灭（第257条）。

③未设有存续期间或催告的规定，如共有物分割请求权。②

须特别指出的是，无论何种情形，均有权利失效原则的适用。③

---

① 最高法院1933年上字第716号判例："民法所定之消灭时效，仅以请求权为其客体，故就形成权所定之存续期间，并无时效之性质。契约解除权为形成权之一种，民法第365条第1项所定六个月之解除权存续期间，自属无时效性质之法定期间。"（已停止适用，可供参照）

② 最高法院1940年渝上字第1529号判例："共有物分割请求权为分割共有物之权利，非请求他共有人同为分割行为之权利，其性质为形成权之一种，并非请求权，民法第125条所谓请求权，自不包含共有物分割请求权在内。"

③ 参阅王泽鉴：《权利失效》，载王泽鉴：《民法学说与判例研究》（第一册），北京大学出版社2009年版，第154页。

(三) 相对人的保护

形成权赋予权利人单方形成之力,为保护相对人,并维护法律关系的明确及安定,形成权的行使应受限制:

①形成权的行使原则上不得附条件或期限。但条件的成就与否系依相对人意思而定,或期限明确者,不在此限。例如甲向乙表示3月3日前不付清积欠租金时,终止租约。

②行使形成权的意思表示不得撤回。"民法"第258条第3项规定:"解除契约之意思表示,不得撤销。"其所称撤销实指撤回而言,乃在表示不可撤回性的原则。但撤回的通知同时或先于行使形成权意思表示到达相对人时,不在此限(第95条)。

四、形成权的移转①

形成权非属独立的财产权,应受权利人或该当法律关系的拘束,原则上不得单独让与,仅能附随于其法律关系而为移转。例如甲向乙购车,乙所交付的汽车具有瑕疵时,甲不得单独将其解除权(第359条)让与第三人。设甲将其对乙的债权让与丙时,因解除权的行使攸关买卖契约的存废,惟契约当事人始得行使,由于债权的让与人并未丧失其为契约当事人的地位,解除权不随同债权而移转于丙。若甲将其对乙的债权、债务概括移转于丙时,丙因契约承担而成为买卖契约当事人,解除权随之移转。

第四款 案例研习

在前揭案例(本书第118页,请再阅读,先行研究,写成书面!),首须确定的是甲的请求权基础,即甲得否向乙依"民法"第259条第1款规定,请求返还其受领的价金。此须以甲解除其与乙所订买卖契约为要件,其应认定的有二:①甲有无解除权。②甲是否已行使其解除权。

①"民法"第359条规定,买卖之物,缺少出卖人所保证之品质者,买受人得解除契约。此须以甲与乙间买卖契约成立及有效为前提。甲以4

---

① 参阅 Peter Bydlinski, Die Übertragung von Gestaltungsrechten (Wien 1986); Anja Steinbeck, Die Übertragbarkeit von Gestaltungsrechten (Berlin 1994);〔德〕迪特尔·梅迪库斯:《作为民法教学法之支柱的请求权与抗辩权》,凌骏达译,载《燕大法学教室》2022年第8期,第9页;〔德〕伯恩哈德·乌尔里希、〔德〕安雅·普尔曼:《抗辩和抗辩权》,谭晓晓译,载《燕大法学教室》2022年第8期,第27页。

万元向乙购买电脑,当事人就标的物及其价金互相同意,买卖契约即为成立(第345条第2项)。惟甲仅17岁,为限制行为能力人。依"民法"第79条规定,限制行为能力人未得法定代理人之允许所订立之契约,须经法定代理人之承认,始生效力。法定代理人的承认权,亦属形成权之一种,即得依权利人一方的意思表示,使已成立之法律关系发生效力。法定代理人丙既已承认限制行为能力人甲所订立买卖契约,该买卖契约确定发生效力(第79条)。

甲与乙约定得就A型及B型电脑,选定其一,以为给付,是为选择之债(第208条以下规定)。依当事人约定,其选择权属于债权人甲。选择权亦属形成权之一种,即得依当事人一方之意思表示,使已成立法律关系之效力发生变更,使选择之债变为单纯之债。选择权的行使系属单独行为,甲为限制行为能力人,其未得法定代理人允许所为之单独行为无效(第78条)。惟甲行使选择权,得其父之事前允许,自属有效,其买卖标的物溯及于契约订立之时,存在于其所选择A型电脑之上,乙交付之A型电脑既欠缺所保证之品质,甲自有解除契约之权利。解除权亦属形成权,得依解除权人一方的意思表示而使契约溯及消灭。①

②"民法"第258条规定,解除权之行使,应向他方当事人以意思表示为之。甲向乙要求返还支付之价金,应认为解除契约之表示。甲虽为限制行为能力人,但此项解除契约的单方意思表示,既经其父同意在先(允许),于乙了解时(或其意思表示到达乙时)发生效力。

据上所述,甲得依"民法"第259条第1款规定,向乙请求返还其支付之价金。乙亦得依该条款规定向甲请求返还其所受领的A型电脑。甲与乙因契约解除而生的相互义务,准用"民法"第264条之规定(第261条),有同时履行抗辩权的适用,即于他方当事人未为对待给付前,得拒绝自己的给付。

---

① 最高法院1934年上字第3968号判例:"契约经解除者,溯及订约时失其效力,与自始未订契约同。此与契约之终止,仅使契约嗣后失其效力者迥异。"(已停止适用,仍值参照)学说上称为直接效力说,参阅李传莹:《契约解除权性质之再检讨》,台湾大学1984年硕士论文。关于债权契约及物权契约的关系,参照最高法院1939年渝上字第2113号判例:"民法第254条所谓解除契约,固指解除债权契约而言,但本于债权契约而成立物权移转契约后,如有解除之原因,仍得将该债权契约解除。债权契约解除时,物权契约之效力虽仍存在,而依民法第259条之规定,受物权移转之一方,负有将该物权移转于他方以回复原状之义务,不得谓物权契约一经成立,债权契约即不得解除。"

第三章 法律关系与权利体系

由前揭案例的解说,可知法律关系乃私法的基本制度,以权利为其核心概念;请求权则为权利的作用,旨在实现权利的内容或回复其被侵害前的状态;对请求权得为对抗者,乃所谓的抗辩权。此外,尚有形成权,得依权利人的意思表示而使法律关系发生、内容变更及消灭,并产生各种权利及请求权。此种权利体系乃私法的结构基础、运用的机制及法律思考方法,为便于了解,就上揭案例,图示如下(阅读条文!):

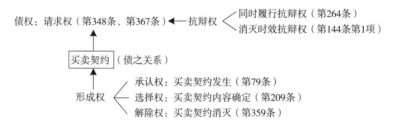

第四章　权利主体
——自然人与法人

第一节　以人为权利主体而建构的私法体系

"民法"上的权利主体,为总则编第二章规定的"人",人包括自然人(第一节,第6条至第24条)及法人(第二节,第25条至第65条)。"民法"其他规定称人者,亦同。自然人指自然而生之人,法人则为法律所创造之人,系一个法律技术的伟大成就,建构了以人为主体的私法体系。二者的伦理价值、功能、性质、权利能力的取得及范围等不同,先图示如下,再加说明:

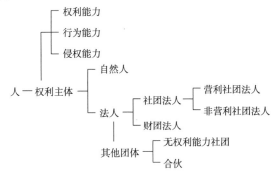

①前揭图解系采所谓的树枝法,建构权利主体的体系,包括外部体系(分类)及内部体系(法律原则)。①

---

① 关于树枝法在法学上的运用,参考阅王泽鉴:《民法思维》,北京大学出版社2022年重排版,第19页。

②权利系民法的核心,体现以人为本位的私法体系。请确实理解此种权利体系构成的因素、异同的特征,每个人(自然人、法人)在法律体系上下左右关系的定位。

③借助案例,探究法之适用,包括法律解释及法之续造:

A. 自然人与法人的权利能力有何不同?为何不同?法人的信用或名誉受不法侵害时,得否请求非财产上损害的金钱赔偿?

B. 法人的民事责任和侵权责任?

C. 社团法人的规定如何适用于无权利能力社团?

D. 合伙具有团体性,"民法"第28条关于法人侵权行为的规定得否类推适用于合伙?

④学习法律要兼具宏观与微观的面向,既见森林,又见树木,遇到案例(尤其是不通常的案例),要对照通常案例,回到基本概念及体系思考。

第二节 自 然 人

第一款 权利能力

第一项 权利能力的意义、取得及规范功能

孕妇甲,于8月13日晨住进妇产科,于当日18时10分生产男婴乙,未足月、畸形,19时8分于保温箱中死亡。甲之夫丙适偕其长子2岁之丁赴南部省亲,闻其妻住院,即驾车北返,不幸发生车祸,丁重伤成为植物人,丙则于8月13日19时5分死亡。又丙立有遗嘱,以其遗产十分之一,遗赠其爱犬"小皮",由戊动物友爱基金会照顾该犬。试问丙的遗产,应如何分配?

一、权利能力的意义及取得

前揭案例涉及人的生老病死,在法律上则为权利能力的取得及丧失的问题,尤其是权利能力制度的机能,具体化于丙的遗产分配。"民法"第1138条规定,遗产继承人,除配偶外,直系血亲卑亲属为第一顺位。乙未足月出生、畸形,出生后不满1小时即在保温箱中死亡,是否堪为遗产

继承"人"？

"民法"第 6 条规定："人之权利能力，始于出生，终于死亡。"权利能力指得享受权利、负担义务的资格（能力）。其享有权利能力的，即为权利主体。所谓出生，系指与母体完全分离（出），而能独立呼吸，保有生命（生）而言，脐带是否剪断，已否发出哭声，在所不问。依"民法"第 6 条规定，其得为权利主体者，仅限于"人"，不及于"动物"；动物不具权利能力，对动物为遗赠，应属无效。为保护动物，得对自然人或法人为遗赠，附以保护动物的义务，更得捐助遗产成立保护动物基金会。在前揭案例，戊动物友爱基金会（法人）是否为受遗赠之人，应探求丙的真意加以认定。

关于人的出生及其时期，主张自己利益（如遗产继承）者，应负举证责任。户籍簿上的身份登记（"户籍法"第 6 条、第 29 条、第 49 条）固为重要的证明方法，但非绝对，医师的证明或其他资料亦得作为证明方法。

二、"民法"第 6 条的规范功能

应特别强调的是，"民法"借着第 6 条关于权利能力的规定，宣示一项最具伦理性的基本原则，即任何人因其出生而当然取得权利能力，除死亡外，不得加以剥夺。无分男女、种族、国籍、阶级，凡自然人皆平等地享有权利能力。此项原则的确立，历经长久历史的发展，源自家属自家长权的解放，奴隶制度的废除，实乃人类法律文明的伟大成就，肯定了人的价值、尊严和主体性。

在前揭案例，乙于 8 月 13 日 18 时 10 分出生，依"民法"第 6 条规定而取得权利能力，虽未足月、畸形，并在保温箱中维持其生命，其生存时间虽不足 1 小时，仍无碍于其成为权利主体。诚如王伯琦教授所云：法律之中心意义，旨在重视此一人格，此一人也，已因出生而享有权利能力，又因死亡而终止其权利能力，一生一死之间，已享有其人格。此一人格者之生命，虽极渺小而短暂，但在法律上之价值，与任何伟大而成长之人格，并无以异，决不容漠然视之也。① 又 2 岁之丁遭受车祸成为植物"人"，无碍于其享有权利能力。

---

① 参阅王伯琦：《民法总则》，第 44 页。

三、权利能力不得抛弃

权利能力既为人的价值及主体性的基础,乃人格尊严(人性尊严)的体现,故"民法"复于第16条明定权利能力不得抛弃,即不得以自己的意思放弃其权利能力,使自己成为无权利之人,无法从事社会生活,不受法律保护。

四、案例研习

乙于8月13日18时10分出生而为"人",其父丙于8月13日19时5分死亡,依"民法"第1147条"继承,因被继承人死亡而开始"之规定,乙自丙死亡之时起,即成为丙之遗产继承"人"。丁为植物人无碍于其继承权。丙对其爱犬小皮的遗赠应属无效。故丙的遗产应由乙、丁及其母甲三人平均继承之,应继份各为三分之一(第1138条、第1141条、第1144条)。

乙于8月13日19时8分死亡,权利能力消灭,又开始一次继承,其所得其父遗产的三分之一,由其母甲继承(参阅第1138条)。

第二项 胎儿的权利能力

> 甲妇怀孕7个月时,其夫乙驾车送其赴医院作定期检查,途中为丙驾车违规变换车道所撞倒,乙不治身亡,甲妇重伤,医师检查确定胎儿丁的脑部受有伤害,须经特别治疗。甲妇之父戊知其事,悯其情,表示愿以出租于庚银行房屋的租金,赠与胎儿,直至成年为止,并即通知庚银行。经查乙遗有财产100万元。试问胎儿得主张何种权利?设胎儿死产时,其法律关系如何?

一、未出生者的保护

自然人因出生而享有权利能力,得为权利义务主体,对未出生前(尤其是胎儿)的保护涉及生命价值,攸关人的尊严,如何加以保护亦为私法上的重要课题。

在前揭案例,胎儿丁因车祸得据以向丙请求损害赔偿的规范基础,系"民法"第184条第1项前段规定:"因故意或过失,不法侵害他人之权利者,负损害赔偿责任。"问题在于"胎儿"是否为本项所称的他"人"?

二、胎儿的权利能力

"民法"第7条规定:"胎儿以将来非死产者为限,关于其个人利益之保护,视为既已出生。"由是可知,"民法"对胎儿权利能力的范围,系采概括原则,凡关于胎儿利益之保护,均视为既已出生,但不及于义务的负担,实属妥适的立法。胎儿得取得的权利,并无限制,包括损害赔偿请求权、继承权、非婚生"胎儿"对其生父的认领请求权等。

所谓"以将来非死产者为限""视为既已出生",解释上分为二种:第一说认为系指胎儿于出生前,即取得权利能力,倘将来死产时,则溯及地丧失其权利能力(法定的解除条件说);第二说认为胎儿于出生前,并未取得权利能力,至其完全出生(非死产)时,方溯及地取得权利能力(法定的停止条件说)。① 依第一说,胎儿于出生前,已享有权利能力,即可主张其个人利益,保护较为周全,通说采之②,应值赞同。

胎儿于未出生前,关于其个人利益之保护,既已取得权利能力,成为法律上之"人",故胎儿于出生前,就其身体、健康(人格权)所受之侵害,自得依"民法"第184条第1项前段规定,向加害人请求损害赔偿,为适当必要的治疗,以回复损害发生前之原状;并赔偿其所支出的医疗费用(第213条以下规定)。对胎儿身体健康的侵害,除车祸外,因母体输血先受病毒感染再传染于胎儿,亦属常见。胎儿于生母输血时,已否受胎,在所不问。③

三、胎儿的法定代理人

于此有一问题,即由何人代为行使胎儿的权利?关于胎儿的代理人,"民法"第1166条规定:"胎儿为继承人时,非保留其应继份,他继承人不得分割遗产。胎儿关于遗产之分割,以其母为代理人。"并未设一般原则。惟为贯彻"民法"第7条保护胎儿利益的意旨,应类推适用第1166

---

① 参阅王伯琦:《民法总则》,第43页。
② 参阅史尚宽:《民法总论》,第74页;洪逊欣:《中国民法总则》,第73页;郑玉波:《民法总则》,第85页;施启扬:《民法总则》,第91页。
③ 参阅王泽鉴:《对未出生者之保护》,载王泽鉴:《民法学说与判例研究》(第四册),北京大学出版社2009年版,第179页。

条及第1086条父母为其未成年子女之法定代理人的规定,认为胎儿的将来的亲权行使人(胎儿的父母),为胎儿的法定代理人,得代为行使胎儿的权利。

四、胎儿就其生父死亡的请求权

(一)扶养费请求权

不法侵害他人致死者,被害人对于第三人负有法定扶养义务者,加害人对于该第三人亦应负损害赔偿责任(第192条第2项)。"民法"第7条规定:"胎儿以将来非死产者为限,关于其个人利益之保护,视为既已出生。"故胎儿就其父(扶养义务人,第1114条以下)的被害致死,对加害人有损害赔偿请求权。在此情形,胎儿应承担其父对其死亡的与有过失。①

(二)精神损害慰抚金请求权

不法侵害他人致死者,被害人之父、母、子、女及配偶,虽非财产上之损害,亦得请求赔偿相当之金额(第194条)。依"民法"第7条规定,胎儿就其父之被害致死,对于加害人亦有精神损害慰抚金请求权。"最高法院"1977年台上字第2759号判例强调胎儿以将来非死产者为限,关于其个人利益之保护,视为既已出生,"民法"第7条设有明文,因之,不得以胎儿年幼少知作为减低赔偿或不予赔偿之依据。②

五、胎儿对遗产得主张的权利

依"民法"第7条所采的概括原则,胎儿当然为其父的继承人,故非保留其应继份,他继承人不得分割遗产;关于遗产之分割,以其母为代理人(第1166条)。

---

① "最高法院"1984年台再字第182号判例:"'民法'第192条第1项规定不法侵害他人致死者,对于支出殡葬费之人,亦应负损害赔偿责任,系间接被害人得请求赔偿之特例。此项请求权,自理论言,虽系固有之权利,然其权利系基于侵权行为之规定而发生,自不能不负担直接被害人之过失,倘直接被害人于损害之发生或扩大与有过失时,依公平之原则,亦应有'民法'第217条过失相抵规定之适用。"此项判例亦适用于扶养费请求权。

② 关于不法致人于死之损害赔偿问题,参阅王泽鉴:《侵害生命权之损害赔偿》,载王泽鉴:《民法学说与判例研究》(第四册),北京大学出版社2009年版,第205以下。又"民法"第194条所称"子、女",应解为包括非婚生子女,参阅本书,第67页。

六、对胎儿的赠与

胎儿于出生前,关于其个人利益之保护,既已取得权利能力,故得为利他契约之第三人(第269条),亦得为赠与契约的受赠人。在前揭案例,戊表示以其对庚银行的租金债权,赠与胎儿丁,其母甲以法定代理人的地位代为允受者,赠与契约即为成立(第406条)。此项租金债权因当事人合意而移转于胎儿丁(第294条),既经通知债务人庚银行,对于债务人已生效力(第297条),故胎儿丁对庚银行有请求租金的权利,得由其母行使之。

七、胎儿为死产时的法律关系

关于胎儿的权利能力,若采法定的停止条件说,认为胎儿于出生前,并未取得权利,至其完全出生,非死产时,方溯及地取得权利能力,则胎儿在未出生前,仍不得主张其个人之利益,如其本身所受不法侵害的损害赔偿;或其父不法被害致死的损害赔偿或慰抚金。"最高法院"1955年台上字第943号判决所谓:"黄瑞耀和解时尚未出生,而胎儿以将来非死产者,关于其个人利益之保护,视为既已出生,为'民法'第7条所明定,黄瑞耀在和解时既系胎儿,将来是否死产,无从悬揣,是黄林敏自亦无从代理而和解。"似不足保护胎儿利益(1977年台上字第2759号判例)。

依通说所采的法定解除条件说,胎儿于出生前,即取得权利能力,则胎儿在未出生前,仍得主张其利益,如本身所受不法侵害的损害赔偿,或其父被害致死的损害赔偿,或基于利他契约对债务人之请求给付(第269条)。在此等情形,债务人固不得以胎儿尚未出生而拒绝给付。惟倘胎儿经由法定代理人受领给付(如损害赔偿)后,未能完全出生(即死产)时,其权利能力溯及消灭,损害赔偿请求权等无由发生,应由其法定代理人依不当得利规定负返还之义务(第179条)。

第三项 权利能力的终期

第一目 死 亡

"民法"第6条明定,人之权利能力始于出生,终于"死亡"。自然人权利能力的终期,除后述的死亡宣告外,仅以死亡为限,即以死亡为权利能力消灭的唯一原因,乃在维护人的主体性。古代法上所谓"人格大减等""民事上之死"等制度,在今日已不复存在。关于死亡的时期,原则上系以心脏跳动停止(呼吸断绝)为判断基准。惟自尸体摘取器官施行移植手术,其死亡得依脑死判定之。① 权利能力的终期(死亡)发生重要法律效果,如继承开始、婚姻消灭、遗嘱或遗赠发生效力、委任契约终了(第550条)等。关于人的死亡及其时间,应由主张死亡事实之人,负举证责任。户籍簿的记载("户籍法"第4条、第36条),固为重要证据方法,但非绝对,得以医师的鉴定及其他资料作为证明方法。

第二目 死亡宣告

甲家住澎湖,来往高澎两地经商,自2015年5月5日起离去其在澎湖的住所,音讯断绝,生死不明。甲与妻乙育有一2岁女丙,患小儿麻痹,邻居丁时常照顾,对丙更视同己出,关爱备至。至2022年3月1日,丁表示愿与乙女结婚,并收养丙,力促乙对甲声请死亡宣告,乙为守旧女子,不欲为之。试问:

1. 何谓死亡宣告?为何设死亡宣告制度?

2. 丁得否声请法院为甲的死亡宣告?检察官得否声请甲的死亡宣告?

3. 法院为死亡宣告时,应如何确认甲死亡及死亡时期?

4. 设甲失踪后,居住于台北,2023年1月3日向戊购地。戊得否以甲已被宣告为死亡,无权利能力,而否认买卖契约的效力?

5. 设甲于死亡宣告后生还,发现乙与丁结婚;丙由丁收养;其屋已被出售,价金500万元,为医治丙支出100万元,其余400万元存放银行,而丁明知(或不知)甲尚生存的情事时,当事人间法律关系如何?

---

① "人体器官移植条例"第4条规定:医师自尸体摘取器官施行移植手术,必须在器官捐赠者经其诊治医师判定病人死亡后为之。前项死亡以脑死判定者,应依卫生主管机关规定之程序为之。参阅李圣隆:《法律上死亡定义之判断》,载《军法专刊》1970年第16卷第8期,第28页;苏永钦:《法律中的死亡概念——以"民法"为例》,载《政大法学评论》1985年第32期,第17页。

一、概说

人之权利能力终于死亡,但人若失踪,离去其住所、居所,而生死不明,其有关的权利义务,如财产的管理或继承、配偶的婚姻等,将无法确定。此种状态,若任其长久继续,对于利害关系人及社会均属不利,应有妥为规范的必要,"民法"乃设死亡宣告制度,即自然人失踪达一定时期,得由利害关系人或检察官声请法院为死亡宣告,使之发生与真实死亡同等的法律效果。关于宣告死亡案件的法院管辖、声请人、公示催告等,"家事事件法"(第154条至第163条)设有规定,敬请参照。

关于台湾地区(地方法院)宣告死亡终结件数,"司法院"作有统计资料,可供参照。值得注意的是,其件数有缓慢增加的趋势:

年度	件数	年度	件数
2011年	827	2017年	1008
2012年	925	2018年	834
2013年	1413	2019年	973
2014年	1111	2020年	893
2015年	1172	2021年	993
2016年	1052	2022年	962

死亡宣告关系失踪人权利义务甚巨,故关于其要件、程序及法律效力,"民法"(第8条以下)、"家事事件法"(第74条至第97条、第154条至第163条)及"户籍法"(第14条、第39条)设有规定。

二、声请死亡宣告的要件

依"民法"第8条规定,声请死亡宣告的要件有三:①须有失踪人。②须生死不明的状态继续达法定期间。③须声请人为利害关系人或检察官。分述如下:

(一)失踪

失踪指生死不明,即不能证明其人之生存或死亡而言。若死亡通常可认定时(如飞机高空爆炸),纵未发现尸体,仍得径为死亡的认定。在前揭案例,甲自 2015 年 5 月 5 日离去其在澎湖的住所。音讯断绝,生死不明,其人已为失踪。

(二)失踪期间

"民法"设有二种期间:

①普通期间,即一般失踪人失踪满 7 年。

②特别期间,即有特殊情形的失踪人,受死亡宣告所应达的期间:A. 80 岁以上者,期间满 3 年;B. 遭遇特别灾难者,于灾难终了后满 1 年。所称灾难,指出于自然或外在的不可抗力,而对于失踪人为无可避免者,如遭遇海难。若于船上失足落水,则不属之。

在前揭案例,甲为一般失踪人,应适用普通期间规定。故甲于 2015 年 5 月 5 日失踪,于 2022 年 5 月 5 日满 7 年,已达法定失踪期间。

(三)得声请死亡宣告之人

1. 利害关系人

"民法"第 8 条所称利害关系人,指对死亡宣告于法律上有利害关系之人而言,例如失踪人的配偶、继承人、受遗赠人、债权人、不动产之共有人等。至于遗产税征收机关、邻里长、户籍机关或公务员服务机关,均非利害关系人。在本案例,丁为失踪人甲的邻居,虽然照顾其家庭,并拟与甲之妻乙结婚,收养甲之女丙,虽系情深意重,但在法律上未有利害关系,非属"民法"第 8 条所称利害关系人。

综据上述,甲失踪虽满 7 年,但丁非利害关系人,不得为死亡宣告之声请。

2. 检察官亦得声请死亡宣告

鉴于死亡宣告制度旨在结束失踪人法律关系长期不确定的状态,为维护社会公益,"民法"特规定检察官得为声请人(参阅"法院组织法"第 60 条第 2 款)。检察官系代表政府行使职权,不论有无利害关系人,均得单独声请。惟于有利害关系人(尤其是有父母、配偶、子女)时,宜征询其意见,衡酌情况,审慎加以决定。在本案例,失踪人虽有配偶、子女,但基于保守观念,不愿为死亡宣告之声请,为避免使失踪人的法律关系久悬不决,并衡酌其妻儿的特殊情况,检察官得为死亡宣告的声请。

三、死亡及其时期的推定

死亡宣告之时点,依"民法"第9条规定:"受死亡宣告者,以判决内所确定死亡之时,推定其为死亡。前项死亡之时,应为前条各项所定期间最后日终止之时。但有反证者,不在此限。"在本案例,甲于2015年5月5日失踪,法定失踪期间为7年,故法院于其判决(即家事事件之裁定)内所确定死亡之时,为2022年5月5日下午12时,并系推定其为死亡。失踪人之死亡,既属"推定"(推定主义),而非"视为死亡"(拟制主义,《日本民法典》第31条),不许更举反证,故主张失踪人未死亡或非在判决内确定死亡之日死亡者,在撤销宣告前,亦得提出反证推翻,以推翻宣告死亡所为的推定,但仅限于特定当事人间有其效力("最高法院"1962年台上字第1732号判例、1978年度第十四次民事庭庭推总会议决议)。设乙依据死亡宣告请求给付保险金时,保险人仅须证明失踪人尚未死亡,即得拒绝给付,不以撤销死亡宣告为必要。又须注意的是,在法院于死亡宣告裁定内所确定死亡之时前,失踪人与其配偶婚姻关系尚属存在,妻未与夫同居时所生之子女,仍应推定为夫之婚生子(第1063条)。

四、死亡宣告之效力范围

"民法"第6条规定,人之权利能力始于出生,终于死亡。此之所称死亡,系指真实死亡,并不包括经死亡宣告而推定之死亡在内。受死亡宣告者,事实上果已死亡时,其权利能力归于消灭。实际上尚生存时,其权利能力则仍属存在,行为能力及侵权能力均不受影响。盖死亡宣告之效力,仅在使失踪人于失踪期间届满时,以其住所为中心之私法关系,趋于消灭,并非欲置之于死地,剥夺其权利能力。在本案例,于澎湖被宣告死亡之甲,尚在台北,死亡宣告效力并不及之,其所为买卖契约仍属有效。又死亡宣告系私法上之制度,不生公法上之效果,其公法上的权利不因死亡宣告而受影响。

五、失踪人归来前后的法律关系

(一)*失踪人未归来前之法律关系*

失踪人未受死亡宣告前,其财产之管理,原则上依"家事事件法"第四编家事非讼程序第八章失踪人财产管理事件第 142 条至第 153 条之规定为之(参阅"民法"第 10 条)。

失踪人一旦被宣告死亡,继承即行开始,其财产上之一切权利义务,自其被推定死亡之时,由其继承人承受之(第 1147 条、第 1148 条)。在本案例,甲的房屋自 2022 年 5 月 5 日下午 12 时起,即归由其妻乙及女丙继承(第 1138 条、第 1144 条)。

死亡宣告后,配偶即得再婚。原婚姻究于何时消灭,尚有争论。有认为婚姻关系因死亡宣告而消灭,有认为必俟配偶再婚,始归消灭。惟在本案例,乙于甲经法院裁定宣告死亡之后,已与丁结婚,无论采取何说,其婚姻关系均归消灭。

死亡宣告后,失踪人对其未成年子女亦丧失法定代理人的地位,而由其配偶一方行使法定代理权。在本案例,丙为满 7 岁的未成年人,被丁收养,应得法定代理人乙的同意及法院的认可(第 1079 条、第 1074 条但书)。

(二) 失踪人归来后的法律关系

受死亡宣告者,尚生存归来时,得声请法院撤销死亡宣告(参阅"家事事件法"第 154 条以下)。死亡宣告未经撤销者,关于已结束之法律关系虽不能回复,惟归来后之法律关系,仍可有效成立。死亡宣告经撤销者,依"家事事件法"第 163 条规定:"撤销或变更宣告死亡裁定之裁定,不问对于何人均有效力。但裁定确定前之善意行为,不受影响。因宣告死亡取得财产者,如因前项裁定失其权利,仅于现受利益之限度内,负归还财产之责。……"据此规定,在本案例,甲的死亡宣告经撤销时,当事人间的法律关系如下:

①关于继承的财产:乙与丙就其所继承甲的房屋,负有返还的义务,但因系善意,对于遗产所为处分,其效力不受影响,受让人仍能取得其所有权。乙与丙所受领的价金,系财产的变形,为治疗丙而支出的 100 万元医疗费用,不必返还,其余存放银行的 400 万元,则应归还甲。

②死亡宣告被撤销时,前婚与后婚之关系如何?通说认为若后婚当事人双方均系善意,前婚因生存配偶之再婚同时消灭。倘后婚当事人之任何一方系恶意,即使另一方系善意,前婚即时回复,后婚为重婚,应属无效(第 988 条第 3 项)。在本案例,须乙与丁均为善意,其婚姻效力始不受影响。

③关于丙被丁收养,当事人皆为善意时,其收养行为不受影响。倘当事人一方系恶意时(如丁明知甲并未死亡),应适用"民法"第1079条之5第1项的规定,即其法定代理人得请求法院撤销之;但自知悉其事实之日起已逾6个月,或自法院认定之日起已逾1年者,不得请求撤销。

第四项 同时死亡

宜兰礁溪老渔夫甲73岁,与妻乙已别居,有子丙(50岁)及丁(43岁)二人及女戊。丙已婚,其妻庚,生一女辛。丁之妻壬怀胎儿癸(3个月大)。戊未出嫁。某仲夏夜,甲、丙及丁三人出海捕鱼,遭遇台风"安迪",不及回港,船毁人亡,而何人死亡先后,难以证明。甲遗有财产80万元,丙的遗产为60万元,丁的遗产为40万元时,应如何分配?①

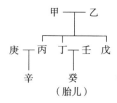

一、同时死亡的推定:相互继承?

处理前揭案例,首先需要确定的是,甲、丙及丁三人间的继承关系。依"民法"第1147条规定,继承因被继承人死亡而开始。先死亡者,由后死亡者之继承人承受被继承人财产上一切权利义务(第1148条)。人的死亡时期,通常得以户籍上的登记、医师的鉴定及其他一切资料作为证明方法,原则上并应由主张死亡事实之人,负证明责任。惟数人同时遇难者亦属有之,例如飞机空中爆炸、探油设施遇台风倾覆或同遭车祸时,何人死亡之先后,有时殊难证明,为杜争议,"民法"第11条明定:"二人以上同时遇难,不能证明其死亡之先后时,推定其为同时死亡。"依此规定,甲、丙及丁三人同时遇难死亡,既无反证,应推定其同时死亡,至其年龄、健康

---

① 本案例参照宜兰地检处1960年9月份司法座谈会,此类题目可变化为各种形态,例如:①设A先死亡,不能证明C及D死亡先后时,其遗产应如何分配。②C先死亡,而不能证明A及D死亡之先后时,其遗产应如何分配?请读者自行研究解答。

状态如何,均非所问。

甲、丙及丁应推定同时死亡时,彼此得否相互继承? 按在继承法上有一基本原则,即继承人须于继承开始当时生存,继承开始之际,尚未出生或已死亡者,无继承人的资格,学说上称为同时存在原则。而为保护胎儿利益,"民法"第7条规定,以将来非死产者为限,赋以权利能力,故胎儿亦有继承人的资格。至于同时死亡,通说认其不具同时存在原则,甲、丙及丁彼此间不互为继承。

二、遗产的分配

(一)关于甲的遗产的分配

甲遇海难,其子丙及丁均同时死亡,不能继承甲之遗产。甲之妻乙,及其女戊,则为继承人(第1138条)。有疑问的是,丙之女辛及丁之胎儿癸(以非死产者为限),有无代位继承权。"民法"第1140条规定:"第一千一百三十八条所定第一顺序之继承人,有于继承开始前死亡或丧失继承权者,由其直系血亲卑亲属代位继承其应继份。"关于同时死亡者,其直系血亲卑亲属是否有代位继承权,虽未臻明确,但解释上宜采肯定说,盖被代位继承人于继承开始前死亡者,其直系血亲卑亲属既得代位继承其应继份,则于开始时死亡(即同时死亡),更应承认直系血亲卑亲属有代位继承权。准此以言,甲之遗产应由乙(甲之妻)、戊(甲之女)、辛(丙之女)及癸(丁之胎儿),共同继承之,应继份依人数平均(第1138条、第1141条、第1144条第1款),各得遗产四分之一,为20万元。

(二)关于丙的遗产

丙死亡,其遗产由其妻庚与其女辛共同继承,其应继份平均之,各得遗产30万元。

(三)关于丁的遗产

丁死亡,其遗产由其妻壬与胎儿癸(非死产者为限),共同继承之,其应继份亦平均之,各得遗产20万元。

第二款 行为能力及其他法律上的能力

何谓权利能力、行为能力、责任能力(侵权能力、债务不履行能力)、诉讼上当事人能力及诉讼能力,试就下例加以说明:

1. 胎儿得否继承其父遗产。

2. 受监护宣告人甲于精神回复期间向乙购买机车，其法律行为的效力？甲违规超速发生车祸撞伤丙，致健康受损，其法律关系如何？

3. 17岁之甲未考上大学，以其父乙提供的补习费用2万元向丙购买名贵手机。乙得否向丙请求返还该2万元？甲是否取得该手机所有权(请求权基础)？

第一项　行为能力

一、权利能力与行为能力

权利能力，指享受权利，负担义务之资格(能力)。任何人因其出生而当然取得。权利的享有、义务的负担，系基于法律规定时，于法定要件具备时，即行发生。例如丙死亡，遗有房屋数栋、债务100万元，其独生子丁虽未满周岁，不知世事，仍自继承开始时，承受丙财产上的一切权利义务(第1138条、第1148条)。

权利的享有、义务的负担，亦有基于法律行为的，如购买房屋、出租土地、受雇于某快餐店。在此等情形，权利主体(自然人)欲享有某种权利或负担某种义务，必须具备所谓的"行为能力"(Geschäftsfähigkeit)。行为能力，指得以自己的意思表示，使其行为发生法律上效果的资格。由是可知，权利能力与行为能力不同：前者指享权利、负义务之资格；后者指得依其法律行为而享受权利、负担义务的资格。凡人皆有权利能力，因出生而当然取得，非因死亡不得剥夺，但并非任何人皆有行为能力，得依其法律行为(如买卖、租屋、受雇)享受权利、负担义务。

二、行为能力制度

何人有行为能力？法律为保护智虑不周之人及维护交易安全，以行为人的意思能力为基础，依其行为时是否达一定年龄或行为时是否处于无意识、精神错乱之状态为判断标准，分为三种，分述如下：

(一) 完全行为能力人

现行"民法"第12条规定满18岁为成年(2023年1月1日施行)。① 成年人有完全行为能力。

(二) 限制行为能力人

限制行为能力人,指满7岁以上的未成年人(第13条第2项)。关于未成年人所为法律行为的效力,"民法"第77条至85条设有详细规定,俟于相关部分再行详论。

(三) 无行为能力人

①未满7岁的未成年人,为无行为能力(第13条第1项)。

②受监护宣告之人无行为能力(第15条),应为其置监护人(第1110条)。

③拟制的无行为能力人:非无行为能力人,其意思表示于无意识或精神错乱中所为,如睡梦中、泥醉中、偶发的精神病人在心神丧失中(第75条)。

三、行为能力不得抛弃

"民法"第16条除明定权利能力不得抛弃外,并规定行为能力不得抛弃。行为能力制度系为保护能力薄弱之人,倘容许其以一己的意思,予以全部或一部的抛弃,将使其不能依其意思享受权利、负担义务,而营社会生活,影响其人格的发展。"民法"关于行为能力的规定,均具强行性,废除或限制行为能力的意思表示或约定均属无效。

第二项 责任能力

法律上的能力,除权利能力及行为能力外,尚有所谓的责任能力,即因违反法律规定而应负责的能力,包括侵权能力及债务不履行能力,分述如下:

一、侵权能力

在前揭案例,受监护宣告之人甲系无行为能力,纵于精神回复期

---

① 旧"民法"第12条规定满20岁为成年,为符合当今社会青年身心发展现况,保障其权益,并与国际接轨,爰将成年年龄修正为18岁(参阅"民法"第12条2021年1月13日修正理由)。

间,其法律行为,如买卖机车、支付价金、受让机车所有权,均属无效(第75条)。甲驾车违规超速,撞伤丙,系不法侵害丙之身体健康(人格权)。侵权行为的成立须以甲有过失为要件(第184条第1项前段),于此发生一个重要问题,即受监护宣告之人甲有无就丙所受损害,负损害赔偿责任的能力(侵权能力)？其判断标准何在？

"民法"第187条第1项规定:"无行为能力人或限制行为能力人,不法侵害他人之权利者,以行为时有识别能力为限,与其法定代理人连带负损害赔偿责任。行为时无识别能力者,由其法定代理人负损害赔偿责任。"由是可知,无行为能力人或限制行为能力人应否负侵权责任,视其有无识别能力而定。所谓识别能力,指对于事物有正常认识及预见其行为能发生法律效果的能力,相当于构成行为能力基础的意思能力,应说明者有三：

①在法律行为,行为人有无行为能力,原则上以一定之年龄作为标准。

②在侵权行为,行为人有无侵权能力,系就具体情事加以判断。

③之所以作此区别,其主要理由系法律行为上的行为能力,须予以制度化,使其有客观的标准,期能对智虑不周者的保护及交易安全,兼筹并顾。反之,侵权行为涉及行为人应否在法律上负损害赔偿的责任,宜采具体判断标准,就个案加以判定。

在前揭案例,甲受监护宣告,系无行为能力,但于精神回复期间购买机车,超速驾驶,应认为具有正常认识及预见其行为可能发生某种法律效果的能力,就其因过失不法侵害丙的权利所生的损害,应与其法定代理人连带负赔偿责任(关于法定代理人责任,参阅第187条第1项、第2项、第3项)。被害人丙享有权利能力,得向甲请求损害赔偿。

二、债务不履行能力

违法行为,除侵权行为外,尚有债务不履行。"民法"第221条规定："债务人为无行为能力人或限制行为能力人者,其责任依第一百八十七条之规定定之。"故债务不履行能力之有无,亦以行为人于行为时实际上有否识别能力为断,其标准亦应就个案具体判断之。学说上将侵权能力及债务不履行能力合称为责任能力。例如甲向乙购买机车,其买卖契约是否有效成立,视当事人于订约时有无行为能力而定。就甲驾车肇祸侵害丙,丙得否向甲依侵权行为规定请求损害赔偿,则视甲于行为时有无识别能力(责任能力)而定。

第三项 民事诉讼法上的能力

如何在诉讼上行使其权利或被诉履行其义务,涉及当事人能力及诉讼能力。

当事人能力,指得于民事诉讼为保护私权的请求权人及其相对人的能力。此种起诉或受诉的能力,称为诉讼法上的权利能力。依"民事诉讼法"第40条规定,有当事人能力者为:

①有权利能力者。
②胎儿,关于其可享受之利益。
③非法人之团体,设有代表人或管理人者。
④各级政府机关。

诉讼能力,指当事人能单独进行诉讼的能力,即自己得有效为诉讼行为及受诉行为之能力,称为诉讼法上的行为能力。"民事诉讼法"第45条规定:"能独立以法律行为负义务者,有诉讼能力。"何人能独立以法律行为负义务,依实体法("民法")的规定。

在前揭案例,受监护宣告之甲有权利能力,故有当事人能力。但因系受监护宣告之人,无行为能力,不能独立以法律行为负义务,无诉讼能力。关于其诉讼的法定代理依"民法"之规定("民事诉讼法"第47条)。

第四项 综合整理

法律上的能力乃法律赋予个人的地位或资格,法律上的"人"系由各种能力所构成,具不同的社会机能,均在维护、完成人之人格。其应明辨区别的,有权利能力、行为能力、责任能力(侵权能力及债务不履行能力)以及诉讼法上的当事人能力与诉讼能力。为期醒目,图示如下(阅读条文,要理解,不要强记!):

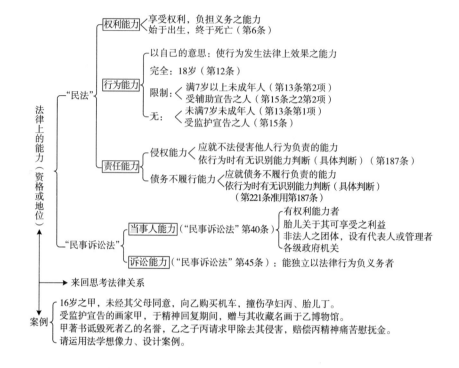

第五项　监护宣告
——一个重要制度的创设

2008年5月23日修正公布"民法"总则编及亲属编部分条文，废止禁治产制度，创设成年监护制度，此为"民法"重要发展。试问：

1. 实施新的成年监护制度的理由？
2. 您是否知道台湾地区各地方法院关于监护及辅助宣告事件的终结件数以及发展趋势？
3. 受监护宣告及受辅助宣告的要件及法律效力有何不同？
4. 未成年人得否受监护宣告或辅助宣告？
5. 受监护宣告或辅助宣告之人受让不动产的赠与或处分不动产的效力如何？

第一目 从禁治产宣告到成年监护宣告制度

"民法"原设有禁治产制度,2008年5月23日,公布"民法"总则编部分修正条文及亲属编部分修正条文,其重点在于废止禁治产制度,实施"成年监护制度"。此项重大变革系鉴于精神障碍的人数,因高龄化社会来临及社会因素而增加,精神障碍轻重程度有别,应创设较有弹性且周全的新监护制度,以保障精神障碍者的人格尊严,并促进社会安全。

值得提出的是,"司法院"对台湾地区各地方法院近年终结监护宣告事件作有统计表如下(资料来源:"司法院"2022年统计年报):

年度	件数	年度	件数
2011年	4485	2017年	9381
2012年	5952	2018年	10205
2013年	7573	2019年	10525
2014年	7911	2020年	11131
2015年	8208	2021年	10604
2016年	8629	2022年	12447

由上揭统计资料可知,受监护宣告者逐年增加,成为社会重要问题(包括家属争夺监护权,为何?),是一个值得深入研究的课题。

第二目 成年监护宣告

监护制度分为"成年监护宣告"及"辅助宣告",先就成年监护宣告说明如下:

一、要件

(一)受监护宣告的原因

"民法"第14条第1项前段规定,受监护宣告之原因为:"因精神障碍或其他心智缺陷,致不能为意思表示或受意思表示,或不能辨识其意思表示之效果者。"

(二)声请监护宣告之人

得声请法院为监护宣告者为:本人、配偶、四亲等内之亲属、最近一年有同居事实之其他亲属、检察官、主管机关或社会福利机构(第14条第1项后段)。所称主管机关,依特别法的规定,例如"老人福利法"第3条、"身心障碍者权益保障法"第2条、"精神卫生法"第2条。检察官为此声请时,固宜先查询当事人本人、配偶或其他最近亲属的意见,惟检察官基于公益上之理由,仍得本其独立的见解,以决定其声请与否。

(三)监护宣告的撤销

受监护之原因消灭时,法院应依声请监护宣告之人之声请,撤销其宣告(第14条第2项)。

二、法律效果

(一)受监护宣告之人为无行为能力

"民法"第15条规定:"受监护宣告之人,无行为能力。"立法理由谓:按各立法例,虽有将成年受监护人之法律行为,规定为得撤销者(例如《日本民法典》第9条);亦即受监护宣告人不因监护宣告而完全丧失行为能力。惟因本法有关行为能力制度,系采完全行为能力、限制行为能力及无行为能力三级制;而禁治产人,系属无行为能力,其所为行为无效。此一制度业已施行多年,且为一般民众普遍接受,为避免修正后变动过大,社会无法适应,爰仍规定监护宣告之人,无行为能力。

(二)受监护宣告之人应置监护人

"民法"第1110条规定:"受监护宣告之人应置监护人。"监护人攸关受监护宣告之人的利益甚巨,2008年5月23日"民法"亲属编修正条文设有规定(第1111条以下),务请参照(请阅读之!)。

第三目 辅助宣告

"民法"有关禁治产宣告之规定系采宣告禁治产一级制,缺乏弹性,不符社会需求,"民法"2008年修正特于监护宣告之外,增设"辅助宣告",俾充分保护精神障碍或其他心智缺陷者之权益。

一、要件

(一)受辅助宣告的原因

依"民法"第15条之1第1项规定,受辅助宣告之原因为:"因精神障碍或其他心智缺陷,致其为意思表示或受意思表示,或辨识其意思表示效果之能力,显有不足者。"受辅助宣告之人,其精神障碍或其他心智缺陷程度,较受监护宣告之人为轻,是否"显有不足",应就个案加以认定。

辅助宣告适用之对象为成年人。至于未成年人,已有限制行为能力或无行为能力之规范,无受辅助宣告之实益。

(二) 声请辅助宣告之人

得声请辅助宣告之人为"本人、配偶、四亲等内之亲属、最近一年有同居事实之其他亲属、检察官、主管机关或社会福利机构",同于得声请监护宣告之人(第15条之1第1项)。

(三) 辅助宣告的撤销

受辅助之原因消灭时,法院应依声请辅助宣告之人之声请,撤销其宣告(第15条之1第2项)。

二、法律效果

"民法"第15条之2规定辅助宣告的法律效力,分述如下:

(一) 辅助人同意原则及例外

第15条之2第1项规定:"受辅助宣告之人为下列行为时,应经辅助人同意。但纯获法律上利益,或依其年龄及身份、日常生活所必需者,不在此限:一、为独资、合伙营业或为法人之负责人。二、为消费借贷、消费寄托、保证、赠与或信托。三、为诉讼行为。四、为和解、调解、调处或签订仲裁契约。五、为不动产、船舶、航空器、汽车或其他重要财产之处分、设定负担、买卖、租赁或借贷。六、为遗产分割、遗赠、抛弃继承权或其他相关权利。七、法院依前条声请权人或辅助人之声请,所指定之其他行为。"第1项第5款之"其他重要财产",系指其重要性与不动产、船舶、航空器或汽车相当之其他财产;其所称"财产",包括物或权利在内,例如债权、物权及无体财产权均属之。第1项第6款所谓其他相关权利,系指与继承相关之其他权利,例如受遗赠权、继承回复请求权以及遗赠财产之扣减权。须注意的是,第1项第7款规定,系为免第1项前六款规定仍有挂一漏万之虞,故特授权法院得依第15条之1声请权人或辅助人之声请,视个案情况,指定第1项前六款以外之特定行为,亦须经辅助人同意,以保护受辅助宣告之人。

须注意的是,"民法"第15条之2第4项规定:"第一项所列应经同意之行为,无损害受辅助宣告之人利益之虞,而辅助人仍不为同意时,受辅助宣告之人得径行声请法院许可后为之。"

(二)准用规定

"民法"第78条至第83条规定,于未依第15条之2第1项规定得辅助人同意之情形,准用之(第15条之2第2项)。又"民法"第85条规定,于辅助人同意受辅助宣告之人为第15条之2第1项第1款行为时,准用之(第15条之2第3项)。

"民法"第1113条之1第1项规定:"受辅助宣告之人,应置辅助人。"关于辅助人及有关辅助之职务,准用第1095条以下相关规定。

三、监护宣告与辅助宣告的变更

①法院对于监护之声请,认为未达"民法"第14条第1项之程序者,得依第15条之1第1项规定,为辅助之宣告(第14条第3项)。受监护之原因消灭,而仍有辅助之必要者,法院得依"民法"第15条之1第1项规定,变更为辅助之宣告(第14条第4项)。

②受辅助宣告之人有受监护之必要者,法院得依"民法"第14条第1项规定,变更为监护之宣告(第15条之1第3项)。

第四目 "家事事件法"关于监护宣告事件及辅助宣告事件的规定

关于监护宣告的法院管辖、选任程序监理人、提出诊断书、精神鉴定讯问、选定监护人、监护宣告裁定、监护人行为效力、死亡终结程序、撤销监护之效力、撤销监护辅助行为、辅助宣告、变更监护宣告、监护人事件准用,"家事事件法"(2012年制定施行)第四编家事非讼程序第十章监护宣告事件第164条至第176条、第十一章辅助宣告事件第177条至第180条设有详细规定(阅读相关条文)。

第三款 人格保护[①]

第一项 人格保护是民法的首要任务

民法以人为本位,以人之尊严为其伦理基础。人格的保护为民法的

---

① 参阅王泽鉴:《人格权法》,北京大学出版社2013年版。

首要任务。人格包括能力、自由及人格关系。人、权利能力及权利主体构成三位一体,不可分割。故"民法"第 16 条规定:"权利能力及行为能力,不得抛弃。"盖抛弃前者,人失其权利义务的主体;抛弃后者,则成为无行为能力,不但其人格受损,亦妨害公益,故法律不许之。自由包括一般行为自由、法律行为上的自由及权利行使的自由,为人格的基础,且为一种使命,故"民法"第 17 条第 1 项亦明定"自由不得抛弃"。惟人类共营社会生活,其依契约而为自由的限制,仍有必要,惟不得背于公共秩序或善良风俗,如甲男与乙女约定终生不结婚,应认其背于公共秩序或善良风俗而无效(第 72 条)。

"民法"第 16 条及第 17 条禁止权利能力、行为能力及自由的抛弃。此外,法律尚须保护人格关系不受他人的侵害,除人格权外,并及于身份权,此涉及民法发展的重大课题,特作较详细的论述。

第二项　人格权的保护

关于人格权保护的规定,请查阅"民法",建构其请求权基础,思考在下列六则案例,甲对乙得主张何种权利?

一、甲女个性娴静,在一天主教学校任教师。假日在家中庭院穿着泳装作日光浴。乙窥见其体态健美,偷摄"撩人镜头",作为其发行《俏姑娘》杂志之封面女郎,销路大增,正准备再版。甲遭其服务学校解聘,羞愤不已。

二、歌女甲驻唱金声餐酒馆,面貌清秀,羡洋人玉鼻挺直,乃由乙医师做隆鼻美容,因手术失误,造成严重发炎,面容受损。甲遂至大医院治疗,支出医药费 10 万元,停唱 1 个月,减少收入 10 万元,精神痛苦不堪。

三、甲与乙参加市长选举,竞争激烈。乙散发第一号传单,用"阿Q""无赖相"及"流氓""黑道大哥"等字眼,描述甲之为人。第二号传单内载甲虐待其妻经裁判离婚的判决书全文及逃漏所得税的资料。甲得否请求乙废弃其二个传单及不得再为散发?

四、乙迁进某公寓四楼,养一只狮子狗,毛色纯白,乃名之曰"白丽丽",早晚遛狗,上下公寓楼梯,必呼叫其名,逗其嬉戏,意甚自得,不知在该公寓二楼久住有笔名为白丽丽之女作家甲,朝夕闻乙呼叫白丽丽,精神痛苦不堪,日夜不安,影响写作至巨。

五、乙擅用甲的姓名肖像作商业广告,获利甚巨,甲精神痛苦。

六、设乙系于甲死亡后侵害甲的名誉,擅用甲的姓名肖像作商业广告时,如何保护甲的人格利益?

一、人格权保护体系的建构

人格的保护,为当代法律的基本任务。最近几十年,人口集中,交通便捷,大众传播普遍深入,窃听器、远距离照相机、录音机、录影机、针孔摄像机等发明及进步,大众媒体发达及企业竞争,人格有随时遭受侵害之虞,唤起个人对人格的自觉,社会对个人人格的重视。

人格权保护制度的建构及完善系台湾地区法律发展的里程碑。人格权保护体系系以"宪法"为基础,肯定人格权系受"宪法"保护的基本权利,体现人性尊严及人格自由的价值体系,并具体化于"司法院"大法官解释。"刑法"设有杀人罪、伤害罪、堕胎罪、妨害罪、妨害名誉及信用罪等,以保护个人的人格利益。关于行政法对人格权的保护,最值得提出的是"个人资料保护法",其立法目的强调系为规范个人资料之搜集、处理及利用,以避免人格权受侵害。私法上人格权彰显人的主体性,累积了数十年的判例(裁判)学说,发展出有效率的救济方法,更能落实人格权的价值理念。在论述私法上人格权前,特将现行法上人格权保护体系,简示如下,俾便参照(请查阅相关规定及"司法院"解释!):

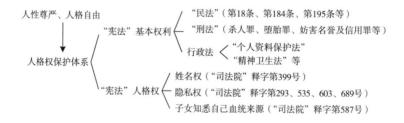

二、私法上人格权

"民法"第18条规定:"人格权受侵害时,得请求法院除去其侵害;有受侵害之虞时,得请求防止之。前项情形,以法律有特别规定者为限,得请求损害赔偿或慰抚金。"本条规定具有重大意义,分三点言之:

①创设人格权。"民法"第 18 条所称人格权系指一般化的人格权,体现人之存在价值及尊严的权利。"民法"制定于 1929 年,肯定一种概括性保护人格的权利,系一个重大的创举与成就。

②人格权具体化的发展。一般人格权经具体化而形成各种特别人格权,"民法"明定的有姓名(第 19 条)、生命(第 194 条)及身体、健康、名誉、自由(旧"民法"第 195 条第 1 项,采列举主义)。"民法"所以规定特别人格权的主要理由,在使被害人就非财产损害(精神痛苦)亦得请求相当金额的赔偿。为强化对人格权的保护,新修正"民法"第 195 条第 1 项规定:"不法侵害他人之身体、健康、名誉、自由、信用、隐私、贞操,或不法侵害其他人格法益而情节重大者,被害人虽非财产上之损害,亦得请求赔偿相当之金额。其名誉被侵害者,并得请求回复名誉之适当处分。"其特色在于除列举七种特别人格权外,增设不法侵害其他人格权益而情节重大之不确定法律概念,由法院针对个案而为具体化,使人格权保护范围得以扩大。

③救济方法的完善。除前述精神损害慰抚金请求权一般化外,更于"民法"第 227 条之 1 规定:"债务人因债务不履行,致债权人之人格权受侵害者,准用第一百九十二条至第一百九十五条及第一百九十七条之规定,负损害赔偿责任。"例如医生因医疗过失伤害病人的身体健康,或雇主因过失泄露受雇人的隐私时,构成因不完全给付侵害债权人的人格权,被害人亦得依"民法"第 227 条之 1 规定,请求损害赔偿(尤其是精神损害慰抚金)。①

人格权的保护主要涉及侵权行为法②,以下仅作简要论述,兹为便于观察,将现行"民法"关于人格权保护的基本体系图示如下。须强调的是,请参照前揭案例研读以下人格权保护体系,来回于案例与体系之间,理解法之适用关系:

---

① "最高法院"2011 年台上字第 1806 号判决:"按不法侵害他人之名誉者,被害人虽非财产上之损害,亦得请求赔偿相当之金额,并得请求为回复名誉之适当处分,'民法'第 195 条第 1 项定有明文。此项规定,依同法第 227 条之 1 规定,于债务人因债务不履行,致债权人之人格权受侵害者,准用之。而'名誉'为个人在社会上享有一般人对其品德、声望或信誉等所加之评价,属于个人在社会上所受之价值判断。因此名誉有无受损害,应以社会上对其评价是否贬损为断。准此,查封不动产之强制执行行为,既具有公示性,客观上即足使被查封人被指为债信不良,其原所建立之声望必有减损,信誉势必因此低落。"

② 参阅王泽鉴:《侵权行为》(第三版),北京大学出版社 2016 年版,第 62 页;王泽鉴:《人格权法》,北京大学出版社 2013 年版,第 112 页。

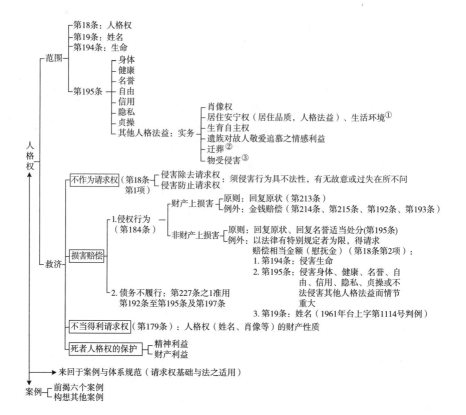

---

① 值得特别提出的是"最高法院"2018年台上字第3号判决:民众之生存权应受保障,为"宪法"第15条所明定,居住乃民众生存之基本条件,为生存权之内涵,自属"民法"第195条第1项规定之其他人格法益。合宜之居住质量,除应提供居住者安全、隐蔽、符合基本需求之住宅空间外,其住宅周边环境,亦应具备无危害居住者生命安全、身体健康,并令免于恐惧之条件。倘干扰周边环境之侵害他人居住品质行为,其程度超过社会上一般人日常生活所应确保之利益,而逾越其所应该承受之合理范围(忍耐限度),即为不法侵害居住品质之人格法益,依"民法"第18条规定,及依本院2003年台上字第164号判例所揭橥之同一法理,如其侵害之情节重大,受害人除得请求排除侵害外,亦得依"民法"第195条第1项规定,请求赔偿相当之金额。此外,尚请参阅"最高法院"2019年台上字第2437号判决。

② 参阅黄松茂:《迁葬之人格利益?》,载《月旦裁判时报》2022年第117期,第27页;陈忠五:《继承人妨害其他继承人参与丧葬事宜的侵权责任》,载《台湾法律人》2023年第20期,第111页。

③ 参阅陈汝吟:《侵害陪伴动物之慰抚金赔偿与界限》,载《东吴法律学报》2019年第30卷第3期,第45页;黄松茂:《物受侵害时之慰抚金请求权?》,载《台湾法律人》2022年第10期,第167页。

第三项 人格权被侵害的救济机制

"民法"对人格权保护旨在建构人格权被侵害的救济机制,其主要方法为不作为请求权、损害赔偿。又人格权(尤其是姓名、肖像)具有财产价值,此涉及不当得利。分述如下:

一、不作为请求权

(一)请求权基础:"民法"第18条第1项规定

"民法"第18条第1项规定:"人格权受侵害时,得请求法院除去其侵害;有受侵害之虞时,得请求防止之。"分四点说明如下:

①此之所谓人格权,指一般人格权,包括法律明定的特别人格权。

②所谓侵害,指对人格权加以限制或剥夺。此项侵害须为不法,加害人有无故意或过失,在所不问。

③所谓请求除去其侵害,指对于正继续中的侵害,请求排除而言。

④所谓请求防止其侵害,指对于侵害的可能性,请求防止之谓。被害人得诉请法院救济,亦得向加害人直接请求。

就前揭案例一言,乙偷拍甲日光浴的撩人镜头,作为杂志封面女郎,系不法侵害甲的人格权(隐私权、肖像权)。甲得请求乙删除照片档案及回收杂志。乙有再版的计划时,甲得请求中止之。

(二)侵害人格权的不法性

1. 法益衡量及比例原则

"不法性"是侵害人格权的核心问题,无论是不作为请求权或损害赔偿请求权,均须以此为"要件"。"侵害"他人的权利者,即构成不法,惟得因一定的事由(如得被害人同意、正当防卫等)而阻却违法。在对所有权或其他物权侵害的情形,固可如此认定,但人格权的保护范围有不确定性。

关于其"不法性"之认定,应采利益衡量原则,就被侵害人的人格利益、加害人的权利及社会公益等,依比例原则而为判断,倘衡量结果对加害人的行为不足正当化,其侵害具有不法性(2017年台上字第2904号判决,请阅读裁判全文)。

2. 案例研习:公职竞选的传单

在前揭案例三,乙散发的第一号传单,用"阿Q"和"无赖相""流氓""黑道大哥"等字眼描述甲之为人,足以贬低甲在社会上应受与其地位相当之尊敬或评价,系"不法"侵害甲之名誉。"最高法院"1969 年台上字第 2383 号判决谓:"上诉人投稿于现代月刊,内有'阿 Q''无赖相''流氓'等字眼,用以描述被上诉人之为人,此种对被上诉人个人所为之人身攻击,要难谓非超越一般人就学术研究因观点不同而有所争执之范围,又文中所述'……抵赖作风,不仅不够光棍气,多少还有点无赖相。'固系抄自他人之著作,但此类借以附合其指摘之词句,纵其内容,确属真实,因事涉私德,与公共利益无关,亦难谓非诽谤他人之名誉。"可资参照。准此以言,甲得请求乙销毁并中止散发侵害其人格权的第一号传单。

关于第二号传单,甲得否请求除去(或防止)其侵害,问题的关键在于是否具有不法性(widerrechtlich)。① 侵害人格权的违法性,应就个案依法益衡量加以认定,前已论及。在被害人方面,其应斟酌者,系被侵害人格的领域、侵害的轻重,以及被害人以何种行为导致发生此种侵害等因素;在加害人方面,应斟酌其侵害的动机,意见表示自由(新闻自由及艺术自由)以及社会公益等因素。各项利益须互相对照衡量,倘其衡量结果对加害人的侵害行为不足正当化,其侵害即具有违法性。乙散发的第二号传单,刊载甲虐待其妻经裁判离婚的判决书及逃漏税捐的资料,其内容虽涉及甲之名誉及隐私,惟在选举期间,民众对候选人有"知"的权利,参与政治活动人物,须接受较公开的批评及暴露,故在利益衡量之下,应认为乙散发第二号传单之行为,尚未构成"不法"侵害甲的人格权,甲不得请求除去其侵害。

(三)人格权侵害除去请求权无消灭时效之适用

以人格权受侵害为内容,而向法院请求除去之侵害除去请求权,为维护人性尊严所必要,应予终身保障,自不得因受侵害者于一定时间不请求除去其侵害,即不予保障,与"民法"规范消灭时效之立法目的在于确保交易之安全与维持社会秩序之公平无涉,故"民法"第 18 条第 1 项前段规定之人格权侵害除去请求权,并无消灭时效之适用(2017 年台上字第

---

① 关于人格权保护与言论自由的利益衡量及不法性认定,系民法上的重要问题,参阅王泽鉴:《人格权法》,北京大学出版社 2013 年版,第 343 页以下;"最高法院"2012 年台上字第 545 号判决:按新闻自由攸关公共利益,政府应给予最大限度之保障,俾免限缩其报道空间。倘新闻媒体工作者在报道前业经合理查证,而依查证所得资料,有相当理由确信其为真实者,应认其已尽善良管理人之注意义务而无过失。惟为兼顾个人名誉权之保护,倘其未加合理查证率予报道,或有明显理由,足以怀疑消息之真实性或报道之正确性,而仍予报道,致其报道与事实不符,则难谓其无过失,如因此贬损他人之社会评价而不法侵害他人之名誉,即非得凭所述事实系出于其疑虑或推论遽指有阻却违法事由,自应负侵权行为之损害赔偿责任。

2677 号判决)。

二、侵权行为损害赔偿请求权

(一)请求权基础的构成

前揭案例一至六均涉及甲得否向乙请求赔偿其财产上所受的损失及精神上所受的痛苦。首应说明者,系甲的请求权基础。

"民法"第 18 条第 2 项规定,人格权受侵害时,"以法律有特别规定者为限,得请求损害赔偿或慰抚金"。所称损害赔偿或慰抚金,其意义如何? 所称法律有特别规定究指何而言?

"民法"第 18 条第 2 项所称损害赔偿系指财产上损害赔偿,慰抚金则指非财产上损害的相当金钱赔偿而言。赔偿的金额是否相当,应以实际加害情形、影响是否重大,以及被害者的身份地位与加害人经济状况等关系加以认定。① 至于法律特别规定,其主要者有第 19 条、第 192 条、第 193 条、第 194 条、第 195 条(阅读条文!)等。

应特别提请注意的是,"民法"第 184 条第 1 项前段规定:"因故意或过失,不法侵害他人之权利者,负损害赔偿责任。"其所称"权利"包括人格权在内,故"民法"第 184 条亦属第 18 条第 2 项所称特别规定。第 184 条规定所称损害赔偿,除财产上损害外,尚包括非财产损害在内。从而被害人因人格权受损害而请求损害赔偿者,均须以"民法"第 184 条(尤其是第 1 项前段)为请求权基础。

(二)财产损害

准此以言,因故意或过失不法侵害他人的人格权者,关于财产上之损害,被害人得请求回复原状,其不能回复原状或回复原状显有困难者,得请求金钱赔偿(第 213 条以下)。

(三)非财产损害

关于非财产上损害,原则上亦得请求回复原状,其不能回复原状或回复原状显有困难者,以法律有特别规定者为限,始得请求赔偿相当的金额(慰抚金)。其特别规定有二:①"民法"第 194 条;②"民法"第 195 条(阅读条文!)。其已概括人格法益的保护。

---

① 关于人格权受侵害的慰抚金请求权,其量定基准及实务案例分析,详见王泽鉴:《人格权法》,北京大学出版社 2013 年版,第 420 页。

(四) 案例研习

在案例一，乙私猎甲泳装日光浴镜头，作为其发行《俏姑娘》杂志封面女郎，乃故意侵害甲的人格权，尤其是隐私权、肖像权，具有"不法性"，甲得依"民法"第184条第1项前段规定请求损害赔偿。关于因被学校解聘所受财产上不利益，甲得依"民法"第213条以下规定请求损害赔偿；关于非财产上损害（精神上痛苦），得以隐私权或肖像权受侵害，请求相当金额的赔偿（慰抚金）。[①]

三、债务不履行侵害人格权

"民法"第227条之1规定："债务人因债务不履行，致债权人之人格权受侵害者，准用第一百九十二条至第一百九十五条及第一百九十七条之规定，负损害赔偿责任。"本条规定肯定债不履行（尤其是不完全给付，第227条）侵害人格权时，债权人得准用侵权行为规定请求损害赔偿，尤其是违约责任的非财产损害金钱赔偿（第194条、第195条），是民事责任具有重大意义的发展。

在案例二，乙医师为甲隆鼻，手术失误，造成严重发炎，致甲面容受伤，系因过失侵害甲的身体、健康（人格权）。甲得依"民法"第184条第1项前段规定，向乙请求损害赔偿。甲支出医药费10万元为所受损害，停唱1个月减少收入10万元为所失利益，均在赔偿范围之内（第216条、第193条）。甲面容受伤，精神痛苦不堪，受有非财产上损害，得依"民法"第195条第1项规定，请求赔偿相当的金额。

须特别强调的是，乙的行为并构成不完全给付（第227条），甲亦得依"民法"第227条之1准用第192条至第195条规定向乙请求损害赔偿。

[①] 关于隐私权的意义及保护，参阅王泽鉴：《侵权行为》（第三版），北京大学出版社2016年版，第158页；王泽鉴：《人格权法》，北京大学出版社2013年版，第128页以下。值得提出的是一则法律问题："甲男与乙男素有嫌隙，探悉乙男与丙女感情颇笃，某夜瞥见乙丙，俩相偕进入某旅店房间，竟秘将两人之幽会情节，予以录像后，频对丙女透露上情；丙女不堪其扰，精神痛苦不已，请求甲男赔偿其非财产上损失，有无理由？"研究意见："民法"虽未就秘密权（亦称隐私权）设有特别规定，惟秘密权亦属人格权之一种。秘密权旨在保护个人之私生活为其内容，侵害秘密权，固常伴随名誉权亦并受侵害，惟前者重在私生活之不欲人知；后者重在社会评价之低落，两者仍有区别。本题甲男之行为系故意以背于善良风俗之方法加损害于丙女，丙女依"民法"第184条第1项后段规定，请求甲男赔偿其非财产上损失，应予准许。在修正"民法"第195条第1项增列隐私权后，应不再适用"民法"第184条第1项后段规定。

四、人格权的财产性质:不当得利请求权

依传统见解,人格权乃存于权利人自己人格上的权利,因出生而取得,因死亡而消灭,在权利关系存续中不得让与或抛弃,系属于所谓的非财产权。值得注意的是,因社会经济活动的扩大,科技的发展,特定人格权(尤其是姓名权及肖像权)已进入市场而商业化,如作为杂志的封面人物,推销商品或出版写真集等,具有一定经济利益的内涵,应肯定其兼具财产权的性质,此涉及特定人格利益的让与及授权等问题,限于篇幅难以详论①,以下仅就不当得利加以说明。

在案例一,乙偷拍甲的照片,作为其所发行杂志的封面女郎,系侵害甲的肖像权,取得应归属于他人的权益,应成立权益侵害型不当得利,甲得依不当得利规定请求乙返还使用其肖像的利益,而以通常应支付的对价计算其应偿还的价格(第179条、第180条)。被害人是否有将其肖像加以商业化的意愿在所不问。又被害人是否为知名人士,乃属计算肖像权财产价值的因素,对不当得利的成立不生影响。②

五、死者人格权的保护③

(一) 死者人格权精神利益的保护

关于侵害死者名誉权(或隐私权、姓名权),其遗族得主张侵害排除及侵害防止请求权。此外,其遗族亦得以对死者敬爱、追慕之情受侵害,依"民法"第184条第1项人格权受侵害及第195条其他法益受侵害,请求精神损害赔偿(慰抚金)。

(二) 死者人格权财产利益的保护

"最高法院"2015年台上字第1407号判决谓:"按传统人格权系以人

---

① 参阅王泽鉴:《人格权法》,北京大学出版社2013年版,第117页以下;谢铭洋:《论人格权之经济利益》,载谢铭洋:《知识产权基本问题研究》,1999年自版,第37页。关于德国法及美国法的比较研究,Horst-Peter Götting, Persönlichkeitsrechte als Vermögensrechte (Tübingen 1995)。关于被害人得否请求加害人支付其侵害人格权所获利益,C.-W. Canaris, Gewinnabschöpfung bei Verletzung des allgemeinen Persönlichkeitsrechts, in: Festschrift für Erwin Deutsch(München 1999), S. 85 ff.。此为值得从事深入研究的题目。

② 参阅王泽鉴:《不当得利》,北京大学出版社2023年重排版,第245页以下;王泽鉴:《人格权法》,北京大学出版社2013年版,第476页;H.-P. Koppensteiner, Ungerechtfertigte Bereicherung (2. Aufl., Berlin 1996), S. 30; Larenz/Canaris, Schuldrecht II/2 (13. Aufl., München 1994), §69 IIC。

③ 参阅王泽鉴:《人格权法》,北京大学出版社2013年版,第283页以下。

格为内容之权利,以体现人之尊严及价值的'精神利益'为其保护客体,该精神利益不能以金钱计算,不具财产权之性质,固有一身专属性,而不得让与及继承。然随社会变动、科技进步、传播事业发达、企业竞争激烈,常见利用姓名、肖像等人格特征于商业活动,产生一定之经济效益,该人格特征已非单纯享有精神利益,实际上亦有其'经济利益',而具财产权之性质,应受保障。又人之权利能力终于死亡,其权利义务因死亡而开始继承,由继承人承受。故人格特征主体死亡后,其人格特征倘有产生一定之经济利益,该人格特征使用之权利尚非不得由其继承人继承,而无任由第三人无端使用以获取私利之理。"

第四项　姓名权的保护①

"民法"于第 18 条规定一般人格权,于第 19 条规定:"姓名权受侵害者,得请求法院除去其侵害,并得请求损害赔偿。"足见对姓名权的重视,如何解释适用,纳入"民法"关于人格权保护的体系,实值研究。

一、姓名权的意义及保护范围

姓名权系使用自己姓名的权利。人的姓名旨在区别人己,彰显个别性及同一性,并具有定名分、止纠纷的秩序规范功能。姓名,就其狭义而言,指"姓名条例"第 1 条第 1 项规定以户籍登记的姓名,是为强制姓名。"民法"第 19 条姓名权的保护客体应作广义的解释,包括由个人自己选定并得随时变更的字、别号、艺名、笔名、简称等在内。关于"姓名条例"的姓名的更改,"司法院"释字第 399 号解释谓:姓名权为人格权之一种,人之姓名为其人格之表现,故如何命名为民众之自由,应为"宪法"第 22 条所保障。"民法"第 19 条系规定自然人的姓名权,惟应扩张其保护范畴而类推适用于法人(社团及财团,尤其是公司的名称②)、非法

---

① 参阅王泽鉴:《侵权行为》(第三版),北京大学出版社 2016 年版,第 187 页;王泽鉴:《人格权法》,北京大学出版社 2013 年版,第 114 页。

② "最高法院"2011 年台上字第 787 号判决谓:"惟查'商标法'之规定重在保护商标,而非保护他人之姓名权,'商标法'第 23 条第 1 项第 15 款、第 16 款等规定,非就一般人或法人姓名权受侵害所设之特别规定,而具有排除'民法'规定之适用,故'商标法'就商标专用权之取得虽采注册登记主义,但于登记之商标与他人已注册之名称相同之情形,如系故意造成第三人之混淆,而以他公司已注册之名称办理商标权之注册登记,经营与他公司相同之业务,他公司纵不能依'商标法'之规定请求救济,惟基于诚信原则,他公司之姓名权仍应受保护,自非不得依'民法'第 19 条及第 184 条第 1 项后段侵权行为之规定请求排除侵害及赔偿损害。"

人团体及商号①。

二、姓名权的侵害

姓名权的侵害,指侵害他人使用姓名的权利,其主要情形有:

①干涉他人自己决定姓名,如强迫名歌星变更其艺名。

②盗用他人姓名,即擅以他人名义而为某种活动,如自称为某人之子而推销物品。

③冒用他人姓名,此类侵害颇为常见,如甲无律师执照,径行冒用乙律师之姓名招揽业务,应认系对乙律师姓名权的侵害。

④对他人姓名权的不当使用,如以他人的姓名称呼家中饲养的宠物,以某女的姓名作为应召站名称,将他人的姓名为不当的发音(如"江居士"读为或写为"将去死")。

三、被害人的救济方法:"民法"第19条的特别规定

(一)侵害除去及侵害防止请求权

"民法"第19条规定:"姓名权受侵害者,得请求法院除去其侵害,并得请求损害赔偿。"立法理由谓:"姓名权者,因区别人己而存人格权之一也。故姓名使用权受他人侵害时,始得请求侵害之屏除,更为完全保护其人格计,凡因侵害而受有损害者,并得请求赔偿。"姓名权既属人格权的一种,应有"民法"第18条第1项规定的适用,故人格权受侵害时,除得请求法院除去其侵害外,其有受侵害之虞时,得请求防止。就要件言,以客观上违法侵害姓名权为已足,加害人有无故意或过失,则非所问。至于侵害除去的方法,因侵害态样而不同,在妨害他人使用姓名的情形,姓名权人得请求勿加干涉,任自己自由使用;在盗用、冒用或不当使用的情形,得请求中止之,如取下冒名行医的招牌、销毁行骗的名片等。

(二)损害赔偿

"民法"第19条所谓姓名权受侵害时,得请求损害赔偿,适用上尚有争议。与第18条第2项对照之,其所谓损害赔偿,似指财产上损害赔偿。

---

① 最高法院1931年上字第2401号判例:"(一)已经注册之商号,如有他人冒用或故用类似之商号,为不正之竞争者,该号商人得呈请禁止其使用。(二)所谓商号之类似者,原指具有普通知识之商品,购买人施以普通所用之注意,犹有误认之虞者而言。"本则判例已停止适用,仍可供参考。

惟人格权受侵害时,本得依"民法"第184条第1项前段及第213条规定请求财产上的损害赔偿,第19条的规定不具实质意义。关于非财产损害得否请求相当金额金钱赔偿,不无疑问。"民法"第195条第1项未将姓名权列入,在解释适用上得认姓名权系"民法"第195条第1项所称其他人格法益。

被害人依"民法"第19条规定请求损害赔偿时,学说上有强调姓名权的侵害人应负无过失损害赔偿责任,自有所据。[①] 惟本书认为仍须以故意或过失为要件,其理由有二:

①"民法"第19条非属独立的请求权基础,侵害姓名权之成立侵权行为,仍应具备第184条的要件。

②生命、身体、健康、自由、名誉等人格权的重要性不亚于姓名权,前者的侵害既须以加害人的故意或过失为要件,后者若采无过失责任,人格权益的保护将失其平衡。

(三)侵害商标权

"最高法院"2011年台上字第787号判决谓:"'商标法'就商标专用权之取得虽采注册登记主义,但于登记之商标与他人已注册之名称相同之情形,如系故意造成第三人之混淆,而以他公司已注册之名称办理商标权之注册登记,经营与他公司相同之业务,他公司纵不能依"商标法"之规定请求救济,惟基于诚信原则,他公司之姓名权仍应受保护,自非不得依'民法'第19条及第184条第1项后段侵权行为之规定请求排除侵害及赔偿损害。"对此判决,应说明者有二:

①以诚实信用原则作为姓名权应受侵权行为法保护的理由,是否妥适?

②以"民法"第184条第1项后段规定作为损害赔偿的请求权基础,系认商标专用权非属同条第1项前段的权利,非无研究余地。

四、案例解说

在前揭案例四,甲使用白丽丽的笔名,亦在姓名权保护之列。甲久住该公寓,乙系新搬进住户,且适在甲的楼上,乙不知甲的笔名为白丽丽,朝夕以甲的笔名呼叫其狗,衡诸客观情事及当事人利益,应认为系

---

① 参阅史尚宽:《民法总论》,第68页;洪逊欣:《中国民法总则》,第103页。

侵害甲的姓名权,具有不法性。甲得请求乙中止以"白丽丽"呼叫其狗,以除去其侵害。惟设乙迁离该公寓,甲即不得作此请求,盖行为是否具有违法性,应斟酌时空等相关因素加以判断。乙的行为客观上虽不法侵害甲的姓名权,惟主观上既不具故意或过失,甲就其所受精神痛苦的损害,不得依"民法"第184条第1项前段规定及第19条对乙请求损害赔偿(慰抚金)。

第五项　身份权的保护①

试问于下列情形,甲就其所受非财产上损害,得否向乙请求相当金额的赔偿:

1. 乙与甲之妻丙合意性交,或乙强制性交甲之妻丙。
2. 甲在乙医院生产男婴丙,因医院疏失,该丙婴为人抱走,不知去处。
3. 乙绑架甲的未成年子女丙。
4. 乙驾车不慎撞倒丙,致丙受伤成为植物人,丙之父甲(或配偶、子女)照顾看护丙,精神痛苦时,得否向乙请求相当金额的损害赔偿?(参阅下图)

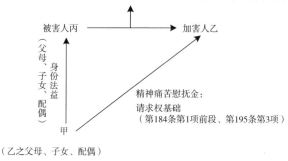

---

① 参阅曾世雄:《身份权之保护》,载《中兴法学》1983年第19期,第277页;姚志明:《配偶关系之身份法益侵害与非财产损害赔偿》,载《台湾法学杂志》2019年第365期,第137页。

一、身份权与人格利益

身份权乃存在于一定身份(尤其是亲属)关系上的权利,如配偶间的权利、亲权等。身份权亦蕴含有人格关系,应属人格保护范畴,故身份权受侵害时(如未成年子女遭他人绑架),应类推适用"民法"第18条第1项规定,得请求法院除去其侵害,有受侵害之虞时,得请求防止之。身份权受侵害时,被害人亦得依"民法"第184条第1项前段或后段规定请求财产上的损害赔偿,如请求赔偿寻找被绑架未成年子女所支出的费用。

关键问题在于人格权(身体、健康)受侵害时,于何种情形,被害人的父母、配偶或子女得以其身份法益受侵害为依据,就其所受非财产上损害,向加害人请求赔偿相当的金额(慰抚金)。此涉及判例(裁判)学说的发展及"民法"修正,实值研究。

二、侵害身份权与非财产上损害的金钱赔偿

关于身份权受侵害时得请求慰抚金,"民法"于第979条(违反婚约)及第1056条(离婚)设有特别规定。关于与有夫之妇通奸,"最高法院"1952年台上字第278号判例认为:"惟社会一般观念,如明知为有夫之妇而与之通奸,不得谓非有以违背善良风俗之方法,加损害于他人之故意,苟其夫确因此受有财产上或非财产上之损害,依'民法'第184条第1项后段,自仍得请求赔偿。"值得注意的是,虽然"司法院"释字第791号解释宣告通奸罪"违宪",惟通奸行为仍构成"民法"上之侵权行为,配偶得依"民法"第184条第1项后段作为请求慰抚金的规范基础。

值得注意的,在"最高法院"1996年台上字第2957号判决,被上诉人在上诉人所开设之妇产科医院产下一婴,因上诉人雇用的看护疏于注意,致被不知名者将该婴儿抱走,仍未寻获。被上诉人失子心碎,精神痛苦,乃向上诉人请求赔偿慰抚金及刊登寻子悬赏广告的费用。"最高法院"认为:"按身份权与人格权同为人身权之一种,性质上均属于非财产法益。人之身份权如被不法侵害,而受有精神上之痛苦,应与人格权受侵害同视,被害人自非不得请求赔偿非财产上之损害。故父母基于与未成年子女间之亲密身份关系,因他人故意或过失不法之侵害,而导致骨肉分离者,其情节自属重大,苟因此确受有财产上或非财产上之损害,即非不得依'民法'第184条第1项前段,并类推适用同法第195条第1项之

规定,向加害人请求赔偿。"此项创设性的见解,系采当时正在"立法院"审议中"民法"债编部分修正草案关于第 195 条第 3 项增列条文规定。在现行"民法",于此骨肉分离的案例,就身份关系不法侵害之非财产上损害赔偿,请求权规范基础应为"民法"第 184 条第 1 项前段、第 195 条第 3 项准用第 195 条第 1 项。

三、"民法"第 195 条第 3 项规定

(一) 立法目的

"民法"第 195 条于第 3 项增订:"前二项规定,于不法侵害他人基于父、母、子、女或配偶关系之身份法益而情节重大者,准用之。"立法理由谓:"身份法益与人格法益同属非财产法益。本条第 1 项仅规定被害人得请求人格法益被侵害时非财产上之损害赔偿。至于身份法益被侵害,可否请求非财产上之损害赔偿? 则付阙如,有欠周延,宜予增订。惟对身份法益之保障亦不宜太过宽泛。鉴于父母或配偶与本人之关系最为亲密,基于此种亲密关系所生之身份法益被侵害时,其所受精神痛苦最深,故明定'不法侵害他人基于父母或配偶关系之身份法益而情节重大者',始受保障。例如未成年子女被人掳掠时,父母监护权被侵害所受精神上之痛苦。又如配偶之一方被强制性交,他方身份法益被侵害所致精神上之痛苦等是,爰增订第 3 项准用规定,以期周延。"

身份法益与人格法益固同属非财产法益,然其所以得予准用,实乃身份法益亦具有人格关系。

"民法"第 195 条规定慰抚金请求权的成立,须具备"民法"第 184 条(尤其是第 1 项前段)的要件,即须以因故意或过失不法侵害他人的身份权为必要。例如,掳掠未成年子女系故意不法侵害父母的监护权;强制性交他人之配偶或与他人之配偶为通奸行为,系故意不法侵害他方配偶的权利。

(二) 实务发展

驾车撞伤行人,致其成为植物人,行为人无过失时,对该行人不必负损害赔偿责任,被害人的父母、子女或配偶自不得以加害人系不法侵害其人格法益而请求慰抚金。在加害人有过失的情形,实务上再三肯定被害人的父母、子女、配偶,得依"民法"第 195 条第 3 项(准用第 1 项、第 2 项)请求慰抚金。兹举三个"最高法院"判决如下,以供参照:

①2011年台上字第2219号判决:"倘子女因交通事故而成为植物人或引致心智缺陷,并经宣告为禁治产人(受监护宣告人),父母基于亲子间之关系至为亲密,此种亲密关系所生之身份法益被侵害时,在精神上自必感受莫大之痛苦,不可言喻。……郑〇德等二人为其法定监护人。则于郑〇德等二人负责养护郑〇赞及治疗郑〇赞身体,迄至郑〇赞因行复健而得逐渐回复身体机能之期间,其二人乍逢爱子伤重,当已费神照顾,不无心力交瘁。果尔,能否徒以郑〇赞经治疗后身体机能已恢复接近正常人状态为由,遽谓郑〇德等二人不得依上开规定请求赔偿精神慰藉金,尚非无研酌之余地。"

②2011年台上字第992号判决:"查上诉人不法侵害邱〇栗之身体、健康法益,致邱〇栗成为类植物人状态,已遭法院依修正前'民法'之规定宣告禁治产(现已改称为监护宣告),被上诉人分别为邱〇栗之父母,亦为监护人,不仅须执行有关邱〇栗生活、护养疗治及财产管理之职务('民法'第1112条参照),且因邱〇栗须终身仰赖他人照护,于其二人不能维持生活时之受扶养权利亦将无法享受('民法'第1117条规定参照),遑论孝亲之情。被上诉人与邱〇栗间父母子女关系之亲情、伦理及生活相互扶持与帮助之身份法益已受到侵害,且因必须持续终身照顾,其情节自属重大。原审审酌双方教育、职业收入、财产等一切情状,并扣除邱〇栗应分担之与有过失责任后,认定被上诉人依'民法'第195条第3项规定,请求上诉人赔偿非财产上损害各一百万元本息,堪称相当,因将第一审判决关此部分废弃,改判命上诉人如数给付,经核并无违误。"

③2016年台上字第2109号判决:"查丁〇〇不法侵害丙〇〇之身体、健康,致丙〇〇遗有上述身体机能障碍及呈轻度智障状态,且长期需仰赖专人全日照护,则乙〇〇为照顾、陪伴其女丙〇〇面对手术及长期复健治疗,其母女关系之亲情及生活相互扶持之身份法益,似难谓无受到侵害而情节重大。"

(三)体系构成

兹为便于了解身份关系受侵害时的救济方法,将图示如下,并请与前揭关于人格权的说明,加以对照:

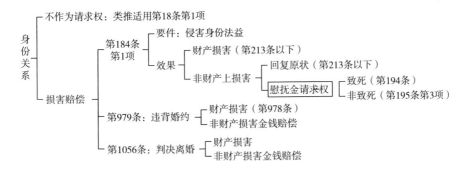

最后须再强调的是,人格关系的保护与慰抚金请求权具有密切关系,1999 年"民法"债编修正,在侵权行为方面修正了第 195 条;他方面又于第 227 条之 1 规定,债务人因债务不履行,致债权人之人格权受侵害者,准用第 195 条等规定,又肯定身份法益受侵害时亦得请求慰抚金,更进一步扩大人格法益及身份受侵害的慰抚金请求权基础,对"民法"的发展,深具意义。

第四款　自然人的住所与居所

甲自幼与父母住在台中市丰原区,15 岁中学毕业,考上台北某高工,经父母同意住宿于台北市基隆路亲友处。18 岁高工毕业,经其父允许就业于彰化某电子公司,1 年后认识南投女子乙,二人登记结婚,有长久居住于彰化之意思,乃共同办理户籍登记。22 岁时甲入伍在金门服役,为期 4 个月。退伍后回彰化在原服务单位继续工作 3 年后,即迁往桃园大溪,自行创业,经营电子零件制造工厂,喜见山水之美,与其妻乙商定终老斯乡,出售其在彰化之房屋,并设户籍于大溪。又在台北某地设立联络处,接受订单。7 年后,甲外遇事发,其妻乙愤而回南投娘家,决定久住,2 年来未曾回家。试问:

1. 何谓住所、居所,为何要规定住所与居所? 二者的区别及判断标准?
2. 甲的住所与居所的变动情形?
3. 乙的住所现在何处? 设乙提出离婚之诉,由何地法院管辖?
4. 设丙于甲在台北联络处订购零件时,应于何地支付价金?

一、住所与居所

(一) 规范意义

自然人在社会生活,须有一定的地点,决定其法律关系,例如甲向乙购买大闸蟹,应在何处交货、何地付款?家住台北的丙,在澎湖被来自金门的丁驾车撞伤,丙得在何地法院提起诉讼?如何认定某人是否失踪,得为死亡宣告?又夫妻应在何处履行同居义务?为规范此等问题,"民法"设有住所、居所制度,作为人的法律生活的中心地。

(二) 住所的意义及设定

欲说明前揭案例甲之住所与居所变动情形,须先了解住所及居所意义。"民法"第20条第1项规定:"依一定事实,足认以久住之意思,住于一定之地域者,即为设定其住所于该地。"第24条规定:"依一定事实,足认以废止之意思离去其住所者,即为废止其住所。"准此以言,现行"民法"关于决定住所的标准,系兼采主观主义及客观主义,其认定住所的要件有二:

①久住之意思:即长期居住的意思,当事人有无久住之意思,应依一定事实探求认定之。所谓"一定事实",如户籍登记、居住情形、家属概况及是否在当地工作等事实均属之。易言之,即依客观事实认定主观之意思。

住所虽不以户籍登记为要件,惟倘无客观之事证足认当事人已久无居住该原登记户籍之地域,并已变更意思以其他地域为住所者,户籍登记之处所,仍非不得资为推定其住所之依据("最高法院"2011年台上字第1373号判决)。

②居住的事实:即事实上住于该地之事实。关于住所的废止,亦须具备废止的意思(主观要件)及离去的事实(客观要件)。"民法"第20条第2项规定,一人不得同时有两住所,以避免使法律关系趋于繁杂。

(三) 居所的意义及设定

关于居所,"民法"未设定义性规定,解释上应认系指无久住之意思而事实上居住之处所。住所与居所之区别,在于有无久住之意思,与居住期间之长短无关,例如在监狱服徒刑,虽有长期居住事实,但无久住的意思,不能认为设定住所于该地,仅能认系设定居所。至于船舶本身,因具有流动性,故不能成为住所或居所。

(四)意定住所与法定住所

住所,由当事人所设定的,为意定住所(任意住所)。住所为法律所规定的,为法定住所,其情形有四:①夫妻之住所(第1002条),详见后述。②无行为能力人及限制行为能力人,以其法定代理人之住所为住所(第21条)。③住所无可考者(第22条第1款)。在台湾地区无住所者,但依法须依住所地法者,不在此限(第22条第2款)。④因特定行为选定居所者,关于其行为,视为住所(第23条)。

(五)前揭案例甲之住所及居所

甲自幼与其父母住于台中市丰原区,即以其父母之住所为住所(第21条)。15岁中学毕业,考上台北某高工,经父母同意,住宿于台北市基隆路亲友处,则该台北市亲友处即其父母依据其居住所指定权(第1060条),为保护教养未成年子女所指定之居所。

甲18岁毕业后,经其父允许居住彰化,就业于该地某电子公司(第85条)。1年后,甲与女子乙结婚,有长久居住之意思,办理户籍登记(参阅"户籍法"相关规定)。依此一定事实,足认甲有久住之意思,住于该地域,即为设定住所于该地。

甲于22岁入伍,在金门服役,虽为期4个月,但不影响其住所之设定。盖居住之事实,虽为设定住所之客观要件,但不以继续不断为必要,因服役或其他事实(如就业、留学)而离开,只须其仍有居住之意思,仍不失其为住所。故甲之住所仍在彰化。甲在金门虽有居住之事实,但无久住之意思,仅设定居所于该地。

甲退役后回原服务单位工作3年,即迁往桃园大溪,自行创业,经营电子零件制造工厂,出售其在彰化房屋,并办理户籍迁徙登记,依一定事实,足认甲乃以废止之意思,离去其在彰化之住所,而设定其新住所于桃园大溪。

二、夫妻之住所地与离婚的管辖法院

关于夫"妻"之住所地,"民法"规定数度变更,期能实现男女平等原则。"民法"第1002条原规定:"妻以夫之住所为住所。赘夫以妻之住所为住所。"1985年6月3日修正为:"妻以夫之住所为住所,赘夫以妻之住所为住所。但约定夫以妻之住所为住所,或妻以赘夫之住所为住所者,从其约定。"1998年6月17日再修正为:"夫妻之住所,由双方共同协议之;

未为协议或协议不成时,得声请法院定之。法院为前项裁定前,以夫妻共同户籍地推定为其住所。"

在本件案例,乙与甲结婚时,居住于彰化,并共同办理户籍登记,系以彰化为夫妻之住所,其后共同商议决定长久居住于桃园大溪,并已办理户籍登记,系设定夫妻之住所于该地。夫妻虽互负同居义务,惟甲之纳妾得构成乙不能同居之正当理由。乙回南投娘家,虽有居住之意思,且有居住之事实,但不因此而废止夫妻住所地住所。依"家事事件法"第52条之规定,离婚之诉,专属夫妻之住所地法院、夫妻经常共同居所地法院、诉之原因事实发生之夫或妻居所地法院管辖,故乙得于桃园地方法院提出离婚之诉。

三、选定住所与清偿地

住所为吾人生活关系之中心,故法律即以之为法律关系之中心,因住所而生之法律效果,就"民法"而言,除为决定失踪之标准(第8条)外,有为确定债务履行地之标准。依"民法"第314条规定:"清偿地,除法律另有规定或契约另有订定,或另有习惯,或得依债之性质或其他情形决定者外,应依左列各款之规定:一、以给付特定物为标的者,于订约时,其物所在地为之。二、其他之债,于债权人之住所地为之。"丙向甲订购零件,依"民法"第314条第2款规定,原则上应于甲在桃园大溪之住所地支付价金。惟如上所述,甲于台北设立联络处接受订单,进行交易,即将该地选定为居所,通说认为选定居所,是以意思表示为之,故为法律行为,甲已成年,有行为能力,得有效选定居所,自不待言。依"民法"第23条"因特定行为选定居所者,关于其行为,视为住所"之规定,故甲与丙间之交易,即以其所选定之居所,代替其在桃园大溪之住所,故丙得于甲在台北选定之居所支付价金。

第三节 法 人

第一款 法人的机能、本质及"宪法"基础

一、何谓法人?具有何种社会经济功能?其本质何在?
二、试说明法人制度的"宪法"基础。

三、甲、乙、丙、丁等十人欲集资购地建厂，制造游艇外销，对于采取"合伙"或"公司"方式经营，议论甚久，最后决定成立"股份有限公司"。试想其理由何在？

四、甲白手成家，热心社会公益，时常捐款济助孤儿，达十余年。某日，甲自觉年老体衰，难以长期继续此项慈善工作，其子女均已成家立业，表示愿负全责承担。甲思虑再三，最后决定捐出1亿元，设立"财团法人慈幼基金会"。试想其理由何在？

第一项　法人的机能

一、个人、合伙与社团

自然人因出生而取得权利能力，得从事各种法律交易，以满足个人社会生活的需要，以达食、衣、住、育、乐之生活目的。惟设有二个以上的自然人为开设工厂、医院、采矿、经商、传教等而从事具有共同目的的事业时，即面临采取何种方式经营共同事业的问题。

首先值得考虑的是成立合伙(第667条至第709条，阅读之！)。合伙系一种契约，其当事人称为合伙人，最少须为二人，多则无限制。合伙之目的在于经营共同事业(如律师事务所)，其种类亦无限制，营利或非营利，长久或暂时，均非所问。最值重视的是，合伙虽为一种契约，但"民法"上对于已成立的合伙，赋予一定程度的团体性，如各合伙人之出资构成合伙财产，与各合伙人于合伙清算前，不得请求合伙财产之分析，应加区别(第682条第1项)；合伙事务原则上由合伙人全体共同执行之(第671条第1项)；对退伙及解散、清算等设有规定(第686条以下)。合伙既具团体性，其成立且无须践行法定方式，简便灵活，故采用者众，对于现代社会经济活动，贡献甚巨，自不待言。

合伙虽具团体性，但终系基于契约而成立，与各当事人的人格、信用与资力有密切关系，仍未脱离个人的因素。例如甲、乙、丙、丁等十人欲集资经营游艇制造事业而采取合伙方式时，其购地、建屋、租用机器、雇用员工、材料的买进、货品的出售等事务，除契约另有订定外，应由合伙人全体共同执行之(第671条第1项)；其对外订立契约时，原则上仍应由合伙人共同为之，其有合伙人依约定或决议执行合伙事务者，于执行合伙事务之范围内,对于第三人,为他合伙人之代表(第679条)。由是可知,合伙的外部关系,虽设有代表,为合伙的机关,但其所代表的,为各合伙人,而非合伙本身。又各合伙人的出资及其他合伙财产,为合伙人全体共同共有(第668条),除有特别规定外,应适用物权编关于共同共有的规定(第827条至第830条),不动产物权并须以所有合伙人的名义登记,不胜繁杂。抑有进者,合伙所负债务,构成合伙人全体的共同共有债务,合伙财产不足清偿合伙债务时,各合伙人对于不足之额,连带负其责任(第681条),纵使退伙后,对退伙前合伙所负之债务,仍应负责(第690条)。由是可知,合伙强调当事人的信赖性,适合少数人经营小规模事业,反之,以合伙经营大规模独立事业,尚不适宜,难以达成其共同目的,因为合伙不能成为权利义务的主体,不能以其财产为合伙单独所有,不能设机关为其执行事务,作为对外的代表。①

为适应现代化的社会经济活动,须进一步强化"人之集合"的团体性,使其能够取得权利能力,得享有权利及负担义务。易言之,即应使人的集合体,享有人格,予以"法人化"。法人有不同种类,交易上最重要的是公司。公司者,谓以营利为目的,依照"公司法"组织、登记、成立之社团法人("公司法"第1条)。公司分为无限公司、有限公司、两合公司及股份有限公司四种,其中以股份有限公司,最称普遍。股份有限公司,指二人以上股东或政府、法人股东一人所组织,全部资本分为股份;股东就其所认股份,对公司负其责任之公司("公司法"第2条第1项)。股份有限公司之股东对于公司之责任,原则上以缴清其股份之金额为限;惟股东滥用公司之法人地位,致公司负担特定债务且清偿显有困难,其情节重大而有必要者,该股东应负清偿之责("公司法"第154条,揭穿公司面纱原则)。

据上所述,前揭案例三,甲、乙、丙、丁等人欲经营共同事业,所以舍合伙而取法人,尤其是股份有限公司,其主要理由有二:

---

① 合伙,虽非法人,但其具有团体性,故属所谓之非法人之团体,"最高法院"1967年台上字第1609号判决谓:"按合伙为二人以上出资,所经营之共同事业,虽因未依法取得法人之资格,不能认系法人,究然不失为非法人之团体,该团体与人涉讼时,自应以该团体为当事人,而由其代表商号人或管理人为其法定代理人。此与独资经营之商号,应列经营之自然人为当事人,而附注商号之名称者迥异。"并请参阅骆永家:《合伙与当事人能力》,载骆永家:《民事法研究》,第17页。

①使人之集合体,得享有人格,得单独为权利义务的主体,得设机关(董事)对外代表法人(公司),俾便于从事法律交易。

②法人既独立享有人格,享有权利,负担义务,则社员(股份有限公司股东)的责任,受有限制,有助于个人衡量其资力,加入法人,参与社会经济活动。①

二、个人与财团

人之集合在法律上有赋予人格的必要,已如上述,财产的集合,亦属如此。例如甲热心社会公益,长年捐款济助孤儿,个人为之,虽可尽其心力,但事必躬亲,势所不能,何况其生也有涯,难期久远,委其子女或他人经营,因个人信念不同,人事无常,难以预料。因此法律特别创设"财团",使一定的捐助财产得以独立化,成为权利主体,得享受权利、负担义务,并经由其机关(董事)而行为(参案例四)。一定的捐助财产,经由人格化而有独自的法律生命,不受捐助人的支配,不因人事变迁而影响其财产的存在与目的事业之经营,则公益目的可望长期继续,不致中断。近年来,台湾地区社会经济发达,设立财团蔚成风气,其种类甚多,举凡私立教育机构、教会与寺庙、私立医院、社会福利设施(如育幼院、长照机构等)、各种文教基金会以及政府捐助设立的财团法人(如中兴工程顾问社、法律扶助基金会、中小企业信用保证基金)等,对于促进公益事业卓有贡献。

三、法人制度的创设理由

综据上述,可知创设法人制度的主要理由有二:

①使多数的人及一定的捐助财产得成为权利义务主体,便于从事法律交易。

②将法律的责任限定于法人的财产,俾免个人的财产因此而受影响。

---

① 关于法人(社团)与合伙之区别,梅仲协著《民法要义》第50页作有如下说明:社团之目的,常具有永久性,而合伙所经营者,有时为暂时性质,一也。社团必具备特有之名称及一定之组织,为超个人的单一体,合伙则仅为各个人之集合耳,二也。社团之财产,属于社团本身,合伙财产则为全体合伙人之公司共有,三也。社团之债务,仅以社团所有之财产为担保,而合伙债务,除合伙财产外,各合伙人尚须以其自己全部财产,负连带无限之责任,四也。

第二项　法人的本质

法人指自然人以外，由法律创设，得为权利义务的主体（组织体）。自然人之为权利主体，系本诸人的伦理性。法人为法律所创造，在使法人得与社团的社员或财团的财产分离，而以独立的单一体，经由其机关从事法律交易。于此发生一项理论上重要问题，即法人何以取得独立的人格，其本质何在？

法人的本质如何，是19世纪德国法学上最具争议的问题，当时伟大的法学家多参与讨论，论辩激烈，堪称空前，有拟制说（Fiktionstheorie）、目的财产说（Theorie des Sondervermögens）及实在说（Theorie der realen Verbandspersönlichkeit）三种见解，分述如下①：

①拟制说：认为权利义务的主体，只限于自然人始得充之，法人之取得人格，乃依法律的规定拟制为自然人而来，法人在性质上为一种拟制之人。此说为萨维尼所创，温德沙伊德从之，乃当时意思说的产物。其贡献在于承认法人得为权利主体，但未足说明法人存在的实质意义，及在何种范围及程度，得将法人与自然人等同并视的依据。

②目的财产说：认为法人乃为一定目的而组成的财产，其享有法人财产利益的多数人，始为实质的主体，法人仅是虚设的实体，乃使多数主体法律关系单一化的一种技术设计。耶林从法律目的论倡导此说最力。目的财产说实质观察法人制度的存在理由，具有贡献，然其否认法人有独立人格与现行法制不符。

③实在说：强调法人系社会生活上独立的实体，至于此项实体的性质，有认为法人乃社会有机体，相对于个人的自然有机体，故法人亦得为权利义务的主体。德国学者基尔克（Gierke）采此见解。亦有认为法人的独立实体在于法律上的组织体，法国学者米考（L. Michoud）及萨莱伊（R. Saleilles）采此见解，台湾地区学者多亦采之。惟法人无论其为社团或财团，均无自我意识及心理上意志，诚难谓其系有机体，而得将其与自然人同视。组织体说从法人系法律上的组织体观点立论，固较合理，但仍未能

---

① 此项争论有助于了解法人制度的历史发展及现行"民法"规定，较详细说明，参阅郑玉波：《民法总则》，第141页；施启扬：《民法总则》，第159页。德文资料，参阅 Detlef Kleindiek, Deliktshaftung und juristische Person (Jus Privatum 22, Tübingen 1997)。

说明何以对于组织体应赋予权利能力的实质理由及依据。

法人本质的各种学说反映不同时代的法学思潮及社会背景,有助于从不同的层面去阐释法人制度的本质,认识到法人实为一种目的性的创造物,在使一定的人或财产成为权利义务的归属主体,得经由其机关从事法律交易,在社会实际生活有其自我活动作用的领域,在此意义上亦具有社会的实体性。对自然人言,权利能力旨在体现其伦理性。对法人言,其所谓"人"则具法律技术上及形式上的意义,乃类推自然人的权利能力,而赋予人格,使其得为权利义务的主体,而满足吾人社会生活的需要。

第三项　法人制度的"宪法"基础

"宪法"第14条规定,民众有集会及结社之自由。此为基本权利,系法人制度的"宪法"基础,其规范意义有三:

①对民众为一定目的而组织团体,除为防止妨碍他人自由、避免紧急危难、维持社会秩序或增进公共利益所必要者外,不得以法律限制之("宪法"第23条)。① 准此以言,现行法关于法人类型强制的规定,与"宪法"尚无抵触。此外,应制定相关法律,规定团体(法人)得以成立及活动的制度上范围。

②对私法及个人言,结社自由构成私法自治的重要内容,包括设立法人自由、加入法人(社团)自由及法人自主(尤其是社团),得经由章程、社员总会决议及董事会决议决定其内部事项。

③"民法"法人制度体现结社自由的基本规范,为各种法人特别法的共同原则及理论基础。结合"民法"与特别法,建构在理论及法之适用上具统一性及融贯性的私法秩序,是判例学说的重要任务,特在本书作较详细的论述。

第二款　法人的种类及其成立

说明下列之团体,是否为法人,何种类型之法人,如何设立,以取得权利能力:①政党。②祭祀公业。③嘉南农田水利会。④松山农

---

① 关于组织工会,参阅"司法院"释字第373号解释。关于信用合作社应依法接受政府管理,参阅"司法院"释字第214号解释。关于团体名称的选定,参阅"司法院"释字第479号解释(阅读之!)。

会。⑤星展银行。⑥北港朝天宫。⑦工业技术研究院。⑧太平洋百货公司。⑨长庚纪念医院。⑩罗慧夫颅颜基金会。并请分析各种法人的社会功能。①

第一项　法人的种类

一、公法人与私法人

凡依公法而设立者为公法人,如地方自治团体(包括省、市、县市等地域团体)。依私法而设立者为私法人,民法上的法人属之。

公法人与私法人区别的主要实益在于:

①诉讼管辖问题:即对于公法人的诉讼,多属于行政法院,对于私法人诉讼,则均应向普通法院为之。

②犯罪问题:例如"刑法"上之渎职罪("刑法"第120条以下)适用于公法人之属员,而私法人之职员原则上不成立渎职罪。关于伪造文书,私法人之职员成立伪造私文书罪名("刑法"第210条),公法人之属员则成立伪造公文书罪名("刑法"第211条)。

二、社团法人与财团法人

此为私法人的再分类。社团系以社员为其成立基础的法人(人的组织体),公司为其著例。财团系以捐助财产为其基础的法人(财产组织体),如私立学校、基金会等。社团法人与财团法人的区别甚属重要,说明如下:

(一)成立基础

社团法人为人的组织体,其成立的基础在人,以社员为必要。财团法人为财产的集合体,其成立的基础在捐助财产,并无社员。社团法人既系以人为组织基础,财团法人系以捐助财产为组织基础,同一法人不得同时成为社团及财团,已设立登记之社团法人不得加办财团法人登记,惟如由

---

① 本案例在于说明若干社团、财团的性质及成立方式,旨在引起学习法律者能了解活的法律及社会现象。若能选择一种法人(如海峡交流基金会、生命联机基金会、阳光社会福利基金会等)加以观察研究,必能更进一步认识对于各种"团体人"的社会功能及其实际问题,并请搜集对其有兴趣的法人(社团或财团),研读其章程。

社团法人捐助财产另设立财团法人,则无不可。

(二)设立人数及性质

社团法人的设立,须有二人以上的共同行为,自然人或法人均所不问。财团设立得以一人为之,为单独行为,并得依遗嘱为之(第60条),法人(社团或财团)亦得为财团设立人。

(三)种类及设立方式

社团法人分营利及公益社团二种。以营利为目的之社团,其取得法人资格,依特别法之规定(第45条);以公益为目的之社团,于登记前,应得主管机关之许可(第46条)。财团法人在性质上皆为公益,于登记前,应得主管机关之许可(第59条)。

(四)组织

社团法人以社员为其最高的意思机关,为自律的法人。财团法人,并无意思机关,为他律的法人。此种区别最属重要,盖社团法人既具自律性,得由社员总会变更组织及章程(第50条以下)。反之,财团之捐助章程所定之组织不完全或重要管理方法不具备时,仅得声请法院为必要处分(第62条)。财团法人捐助章程有缺陷时,须经董事会特别决议为变更之拟议,并陈报主管机关许可后行之,不得自行变更("财团法人法"第44条第7款、第45条第2项第1款)。捐助章程订有信徒大会,修正财团法人章程,更不待言。为维持财团之目的或保存其财产,法院得因捐助人、董事、主管机关、检察官或利害关系人之声请,变更其组织(第63条)。在他律的财团法人,法院的干预较诸自律社团法人为强。

(五)解散事由

社团法人与财团法人之解散原因有为共同者(参阅第34条、第35条、第36条)。其解散原因不同者,系社团法人得随时以全体社员三分之二以上之可决解散之(第57条)。社团之事务,无从依章程所定进行时,法院得因主管机关、检察官或利害关系人之声请解散之(第58条)。在财团法人,因情事变更,致财团目的不能达到时,主管机关得斟酌捐助人之意思,变更其目的及其必要之组织,或解散之(第65条)。

三、社团法人的分类:营利社团、公益社团与中间社团

财团法人系为社会公益而存在,必为公益法人。社团法人,依"民法"规定,分为营利社团及公益社团。所谓营利社团,指从事经济行为,并

将利益分配于各社员为其目的之社团而言,如公司、银行等。所谓公益社团,指以社会上不特定多数人之利益为目的之社团,如农会、工会、商会、渔会等(请参阅相关法律!)。

所应注意的,在社团中,有既非以公益,又非以营利为目的者,如同乡会、同学会、宗亲会、俱乐部、校友会等,因而产生此类社团可否取得法人资格及如何取得法人资格之疑义。学说有三种见解:①此种团体乃"中间团体",在台湾地区"民法"上将无归属,如无特别法之规定,不能取得法人资格,即将成为无权利能力社团。②台湾地区"民法"除公益社团与营利社团,尚应承认此类中间社团,使得依"民法"和"人民团体法"规定取得法人资格。③对公益社团,应从广义解释,认为非以营利为目的,亦属公益社团,故在台湾地区"民法"上无认中间社团存在之必要。三说之间,第二说为通说。

四、类型强制

由上述可知,关于私法人的分类,法律上系采类型强制,私法人仅有社团及财团二类。就社团言,关于公司,"公司法"第 2 条明定为四种(无限公司、有限公司、两合公司、股份有限公司),不得另为创设。此项结社自由的限制,乃出于维护社会秩序及公共利益的必要,与"宪法"第 23 条意旨,并无不符,前已论及,兹再强调。

第二项　法人的设立

一、须有法律依据

法人的设立乃法人开始取得人格之谓。"民法"第 25 条规定:"法人非依本法或其他法律之规定,不得成立。"故法人之设立,概须有法律依据,不采放任原则,如一般社团须依"民法""人民团体法",公司须依"公司法",财团法人则须依"财团法人法"(2018 年 8 月 1 日制定公布、2019 年 2 月 1 日施行)。再就法律规定设立的依据言,系兼采许可原则、准则原则、特许原则及强制原则:

①采许可原则者,为公益社团及财团之设立。此二种法人的设立,均应得主管机关之许可(第 46 条、第 59 条、"财团法人法"第 2 条)。所谓主管机关,指主管法人目的事业之行政机关而言,如文化事业属"文化

部",教会、寺庙属"内政部",工商事业属"经济部"。

②采准则原则者,为营利社团,如公司依"公司法"所规定的条件,即可设立(参阅"公司法"第1条)。

③采特许原则者,为关于重要的公益事业,如财团法人私立学校教职员退休抚恤离职资遣储金管理委员会,依据"学校法人及其所属私立学校教职员退休抚恤离职资遣条例"所设立。

④采强制原则者,为社团团体,如"商业团体法"第8条规定:"在同一县(市)、直辖市或……依'公司法'或'商业登记法'取得登记证照之同业公司、行号达五家以上者,应组织该业商业同业公会。"

二、须经登记

"民法"第30条规定:"法人非经向主管机关登记,不得成立。"此之所谓主管机关,非指主管其目的事业之机关,乃指法人事务所所在地之法院而言("民法总则施行法"第10条第1项)。关于社团法人中之营利社团(例如公司),依特别法("公司法")规定,不必向法院办理登记。

须特别注意的是,"人民团体法"规定了职业团体、社会团体及政治团体三种("人民团体法"第4条)。职业团体系以协调同业关系,增进共同利益,促进社会经济建设为目的,由同一行业之单位、团体或同一职业之从业人员组成之团体("人民团体法"第35条)。社会团体系以推展文化、学术、医疗、卫生、宗教、慈善、体育、联谊、社会服务或其他以公益为目的,由个人或团体组成之团体("人民团体法"第39条)。政治团体系以共同民主政治理念,协助形成民众政治意志,促进民众政治参与为目的,由民众组成之团体("人民团体法"第44条)。各团体经主管机关核准立案后,得依法向该管地方法院办理法人登记,并于完成法人登记后30日内,将登记证书影本送主管机关备查("人民团体法"第11条)。

第三项 案例研习及体系构成

一、政党

政党系以共同民主政治理念,协助形成民众政治意志,以促进民众政治参与为目的,并以推荐候选人参加公职人员选举为目的之政治团体,经主管机关核准立案后,得依法向该管地方法院办理法人登记,取得社团法人资格("人民团体法"第11条、第45条)。

二、祭祀公业

"最高法院"1950年台上字第364号判例(不再援用)谓:台湾地区关于祭祀公业之制度,虽有历来不问是否具备社团法人或财团法人之法定要件,均得视为法人之习惯,然此种习惯……其适用应受"民法"第1条规定之限制,仅就法律所未规定者有补充之效力,法人非依"民法"或其他法律之规定不得成立,在"民法"施行前,亦须具有财团及以公益为目的社团之性质,而有独立之财产者,始得视为法人,"民法"第25条及"民法总则施行法"第6条第1项既设有明文规定,自无适用与此相反之习惯,认其祭祀公业为法人之余地。在习惯法上祭祀公业系属派下全体公司共有祀产的总称。原则上,祭祀公业的设立人及其继承人全部,均得为派下,但得依各公业的规约或习惯加以限制。

值得注意的是,2007年制定"祭祀公业条例",目的在于祭祀祖先发扬孝道,延续宗族传统及健全祭祀公业土地地籍管理,促进土地利用,增进公共利益。其立法重点系创设"祭祀公业法人"。祭祀公业具固有法的特色,拥有大批土地,系实务上重要问题,请特别留意。

三、嘉南农田水利会

值得注意的是,2020年7月22日制定公布、2020年10月1日施行之"农田水利法",将农田水利会由公法人改制为公务机关。之所以特别列入说明,旨在凸显台湾地区社会政治变迁。

四、松山农会

"农会法"第8条第1项规定:"乡(镇、市、区)内具有农会会员资格满五十人时,得发起组织基层农会。"农会之发起组织,应报经主管机关许可后,方得召开发起人会议,并确定筹备员,组织筹备会。筹备及成立时,均应报请主管机关派员指导监选("农会法"第9条)。农会应于成立大会后7日内,将章程、会员(代表)名册及理、监事简历册,报请主管机关核发登记证书及图记("农会法"第10条)。"农会法"第2条规定:"农会为法人。"通说解为系属私法人,并为公益法人,因为依"农会法"第1条规定,农会系以保障农民权益,提高农民知识技能,促进农业现代化,增加生产收益,改善农民生活,发展农村经济为宗旨。农会在台湾地区经济社会及政治发展曾发挥重要作用,其功能的转变体现台湾地区的社会变迁。

五、星展银行

银行,指依"银行法"组织登记,经营银行业务之机构("银行法"第2条)。银行为法人,除法律另有规定外,应以股份有限公司组织之("银行法"第52条第1项),并经主管机关("行政院"金融监督管理委员会)许可("银行法"第53条)。由是可知,银行系属营利社团,其设立系采许可主义。星展银行系依"银行法"规定设立的外资银行,体现金融机构的国际化。银行供应市场经济的资金(活水),为健全银行业务、保障产业发展,并使银行信用配合金融政策,"银行法""金融控股公司法"及"金融机构合并法"应受重视,强化金融法的教学研究。

六、北港朝天宫

在台湾地区,不论都市、海滨、山区,寺庙林立。目前依"监督寺庙条例"及"寺庙登记规则"加以管理,但由于寺庙香油钱收入可观,为确保寺庙财产及避免纠纷,特劝导各寺庙依照"民法"规定,设立财团法人。北港朝天宫业已办理财团法人登记,其设立系以宣扬天上圣母(俗称妈祖)懿德,倡行尊圣孝道,兴办公益事业,促进社会福利为目的,并以该宫所有之不动产为基础,以信徒每年捐献收入总额抽取10%作为基金(参阅"财团法人北港朝天宫捐助章程"第1条至第4条)。寺庙是台湾地区民众信仰中心,在社会生活、政治、经济活动中具有一定的功能。

七、工业技术研究院

财团法人由政府全部或一部分出资设立者,为数不少,其主要者有中小企业信用保证基金、中兴工程顾问社、船舶设计中心、台湾地区地理信息中心、信息工业策进会等。此外,尚有工业技术研究院。依"财团法人工业技术研究院捐助章程"第1条规定:"本财团法人定名为'工业技术研究院'(以下简称本院),依……'工业技术研究院设置条例'之规定组织之,其未规定者,适用其他有关法律之规定。"同章程第7条规定:本院由政府捐助新台币100万元为创立基金……又同章程第14条规定,董事长及董事均由"行政院"院长聘任之。之所以由政府出资创设此类法人,旨在活用预算及人事制度,强化其市场功能。

八、太平洋百货公司

太平洋百货公司的全名为"太平洋崇光百货股份有限公司",可知系以营利为目的,依照"公司法"组织成立的社团法人。公司是最常见的法人,系市场经济的主角,与人们日常生活中的衣食住行及娱乐具有密切关系。

九、长庚纪念医院

近年来,经营医院采财团法人方式者日益增多,例如马偕纪念医院、和信医院等。长庚纪念医院亦属之。民营化医疗体系的发达,提升了台湾地区医疗水平。

十、罗慧夫颅颜基金会

资力雄厚之关系企业捐助财产,依"民法"关于财团法人规定设立基金会,举办公益事业,并具节税作用。国际电化制品公司捐助成立之洪建全教育文化基金会,即其著例。又为保护协助独居老人、弱势之人,成立各种基金会。财团法人罗慧夫颅颜基金会系由美籍医疗宣教士罗慧夫医师捐助创会基金,以照顾协助颅颜患者(包括唇腭裂、颜面发育不良、颅颜外伤及颜面肿瘤等)。此类财团法人基金会显示社会关怀的人道精神。

兹将法人成立的准据,图示如下:

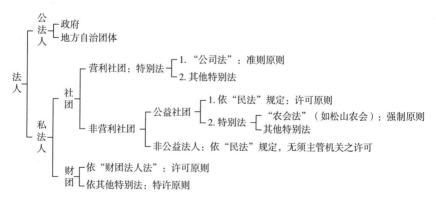

第三款　法人的成立、住所、机关、消灭及监督

请阅读"民法"关于法人成立、住所、机关、消灭等的规定,并用网络寻找某社团法人(如台湾地区法学会)或财团法人(如海峡交流基金会)章程,加以比较分析。

"民法"于法人一节设有通则,规定法人的成立、能力、组织、住所、消灭及监督等,简要说明如下。关于法人的能力及责任则另列专款详为论述。

一、法人的成立

法人的成立,指法人取得权利能力,须先依法律规定而设立(第25条),再经登记(第30条),前已论及,请参照之。

二、法人的住所

法人既为权利主体,应有住所为其法律关系的中心,故"民法"第29条规定:"法人以其主事务所之所在地为住所。"法人的主事务所及分事务所均应登记(第48条、"财团法人法"第12条)。法人住所的法律效果,除其性质专属自然人(如失踪)外,余均同于自然人。

三、法人的机关

法人的机关为法人组织体的构成部分,由自然人充当之,社团应有的机关为董事及社员总会。财团应有的机关为董事,无论社团或财团均得设置监察人。以下先就董事及监察人加以说明,社员总会俟后再行论述。

(一)法人应设董事

法人须设董事,就一切事务对外代表法人,并执行法人的事务(第27条第1项)。故董事为法人必设的代表、执行机关。董事的人数,"民法"并无限制,一人亦无不可,解释上应以自然人为限,是否为社团的社员,法无限制;但特别法有规定依其规定,如政府或法人为股东,得当选为董事,而董事会之董事不得少于三人,不设董事会之董事一人或二人("公司法"第27条、第192条);民间捐助之财团法人应设董事会,董事五人至二十五人,人数应为单数("财团法人法"第39条)。关于董事的任免程序,在社团应于章程内订定(第47条第3款),并依社员总会之决议为之

(第 50 条第 2 项)。在财团,其董事任免多由捐助人以捐助章程选定,捐助人自己亦得为董事;未能依捐助章程选定时,则法院得因主管机关、检察官或利害关系人的声请,为必要之处分(第 62 条)。选任董事系属契约行为,通常由法人对选定之人为要约,俟其承诺,因双方意思表示合致而成立。此种契约类似于委任契约,应准用"民法"关于委任的规定。"公司法"第 192 条第 5 项规定:"公司与董事间之关系,除本法另有规定外,依'民法'关于委任之规定。"可资参照。

(二) 董事的代表权

董事对外代表法人,故董事有代表权,即董事(代表人)所为的行为视为法人(被代表人)的行为。代表除代为法律行为外,并得为事实行为或侵权行为。"民法"第 27 条第 2 项规定:"董事就法人一切事务,对外代表法人。董事有数人者,除章程另有规定外,各董事均得代表法人。"可知董事代表权原则上并无限制,惟例外得依章程或社员总会决议加以限制,如关于一定行为须经社员总会决议,或董事有数人者,须共同代表。此等"对于董事代表权所加之限制,不得对抗善意第三人"(第 27 条第 3 项),以保护交易安全。须注意的是,法人得亦有代理人,如百货公司的店员,其以法人(本人)名义所为法律行为(如买卖),直接归于本人(第 103 条第 1 项)。

(三) 董事执行法人的事务

董事执行法人内部事务,其重要者如:①声请登记(第 48 条第 2 项、"财团法人法"第 12 条第 2 项);②编造财产目录及社员名簿("民法总则施行法"第 8 条);③充当清算人(第 37 条);④召集总会(第 51 条);⑤声请事务所之新设、迁移、变更登记等("非讼事件法"第 85 条)等。法人事务之执行,除章程另有规定外,取决于全体董事过半数之同意(第 27 条第 1 项),应特别注意的是,"民法"第 35 条规定:"法人之财产不能清偿债务时,董事应即向法院声请破产。不为前项声请,致法人之债权人受有损害时,有过失之董事,应负赔偿责任,其有二人以上时,应连带负责。"

(四) 监察人

监察人虽非法人必设的机关,但实际上法人多于章程明定监察人的设置。为期明确,"民法"第 27 条第 4 项规定:"法人得设监察人,监察法人事务之执行。监察人有数人者,除章程另有规定外,各监察人均得单独行使监察权。"

四、法人的消灭

法人的消灭,指法人权利能力的终止,犹如自然人的死亡,惟因其性质特殊,须经解散及清算二种程序。

(一)解散

法人解散,乃消灭法人人格的程序。其解散事由,有为法人所共同者,有为社团或财团所独有者,分述如下:

1. 法人共同的解散事由

①章程或捐助章程所定解散事由发生,如定有存立时期(第48条第1项第9款、"财团法人法"第8条第1项第6款)。②法人受破产宣告者,其事业无从进行,自应解散(第35条)。③撤销许可:法人违反设立许可之条件者,主管机关得撤销其许可(第34条、"财团法人法"第11条)。该撤销无溯及之效力。④宣告解散:法人之目的或其行为,有违反法律、公共秩序或善良风俗者,法院得因主管机关、检察官或利害关系人之请求,宣告解散(第36条)。

2. 社团独有的解散事由

①总会之决议,全体社员三分之二以上之可决解散之(任意解散,第57条)。②社员仅余一人:社团之事务,无从依章程所定进行时,法院得因主管机关、检察官或利害关系人之声请解散之(宣告解散,第58条)。

3. 财团独有的解散事由

因情事变更,致财团之目的不能达到时,主管机关得斟酌捐助人之意思,变更其目的及其必要之组织,或解散之(第65条)。政府捐助之财团法人有下列情形之一者,主管机关得命其解散:①已完成设立目的、无法达成设立时之目的或效益不彰,而无存续之必要;②因情事变更,无存续之必要;③定有存立期间者,其期间届满。

(二)清算

1. 清算的程序及清算人的任务

清算指结束解散法人后的法律关系的程序。担任清算者,称为清算人。法人解散后,其财产之清算,由董事为之,但其章程有特别规定,或总会另有决议者,不在此限(第37条)。不能依"民法"第37条规定,定其清算人时,法院得因主管机关、检察官或利害关系人之声请,或依职权,选任清算人(第38条)。清算人,法院认为有必要时,得解除其任务(第 39 条)。

清算人之职务为:①了结现务。②收取债权,清偿债务。③移交剩余财产于应得者(第 40 条第 1 项)。值得注意的是,"民法"第 40 条第 2 项规定:"法人至清算终结止,在清算之必要范围内,视为存续。"清算之程序,除本通则有规定外,准用股份有限公司清算之规定(第 41 条)。

2. 清算后剩余财产的归属

法人解散后,除法律另有规定外,于清偿债务后,其剩余财产之归属,应依其章程之规定,或总会之决议。但以公益为目的之法人解散时,其剩余财产不得归属于自然人或以营利为目的之团体。如无法律或章程之规定或总会之决议时,其剩余财产归属于法人住所所在地之地方自治团体(第 44 条、"财团法人法"第 33 条)。所谓依法律规定,如无限公司清算后,"公司法"第 91 条规定:"剩余财产之分派,除章程另有订定外,依各股东分派盈余或亏损后净余出资之比例定之。"(并请参阅"公司法"第 330 条)

五、法人的监督

法人的监督,指公权力机关对于法人所施的监察督导。依其监督对象的不同,分为业务监督及清算监督:

1. 业务监督

"民法"第 32 条规定:"受设立许可之法人,其业务属于主管机关监督,主管机关得检查其财产状况及其有无违反许可条件与其他法律之规定。"(参阅"财团法人法"第 27 条第 1 项)所称业务的主管机关,如慈善、宗教法人的主管机关为"内政部",环保财团法人的主管机关为"行政院环保署"等。

"民法"第 33 条规定:"受设立许可法人之董事或监察人,不遵主管机关监督之命令,或妨碍其检查者,得处以五千元以下之罚款。前项董事或监察人违反法令或章程,足以危害公益或法人之利益者,主管机关得请求法院解除其职务,并为其他必要之处置。"(参阅"财团法人法"第 27 条第 2 项至第 5 项)所谓其他必要之处置,如于新任董事或监察人产生之前,或依"非讼事件法"第 65 条规定,法院依声请而选任临时管理人以前,得由主管机关派员暂行管理,或为其他适当之处理。

2. 清算监督

"民法"第 42 条规定:"法人之清算,属于法院监督。法院得随时为监督上必要之检查及处分。法人经主管机关撤销许可或命令解散者,主管机关应同时通知法院。法人经依章程规定或总会决议解散者,董事应于十五日内报告法院。"清算人不遵法院监督命令,或妨碍检查者,得处以5000元以下之罚款。董事违反第42条第3项之规定者亦同(第43条)。关于财团法人受法院之监督的特别规定,参阅"财团法人法"第59条第6项。

第四款 法人的能力及民事责任

一、甲因涉嫌某案被判有期徒刑10个月,其后终获平反,一方面感念司法清明,但一方面亦认为法治建设仍待加强,乃以遗嘱捐赠某栋房屋于"财团法人法治建设基金会"作为会址。甲的继承人乙得否以该基金会系属法人而认遗嘱无效?

二、甲散布不实消息,称乙公司销售的料理调理包使用地沟油制作。乙公司生意锐减,其员工精神痛苦,试问乙公司得对甲主张何种权利?

三、财团法人箴言教会坐落K镇,茂林修竹,享誉甚隆,为修建礼拜堂,须资千万,乃向华南银行K镇分行贷款。平安股份有限公司董事长甲、K镇镇长乙,颇认同基督信仰,与该教会主任牧师素有来往,乃各径以其公司及K镇名义为保证人,均抛弃先诉抗辩权。经查该教会无资力清偿银行贷款。试问:

1. 平安股份有限公司应否代负履行义务?
2. K镇应否代负履行义务?

四、财团法人康泰纪念医院章程明定其目的事业范围为医疗服务及医学研究。该财团董事甲、乙、丙等人,见景气转佳,需求增加,经营房地产有利可图,乃以该财团名义向丁购地,准备兴建高级公寓出售以扩大基金。不料景气未见复苏,地价大跌。问该财团法人有无支付价金的义务?

第一项 法人的权利能力及其限制

一、遗赠、侵权行为的损害赔偿

(一)问题的提出

遗赠系遗嘱人以其遗嘱对受遗赠人,无偿让与财产上利益,自遗嘱人死亡时发生效力(第1199条)。遗嘱所定遗赠,不问其为特定遗赠或包括遗赠,均仅有债权之效力,受赠人非于继承开始时当然取得其所有权或其他物权,仅得向继承人请求交付(动产)或办理移转登记(不动产)。在案例一,财团法人法治建设基金会得否主张此项请求权,端视其是否有受遗赠能力而定,而此须以其享有权利能力为前提。又在案例二,乙公司得否向甲依"民法"第184条第1项前段规定请求损害赔偿,须视其是否系该条所称的"他人",而享有权利能力。

(二)"民法"第26条规定

"民法"第26条规定:"法人于法令限制内,有享受权利负担义务之能力。但专属于自然人之权利义务,不在此限。"由是可知,法人亦享有权利能力,在解释上应认为始于设立登记,终于解散后清算终结登记之日。法人与自然人虽同具人格,但本质究不相同,法律之所以赋予自然人以人格,系基于伦理的要求,其所以赋予法人以人格,则系基于吾人(自然人)的社会生活需要。因此,法人之权利能力之范围,与自然人即有差异,有二种限制,一为法令上之限制;二为性质上之限制。

关于法人之受遗赠能力,现行"民法"未设有限制规定,故其应探讨的,系是否受有性质上之限制。性质上之限制指专属于自然人的权利义务,法人不得享负担。所谓专属于自然人的权利义务,系指以自然人的身体或身份的存在为基础者而言,应说明者有三:

①就财产权而言,除以人之身体劳务为给付之债务外,法人均得享受权利、负担义务。

②就人格权言,生命权、身体权及健康权系以自然人的身体存在为前提,自非法人所得享有,但名誉权、信用权及姓名权等,法人仍得享有。

③就身份权言,以自然人之身份存在为前提,如遗产继承权、亲权、家长权亦非法人所得享有。但监护权及社员权等,法人仍得享有。遗赠系基于身份行为而发生,但系以财产为其内容,并不以自然人之身份存在为前提,故法人亦得享有。

(三)案例研习

在案例一,财团法人法治建设基金会因其成立而享有权利能力,遗赠非专属于自然人的权利义务,法人受遗赠能力不受影响,得向甲的继承人乙请求办理该栋房屋所有权的移转登记。

在案例二,"民法"第184条第1项前段规定所称因故意或过失,不法侵害"他人"之权利,包括自然人及法人,甲系侵害乙公司的名誉权,故乙公司得请求生意锐减的营业损失。关于乙公司就其员工所受精神痛苦,得否以其受有非财产上损害而向甲请求慰抚金,"最高法院"1973年台上字第2806号判例认为:"公司系依法组织之法人,其名誉遭受侵害,无精神上痛苦之可言,登报道歉已足回复其名誉,自无依'民法'第195条第1项规定,请求精神慰藉金之余地。"

二、法人权利能力在法令上之限制

(一)公司的保证责任

保证人于主债务人不履行债务时,应代负履行之责任(第739条),惟此须以当事人有权利能力为必要。在案例三,平安股份有限公司系属法人,享有权利能力,保证系财产法上的行为,性质上并不受限制,故所应检讨的是,有无法令上之限制。

法人的权利能力既为法律所赋予,法律自得加以限制。法人逾越法令限制时无权利能力。在现行法令,对于法人权利能力并无一般性限制规定,仅设有个别限制规定。"公司法"第16条规定:"公司除依其他法律或公司章程规定得为保证者外,不得为任何保证人。公司负责人违反前项规定时,应自负保证责任,如公司受有损害时,亦应负赔偿责任。""司法院"释字第59号解释谓:"依'公司法'第23条规定(作者注:现行法第16条),公司除依其他法律或公司章程规定以保证为业务者外,不得为任何保证人,公司负责人如违反该条规定,以公司名义为人保证,既不能认为公司之行为,对于公司自不发生效力。""财团法人法"第20条规定:"财团法人除依其他法律或捐助章程规定得为保证者外,不得为任何保证人。财团法人不得为公司无限责任股东、有限合伙之普通合伙人或合伙事业之合伙人。违反前二项规定者,为该行为之董事应赔偿财团法人因此所受之损害;董事违反第一项规定时,并应自负保证责任。"

据上所述,可知在案例三,平安股份有限公司董事长甲以该公司名义而为之保证,因逾越法令上之限制,对于公司不生效力,该公司自不负代为履行的责任。倘若甲为财团法人之董事,以财团法人之名义为保证,则由甲自负保证责任。

(二)公法人的保证责任

市或镇系公法人,在私法上亦有权利能力;惟"最高法院"1964年度2

月25日民刑庭总会决议认为：市公所为公法人，依"民法"第26条前段"法人于法令限制内，有享受权利负担义务之能力"之规定，市公所未经市议会之议决，无负担借款之能力，市长所为之借款，亦非执行职务之行为，市公所亦无连带负赔偿责任之可言。故市长在预算公债等法定财源以外向外借款，仅应认为市长之个人行为，市公所不负清偿或赔偿之责任。关于保证，实务上亦采同样见解，认为镇公所未经镇民代表会之决议，无为他人保证之能力，应仅为镇长个人之行为，镇公所不负连带给付之责任（台南高分院暨辖区各地院1972年9月民庭庭长法律座谈会）。准此以言，在例题三，K镇对财团法人箴言教会的银行贷款，不负代为履行的责任。

三、法人权利能力在目的上之限制：财团法人医院经营房地产买卖

在案例四，丁得向财团法人康泰纪念医院请求支付价金的法律基础为"民法"第367条，惟此须以该财团法人具有权利能力为基本要件。

财团法人享有权利能力，自得购买土地而取得财产权，现行法令并无关于财团法人购地之限制。惟康泰纪念医院的章程明定其目的事业范围，而购地兴建公寓出售，不在其内。问题的关键在于法人之权利能力除法令及性质上两种限制外，是否尚因目的而受限制？

"民法"对此未设明文，学者争论甚烈，采肯定说者，强调法律所以赋予社团或财团以法人资格，乃鉴于其为社会的实体，实际上所具有的社会价值，而此应视其独立执行之目的事业及所担当之社会作用，予以估定，故法人的权利能力应因其目的而受限制。① 此说确有依据，固不待言。惟多数学者认为，"民法"既未设有限制明文，并为维护交易安全，宜采否定说，认为不因其目的而受限制。然财团法人办理业务应符合设立目的，倘若董事或监察人于执行职务范围内，违反捐助章程所定设立目的，将受罚款之处罚，主管机关得解除其职务；财团法人管理、运作方式与设立目的不符，主管机关得纠正、命其改善，届期不改善者得废止其许可（参阅"财团法人法"第18条、第29条、第30条）。② 准此以言，在案例

---

① 参阅洪逊欣：《中国民法总则》，第156页。
② 参阅史尚宽：《民法总论》，第136页；施启扬：《民法总则》，第177页。德国通说亦采相同见解，参阅 Wolf/Neuner, AT, S. 150 f., 175; K. Schmidt, Ultra-vires-Doktrin: tot oder Lebendig?, AcP 184 (1984), 529。

四,财团法人康泰纪念医院之权利能力不因其章程所定事业目的而受限制,仍得因其机关与丁所订之买卖契约,而享受权利,负担义务,故应对丁支付约定的价金。①

第二项　法人的行为能力、董事代表权及其限制

甲社团法人,社员甚众,颇具资产,共有董事 A、B、C、D 等七人,因发现若干董事有滥用职权情事,乃修改章程明定仅 A、B 及 C 三人有代表权,迄未办理变更登记。又依社员总会决议,不动产买卖应由有代表权的董事共同为之。某次董事会决定兴建会馆,即由 A、B 及 C 三人与地主乙洽谈,因 A 与 B、C 意见不同,久未成交,乙有将该地出售他人之意,无法代表的 D 董事知其事,认为该地点适中,价钱尚称合理,机不可失,即与 A 董事共同以甲社团法人名义与乙订立买卖契约,乙不知上开章程规定及总会决议。试问乙得否向甲社团法人请求支付价金?

在上揭案例,乙得向甲社团法人请求支付价金的规范基础为"民法"第 367 条,此须买卖契约成立及有效。

乙系自然人,有权利能力及行为能力,得独立自为法律行为而享受权利负担义务。甲社团法人享受权利能力,"民法"第 26 条设有明文。法人有无行为能力,"民法"虽无明文,然既为权利主体,为从事法人的目的事业之必要,应有行为能力,乃属当然,而由法人的机关(尤其是董事)代为法律行为(第 27 条)。A 及 D 系甲社团法人的董事,以该法人名义与乙订立买卖契约,关于标的物及价金互相同意,买卖契约因而成立,是否有效,则须视 A 及 D 是否有代表权而定。

关于董事的代表权限,"民法"第 27 条设有二项规定。①第 2 项规定:"董事就法人一切事务,对外代表法人。董事有数人者,除章程另有规定外,各董事均得代表法人。"本项前段旨在明示董事有对外代表法人之权,因董事为法人手足的延伸,董事与法人间为一个人格关系,董事之行为,无论其为法律行为、准法律行为、事实行为、诉讼行为,均为法人之行

---

① 惟应注意的是,关于公法人,则有逾越权限原则(ultra-vires-Lehre)的适用,故机关逾越该法人之目的及权限而从事之法律行为,应属无效。此为德国判例学说一致的见解,BGHZ 20,119 可资参考。

为。本项后段规定系"民法"总则编修正时所增加,一方面强调董事有数人者,原则上各董事均得对外代表法人(单独代表原则),以维护交易安全;另一方面表示得以章程订立对外有代表权之董事(一人或数人),章程定有代表法人的董事时,应予登记(第48条第1项第8款、第61条第1项第7款)。②第3项规定:"对于董事代表权所加之限制,不得对抗善意第三人。"此项对董事代表权之限制,得依章程或社员总会之决议为之,如董事有数人者,对外须共同代表,关于一定行为须经总会决议。① 须注意的是,代表与代理固不相同,惟关于法人机关的代表行为得类推适用关于代理的规定。②

问题在于章程另有规定有代表权之董事,与对于董事代表权之限制,究竟有何不同?关于此点,"民法"第27条修正理由作有如下说明:"现行法本条第3项指对于董事代表权之部分限制,而依修正后第2项规定,章程另有规定有代表权之董事时,则将全部剥夺其他董事对外之代表权,故二者有所不同。第2项之规定,不能适用第3项不得对抗善意第三人之规定,且与本条第3项有关之第48条第1项第8款、第61条第1项第7款,应先后呼应,故均改为:'定有代表法人之董事者,其姓名。'以资适应事实之需要。"由是可知,其不同之点有二:

①依第27条第2项规定,法人依章程订定对外有代表权之董事时,其他董事之对外代表权全被剥夺,不得对外代表法人。此项以章程订定对外有代表权之董事,系属应登记事项,非经登记者,不得对抗第三人(参阅第31条)。

②第27条第3项所谓对董事代表权之限制,系指部分限制而言,除

---

① 关于"民法"第27条规定对非法人团体之社团的类推适用,参阅"最高法院"2003年台抗字第141号裁定:"按依'医师法'第33条、第39条规定,医师公会系由会员所组成之团体,为非法人团体之社团。依其性质应类推适用'民法'总则第二章第二节法人之规定。而依'民法'第27条第2项规定,董事就法人一切事务,对外代表法人。且依抗告人公会章程第23条规定,理事长之职权为:一、代表本会;二、综理一切会务,对于理事长之职权并未有所限制,故抗告人公会理事长应为抗告人对外之唯一代表机关。况依'民法'第27条第3项规定,对于董事代表权所加之限制,不得对抗善意第三人,从而抗告人公会之理事长自有代表抗告人撤回上诉之权限。纵其撤回上诉之权限受有限制,亦不得对抗法院,仍生撤回上诉之效果。"

② 董事无代表权,其代表法人所为之法律行为,其效力如何,"最高法院"1985年台上字第2014号判例:"代表与代理固不相同,惟关于公司机关之代表行为,解释上,应类推适用关于代理之规定,故无代表权人代表公司所为之法律行为,若经公司承认,即对于公司发生效力(参照'民法'第170条第1项规定)。"可供参考。

章程外,得以总会决议定之,非属应登记事项,其限制能否对抗第三人,以该第三人是否善意而定。

在前揭案例,甲社团法人的章程对代表法人的董事,原未另设规定,故A、B、C、D等七位董事,均得单独代表法人。其后修改章程,明定A、B及C三位董事对外有代表权,则D及其他董事代表权完全被剥夺,不得对外代表法人。惟章程定有代表法人之董事者,系属应登记事项,今甲社团法人有应登记事项而未登记,不得以其事项对抗第三人(第31条)。故乙得主张D董事之代表权,未经剥夺,对外仍得代表甲社团法人。

至于甲社团法人总会决议,不动产买卖须由有代表权之董事共同为之,系属对A、B及C三位董事代表权所加之限制,不必记载于章程,非属应登记事项,不得对抗善意第三人,故乙得主张A董事代表权未受限制,对外仍得完全代表甲社团法人。①

据上所述,甲社团法人的董事A及D以法人名义与乙订立土地买卖契约,A董事之代表权虽依总会决议受有限制,D董事之代表权虽经章程明定有代表权之董事而被剥夺,但未经登记,均不得对抗善意第三人,故甲社团法人与乙间的买卖契约有效成立,乙得向甲社团法人依"民法"第367条规定请求支付约定的价金。

第三项　法人的契约责任及侵权责任

一、甲财团法人基金会有A旧车,由其董事乙出售于丙,因疏于交易上必要注意,未发现该车之刹车机件之严重缺陷,致丙驾车发生车祸,身受重伤。试问丙得向甲及乙主张何种权利?

二、甲游览公司举办草岭中秋赏月三天的旅游,乙报名参加。回程途中,因司机丙驾驶不慎,翻落深谷,乙身受重伤。试问乙得向甲及丙主张何种权利?

三、在前揭案例,乙得否以甲游览公司对司机管理组织具有过失,对车辆亦疏于定期安全检查,因而造成车祸,甲游览公司本身具

---

① 参照"最高法院"1960年台上字第2434号判例:"董事(合作社之理事相当于'民法'及'公司法'之董事)就法人之一切事务对外代表法人,对于董事代表权所加之限制,不得对抗善意第三人,为'民法'第27条所明定,'合作社法'既未认合作社有特殊理由,不许理事有对外代表之权,则理事之代表权仍应解为与其他法人相同,不受任何之限制,且理事代表合作社签名,以载明为合作社代表之旨而签名为已足,加盖合作社之图记并非其要件。"

有侵权行为,应依"民法"第184条第1项前段规定负损害赔偿责任?

四、"民法"第28条规定得否类推适用于合伙?

第一目 法人的契约责任

一、不完全给付

在案例一,丙得否向甲财团法人基金会依"民法"关于不完全给付债务不履行规定(第227条、第227条之1)请求其所受损害的赔偿,视有无可归责于债务人甲财团法人基金会之事由而定。乙董事疏于交易上必要注意,未发现该车机件之严重缺陷,为有过失。董事系法人之机关,乙董事未发现该车机件瑕疵的过失即为法人的过失,故甲财团法人基金会具有可归责之事由,就买卖标的物瑕疵对买受人丙所致损害,应负损害赔偿责任,买受人丙身体健康遭受侵害得依"民法"第227条之1准用第193条及第195条规定,向甲财团法人基金会请求损害赔偿(包括非财产上损害的金钱赔偿)。

二、出卖人的物之瑕疵担保责任

法人享有权利能力及行为能力,由其机关代为法律行为,包括订立契约,法人应就其债务不履行负责。在案例一,乙系甲财团法人基金会的董事,对外代表甲财团法人基金会(第27条第2项),乙与丙订立出卖旧车的行为,系甲财团法人基金会的行为,故甲财团法人基金会与丙之间成立买卖契约(第345条)。汽车的刹车机件具有严重缺陷,减少买卖标的物之价值及通常之效用,出卖人甲财团法人基金会应负瑕疵担保之责,买受人丙得解除契约或请求减少其价金(第354条、第359条)。

第二目 法人的侵权责任

一、"民法"第28条规定:法人的侵权能力

"民法"第28条规定:"法人对于其董事或其他有代表权之人因执行职务所加于他人之损害,与该行为人连带负赔偿之责任。"乃在肯定法人的侵权能力,即法人的代表于其代表权限内代表法人之行为之侵权行

为,应认系法人所为,非在于规定法人债务不履行责任。①

二、解释适用

在前揭案例一,丙得对甲财团法人基金会请求侵权行为损害赔偿的规范基础为"民法"第28条,其须具备的要件有三:

①乙系甲财团法人基金会的董事或其他有代表权之人。
②乙系因执行职务。
③乙的行为具备一般侵权行为的要件。

(一)法人的董事

法人对于某人的行为所加于他人的损害,之所以应自负责任,乃因该人的行为就是法人自己行为之故,因此"民法"第28条规定,法人侵权行为的成立,须以董事或其他有代表权之人之行为为要件。所称其他有代表权之人,指法人之清算人(第37条、第38条)、公司之重整人("公司法"第290条),以及代表法人的监察人(第51条第1项)而言。

(二)因执行职务的行为

董事或其他有代表权人对他人之行为,须因执行职务所为,法人始负责任,包括因积极执行职务的行为及怠于执行依法律规定所应执行该职务的行为。凡执行行为与职务外观或内部具牵连关系的行为,均属因执行职务之行为②,但不包括董事或有代表权人因个人犯罪而侵害他人权利的情形。

兹举实务上的重要案例如下:

①公司董事长以公司之名义,借词公司业务发达,获利甚厚,诱人加入股金后,将款额登载公司账簿,留为其公司内周转资金之用,对入股之事置之不理("最高法院"1953年台上字第369号、1953年台上字第1119号、1954年台上字第211号判决)。

---

① "最高法院"2002年台上字第1009号判决:"'民法'第28条系就法人对于其董事或其他有代表权之人因执行职务所加于他人之损害,加于法人连带负赔偿责任,非规定董事或有代表权之人对于法人所负债务不履行损害赔偿责任,应连带负责。"
② "最高法院"2015年台上字第1968号判决:"按'民法'第28条规定,法人对于其董事或其他有代表权之人因执行职务所加于他人之损害,与该行为人连带负赔偿之责任。该所谓'其他有代表权之人',系指'民法'第188条以外具有法人代表权之人而言(1982年'民法'第28条修正立法理由参照)。至所谓'执行职务',除执行职务(业务)本身之行为外,在外观及社会观念上与执行职务(业务)有相当牵连关系之行为,亦属之。"

②兼公司董事之股东,因逃避债务之强制执行,假借让与股权为名,利用公司董事身份,于股东名簿上为让与股权之登载,致债权无法求偿("最高法院"1970年台上字第3899号判决)。

③公司之代表明知物非公司所有,却代表公司对物之借用人声请假处分,其后又与物之所有人(贷与人)为所有权争讼,致所有人因此受有损害("最高法院"1980年台上字第342号判决)。

④公司董事未为其职员加入劳工保险,致该职员在外执行职务被杀伤死亡,不能依"劳工保险条例"受领丧葬费及遗族津贴等("最高法院"1975年台上字第2236号判决)。①

在案例一,乙董事将法人所有之汽车出卖于丙,并交付之,系属执行职务之行为。至于董事个人之犯罪行为,如乙董事交付汽车之际,偷窃丙的财物,或将其获悉的秘密泄露于第三人,则与执行职务无关("最高法院"1959年台上字第1501号判例)。

(三)具备侵权行为的要件

乙董事疏于注意,未告知丙关于所交付汽车刹车机件之严重缺陷,致丙发生车祸,身负重伤,系因过失不法侵害其人格权,具备"民法"第184条第1项前段所定要件。

综据上述,甲财团法人基金会就其董事乙因执行职务所加于丙之损害,应与乙董事连带负赔偿责任。②

三、消灭时效

"最高法院"2018年台上字第1498号判决谓:"若公司负责人执行公司业务,违反法令致他人受有损害,公司依'民法'第28条规定应负侵权行为损害赔偿责任者,既应适用'民法'第197条第1项2年时效之规定,受害人并依'公司法'第23条第2项规定请求公司负责人与公司连带赔偿时,因责任发生之原因事实乃侵权行为性质,且'公司法'就此损害

---

① 参阅王泽鉴:《雇主未为受雇人办理加入劳工保险之民事责任》,载王泽鉴:《民法学说与判例研究》(第二册),北京大学出版社2009年版,第167页。

② 关于法人对董事的求偿权,"最高法院"1999年台上字第2287号判决:"农会总干事系由理事会聘任,并秉承理事会决议执行任务,此观'农会法'第25条第1项及第31条规定自明。依'民法'第535条、第544条第1项之规定,应以善良管理人之注意处理委任事务,农会总干事处理委任事务有过失,致使农会受有损害,对于农会应负赔偿之责。"

赔偿请求权并无时效期间之特别规定,而'民法'第197条第1项侵权行为损害赔偿请求权消灭时效2年之规定,复无违商事法之性质,自仍有该项规定之适用。"

四、"民法"第28条规定的类推适用:一般化的法律原则

(一)无权利能力社团的侵权行为能力

"最高法院"2014年台上字第115号判决谓:"非法人之团体虽无权利能力,然日常用其团体之名义为交易者比比皆是,'民事诉讼法'第40条第3项为应此实际上之需要,特规定此等团体设有代表人或管理人者,亦有当事人能力。所谓有当事人能力,自系指其于民事诉讼得为确定私权之请求人,及其相对人而言。是非法人之团体因上开相同情事侵害他人权利时,除法律明文排除外,自应认其有侵权行为能力,庶免权利义务失衡。原审复认怀生重划会为非法人之团体,乃未究明上开事项,径谓其无侵权行为能力,而为判决,亦有未合。"就方法论言,此乃"民法"第28条规定对非法人团体的类推适用。

(二)合伙的侵权行为能力

"最高法院"2012年台上字第1695号判决谓:"合伙人因经营共同事业,须有合伙代表、一定之组织、财产及活动管理机制,故于契约之外,亦同时表现团体之性质,与法人之本质并无轩轾。是以,合伙人若因执行合伙事务,侵害他人权利而成立侵权行为者,与法人之有代表权人,因执行职务加损害于他人之情形相类,其所生之法效应等量齐观,被害人自可类推适用'民法'第28条之规定,请求合伙与该合伙人连带负赔偿责任。本件正风事务所乃合伙组织,朱○容等二人为该事务所合伙人,既为原审认定之事实,则朱○容等二人如因执行合伙事务,侵害第一、二上诉人之权利而成立侵权行为时,依上说明,第一、二上诉人即非不得类推适用'民法'第28条之规定,请求正风事务所与朱○容等二人负连带责任。"

(三)分析说明

"民法"第28条关于法人侵权行为规定得类推适用于无权利社团系通说见解。"最高法院"2012年台上字第1695号判决,更进一步将"民法"第28条规定的规范意旨予以一般化,类推适用于合伙,系一项具有重要意义的法律发展。

德国联邦最高法院(BGHZ 45, 311)曾否定《德国民法典》第31条规定的机关责任(Organhaftung,相当于"民法"第28条)得类推适用于合伙(BGB-Gesellschaft),其理由系合伙的团体组织性不足(zu wenig körperschaftlich organisiert)。① 此项观点,甚受学说批评。通说强调《德国民法典》第31条机关责任之得适用于合伙的主要理由,不尽是其组织体的结构,而是合伙财产共同共有原则所表现的法律自主性,及经由其执行合伙事务所体现的代表性,德国联邦最高法院受学说影响已改采肯定见解(BGH NTW 2003, 1445)。

在前揭2012年台上字第1695号判决,"最高法院"基本上亦同此见解,应值肯定。例如甲、乙、丙三人出资合伙经营最佳牛肉面馆,甲负责煮面,因食物不洁,致顾客丁中毒,应类推适用"民法"第28条规定由合伙(最佳牛肉面馆)及甲对丁所受损害连带负损害赔偿责任。

第三目 法人对其受雇人行为应负的民事责任

一、契约责任

在案例二,乙得否依"民法"关于不完全给付债务不履行规定(第227条、第227条之1),向甲游览公司请求损害赔偿?

乙参加甲游览公司举办的草岭赏月旅行,当事人间成立旅游契约(第514条之1以下),甲游览公司负有完成一定工作的义务,并应尽交易上注意义务以维护乙的安全。回程途中因丙司机驾车不慎,翻落深谷,乙身体健康受有损害,问题在于甲游览公司有无可归责之事由。

按司机不具代表权,非属法人之机关,故丙司机之过失非属甲游览公司之过失。惟依"民法"第224条规定:"债务人之代理人或使用人,关于债之履行有故意或过失时,债务人应与自己之故意或过失负同一责任。但当事人另有订定者,不在此限。"丙司机系甲游览公司的使用人,关于债之履行有过失,甲游览公司亦应负同一责任,有可归责之事由。

故乙得向甲游览公司依"民法"第227条及第227条之1关于不完全给付债务不履行规定请求损害赔偿。

---

① Vgl. Brox/Walker, AT, S. 318; Köhler, AT, S. 288; Wolf/Neuner, AT, S. 178, MüchKomm/Ulmer § 705 Rn. 215-219.

二、侵权责任

司机非游览公司的机关,故乙不得依"民法"第 28 条规定向甲游览公司请求损害赔偿,应适用"民法"第 188 条规定。丙受雇于甲游览公司担任司机,系甲游览公司之受雇人。于举办草岭赏月旅行回程途中,驾车不慎,翻落深谷,致乙受伤,系于执行职务之际,因过失不法侵害乙之身体健康,具备"民法"第 184 条第 1 项前段侵权行为的要件,故甲游览公司应与丙司机连带负损害赔偿责任(第 188 条第 1 项)。惟倘甲游览公司能证明选任受雇人及监督其职务之执行,已尽相当注意或纵加以相当注意而仍不免发生损害者,不负赔偿责任(第 188 条第 1 项但书)。在此情形,法院因被害人之声请,得斟酌雇用人与被害人之经济状况,令雇用人为全部或一部之赔偿(第 188 条第 2 项)。雇用人赔偿损害时,对于为侵权之受雇人,有求偿权(第 188 条第 3 项)。

第四目 法人自己侵权行为
——一个法之续造的重大发展

一、"最高法院"2019 年台上字第 2035 号判决

据前所述,法人应依"民法"第 28 条就董事或其他有代表权之人因执行职务所为的侵权行为,及雇用人因执行职务所为的侵权行为,负损害赔偿责任。在此规范体系下,法人本身不就其侵权行为负侵权责任,此为传统见解。值得提出的是,"最高法院"2019 年台上字第 2035 号判决改变此项见解,认为法人应依"民法"第 184 条规定负侵权责任。"民法"第 184 条侵权行为的主体(加害人),除自然人外,亦包括法人在内,此为侵权责任的重大突破与发展,特摘录 2019 年台上字第 2035 号判决要旨如下,再作分析说明:"法人依'民法'第 26 至 28 条规定,为权利之主体,有享受权利之能力;为从事目的事业之必要,有行为能力,亦有责任能力。又依同法第 28 条、第 188 条规定,法人侵权行为损害赔偿责任之成立,系于其董事或其他有代表权人,因执行职务所加于他人之损害,或其受雇人因执行职务,不法侵害他人之权利时,始与各该行为人连带负赔偿之责任。惟'民法'关于侵权行为,于第 184 条定有一般性规定,依该条规定文义及立法说明,并未限于自然人始有适用;而法人,系以社员之结合或独

立财产为中心之组织团体,基于其目的,以组织从事活动,自得统合其构成员之意思与活动,为其自己之团体意思及行为。再者,现代社会工商兴盛,科技发达,法人企业不乏经营规模庞大,构成员众多,组织复杂,分工精细,且利用科技机器设备处理营运业务之情形,特定侵害结果之发生,常系综合诸多行为与机器设备共同作用之结果,并非特定自然人之单一行为所得致生,倘法人之侵权行为责任,均须借由其代表机关或受雇人之侵权行为始得成立,不仅使其代表人或受雇人承担甚重之对外责任,亦使被害人于请求赔偿时,须特定、指明并证明该法人企业组织内部之加害人及其行为内容,并承担特殊事故(如公害、职灾、医疗事件等)无法确知加害人及其归责事由之风险,于法人之代表人、受雇人之行为,不符'民法'第28条、第188条规定要件时,纵该法人于损害之发生有其他归责事由,仍得脱免赔偿责任,于被害人之保护,殊属不周。法人既借由其组织活动,追求并获取利益,复具分散风险之能力,自应自己负担其组织活动所生之损害赔偿责任,认其有适用'民法'第184条规定,负自己之侵权行为责任,俾符公平。原审就此持相异见解,遽认法人无'民法'第184条规定之适用,尚有未合。上诉论旨,指摘原判决此部分违背法令,求予废弃,非无理由。"

二、分析说明

(一)法人侵权责任的重大发展

①"最高法院"2019年台上字第2035号判决统一法律见解,创设"民法"第184条法人自己侵权行为责任,旨在因应法人社会经济活动,合理分配责任风险,强化保护被害人,符合现代法人侵权责任的发展趋势,从事法人侵权责任法的续造,基本上应予肯定。[①] 惟其理由构成及论证内容,尚有深化余地。

②法人自己侵权行为责任的创设不在于免除法人之代表人、受雇人的对外责任。此项侵权责任的创设,不仅是因为难以认定代表人或受雇人,也不仅是因为不符合"民法"第28条、第188条的要件,而是要积极建构一个独立的法律原则,除法人外,并得类推适用于无权利能力社团或合伙。

[①] 参阅陈聪富:《法人团体之侵权责任》,载《台大法学论丛》2011年第40卷第4期,第2110—2113页。

③"民法"第184条法人自己侵权行为责任,得与"民法"第28条、第188条发生竞合。主张何者较为有利,视案例类型及如何证明其构成要件(尤其是法人的过失,代表人或受雇人的过失)而定。值得附带说明的是,在德国大学教育,从大一开始的案例研习,要求必须检查所有可能的请求权基础而解题,不能任意选择其一作答,此系法律人基本能力的基础训练,并为律师、法官的思维方法,在台湾地区法学教育应有加强的必要。"最高法院"2019年台上字第2035号判决的案例事实得否适用"民法"第28条、第188条,尤其是第184条,系"最高法院"及原审应详为审究的问题。

④关键的问题在于明确法人自己侵权行为责任的基础构造及要件,尤其是阐释"最高法院"2019年台上字第2035号判决所谓归责事由的风险或其他归责事由。

(二)"民法"第184条法人自己侵权行为责任的建构

1. 请求权基础

"民法"第184条对法人自己侵权行为责任的适用,包括第1项前段、后段、第2项。关于"民法"第184条第1项前段的请求权基础,其要件为:①构成要件:包括法人的侵害行为(作为、不作为)、侵害他人权利、因果关系;②违法性;③有责性(故意或过失)。

兹就以下三个核心问题,作简要说明:

①法人的侵害行为。

②法人的组织过失。

③往来交易安全义务与组织义务,此涉及"最高法院"所谓法人侵权行为责任的其他归责事由,系法人自己侵权行为责任的理论基础。

2. 法人的侵害行为

关于法人的侵害行为(包括作为与不作为),"最高法院"判决谓:"现代社会工商兴盛,科技发达,法人企业不乏经营规模庞大,构成员众多,组织复杂,分工精细,且利用科技机器设备处理营运业务之情形,特定侵害结果之发生,常系统合诸多行为与机器设备共同作用之结果,并非特定自然人之单一行为所得致生。"应说明的是,侵害行为非属统合诸多行为与机器设备共同作用者,亦属常见,如引发本件判决统一见解的案例事实。法人的侵害行为多涉及间接侵害行为及不作为,兹就法人侵害行为,举例如下:

①银行错误声请法院查封拍卖他人土地。
②证券公司(代表权人或受雇人)盗卖顾客股票。
③百货公司未清除电扶梯油渍,致顾客掉落受伤。
④企业工厂排放有毒废水、污染他人土地。
⑤医院未尽安全管理义务致发生院内感染,泄露病人隐私或病历被盗等。①

3. 法人的过失:法人违反组织义务

法人自己侵权行为责任的成立,须有过失,此为关键问题,"最高法院"所谓"其他归责事由",应系指法人的过失而言。此之所谓法人的过失,基本上指组织过失(Organisationsverschulden),即违反组织义务而发生所谓组织缺陷(Organisationsmangel)。②

"最高法院"2019年台上字第2035号判决理由多次提及法人的组织活动,但未作进一步的论证。组织活动体现于组织义务,组织义务的内容包括人员的配置(人员的人数及专门能力)、物的设置、维护及更新及防止事故发生的安全管理机制的建立(制定规则、监视体系、信息传达等)。

被害人原则上应对法人的组织过失负举证责任,在审理具体案件时,法院应合理适用举证责任分配的规定。须说明的是,被害人对法人组织过失的举证,其困难并不亚于对法人的代表人或受雇人侵权行为的举证,德日实务基本上多仍适用关于法人侵权能力及雇用人责任的规定。

4. 往来交易安全义务与法人自己侵权行为责任③

法人自己侵权行为责任系建立在往来交易安全义务及组织义务之上,"最高法院"未作说明,此为核心问题,应有补充必要。

往来交易安全义务,系指个人、企业(尤其是法人)从事各种社会经济活动,应防范其所开启或持续的危险。其功能在于避免不因作为或不作为(如开挖道路未采安全措施)或间接侵害(如制造有毒食品流入市

---

① 此为法人自己侵权行为责任的重要课题,参阅侯英泠:《从"往来义务"建构医疗机构之组织义务》,载《台大法学论丛》2012年第41卷第1期,第329页。
② 关于法人组织义务的基本构造,前引侯英泠《从"往来义务"建构医疗机构之组织义务》一文,提出了医院往来义务(组织义务)的四个重点:①安全管理义务;②病人照顾组织义务;③周延(医师与非医事人事)组织义务;④完整病历记载义务及保存与保密义务,及其在实务上具体案例的适用,甚具参考价值,希望能受实务的重视。
③ 参阅王泽鉴:《侵权行为》(第三版),北京大学出版社2016年版,第316页以下;王泽鉴:《民法思维》,北京大学出版社2022年重排版,第471页,案例〔58〕。

面)而侵害他人权利,具有社会安全保障注意义务的性质。之所以要就"民法"第 184 条第 1 项前段建立往来交易安全义务的一般原则,使开启或持续一定危险源之人,负有防范义务,其主要规范目的在于扩张不作为的侵权责任,并用于判断间接侵害的违法性,以认定何人应就其不作为或间接侵害负侵权责任。其应采取防范危险的措施,须斟酌危险的性质、严重性、对义务人的期待可能性、行为效益、防范费用、被害人的信赖、自我保护可能性,以及法令规章等因素,就个案加以认定。就危险的防范,法人负有组织义务,就其因过失违反组织义务致侵害他人权利,应依"民法"第 184 条第 1 项前段规定负损害赔偿责任。

  在台湾地区往来交易安全义务及法人组织义务的发展上,值得特别提出的是"最高法院"2017 年台上字第 1148 号判决。在本件判决,富邦银行在莱尔富公司所属门市板丰店门前之公用电话上之墙壁上装设招牌,莱尔富公司与富邦银行缔结之自动化设备建置与营运合作契约第 4 条约定,莱尔富公司与富邦银行缔约,在其门市据点提供富邦银行设置自动化设备,及户外招牌设置地点,其自动化设备及招牌之所有权归属富邦银行所有,并由富邦银行负责管理及维护。莱尔富公司对于富邦银行所设置之 ATM 招牌,并无管理或维护之责,仅于发现自动化设备及招牌有故障之情形时,负有通知富邦银行到场进行排障之义务。杨○爱于拨打公用电话时,遭放置在该公用电话上之系争招牌掉落砸伤,向莱尔富公司请求赔偿。原审法院认为本件核与"消费者保护法"所课企业经营者就其服务所生之责任无关。杨○爱在莱尔富公司门市板丰店门前拨打公用电话,遭系争招牌掉落砸伤,难谓莱尔富公司提供之服务不具有合理期待之安全性,应负"消费者保护法"第 7 条之企业经营者赔偿责任。富邦银行本应至现场维修该招牌,却怠于维修并回复原状,致杨○爱遭该招牌砸伤,则富邦银行自应依"民法"第 191 条第 1 项前段规定,对杨○爱因此所受之损害,负赔偿责任。

  "最高法院"谓:"按侵权行为之成立,须有加害行为,所谓加害行为包括作为与不作为,其以不作为侵害他人之权益而成立侵权行为者,以作为义务之存在为前提。此在毫无关系之当事人(陌生人)间,原则上固无防范损害发生之作为义务,惟如基于法令之规定,或依当事人契约之约定、服务关系(从事一定营业或专门职业之人)、自己危险之前行为、公序良俗而有该作为义务者,亦可成立不作为之侵权行为。经营商店者,既开启往来交易,引起正当信赖,基于侵权行为法旨在防范危险之原则,对于其管领能力范围内之营业场所及周遭场地之相关设施,自负有维护、管理,避免危险发生之社会活动安全注意义务。于设施损坏时,可预期发生危险,除应尽速(通知)修复,于修复前,并应采取适当措施(或固定、或隔离,至少应设置警告标示),以降低或避免危险发生之可能性,其未为此应尽之义务,即有过失。"

"最高法院"的判决具创设性,深值肯定,其往来交易安全义务及组织义务的理论亦得适用于"民法"第184条法人自己侵权行为责任。兹建构"民法"第184条第1项前段法人自己侵权行为责任的基本法律构造,作为处理法人侵权行为的思考模式:

法人自己侵权行为责任:请求权基础:"民法"第184条第1项前段
(一)构成要件
  1. 法人行为:不作为、间接侵害
   (1) 往来交易安全义务
   (2) 内容:适时采取必要防范措施 组织义务
   (3) 义务人: 法人
  2. 侵害他人权利
  3. 因果关系(责任成立)
(二)违法性:符合构成要件而具违法性
(三)有责性(故意、过失):未尽善良管理人注意 违反组织义务

第五目 案例比较与体系构成

甲财团法人基金会系财团法人(案例一),甲游览公司系社团(营利)法人(案例二),关于其契约责任、侵权责任及法人自己侵权责任,均应适用"民法"规定,分三点加以说明:

①契约责任:董事的故意或过失,即为法人之故意或过失。反之,不具机关地位之受雇人的故意、过失,法人应与自己之故意或过失负同一责任(第224条)。

②侵权责任:行为人系董事或其他有代表权之人时,法人系就自己行为负责(第28条),无主张其于选任董事及监督其职务之执行已尽相当

注意,得不负责任之余地。① 法人赔偿损害后,得依关于委任之规定向董事或其他有代表权人求偿。行为人系不具机关地位之受雇人时,法人系就他人行为负责(第188条第1项),法人得举证免责(第188条第1项但书),法人(雇用人)于赔偿损害后,对行为人有求偿权(第188条第3项)。

③法人自己侵权责任:法人本身应就其侵权行为依"民法"第184条规定负损害赔偿责任。

兹将私法人的契约责任、侵权责任及法人自己侵权责任的法律基础、性质与要件,图示如下:

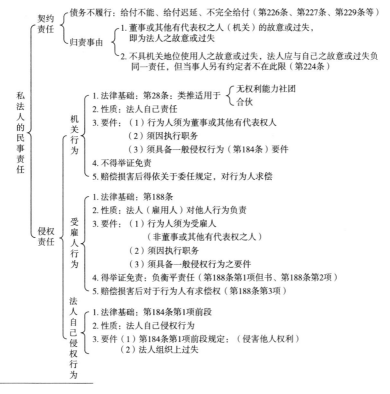

---

① 关于"民法"第28条的适用,尚须注意的,"最高法院"1973年台上字第2号判例谓:"'民法'第28条所谓法人对于董事或职员,因执行职务所加于他人之损害,与该行为人连带负赔偿之责任,系专以保护私权为目的。换言之,权利之为侵权行为之客体者,为一切之私权,政府……征税,乃本于行政之作用,属于公权范围,纳税义务人纵有违反税法逃漏税款,致政府受有损害,自亦不成立'民法'上之侵权行为,无由本于侵权行为规定,对之有所请求。'公司法'第23条所谓公司负责人,对于公司业务之执行,如有违反法令致他人受损害时,对他人应与公司连带负赔偿责任云云,仍以违反法令致他人私权受有损害,为责任发生要件,若公权受有损害,则不得以此为请求赔偿之依据。"

第五款　社团法人

第一项　结社自由与社团自治

社团法人(简称社团),乃人的组织体而享有人格者,关于其成立、能力、机关(董事)及消灭等问题,前已详论。兹须提出的是,民众有结社自由,"宪法"第 14 条设有明文,就社团言,乃指设立社团自由及加入社团自由,此系就其积极面言。就消极面言,则有不设立社团及退出社团的自由。结社自由的重要内容,尚包括所谓的社团自治,即得基于章程,及经社团总会决议而规制社团内部事项,故社团又称为自律法人。社团设立自由应受类型强制的拘束,前已述及,兹再强调。① 以下分就社团的设立、章程、总会、社员地位等相关问题加以说明。

第二项　社团的设立及设立中的社团

第一目　社团的设立

甲、乙、丙、丁发起设立社团。主管机关发现设立人甲仅 17 岁,乙为受监护宣告人时,应否核准设立？于登记后,丙主张撤销其受诈欺而参与该社团设立的意思表示时,其法律效果如何？

一、社团设立行为的法律性质

社团成立前须先设立,设立人究须几人,其他法律设有规定时,应依其规定(参阅"公司法"第 2 条第 1 项、"工会法"第 11 条第 1 项),"民法"未设明文,解释上至少须有二人,最多则无限制。又法人亦得为设立人。

关于社团设立行为的法律性质,有认为系多数人相互意思表示而为合意,符合契约概念,得称为"设立契约"(Gründungsvertrag),并系一种"组织契约"(Organisationsvertrag)。通说认系共同行为(Gesamtakt),即各设立人以创造一定社团,使其取得法律上人格为共同目的而为之平行

---

① 请参阅研读"最高法院"2017 年台上字第 1392 号("人民团体法"与结社自由)、2018 年台上字第 1623 号(劳工加入公会及退社自由)等判决。

意思表示的一致。设立人仅有二人时,其设立行为仍属共同行为,而非契约,因为契约系内容互相对立之意思表示的合致,而设立社团则在共同协力创造新的法律人格者。

二、设立人行为能力的欠缺

关于社团设立行为的法律性质,无论采共同行为说或契约说,均属法律行为,因此应适用"民法"总则编关于法律行为的规定。在前揭案例,设立人甲仅17岁,为限制行为能力人,设立人依章程规定负有一定的义务,非属纯获法律上之利益(第77条),故甲为设立社团而为的意思表示,应得法定代理人之允许(第77条),其法定代理人不为承认时,其意思表示确定不生效力。又设立人乙系受监护宣告之人,无行为能力,其意思表示无效。甲、乙二人欠缺完全行为能力,其意思表示固不生效力,但其他设立人尚有二人以上时,社团设立行为本身不因此而受影响,故主管机关于审查时,即使发现设立人中之一人或数人欠缺行为能力,仍不得以此为理由,对社团的设立不为许可。

三、社团登记后,设立人得否撤销其有瑕疵之意思表示?

设立社团的意思表示,有错误、被诈欺或被胁迫时,于社团成立前,表意人得撤销之(第88条、第92条),其意思表示经撤销者,视为自始无效(第114条第1项)。于此情形,设立人尚有二人时,社团设立行为仍不受影响。社团成立,开始运作后,设立人是否仍得撤销有瑕疵的意思表示?在公司(营利社团法人),设立人负有出资义务,为保护债权人利益,是否容许其主张意思表示的瑕疵,尚值研究。① 在前揭案例,其所设立的,系非营利社团,不发生第三人对于最低资本额信赖保护问题,原则上应肯定设立人的撤销权。然为避免可能影响及于其参与设立行为(如设立人不足法定人数)及社员总会决议的效力,宜限制此项撤销的溯及性(第114条),解为应自为撤销的表示时,开始发生效力,丙撤销其设立社团的意思表示,实际上殆同于退社。

---

① 德国判例系采否定说,参阅 BGHZ 13, 320; 21, 381。

第二目　设立中的社团①

甲、乙及丙三位热爱围棋人士筹设社团法人围棋学会，由丁律师承办其事，于经许可登记前，先行租屋、举办活动，其后筹得款项，向戊购屋作为围棋学会会馆，以该学会会员共有名义登记之。半年后，该围棋学会完成设立程序。试问：

1. 围棋学会会馆之所有权如何移转于社团法人围棋学会。
2. 丁律师应向何人请求报酬。

一、问题的说明

社团经设立后尚须经主管机关的许可，办理登记，始取得法人资格，通常须要经过一段相当时间。对于此种处于设立程序中的社团，学说上称为设立中社团（Vorverein）。此种设立中社团尚未具有权利能力，不得享有权利、负担义务，在此过渡阶段，系由设立人或社员取得权利、负担义务，其地位相当于无权利能力社团。

二、权利的移转

在前揭案例，围棋学会于完成设立程序前，不具权利能力，会馆所有权仅能以全体会员名义登记。于社团取得法人资格后，关于会馆所有权的移转，或有认为应由甲、乙、丙将其登记名义下的围棋学会会馆所有权移转登记给围棋学会，并在土地登记簿上登记为该学会所有。支持此说的主要论点为，围棋学会会馆所有权既原以社员共有名义登记，则在该学会取得社团法人资格后，欲移转归其取得，因权利主体不同，仍须依通常让与方式移转其所有权（第758条）。

台湾地区实务认为设立中社团与其后取得法人资格的社团，同其实质，具有同一性。故其为将来社团的存在而取得的财产权，于该社团取得法人资格时，当然（ipso iure）归由其取得②，不必再办理移转登记，故于土

---

① Vgl. Brox/Walker, AT, S. 312; Köhler, AT, S. 281 f.
② "最高法院"1999年台上字第2619号判决（请求确定会员权存在事件）："设立中公司与成立后之公司属于同一体，因此设立中公司之法律关系即系成立后公司之法律关系。申言之，发起人以设立中公司之执行及代表机关所为有关设立之必要行为，其法律效果，于公司成立时，当然归属于公司。又所谓设立中公司，系指自订立章程至设立登记完成前尚未取得法人资格之公司而言。"

地登记簿上将该围棋学会会馆登记为围棋学会所有,仅具更名登记的意义而已。"土地登记规则"第150条规定:"法人或寺庙于筹备期间取得之土地所有权或他项权利,已以筹备人之代表人名义登记者,其于取得法人资格或寺庙登记后,应申请为更名登记。"此项见解,较符合法人之本质,对于税捐负担等问题,具有实益,应值赞同。

应注意的是,公司于筹备设立期间,与成立后之公司属于同一体,该筹备设立期间公司之法律关系即系成立后公司之法律关系。设立中公司所为法律行为,于公司成立后,如经公司承认,即对于公司发生效力,因而发生之权利义务,应由成立后公司行使及负担("最高法院"2010年台上字第627号判决)。

三、设立费用

筹备设立社团法人,恒需费用,社团法人成立后,应负支付义务,固不待言。有疑问的是,设立人是否应负连带责任?屏东地方法院1958年8月司法座谈会,曾提出此项法律问题,有三种不同意见。甲说:与设立法人有关行为应负连带责任。乙说:设立中的法人有如自然人的胎儿,故其对外所为之行为所生的权利义务,应一并移转于成立后的法人,设立人不负连带责任。丙说:与设立法人有关的,应由设立后之法人负责,无关者由筹备人负责。该座谈会对采取何说,未能作成结论,乃呈请前"司法行政部"研究。研究结果采丙说。

研究结果认为与设立法人有关者,应由设立后之法人负责,固属无误,但关于设立人应否负连带责任,未臻明确。按依"公司法"第150条规定,公司不能成立时,发起人关于公司设立所为之行为,及设立所需之费用,均应负连带责任,其因冒滥经裁减者亦同。又同法第155条第2项规定,发起人对于公司在设立登记前所负债务,在登记后亦负连带责任。由此规定,似可导出得适用于社团法人的一般原则,即设立费用,最后须由成立的法人负责,但对债权人而言,设立人仍应与法人负连带责任。准此以言,在本件案例,关于丁律师承办设立围棋学会的报酬,应由设立人及成立后的社团法人连带负支付的义务。

第三项　社团章程

一、章程的意义及效力

设立社团者,应订定章程。章程者,法人之组织也。章程通常是由设立人于其设立行为中加以确定,并因设立行为的完成而发生效力。章程对设立人及所有未来的社员均有拘束力,惟并不具法律规范性,其对未来社员所以有拘束力,系基于其自愿地加入社团而发生。

二、章程应记载事项①

社团的章程应以书面为之,其内容分为应记载事项及任意记载事项:

①应记载事项。依"民法"第 47 条规定:"设立社团者,应订定章程,其应记载之事项如左:一、目的。二、名称。三、董事之人数、任期及任免。设有监察人者,其人数、任期及任免。四、总会召集之条件、程序及其决议证明之方法。五、社员之出资。六、社员资格之取得与丧失。七、订定章程之年、月、日。"

②任意记载事项。社团之组织,及社团与社员之关系,以不违反"民法"第 50 条至第 58 条之规定,得以章程定之,如关于社员、社团设施的使用权、董事代表权的限制等。

第四项　社团总会及决议

一、社团总会的意义

法人不能自行活动,必赖其机关而行为,社团必备的机关,除董事外,尚有社团总会,"民法"第 50 条第 1 项规定:"社团以总会为最高机关。"其意义有四:

①社团总会由社员构成,故亦称社员总会("公司法"则称为股东会)。

②社团总会为社团的必备机关。

③社团总会为社团的意思机关,董事为执行机关,监察人为监察

---

① 请比较"民法"第 47 条规定章程应记载之事项,及第 48 条规定社团设立时,应登记事项的不同,并思考其不同的理由(此为早期律师考试题目!)。

机关。

④社团总会为社团的最高机关。

二、社团总会的权限

社团总会为社团的最高机关,表现于其广泛的权限之上,"民法"第50条第2项规定:"左列事项应经总会之决议:一、变更章程。二、任免董事及监察人。三、监督董事及监察人职务之执行。四、开除社员。但以有正当理由时为限。"此为专属于总会的权限。此外,凡董事或其他机关所不能处理的事项,如社团的任意解散,总会得决议之。

三、社团总会的召集

关于社团总会的召集,尤其是何人有权召集,召集程序如何,关系总会活动至巨,故"民法"第51条特为明确规定,即:①总会由董事召集之,每年至少召集一次。董事不为召集时,监察人得召集之。②如有全体社员十分之一以上之请求,表明会议目的及召集理由,请求召集时,董事应召集之。董事受请求后,1个月内不为召集者,得由请求之社员,经法院之许可召集之。③总会之召集,除章程另有规定外,应于30日前对各社员发出通知。通知内应载明会议目的事项。[①] 此项社团总会召集的通知,性质为观念通知。

四、总会决议

(一)决议的性质

总会决议乃出席会议之一定人数的表决权人所为意思表示,而趋于一致的共同行为。此属一种集体意思形成的行为,纵有相反的意思表

[①] 关于社员总会开会通知,"最高法院"2017年台上字第440号判决谓:"查上诉人之社员仅二十二人,组织章程未规定送达开会通知之方式,为两造所不争。此与股份有限公司之股东人数众多之情形不同,唯认系争社员总会开会通知之送达应采发信主义。又法院对于撤销股东会决议之诉,须其违反之事实非属重大且于决议无影响者,方得驳回其请求,'公司法'第189条之1规定甚明。原审认上诉人于系争社员总会召集前,多次寄送存证信函、社员总会常会开会通知书至大观路地址予被上诉人,已知该址为被上诉人之送达处所。系争社员总会开会通知送至福科路地址,经以迁移不明为由退回后,有充裕时间可向大观路地址寄送,却不为之,系恶意损害被上诉人权益,无前开规定之类推适用,因而为被上诉人胜诉之判决,经核于法并无违误。"

示,只要其同意的人数达于法律规定,其决议即可成立,与契约之须全体意思合致,自有不同。

表决权人于总会所为的投票,系以总会主席为对象之须受领的意思表示。为使决议的法律关系明确,此项投票不得附条件。又为避免决议之法律效力悬而不定,未成年人的投票须得法定代理人事先允许,否则其投票不生效力,惟决议已达法定人数时,其效力不因此而受影响。法定代理人同意未成年人加入社团时,并不当然即可认其允许该未成年人得就社团事务而为投票,此应就具体情事,尤其是未成年人的年龄加以认定。①

(二)决议的种类:普通决议与特别决议

总会决议依出席人数及表决同意人数的不同,可分为普通决议及特别决议。

"民法"第52条第1项规定:"总会决议,除本法有特别规定外,以出席社员过半数决之。"是为普通决议。所谓本法之特别规定,即指特别决议而言,其情形有二:

①变更章程。"民法"第53条规定:"社团变更章程之决议,应有全体社员过半数之出席,出席社员四分之三以上之同意,或有全体社员三分之二以上书面之同意。受设立许可之社团,变更章程时,并应得主管机关之许可。"

②解散社团。"民法"第57条规定:"社团得随时以全体社员三分之二以上之可决解散之。"

(三)决议的效力

①总会决议有拘束全体社员的效力。

②总会决议之内容违反法令或章程者,无效(第56条第2项)。此之无效系属当然无效,无待请求法院宣告,立法目的在于防止假借社团名

---

① "法务部"〔1989〕法律决字第14181号函释:"按股份有限公司股东之表决权乃股东对于股东会之决议事项为可决或否决之意思表示,而借以形成公司意思之权利。故有关股份有限公司未成年股东应如何行使表决权,'公司法'尚无特别规定,似应适用'民法'关于意思表示之规定;亦即应按该未成年股东为无行为能力人或限制行为能力人,分别依'民法'第76条规定由法定代理人代为行使,或依同法第77条规定其行使应得法定代理人之允许。而上开法定代理权之行使,依同法第1086条及第1089条规定,除法律另有规定外,应由未成年子女之法定代理人即其父母共同为之;换言之,该未成年股东之表决权,应按其为无行为能力人或限制行为能力人,分别由其父母共同代为行使或其行使应得父母共同允许之方式处理。"

义，作成违反法令或章程的决议，危害公众利益。

③总会之召集程序或决议方法，违反法令或章程时，社员得于决议后3个月内请求法院撤销其决议。但出席社员，对召集程序或决议方法，未当场表示异议者，不在此限(第56条第1项)。其未出席的社员则得提出撤销其决议之诉。①

④关于社团总会(如律师公会会员大会)、公司股东会决议的撤销及无效之诉，系实务上常见的问题，应请注意(参照"最高法院"1984年台上字第595号判例、2009年台上字第325号判决、2002年台上字第1848号判决、2014年台上字第2175号等判决)。

⑤"民法"第56条第1项规定于非法人团体亦得类推适用("最高法院"2010年台上字第634号判决)，如重划会会员大会作成决议，并得类推适用"公司法"第189条之1规定(参阅"最高法院"2020年台上字第1543号判决)。

第五项 社员的地位

一、甲公益社团法人章程订定事项如下，其效力如何？

1. 年满17岁者，得申请入社。社员的地位，得由其长子继承或让与。
2. 社员非经社员总会决议，不得退社。
3. 学生社员，会费减半，无表决权。

二、民法教授甲欲申请加入"台湾民法学会"为会员(社员)，竟被拒绝，甲教授自认符合章程所定入会条件，而其不能加入势将影响其职业及学术活动时，得否诉请法院裁判该学会有接受其入会的义务？

三、甲公益社团法人社员总会记名投票先选举董事，其后则表决是否与乙社员续订租屋之契约。乙亲自出席，并代理丙社员及丁社员行使表决权，均投自己之票，并赞成与自己续订租约。结果以二票

---

① 参照"法务部"〔1991〕法律字第01195号函释："依'民法'第56条第1项规定之文义及立法理由以观，社团总会之召集程序或决议方法违反法令或章程时，曾经出席总会而对于召集程序或决议方法未当场表示异议之社员，固不得请求法院撤销决议，但未出席或出席而当场表示异议之社员，均得依法请求法院撤销之(参照'民法总则、民法总则施行法修正条文暨说明'第32、33页)。"

之多数当选为董事,二票之多数通过续订租约,其效力如何?

一、社员的权利与义务

社员为社团成立的基础,且为最高机关(总会)的构成分子,社员与社团之间成立一种法律关系,发生一定的权利与义务,而使社员在社团享有一定的地位。社员的权利义务,依章程规定,章程未规定时依法律之规定。

(一)社员的义务

关于社员的义务,"民法"未设明文。社团章程通常规定社员有缴纳会费、参与社团行政等义务。基于社团系人的结合关系,社员负有一般的忠实义务,一方面不得从事侵害社团目的或妨害社团活动的行为,他方面须促进实现社团之目的及参与社团活动。

(二)社员的权利

社员的权利可分为共益权与自益权二种:①共益权指以完成法人所担当的社会作用为目的,而参与其事业的权利,"民法"设有规定的,如表决权(第52条第2项)、请求或自行召集总会之权(少数社员数,第51条第2项),请求法院撤销总会决议之权(第56条第1项)等。②自益权指专为社员个人的利益所有之权,如利益分配请求权、剩余财产分配请求权及社团设备利用权。

(三)社员权在侵权行为法上的保护

此种因社员资格而发生,兼括一定权利或义务的地位,学说上称为社员权,认为社员权者系指社员对于社团所有权义务的总称,因其系以社员的资格为基础,故具有身份权的性质,但社员得基于自益权,受领或享受财产利益,故亦具有财产权的性质,可认为系兼具身份权及财产权性质的特殊权利。[①] "民法"第184条第1项前段所称权利,应包括社员权在内,因故意或过失不法侵害社员权者,应负损害赔偿责任。[②]

[①] 社员权亦属一项值得作深入研究之问题。Vgl. Mathis Habersack, Die Mitgliedschaft—subjektives und sonstiges Recht (Jus Privatum 17, Tübingen 1996).

[②] 参阅王泽鉴:《侵权行为》(第三版),北京大学出版社2016年版,第217页。

二、社员资格的取得与丧失

(一)社员资格的取得

1. 取得方法

社员资格的取得方法有二:①参与社团的设立,设立人因法人的成立,当然为社员。②入社,即依章程所定程序加入成立后的社团而成为社员。凡有权利能力者,皆得为社员,故社团章程订定满17岁者得声请入社,自属有效。入社的性质系社团法人与新社员间的契约,故未成年人入社须得法定代理人同意,始生效力(第79条)。

2. 强制接受入社?

基于结社自由及社团自主,社团对于是否接受社员入社,有其自由,申请入社者纵具备社团章程所定要件,原则上亦无入社请求权。对社团言,并无接受入社的强制(Aufnahmezwang)。惟法律规定有接受入社义务者,依其规定,如"律师法"第11条第1项规定:"拟执行律师职务者,应依本法规定,仅得择一地方律师公会为其所属地方律师公会,申请同时加入该地方律师公会……为该地方律师公会之一般会员……"

倘若某社团在经济、社会或专业领域具有独占的地位,而其拒绝入社构成违反章程的不当差别待遇,或重大影响请求入社者职业或专业活动时,得否使该社团负有接受加入社团的义务,依社团自主应采否定说(案例二)。

3. 社员资格的让与或继承?

社员资格有无专属性,能否让与或继承?台湾地区"民法"无明文,《德国民法典》第38条明定不得让与或继承,但章程另有规定者,不在此限(《德国民法典》第40条)。在台湾地区"民法"得采相同见解,盖社团系以公益为目的,社员享有共益权,社员其人的性质,极其重要,非法律或章程有特别规定,不得让与或继承。

(二)社员资格的丧失

1. 社员退社

退社系因社员一方的意思表示脱离社员地位的行为。罗马法谚有云:"无论何人不负违反其个人之意思,留于团体中之义务。"此项原则实属正确,否则将过分限制人之自由,使其无法脱离其所不欲参加社团。诚如"最高法院"2018年台上字第1623号判决所强调:劳工是否加入及组织工会既属劳工自我权利之主张,工会自不宜于章程中规定,劳工除退休、离职外不得出会,以符"宪法"保障民众结社自由权利之旨。"民法"第54条第1项明文规定,社员得随时退社。因此章程规定社员不能退社,或须经总会决议始能退社者,应不生效力(第49条)。惟章程得限定于事务年度终或经过预告期间,始准退社,此项预告期间不得超过6个月。倘有"重大理由"存在者,例如遭受不合理的排斥或侮辱时,社员得随时退社,不受此项期间之限制。已退社(或开除)的社员,对于社团之财产无请求权。但非公益法人,其章程另有规定者,不在此限。又已退社(或开除)之社员,对于其退社(或开除以前)应分担之出资,仍负清偿之义务(第55条),自不待言。

2. 开除社员

社员因被开除而丧失其社员资格,此涉及所谓社团罚(Vereinsstrafe),俟于下文再行说明。

三、平等权利及平等处遇

关于社团与社员的关系,应适用平等权利及平等处遇原则。惟此并不排除合乎事理的不同处遇,如社团章程得将社员分为普通社员、学生社员,并对学生社员减半收费(案例一)。须注意的是,"民法"第52条第2项规定:"社员有平等之表决权。"可知"民法"上的社团法人,社员表决权均属平等,不因出资多寡而有差异,与公司(营利社团法人),一股有一表决权不同(参阅"公司法"第179条第1项以下规定),故在案例一,甲公益社团法人章程规定学生社员无表决权,于法有违,应属无效(第49条)。

四、利益冲突与社员表决权的回避

"民法"第52条第4项规定:"社员对于总会决议事项,因自身利害关系而有损害社团利益之虞时,该社员不得加入表决,亦不得代理他人行使表决权。"又依同条第3项规定:"社员表决权之行使,除章程另有限制外,得以书面授权他人代理为之。但一人仅得代理社员一人。"在案例三,甲公益社团法人社员总会选举董事,应解为与社员自身不具利害关系,故乙社员得加入表决,并代理他人行使表决权,但仅得代理一人,超过部分，应属无效。乙当选董事的票数超过二票，虽扣除一票，仍符当选票数，故乙当选为董事，不受影响。至于甲公益社团法人与社员续订租约，事涉财产利益，社员具有利害关系，乙不得加入表决，亦不得代理他人行使表决权。今以二票的多数通过续订租约，此项决议扣除违反规定行使表决权的三票，未达必要票数，应属无效。①

须注意的是"民法"第52条第3项所称"得以书面授权'他人'代理为之"，是否包括非社员？所称得授权"他人"代理，此他人原则上不以社员为限，惟涉及利益冲突时，此非社员之他人即非合法代理人。"最高法院"2010年台上字第634号判决谓："同条（编按：'民法'第52条）第3项既仅规定，社员表决权之行使，除章程另有限制外，得以书面授权他人代理为之，对于代理人资格之限制，并未明文规定以社员为限。则于非社员而与总会决议有利害关系，且与社团利益相冲突时，是否得代理该社团之社员而为表决？为避免损及社团之共同利益，并贯彻该条项增设社员表决权行使回避规定之旨趣，自仍不得为之。此项规定，于自办市地重划会会员行使表决权之情形，依上说明，亦难谓无类推适用之余地。"此项见解，可资赞同。

五、程序规定的重要

"民法"关于法人的规定多属于程序问题，如法人的设立与登记、章程的订立与变更，尤其是社团法人总会的决议等。此涉及程序正义，实务上发生诸多争议问题，请特别注意。兹举二个"最高法院"判决，以供参照：

（一）"最高法院"2017年台上字第102号判决

原判决既谓：富○顶山寺非社团法人，其信徒大会与"民法"社团法人总会性质相当，应类推适用"民法"第52条第1项规定。而"民法"第52条第1项明文规定，"总会决议，除本法有特别规定外，以出席社员过半数决之"，亦即除"民法"有特别规定（例如同法第53条第1项、

---

① "最高法院"1999年台上字第2590号判决同此见解："股东对于股东会决议事项是否有'自身'利害关系，亦应以该法人股东而非其指定之代表人为认定之标准，概因该代表人本身并不具有股东身份使然；且只须有自身利害关系致有害于公司利益之虞时，此表决权行使之回避，无待股东会决议不得行使股东权，亦不问股权数多少，除不得以自身之股权数加入表决外，亦不得代理其他股东行使表决权，以确保股东及公司之权益，此乃立法之本旨。"

第57条）外,社团总会决议并无最低出席社员人数之限制,解释上有二人以上之出席为已足。再观诸卷附富○顶山寺组织章程,就信徒大会亦未设有最低出席人数之规定。原判决未说明所依据之法律或章程规定,遽谓第一、二次信徒大会未达最低出席信徒人数比例二分之一之门槛,进而认其会议决议不成立,自有判决不备理由或理由矛盾之违法。

（二）"最高法院"2009年台上字第1692号判决

按公寓大厦管理委员会为人的组织体,应以其区分所有权人会议为最高意思机关。该会议之召集程序或决议方法,违反法令或章程时,依"公寓大厦管理条例"第1条第2项规定,固应适用"民法"第56条第1项关于撤销总会决议之规定,由区分所有权人请求法院撤销区分所有权人会议之决议。惟区分所有权人会议如系由"无召集权人"召集而召开,该会议既非公寓大厦管理委员会合法成立之意思机关,其所为之决议即属当然无效,本非法定应行撤销之范畴。当事人自得依法提起确认该会议决议无效之诉,以资救济。

第六项 社团罚:社团对社员的制裁

某社团法人章程订定如下事项时,其效力如何? 此类制裁如何受法院的审查与控制?

1. 开除会员得不经总会决议,而由董事会决之。
2. 社员连续2年未缴会费者,不得使用社团俱乐部及其他设施。连续3年未缴者,应受停权处分,无出席及表决之权利。连续4年未缴会费者,罚款5000元。

一、社团罚的意义及法律基础[①]

为维持社团的纪律及秩序,社团对社员常须为一定的制裁,诸如开除、停权、罚款、不许使用社团设施等,德文称为 Vereinsstrafe（译为社团罚或社团制裁）。此类制裁多属对社员权的限制,如社员连续2年未缴会费时,不得使用社团俱乐部及其他设施,系在限制其自益权。社员连续3年

---

① 社团罚的法律性质及法院审查权,系德国民法上重要问题,在台湾地区"民法"上亦值得深入研究。

未缴会费时,应受停权处分,系在限制其共益权。连续 4 年未缴会费者,罚款 5000 元,则属其他的制裁方式。社团章程所以得制定此类制裁措施,系基于法律所赋予的社团自治权限,社员因入社,依其法律行为上的同意,而受其拘束。因此,关于制裁的要件、种类及程序,原则上应于章程加以规定。

二、社员的开除

开除社员指因法人一方面的意思,而剥夺社员资格,亦称除名。开除社员关系社员利益至巨,开除社员的事由,原则上应于章程规定。"民法"第 50 条第 2 项第 4 款规定,开除社员应经总会之决议,但以有正当理由为限。其规范意义在于除章程规定外,经总会之决议,亦得开除社员,但须有正当理由,此相当于继续性债之关系,基于重大事由而为之终止契约。所谓正当事由,如丙合唱社团的团员常唱错调子,影响合唱效果。① 于此等情形,社团应具体说明开除的正当理由,使法院得为控制。

章程规定开除社员得依董事会决议行之时,其效力如何?"最高法院"1961 年台上字第 1031 号判决认为:"民法"第 49 条规定,社团与社员之关系须以不违反同法第 50 条至第 58 条之规定为限,始得以章程定之。同法第 50 条第 2 项第 4 款规定开除社员须有正当理由并经社团最高机关之总会决议为之,"则上诉人章程第 10 条关于开除社员得不经最高权力机关之会员代表大会决议,可由理事会全权代行之规定,自属违背法令,而其理监事联席会议据以决议开除被上诉人会员资格,即属无效"。

社团未经会员大会决议,径以理事会决议将原有 270 名会员减缩合格会员人数为 148 人,系对部分原会员为除名之决议,违反章程规定,应属无效,系争会员大会之会员出席人数未达章程所定原有会员 270 名之半数以上,其决议不成立,适用法规尚无违误("最高法院"2018 年台上字第 1932 号判决)。

三、法院的审查及控制

社团总会决议对社员为制裁时,被制裁的社员得以总会召集程序或

---

① 此例参照 Medicus, AT, S. 438 ff.。

决议方法违反法令或章程,于决议后 3 个月内,请求法院撤销其决议(第 56 条第 1 项)。此外,鉴于社团罚系基于社员的同意,相当于违约金,从而应类推适用"民法"第 252 条"约定之违约金额过高者,法院得减至相当之数额"之规定,依比例及衡平原则将过高的社团罚(如停止社员权限、罚款数额)减至相当程度。法院的审查包括事实认定及法律的适用,为维护社团自主原则,应适当尊重社团的裁量及判断余地。

第七项　无权利能力社团[①]

甲律师、乙会计师、丙工程师及丁医师等三十人各出资 100 万元,设立 A 名流长春俱乐部,订有章程,设有组织,经推选甲、乙、丙为董事,并决定不办理许可及登记。甲及乙以该俱乐部名义向 B 购买山坡地,价金 500 万元,由丙负责建筑别墅、游泳池及其他设施,因疏于注意水土保持,发生山崩,压倒 C 的房屋。试问:

1. 设 B 拒不给付时,A 名流长春俱乐部得否以其名义提起诉讼?

2. D 团体冒用 A 名流长春俱乐部名义招揽会员诈骗钱财时,是否构成侵害该俱乐部之姓名权或名誉权?

3. 由甲及乙以 A 名流长春俱乐部名义购买之土地,应如何办理登记?

4. B 应向何人请求支付价金?

5. C 应向何人请求损害赔偿?

一、概说

(一)无权利能力社团与非法人团体

无权利能力社团,系德文 Der nichtrechtsfähige Verein 的移译,系指与社团法人有同一实质,但无法人资格团体而言。所谓与社团法人有同一实质,指其系由多数人为达一定之共同目的而组织的结合体。其与社

[①] 参阅吕太郎:《无权利能力社团》,载杨与龄主编:《民法总则争议问题研究》,五南图书出版公司 1998 年版,第 156 页;陈荣宗:《非法人团体之权利能力论(上)》,载《法学丛刊》1988 年第 33 卷第 2 期,第 105—125 页;陈荣宗:《非法人团体之权利能力论(下)》,载《法学丛刊》1988 年第 33 卷第 3 期,第 156—189 页。

团法人主要的区别在于未依法律规定取得法人资格。此类团体甚多,何以不依法律规定取得法人资格,理由不一,惟对社会文化经济活动,具有重要贡献。

现行"民法"并无"无权利能力社团"的用语。"民事诉讼法"第40条第3项规定:"非法人之团体,设有代表人或管理人者,有当事人能力。"非法人团体的范围,除无权利能力社团外,尚包括合伙、台湾地区神明会等①,其范围较广,应予注意。

"最高法院"2011年台上字第484号判决谓:"非法人团体虽无权利能力,然日常用其团体之名义为交易者,比比皆是,'民事诉讼法'第40条第3项规定此等团体设有代表人或管理人者,于诉讼法上有当事人能力,得为确定私权之请求,则其实体法上虽无权利能力,而不得为权利义务之主体,但不能因此即谓其代表人或管理人以该团体名义所为之法律行为概属无效。……非法人团体如完成法人设立登记,基于同一体原则,该非法人团体前取得之权利及负担之义务,即由法人概括承受。"

由"无权利能力社团"的名称,可知此类社团在依法为登记前,不具法人资格,无权利能力,学说与裁判均同此见解。值得特别提出的是,"司法院"释字第486号解释认为,自然人及法人为权利义务之主体,固为"宪法"保护的对象。惟为贯彻"宪法"对人格权及财产权之保障,非具有权利能力之团体,亦应受"宪法"保障(阅读之!)。

(二)适用的法律

《德国民法典》第54条规定:"无权利能力之社团,应适用关于合伙之规定,以此种社团名义对第三人所为之法律行为,由行为人自己负责。行为人有数人时,负连带债务人责任。"德国立法者所以设此项不利于无权利能力社团的规定,乃在实现一定之政治目的,企图迫使当时具有政治、社会及宗教性质的团体,登记为社团法人,以便监督管理。惟此项立

---

① 关于台湾地区神明会的法律性质、权利能力、诉讼能力,参阅"最高法院"1998年台抗字第131号裁定;另"最高法院"2009年台上字第2089号判决谓:"按神明会可分为财团性质之神明会及社团性质之神明会。财团性质之神明会,以会产为会之中心,会员数多而且不确定,会员对于会产并无直接之权利义务。社团性质之神明会则以会员为会之中心,会员数不多而且确定,又社团性质之神明会,除具有社团法人性质之神明会外,一般情形具有浓厚的私益色彩,乃属共同共有之性质。"

法上的期待,始终未获实现,工会、学生团体、宗教组织仍多拒不登记以取得法人资格。处此情形,仍适用合伙规定,实不符合此类组织体的本质,德国学者乃严厉批评《德国民法典》第54条系属忽视事实的立法上错误[1],法院则致力于可能的范围内类推适用关于社团的规定,使无权利能力社团摆脱《德国民法典》第54条规定对其发展所加的束缚。

"民法"的前身《大清民律草案》第140条曾规定:"无权利能力之社团不问是否合伙,应从合伙之规定。"同草案第141条规定:"以无权利能力之社团之名义而与第三人为法律行为者,就其行为应负责任。前项行为者有数人,应连带负责任。"现行"民法"未采此立法例,保留给判例(裁判)、学说发展的空间,实属明智之举。

至于法律上如何规范无权利能力社团,有认为对内关系及对外关系均适用关于合伙规定,此系以《德国民法典》第54条为依据。亦有认为对内关系上,鉴于其所具社团的本质,应类推适用关于社团规定;在对外关系,为保护交易安全,应类推适用关于合伙规定。本书认为无权利能力"社团"既具组织体的构造,其实质同于社团,而异于合伙,不论对内、对外关系,原则上均应类推适用社团的规定。在进一步说明前,为便于观察,图示如下:

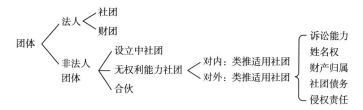

二、权利能力与当事人能力

无权利能力社团既未依法成立而取得法人资格,在实体法上无权利能力,然如前所述,无权利能力社团亦属非法人团体的一种,依"民事诉讼法"第40条第3项规定,有当事人能力,得为起诉或受诉主体,俾能透过诉讼,解决纠纷。故在前揭案例,A名流长春俱乐部,得以其名义对B提起履行买卖契约的诉讼。

---

[1] Vgl. Larenz/Wolf, AT, S. 211; Köhler, AT, S. 291 f.; Wolf/Neuner, AT, S. 122 f.

三、姓名权

无权利能力社团通常亦使用一定名称,与他人区别,以表示其独立性及持续性存在。有关自然人姓名权(或名誉权等)的保护规定,得类推适用于法人,已成定论,应更进一步类推适用于无权利能力社团。故 A 名流长春俱乐部就 D 团体冒用其名义诈骗钱财,得请求法院除去其侵害,有受侵害之虞时,得请求防止之,受有损害时,并得请求损害赔偿(类推适用第 18 条、第 19 条)。

四、财产归属

无权利能力社团因无法人资格,不具备权利能力,不能为权利之主体,故该社团的财产应属总社员共同共有(第 668 条、第 827 条)。不动产物权不能以无权利能力社团的名义登记,仅能以总社员名义为之。故在前揭案例,A 名流长春俱乐部自 B 取得的土地,应以甲、乙、丙、丁等 30 名会员名义登记。在此情形,其不动产登记将因个别会员的加入或退出,有随时变更的必要,于会员众多的社团,实属不便。为克服此项问题,有二个途径可资采取:①由社员设立具有法人资格的公司,而以其名义登记之;②以可堪信赖的自然人(董事或其他之人)为信托关系的受任人,以其名义为登记。究采何种途径,当视无权利能力社团之性质及组织而定。以前,在政党不能依法成立法人的时期,若干政党多采前者。规模较小的无权利能力社团,则采后者。在前揭案例,A 名流长春俱乐部的会员人数不多,且自称名流,彼此多具信赖性,应得信托董事一人或数人,以其名义登记自 B 受让的土地所有权。

五、社团债务

无权利能力社团既无法人资格,不能享受权利,亦不得负担义务,该社团的债务应归属于总社员共同负担,而以该社团财产为清偿,社员的责任以出资额为限。依"民事诉讼法"第 40 条第 3 项规定,无权利能力社团有当事人能力,亦得被诉,故在前揭案例,土地出卖人 B 得以 A 名流长春俱乐部为被告,诉请支付价金,并得就其财产为强制执行。

六、侵权责任

无权利能力社团的董事或其他代表机关因执行职务加损害于他人者,应类推适用"民法"第 28 条规定,使该社团与行为人连带负损害赔偿责任。在前揭案例,丙系 A 名流长春俱乐部的董事,负责建筑其设施,系执行职务。因水土保持失周,发生山崩,压倒 C 的房屋,乃因过失不法侵害他人之权利(第 184 条第 1 项前段),被害人 C 得依"民法"第 28 条规定,请求 A 名流长春俱乐部与丙董事连带负赔偿责任。

第六款　财团法人①

张立德生于穷困,长于忧患,刻苦励学,发明多种专利致富,本取诸社会,用诸社会之旨,订立章程,捐助房屋一栋及银行定期存款 1000 万元,设立"财团法人张立德社会福利文教基金会",于 7 月 18 日向主管机关提出许可之声请。不料张氏于同月 25 日意外死亡,此时主管机关尚未为设立财团的许可。试问:

1. 张氏的继承人得否撤回张氏的捐助行为?
2. 主管机关许可设立后,应如何办理登记?
3. 捐助财产如何归属于成立后的财团法人?
4. 财团法人成立后,乙得否以张氏于生前已将该捐赠房屋出售于乙,有害及其债权而撤销该捐助行为?
5. 章程规定该财团法人因故解散时,其财产一半归于"台湾民法学会"(社团),一半归张氏企业者,其效力如何?
6. 设章程规定董事会于必要时得修改章程者,其效力如何?
7. 该财团法人之董事决议将其银行存款一半捐赠财团法人消费者文教基金会时,其效力如何?

---

① 财团法人是个值得深入研究的课题,参阅叶大慧:《财团法人管理与监督之研究》,中兴大学 1984 年硕士论文;邱聪智:《捐助行为概念释析》,载杨与龄主编:《民法总则争议问题研究》,五南图书出版公司 1998 年版,第 219 页;蔡晶莹:《论财团法人》,载《月旦民商法杂志》2014 年第 46 期,第 39—51 页;范晏儒:《财团法人法对研究机构财团法人之影响》,载《科技法律透析》2019 年第 31 卷第 1 期,第 62—69 页。

一、捐助行为的性质及撤回

(一)捐助行为的法律性质

张立德捐助财产,订立章程,以设立财团法人,其本人即为设立人。设立财团只要一人为已足,实务上亦以一人为常见。此种捐出财产,以设立财团为目的之行为,学说上称为捐助行为(Stiftungsgeschäft),性质上属于单方捐助行为,得于生前为之,是为生前捐助行为,应订立捐助章程,故为要式行为。捐助行为亦得以遗嘱方式为之,此种遗嘱捐助,无另定章程之必要。在前揭案例,张立德系采生前捐助方式。

应注意的是,捐助行为无论采取何种方式,均因捐助人一方的意思表示而生效力。财团之设立固须得主管机关之许可,但许可系属公法上行为,不得因此而认为主管机关系捐助意思表示的相对人,故捐助行为系属无相对人的单独行为。

(二)捐助行为的撤回

在张氏于完成捐助行为后死亡,其捐助行为不因此而受影响(第95条第2项)。捐助行为于主管机关许可时,发生效力,故设立人于受主管机关许可之前,得撤回(有称为撤销)其捐助行为。原捐助人于财团法人办理登记后,即不得撤回其捐助行为。在前揭案例,张立德的生前捐助行为尚未被许可,其继承人是否得撤回?《德国民法典》第81条第2项规定,设立财团之声请业经呈递者,捐助人的继承人,不得撤回被继承人的捐助行为。至于遗嘱捐助行为,无论已否提出申请设立,均不得撤回,否则将不仅辜负设立人倡导公益之热忱,且影响及于社会公共的利益。"民法"虽未设明文,似应采同样解释。

二、许可后的登记

财团法人经主管机关许可设立后,应由董事向其主事务所及分事务所所在地之主管机关登记,并应附具章程备案(第61条第2项)。此之所谓主管机关系指地方法院而言("民法总则施行法"第10条)。财团登记时应登记之事项为:①目的。②名称。③主事务所及分事务所。④财产之总额。⑤受许可之年、月、日。⑥董事之姓名及住所,设有监察人者,其姓名及住所。⑦定有代表法人之董事者,其姓名。⑧定有存立时期者,其时期。

三、捐助的财产及其归属

(一)捐助的"财产"

捐助行为系以"财产"为标的,设立财团法人。财产指具有经济上利益而得为交易标的者,如物权、准物权、债权、智慧财产权,并包括有价证券等股票,不论上市与否,均得作为捐助财产。捐助财产的数额,"民法"未设规定。"财团法人法"第9条规定:"财团法人设立时,其捐助财产总额,应足以达成设立目的;其最低总额,由主管机关依所掌业务性质定之……前项捐助财产,除现金外,得以其他动产、不动产或有价证券代之。主管机关得依所掌业务性质,订定现金总额之比率。"

(二)捐助行为系负担行为

"民法"上的捐助行为非属物权行为,而为负担行为。财团法人成立时,设立人或其继承人(在遗嘱捐助,为立遗嘱人的继承人或遗嘱执行人)负有移转财产的义务。动产物权须经交付(第761条),不动产物权须经登记(第758条),财团始取得其所有权或其他物权。惟得以让与的意思表示径行移转之权利(如债权),在解释上可认为于财团成立时,当然移转于财团。准此以言,张立德捐助财产中的银行定期存款部分(对银行债权),于财团完成设立时,即归属于财团。房屋部分则须由张氏的继承人办理移转登记,始由财团取得其所有权。

四、债权人的撤销权

捐助行为既属法律行为的一种,有法律上撤销原因时,如设立人意思表示错误,被诈欺或被胁迫而为意思表示,均得撤销之(第88条、第92条)。又设立人所为捐助行为,系属无偿行为,有害及债权者,债权人亦得声请法院撤销捐助行为。张立德所捐助的房屋既原已出卖于乙,乙得请求交付其物并移转其所有权(第348条),享有债权,倘张立德的其他财产不足清偿全体债权人的利益时,乙得依"民法"第244条规定撤销其捐助行为。惟财团成立后,则不得撤销。捐助人于捐助行为成立后,经济状况发生显著变更,如因捐助行为之履行致其生计有重大影响或妨碍其扶养义务者,得拒绝履行捐助行为(类推适用第418条)。

五、财团解散后其剩余财产权的归属

"财团法人法"第 33 条规定："财团法人解散或经主管机关撤销或废止许可后,除法律另有规定或因撤销设立许可而溯及既往失效外,于清偿债务后,其剩余财产之归属,应依其捐助章程之规定。但不得归属于自然人或以营利为目的之法人或团体。如无前项法律或捐助章程之规定时,其剩余财产归属于法人住所所在地之地方自治团体。财团法人经主管机关撤销设立许可而溯及既往失效者,于清偿债务后,其剩余财产应返还捐助人。但有下列情形之一者,其剩余财产归属于法人住所所在地之地方自治团体:一、撤销设立许可系因可归责于捐助人之原因。二、因捐助人住所不明或其他原因,致难以返还。第二条第三项之财团法人于解散清算后,其剩余财产应归属公库,不适用前三项规定。"依此规定,设财团法人张立德社会福利文教基金会的章程规定解散时,其财产一半归于"台湾民法学会",固属有效;另一半归于张氏企业,应属无效。依"财团法人法"第 33 条第 2 项规定,该部分剩余财产应归属于法人住所所在地之地方自治团体。

六、财团组织的变更或财团之解散

财团之组织及其管理方法,由捐助人以捐助章程或遗嘱定之。捐助章程所定之组织不完全,或重要之管理方法不具备者,法院得因主管机关、检察官或利害关系人之声请,为必要之处分(第 62 条)。为维持财团之目的或保存其财产,法院得因捐助人、董事、主管机关、检察官或利害关系人之声请,变更其组织(第 63 条)。由是可知财团组织及目的之变更须具备特定之要件,并须由法院为之。因此假设章程规定,董事会有修改章程之权限者,即于法有违,纵使章程明定,须经主管机关核准修改始生效力,亦然。财团法人系他律法人,并无社员,无社员总会作为其最高意思机关以变更章程,仅能依一定程序由法院为必要之处分。董事之权限在于对内执行法人事务,对外代表法人,"民法"第 27 条设有明文,不能径由章程授以修改章程之权限。

又依"民法"第 65 条规定:"因情事变更,致财团之目的不能达到时,主管机关得斟酌捐助人之意思,变更其目的及其必要之组织,或解散之。""财团法人法"第 58 条规定:"政府捐助之财团法人有下列情形

一者，主管机关得命其解散：一、已完成设立目的、无法达成设立时之目的或效益不彰，而无存续之必要。二、因情事变更，而无存续之必要。三、定有存立期间者，其期间届满。"

七、董事行为之宣告无效

"财团法人法"第 28 条第 1 项规定："董事执行事务，有违反捐助章程之行为时，法院得因主管机关、检察官或利害关系人之声请，宣告其行为无效。"财团董事违反其捐助章程规定召集董事会改选董事及董事长行为，尚非违反强制或禁止规定，或有背于公共秩序或善良风俗者，并非当然无效，仅得由主管机关、检察官或利害关系人对为改选行为之董事向法院声请宣告其行为为无效。为防止财团董事滥用职权，违反章程图其私利，以维护社会公益，法律始明定除利害关系人外，主管机关或检察官亦得声请法院宣告其行为无效。倘若董事执行职务违反捐助章程，致财团法人受有损害，应负赔偿责任（"财团法人法"第 28 条第 2 项）。

八、财团财产的处分

财团法人在未解散前，将其财产之一部分或全部捐赠于另一财团法人，此种赠与行为是否有效，须就其具体情形，分别论断，如为全部的捐赠，则法人本身毫无财产保留，无从完成其特定之目的，显与法定存在要件有违，其赠与虽非当然无效，但利害关系人得依"财团法人法"第 28 条规定，声请法院宣告其行为无效。如为一部分的捐赠，倘系出于法人之特定目的范围内，尚难谓非达成法人目的之一种活动，自不能否定其效力。对于财团法人财产之运用，"财团法人法"第 19 条设有特别规定："财团法人财产之保管及运用，应以法人名义为之，并受主管机关之监督；其资金不得寄托或借贷与董事、监察人、其他个人或非金融机构。未依前项规定以法人名义保管及运用者，处行为人新台币五万元以上一百万元以下罚款。违反前项不得寄托或借贷之规定者，处行为人寄托或借贷金额之二倍以上五倍以下罚款。第一项规定财产之运用方法如下：一、存放金融机构。二、购买……银行储蓄券、金融债券、可转让之银行定期存单、银行承兑汇票、银行或票券金融公司保证发行之商业本票。三、购置业务所需之动产及不动产。四、本于安全可靠之原则，购买公开发行之有担保公司债……证券投资信托公司发行之固定收益型之受益凭证。五、于财团法人财产总额百分之五范围内购买股票,且对单一公司持股比率不得逾该公司资本额百分之五。六、本于安全可靠之原则所为其他有助于增加财源之投资;其项目及额度,由主管机关定之。捐助财产之动用,除法律另有规定外,以符合下列规定之一者为限:一、前项第二款至第六款规定之情形。二、第六十二条第二项规定之情形。三、财团法人捐助章程定有存立期间,并规定于该期间内以基金办理设立目的之业务。四、捐助财产超过主管机关所定最低捐助财产总额,为办理捐助章程所定业务所必需,而动用其超过部分。第三项第四款与第五款所定财产之运用方法及前项第一款所定捐助财产之动用,除经主管机关核准外,不得购买捐助或捐赠累计达基金总额二分之一以上之捐助人或捐赠人及其关系企业所发行之股票及公司债。财团法人依第四项动用捐助财产,致捐助财产未达主管机关所定最低捐助财产总额时,主管机关应限期命其补足;届期未补足者,废止其许可。"准此以言,财团法人张立德社会福利文教基金会将其财产一半捐赠于财团法人消费者文教基金会,既合乎其目的事业,并不足影响存在要件,应属有效。

九、未经登记之财团得类推适用"民法"法人或"公司法"有关规定

"民法"第 30 条规定:"法人非经向主管机关登记,不得成立。""最高法院"2016 年台上字第 393 号判决谓:"按未办理法人登记之寺庙,既有一定之办事处及独立之财产,并设有代表人或管理人,应属于非法人团体(本院 1954 年台上字第 143 号判例参照),其团体性质与法人无殊,'民法'对于非法人团体未设规定,其相关类似之事项,自可类推适用'民法'法人或'公司法'有关之规定。"(参阅"最高法院"2015 年台上字第 1897 号判决)此得适用于所有未办理登记的财团。

关于类推适用"公司法"之规定,参照"最高法院"2018 年台上字第 1957 号判决:"'民法'第 56 条第 1 项之规定,既参考'公司法'第 189 条规定修正而来,基于相类情形应为相同处理原则,于法院受理撤销总会决议之诉时,自得类推适用'公司法'第 189 条之 1 规定,倘总会之召集程序或决议方法违反法令或章程之事实,非属重大且于决议无影响时,法院得驳回其请求,以兼顾大多数社员之权益。"(请查阅相关条文)

第五章 权利的客体
——物、权利、财产、企业

第一节 概 说

甲的财产包括房屋一栋、汽车一辆、银行存款100万元及某书著作权。试说明甲的权利及其"权利客体"。设甲将其房屋、汽车(所有权)让与他人,以其对银行的债权设定权利质权,并将著作权让与他人时,其"处分客体"为何?试说明"权利客体"及"处分客体"的意义。又"民法"将"物"规定于总则编,其理由何在?

一、权利的客体

权利的主体为人,包括自然人及法人。有主斯有客,然则权利的客体,究指何而言?分四点言之:

①广义的权利客体,指在法律上得为支配的对象,除物外,尚包括精神上之创造(智慧财产权)、物权(如抵押权)及债权等财产权。

②人系权利主体,非为权利的客体。人格权的客体为人之本身,系以人之本身为人格权的存在基础及其直接的表现,乃受法律保护的对象,而非被支配的客体。亲属权(身份权)蕴含人格关系,并具义务性质,亦非以一定亲属关系之人为支配客体。债权系以特定债务人为对象,债务人负有一定作为与不作为的义务,债权人有请求给付的权利,但对债务人的人身或给付行为并无支配的权利,债务人在债之关系上仍居于主体的地位。

③为发挥物的经济效益,及维护物权秩序,物权的创设须依法律规定

及习惯("民法"第757条),采物权法定主义,包括所有权、用益物权(地上权、农育权、地役权、典权)及担保物权(抵押权、质权、留置权)。

④财产(或企业)系各种权利的总体,其本身不得作为权利的客体。在现行法上并无一种得以"财产"(或企业)作为客体的权利(详见后文)。

二、权利客体及处分客体

权利得以物、精神上创造或权利为其支配的客体,系第一阶层的权利客体。权利本身得作为权利人处分的对象,乃第二阶层的权利客体。此种得为处分之客体,除物权、无体财产权(智慧财产权)及债权外,尚包括一定的法律关系(如买卖、租赁)。须注意的是,物为权利的客体,但处分的客体则为物的所有权。例如所有权得为让与,于债权、著作权得设定权利质权(第900条,"著作权法"第39条),买卖契约得为解除。兹以下图表示此二种阶层关系:

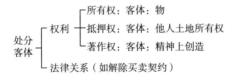

三、"民法"总则编第三章的结构及内容

"民法"总则编第二章规定"人"(权利主体)。第三章规定"物",作为权利客体。之所以设此专章,旨在维护"民法"体例的完备。之所以仅以"物"为内容,其理由有二:①权利的客体依权利种类之不同而异,难设概括性规定。②物不仅为物权的客体,且涉及一切财产关系,如债之关系、夫妻财产关系、继承,甚至"刑法"上的窃盗侵占等罪的成立,亦莫不与物之概念有关,故"民法"特将物规定于总则编。

物为权利的客体,为理解前揭及下文所提出的例题,必须认识何谓物、物的种类、物的成分、物的孳息等基本概念。"民法"第66条至第70条,区别不动产及动产、主物与从物、重要成分与非重要成分、天然孳息与法定孳息等,并设有定义性规定。此种分类明确物的构造及其法律关系,具有经济效率的意涵及法律适用的实益,图示如下(请查阅相关条文):

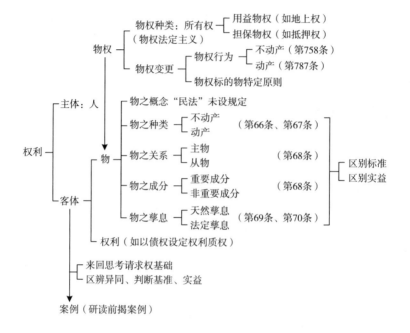

"民法"总则编第三章关于物的规定,多属定义性条文,不仅适用于民法,也适用于私法及公法。务请理解并为必要的记忆,培养如何就法律概念加以定义、如何区别、如何适用的能力。

第二节 物

第一款 物的意义、种类与物权标的物特定主义

甲经营电子工厂,千坪土地一笔,有A、B二栋厂房,C、D二部电脑、机器人一个。长期敷设一条轻便轨道,使用E及F二辆台车运输器材。庭院有假山,并植有大树三棵,其右侧正兴建员工宿舍一栋,已完成结构体,足避风雨但未装设门窗及内部装潢。试问:

1. 甲的电子工厂内:(1)共有多少物;(2)多少不动产、动产;(3)多少消费物、非消费物;(4)多少代替、不代替物;(5)多少可分物、多少不可分物;(6)多少单一物、合成物或集合物?将物加以分类,具有何种法律意义?

2. 设甲将该"工厂"出卖于乙,并移转其所有之物时,须作成多少法律行为,始能完成此项交易?又设甲向丙银行贷款时,如何以其工厂提供担保?

第一项 物的意义

一、"民法"对"物"本身未设规定,何谓"物"?您能否为"物"下个定义?太阳及太阳能电力、人体及尸体、房屋及其所有权,何者为"物"?何谓有体物、无体物、自然力?

二、法律概念的定义,在法之适用及法学上具有何种意义?

一、物的定义

(一) 学说见解

"民法"总则编第三章共设五个条文(第66条至第70条),就不动产及动产、从物、成分及孳息,设有定义性规定,惟对"物"本身则未作立法解释。学者对物所下的定义,用语不尽一致,物系民法最基本概念,为有助于了解法学者如何解释法律概念,及学习如何为法律概念下定义,列举其具有代表性者如下:

黄右昌:物者,除人体外,谓有体物及物质上能受法律支配之天然力。[1]

胡长清:在吾人可能支配之范围内,除去人类之身体,而能独立为一体之有体物。[2]

李宜琛:物者,存于吾人身体之外部,能满足吾人社会生活之需要,且有支配之可能者。[3]

王伯琦:人力所能支配而独立成为一体之有体物。[4]

洪逊欣:除人之身体外,凡能为人类排他的支配之对象,且独立能使人类满足其社会生活上之需要者,不论其系有体物与无体物,皆为法律上

---

[1] 参阅黄右昌:《民法总则诠解》,第187页。
[2] 参阅胡长清:《中国民法总论》,第171页。
[3] 参阅李宜琛:《民法总则》,第173页。
[4] 参阅王伯琦:《民法总则》,第104页。

之物。①

史尚宽:物者,谓有体物及物质上法律上俱能支配之自然力。②

据上述各家对物所下定义加以比较观察,除其用语繁简有别外,范围亦有不同。有强调不包括吾人身体者,有未提及者,有认为应包括有体物及无体物者,有认为仅限于有体物者,有特别提出自然力,有未提及者。初见之下,似颇有差异,实则此仅为措辞或强调的不同,实质内容殆属一致,分四点言之:

①物不包括人的身体,人的身体为人格所附,不能为物。

②物须为吾人所能支配,其不能由吾人对之为支配者,如日、月、星辰,均不足作为权利客体。

③物必须独立为一体,能满足吾人社会生活的需要。一滴油、一丝线、一粒米,在交易上不能独立为人类的生活资料,非法律上之物。

④有疑问的是所谓有体物、无体物及自然力。胡长清、王伯琦、史尚宽诸氏之所以特别强调有体物,系认为权利系属无体物,应不包括于物的概念之内,至于固体、液体及气体,电气及其他自然力,能为吾人所控制而足为吾人生活之资料者,无不可称之物。洪逊欣先生所谓无体物,并非指"权利"而言,而系指电、光、热等,凡人类能予支配之自然力,虽无一定形体,亦与有体物同,皆属法律上之物。③ 易言之,物并不包括权利在内。

据上所述,学者对物的意义,基本上采相同见解:即物者,指除人之身体外,凡能为人力所支配,独立满足人类社会生活需要的有体物及自然力(包括电力、太阳能)而言。准此以言,在前揭案例,甲所经营电子工厂内,计有如下之物:①一笔土地。④ ②二栋厂房。③二部电脑。④一个机器人。⑤一条轻便轨道。⑥二辆台车。⑦一栋员工宿舍。其不属于物者,为庭院内所植大树三棵,因树木与土地密着成为一体,是为土地的一部分(参阅第66条第2项)。假山或桥梁、堤防、隧道、沟渠、岩石等亦均为土地成分,而非独立之物。

---

① 参阅洪逊欣:《中国民法总则》,第202页。
② 参阅史尚宽:《民法总论》,第221页。
③ "刑法"第323条原规定:"电气,关于本章之罪,以动产论。"经修正为:"电能、热能及其他能量,关于本章之罪,以动产论。"为何于"刑法"特别规定"以动产论"?
④ 每宗土地按顺序编为地号,每一地号成立一个土地(不动产)所有权,俗称为笔(参阅"土地法"第47条、"地籍测量实施规则")。

(二)法律概念的定义

1. 法律概念的定义及法之适用

物系基本法律概念。法律概念须要加以定义,始能使一定的要件事实得以涵摄于法律构成要件,而为法之适用。例如"民法"第758条第1项规定:"不动产物权,依法律行为而取得、设定、丧失及变更者,非经登记,不生效力。"何谓不动产?未完工的房屋如何认定其为不动产?法律概念的定义,系裁判上的争议问题、法学的任务、法律学习的重点。

2. 法律概念与概念法学

德国19世纪的概念法学(Begriffsjurisprudenz)对形成民法上的概念及建立体系,作出了重大贡献。概念的定义应力求其简明精确,获致共识,避免众说纷纭,以安定法之适用。必须特别强调的是,法律概念体现价值判断及利益衡量,例如意思表示的"要件"、意思表示的"发出"、意思表示的"到达",均涉及私法自治上表意人意思自主及相对人信赖保护的调和。从而法律概念的定义及解释,不仅是早期概念法学所说的纯粹逻辑的演绎与归纳,更是一种法之适用上的利益衡量与评价。

二、动物非物?

依前揭关于物的定义,动物(如狼犬、导盲犬、樱花钩吻鲑等),亦属于物,且为动产。值得特别提出的是,德国于1990年8月20日于《德国民法典》增设第90A条规定:"动物非系物。动物应受特别法律的保护,除另有规定外,准用关于物的规定。"[1]此项规定旨在表示对有生命之"物"的尊重,盖以动物与人同为受造者。[2] 为配合此项修正,《德国民法典》第251条第2项明定关于医治动物所生费用,不得以因其费用超过动物价值而认其回复原状须费过巨,而不予回复原状。又《德国民事诉讼法》对动物的强制执行亦顾及债务人与动物关系而设有特别规定。在台湾地区"民法",动物仍属物(动产),惟对动物应受保护,对动物的支配,应受特别法(如"野生动物保育法")的规范,受有限制。

---

[1] 其原文为:"Tiere sind keine Sachen. Sie werden durch besondere Gesetze geschützt. Auf sie sind die für Sachen geltenden Vorschriften entsprechend anzuwenden, soweit nicht etwas anderes bestimmt ist." Vgl. Larenz/Wolf, AT, S. 354; Muhe, NJW 1990, 2238.

[2] Medicus, AT, S. 481; Wolf/Neuner, AT, S. 258 认为《德国动物保护法》已设有保护动物规定,《德国民法典》此项规定乃"概念美容"(Begriffskosmetik)。

第二项　物的种类

一、不动产与动产

（一）不动产与动产的区别

物可分为不动产及动产。"民法"第 66 条第 1 项规定："称不动产者,谓土地及其定着物。"第 67 条规定："称动产者,为前条所称不动产以外之物。"①由此规定可知,在"民法"上,土地与定着物(房屋等)系二个独立的不动产,而非如德国民法系以定着物(房屋)为土地的重要成分。动产指不动产以外之物,例如汽车、金钱、珠宝、动物等。

（二）定着物

"民法"第 66 条所称定着物,系指固"定",且附"着"于土地之物,其属临时搭设(如庙会戏台),可随时移动(如地震后为灾民所建厕所),或与土地密切不分离者(如石墙)者,皆非不动产。② 准此以言,在前揭例题,甲的电子工厂内属于不动产的有:土地、厂房;属于动产的有:电脑、机器人及台车。须特别说明的是,轻便轨道及员工宿舍。

关于轻便轨道,"司法院"释字第 93 号解释谓："轻便轨道,除系临时敷设者外,凡继续附着于土地而达其一定经济上之目的者,应认为不动产。"甲电子工厂内轻便轨道系长期敷设,运输器材,应认系属不动产。

---

① 船舶及航空器均属动产,但法律设有特别规定,参阅"海商法"(第 6 条)、"民用航空法"(第 18 条)。

② 关于动产与不动产的区别及不动产(定着物)的认定基准,"最高法院"2014 年台上字第 280 号判决足供参考："按动产因附合而为不动产之重要成分者,该动产已失其独立性,所有权消灭,不动产所有权范围因而及于该动产。此项附合,须其结合依经济目的、社会一般交易通念及其他客观状况而言,具有固定性、继续性。原审审酌系争鱼池,系直接于系争土地上开挖土壤,形成池状,再于池底及四壁以石块堆砌附着于系争土地,用以蓄养水产品。依社会一般交易状况,鱼池不能与土地分离为独立之不动产,而当然含于土地权利变动之对象内;买受鱼池所在之土地,通常包括土地上重要成分之鱼池,如予分离,所买受土地将失其功能及价值,系争鱼池既与土地密着成为土地之一部,亦不能自土地分开而具有独立之交易价值,因认堆砌之石块与土地已结合,且具固定性及继续性,即石块附合于系争土地,要无不合。"又 2016 年台上字第 574 号判决谓："相对人设置之电杆所欲达之经济上目的及价值,不能由整体连结架构抽离,而单独以设置成本或其他单一因素予以评价;电杆之变更设置,非仅考量电杆本身移动之难易而已,尚牵涉其他如前述之经济上、供电线路之技术可行性等因素。是审酌电杆属电业设备,系密切附着于土地,不易移动其所在,而达供电业使用之经济目的,除临时施设者外,其设置具有继续性者,不失为'民法'第 66 条第 1 项规定之定着物。"

尚未"完工"的员工宿舍(房屋),在如何情形之下,得认为系土地的定着物,系实务上重要问题。"最高法院"从经济功能的观点,认为屋顶尚未完全完工的房屋,其足以避风雨而达经济上使用的目的者,为定着物。① 其未构成定着物的房屋,在未完成以前非土地的重要成分,依"民法"第67条规定,仍应认为动产。准此以言,甲电子工厂内的员工宿舍已完成结构体,足避风雨,虽未设门窗及内部装潢,应认为已经成为土地上的定着物,而为不动产。

(三)附属建物

所谓附属建物,系指依附于原建筑以助其效用而未具独立性之次要建筑而言,诸如依附于原建筑而增建之建物,缺乏构造上及使用上之独立性(如由内部相通之顶楼或厨厕),或仅具构造上之独立性,而无使用上之独立性,并常助原建筑之效用(如由外部进出之厨厕)等是。此类附属建物依"民法"第811条之规定,应由原建筑所有人取得增建建物之所有权,原建筑所有权范围因而扩张。但于构造上及使用上已具独立性而依附于原建筑之增建建物(如可独立出入之顶楼加盖房屋),或未依附于原建筑而兴建之独立建物,则均非附属建物,原建筑所有权范围并不扩张及于该等建物。是以判断其是否为独立建物或附属建物,除掛酌上开构造上及使用上是否具独立性外,端在该建物与原建筑间是否具有物理上之依附关系以为断("最高法院"2014年台上字第919号判决)。

(四)区别不动产与动产的实益

不动产与动产的区别具有重大的实益,尤其是在不动产及动产上存在的物权种类(所有权及其他物权),得丧变更要件的不同。不动产,除所有权外,得设定地上权、农育权、不动产役权、典权(合称为用益物权)及抵押权(担保物权)。动产,除所有权外,得设定动产质权、发生留置权。关于权利变动,不动产依法律行为而取得、设定、丧失及变更者,非

---

① "最高法院"1974年度第六次民庭庭推总会决议,旨在澄清实务上历年认定房屋独立性之疑义,为便于参考,录其全文如下:"'民法'第66条第1项所谓定着物,系指非土地之构成部分,继续附着于土地,而达一定经济上目的,不易移转其所在之物而言。凡屋顶尚未完全完工之房屋,其足避风雨,可达经济上使用之目的者,即属土地之定着物,买受此种房屋之人,乃系基于法律行为,自须办理移转登记,始能取得所有权。如买受人系基于变更建筑执照起造人名义之方法,而完成保存登记时,在未有正当权利人表示异议,诉请涂销登记前,买受人登记为该房屋之所有权人,应受法律之保护,但仅变更起造人名义,而未办理保存或移转登记时,当不能因此项行政上之权宜措施,而变更原起造人建筑之事实,遽认该买受人为原始所有权人。"

经登记不生效力(第 758 条)。动产物权之让与,非将动产交付,不生效力(第 761 条,阅读之!)。其见于债编的,例如债权人受领迟延时,如给付物为不动产时,债务人得抛弃其占有(第 241 条)。其他区别实益,请参阅"民法"第 1101 条、"民事诉讼法"第 102 条、"强制执行法"第 45 条和第 75 条等相关规定,兹不赘述。

二、消费物及非消费物

消费物,指依其性质以使用一次,即为消耗,不能再用于同一目的之物。反之,则为非消费物。酒、米、柴、盐、油均为消费物,金钱亦为消费物,因一次使用,而易其主,不能再为使用。至于衣服、宝玉、钻戒,皆为非消费物。甲电子工厂内之物,或为土地及土地上的定着物,或为电脑、机器人及台车,皆可以同一目的反复使用,均属非消费物。

消费物与非消费物区别的实益,在于借贷、租赁及寄托契约,即电脑、机器人等非消费物,得为租赁或使用借贷之标的物。反之,就金钱、酒、米等消费物,则应成立消费借贷及消费寄托(参阅第 474 条、第 602 条)。

三、代替物及不代替物

代替物,指在一般交易上得以种类、品质、数量而定之物,如金钱、酒、米。反之,则为不代替物,如宝石、字画。就甲电子工厂内之物言,房屋、土地、电脑、机器人、轻便轨道及台车,社会一般观念均注重其个性,系属不代替物。此项区别之实益在于消费借贷及消费寄托之标的物,须为代替物,故就上开甲电子工厂之物而言,均无成立此二种契约的余地。

四、可分物及不可分物

可分物,指不因分割而变更其性质或减损其价值之物,如米、酒。反之,则为不可分物,如牛、马、钢琴。甲电子工厂之物,除土地外,均为不可分物。因此甲将机器人让与乙、丙时,为不可分债权,乙及丙仅得为债权人全体请求给付(第 293 条第 1 项)。设土地系甲与他人共有,于分割共有物时,得为原物分配(第 824 条)。

五、单一物、合成物、集合物

单一物,指形态上为独立一体,且各构成部分已失其个性之物,如牛、马。合成物,指数个之物,未失其个性,而结合成一体,如汽车。集合物,指多数的单一物或合成物,未失其个性及经济上价值,而集合成为有独立经济上价值之一体性(或称为聚合物),可分为事实上的集合物(如畜群、仓库)及法律上的集合物(财产或企业)。

甲经营电子工厂,系从事企业,其工厂系由各种机器生财集合而成,其中属于单一物的,为土地及房屋;其属于合成物的,为厂房、电脑、机器人、轻便轨道及台车。

六、融通物、不融通物

物依其能否为标的,可分为融通物(一般物属之)及不融通物(如公有物、公用物、禁制物)。禁制物有禁止其持有及转让者,如鸦片;有禁止其转让但不禁止其持有者,如色情书刊。

第三项 物权标的物特定原则及物权之变动

一、物权标的物特定原则

物权标的物特定原则(Spezialitätsprinzip des Sachenrechts),指每一个物权的标的物,应以一物为原则而言,故又称为一物一权原则。单一物(如土地)及合成物(如房屋)在法律上为独立之物,得为一个单独所有权。集合物(如图书馆、工厂),系由数独立之物集合而成,其本身不能成为物权之标的物,所有权仅得存在于各个独立物之上,此非出于逻辑之必要,乃在于使标的物的特定性与独立性得以确定,而便于公示,以保护交易安全。因此,甲对其"工厂"并无所有权,其所有权乃存在于每一个独立之物。如上所述,甲在其工厂内共有十个独立之物(一笔土地、二栋厂房、二部电脑、一个机器人、一条轻便轨道、二辆台车、一栋员工宿舍),故甲共有十个所有权。

二、工厂的出卖与让与

设甲欲出售其工厂于乙,须先订立买卖契约(债权行为),于当事人就标的物及其价金互相同意时,即为成立(第345条)。买卖契约之标的物,不以个别单一物或合成物为限,集合物亦可,因此甲得以其整个"工厂"作为买卖契约之标的物,出售于乙。

至于甲要将其"所有"的"工厂"移转于乙时，则需要作成物权行为。关于物权行为，依上述物权标的物特定原则，应就每一个物个别为之。物之所有权的移转，因不动产及动产而异。不动产所有权之移转，除当事人的法律行为（物权行为）外，尚须登记，始生效力（第758条）。动产所有权的移转，除当事人间让与合意外，尚须交付，始生效力（第761条）。如上所述，甲电子工厂内，共有五个不动产及五个动产，是甲须与乙作成五个不动产所有权移转的物权行为，及五个动产所有权移转的物权行为，始能将其"所有"的工厂移转于乙。

依一般人的见解，让售工厂仅属一项交易而已，但在法律上却将之分为买卖契约（债权行为、负担行为）及物权行为（处分行为、"民法"第758条的法律行为、第761条的让与合意），而物权行为须就个别之物作成之。数个动产得一起交付而让与其所有权，债权行为与物权行为的区别较不显著。但不动产所有权的移转，则须就个别之物办理登记，显现物权标的物特定原则。"民法"所以设此规定，主要在于贯彻物权变动的公示性，以维护交易安全，前已论及，于此再为强调。

三、担保物权的设定

甲的"工厂"虽得为买卖契约标的物，但不得作为所有权的客体，已详上述。应讨论的是"工厂"本身，得否作为抵押权的客体？1955年1月6日公布施行的"工矿抵押法"曾规定公用事业，或以营业为目的制造或加工物品之工厂或矿场，得依本法组成财团（工矿财团），设定抵押权。所谓工矿财团系就下列财产之全部或一部分组成之：①土地房屋或附属建筑物；②机器、水电、交通等设备或其他附属物；③地上权。此为台湾地区法制上得就集合物设定抵押权的特别立法，已于1965年6月10日因"动产担保交易法"施行而废止，故在现行法上甲已无从以"工厂"设定抵押权。

因此，甲向银行贷款，须提供担保时，仅能就个别之物设定担保物权。易言之，于不动产（土地及其定着物）得设定抵押权（第860条、第758条）。于动产，倘其无占有使用的必要时，得交付于丙，设定动产质权（第884条）；其有占有使用必要时，得依"动产担保交易法"设定动产抵押权（"动产担保交易法"第15条）。应注意的是，倘甲以其"厂房及土地"（工厂），设定抵押权时，实务上一向认为"工厂"中的机器生财等为工厂的从物,亦为抵押权效力之所及(第862条第1项)(参照司法院1936年院字第1514、1553号解释)。

对初学习民法之人而言,能够抽象地了解物的意义、种类,区别不动产及动产的实益,并在具体案例中确实加以判断,乃民法入门的基本训练。为便于观察,兹将本例题的重要问题,图示如下(阅读条文):

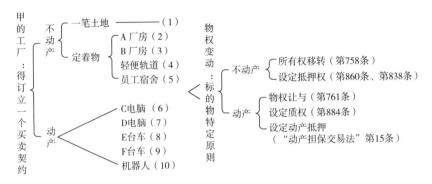

第二款 人的身体与物

一、甲住院,预定近日开刀,因血型特殊,血库存货不多,为安全计,与同一血型之乙,订立卖血契约,手术前夕,乙拒绝输血。试问:

1. 甲得否声请法院强制执行或请求损害赔偿?
2. 设乙输血后,装于袋内,被丙所盗,甲得向丙主张何种权利?

二、甲病故,立有遗嘱,捐赠眼角膜于乙医院,其效力如何?设甲未立遗嘱,其继承人丙得否允许移植其眼角膜?

三、甲医生利用病人乙的血液,未经告知乙,利用该血液获得专利权的血剂时,乙得向甲主张何种权利?

一、卖血契约

(一)契约的效力

甲与乙订立输血的买卖契约,乙不为给付,甲得否声请法院强制执行并得请求损害赔偿?首先应检讨的是,此项买卖契约是否有效成立?

按人的身体,非属物。义齿、义手、义足,因与人之身体连接而成为身体的一部分。以分离身体一部分作为标的契约,是否有效,应视其是否背于公序良俗而定("民法"第72条)。例如理发、拔牙、切除感染癌细胞之大肠等契约均不背于公序良俗,故为有效。

捐血出于救人,合于公序良俗,固不待言。血液买卖(卖血),虽有金钱上的对价,因其目的在于医疗,亦应认与公序良俗尚不违背。有疑问的是,此类使他人分离身体一部分之契约,何时生效,该他人得否拒绝履行契约?史尚宽先生认为,为输血的血液买卖等,于不致成为重伤之限度虽有效成立,然不能赋予受移植人以由移植人之活体,将其取去的权利,移植人如愿意供给血液,契约始生效力,在此以前其契约尚未发生效力。① 德国学者有认为卖血之人得随时撤回其同意。② 二说立论虽有不同,但均肯定对于人体部分的分离,不能强制执行,以维护人之价值与尊严。

据上所述,甲与乙订立输血的血液买卖契约,并不背于公序良俗,乙事后拒绝输血时,无论解为契约尚未发生效力,抑或认为契约因撤回而失效,甲均不得请求强制执行,甲纵因此而受有损害(如另出高价购血或身体因而受损),亦不得依契约债务不履行规定请求损害赔偿。惟乙拒绝输血,系故意以背于善良风俗之方法加损害于他人者,应依"民法"第184条第1项后段规定,负损害赔偿责任。

(二)物权归属

人的身体,虽不是物,但人体的一部分如已分离,不问其分离原因如何,均成为物(动产),由其人当然取得其所有权,而适用物权法的一般规定(得为抛弃或让与)。故乙所输之血,先由乙取得其所有权,再移转于甲(第761条),丙盗取血袋,甲得依"民法"第767条第1项前段规定请求返还其物。

二、尸体的法律性质及器官的摘取

甲立遗嘱,死后捐赠其眼角膜于乙医院,系处分尸体的法律行为。甲无遗嘱,其继承人自行捐赠其眼角膜,亦属对尸体的处分。欲判断二者的效力如何,首应究明尸体的法律性质。

---

① 参阅史尚宽:《民法总论》,第260页。
② Vgl. Köhler, AT, S. 301; Taupitz, Wem gebührt der Schatz im menschlichen Körper?, Acp 191 (1911), 20; Taupitz, Die Zellen des John Moore vor den amerikanischen Gerichten, VersR 1991, 369 ff.

按尸体是否为物,甚有争论,有认为尸体非物,不得为继承人所继承,应依法律或习惯定其处置。① 通说认尸体为物,构成遗产,属继承人的共同共有(第1151条),对无权占有尸体者,得依"民法"第767条第1项前段规定请求返还。然尸体究与其他之物不同,应以尸体之埋葬、管理、祭祀及供养为目的,不得自由使用、收益及处分。②

以分离人体的一部分,为标的之契约,不违背于公序良俗者有效,前已论及。生前处分尸体,捐献器官或供医学上之研究,于公序良俗亦无违背,故甲立遗嘱捐献眼角膜于乙医院,应属有效。本人生前未有处分其尸体的遗嘱,死后是否得由其继承人于不背于公序良俗的情形下,将其眼角膜或其他器官提供移植,难免争论。为对自尸体摘取眼角膜及器官作明确规定,并避免滥用,1982年7月19日公布施行的"眼角膜移植条例"第3条规定:"医师自尸体摘取眼角膜前,应先取得死者亲属之书面同意。但有左列情形之一者,不在此限。一、死者生前曾书具捐赠志愿书者。二、死者生前曾为其他捐赠之意思表示,经医师二人以上证明者。"(本条例共14条,请阅读之。)又1987年6月19日公布施行的"人体器官移植条例"第6条第1项规定:"医师自尸体摘取器官,应符合下列规定之一:一、经死者生前以书面或遗嘱同意。二、经死者最近亲属以书面同意。"(请参阅第2项、第3项;本条例共31条,请阅读之。)

三、活体器官移植

关于活体器官移植,"人体器官移植条例"第8条第1项规定:"医院自活体摘取器官施行移植手术,除第二项另有规定外,应符合下列各款规定:一、捐赠者应为二十岁以上,且有意思能力。二、经捐赠者于自由意志下出具书面同意,及其最近亲属之书面证明。三、捐赠者经专业之心理、社会、医学评估,确认其条件适合,并提经医院医学伦理委员会审查通过。四、受移植者为捐赠者五亲等以内之血亲或配偶。"第4项规定:"第一项第四款所定配偶,应与捐赠者生有子女或结婚二年以上。但待移植者于结婚满一年后始经医师诊断须接受移植治疗者,不在此限。"

---

① 参阅施启扬:《民法总则》,第225页;Medicus, AT, S. 480; Wolf/Neuner, AT, S. 123。
② 参阅梅仲协:《民法要义》,第55页;洪逊欣:《中国民法总则》,第203页;王伯琦:《民法总则》,第105页;史尚宽:《民法总论》,第259页。

第三款 物之成分

一、何谓物之成分、重要成分？为何要区别重要成分与非重要成分？

二、甲于其所有的山坡地，种植苹果树，乙过失误越地界，于甲地种植苹果树。甲出卖其地于丙，并办理所有权移转登记。乙收取其种植的苹果。试问丙得向乙主张何种权利？

三、甲任职于汽车修理厂，新购千里马轿车。某日发生车祸，甲虽侥幸无伤，但其车受损严重，乃擅取乙的油漆漆其车，并向盗车集团购买解体丙所有同类型新车的引擎，装于其车。其后甲再将该车让售于恶意之丁。试说明动产物权的变更及当事人间的法律关系。若丁系善意时，当事人间的法律关系如何？

第一项 成分的意义及种类

一、成分的意义

欲解答前揭案例所提出的问题，须对成分的意义、种类及法律上效果有基本认识。成分，系物之构成部分。"民法"第66条第2项所称不动产之出产物，尚未分离者，为该不动产之"部分"，系德文 Bestandteil 的移译（《德国民法典》第94条），与成分殆属同义。

二、重要成分与非重要成分

物之成分别为二种：

①重要成分（wesentlicher Bestandteil），指各部分互相结合，非经毁损或变更其性质，不能分离时，则各该部分，均属重要成分，"民法"第811条所称动产因附合而为不动产之"重要成分"，即指此而言，如房屋的栋梁、土地的石墙、于楼房平台之上加盖无独立出入通路的小屋①，或在他人土

---

① 参照"最高法院"1965年台上字第2055号判决谓："上诉人以简单之木片材瓦搭盖小木屋，附合于三楼楼房平台之上，无独立出入通路，实已成为该三楼房屋重要成分，依'民法'第811条之规定，系争小木屋之所有权，应归属三楼房屋之所有人，不能认系独立存在之建物，被上诉人取得该小木屋之所有权，上诉人仅得请求补偿相当之价金，而不得主张所有权。"

地种植竹木、果树。又"民法"第 812 条所称"动产与他人之动产附合,非毁损不能分离,或分离需费过巨者",亦系指数动产附合而为合成物之重要成分,如着色于画,则颜色为画的重要成分。

②非重要成分(nicht wesentlicher Bestandteil),凡物的成分不属于重要成分者均是,就不动产言,如房屋的百叶窗;就动产言,如脚踏车的警铃、汽车的轮胎。

三、区别重要成分与非重要成分的实益

区别物的重要成分与非重要成分的主要实益,在于重要成分不得单独为权利的客体。"民法"第 811 条规定:"动产因附合而为不动产之重要成分者,不动产所有人,取得动产所有权。"即明示此项原则。故甲取乙的栋梁,修建己屋,栋梁因附合而成为房屋的重要成分,甲取得其所有权(但参阅第 816 条)。① 司法院 1940 年院字第 1988 号解释谓:"物之构成部分,除有如民法第 799 条之特别规定外,不得单独为物权之标的物。未与土地分离之甘蔗,依民法第 66 条第 2 项之规定,为土地之构成部分,与同条第 1 项所称之定着物为独立之不动产者不同,自不得单独就甘蔗设定抵押权。以此项抵押权之设定声请登记者,不应准许。惟当事人之真意,系就将来收获之甘蔗为设定动产质权之预约者,自甘蔗与土地分离,并由债权人取得占有时,动产质权即为成立。"可资参照。之所以设此规定、作此解释,旨在维护物的经济价值。

至于非重要成分,则得单独为权利客体(sonderrechtsfähig),不必与合成物同一法律上的命运。例如甲出卖某脚踏车于乙,当事人无特别约定时,车上的警铃亦随同出卖并移转其所有权。设警铃对甲有特别意义时,甲得对乙表示警铃不愿出卖,仅借用至换装新铃时为止,则甲虽将该警铃随同脚踏车交付于乙,乙仍不能取得其所有权。甲不能让售其房屋于乙,而仍保留该房屋栋梁的所有权。

---

① 梅仲协:《民法要义》,第 59 页谓:"数个动产,互相附合,各成为合成物之重要成分者,其所有权之归属,应依下述二情形,分别定之。(1)添附之动产,有可视为主物者,该主物所有人取得合成物之所有权。例如甲取乙所有之铜钉,补缀其花瓶,此时甲取得铜钉之所有权,乙仅有偿金请求权,或损害赔偿请求权。(2)添附之动产,无从区别孰为主物者,各动产所有人,按其添附时之价值,共有合成物,例如甲取乙所有之银块,与自己所有者,一并镕成银条,此时银条之所有权,属于甲乙共有(参照'民法'第 812 条及第 813 条)。"可供参考。

第二项 不动产的成分

在前揭案例二,丙得对乙主张何种权利?关于其请求权基础,首须考虑的是"民法"第184条第1项前段规定,问题在于乙是否因故意或过失,不法侵害丙的所有权。

乙逾越地界,于甲的土地上种植苹果树,其苹果树自种植时起即为土地之部分(成分),苹果树与土地之附合,非暂时性质,应认系成为土地之重要成分,由甲取得其所有权(第811条),乙的所有权因而消灭。盖苹果树既为甲土地的重要成分,不能单独为物权之标的物也。甲将其山坡地让售于丙,并已办理登记,丙因此取得该地所有权,苹果树为土地上的重要成分,当然随土地移转于丙。① 乙自行割取,系侵害丙之所有权,故丙得依"民法"第184条第1项前段规定向乙请求损害赔偿。②

第三项 动产的成分

一、乙对甲、丁得主张的权利

在前揭案例三,欲认定乙对丁得主张的权利,首须究明乙的油漆所有权的变动。甲擅以乙的油漆漆其车,乙的动产(油漆)与甲的动产(汽车)互相附合,达于非毁损不能分离之程度,而汽车可视为主物,由甲取得

---

① 基于此项原则,实务上认为:(1)政府征收耕地,清册内虽未记明包括地上树木,因此地上树木为耕地之部分,当然随之附带征收("最高法院"1960年台上字第2507号判例)。(2)法院拍卖债务人之土地所有权全部,如未保留地上物之砍伐权(采取权),则包括未分离之地上出产物在内。惟执行法院在拍卖前,宜将该产物一并估价,以维护债务人权益(参阅《司法座谈会研究结果》,载《民事法律问题汇编》,第31页)。(3)甲将其所有之土地售于乙,但保留与土地分离之树木,则办毕所有权移转登记后,因未与土地分离之树木为土地之构成部分,甲仅对乙有砍伐树木之权利,不得主张有独立之树木所有权(最高法院1940年上字第1678号判例、"最高法院"1960年台上字第1609号判例)。(4)乙擅自在甲所有之土地上种植,因该农作物应属于甲所有,乙之债权人丙,于取得对乙之执行名义后不得向执行法院请求就该农作物予以执行(《民事法律问题汇编》,第28页)。(5)乙擅自在甲所有之土地上种植树木,甲诉请乙交还土地获得胜诉判决确定,经执行点交后,甲将地上物毁弃、移植或出卖,因未与土地分离之地上物为土地之部分,属所有权人甲所有,自可行使所有权而使用收益处分,乙自不能主张甲为侵权行为而请求损害赔偿("最高法院"1965年台上字第2102号判例)。

② 参照最高法院1942年上字第952号判例谓:"不动产之出产物尚未分离者,为该不动产之部分,民法第66条第2项有明文规定,某甲等在某乙所有地内侵权种植其出产物,当然属于某乙所有,如果该项出产物经某甲等割取,即不能谓某乙未因其侵权行为而受损害。"

该油漆的所有权(第812条第2项),乙对甲仅得依不当得利之规定请求偿还价额(第816条、第179条)①,或依侵权行为之规定请求损害赔偿(第184条第1项前段)。

乙的油漆既因附合而成为汽车的重要成分,由甲取得其所有权,乙对油漆所有权归于消灭,丁自甲受让其车之所有权,并未构成对乙所有权的侵害,纵属恶意,亦不成立侵权行为。

二、丙对丁得主张的权利

丙得依"民法"第767条第1项前段规定,向丁请求返还其引擎,须具备二项要件:

①丙为引擎所有人:丙的汽车遭盗车集团解体,引擎为汽车成分,分离后,仍属丙所有。甲向盗车集团购买该引擎,系属恶意,不能取得其所有权。问题在于甲将该引擎装置于其车时,是否因此而取得所有权。此须视该引擎是否因与汽车互相结合,而成为其重要成分而定。

物之各部分因互相结合,非经毁损或变更其物之性质不能分离者,则各该部分,均为物之重要成分,如丝线之于绣鞋、镀金之于戒指等是,其判断标准,不仅在整个物本身是否因成分之分离而减损其利益,更在此项分离对于成分影响,即成分于分离之后,在经济上是否仍得依其现存的方式而为使用。绣鞋之丝线、戒指之镀金于分离后,不能再作同一方式的使用,故属重要成分。引擎之于汽车,则非属重要成分,因为汽车引擎系属系列产品,自车体分离后,仍得依现有方式装置于他车,作同一目的之使用,不因分离而毁损或变更其性质。故甲虽将丙的引擎装于其车,丙的所有权仍未消灭。

②丁为无权占有:引擎虽装于甲车,其所有权仍属于丙,已如上述,丁受让甲的汽车,虽能取得该车所有权,然就该引擎而言,应认系甲为无权处分(第118条),丁系属恶意,不受"民法"关于动产善意取得规定之保

---

① 参阅王泽鉴:《不当得利》,北京大学出版社2023年重排版,第262页。"最高法院"2015年台上字第1356号判决谓:"按'民法'第816条系一阐释性之条文,旨在揭橥依同法第811条至第815条规定因添附丧失权利而受损害者,仍得依不当得利之法则向受利益者请求偿金,故该条所谓'依不当得利之规定,请求偿金',系指法律构成要件之准用,非仅指法律效果而言。易言之,此项偿金请求权之成立,除因添附而受利益致他人受损害外,尚须具备不当得利之一般构成要件始有其适用,即须当事人一方受有利益,致他方受有损害,且受益与受损间系无法律上之原因,始足当之。"

护(第801条、第948条),不能取得其所有权。丁欠缺本权而占有,应属无权占有。

综据上述,丙的汽车遭解体,其经分离的引擎,虽附合于甲的汽车,未达非经毁损或变更其物之性质不能分离的程度,丙对引擎的所有权继续存在。恶意之丁虽受让甲的汽车,仍不能取得该引擎所有权,构成无权占有。丙得向丁依"民法"第767条第1项前段规定请求返还其所有的引擎。

第四款 主物与从物

甲于己地,自建房屋,右侧盖一车库。屋内有书房一间,置一瑞典桧木书桌,有二个抽屉。桌上有一新力牌录影机,六卷"宫本武藏"录影带。全屋地板铺以罗马瓷砖,有一美国落地灯,配以法国进口灯罩。试问:

1. 本案例中何物具有主物与从物的关系?
2. 设甲以其屋设定抵押权于乙时,其效力及于何物?
3. 设甲将桧木书桌出卖于丙时,甲有无交付抽屉的义务?
4. 设甲将落地灯出卖于丁时,有无交付灯罩的义务?
5. 设甲将房屋出卖于戊时,有无交付书桌、落地灯的义务?

一、区别的标准

(一)判断标准

物,可分为主物及从物。"民法"第68条第1项规定:"非主物之成分,常助主物之效用,而同属于一人者,为从物。但交易上有特别习惯者,依其习惯。"从物所从属者,即为主物。从物的要件有四:

①从物非主物之成分。成分系物的构成部分,从物既非主物之成分,自为独立之物,故主物与从物乃独立二物的相对关系。至于从物,究为动产或不动产,在所不问。

②常助主物的效用。所谓常助主物的效用,系指非仅暂时地补助主物之经济目的而言,故从物与主物恒具有功能性的关联,而居于从属关系。

③从物与主物同属一人。德国立法例有规定从物与主物无须同属

一人(《德国民法典》第 97 条),偏重维护物的经济上利益;"民法"明定须同属于一人,旨在保护物的所有权。

④须交易上无特别习惯。此乃表示于判断某物是否为从物时,交易习惯具有优先性。装米之袋、乘马之鞍、洋炉之烟囱,在交易上均不认为系属从物。

(二) 具体案例的认定

兹据上开标准,认定前揭案例中何物具有主物与从物的关系:

①甲于己地,自建房屋,一为土地,一为土地上之定着物,系二个独立不动产,虽同属一人,但土地与房屋各具独立的经济效用,无从属关系,交易上亦不以从物视之,故二者并无主从关系。

②甲于屋侧所盖的车库,固定附着于土地之上,是为不动产。车库旨在供屋主停车之用,常在补助房屋之经济目的,既同属于甲,为房屋的从物。

③书房系建在房屋之内,为房屋的构成部分,不能独立为权利的客体,非属从物。

④桧木书桌,虽在房屋之内,但非属房屋的构成部分,为独立之物。书桌是否为房屋的从物,应视房屋之经济目的而定:房屋为学校或补习班者,书桌为其从物;但于一般住家,书桌非在增进房屋的经济上效用,应非属其从物。至于书桌内二个抽屉,乃书桌之成分。

⑤桌上的新力牌录影机及六卷"宫本武藏"录影带,与桧木书桌同,均属独立之物,与房屋不具从物与主物关系。录影带与录影机,在交易观念上并不具继续的使用性,亦不发生主从关系。

⑥罗马瓷砖铺于地板,已达密切结合之程度,应属房屋的构成部分。

⑦落地灯系属独立物,与房屋不具从物与主物的关系。至于灯罩,依物之用法附属于落地灯,常助其效用,故为其从物。

二、区别实益

"民法"第 68 条第 2 项规定:"主物之处分,及于从物。"此为区别主物与从物的实益,立法目的在于维护物的经济上利用价值,因为某物既常助他物之效用,以之分属二人,势必减少其效用,对社会经济,实属不利。所谓处分,应从宽解释,除物权行为外,尚兼包括债权行为(尤其是买卖)在内。① 此项使从物的命运从属于主物的规定,乃任意的,不具强行性,当事人得排除其适用。兹据上述说明前揭例题所提出的问题：

①甲以其屋设定抵押权于乙,乃处分其主物,依"民法"第68条第2项规定,其效力及于从物,第862条第1项规定"抵押权之效力,及于抵押物之从物与从权利"重申此旨。屋侧的车库系属从物,故抵押权人乙于其债权已届清偿期而未受清偿时,得声请法院拍卖甲的房屋及车库,就其卖得价金受清偿(第873条)。

②甲将桧木书桌出卖于丙时,负交付桧木书桌,并移转其所有权之义务(第348条)。抽屉系属书桌的成分,应一并交付；未一并交付时,出卖人应负物之瑕疵担保责任(第354条以下)。

③甲将落地灯出卖于丁时,系对主物的处分,除当事人另有约定外,其效力及于灯罩,故丁有请求甲交付灯罩的权利。甲不为给付或不能交付时,丁得依债务不履行规定,行使其权利(第226条以下)。

④书桌与落地灯不是房屋的从物,非房屋买卖之所及。

第五款　天然孳息与法定孳息

甲于梨山开辟土地,种植果树,因年老体弱,乃将果实出卖于乙,甲病故,其独子丙在台北某校任教,将农场出租于丁,交丁占有,租期10年,并办理公证。租金每年50万元。丙于第二年第三个月复将该地出售于戊,并移转其所有权。试问：

1. 何人有果实收取权。设戊收取果实出售时,其法律关系如何？
2. 戊的债权人庚对该土地强制执行时,丁得否提起异议之诉？
3. 丁的债权人辛得否对果树强制执行？

---

① "最高法院"2010年台抗字第916号裁定谓："公寓大厦小区内之设施,形式上以住户各有若干应有部分登载,但使用机能或效用上系经常性、继续性附随或帮助区分所有建物之效用而存在,在一般交易上亦均一并处分,解释上应属区分所有建物之从物,依'民法'第68条第2项规定,此类建物于买卖时,亦毋庸通知他共有人优先承购。反之倘仅系共有人间实际上划定使用范围,对各自占有管领之部分,长年互相容忍,对于他共有人使用、收益,各自占有之部分,未予干涉,应认仅有默示分管契约之存在,因不失共有之本质,自仍有'土地法'第34条之1规定之适用。"

第一项 天然孳息

一、意义及归属

孳息指原物（物及权利）所生之收益，可分为天然孳息与法定孳息。称天然孳息者，谓果实、动物之产物及其他依物之用法所收获之出产物（第69条第1项）。出产物包括有机的出产物（如树木的果实、动物的乳雏）及无机的出产物（如矿山的矿物、石山的石林）。所谓"依物之用法"，非仅指依原物之经济上效用，应作广义解释，认为系指依原物之种种使用方法，故牧牛之乳，固为孳息，耕牛之乳，亦不例外。就前揭例题言，甲于梨山辟地种植果树，果实为天然孳息；设甲于种植果树之际，掘得金矿，或将采取果实制成罐头，金矿或罐头均非依原物之用法所收获之产物。

"民法"第70条第1项规定："有收取天然孳息权利之人，其权利存续期间内，取得与原物分离之孳息。"可知"民法"系采原物主义，而不采生产主义，即对于原物有收取权之人，天然孳息一旦分离，当然即归其取得，对于原物施以生产手段的，究为何人，在所不问。至于收取权人，除法律另有规定①，或当事人间另有约定外，为原物所有人（第765条、第766条）。

在前揭例题，甲将其果实出卖于乙，乙因而取得果实收取权。甲病故之后，其继承人丙将该农场出租于丁，丁因而取得租赁物使用收益之权利，亦有果实收取权②，因而发生收取权的顺序问题。"民法"对此未设明文，解释上应以占有原物的承租人为优先③，故丁对果实有收取权。

---

① 法律特别规定，除所有权人外，有：(1)享有一定权利之人，例如典权人（第911条）、地上权人（第832条）、农育权人（第850条之1）、质权人（第889条）、占有人（第952条）。(2)承租人（第421条）及一定亲属关系之人、亲权人（第1088条）、监护人（第1101条）。

② 最高法院1943年上字第6232号判例谓："物之构成部分除法律有特别规定外，不得单独为物权之标的物，未与土地分离之树木，依民法第66条第2项之规定，为土地之构成部分，与同条第1项所称之定着物为独立之不动产者不同，故向土地所有人购买未与土地分离之树木，仅对于出卖人有砍伐树木之权利，在未砍伐以前未取得该树木所有权，即不得对于更自出卖人或其继承人购买该树木而砍取之第三人，主张该树木为其所有。"此项判例认为天然孳息收取权仅具债权性，应予注意。

③ 最高法院1940年上字第403号判例谓："按民法第70条第1项规定，有收取天然孳息权利之人，其权利存续期间内，取得原物分离之孳息。是无收取天然孳息权利之人，虽与原物分离之孳息为其所培养，亦不能收取之。耕作地之承租人依民法第421条之规定，固得行使出租人之收益权，而有收取天然孳息之权利。惟出租人无收益权时，承租人如非民法第952条所称之善意占有人，虽于该耕作地培养孳息，亦无收取之权利。"可供参考。

果树尚未与土地分离者,为该不动产之部分(第66条第2项)。甲的继承人丙将其地出租于丁后,再将该地所有权让售于戊,果树虽仍为戊所有土地之部分,但依"民法"第425条"出租人于租赁物交付后,承租人占有中,纵将其所有权让与第三人,其租赁契约,对于受让人仍继续存在。前项规定,于未经公证之不动产租赁契约,其期限逾五年或未定期限者,不适用之"之规定,丁承租丙的农地,办理公证,对果实的收取权不受影响。倘戊擅自收取果实出售时,应构成债务不履行。此外,丁亦得依不当得利对戊请求返还其所受利益(第179条)或依侵权行为规定请求戊负损害赔偿责任(第184条第1项前段)。

二、对未分离天然孳息的强制执行

天然孳息与原物分离后,成为独立之物(动产),得为强制执行的客体。① 有疑问的是,对尚未分离的天然孳息,可否为强制执行?1940年院字第1988号解释谓:"未与土地分离之甘蔗、稻麦,虽因其为土地之构成部分,不得单独为不动产物权之标的物,然将来与土地分离时,即成为动产,执行法院于将成熟之时期予以查封,并于成熟后收获之而为拍卖或变卖,自无不可。其执行既以将来成为动产之甘蔗、稻麦为标的物,即应依对于动产之执行程序办理。"可供参照。值得注意的是,"强制执行法"第53条第1项第5款规定未与土地分离之天然孳息,不能于1个月内收获者,不得查封。天然孳息,能于1个月内收获者,即将成熟,已可独立为交易对象,得为查封。

三、天然孳息收取权人的第三人异议之诉

土地的所有人之债权人就天然孳息查封时,天然孳息收取权人得否

---

① 法律问题:某甲有一柑橘园,于果实成熟前,将果实之采收权利,以新台币160万元,出售于某乙,订约后,某乙即付足价金,越一星期后,果实已成熟,某甲即擅自采收约2万斤,待某乙入园采收后,发现上情,某甲之行为是否应负窃盗罪?"法务部"检察司研究意见:按窃盗罪所保护之法益虽包括动产所有权与持有权,惟可能成为本罪之行为客体,以属于他人所有或持有之动产为限,若自己所有之动产而在他人管领支配者,则非他人之动产(参照"刑法"第320条第1项规定"意图为自己或第三人不法之所有"之文义与"最高法院"1960年台非字第44号判决意旨),是以无论甲是否将土地交由乙保管,甲对尚未交付于乙仍属自己所有之果实均无不法所有意图可言,纵其行为或有民事上债务不履行等之责任,尚难认该当窃盗罪之构成要件(高雄地检处1955年3月司法座谈会、台湾地区高等法院暨所属法院1968年度第二次法律座谈会刑事类第九号提案等参照)。

主张其有"强制执行法"第 15 条所称"就执行标的物有足以排除强制执行之权利",而向执行债权人提起异议之诉?

"最高法院"1985 年 3 月 5 日民事庭庭推会议决议:"未与土地分离之土地出产物,实务上认为得为强制执行之标的物,对于此项土地出产物有收取权,得因收取而原始取得该出产物所有权之第三人,应认为'强制执行法'第 15 条所称就执行标的物有足以排除强制执行权利之第三人。"

第二项　法定孳息

甲有 A 屋出租于乙,交付乙占有,租期 4 年,每年租金 50 万元,乙先付 1 年租金。甲于出租该屋半年后将该屋让售于丙,并移转其所有权。试问何人有租金收取权?

孳息,可分为天然孳息及法定孳息二种,已如上述。称法定孳息者,谓利息、租金及其他因法律关系所得之收益(第 69 条第 2 项)。此之所谓法律关系,系指一切法律关系,包括法律行为及法律规定而言。所谓收益,指以原本(物或权利)供他人利用而得之对价,利息与租金最为普通常见,法律特例示之。专用专利权之租用费,系利用原本所给予之报酬,亦属法定孳息。在前揭案例,甲将 A 屋出租于乙,为期 4 年,租金每年 50 万元,此项租金系因租赁契约而生之收益,即为法定孳息。

依"民法"第 70 条第 2 项规定:"有收取法定孳息权利之人,按其权利存续期间内之日数,取得其孳息。"在前揭案例,甲将 A 屋出租于乙,系属出租人,有收取法定孳息之权利。半年后,甲将 A 屋让售于丙,并移转其所有权,乙租赁 A 屋的契约,对受让人丙仍继续存在("民法"第 425 条第 1 项,买卖不破租赁原则)。在甲将其 A 屋所有权让与丙之日前,按其权利存续期间,取得租金,其后则归丙取得。租金已支付时,甲应将归属于新出租人丙的部分,偿还于丙。承租人乙于未受租赁物所有权让与之通知前,向原出租人甲(债权人)所为之清偿,应属有效(参照第 297 条),丙仅得依不当得利的规定,向甲请求返还其无法律上原因所受的租金利益。

第三项　抵押权与孳息

甲有 A 地,种植果树,出租于乙,为期 3 年,每年租金 100 万元,业已登记。2年后甲将该地设定抵押权于丙。丙于第三年依法实行抵押权时,其效力是否及于抵押物扣押前后的天然孳息?

"民法"第863条规定:"抵押权之效力,及于抵押物扣押后自抵押物分离,而得由抵押人收取之天然孳息。"天然孳息未分离时,为抵押物之成分,当然为抵押权效力之所及,一旦分离,已为独立之物,是否为抵押权效力所应及,不无疑问。

"民法"权衡抵押人与抵押权人之利益,明文规定抵押权人扣押抵押物后,其抵押权之效力始及于其后分离之天然孳息。在前揭例题,甲将种植果树的A地出租于乙,乙本于租赁权对果实有收取权。在此情形发生承租人收益权与抵押权效力的冲突。"民法"第426条规定:"出租人就租赁物设定物权,致妨碍承租人之使用收益者,准用第四百二十五条之规定。"在前揭例题,准用"民法"第425条所有权让与之规定,租赁契约对抵押权取得人仍继续存在,以保护承租人利益。故丙之抵押权的效力仍不及于抵押物扣押后由抵押物分离之天然孳息。[1]

第三节　财产与企业

财产与企业同属所谓"法律上集合物",试分析其意义及构成部分,并说明以下问题:

1. 得否以财产或企业作为一个买卖(或租赁)的客体?
2. 出售财产或企业时,如何移转其权利?
3. 不法侵害他人的"财产"或"企业"时,在何种情形得成立侵权行为?甲伤害乙公司的员工,或甲撞断电力公司电源致乙公司停工不能生产时,乙得否向甲请求损害赔偿?

---

[1] 司法院1936年院字第1446号解释谓:"抵押权乃就抵押物之卖得价金得受清偿之权,其效力并及于抵押物扣押后由抵押物分离之天然孳息,或就该抵押物得收取之法定孳息。故不动产所有人于设定抵押权后……与第三人订立租赁契约……不问其契约之成立,在抵押物扣押之前后,对于抵押权人,亦当然不能生效。其抵押权人因届期未受清偿,或经确定判决,声请拍卖抵押物时,执行法院自可依法径予执行。至于抵押权设定后取得权利之人……除得依民法第226条,向设定权利人求偿损害外,自不得提起异议之诉。"可供参照。

第一款　财　产

一、财产的概念

"民法"于多处条文使用"财产"此一重要概念①,但未设定义规定,其内容及范围应视各该规定之规范目的而定。财产,通常指由具有金钱价值的权利所构成的集合体。所谓具有金钱价值,指得获有对价而让与,或得以金钱表示者。其构成财产的,如物权、债权、智慧财产权(无体财产权)、社员权(如公司的股票)。此种意义的财产指积极财产而言,不包括消极财产(义务、债务)在内。"民法"第35条第1项规定:"法人之财产不能清偿债务时,董事应即向法院声请破产。"系指积极财产。其他如捐助财产(第61条第1项第4款)、财产的概括承受(第305条),均同此意义。

须特别指出的是,债务人应以其"财产",就其债务负责,使债权人得获满足,此项"责任财产"亦系指积极财产而言。例如甲有房屋(所有权)、债权等价值1000万元(积极财产),其负债为1500万元(消极财产),其财产总额虽为负数,甲的债权人仍得就其积极财产为强制执行。

财产的概念亦用于兼括积极财产及消极财产,如失踪人之财产(第10条)亦包括继承财产。"民法"第1148条第1项设明确规定:"继承人自继承开始时,除本法另有规定外,承受被继承人财产上之一切权利、义务。但权利、义务专属于被继承人本身者,不在此限。"

二、一般财产与特别财产

财产可分为一般财产与特别财产(Sondervermögen),前者指属某人的财产,后者指由一般财产分离的一定财产。特别财产的形态有二种:①一定的财产属数人共同共有,合伙财产为其著例,"民法"第668条规定:"各合伙人之出资及其他合伙财产,为合伙人全体之共同共有。"②一人除主财产外,尚有一个或数个特别财产,如未成年人的特有财产(第1087条)、夫妻特有财产(第1031条)、信托财产("信托法"第9条)等。其须指出的有二:

---

① 如"民法"第10条、第35条、第61条、第84条、第151条、第305条等,并请查阅条文。

①关于特别财产,适用类型强制原则,即须有法律规定,当事人不得创设。

②法律规定特别财产之目的,涉及一定财产的管理、处分、使用收益、代偿物的归属及债务责任等,因各个特别财产而不同。

三、财产之作为权利客体

(一)法律行为的客体

财产系由各种具有金钱价值的权利所构成,在财产之上并无一种独立的权利存在。财产本身固得为买卖(赠与或租赁)等债权行为(负担行为)的客体,惟不得作为处分的标的,从而财产构成部分的移转,应就个别权利为之(物权标的物特定原则),如不动产所有权的移转应有让与合意(法律行为)及书面登记(第758条)。动产所有权的移转,须有让与合意及交付(第761条)。债权则因让与合意而移转(第294条)。①

(二)责任客体

债务人应以其财产,就其债务负责,是为责任财产。债权人得对此项责任财产为强制执行,惟须就个别权利为之(如房屋、土地、汽车或银行存款),而不得对债务人的"财产"为查封、拍卖。盖此较符目的性原则,并可顾全债务人的利益也。

(三)侵权行为法的保护客体

侵权行为法的基本任务,在于如何定其保护客体。"民法"第184条规定:"因故意或过失,不法侵害他人之权利者,负损害赔偿责任。故意以背于善良风俗之方法,加损害于他人者亦同。违反保护他人之法律,致生损害于他人者,负赔偿责任。但能证明其行为无过失者,不在此限。"所谓侵害他人之"权利",不包括"财产本身"(纯粹财产上利益、纯粹经济上损失)。反之,所谓侵害"他人",则包括之。例如甲挖掘地下道,因过失致毁损乙的电缆,造成停电,致丙公司的电脑不能作业,受有营业上损失时,乙得以所有权受侵害请求损害赔偿(第184条第1项前段),丙仅系纯

---

① 财产是人之生存的物质基础,故《德国民法典》对财产之作为交易客体设有保护规定,第311b条规定:"当事人一方以契约让与其现存财产或其一部,或对其设定用益权为义务者,其契约需有公证证书。当事人一方以契约让与其将来财产或其一部,或对其设定用益权为义务者,其契约无效。"可供参考。

粹财产上利益受侵害,不得依"民法"第 184 条第 1 项前段请求损害赔偿。①

第二款 企 业

企业[或称事业(Unternehmen)]系一个有组织的经济单位,从财产法的观点言,乃结合物(所有权)、无体财产权、债权、商誉、劳动关系及顾客关系的组织体。企业于不同的法律领域,如"公司法""公平交易法""消费者保护法""劳动基准法"等,具有不同的规范意义。就"民法"言,应说明的有二:

①于企业之上,并不存在一种独立的权利。企业本身虽得为买卖或租赁等债权行为的客体,但不得为处分的标的。于企业买卖的情形,构成企业部分的权利,如所有权、债权等,应个别移转其权利。

②企业在侵权行为法的保护,应适用"民法"第 184 条第 1 项后段规定。应否创设所谓的营业权(企业经营权),而受"民法"第 184 条第 1 项前段规定的保护,尚有争论。鉴于企业非属单一权利的支配客体,其保护范围难有明确界限,纵承认其为权利,其适用范围及要件,亦必须加以限制。侵害企业的从业人员或企业的设备时,应认系对他人之人身或所有权的侵害,而非系企业权受侵害。在甲挖断乙的电缆之案例,丙企业虽因停电而受有财产上的损失(纯粹经济损失),并不构成对企业权的侵害,企业不得依"民法"第 184 条第 1 项前段规定,请求损害赔偿。②

---

① 参阅王泽鉴:《侵权行为》(第三版),北京大学出版社 2016 年版,第 98 页。
② 参阅王泽鉴:《侵权行为》(第三版),北京大学出版社 2016 年版,第 342 页;王泽鉴:《挖断电缆的民事责任:经济上损失的赔偿》,载王泽鉴:《民法学说与判例研究》(第七册),北京大学出版社 2009 年版,第 57 页。

第六章　权利的变动
——私法自治与法律行为

第一节　总　论

第一款　权利的得丧与变更

试就以下案例分析当事人间权利得丧变更的态样及所谓的"法律事实",并说明何谓权利的原始取得及继受取得、移转取得与创设取得、概括取得与特定取得?

1. 甲暴富,丢弃近购的旧型电视机。乙见而拾之,赠与丙,并依让与合意交付之。丙死后遗有财产,除该电视机外,尚有房屋、机车等物,丁为其继承人。

2. 甲向乙贷款2万元,并交付钻戒于乙,设定质权。乙保管不周遗失钻戒,丙拾得该钻戒,交警察局招领,6个月内,甲、乙均未认领。

3. 甲寄托名贵布料于乙处,乙擅以之作为己有,出售于知情的丙,并即交付,让与其所有权。丙交由丁西服店制作西装。

4. 甲与乙结婚后生子丙。乙被丁强制性交,丙遭戊绑架。

对初学民法的人,上述案例较为复杂,但有助于掌握民法上权利变动的基本模式,请反复来回思考于具体案例与体系构成。

第一项　权利得丧变更与法律事实

权利系民法的核心,人为权利的主体,物为权利的客体,前已阐释其基本概念,作静态分析。兹更进一步结合三者,动态地观察权利的变动,即基于何种"法律事实",使"人与人""人与物"发生一定的法律关系,造成权利的发生、变更与消灭。

一、权利的得丧变更

(一)权利的取得

权利的取得,乃权利归属于主体,可分为原始取得及继受取得:

①原始取得,指非基于他人既存的权利,而独立取得新权利而言(权利的绝对发生),如甲新建房屋(原始取得所有权)。

②继受取得,指就他人既存的权利而取得其权利而言(权利的相对发生),其种类有二:

A. 移转继受取得(如乙自甲受让其屋所有权)与创设(设定)继受取得(如乙将其所有房屋设定抵押权于丙,丙自乙的房屋取得抵押权)。

B. 特定继受取得(如受让某屋所有权)与概括继受取得(如继承遗产)。须注意的是,概括继受取得限于法律规定的情形。

(二)权利的变更

权利的变更,乃权利形态及内容的变更,其情形有三:

①主体的变更,亦即权利的移转。

②客体的变更,如因附合(如甲擅取乙的水泥修补自己漏水屋顶,第811条)而使所有权的客体扩大;因债务一部分清偿而使债权缩小;因选择权的行使而使选择之债变为单纯之债;因给付不能而使请求给付特定物债权,变为损害赔偿债权(第226条)。

③效力的变更,如附有抗辩权的权利,变为无抗辩权;原不得对抗第三人的权利,变为得对抗第三人("动产担保交易法"第5条)。

(三)权利的消灭

权利的消灭,乃权利离去主体,可分为绝对的消灭及相对的消灭。权利的绝对消灭,指权利本身客观地失其存在而言,如权利客体灭失、权利抛弃。权利的相对消灭,系权利主体的变更,亦即权利的移转。

二、法律事实

(一)法律事实的意义

关于权利的取得、变更及消灭的态样,已略如前述。此种法律现象的发生,系因法律适用于一定事实而引起。此种因法律的适用,足以发生一定权利得丧变更(或其他法律上效果)的事实,学说上称为法律事实。例如甲后院树上的果实,遭强风吹落于乙的前院,是为法律事实。"民法"第798条第1项前段规定,"果实自落于邻地者,视为属于邻地所有人"。以此抽象的法律规定,适用于甲树的果实遭强风吹落于乙前院的具体事实,即产生由乙原始取得该果实所有权的法律效果。

(二)法律事实的分类

关于法律事实,亦可作类型上的观察。首先,可区别为人的行为及人的行为以外的其他事实。其次,人的行为可再分为适法行为及违法行为。适法行为又可分为表示行为及非表示行为。表示行为指表示某种心理状态的行为,其最主要者为意思表示。意思表示系法律行为的必备要素。法律行为由当事人一方之意思表示即可成立的,是为单独行为(一方行为);法律行为由双方当事人互相表示意思合致始能成立的,是为契约。法律行为因其所欲发生效果的不同,可分为债权行为(如买卖、保证)与物权行为(如移转所有权、设定抵押权)(二者合称财产行为)、亲属行为(如结婚、收养)与继承行为(如抛弃继承)(二者合称身份行为)。非表示行为,乃无关心理状态的行为,亦称为事实行为,如无主物的先占、遗失物的拾得、添附等。违法行为中最主要者,系侵权行为及债务不履行。

人的行为以外的其他事实,非因人的行为所构成,故亦称自然事实,可分为二类:①事件,即具体的自然事实,如出生、死亡、果实自落于邻地。②状态,即抽象的自然状态,如生死不明、成年、时间的经过、善意和恶意等。

第二项　思考模式与案例研习

一、思考模式

据前所述,可知法律事实与权利得丧变更(法律现象),系处于"原因"与"结果"的关系。兹将其思考模式,图示如下:

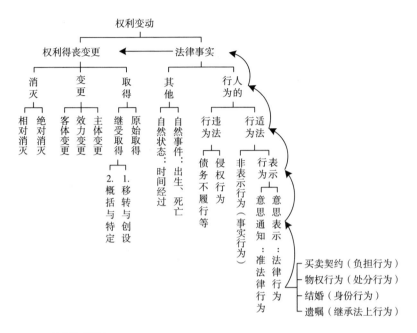

二、案例研习

初习法律之人,读到关于权利得丧变更与法律事实的说明及前揭图示时,必定会对其高度的"抽象性",产生"敬畏",感到"不知所云"。应强调的是,所谓法律适用乃将抽象的法律规定,适用于具体的事实,以判断其法律效果。因此,抽象的思考方式、类型化的观察,以及对具体事实的精确认定及掌握,乃学习法律的基本训练,经由此种训练可获得一定的"法律能力"。又须提请注意的是,前开图示系现行"民法"关于权利得丧变更的基本架构,其内容经由"民法"各编的规定而为充实。前揭案例的主要目的,在使读者能够熟习此项思考模式,倘能举一反三,对于学习法律必有重大助益。请耐心查阅相关条文,了解每一个权利变动的过程,培养以具体案例形成体系、以体系掌握具体案例的能力(请先参考前揭说明及思考模式,再解答案例,引用条文并写成书面)。

(一)电视机的抛弃、无主物先占(案例1)

甲暴富,丢弃其旧型电视机,系动产所有权的抛弃。"民法"第764条第1项规定:"物权除法律另有规定外,因抛弃而消灭。"抛弃系权利人依其意思表示,使物权归于消灭的单独行为(法律行为、物权行为)。甲为抛弃后,其对电视机的所有权客观终局地失其存在,是为权利的绝对消灭。乙见而拾之,系对无主物的先占(非表示行为、事实行为),原始取得该电视机所有权(第802条)。其后,乙将该电视机赠与丙(第406条),丙基此债权契约,原始取得对乙请求交付该物,并移转其所有权的债权。乙将该电视机交付于丙,当事人并有移转其所有权的合意(法律行为、物权契约),丙因而取得该电视机所有权(第761条)。此项电视机所有权的取得,系属移转继受取得及特定继受取得(权利的相对发生)。盖乙系将该特定物的所有权完全移转于丙,其权利内容并未变更。就乙与丙而言,则为权利主体的变更。由是可知,权利的相对发生、权利主体的变更,与权利的相对消灭三者,乃一事之三面。又丙死亡后,由丁概括继受取得丙遗产上的一切权利(第1148条)。兹将上述,图示如下:

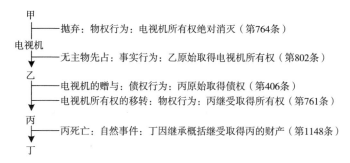

(二)拾得设定质权的钻戒(案例2)

甲向乙贷款2万元,其消费借贷契约因金钱的交付而成立(第474条),甲继受取得乙依物权行为所移转的金钱所有权(第761条)。乙对甲原始取得请求返还2万元的债权(第474条、第480条)。

甲交付钻戒于乙,设定质权,乙因此项物权行为(第884条、第885条),而取得动产质权,系属创设取得,因其系于钻戒所有人甲的所有权上,设定性质不同的权利。

丙拾得乙遗失的钻戒,交警察局招领,6个月内甲、乙均未认领。"民法"第807条第1项规定:"遗失物自通知或最后招领之日起逾六个月,未经有受领权之人认领者,由拾得人取得其所有权。警察或自治机关并应通知其领取遗失物或卖得之价金；其不能通知者，应公告之。"拾得人丙取得遗失物所有权，系因遗失物之拾得（非表示行为、事实行为），依法律规定而取得该钻戒所有权（不以交与其物为要件，纵未交与，仍由拾得人丙取得遗失物所有权）。此项遗失物所有权的取得，系原始取得，该物之上原有甲的所有权及乙的质权消灭。

（三）无权处分他人之物，承揽与添附（案例3）

甲寄托名贵布料于乙处，成立寄托契约（第589条）。甲原始取得对乙请求返还寄托物的债权（第597条）。乙擅以自己名义将该布料出卖于丙，此项出卖他人之物的买卖契约有效，乙原始取得向丙请求价金的债权（第367条），丙亦原始取得向乙请求交付其物，并移转其所有权的债权（第348条）。乙将该布料所有权移转于丙，系无权处分甲的所有权，甲因乙的违法行为原始取得债务不履行（第227条）及侵权行为（第184条第1项前段、后段）的损害赔偿请求权。丙系恶意，不能取得该布料所有权；但因由丁西服店承揽制成西装，丙原始取得该西装（加工物）所有权（第814条）。① 甲原始取得对丙请求侵权行为损害赔偿（第184条第1项前段、后段），及依关于不当得利规定请求价额（第816条、第179条）的债权（请参照前揭案例1：电视机的抛弃，作一简图表示其因何种法律事实发生何种权利变动）。

（四）人格权及身份权遭受不法侵害（案例4）

甲男与乙女结婚（亲属行为、契约）而成为夫妻，彼此原始取得配偶关系上的权利（身份权）。丙因出生（事件）而原始取得人格权，甲、乙对丙则有亲权（第1084条第2项）。丁强制性交乙，系侵害乙的身体权（人格权），及侵害甲的身份权，甲、乙各原始取得对丁因侵权行为而生的损害赔偿请求权（第184条第1项、第195条）。又戊绑架丙童，系侵害丙的自由权（人格权），及侵害丙之父母的身份权，应依"民法"第184条第1项前段、第195条第3项规定，负损害赔偿（尤其是慰抚金）责任。

---

① "最高法院"1965年台上字第321号判例："因承揽契约而完成之动产，如该动产系由定作人供给材料，而承揽人仅负有工作之义务时，则除有特约外，承揽人为履行承揽之工作，无论其为既成品之加工或为新品之制作，其所有权均归属于供给材料之定作人。"

第二款　私法自治[①]

甲为某大学法律系助教,预定近日结婚,偕其未婚妻乙赴台北市南昌路购买新床,问过八家,或因价钱偏高,或因样式不雅,或因老板不甚友善,而未成交。最后于丙家具行找到一张"AI 智慧床"。丙出价 8 万元,甲还价 6 万元,丙不允,甲故示欲离去转往他家,丙表示愿以 7 万元出售,甲坚持须再减价 2000 元,丙勉强同意。甲郑重表示须于 2 月 6 日结婚前夕送达其家,丙满口答应。甲付定金 6000元,丙开给收据,内载"货物出门,概不退换",甲未表示意见,留下名片地址而去。回家途中,甲之未婚妻乙担忧丙届期不送床来,必误佳期,甲强调"放心可也"。试回答下列问题:

1. 甲与其未婚妻乙为何要到南昌路购买家具?为何许多家具店要聚集在南昌路,彼此竞争?

2. 就此例论述私法自治的意义、功能、限制及与法律行为的关系,并说明为何甲得强调"放心可也"?

第一项　私法自治的意义

私法自治,指个人得依其意思形成其私法上权利义务关系。"民法"于众多条文明定当事人得依其意思排除法律规定(如第 119 条、第 154 条、第 314 条、第 315 条、第 316 条、第 317 条等),可知"民法"系采私法自治原则,肯定当事人得自主决定创造其相互间的私法关系。之所以未设明文,乃视为当然也。

私法自治原则表现在各种制度之上,如所有权自由,即所有人于法令限制之范围内,得自由使用、收益、处分其所有物(第 765 条);遗嘱自由,即个人于其生前,得以遗嘱处分财产,决定死后其财产之归属(第1186 条以下)。

然而最能体现私法自治的,乃契约自由。契约自由指当事人得依其

[①] 关于私法自治及法律行为之文献资料甚多,参阅杨崇森:《私法自治制度之流弊及其修正(上)》,载《政大法学评论》1970 年第 3 期,第 16 页;杨崇森:《私法自治制度之流弊及其修正(下)》,载《政大法学评论》1971 年第 4 期,第 67 页;詹森林:《私法自治原则之理论与实务》,载《台湾大学法学论丛》1993 年第 22 卷第 2 期,第 1 页以下;杨代雄:《法律行为论》,北京大学出版社 2021 年版。

意思之合致,缔结契约而取得权利、负担义务,其基本内容有四:

①缔结自由:即缔结契约与否,由当事人自由决定。

②相对人自由:即与何人缔结契约,由当事人自由选择决定。

③内容自由:即契约的内容,由当事人自由决定。

④方式自由:即契约原则上仅依意思合致即可成立,不以践行一定方式为必要。

在前揭甲购买结婚新床的案例,可以清楚地看到私法自治(尤其是契约自由)原则的实际运用。甲结婚时是否购买新床,得自主决定。台北市南昌路号称家具市场,家具行林立,甲愿与谁缔结契约,可任凭选择,不负有非与特定人缔结契约不可的义务,故可问过八家家具行而不缔约,无论基于何种理由,法律原则上均不干预。家具行之所以聚集南昌路是为了彼此竞争,吸引顾客,使顾客得货比三家,有较多选择自由及讨价还价余地。甲最后与丙缔结买卖契约,除标的物、价金外,关于清偿期(2月6日交货)及责任限制(货物出门,概不退换),均须当事人意思一致,买卖契约始能成立(第345条第2项、第153条)。又动产买卖契约系属不要式契约,不以作成书面为必要。

由前述可知,关于甲是否购买新床,相对人的选择,契约内容、方式,悉让诸当事人自由决定,他人不予干涉。现代社会的一般交易,基本上均采此种形态。其出发点为个人自由,其所强调的,系个人意思自主,为其利益最佳判断,法律乃赋予最大可能的自由,任由当事人自行创造规制彼此权利义务关系的规范。

第二项 私法自治的功能

私法自治原则系建立在19世纪个人自由主义之上,排除了当时封建身份关系及各种法律对个人的束缚,保障私有财产,实践营业自由,对于维护个人自由与尊严,促进社会经济发展,文化进步,贡献至巨!

私法自治原则适用于一切私法关系,婚姻或家庭亦受其规制,但其主要功能表现在财产交易方面。私法自治与契约自由旨在保障经济活动的运作,不受他人统制或支配,而是经由个人意思决定所体现的自由竞争。个人自主及自由竞争乃成为规制经济活动的高度有效手段,在市场经济体制下,可以将劳力与资本导引至能产生最大效益的场所。其他规制手段,尤其是政府的干预措施,常会造成缓慢、昂贵、冗杂及低效率的资源分配及利用。

就前揭案例而言,甲购买结婚新床虽属日常生活上细微小事,亦足表现私法自治(尤其是契约自由)在市场经济上的机能,以及自由竞争可以促进价格的合理、产品样式的新颖、服务态度的友善。倘购买新床或其他交易须先经有关单位核准,至固定场所提货,价格公定,其对个人自主、人格发展及整个社会经济的进步,均属不利,事理至明,无待赘言。

甲所以得问过八家家具行而不缔约,且得与丙家具行讨价还价,一方面是市场经济体制的存在;另一方面是当事人处于平等地位,而使契约自由的功能发挥得淋漓尽致。甲所以能对其未婚妻乙表示,丙届时必送来新床,"放心可也",其理由有四,此亦为契约法的基础:

①当事人间的信赖。契约是当事人的相互承诺,承诺所引起的,乃对我未来的行为,而非仅对我当前诚意的信赖。[①] 诚如美国伟大法学家罗斯科·庞德(Roscoe Pound)所云:财富,在一个商业的时代,大部分是由承诺所构成。[②]

②自由竞争的功用。

③法律维护契约严守原则(pacta sunt servanda),即债务人不依债之本旨履行时,债权人得声请法院强制执行、请求损害赔偿。

④二只手的协力:不可见之手(自我利益)及可见之手(法律规范)。

广为引述的是亚当·斯密(Adam Smith)在其名著《国富纶》(The Wealth of Nations)中的名言:"人类是经常需要同类的援助;当然不能希望这种援助只是出于他们的恩惠(benevolence)。他如果能够为了自己而刺激别人的利己心,这对他是有利的;并使他们知道他们为他做到他所要求的,乃是有利于他们的;则似乎更能收效。任何人向他人提议某种契约时莫不打算这样做。'给我以我所必要的,然后你也取你所欢喜的',这是任何交易的意义所在;因有这样的想法,我们可以彼此得到许多必要的照顾。我们所以能够得到饮食,这不是由于屠宰者、造酒者及制面包者的恩惠;这是得利于他们对其本身利益的尊重。我们并非诉诸他们的人道主义,是诉诸他们的利己心。"[③]

---

① See Charles Fried, Contract as Promise, A Theory of Contractual Obligation (Harvard 1981), p. 11: "A promise invokes trust in my future actions, not merely in my present sincerity."

② See Roscoe Pound, Introduction to the Philosophy of Law (Harvard 1961), p. 230: "Wealth, in a commercial age, is made up largely of promises."

③ 〔英〕亚当·斯密:《国富论》(上册),台湾银行经济研究室1964年版,第15页。

第三项　私法自治的"宪法"基础及法律规范

一、私法自治及契约自由是一种受"宪法"保障的基本权利

私法自治,尤其是契约自由,系由二只手的协力,一为不可见之手(自我利益),另一为可见之手(法律规范),前已强调。关于法律规范,首先要提出的是,私法自治及契约自由是一种受"宪法"保障的基本权利。"司法院"释字第580号解释认为:基于个人之人格发展自由,个人得自由决定其生活资源之使用、收益及处分,因而得自由与他人为生活资源之交换,是"宪法"于第15条保障民众之财产权,于第22条保障民众之契约自由。惟因个人生活技能强弱有别,可能导致整体社会生活资源分配过度不均,为求资源之合理分配……自得于不违反"宪法"第23条比例原则之范围内,以法律限制民众缔约之自由,进而限制民众之财产权。

在本件解释,大法官第一次肯认契约自由系一种应受"宪法"保障的基本权利,对"宪法"与"民法"发展具有重大意义,并对法律限制契约自由提供了"宪法"基础。

二、契约自由的规范

私法自治在当代市场经济的机能,虽如上述,但其机能的发挥须以当事人的自由平等,及由此而产生的自由竞争及机会均等为前提要件,始足确保契约内容的妥当性。一个离乡背井的劳工,赖出卖劳力维持生活,如何能与资本家讨价还价磋商劳动条件?一个无资力的市民,通常仅能购买最廉价的物品,契约自由,徒具虚名,殆无实益。一般消费者,零散孤立,欠缺必要信息,如何对抗在市场上居于优势地位的企业厂商?法律必须作必要介入,以维护社会正义。在此方面台湾地区法制已有重大的发展,如制定"劳动基准法"(1984年)规定劳动条件最低标准,保障劳工权益,加强劳资关系,促进社会与经济发展;制定"公平交易法"(1991年),以维护交易秩序、消费者利益,确保公平竞争及促进经济发展之安定与繁荣;制定"消费者保护法"(1994年),保护消费者权益,对于定型化契约予以规制,调和消费者与企业经营者之不对等地位。

契约自由应受法律限制,以维持社会秩序,增进公共利益,并维护契约正义,分四点言之:

(一)缔约自由及相对人自由的限制

法律应设强制缔约规定,使从事特定行业者,负有与相对人缔约的义务,例如:

①公用事业的缔约义务:邮政、电信、电业、自来水等事业,非有正当理由,不得拒绝客户或用户供用之请求("邮政法"第19条、"电信法"第22条、"电业法"第47条第3项、"自来水法"第61条第1项)。事业居于独占的地位时,一般人事实上依赖此等民生需要的供应,欠缺真正缔约自由的基础,故法律特明定其负有缔约的义务。

②医疗契约的缔结:医师、兽医师、药师、助产人员非有正当理由,不得拒绝诊疗、检验或处方之调剂("医师法"第21条、"兽医师法"第11条、"药师法"第12条、"助产人员法"第29条)。法律所以设此规定,乃出于对生命健康的重视。

(二)契约内容自由的限制

"民法"设有二项基本规范,即第71条明定:"法律行为,违反强制或禁止之规定者,无效……"第72条明定:"法律行为,有背于公共秩序或善良风俗者,无效。"

须特别指出的是,在前揭案例出卖人丙家具行出具的收据载有"货物出门,概不退换"。企业经营者常订立此类不利于消费者的条款。为保障消费者权益,有赖立法、司法及行政的协力,作必要的规制。关于前揭免责条款的控制,首先,应检讨其是否因当事人合意而订入契约,成为契约之内容;其次,有疑义时,应作有利于相对人之解释;最后,审究其内容是否违反诚实信用原则,对消费者显失公平(参阅"民法"第247条之1、"消费者保护法"第12条以下)。此外尚应审究出卖人有无故意不告知其瑕疵的情事,"民法"第366条规定:"以特约免除或限制出卖人关于权利或物之瑕疵担保义务者,如出卖人故意不告知其瑕疵,其特约为无效。"属强行规定,旨在保护买受人之利益。

须注意的是,物权法设有物权法定主义(第757条),亲属法规定一定种类的夫妻财产制(第1004条以下),继承法规定遗嘱的方式(第1189条以下),此为法律行为类型强制。

(三)方式自由的限制

"民法"就若干契约设有应践行一定方式(书面、证人、公证等)的强行规定(要式行为),如合会(第709条之3)、终身定期金契约(第730

条)、不动产物权变动(第758条第2项)。要式行为多见于身份行为,如结婚(第982条)、夫妻财产制(第1007条)、父母同意子女被收养(第1076条之1)、离婚(第1050条)、遗嘱(第1189条)。

(四)契约自由及其限制的基本规范体系

兹综据前述,将私法自治与契约自由的规范体系图示如下①:

```
        私法自治
           ↓
        契约自由
```

项目	缔约自由	内容形成自由	方式自由
原则	1. 自由决定是否缔约 2. 与谁缔约	1. 无内容强制 2. 无契约法定主义	不必践行一定方式 (不要式行为)
法律规定	1. "民法"未设明文,以契约自由为前提 2. 契约自由系受"宪法"保障的基本权利("司法院"释字第580号) 3. 契约自由得依法律加以限制("宪法"第23条)		
限制	1. 强制缔约 2. 歧视契约禁止: "民法"未设规定,参照"性别平等工作法"②(第7条至第11条、第26条)	1. 强行规定(第71条、第72条) 2. 内容控制 (1)暴利行为(第74条) (2)定型化契约(第247条之1) 3. 物权法定主义、亲属法夫妻财产制及继承法上遗嘱的类型强制	要式契约:如合会、结婚、离婚、遗嘱等

---

① Vgl. Rüthers/Stadler, AT, S. 47; Christoph A. Kern, Typizität als Strukturprinzip des Privatrechts (Tübingen 2013).

② 在私法上制定反歧视规定,以实践受"宪法"保障的平等原则,具有未来发展性,应作为民法的重点研究课题。参阅"性别平等工作法"第7条规定:"雇主对求职者或受雇者之招募、甄试、进用、分发、配置、考绩或升迁,不得因性别或性倾向而有差别待遇。但工作性质仅适合特定性别者,不在此限。"并参阅第8条(教育训练)、第10条(薪资给付)、第11条(退休、资遣、离职及解雇)。第26条规定:"受雇者或求职者因第七条至第十一条或第二十一条之情事,受有损害者,雇主应负赔偿责任。"德国法参考文献,参阅 Leible/Schlachter, Diskriminierungsschutz durch Privatrecht (Tübingen 2006);基本问题,参阅 Wolf/Neuner, AT, §48。关于"性别工作平等法"第26条的适用,"最高法院"2011年台上字第1062号判决可供参照:"按'性别工作平等法'第26条虽规定受雇者或求职者因第7条之情事,受有损害者,雇主应负赔偿责任,而未如'民法'第184条第2项但书设有举证责任转换之明文,惟该法系为保障性别工作权之平等,贯彻'宪法'消除性别歧视、促进性别地位实质平等之精神而制定(该法第1条规定参照),性质上应同属保护他人之法律,且寻绎'性别工作平等法'第26条规定之立法过程,将原草案'故意或过失'文字予以删除,及其立法理由提及参考德国民法第611条之1(该条文舍德国一般侵权行为之举证责任原则,将雇主违反两性平等原则致劳工受损害者,改采举证责任转换为雇主)规定,明定雇主违反第7条规定时之赔偿责任,并参照'性别工作平等法'第31条规定揭橥举证责任转换为雇主之趣旨,应认雇主如有违反该法第7条因性别或性倾向而差别待遇之情事,依同法第26条规定负赔偿责任时,雇主当受过失责任之推定,亦即举证责任转换为雇主,仅于证明其行为为无过失时,始得免其责任。"

第四项　私法自治的实践

私法自治原则一方面应加以必要合理规制,他方面更须积极确保其实践①,此实与台湾地区近年来社会经济变迁具有密切的关系。经济的发展改变了人们所得结构。商品劳务供给的增加,使多数人拥有更多可支配的资源,可以参与法律交易,形成其私法关系。在一个贫穷的社会,所谓私法自治殆如纸上谈兵,不切实际。教育的普及,人们智识水平的提高、判断能力的提升以及信息的自由流通,使人们更能实践其自主决定,而落实私法自治的理念。②

第二节　法律行为

第一款　法律行为的功能、意义及要件

何谓法律行为,在私法自治具有何种功能？法律行为与意思表示具有何种关系？何谓法律行为的成立要件、生效要件？请整理相关规定,说明立法理由。

第一项　法律行为的功能:实现私法自治

私法自治,指个人得依其意思形成私法上之权利义务关系(详如前述)。法律行为乃实践私法自治的手段。

"民法"总则编第四章规定法律行为,分为六节,共48条(第71条至第118条),系实践私法自治的核心机制,乃私法学最伟大的成就,简述如下,以认识法律规范的体系:

①通则(第71条至第74条):控制法律行为内容形成及方式的基本原则,包括强行规定(第71条)、公序良俗(第72条)、法定方式(第73条)、暴利行为(第74条)。

---

① Vgl. Biedenkopf, Die Wiederentdeckung des Privatrechts, FS Coing Ⅱ (Frankfurt/M. 1982), 21 ff.

② 此为有待更进一步深入研究的课题。简要说明,参阅詹森林:《私法自治原则之理论与实务》,载《台湾大学法学论丛》1993年第22卷第2期,第1页以下。

②行为能力(第 75 条至第 85 条):建构行为能力制度,规定无行为能力人及限制行为能力人法律行为的效力。

③意思表示(第 86 条至第 98 条):意思表示为法律行为所必备,乃私法自治最基本的因素,"民法"对意思表示的效力及瑕疵详设规定,系为调和当事人意思自主原则及交易安全。

④条件与期限(第 99 条至第 102 条):使当事人得规划及控制私法自治的风险。

⑤代理(第 103 条至第 110 条):创设代理制度(意定代理、法定代理),以扩大私法自治的活动范围。

⑥无效及撤销(第 111 条至第 118 条):规定私法自治"失灵"的补救方法。

私法自治的精神在于"个人自主",个人既能自主决定,就其行为应"自我负责",相对人的信赖及交易安全亦须兼筹并顾。"民法"总则编关于法律行为详设规定,即在调和个人自主及自我负责此二项原则。必须从此观点,去探究"民法"总则编关于法律行为每一个条文的规范意义,始能于具体案件作合理的解释适用!

第二项　法律行为的意义

"民法"对若干基本核心概念,如人、权利、物等皆未设定义规定。关于何谓法律行为,亦无明文。法律行为系指以意思表示为要素,因意思表示而发生一定私法效果的法律事实。分析如下:

一、法律行为系一种法律事实

因法律行为的作成得发生一定法律关系权利义务的变动,故法律行为系一种法律事实。

二、法律行为以意思表示为要素

法律行为至少须有一个以发生私法上效果为目的之意思表示。意思表示为法律行为的核心。须注意的是,法律行为与意思表示并非相同,应严予区别。法律行为有由一个意思表示构成的,如撤销权的行使。有须由多数意思表示构成的,此最为常见,如契约系由双方当事人二个意思表示趋于一致而成立,在前之意思表示,称为要约,在后之意思表示,称为承诺(第153条以下)。又若干法律行为,除意思表示外,尚须与其他法律事实结合,始能成立或生效,如消费借贷(要物契约),因"物之给付"而成立(第474条);动产物权之让与(物权契约)非将动产"交付"不生效力(第761条)。

因意思表示系构成法律行为的要素,不可或缺,故有时以意思表示一语,作为法律行为的代称,如"民法"第75条所称无行为能力人之意思表示无效,实乃无行为能力人之法律行为无效之意,如意思表示的撤销(第92条)及法律行为的撤销(第114条)。

三、法律行为在于发生私法上效果

法律行为旨在实现私法自治,依当事人之意思表示而由法律赋予一定私法上效果,发生私法上权利的变动,如因买卖契约而取得债权;因动产之让与合意及交付而取得动产所有权。

第三项 法律行为的成立要件及生效要件

一、法律行为的要件

关于法律行为,应区别法律行为的成立及法律行为的生效,各须具备一定的要件:

(一)法律行为的成立要件

法律行为的成立要件,分为一般成立要件与特别成立要件,前者系一切法律行为所共通的要件,即:①当事人。②标的。③意思表示。后者系个别法律行为特有的要件,如要式行为须践履一定方式,"民法"第73条规定:"法律行为,不依法定方式者,无效。但法律另有规定者,不在此限。"通说认为法定方式为特别成立要件,非谓方式之履行为法律行为之有效要件。要物行为须交付标的物(如第761条),即以物的交付作为法律行为的部分。

(二)法律行为的生效要件

法律行为的生效要件亦可分为一般生效要件与特别生效要件。前者系一般法律行为所共通的生效要件:①当事人须有行为能力。②标的须可能、确定、适法、妥当。③意思表示须健全。后者系个别法律行为特有的要件,如附条件或附期限法律行为于条件成就或期限到来时发生效力;

遗嘱行为则须俟遗嘱人死亡,始生效力;法律行为为处分行为时,当事人须有处分权。

兹将上述法律行为的要件,图示如下(请阅读条文):

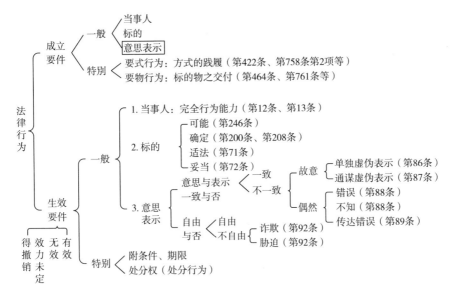

二、分析说明

关于法律行为的成立要件与生效要件的区别,应予说明的有五:

①法律行为的成立要件,指法律行为的构成部分,以意思表示为必要(一般成立要件)。特定法律行为的要件,如"民法"第761条所规定物之交付乃属该法律行为构成部分,而为其成立要件(特别成立要件)。不具备成立要件者,其法律行为根本不发生。

②法律行为的特别生效要件,指存在于法律行为本身以外的其他效力要件,如法律行为附条件、期限;立遗嘱者的死亡(遗嘱的生效要件)。

③何者为法律行为的构成部分(成立要件),何者为法律行为的生效要件,尚有争议。"民法"第73条本文规定:"法律行为,不依法定方式者,无效。"但通说认为法定方式系成立要件。"民法"第758条第1项规定:"不动产物权,依法律行为而取得、设定、丧失及变更者,非经登记,不生效力。"按登记乃公法上行为,非属移转物权的意思,非属法律行为构成

部分,应认为系特别生效要件。

④诚如王伯琦教授所云:法律行为不成立与无效,就其效果言,并无分别。① 例如甲出卖某地于乙,虽有让与合意(物权行为),但未办理登记时,不论物权行为不成立或无效,乙均不能取得其所有权。法律行为须兼具所有的成立要件及生效要件,始能发生一定的法律效果。拉伦茨教授强调:法律行为成立要件及生效要件的区别,仅在凸显在整个构成要件上,以当事人所意欲的作为法律行为(私法自治)核心的意义,及为达成其所意图法律效果,尚须具备的其他要件(多基于公益的考虑),关于何者为成立要件,何者为生效要件的争议,殆无实益。②

⑤法律行为不具成立要件时,法律行为不成立。法律行为不具生效要件时,有为无效,如当事人无行为能力(第75条)、法律行为违背公序良俗(第72条),有为效力未定,如限制行为能力人未得法定代理人允许订立契约(第79条),有为得撤销,如因错误、被诈欺或胁迫而为意思表示(第88条、第92条)。之所以设不同规定,乃在权衡当事人的利益、信赖保护及公共利益。请阅读相关规定,慎思明辨,理解不同法律效果及立法理由。

第二款　法律行为、事实行为与准法律行为

甲15岁,初中三年级学生,于郊外拾得魔轮牌越野车,交警局招领,6个月内无人认领,警局即将该车交付于甲。甲为专心准备高中升学考试,得其父同意,将其车出卖于邻居刚考进A大学法律系18岁之乙,并即交付之。乙迟未于约定期日付款,甲定期催告,乙置之不理。甲即向乙请求返还其车,乙提出三个问题以难之:甲仅15岁,为限制行为能力人,故:(1)不能因拾得遗失物而取得该车所有权。(2)催告不生效力。(3)不能解除契约。甲之表姐丙就读B大学法律系二年级,甲前往请教,丙翻阅"六法全书",发现关于限制行为能力人得否取得遗失物所有权,得否为有效之催告,能否解除契约,"民法"均未设明文,困惑良久,不知如何处理。最后翻阅民法总则教科书,始恍然大悟。试问丙将如何答复甲所提出的问题?请就

---

① 参阅王伯琦:《民法总则》,第128、198页。
② Vgl. Larenz/Wolf, AT (8. Aufl.), S. 436 ff.

此案例说明何谓法律行为、事实行为、准法律行为、意思通知、观念通知等民法基本概念及法之适用上的问题(请认真、耐心阅读)。

第一项 问题的提出

法律行为上法律效果的发生,系基于当事人的意思,从而应与法律行为加以区别者有二:

①所谓的"好意施惠关系",如邀请他人参加宴会、爬山或搭乘便车等。于此等行为,当事人既无受其拘束的意思,不能由之产生法律上的权利或义务。[1]

②若干行为虽具有法律上意义,但其效果的发生系基于法律规定,是否为当事人所意欲,在所不问,属之者,如事实行为及准法律行为。其应研究的,系关于法律行为规定的适用或类推适用。

第二项 事实行为

在前揭案例,甲仅15岁,系限制行为能力人(第13条第2项)。限制行为能力人为意思表示及受意思表示,除纯获法律上利益或依其年龄及身份、日常生活所必需者外,原则上应得法定代理人之允许,否则,单独行为无效,契约效力未定(第77条以下)。问题在于遗失物之拾得,是否为法律行为?

法律行为系属一种表示行为(表现行为),即行为人企图发生一定私法上效果而表示其意思,故以意思表示为其不可或缺的要素。遗失物之拾得,则属"非表示行为",即毋庸表现内心的意思内容,即可发生效果的行为。易言之,即事实上有此行为,即生一定的法律上效果,行为人有无取得此种法律效果的意思,在所不问,如占有的取得(第940条)、无主物之先占(第802条)、遗失物之拾得(第807条)、埋藏物之发现(第808条)、添附(第811条以下),无因管理(第172条)等是。

非表示行为不以表现内心的意思内容为必要,乃无关于心理的行为,故亦称事实行为(Realakt),从而不适用关于意思表示的规定,尤其是关于行为能力之规定。故6岁的甲捕捉稀有昆虫时,因先占取得其所有

---

[1] "好意施惠关系"与契约的区别及其他问题,参阅王泽鉴:《债法原理》,北京大学出版社2022年重排版,第185页。

权(第 802 条);9 岁的乙掘地发现埋藏的钻石,亦能取得其所有权(第 808 条);10 岁的丙于他人的纸上绘画,亦因加工而取得该纸所有权(第 814 条);13 岁的丁为邻居代收信件,系无法律上义务,而为他人管理事务,得成立无因管理(第 172 条)。在前揭案例,15 岁的甲拾得他人遗失的越野车,6 个月内所有人未认领,甲虽属限制行为能力人,仍得取得该车所有权(第 807 条第 1 项)。

第三项　准法律行为

"民法"第 254 条规定:"契约当事人之一方迟延给付者,他方当事人得定相当期限催告其履行,如于期限内不履行时,得解除其契约。"在前揭案例,甲与乙订立买卖契约,曾得其法定代理人之允许,故为有效(第 77 条)。乙未支付价金,甲得否对乙为催告(第 229 条)？此涉及三个重要问题：

①催告是否为法律行为？
②倘非法律行为,则究属何种行为？
③关于意思表示(法律行为)的规定,得否类推适用？

催告与法律行为均属于所谓的表现行为(表示行为),即表现一定的意思内容,并基于其表现而发生法律效果的行为。在法律行为,行为人企图发生某种法律效果,法律为实现私法自治原则而赋予其所意欲的法律效果,如买卖契约成立时,买受人得向出卖人请求交付其物,并移转其所有权(第 348 条),出卖人得向买受人请求支付价金(第 367 条)。

在催告,不问行为人是否企图发生何等效果,因法律的规定,当然发生一定的效果,学说上称为意思通知。属于此种类型的表现行为,除意思通知外,尚有观念通知(事实之通知,如第 51 条规定召集社团总会的通知)及感情表示(行为人感情之表现,如第 1053 条夫妻间的宥恕)。此三者的效力虽由法律之规定当然发生,但均以表示一定心理状态于外部为特征,与法律行为(意思表示)极为相近,故学说上称为准法律行为。

对意思通知、观念通知及感情表示此三种准法律行为,"民法"关于意思表示及法律行为的规定在如何范围内,得为类推适用,应视各该行为的性质加以认定。关于催告(意思通知),通说认为行为能力、意思表示之欠缺、意思之瑕疵、意思表示效力之发生时期及代理之规定,原则上均得类推适用。① 在前揭案例,甲系限制行为能力人,其意思表示原则上应得法定代理人之允许;惟催告系契约解除权发生的要件,乃纯获法律上的利益,限制行为能力人得独立有效为之。

又须说明的是,在前揭案例,甲向乙请求返还其越野车的法律基础,为"民法"第259条第1款规定,即契约解除时,当事人双方回复原状之义务,除法律另有规定或契约另有订定外,应返还由他方所受领之给付物。此须以甲已解除契约为前提。解除权之行使,应向他方当事人以意思表示为之,系有相对人的单独行为(第258条第1项)。"民法"第78条规定,限制行为能力人未得法定代理人之允许(事前同意),所为之单独行为,无效。倘法定代理人审酌情事,对甲解除契约之意思表示不为允许时,甲虽不得向乙请求返还越野车,仍能请求乙给付价金,及请求给付迟延的损害赔偿(第229条以下)。

第四项 体系构成

本款旨在讨论事实行为与准法律行为的基本概念、二者的不同与法律适用等问题。为便于观察,图示如下(借助案例理解,不要强行记忆):

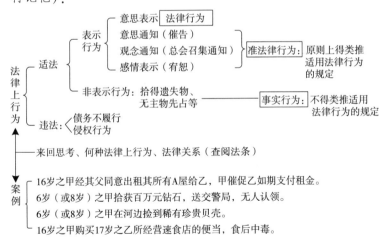

---

① "最高法院"1952年台上字第490号判例:"'民法'第440条第1项所谓支付租金之催告,属于意思通知之性质,其效力之发生,应准用同法关于意思表示之规定。"此所谓准用实乃类推适用。

第三款 法律行为的种类

第一项 单方行为与多方行为

一、甲与乙结婚后,向丙购 A 屋,即受让其所有权,并设定抵押权于丁银行,担保购屋贷款。不久甲发现该屋系属所谓的辐射屋,乃向丙为解除契约的意思表示。多年后甲与乙不睦,书立遗嘱将财产一半赠予丁慈善基金会。试说明在本例题共有多少法律行为,如何分类?

二、甲、乙、丙等三十人设立社团法人,选任甲为董事。社员总会以乙严重违反章程决议加以开除。此外并决议捐助 1000 万元,设立"台湾民法发展基金会",试说明共有多少法律行为,如何分类?

由前揭二个案例可知,个人从事社会生活,作成形形色色的法律行为。为了解各种法律行为的特色及其不同的法律效果,须对法律行为加以分类。兹提出法律行为的种类,略加说明(请查阅条文!):

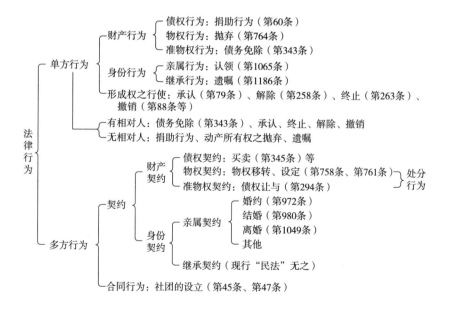

一、单方行为

单方行为(单独行为),指由当事人一方的意思表示而成立的行为,有发生债权法上效果的,如捐助财产设立财团的行为(第60条);有发生物权法上效果的,如所有权之抛弃(第764条);有发生亲属法上效果的,如非婚生子女之认领(第1065条);有发生继承法上效果的,如遗嘱(第1186条);有形成权之行使,如行使解除权(第258条)。

单独行为可分为有相对人的单独行为及无相对人的单独行为。前者如撤销、解除契约等,于其意思表示到达相对人时发生效力。后者如遗嘱、捐助行为,于其法律行为作成时,发生效力。

二、契约

契约为法律行为的一种,因当事人互相意思表示一致而成立。此种互相意思表示一致的二个意思表示,其在前者称为要约,其在后者称为承诺(第153条以下)。契约因其法律效果的不同分为(案例一):

①债权契约:指发生债权法上效果的契约,如甲向丙购A屋的买卖契约、甲向丁银行贷款的消费借贷契约。

②物权契约:指发生物权法上效果的契约,如丙移转房屋所有权于甲的契约(让与合意,第758条);移转动产所有权的契约(让与合意,第761条);甲就其所有房屋设定抵押权与丁的契约(物权行为,第758条)。

③亲属契约:指发生亲属法上效果的契约,如甲与乙结婚。

三、合同行为

合同行为(协同行为)亦为法律行为的一种,与契约同属所谓的多方契约。其与契约不同的是,契约系由双方互异而相对立的意思表示的合致而构成。合同行为乃由同一内容的多数意思表示的合致而成立。其属合同行为者,如社团的设立行为等。总会决议亦属合同行为,具有二点特征:①其意思表示不是向其他社员为之,而是向社团为之。②决议系采多数决,对不同意的社员亦具有拘束力。兹将设立法人的法律行为图示如下,以增强认识如何以不同的法律行为建构法人制度(案例二):

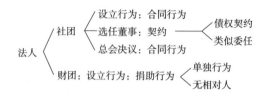

第二项　负担行为与处分行为

一、甲有A、B、C三画,以总价10万元出售于乙,其后甲将其对乙的价金债权赠与丙,并让与之。于乙开立10万元支票交付于丙后,甲即将A、B、C三画交付于乙,移转其所有权。试问:

1. 甲、乙、丙间共有多少意思表示、法律行为?
2. 何者为负担行为?何者为处分行为?何谓物权行为、准物权行为?
3. 区别负担行为、处分行为有何实益?

二、"民法"第758条第1项规定:"不动产物权,依法律行为而取得、设定、丧失及变更者,非经登记,不生效力。"第761条第1项规定:"动产物权之让与,非将动产交付,不生效力。但受让人已占有动产者,于让与合意时,即生效力。"其所称法律行为、让与合意,究指何而言?

一、体系构成

负担行为与处分行,是民法二个最基本、最重要的概念,是民法上的任督二脉,未予打通,不能了解民法的结构及法之适用。初习民法之人对此恒感困惑,不易理解,有经验舵手,亦难免触礁。为此,特设前揭案例先行说明负担行为及处分行为的意义,其后将再反复阐述。为讨论的方便,将要点图示如下,请对照案例加以研读(查阅条文):

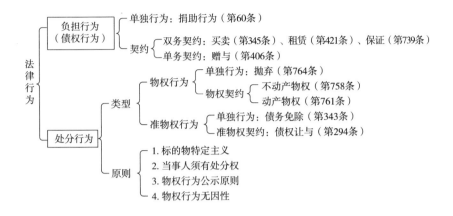

二、负担行为与处分行为的意义

法律行为,依其效力的不同,可分为负担行为及处分行为。负担行为(Verpflichtungsgeschäft),指以发生债权债务为其内容的法律行为,亦称为债务行为或债权行为。负担行为包括单独行为(如捐助行为)及契约(如买卖、租赁等),其主要特征在于因负担行为的作成,债务人负有给付的义务,例如物之出卖人负有交付其物于买受人,并使其取得该物所有权之义务;权利之出卖人,负有使买受人取得其权利之义务,如因其权利而得占有一定之物者,并负交付其物之义务(第348条)。买受人对于出卖人,有交付约定价金及受领标的物之义务(第367条)。

处分行为(Verfügungsgeschäft),指直接使某种权利发生、变更或消灭的法律行为。处分行为包括物权行为及准物权行为。物权行为是以物权为处分客体的处分行为,有为单独行为(如所有权的抛弃),有为契约(如所有权的移转、抵押权的设定)。"民法"第758条第1项规定:"不动产物权,依法律行为而取得、设定、丧失及变更者,非经登记,不生效力。"其所称法律行为,系指物权行为而言。又第761条第1项规定:"动产物权之让与,非将动产交付,不生效力。但受让人已占有动产者,于让与合意时,即生效力。"其所称让与合意,系指物权让与合意(物权契约)而言。准物权行为,指以债权或无体财产权作为标的之处分行为,如债权或著作权的让与、债务免除。

三、负担行为与处分行为的关系

负担行为与处分行为的关系,可分三种情形:

①负担行为与处分行为并存者,如甲出卖 A 画给乙(买卖契约、负担行为,第 348 条),并依让与其所有权的合意交付之(物权契约、处分行为,第 761 条)。值得提出的是,"最高法院"1981 年台上字第 453 号判例谓:"不动产抵押权之设定,固应以书面为之。但当事人约定设定不动产抵押权之债权契约,并非要式行为。若双方就其设定已互相同意,则同意设定抵押权之一方,自应负使他方取得该抵押权之义务。"明确区别"约定设定不动产抵押权"的债权契约及"设定不定产抵押权"的物权契约。

②仅有负担行为而无物权行为者,如雇佣、租赁。

③仅有物权行为而无债权行为者,如动产所有权的抛弃。

四、负担行为与处分行为区别的实益

负担行为与处分行为区别的实益,分三点言之:

1. 处分客体特定

关于处分行为,应适用所谓处分客体特定原则(Bestimmtheitsgrundsatz, Spezialitätsprinzip),即物权行为或准物权行为至迟于其生效时,其标的物须属特定,并须就一个标的物作成一个物权行为或准物权行为。反之,负担行为则不受此限制。

2. 处分权

有效的处分行为,以处分人有处分权为要件。原则上凡财产权人,就其权利标的物皆有处分权,具有处分该标的物的权能(处分能力)。于破产时,其处分权移转于破产管理人("破产法"第 75 条)。无处分权而处分权利标的物者,为无权处分,效力未定(参阅第 118 条)。反之,于负担行为,则不以处分人有处分权为必要,如甲拾得乙遗失的手提电脑,擅行出卖于丙时,其买卖契约仍为有效;但其移转该电脑所有权的物权契约,因甲无处分权,效力未定。关于处分权,尚应说明的有二点:

①处分权人得授权他人为处分(授权处分),例如甲授权乙将某画所有权移转于丙。此应与代理权授与加以区别。

②关于有处分权的排除或限制的约定,仅具债权的效力;违反时,应负损害赔偿责任,但其处分的效力不因此而受影响。

3. 公示原则

关于物权行为适用公示原则(Publizitätsprinzip),即物权的变动,须有一足由外界可以辨认的征象,以维护交易安全,避免使第三人遭不测的损害。其公示方法,在不动产为书面登记(第758条),在动产为交付(移转占有)(第761条)。物权的存在及变动即有可由外界查悉的征象,则信赖此征象而有所作为者,纵令其征象与实质的权利不符,其信赖亦应受保护(公信原则),因而产生善意取得制度(关于不动产,第759条之1;关于动产,第801条、第886条、第948条以下)。于债权让与(准物权行为),因欠缺公示方法,故无善意取得制度。

五、案例研习①

在前揭案例,甲有A、B、C三画,有三个动产所有权,以总价10万元出卖于乙,成立一个买卖契约,就多数之物得成立一个负担行为。甲将其对乙的债权让与丙,是为赠与契约(负担行为);其依让与合意而为债权移转,乃处分行为(准物权行为)。乙开立10万元支票,此种票据行为乃负担行为,系单独行为而非契约行为。② 乙将支票依让与合意交付于丙,乃对支票本身的处分,系物权行为(处分行为)。甲将A、B、C三画依让与合意交付于乙,系分别移转三个动产所有权,成立三个物权行为(处分行为)。

综上所述,在前揭案例共有八个法律行为,其中包括三个负担行为:甲与乙间买卖契约、甲与丙间赠与契约及乙开具支票的行为;五个处分行为:甲移转A、B、C三画所有权于乙的三个物权契约、甲与丙间的债权让与契约、乙依让与合意将支票交付于丙的物权契约。鉴于此种区别的重要性,图示如下:

---

① 参阅王泽鉴:《民法思维》,北京大学出版社2022年重排版,第419页。
② 参照"最高法院"1963年台上字第2436号判决:"按票据行为为单独行为,故限制行为能力人,未得法定代理人之允许,所为之票据行为无效,从而对于限制行为能力人所为之票据行为,主张其已得法定代理人之允许,而对之行使追索权者,应负举证责任,当事人未为此项主张及举证者,法院不得仅凭法定代理人事后未加否认之消极事实,认定限制行为能力人行为当时,已得允许。"

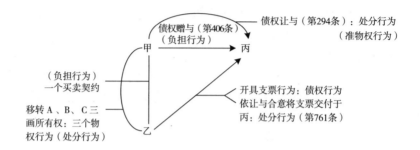

第三项 有因行为与无因行为[1]

甲出售 A 屋于乙,价金 1000 万元。甲将其对乙的价金债权赠与丙,并让与之。甲于乙开具 1000 万元面额支票交付于丙后,即行办理房屋所有权移转登记。试问:

1. 何谓有因行为?无因行为?
2. 本案例中何者为有因行为?何者为无因行为?

一、体系构成

法律行为以得否与其原因相分离,亦即是否以其原因为要件,可分为要因行为(有因行为、原因行为)及不要因行为(无因行为)。要因行为,指法律行为与其原因不相分离,以其原因为要件的法律行为,如买卖、消费借贷等债权契约。不要因行为,指法律行为与其原因分离,不以其原因为要件的法律行为而言,如处分行为(尤其是处分契约);就债权行为言,其属无因的,如债务拘束、债务承认及票据行为等。兹先图示如下,再行说明:

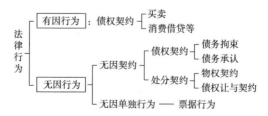

---

[1] 参阅王泽鉴:《民法物权》,北京大学出版社 2023 年重排版,第 105 页以下。

二、法律行为"原因"的意义

法律行为的原因指法律行为的构成部分。原因(法律原因,罗马法上称为 causa),乃当事人为财产上给予(Zuwendung)之目的。例如甲赠某车给乙,其给予目的在使乙无偿获得利益,至于其所以为此赠与的缘由(如感恩、施惠)则属动机。在汽车买卖契约,其给予目的,对出卖人言,在于取得价金请求权,对买受人言,在于取得标的物所有权,至于甲出卖汽车的缘由,或为外出,或换车,均属动机。给予目的为法律行为的内容,动机则否。又在买卖汽车契约之例,甲依让与合意交付汽车于乙,乙支付价金,此二项物权行为之给予目的系在履行买卖契约上的给付义务,买卖契约乃成为物权行为的原因(原因行为)。

三、有因行为

如前所述,有因行为系以"原因"为其内在构成部分,系具有目的取向的行为。在台湾地区"民法",债权行为原则上为有因行为,如买卖、赠与、使用借贷等。在有因行为,原因不存在时,其法律行为不成立。例如甲表示欲出卖某车于乙,而乙误为赠与而承诺时,双方当事人对给予目的(法律原因)欠缺合致,买卖契约不成立。

四、无因行为[①]

民法上的处分行为均属无因行为,即原因超然屹立于处分行为之外,不因原因的欠缺,致处分行为(本身)的效力因此受到影响。关于债权行为,其例外属于无因行为者,如债务承认(Schuldanerkenntnis)及债务拘束(Schuldversprechung)。例如甲向乙借款 100 万元,甲订立书面:"余谨此表示,定于公元 2025 年 1 月 1 日付与乙 100 万元"(债务拘束),或

---

① 参阅王泽鉴:《债法原理》,北京大学出版社 2022 年重排版,第 118 页;陈自强:《无因债权契约论》,学林文化出版有限公司 1998 年版,论述甚详,具参考价值。实务上见解,参阅"最高法院"1999 年台上字第 1189 号判决:"按法律行为以得否与其原因相分离,可分为要因行为(有因行为)及不要因行为(无因行为)。前者如买卖、消费借贷等债权契约是;后者如处分行为、债务拘束、债务承认、指示证券及票据行为等属之。'民法'上之典型契约固均属有因契约,惟基于契约自由原则,当事人于不背于法律强行规定及公序良俗之范围内,亦得订定无因契约,此种由一方负担不标明原因之契约,亦属无因行为。准此,系争宣誓之内容所生'债务拘束'之效力,应堪认定。当事人订立'债务拘束契约'之目的,在于不受原因行为之影响,及避免原因行为之抗辩。"

"余谨此承认,欠乙100万元,定于2025年12月30日偿还"(债务承认)。

票据行为亦属无因行为,例如甲向乙购车,发行支票,以支付价金(原因)。纵甲与乙间的买卖契约不成立、无效或被撤销(原因不存在)时,其发行支票的行为并不因此而不成立、无效或视为自始无效。设该支票尚在乙手,甲得依非给付型不当得利的规定(第179条)向乙请求返还。如该支票辗转入于第三人之手时,甲不能以买卖契约不存在,而拒绝付款。甲于付款后,得依不当得利规定请求乙返还其所受之利益。由此可知,票据行为的无因性有助于票据的流通,及维护交易的安全。

第四项　无因性理论及其法律效果

甲于3月1日出卖A车给乙,价金10万元,4月2日甲依让与合意交付该车,乙同时给付约定的价金。其后发现下列情形时,试说明何谓物权行为无因性,及当事人间的法律关系:

1. 甲与乙间的法律行为均属有效成立。
2. 甲于3月25日受监护宣告。
3. 甲以意思表示内容错误为理由撤销其买卖契约。
4. 甲以受乙诈欺为理由,撤销其所为的意思表示。

一、无因性理论[①]

(一)问题的说明

如前所述,法律行为可分为负担行为与处分行为,在前揭案例,甲与乙间共有三个法律行为:买卖契约(负担行为)、甲移转A车所有权于乙的物权行为、乙支付价金的物权行为(其个数视钞票数目而定,一张钞票为一个物一个所有权,作成一个物权行为)。在此情形,有二个问题应予明辨:

①每一个法律行为是否有效成立?此应就各该行为本身判断之(分离原则)。

②负担行为不成立、被撤销或无效时,处分行为是否因此而受影响?

---

① 参阅王泽鉴:《物权行为无因性理论之检讨》,载王泽鉴:《民法学说与判例研究》(第一册),北京大学出版社2009年版,第112页。重要的比较法专题著作可参阅 Astrid Stadler, Gestaltungsfreiheit und Verkehrsschutz durch Abstraktion (Tübingen 1996),积极肯定《德国民法典》所采处分行为无因性理论的功能,强调处分行为无因性理论的优越性。

此乃处分行为有因或无因的问题(无因性原则)。①

(二)无因性理论的肯定:"最高法院"1999年台上字第1310号判决

关于处分行为(物权行为、准物权行为)是否受负担行为存否的影响,"最高法院"采通说见解,肯定"民法"系采所谓的无因性原则(Abstraktionsprinzip)。"最高法院"1999年台上字第1310号判决谓:"查法律行为分为债权行为与物权行为,前者系发生债的关系为目的之要因行为,后者之目的则在使物权直接发生变动,以避免法律关系趋于复杂,影响交易安全,乃使之独立于原因行为之外而成为无因行为。"所谓无因性,非谓处分行为无原因(原因行为),而是将负担行为从处分行为中抽离,不以负担行为的存在作为处分行为的内容,使处分行为的效力,不因原行为(负担行为)之效力而受影响。亦即,物权行为无因性,乃指物权行为不因债权行为不成立、无效或被撤销而受影响而言。倘物权行为本身有不成立、无效或被撤销之事由时,其本身效力应受影响。例如甲出卖某车给乙,并依让与合意交付,若其后发现买卖契约不成立、无效或被撤销时,其移转该车所有权的物权行为(第761条)效力,不因买卖契约不成立、无效或被撤销而受影响。

(三)无因性原则的功能

1. 优点

处分行为与负担行为的分离原则与处分行为(物权行为、准物权行为)无因性,具有多个优点:

①明确区别复杂的法律关系。例如甲出卖A、B、C、D四幅画给乙,并依让与合意(物权行为)交付于乙。设A画为甲所有,B画系丙借用,C画系丁遗失,D画系盗赃物。在此情形,甲与乙间成立一个买卖契约,但有四个物权行为,其效力应就A、B、C、D四幅画加以判断,发生不同的效力:

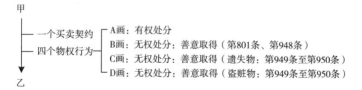

---

① Astrid Stadler, Gestaltungsfreiheit und Verkehrsschutz durch Abstraktion (Tübingen 1996)强调处分行为及无因性的优越性。

②维护交易安全。例如甲出卖乙所有汽车给丙,丙转售于丁(或丁转售于戊)而辗转移转其所有权时,后之买受人不必顾虑在前的交易,是否因买卖契约(原因行为)的不存在,致让与人未能取得所有权,造成无权处分(第118条)。

2. 缺点

无因性理论最受批评的是违反一般的交易观念。例如甲向乙买一份报纸,支付10元硬币。一般人均认为只有一个交易,但法律上却将之分为三个法律行为:①报纸的买卖契约(负担行为)。②移转报纸所有权的物权行为(处分行为)。③移转10元硬币所有权的物权行为(处分行为)。

一般人多认为倘买卖契约不成立时,双方当事人不能取得报纸及10元硬币之所有权,应予返还。但依无因性理论,买卖契约不成立不影响其他二个物权行为的效力,当事人均取得报纸及10元硬币所有权;惟因系无法律上之原因而受利益,致他人受损害,应依不当得利之规定负返还责任(第179条)。在此情形,双方当事人均处于不利的地位,因其仅能以债权人的地位主张其权利,于相对人将其所受领之标的物(例如汽车、房屋等)让与他人,或其债权人对标的物为强制执行,或相对人破产时,难免蒙受不利。

3. 无因性理论的缓和

为缓和无因性原则的适用,学说上提出各种理论,加以缓和。例如:解释当事人意思表示,认定债权行为的存在为物权行为的条件(条件关联说)。物权行为与债权行为具同一瑕疵(如当事人无行为能力)时,二者应同其命运(共同瑕疵说)。然为避免使无因性原则"空洞化",成为虚文,应审慎处理,尤其是不能认物权行为与债权行为当然具有一体性,径适用"民法"第111条"法律行为之一部分无效者,全部皆为无效"的规定,使物权行为与债权行为"同归于尽"。

二、无因性理论下的法律关系

在采处分行为无因性原则下,当事人间的法律关系如何,是一个值得深入分析的重要问题。兹就前揭案例加以说明:

(一)买卖契约与物权行为均属有效成立

甲出卖A车给乙,价金10万元,双方依约履行时,共作成买卖契约、移转A车所有权的物权行为(第761条),及移转金钱所有权的物权行为

(第 761 条)。在此情形,甲、乙各因物权行为的作成,而取得动产所有权(金钱、汽车),而以买卖契约作为其保有他方给付的法律上原因。

(二)买卖契约与物权行为具有共同瑕疵

设甲于 3 月 25 日受监护宣告,为无行为能力人(第 15 条)。无行为能力人之意思表示无效(第 75 条前段),此项规定于负担行为与处分行为均有适用余地,甲与乙间的买卖契约应属无效。甲移转 A 车所有权于乙的物权行为,乙支付价金于甲的物权行为亦均属无效,互不能取得 A 车及金钱所有权,均得向他方主张所有物返还请求权(第 767 条第 1 项前段)。意思表示具共同瑕疵的,通谋虚伪意思表示为动产买卖及让与所有权,二者均为无效(第 87 条)。债权行为及物权行为上的意思表示同被诈欺或被胁迫时,二者均得撤销(第 92 条)。

(三)买卖契约有效,处分行为无效

甲于 3 月 1 日出卖 A 车于乙之后,于 3 月 25 日受监护宣告。甲自该日起无行为能力(第 15 条),其意思表示无效(第 75 条)。其与乙于 3 月 1 日所订买卖契约虽为有效,但 4 月 2 日所作成移转 A 车所有权及支付价金的二个物权行为均属无效,甲、乙各不能取得其所有权。惟甲、乙间买卖契约既为有效,其占有他方交付之物,乃有权占有,无"民法"第 767 条第 1 项规定的适用。又基于此项买卖契约,乙得请求甲的法定代理人为让与 A 车所有权的意思表示。在此情形,甲的法定代理人亦得请求乙同时为让与金钱所有权的意思表示(同时履行抗辩,第 264 条)。

须注意的是,在处分行为无效时,买受人乙不能取得 A 车所有权,其将该车出售于第三人时,其买卖契约(出卖他人之物),固为有效,但移转 A 车所有权的物权行为,则为无权处分(第 118 条第 1 项),得发生善意取得问题(第 801 条、第 948 条)。

(四)买卖契约不存在(无效、被撤销),处分行为有效

甲因意思表示的内容有错误,而撤销其买卖契约时(第 88 条),该买卖契约,视为自始无效(第 114 条第 1 项)。甲将 A 车所有权移转于乙的物权行为,系不要因行为,不因其原因行为的无效,致其本身的效力受影响。惟买卖契约既不存在,乙取得自甲所移转 A 车之所有权,乃无法律上之原因,因甲的给付而受利益(给付型不当得利),甲得依"民法"第 179 条关于不当得利规定,向乙请求返还 A 车所有权。乙亦得依不当得利规

定向甲请求返还其所支付的金钱。①

第五项　体系构成、案例研习与请求权基础

一、基本法律关系

负担行为与处分行为系民法最基本的概念,系法律行为的重要类型,关系债权与物权的变动至巨,可谓是民法上的任督二脉,前已说明。在处理案例问题时,要确实明辨何者为负担行为(债权行为),何者为处分行为(物权行为与准物权行为)。于物权行为,尤应认识所谓标的物特定原则,即物权行为应就个别之物作成之。

兹设一例并图示如下:甲有 A、B 二画,出卖于乙,价金 5000 元。甲交付二画于乙并移转其所有权。甲将其对乙的价金债权赠与丙,并即为债权让与,乙对丙付款。

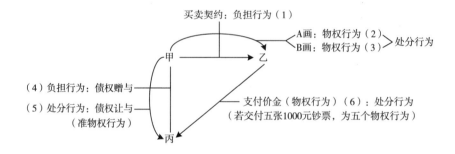

二、体系构成

债权行为与物权行为的分离原则、物权行为无因性理论,及其所生的法律关系,贯穿整个民法。

甲有 A 屋、B 车,出卖于乙,并依法律行为(第 758 条)、让与合意(第 761 条)移转所有权。其后乙复将 A 屋、B 车出卖于丙,并移

---

① "最高法院"2000 年台上字第 961 号判决:"按无法律上之原因而受利益,致他人受损害者,应返还其利益。虽有法律上之原因,而其后已不存在者,亦同。'民法'第 179 条定有明文。无法律上之原因取得不动产所有权而受利益,致他人受损害者,该他人自得依不当得利规定,请求移转不动产所有权登记,以返还利益,并不发生涂销登记之问题。盖物权行为有其独立性及无因性,不因其原因之债权行为系无效或得撤销而失效。"

转其所有权,兹就甲与乙间买卖契约及物权行为不成立、无效或得撤销所生的法律关系,综合加以说明(此为民法核心问题,务必慎思明辨,查阅条文,精确理解,不要强行记忆)。

法律行为的成立及有效	债权行为	物权行为	法律效果	对第三人效力（乙与丙间）
有效成立	√	√	1.依物权行为取得所有权 2.以负担行为作为法律上原因	有权处分
1.出卖人受监护宣告 2.通谋虚伪买卖 3.出卖人撤销其被胁迫、诈欺而为债权行为及物权行为之意思表示	× （无效）	× 共同瑕疵 （无效）	甲↓乙 第767条第1项 甲为所有人 乙无权占有	1.买卖契约有效（出卖他人之物） 2.乙无权处分（第118条第1项） 3.丙善意取得 （动产：第801条、第948条, 不动产：第759条之1第2项）
出卖人于订约后,交车移转所有权前受监护宣告	√	× （无效）	甲↓乙 第348条 买卖契约有效成立请求履行	1.买卖契约有效（出卖他人之物） 2.无权处分（第118条第1项） 3.丙善意取得 （动产：第801条、第948条, 不动产：第759条之1第2项）
1.买卖契约不成立 2.买卖契约无效 3.买卖契约被撤销	×	√ 物权行为无因性	甲↓乙 第179条 受利益（A屋、B车所有权） 因甲的给付 无法律上原因：欠缺给付目的	有权处分

在前揭关于负担行为与物权行为的图解(及本书其他相关部分),读者会发现常被引用的有二个条文:"民法"第179条(不当得利请求权)与"民法"第767条第1项(物上请求权)。此二者系罗马法以来贯穿整个民法二个最重要的请求权基础,特作简要说明:

(一)不当得利请求权:债权请求权

1. 给付型不当得利与非给付型不当得利

"民法"第179条规定:"无法律上之原因而受利益,致他人受损害者,应返还其利益。虽有法律上之原因,而其后已不存在者,亦同。"此系债权请求权。通说采非统一说,将不当得利分为给付型不当得利及非给付型不当得利(尤其是权益侵害型不当得利):

①给付型不当得利。其要件为:A.受利益;B.因给付而受利益;C.欠缺给付目的,而无法律上原因。其主要功能在于调整失败交易及物权行为无因性理论。例如不知买卖契约不成立而支付价金或移转物之所

有权。

②权益侵害型不当得利。此为最主要的非给付型不当得利,其要件为:A.受利益;B.侵害权益归属,致他人受损害;C.欠缺法律依据,而无法律上原因。例如无权处分他人之物、无权占用他人土地。

2. 案例研习

甲出卖 A 屋、B 车于乙。关于 A 屋,依"民法"第 758 条第 1 项规定:"不动产物权,依法律行为而取得、设定、丧失及变更者,非经登记,不生效力。"所谓法律行为,指物权行为(物权契约)。甲与乙作成移转 A 屋所有权的物权合意,办理登记,而由乙取得 A 屋所有权。关于 B 车,依"民法"第 761 条第 1 项规定:"动产物权之让与,非将动产交付,不生效力。但受让人已占有动产者,于让与合意时,即生效力。"所谓让与合意,指物权契约。甲依让与合意交付 B 车于乙时,乙取得 B 车所有权。

在前揭案例,设甲与乙间的买卖契约不成立(无效或被撤销)时,其移转 A 屋、B 车所有权的物权行为不受影响(物权行为无因性)。在此情形,乙受有利益(A 屋、B 车所有权),系因甲的给付,买卖契约不成立,欠缺给付目的,成立不当得利,甲得依"民法"第 179 条规定向乙请求返还其所受利益。问题在于乙如何返还其所受利益?

关于 A 屋,甲得向乙请求其所受利益的 A 屋所有权,乙负返还 A 屋所有权的义务。A 屋所有权的返还,应依"民法"第 758 条第 1 项规定为之,即甲与乙间须有移转 A 屋所有权的合意(法律行为,物权契约),并为登记(移转登记)。此体现不当得利法的一项原则:依"民法"第 758 条第 1 项规定受有不动产所有权的利益时,亦应依"民法"第 758 条第 1 项规定返还其所有权。若甲已交付 A 屋于乙,乙受有 A 屋占有的不当得利,亦应为返还(第 946 条)。

关于 B 车,甲得向乙请求返还 B 车所有权。依前述原则,乙系依"民法"第 761 条第 1 项规定取得 B 车所有权,亦应依"民法"第 761 条第 1 项规定返还 B 车所有权,即乙与甲须有让与合意及交付 B 车。

(二)物上请求权:物权请求权

1. "民法"第 767 条第 1 项的法律构造

"民法"第 767 条第 1 项规定:"所有人对于无权占有或侵夺其所有物者,得请求返还之。对于妨害其所有权者,得请求除去之。有妨害其所有权之虞者,得请求防止之。"此系物权请求权,分为前段、中段、后段三个请求权基础,其共同要件系:①请求权人须为物之所有人(或其他有权之人);②相对人须对所有权构成妨害(之虞);③相对人须为现占有人。

2. 案例研习

在前揭甲出卖 A 屋、B 车于乙并移转所有权的案例,设买卖契约及物权行为均为无效时,甲仍为 A 屋、B 车所有人,乙系无权占有。

①关于 A 屋:甲得向乙依"民法"第 767 条第 1 项前段规定请求返还 A 屋,依"民法"第 767 条第 1 项中段规定请求涂销登记,以除去对其所有权的妨害。

②关于 B 车:甲得向乙依"民法"第 767 条第 1 项前段规定请求返还 B 车。

(三)不当得利请求权与物上请求权的适用关系

①性质:不当得利请求权系债权请求权,物上请求权系物权请求权。

②功能:不当得利请求权旨在调整因私法自治交易失败及物权行为无因性所产生无法律上原因的财货变更,物上请求权旨在保护所有权及其他物权。

③请求权内容:应明确区别不动产物权的移转登记及涂销登记。甲向乙依"民法"第 179 条规定请求返还 A 屋所有权时,是请求移转登记;甲向乙依"民法"第 767 条第 1 项中段规定请求排除其妨害时,是请求涂销登记。值得参考的是"最高法院"2000 年台上字第 961 号判决:"无法律上之原因取得不动产所有权而受利益,致他人受损害者,该他人自得依不当得利规定,请求移转不动产所有权登记,以返还利益,并不发生涂销登记之问题。又物权行为有独立性及无因性,不因无为其原因之债权行为,或为其原因之债权行为系无效或得撤销而失效。"

④请求权基础的检查:物上请求权应先于不当得利请求权加以检查,其理由系是否成立不当得利须先认定其物权变动。此二种请求权得发生竞合关系,例如甲出卖 A 屋于乙,其后发现让与 A 屋的物权行为无效时,甲得向乙依"民法"第 767 条第 1 项中段规定请求涂销登记,返还 A 屋所有权,并得依"民法"第 179 条规定请求返还占有 A 屋的不当得利。

为显明前述"民法"第 767 条第 1 项与第 179 条二个重要规定的适用,图示如下:

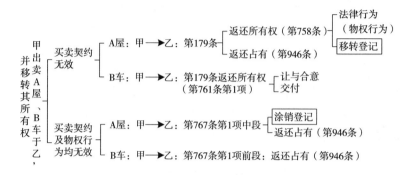

三、案例研习与请求权基础方法

兹参照前揭案例(请再阅读)提出二个案例,采请求权基础方法加以解说(请先就案例自行写成书面)。

(一)案例1:甲17岁,让售其所有A画于乙的法律行为未经其父同意。乙于支付价金后将A画让售于善意之丙,试问当事人间的法律关系?

〔建立解题构造〕

此为典型案例,为帮助理解,将其基本法律关系图示如下:

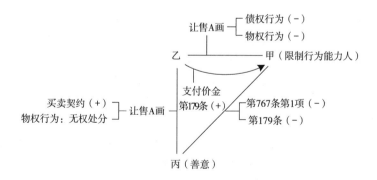

关于本件案例的解题,应说明者有四:

①建构解题基本构造(如上图)。

②解答案例原则上不宜采历史方法(依案例事实发生历史过程),应采请求权基础方法(甲对丙、甲对乙的请求权)。

③在此种涉及三人关系的不当得利,解题的一个重要技术问题系应依何种顺序检查谁得对谁主张何种权利。此应检视当事人间利益关系,并顾及简化法律关系,避免论证上的重复。在本件案例,应先检讨甲对丙的请求权(至于其理由,请分别以历史方法及请求权基础方法解题,即可知之)。

④请用心揣摩本件案例,举一反三,理解请求权基础方法、案例研习及法之适用。

〔解题〕

1. 甲得向丙主张的权利?

甲得向丙主张的请求权基础,应检查"民法"第 767 条第 1 项前段的所有物返还请求权及第 179 条的不当得利请求权。

①甲得向丙依"民法"第 767 条第 1 项前段规定请求返还 A 画,须甲系 A 画所有人,丙系无权占有。

A. 甲出卖 A 画给乙(第 345 条),并依让与合意交付 A 画于乙,由乙取得其所有权(第 761 条)。甲 17 岁系限制行为能力人,其法律行为未得其父(法定代理人)同意(事前允许、事后承认),甲让售 A 画于乙,其买卖契约及物权行为(第 761 条)确定不生效力,该 A 画所有权仍属于甲。乙将 A 画出卖于丙,其出卖他人之物的负担行为,虽属有效,其让与 A 画的物权行为则属无权处分,效力未定(第 118 条第 1 项)。丙善意受让 A 画的占有,纵让与人乙无让与的权利,丙的占有仍受法律保护,而取得 A 画的所有权(第 801 条、第 948 条)。此际,甲非 A 画的所有人,丙非无权占有。

B. 甲不得向丙依"民法"第 767 条第 1 项前段规定请求返还 A 画。

②甲对丙的权益侵害型不当得利请求权。

甲不得向丙依"民法"第 179 条规定请求返还 A 画的所有权。丙受有 A 画所有权及占有的利益,系侵害甲的权益归属,致甲受损害。丙取得 A 画所有权,乃系基于"民法"善意取得的规定,具有法律上原因,不成立权益侵害型不当得利。

2. 甲得向乙主张的权利?

甲得向乙依"民法"第 179 条规定请求返还价金,须乙受有利益,致甲受损害,无法律上原因。

①乙自丙受有让售 A 画所得价金的利益。丙善意取得 A 画的所有

权,系侵害甲所有权的归属,致甲受有损害。

②乙受利益欠缺法律上原因。

③甲得向乙依"民法"第179条规定请求返还价金。

(二)案例2:甲将其对乙的价金债权赠与丁,并为让与。甲因丁不履行扶养义务而撤销赠与,甲对丁得主张何种权利?①

〔请先思考建立解题构造〕

甲得向丁依"民法"第179条规定请求返还其自乙受领清偿债权的价金,须丁受有利益,因甲的给付,无法律上原因。

①丁自乙受领甲对乙清偿债权的价金,受有利益。

②甲将其对乙的价金债权赠与丁(第406条),该价金债权系属赠与物,并为债权让与(第294条)。债权让与系属准物权行为(处分行为),于让与契约意思合致而发生效力时,债权即移转于受让人,其原因关系(赠与契约)之存否,对既已成立生效的债权让与契约,并无影响(处分行为无因性)。甲将对乙的价金债权让与丁,系为履行赠与契约而为的给付。丁受有利益具有法律上原因,不成立不当得利。

③赠与人甲因受赠人丁不履行其对甲的扶养义务,而撤销赠与契约(第416条)。"民法"第419条规定:"赠与之撤销,应向受赠人以意思表示为之。赠与撤销后,赠与人得依关于不当得利之规定,请求返还赠与物。"所谓"得依关于不当得利之规定",依其规范目的,系指要件的准用,故须具备不当得利的成立要件(第179条)。如前所述,丁受价金债权让与,系基于甲的给付,甲撤销其赠与,赠与视为自始无效(第114条第1项),丁受利益自始欠缺给付目的,应成立给付型不当得利(第179条后段)。

④不当得利受领人丁应对甲返还其所受利益(对乙的价金债权),乙已对丁为清偿,丁应返还其所受清偿利益(第181条)。

---

① 关于赠与的撤销与不当得利请求权,"最高法院"有一个重要判决可供参照。"最高法院"2017年台上字第2671号号判决谓:"系争土地为郑〇雄赠与郑〇诚,而郑〇诚对郑〇雄及其前配偶吴〇、直系血亲郑〇玲,有故意侵害之行为,涉犯'刑法'窃盗罪、行使伪造私文书罪、伤害罪,依'刑法'有处罚之明文。郑〇雄得依'民法'第416条第1项第1款规定,对郑〇诚为撤销赠与系争土地之意思表示,为原审所合法确定之事实,乃属给付型之不当得利(郑〇雄有目的、有意识的因赠与而向郑〇诚为给付),则依同法第419条第2项规定,郑〇雄应依关于不当得利之规定,请求郑〇诚移转系争土地所有权登记,以返还其无法律上原因所受之利益,不发生涂销登记之问题。"

⑤甲得向丁依"民法"第 419 条第 2 项、第 179 条及第 181 条规定请求返还其自乙受领清偿价金债权的利益。

第四款　单方行为与契约

第一项　意思表示与法律行为

私法自治系民法最基本的原则,法律行为系实施私法自治的手段。法律行为以意思表示为必备的要素,其引起权利变动的,不是意思表示,而是法律行为。法律行为由一方当事人的意思表示所构成的,称为单方行为(单独行为)。法律行为由多数当事人(二个或二个以上)意思表示所构成的,称为多方行为,包括契约及合同行为(如社团法人总会决议)。单独行为、契约、合同行为三者以不同的方式形成创设私法关系。合同行为系法人内部机关组织的意思形成,前已论及,以下就单方行为与契约再作进一步说明。

据上所述,可知"意思表示"(Willenserklärung)系法律行为所必备的核心要素。意思表示指将内心企图发生一定私法上效果的意思,表示于外部,例如甲寄电子邮件给乙,表示"以 5 万元出卖 A 机车"(要约),乙以电子邮件回复"好"(承诺)。问题在于如何认定意思表示的要件(内心意思、外部表示),意思表示的发出、生效,以及如何处理意思的瑕疵(虚伪表示、错误、被诈欺胁迫而为意思表示)。诸此问题将于相关部分再为详论,之所以先在此提出,系为便于说明单方行为,以及契约的缔结。

第二项　单方行为

何谓单方行为?具有何种私法自治功能?"民法"规定有何种单方行为?设此规定立法理由?试就下列二例加以分析:

1. 甲免除乙的债务,须否得乙的同意?
2. 甲以遗嘱赠乙 B 屋,乙不知其事,甲死亡后,乙取得的究系该屋所有权或债权?何时发生效力?乙不愿意接受遗赠时,如何处理?

单方行为(单独行为),指由一方当事人的意思表示所构成的法律行为。单方行为的发生,有基于当事人的约定,例如买卖契约当事人约定,买受人于缔约后一周内得随时解除契约(形成权)。法律明定若干单方行为,使一方当事人得以其意思表示形成法律关系。单方行为有须对相对人为之的(须受领的意思表示),有无须受领的,其理由系因无相对人或相对人无保护的必要。兹将"民法"规定的单独行为,择其重要的说明如下:

①捐助行为。捐助一定财产设立财团(第60条)。此系单方行为,没有相对人,无须受领(债权行为)。

②代理权授与。"民法"第167条规定:"代理权系以法律行为授与者,其授与应向代理人或向代理人对之为代理行为之第三人,以意思表示为之。"代理权授与系须受领的单独行为。

③债务免除。"民法"第343条规定:"债权人向债务人表示免除其债务之意思者,债之关系消灭。"债务免除系单方之处分行为,须受领。立法理由谓:"债务免除之方法,……多以契约为据,然本法求实际之便利,以债权人之单独行为,即生免除之效力。"各立法例(如《德国民法典》第397条)多规定免除债务须采契约方法,系为避免单方强加施惠于他人。

④形成权的行使。法律规定契约解除权(如第226条、第256条)、意思表示因错误、被诈欺或被胁迫而得撤销(第88条、第89条、第92条)。此等法定形成权,须向相对人为意思表示(单独行为),实务上甚为重要。

⑤物权抛弃。"民法"第764条第1项规定:"物权除法律另有规定外,因抛弃而消灭。"旨在贯彻物权自由原则,系典型的单方处分行为。物权抛弃,第三人有以该物权为标的物之其他物权(如抵押权、质权)或于该物权有其他法律上利益的,非经该第三人同意,不得为之(第764条第2项)。

⑥非婚生子女认领。"民法"第1065条第1项规定:"非婚生子女经生父认领者,视为婚生子女。其经生父抚育者,视为认领。"认领系生父的单方行为,具形成权性质,须对非婚生子女为之。

⑦遗赠。"民法"第1186条以下规定,人得以遗嘱处分其财产,体现私法自治原则。遗嘱因依一方之意思表示而成立,为无相对人之单独行为,此系债权行为,于立遗嘱人死亡而发生效力。"民法"第1206条规定:"受遗赠人在遗嘱人死亡后,得抛弃遗赠。遗赠之抛弃,溯及遗嘱人死亡时发生效力。"

单方行为亦在实现私法自治,除当事人约定(主要为解除契约)外,法律就若干情形授权当事人得以一方意思表示,创设私法上的权利义务。为便于观察,图示如下(查阅条文!):

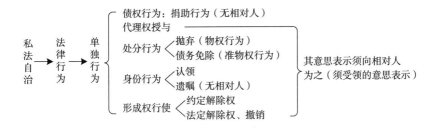

第三项 契 约

一、试说明契约与私法自治的关系。甲受雇于乙电子公司,略有积蓄,以分期付款方式向丙建筑公司购买某屋,向丁银行贷款,由戊保证。甲于受让房屋所有权后,将该屋出租于庚。其后甲与任职于某律师事务所的辛结婚,因未有生育,共同收养壬。甲书立遗嘱,将其财产一半捐赠给癸财团法人基金会。试问本例中共有多少法律行为?何种契约(契约名称)?试引用"民法"条文加以说明。

二、何谓要约?与要约引诱(要约邀请)如何区别?下列何者为要约或要约引诱?

1. 百货公司标价出售货物。
2. 书局寄送未订购新书。
3. 餐厅菜单。
4. 饭店发送年菜价目表。
5. 速食店张贴广告招募员工。
6. 标卖古董。
7. 摆设自动贩卖机。

三、甲系法律系学生,急于寻找住处,见乙张贴广告:"二楼套房出租,每月租金1万元,即可搬入。"甲查看房屋后,即向乙表示租赁该套房,并告知其就读法律系。乙以法律系学生意见多,较为麻烦,对乙表示不愿出租。甲认为租赁契约业已成立,请求乙交付套房,有无理由?

四、甲在市场开设精品店,出售韩国衣服。乙见有一件洋装,标价9000元,乙向甲表示愿以7000元购买,甲表示需8500元,乙不语离去。半小时后,乙又回来,对甲表示愿以8200元购买该件洋装,甲微笑点头。试说明甲与乙间成立契约的过程。

五、甲系法律系教授,接获乙出版社寄来的"法律百科全书"订购单,定价5万元。甲即填妥订购单,付邮寄出。在该订购单达到乙之前,甲突然死亡。乙收到甲订购单,即交由宅急便送达该全书。甲之子丙以其父于发出要约后死亡,并以其为兽医,不懂法律,拒绝受领该全书及支付价金,有无理由?

六、甲在其自助餐厅摆设咖啡自动贩卖机,乙投入50元硬币,因该自动贩卖机故障,咖啡不出来。试说明甲与乙间的法律关系。

一、契约自由

(一) 私法自治与契约神圣

契约系最重要的法律行为,乃实施私法自治最重要的制度,其中以债权契约最值重视,使当事人得以平等地位,自由订立买卖、租赁、雇佣、承揽、保证等契约。发生债之关系的契约,具有分配资源、规划社会经济活动的重要功能。基于合意所成立的契约,在一定程度亦能保护契约内容的合理性。

契约除债权契约外,尚有物权契约(第758条的法律行为指物权行为,包括物权契约,第761条的让与合意系物权契约)、身份契约(订婚、结婚、收养子女、离婚等),规范人类社会生活,形成了所谓的契约社会。私法自治系建立在契约制度之上,契约自由体现私法自治的价值理念。

契约上有一个未明文规定或宣示的重要原则:契约神圣(Pacta sunt servanda,即契约当事人应严守契约)。契约一方当事人(债权人)得向他方当事人请求依契约的本旨履行契约,他方当事人(债务人)应依诚实信用原则履行契约。此种相互的信赖及履行契约,系契约的根本、法律的基础。

(二) 契约与好意施惠关系[①]

与契约应予区别的是所谓的好意施惠关系,例如甲邀请乙搭便车,乙对甲无履行请求权,亦不得请求债务不履行的损害赔偿,更不得依"民法"第184条第1项前段规定请求未能搭便车而须另支付交通费用的损害赔偿。

关于二者的区别,"最高法院"2014年台上字第848号判决谓:"按当

---

① 参阅王泽鉴:《债法原理》,北京大学出版社2022年重排版,第185—190页。

事人间之约定欠缺法律行为上之效果意思,而系基于人际交往之情谊或本于善意为基础者,因当事人间欠缺意思表示存在,而无意思表示之合致,即不得认为成立契约,双方间应仅为无契约上拘束力之'好意施惠'关系。判断其区别之基准,除分别其为有偿或无偿行为之不同外,并应斟酌交易习惯及当事人利益,基于诚信原则,从施惠人之观点予以综合考量后认定之。故非属契约之'好意施惠'行为,于当事人一方未履行该行为时,受利益之一方并无履行请求权,亦不生债务不履行之损害赔偿责任。又'民法'第184条第1项前段所保护之客体以侵害'私法上之权利'为限。"基此见解,"最高法院"认为被上诉人依约仅提供买卖股票下单之手续服务,不负提供有关投资、买卖交易信息之义务,上诉人系采网络下单方式购买股票,其无法证明两造成立委任买卖得转换为中美晶股票之升阳科股票,被上诉人拒绝提供信息,上诉人并无权利主张违约而请求损害赔偿。又此"好意施惠"非属"民法"第184条第1项前段所称"权利",不得以他方当事人因过失不能出售股票获利受有损害,请求损害赔偿。

二、契约缔结

(一) 规范体系

契约系由二人以上意思表示一致而成立的双方行为。《德国民法典》将契约缔结规定于总则(《德国民法典》第153条以下),适用于所有契约(债权契约、物权契约、身份契约)。台湾地区"民法"将契约缔结规定于债之通则,作为债之发生原因(第153条至第163条)。此等关于债权契约成立的规定得类推适用于物权契约及身份契约。因此特在"民法"总则编就契约缔结作简要说明,期能理解"民法"关于法律行为、契约缔结及意思表示的规定。

(二) 契约成立[①]

1. 契约成立与意思表示

当事人互相意思表示一致者,无论其明示或默示,契约即为成立(第153条第1项),一方的意思表示称为要约,他方的意思表示称为承诺。要约与承诺均属有相对人、须受领的意思表示,应适用"民法"总则编关

[①] 关于契约成立的详细讨论,参阅王泽鉴:《债法原理》,北京大学出版社2022年重排版,第176页以下;陈自强:《契约之成立与生效》,元照出版公司2012年版;Leenen, AT, S. 107 ff.。

于意思表示的一般规定。"民法"总则编关于意思表示的规定多适用于要约与承诺,须一并研究,始能了解相互间的适用关系。

2. 要约

(1)要约与具体要约引诱(要约邀请)

要约指欲与相对人成立契约的意思表示,其当事人、标的物或内容(如价金、报酬)须确定或可得确定,使他人得径为承诺,此应就个案加以认定。例如甲对乙表示"愿以 10 万元(或市价)出售 A 车",是为要约。乙表示"好"时,即得因承诺成立买卖契约。

要约的特征在于其受法律拘束的效果意思。与要约应严予区别的是要约的引诱(要约邀请,invitation to offer),其表示系在引诱或邀请他人对其为要约,例如刊登房屋出租或招募工读生的广告。在此情形,表意人并无受其表示拘束之意,以避免与多人成立契约,或须确知他人的能力、资格、信用等,以决定是否对他人的要约加以承诺。某种意思表示究为要约或要约邀请,须解释当事人的意思表示,依交易习惯及其他情形加以认定。其属要约的,如摆设自动贩卖机、寄送未订购的商品等。① 其属要约引诱的,如刊登广告出租房屋、征求工读生、便利商店放置年菜菜单、网络出售商品等。为避免争议,"民法"第 154 条第 2 项规定:"货物标定卖价陈列者,视为要约。但价目表之寄送,不视为要约。"所谓不视为要约,系认其为要约的引诱。

(2)要约的形式拘束力:要约的撤回

对话要约(如打电话为要约),其意思表示以相对人了解时,发生效力(第 94 条)。非对话而为意思表示者(如以信函、传真、电子邮件),其意思表示,以通知达到相对人时,发生效力。但撤回之通知,同时或先时到达者,不在此限。表意人于发出通知后死亡或丧失行为能力或其行为能力受限制者,其意思表示,不因之失其效力(第 95 条)。须注意的是,"民法"第 154 条第 1 项规定:"契约之要约人,因要约而受拘束。但要约当时预先声明不受拘束,或依其情形或事件之性质,可认当事人无受其拘束之意思者,不在此限。"所称"因要约而受拘束",指

---

① "最高法院"2010 年台上字第 683 号判决:"标卖之表示,究为要约之引诱抑为要约,法律无明文规定,应解释标卖人之意思定之。依普通情形而论,标卖人无以之为要约之意思,应解为要约之引诱;标卖之表示,如明示与出价最高之投标人订约,固应视为要约,但别有保留者,不能视为要约。"

要约形式拘束力,即要约"发生效力"后,原则上不得再撤回(撤销),相对人仍得对要约为承诺。

(3)要约消灭:要约失其拘束力

要约在下列四种情形失其拘束力。所谓失其拘束力,指失其实质拘束力,要约消灭,无从对其承诺:

①要约经拒绝(第155条)。

②对话为要约者,非立时承诺(第156条)。

③非对话为要约者,依通常情形可期待承诺之到达期间内,相对人不为承诺(第157条)。此项期间系对要约为承诺的期间,其可期待期间由三个时间构成:A.要约到达期间。B.思考期间。C.传送期间,此应就个案斟酌其要约的方法(信函、传真)以及契约的性质和内容加以认定。

④要约定有承诺期限,非于其期限内为承诺(第158条)。

3. 承诺

(1)承诺自由

相对人对他人的要约,是否为承诺,原则上有其自由(私法自治),其构成例外的,系法律规定的强制缔约(前已说明)。基于预约,当事人负有缔结本约的义务。①

(2)承诺系有相对人须受领的意思表示

承诺为接受要约以成立契约的意思表示,以要约人为相对人,因其发出,于要约人了解(对话)或到达(非对话)相对人时发生效力。

(3)承诺期间

①对话要约:立时承诺(第156条)。

②非对话要约:依通常情形可期待承诺到达期间(第157条)。

③约定期间(第158条)。

(4)迟到之承诺:视为新要约

"民法"第159条规定:"承诺之通知,按其传达方法,通常在相当时期内可达到而迟到,其情形为要约人可得而知者,应向相对人即发迟到之

---

① "最高法院"2009年台上字第1711号判决:"预约当事人之一方请求他方订立本约,系以请求他方履行本约为其最终目的,设买卖预约之出卖人,于订约后将买卖标的物之不动产所有权移转于第三人,其对于买受人所负移转所有权之义务,即陷于给付不能之状态,而买卖预约未经当事人合意解除或失其效力前,预约当事人仍负有订立本约之义务。预约出卖人如不订立本约,纵发生给付不能之情形,预约之买受人非不得请求预约出卖人赔偿因违反预约所受之损害。"

通知。要约人怠于为前项通知者,其承诺视为未迟到。"迟到之承诺,除第159条情形外,视为新要约(第160条第1项)。

(5)变更要约:视为新要约

"民法"第160条第2项规定:"将要约扩张、限制或为其他变更而承诺者,视为拒绝原要约而为新要约。"

(6)意思实现

"民法"第161条规定:"依习惯或依其事件之性质,承诺无须通知者,在相当时期内,有可认为承诺之事实时,其契约为成立。前项规定,于要约人要约当时预先声明承诺无须通知者准用之。"此系以一定事实体现承诺意思,学说称为意思实现,例如向旅馆订房、向自助餐厅订购外送便当,于旅馆登记旅客姓名、餐厅送货时,其契约为成立。

(7)撤回要约或承诺的特殊迟到

"民法"第162条规定:"撤回要约之通知,其到达在要约到达之后,而按其传达方法,通常在相当时期内应先时或同时到达,其情形为相对人可得而知者,相对人应向要约人即发迟到之通知。相对人怠于为前项通知者,其要约撤回之通知,视为未迟到。"

4. 契约的成立

"民法"第153条规定:"当事人互相表示意思一致者,无论其为明示或默示,契约即为成立。当事人对于必要之点,意思一致,而对于非必要之点,未经表示意思者,推定其契约为成立,关于该非必要之点,当事人意思不一致时,法院应依其事件之性质定之。"依此规定,契约是否成立,依其事项是否为必要之点而异①:

①必要之点:当事人对必要之点,必须意思一致。必要之点指契约的要素,通常指其成立要件,如买卖契约的标的物及价金、委任契约的委任事务。"最高法院"2000年台上字第1449号判决谓:"按出资及经营共同事业为合伙契约之成立要件,故对于出资多少,出资标的为何,及经营如何之共

---

① "最高法院"2010年台上字第60号判决:"按契约合意终止,系契约双方当事人,依合意订立契约,使原有契约之效力向后归于无效,亦即以第二次之契约终止原有之契约(第一次之契约)。依契约自由原则,契约之双方当事人虽得再订契约,使原属有效之契约向将来归于无效,惟其成立要件仍应依'民法'第153条之规定定之。而依该条规定,当事人对于契约必要之点必须意思一致,契约始能成立。所谓必要之点通常固指契约之要素,但对于契约之常素或偶素,当事人之意思如特别注重时,该常素或偶素亦可成为必要之点。"

同事业,必须确实约定,否则其合伙契约仍不能谓已成立。"可资参照。①

②非必要之点:非必要之点(如买卖契约的清偿地、租赁契约的保证金)业经意思表示的,亦须一致,契约始能成立。其未经表示时,推定其契约为成立,此得反证加以推翻。在此情形,当事人意思不一致时,法院应依其事件的性质,对契约作补充解释或适用任意规定。

三、体系构成、案例研习

(一)体系构成

契约系实现私法自治的重要机制。契约的缔结系由要约与承诺二个意思表示所构成,涉及债编缔约规定与"民法"总则编法律行为的基本规定,相互关联,为凸显其法律构造,图示如下②:

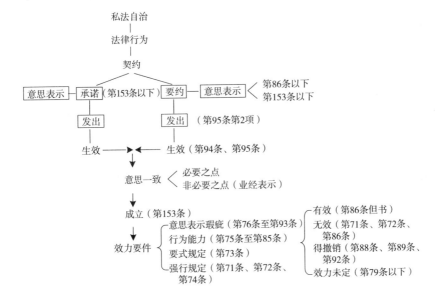

---

① "最高法院"2014年台上字第22号判决:"按契约有预约及本约之分,预约非不得就部分必要之点先为拟定,作为将来订立本约之张本,但不能因此即认本约业已成立。而专利技术投资合作契约之成立,除一方出资金额及分配股权比例为必要之点外,就他方对等出资方式之专利权及其延伸权利归属,直接攸关该合作契约之实质内容,影响双方权利义务甚巨,自亦为该合作契约必要之点。原院认定两造就契约必要之点中之专利权及其延伸权利归属部分,未能达成合意致本约并未成立,且此非可归责于双方,因而类推适用'民法'第249条第4款规定,判令上诉人返还定金200万元,核无违误可言。"

② 此图的构造参照 Braunschneider, Das Skript: BGB, AT (10. Aufl., Freiburg 2004), S. 64。

(二) 案例研习

1. 契约类型(案例一)(本书第295页以下,请再阅读,先自行研究思考):契约社会、契约生活

法律行为体现私法自治,契约系最重要的法律行为,乃整个社会的经济活动,形成个人生活的主要法律机制。我们生活在契约社会,经营契约生活,从而必须认识我们一生所缔结的重要契约类型及法律关系。兹参照案例一加以说明:

社会生活与法律行为
- 1. 甲受雇于乙电力公司:僱佣契约(第482条)、劳动契约("劳动基准法"第9条)
- 2. 甲向丙建筑公司分期付款购屋:买卖契约(第345条、第389条)
- 3. 甲向丁银行贷款:消费借贷(第474条);由戊保证:保证契约(第739条)
- 4. 甲自丙建筑公司受让房屋所有权:物权契约(第758条);出租该屋于庚:租赁契约(第421条);设定抵押权于丁银行:物权契约(第758条、第860条)
- 5. 甲与辛结婚:身份契约(第980条以下)
- 6. 甲与辛共同收养壬:收养契约、身份契约(第1072条、第96条)
- 7. 甲书立遗嘱,将其财产一半捐赠给癸财团法人基金会:遗嘱、单独行为、继承法上行为

2. 要约与要约引诱(案例二)

契约的首要问题在于认定某契约是否因互相意思一致而成立,此须检查是否有要约、何人为要约,并须区别要约与要约引诱(要约邀请)。

3. 承诺自由:法律系学生租屋被拒(案例三)

甲得向乙请求交付套房的法律基础为"民法"第421条第1项规定,其要件系甲与乙间成立租赁契约。租赁谓当事人约定,以物租于他人使用收益、他人交付租金之契约。问题在于租赁契约是否因甲与乙相互意思表示一致而成立。张贴出租套房广告,其标的物及租金虽属确定,但因系向公众为之,应解为其表示非属要约,乃要约引诱,不具受法律拘束的效果意思,乙并非要与任何向其表示愿意租屋者订立契约,而欲保留是否对其所为要约为承诺。甲对乙表示"愿承租套房"系属要约,即愿以乙广告所提租金承租套房,此系对话意思表示,于乙了解时发生效力(第94条)。乙知悉甲系法律系学生,表示"不愿出租",拒绝甲的要约。要约经拒绝者,失其拘束力(第155条)。甲对乙为承租其套房的要约,该要约因乙拒绝而消灭,未有互相一致的意思表示,租赁契约不成立,甲对乙不得依"民法"第421条规定请求交付广告出租的套房。

须补充说明的是:①处理契约上案例,应采请求权基础方法(如以第421条为请求权规范),再应用历史方法,依时间发展过程,认定要约与承

诺,及其是否互相表示一致,成立契约。②乙以广告方式引诱(邀请)他人对其为租赁房屋的要约,得以各种理由(或不说明理由)拒绝他人的要约,使租赁契约不能成立,体现私法自治原则及契约自由原则。

4. 购买洋装:缔约过程的讨价还价(案例四)

缔结契约是一个讨价还价的过程,无论是在传统市场买菜或国际商事交易。兹将案例四购买洋装的缔约过程,说明如下:

①甲标价9000元出卖洋装:视为要约(第154条第2项)。

②乙出价7000元:变更要约而为承诺,视为拒绝原要约而为新要约(第160条第2项)。

③甲表示需8500元:变更乙的新要约而为承诺,系拒绝原要约而为新要约(第160条第2项)。

④乙不语离去30分钟:乙对甲的对话要约非立时承诺,甲的要约失其拘束力(消灭)(第156条)。

⑤乙再对甲表示愿以8300元购买洋装:要约发出,因甲了解发生效力。

⑥甲微笑点头:承诺发出,因乙了解发生效力(第94条)。

⑦由⑤⑥,当事人互相表示一致,买卖契约成立(第153条)。

5. 甲教授订购"法律百科全书":表意人于发出要约后死亡(案例五)

处理案例,须了解事实及所提问题,寻找请求权,在作答之前,通常须作一个简明的解题结构,俾能整理思路,凸显重点。兹就案例五作成如下解题纲要,以供参考,并请依此纲要写成解题报告:

> 乙对丙:请求支付价金受领标的物:第367条、第1148条
> Ⅰ 乙的要约(-):乙寄送订购单,要约引诱
> Ⅱ 甲的要约
>   1. 发出(+)
>   2. 到达(+):甲死亡不影响要约的效力(第95条)
> Ⅲ 乙的承诺
>   1. 发出(+)
>   2. 到达(+)
>   3. 要约的存续(?):问题在于丙得主张甲向乙购书系为个人专业目的,具客观个人关联,甲死亡后其要约仍为存续,不符要约人意思,其要约应归于消灭。关于此点,"民法"未有规定,暂置不论,俟后再为说明(本书第374页)。
> Ⅳ 对丙的效力:继承人丙承继被继承人甲的财产法上地位(第1148条)。
> 结论:丙对乙依第367条、第1148条规定负有支付价金、受领标的物的义务。

6. 自动贩卖机故障(案例六)

自动贩卖机系现代日常生活的特色之一,其摆设究为要约或要约的引诱,尚有争论,通说认为其系愿与任何人就自动贩卖机内商品订立契约的要约(默示意思表示)。此项要约的生效,须具备三个要件,即:①购买者须投入正确的硬币。②须有足够存货。③贩卖机技术上须能运作。三者兼备,要约始生效力。

在案例六,甲在自助餐厅摆设咖啡贩卖机,系买卖的要约,因机器故障,不能运作,欠缺前述要约生效的要件,不存在可对之为承诺的要约,故乙投入50元硬币不能成立买卖契约,乙不能依第348条请求甲交付咖啡并移转咖啡所有权。

乙得向甲要求返还其投入的50元硬币的请求权基础为"民法"第767条第1项前段规定,此须以乙为所有人,甲系无权占有为要件。问题在于依"民法"第761条规定,动产物权之让与,非将动产交付,不生效力,此项让与合意指物权契约,其成立类推适用"民法"第153条以下关于债权契约的规定。如前所述,甲要约的意思表示因机器故障不发生效力,其物权意思表示亦同样不生效力。乙虽投入50元硬币而有移转其所有权的物权意思表示,并为交付,仍未发生让与合意而丧失其所有权。惟在此情形,该50元硬币得与自动贩卖机内的其他货币混合,由自动贩卖机摆设者取得其所有权(第813条)。据上所述,乙非其投入自动贩卖机50元硬币的所有人,不能依"民法"第767条第1项前段规定请求甲返还其投入的50元硬币。

尚应检讨的是,乙得否依"民法"第816条、第179条规定向甲请求该50元硬币的价值。依"民法"第816条规定,因"民法"第813条规定受损害者,得依不当得利规定,请求偿还价额。所谓依不当得利之规定,指依不当得利要件(要件准用)。

甲依"民法"第813条关于混合规定取得乙的50元硬币所有权,受有利益,致乙受损害,而无法律上原因,因甲与乙间的买卖并未成立。该50元硬币不能辨识,乙不能请求返还其所投入的50元硬币,仅能请求其价额。故乙得依"民法"第816条及第179条规定,请求甲交付相当于该50元硬币的价值。

案例六可供了解契约(买卖契约、物权契约)成立的基本问题,及其所涉及的债权、物权关系,请试拟一个解题结构,并写成书面解答。

第三节　法律行为内容的限制

第一款　概　说

　　法律行为的内容,指行为人于从事行为时所欲发生的法律效果。法律行为的生效,须以法律行为的内容可能、确定、适法妥当为必要。

　　可能者,指法律行为内容的可能实现,如不可能实现时,法律行为无效。此种得使法律行为无效的不能,指自始客观不能。"民法"第246条第1项前段规定:"以不能之给付为契约标的者,其契约为无效。"例如出卖的房屋于订约前业已灭失时,买卖契约无效。此项原则亦适用于法律行为,如以不能之给付为遗嘱的内容,其遗嘱无效。

　　确定者,指法律行为的内容,须自始确定或可得确定,否则法律行为无效,如甲对乙曰:"将有所赠与",乙允诺之,即属其例。惟虽非自始完全确定,但可得确定时,其法律行为仍为有效,其确定方法得依当事人约定(如依市价,由第三人决定),由当事人另行确定(选择之债,第208条),或依法律规定(第4条、第5条、第200条第1项),或依习惯加以确定。

　　适法妥当者,指法律行为内容必须符合法律规定,具有妥当性。基于私法自治原则,当事人得借着法律行为从事交易活动,尤其是订立契约而形成一定的权利义务关系,自由决定契约内容(内容自由原则)。惟私法自治上的自主决定并非毫无限制,为维护当事人利益及公共利益,必须有所限制。"民法"总则编规定者有三:

　　①法律行为不得违反强制或禁止规定(第71条)。
　　②法律行为不得背于公共秩序或善良风俗(第72条)。
　　③暴利行为的禁止(第74条)。

　　关于定型化契约条款的规范,"民法"第247条之1及"消费者保护法"第12条以下设有详细规定,以下仅就"民法"总则编的规定加以论述。

第二款 法律行为违反强制或禁止规定[①]
——"民法"第71条

试说明"民法"第71条的规范功能,并讨论以下问题:

1. 何谓强制规定、禁止规定?何谓效力规定?何谓取缔规定?与私法自治具有何种关联?应如何解释适用?

2. "宪法"是否为"民法"第71条所称的强制规定?

3. 甲出卖某地给乙,约定由乙负担土地增值税时,其效力如何(参阅"土地法"第182条)?

4. "公司法"第16条第1项规定:"公司除依其他法律或公司章程规定得为保证者外,不得为任何保证人。"又"证券交易法"第60条第1项第1款规定:"证券商非经主管机关核准,不得为下列之业务:一、有价证券买卖之融资或融券。"违反此二条规定时,其效力如何?系实务上具有争论的问题,请慎思明辨之!

5. 能源危机时,为管制物价,有法律规定"水泥每包价格不得超过500元",甲以每包1000元出售水泥于乙时,其法律效果如何?

第一项 规范功能与私法自治

"民法"第71条规定:"法律行为,违反强制或禁止之规定者,无效。但其规定并不以之为无效者,不在此限。"立法理由谓:"以违反法律所强制或禁止之法律行为,应使无效,否则强制或禁止之法意,无由贯彻。"之所以要贯彻强制或禁止的法意,其主要理由乃在维护法律秩序的无矛盾性,即法律禁止杀人、贩卖毒品、买卖人口时,自不得使当事人依法律行为(尤其是契约)而负有杀人、交付毒品、交付人身以供支配的法律上义务。"民法"第71条规定的规范功能在于经由与强制或禁止规范的结合,而使法律行为无效,对私法自治加以必要的限制。

[①] 参阅苏永钦:《违反强制或禁止规定的法律行为》,载苏永钦:《民法经济法论文集》,五南图书出版公司1981年版,第87页以下,从比较法的观点检视台湾地区判例学说的见解,提出许多具有创设性的论点,甚值参考;赖英照:《有效无效,法无定法》,载《中原财经法学》2018年第41期,第1—88页;陈荣传:《非取缔规定的自治条例》,载《月旦裁判时报》2018年第78期,第16—24页。

关于"民法"第 71 条的适用,应依以下层次加以思考:
①何谓强制或禁止规定?
②违反强制或禁止规定的法律效果如何?
③违反强制或禁止规定时,当事人间的法律关系如何?

第二项 强制规定、禁止规定的意义

兹将"民法"第 71 条规定的规范架构及解释适用,图示如下,便于参照理解:

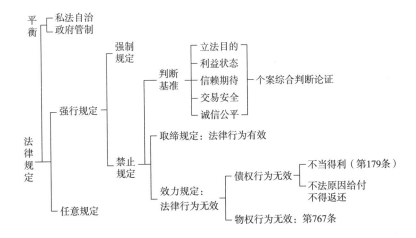

一、强制规定与禁止规定的区别

法律规定可分为任意规定及强行规定,强行规定又可再分为强制规定及禁止规定。

任意规定,指不具强制性的规定("最高法院"2018 年台上字第 1706 号判决),当事人得排除其适用,当事人未为排除时,仍应适用。如"民法"第 68 条第 2 项规定:"主物之处分,及于从物。"系任意规定,当事人得排除其适用,如买卖补习班房屋不包括教室的桌椅。法律明定的,依其规定,如"民法"第 315 条规定:"清偿期,除法律另有规定或契约另有订定,或得依债之性质或其他情形决定者外,债权人得随时请求清偿,债务人亦得随时为清偿。"法律有规定时,应就法律规定的目的及性质加以认定。

强制规定,指应为某种行为的规定(不得不为规定),如"保险法"第137条第1项规定:"保险业非经主管机关许可,并依法为设立登记,缴存保证金,领得营业执照后,不得开始营业。"

禁止规定,指禁止为某种行为的规定,如"刑法"关于禁止杀人("刑法"第271条)、贩卖鸦片("刑法"第257条)、赌博("刑法"第266条)的规定;"公司法"第16条第1项规定:"公司除依其他法律或公司章程规定得为保证者外,不得为任何保证人。""耕地三七五减租条例"第2条第1项前段规定:"耕地地租租额,不得超过主要作物正产品全年收获总量千分之三百七十五。""野生动物保育法"第16条禁止保育类野生动物买卖。

强制或禁止规定包括法律、法规命令,及地方政府颁布的自治法规("最高法院"2016年台上字第1840号判决),除"民法"外,多见于"刑法"、商事法及警察法规。"民法"第71条因而成为联系私法与公法的管道,具有使公法进入私法领域的功能,以维护法秩序的统一性。须特别指出的是,现行法上关于强制规定较少,避免强制当事人积极为一定行为,以符私法自治原则。禁止规定旨在阻止从事某种法律行为,限制私法自治,亦应慎予认定。

二、"宪法"是否为"民法"第71条所称的强制或禁止规定?

"最高法院"1998年台上字第43号判决谓:"宪法"第15条固规定民众之生存权、工作权及财产权,应予保障。但民众之工作权并非绝对之权利,此观"宪法"第23条之规定自明。演艺人员之经纪人鉴于艺人须长期培训及投资,因而于演艺人员经纪契约约定演艺人员在一定期间内不得从事与其经纪范围相冲突之表演活动之限制,倘未逾越合理之范围,既出于契约当事人之同意,自与"宪法"保障民众工作权之精神不相违背,亦难谓违反其他强制规定,且与公共秩序无关,自非无效。关于此项重要判决,应说明者有三:

①"民法"第71条规定所称强制或禁止规定不包括"宪法"规定。

②"宪法"关于基本人权的规定对私法关系不具直接规范效力,应通过"民法"第71条等概括条款实现其价值理念(基本权利第三人间接效力)。

③甲与乙订立契约,侵害乙受"宪法"保障的工作权或人格权

时，不适用"民法"第 71 条（强制、禁止规定），而适用第 72 条（公序良俗）。

第三项　强制或禁止规定的违反

在认定某项规范系"民法"第 71 条所称强制或禁止规定之后，应检讨法律行为是否因违反此等规定而无效，或其规定并不以之为无效。法律有规定者，依其规定，如"民法"第 912 条规定："典权约定期限不得逾三十年。逾三十年者缩短为三十年。"法律未规定时，应探求法律强制或禁止的目的加以认定，分述如下：

一、违反强制规定

实务上违反强制规定的案例甚为少见。为维护私法自治，对强制规定应从严认定。"最高法院"2012 年台上字第 809 号判决谓："……既规定承租人未于规定期限内订定书面契约者，管理机关'得'终止租赁关系，且该条规定之立法旨趣，在于管理机关对于已形成不定期限租赁关系之……不动产，使之成为定期限租赁关系，以达有效管理之目的，即非强制之规定。"此项见解，实值赞同。

二、违反禁止规定

（一）判断基准

1. 取缔规定与效力规定

"最高法院"1979 年台上字第 879 号判例提出了一个关于违反"民法"第 71 条禁止规定效力的判断基准，即将禁止规定区分为取缔规定及效力规定：违反前者，法律行为仍为有效；违反后者，法律行为无效。

"最高法院"之所以认为"公司法"第 16 条禁止公司为保证人为效力规定，系鉴于稳定公司财务对公司的重要性。之所以认为旧"证券交易法"第 60 条第 1 项第 1 款禁止证券商不得有收受存款、办理放款借贷之行为系取缔规定，系为保护相对人利益及金融市场交易安全。

2. 综合性、动态体系的判断基准

问题的核心在于以何种标准或因素认定某禁止规定究为取缔规定或效力规定？

何者为取缔规定，何者为效力规定，应综合法律规定的意旨，权衡相冲突的利益（法益的种类、交易安全，其所禁止的究系针对双方当事人或仅一方当事人等）加以认定。例如法令禁止在某时间、地点营业者，仅涉及缔结法律行为的外部情况，非在禁止特定行为的内容，应认系取缔规定，不影响该法律行为的效力。在"最高法院"2011年台上字第481号判决，原审法院认为"政府采购法"第2条、第3条、第5条等规定属效力规定，"最高法院"认为政府采购系政府机关立于私法主体地位从事私经济行政之行政辅助行为而订定之"私法行为"，其效力是否因此受影响设其明文，此观同法第1条、第3条、第4条及其他条文规定自明。权衡该法所规范目的保护之法益与该私法行为本身涉及交易安全、信赖保护之法益，应认"政府采购法"之性质系行政机关之内部监督规范，为行政机关办理采购时之取缔规定，而非效力规定，纵采购机关未依该法规定办理采购，仅生该机关首长或采购人员之行政责任，尚不影响政府机关依民事法规缔结采购契约之效力。此项判决可资赞同。解释禁止规定应顾及其规范目的及法益权衡，尽量维持法律行为的效力，以保护私法自治原则。

另值得特别提出的是，在一件关于"公寓大厦管理条例"第9条第2项、第3项是否为强行规定的判决（请阅读之），"最高法院"2014年台上字第1620号判决认为：为维持社会秩序、增进公共利益、确保民众福祉及贯彻政府政策，在不违反"宪法"第23条之比例原则下所制定之行政法规，其规范内容倘在禁止当事人（包括政府机关及民众）为一定行为，而属于"民法"第71条前段所称之"禁止规定"者，经权衡该规定之立法精神、规范目的及法规之实效性，并斟酌其规范伦理性质之强弱、法益冲突之情形、缔约相对人之期待、信赖保护之利益与交易之安全，暨当事人间之诚信及公平，足认该规定仅在于禁遏当事人为一定行为，而非否认该行为之私法效力时，性质上应仅属取缔规定而非效力规定，当事人间本于自由意思所成立之法律行为，纵违反该项禁止规定，亦仍应赋予私法上之法律效果，以合理兼顾行政管制之目的及契约自由之保护。

应强调的有二：

①上开二件判决提出综合性的判断基准，具有动态体系（bewegliches

System)①,为使其成为实质的论点②,应就个案加以具体化,详为论证(参阅本书第 307 页规范体系图解)。

②强行规定涉及公权力对法律行为的管控及私法自治与契约自由的基本权利,有疑义时,应作符合契约自由的解释!

(二) 实务案例

法律行为是否违反禁止规定而无效,影响私法自治、社会生活及当事人权益甚巨。特举"最高法院"判决所涉及的案例,以供参照。

1. 肯定禁止规定的案例

①"公司法"第 16 条第 1 项(1980 年台上字第 1676 号判例):"公司除依其他法律或公司章程规定,以保证为业务者外,不得为任何保证人,为'公司法'第 16 条第 1 项所明定。本件被上诉人公司系以某报之出版发行等为业务,而非以保证为业务,自有上开禁止规定之适用。且所谓不得为任何保证人,非仅指公司本身与他人订立保证契约为保证人,即承受他人之保证契约,而为保证人之情形,亦包括在内。"

②"银行法"第 12 条之 1(2010 年台上字第 1987 号判决):"银行办理自用住宅放款及消费性放款,已取得同法第 12 条所定之足额担保时,不得以任何理由要求借款人提供连带保证人,'银行法'第 12 条之 1 定有明文。揆其立法理由乃长期存在之银行连带保证人制度,严重违反公平交易原则,侵犯消费者权益,破坏银行风险管理及内部控管功能,扭曲金融市场应有机制,故明文加以禁止,如有违反规定,应属无效。"

③"劳动基准法"第 24 条(2017 年台上字第 824 号判决):按"劳动基准法"之立法目的在于保障劳工权益,加强劳雇关系,促进社会与经济发展,而为劳动条件最低标准之规定,故于劳工延长工作时间、休假及例假日照常工作者,雇主应依"劳动基准法"第 24 条规定标准发给延长工作时间之工资及依同法第 39 条规定发给工资,乃属强制规定,除非有法律

---

① Vgl. Bylinski/Krejei/Schilchen/Steiner (Hrsg.), Das Bewegliche System im geltenden und künftigen Recht (1986); Schilcher, Das Bewegliche System wird Gesetz, in: FS Canaris (2007), S. 1299-1329; Wilburg, Die Elemente Schadensrecht (1941); Entwicklung eines Beweglichen Systems im Bürgerlichen Recht, Grazer Rektorsrecht (1950). 关于动态体系、案例类型、案例比较与具体化的方法论,参阅 Möllers, Juristische Methodenlehre, §10, S. 333 f.;中译本,参阅〔德〕托马斯·M. J. 默勒斯:《法学方法论》(第四版),杜志浩译,北京大学出版社 2022 年版。

② 关于论点理论(Topiklehre),参阅 Fischer, Topoi Verdeckter Rechtsfortbildungen im Zivilrecht(2007); Struck, Topische Jurisprudenz (1971); Viehweg, Topik und Jurisprudenz (5. Aufl., 1974).

明文规定,如"劳动基准法"第84条之1规定之情形,经主管机关核定公告之劳工,其劳雇双方对于工作时间、例假、休假、女性夜间工作另行约定,并报请当地主管机关核备者外,劳雇双方均应遵守,劳雇双方所签订之薪资给予办法违反上开规定,依"民法"第71条规定,自属无效。

④"劳动基准法"第55条第1项关于劳工退休金之给予标准(2017年台上字第2733号判决):"按劳工退休金为劳工当然享有之权利,应于劳工退休时支付,此观'劳基法'第55条第1项所定劳工退休金之给予标准,系以劳工全部服务期间为计算标准所发给,及第56条所定雇主应按月提拨劳工退休准备金,专户存储即明。此等关于劳工工作年资及退休金给予标准,系基于保护劳工生活养老政策所为之强制规定,倘劳资双方于劳方工作前或退休前,事先约定不计年资与退休金,该项约定因违反强制规定而无效。虽劳工于符合法定退休要件时,即取得自请退休并请求给付退休金之权利,惟在劳动契约终止前,劳工请领退休金之权利尚不得行使,其自愿减少请求退休金额,或抛弃请求,因非对既得权利之处分,该减少或抛弃之意思表示,自属违反前述强制规定而无效。"

⑤"劳动基准法"第12条第1项(2022年台上字第1256号判决):"按'劳基法'第12条第1项规定,劳工有该条项所列情形之一者,雇主得不经预告终止契约。故雇主非有该项各款之事由,不得任意不经预告终止契约,此为'民法'第71条所称之禁止规定,如有违反,自不生终止之效力。"

2. 否定禁止规定的案例

①"证券交易法"第60条第1项第1款(1977年台上字第1726号判例):"'证券交易法'第60条第1项第1款虽明定:证券商不得收受存款或办理放款,惟如有违反时,仅生主管机关依同法第66条为警告、停业或撤销营业特许之行政处分,及行为人应负同法第175条所定刑事责任之问题,非谓其存款及放款行为概为无效。"

②"公司法"第19条(2020年台上字第2979号判决):"'公司法'第19条规定:未经设立登记,不得以公司名义经营业务或为其他法律行为;行为人违反该项规定者,处1年以下有期徒刑、拘役或科或并科15万元以下罚金,并自负民事责任,且由主管机关禁止其使用公司名称。此条规定之立法旨趣,主要在禁止未经依'公司法'规定组织成立公司,即假借公司名义营业,或为其他相当于营业之交易行为,借以维持交易安全,保

护交易相对人而设,俾使公司无法设立或虽设立而不承认该法律行为时,由行为人自行负责,并未限制公司不得承认其设立登记前之法律行为。准此,行为人以尚未设立登记完成之公司名义为法律行为,如该公司设立登记完成后承认该法律行为,将该法律行为之权利义务归属于公司并行使,本于交易相对人原以该公司为法律行为主体进行交易之意旨,自无不许之理。"

第四项 违反强制或禁止规定的法律效果

一、法律行为无效

法律行为违反强制或禁止规定者,无效。该被违反的强制或禁止规定须于作成法律行为时存在。此项无效的法律行为不能因嗣后法律的修正,复活成为有效,当事人欲使其为法律行为有效时,须重新为之。当事人是否明知或可得而知其行为违反强制或禁止规定,在所不问。但该法律有特别规定时,依其规定。

二、全部无效或部分无效:维持法律效力的限缩

法律行为违反强制或禁止规定者,无效,是为原则,"民法"第 71 条设有例外,即"但其规定并不以之为无效者,不在此限"。此应依强制或禁止规定的意旨加以认定。在能源危机或遭遇重大变故时,常有物价管制法令,如水泥每包限价若干。此类管制法令,并非根本禁止某类物质的买卖,仅是限定其价格,以达经济统制之目的。依此立法趣旨,应认为买卖契约只于违反部分无效,其他部分的内容,仍属有效,学说上称为维持法律效力的限缩(gesetzerhaltende Reduktion)。

"土地法"第 182 条、"平均地权条例"第 37 条及"土地税法"第 5 条规定土地增值税应向出卖人征收,是否为禁止买卖当事人约定土地增值税得由买方负担的规定?

诚如"最高法院"1999 年台上字第 1543 号判决谓:此纳税义务系政府基于能顺利课税所为之规定,是原土地所有权人之出卖人在公法上自有缴纳土地增值税之义务,但在买卖当事人间,基于私法自治之原则,就土地增值税应由买方或卖方负担,不妨另行约定,而约定由买方负担土地增值税,仅在当事人间发生土地增值税应由买方负担之效力,卖方仍系公

法上之纳税义务人,并不生影响,即在公法上,纳税义务人并未变更,仍应以卖方名义向政府缴纳土地增值税,政府亦系向卖方课征土地增值税。是买卖双方就土地增值税由买方负担之约定,与"土地法"第182条、"平均地权条例"第37条、"土地税法"第5条所规定以原土地所有权人之出卖人为土地增值税之纳税义务人,并不冲突,不发生违法之问题。买卖双方就土地增值税由买方负担之约定,自为有效。(参照"最高法院"1954年台上字第562号判例及1977年台上字第1195号判例。)

三、负担行为或处分行为无效

(一)负担行为无效

其因违反强制或禁止规定而无效的,原则上仅为负担行为(债权行为),其为履行债务而作成的处分行为,仍属有效,且不因负担行为无效而受影响(无因性)。于此情形,他方所受给付利益(如违反价格管制法令而受领超过部分),应构成不当得利(第179条)。惟给付系因不法原因给付而为给付者,不得请求返还(第180条第4款),如买卖少女而支付的身价。

(二)处分行为无效

在某种法律交易,仅处分行为违反强制或禁止规定而无效,亦属有之,此多基于法律的规定。最具启示性的,是旧"土地法"第30条规定:"私有农地所有权之移转,其承受人以能自耕者为限,并不得移转为共有,但因继承而移转者,得为共有。违反前项规定者,其所有权之移转无效。"本条规定已于2000年1月26日经"立法院"删除,不再适用,曾经是实务上的重要问题,具有法学方法上的意义,仍以之为例加以说明。

旧"土地法"第30条系以私有农地所有权之移转行为为规范对象,关于约定负担移转该项土地所有权的债权行为(买卖、互易、赠与)的效力,未设明文,"最高法院"曾一度认为旧"土地法"第30条为强制规定,此项债权行为系违反强行规定,依"民法"第71条规定,应属无效。其后则改变其见解,"最高法院"1975年台上字第1352号判例谓:"'土地法'第30条规定,私有农地所有权之移转,其承受人以承受后能自耕者为限,而此项承受人自耕能力之有无,纵未经当事人主张或抗辩,法院亦应先为调查认定,以为判断之依据,倘承买人并无自耕能力而竟承买私有农地,即系以不能之给付为契约标的,依'民法'第246条第1项前段之规定,其契约为无效。"

前揭判例所提出物权行为无效时,债权行为(买卖契约)系以不能之给付为标的,依"民法"第 246 条第 1 项前段规定,其契约为无效的原则,于私有农地所有权移转为共有或其他物权行为无效的情形,均有适用,移转所有权的一方,得以物权行为无效,依"民法"第 767 条第 1 项规定请求涂销登记。支付价金于他方者,得以债权行为无效,依不当得利规定(第 179 条),请求返还其所受的利益。此类案例有助于了解负担行为及处分行为的区别,无效的原因及请求权基础,具有模式思考的功用,图示如下,以便参考:

(三)负担行为及处分行为均为无效

于负担行为外,处分行为并应无效的,旨在禁止某种财货的移转,此种情形较为罕见。在战争期间,社会经济发生重大变故,为合理分配物资的必要,法令规定某类商品、粮食交易须经核准时,其违反此项规定而为的买卖契约及物权行为应同属无效,所有人得依"民法"第 767 条规定,请求返还其物。

"野生动物保育法"第 16 条禁止保育类野生动物买卖,系属效力规定。此类交易,应认其买卖契约及物权契约(第 761 条)均属无效,始足实现其保育野生动物、维护物种多样性与生态平衡的立法目的。

第三款　脱法行为

何谓脱法行为?下列各例是否构成脱法行为:

1. 甲向丙承租基地,丙为不使甲行使优先购买权("土地法"第 104 条,阅读之),乃与乙为通谋虚伪意思表示,订立赠与契约,并办理所有权移转登记。

2. 甲向乙贷款 100 万元,为期 2 年,除约定周年利率 16% 外,尚收取手续费5万元。

3. 甲与乙赌博,甲输50万元,乃书立字据载明"兹向乙借款50万元,2025年12月5日前偿还"。

第一项 脱法行为的意义

脱法行为(Gesetzesumgehung),指以迂回手段规避强行规定的行为。被回避的强行规定,亦有为禁止规定,如租税法规等。当事人所采迂回手段的行为乃是利用契约自由(内容形成自由),其目的则在达成法律所不许的效果。① 脱法行为系古老的问题,罗马法谚谓:"从事法律所禁止者,系违反法律;虽不违反法律的文字,但迂回法律趣旨者,乃脱法行为(Contra legem facit, qui ad facit quod lex prohibet; in fraudem vero, qui salvis verbis legis sententiam eius circumvenit. Paul. Dig. 1,3,29)。"《德国民法典》制定之际,有建议对脱法行为应设特别规定,但为委员会所不采,其理由为:"法律行为是否因脱法(对法律施以诈欺)而无效,应解释法律行为上的要件及涵盖此项要件的规范而定。如吾人干涉法官的解释自由,而在法律上予以指示,将使若干法所容许的法律行为有被宣告为无效之虞。"② 台湾地区现行"民法"及历次草案亦均无关于脱法行为之规定。

第二项 通谋虚伪意思表示与脱法行为

19世纪德国学者有主张脱法行为可依通谋虚伪意思表示的理论加以处理。目前台湾地区实务上尚有此种倾向。在"最高法院"1978年台上字第3208号判决,甲向丙承租基地,丙为侵害甲的优先购买权,乃与乙为通谋虚伪意思表示,订立赠与契约,并办妥所有权移转登记(案例1)。甲请求涂销登记,原审法院谓:"乙丙就讼争土地,通谋为虚伪之意思表示,假赠与之名而为登记,其目的在于规避法律,显为脱法行为,依'民法'第71条规定,即属无效。甲为利害关系人,其优先权受有侵害,自非

---

① 参阅黄瑞明:《契约自由与脱法行为》,台湾大学1981年硕士论文,尤其是第161页以下所附之文献资料。德国判例学说,参阅 Arndt Teichmann, Die Gesetzesumgehung (Tübingen 1962); Susanne Sieker, Umgehungsgeschäfte: Typische Strukturen und Mechanismen ihrer Bekämpfung (Tübingen 2001)。

② 引自 Flume, AT, II, S. 350。

不得主张涂销登记。""最高法院"则认为:"按'土地法'第104条所定之优先承买权,须以所有人与第三人间有买卖土地或房屋契约之存在为要件,原判决既认为乙、丙所为通谋以赠与为原因之移转登记意思表示自始无效,即未认定其有买卖契约存在,则甲之优先承买权尚未发生,如何凭以主张权利,其请求涂销登记之权利究何所据,亦不无研求余地。"其结论虽与原审法院不同,但并未指摘其通谋虚伪意思表示系脱法行为见解。1971年台再字第75号(再审)判决谓:"查林○钦与再审被告间,暨再审被告与吴○添间所订买卖契约,既系通谋而为之虚伪意思表示,目的在规避法律与大法官会议第78号解释之限制,有如前述,显系一种脱法行为,不容依'民法'第87条第2项、第541条第2项之规定请求再审被告为所有权移转登记。"

前揭实务见解基本有二:①通谋虚伪意思表示,其目的在于规避法律,故为脱法行为。②脱法行为依"民法"第71条之规定,无效。本书认为,此二项见解,均有商榷余地,因为当事人从事脱法行为者,乃企图发生一定经济上目的,具有法律行为上的效果意思,非属通谋虚伪意思表示。再者,径以"民法"第71条认为"脱法行为无效",似非妥适。其所应检讨的,乃法律行为是否违反该条所称某种强制或禁止的规定。通谋虚伪意思表示非属脱法行为,而脱法行为亦不能依"民法"通谋虚伪意思表示规定加以解决,二者应予区别,不可混为一谈。

第三项 巧取利益的禁止与脱法行为

在前揭案例2,甲向乙贷款100万元,为期2年,除约定周年利率为16%外,尚收手续费5万元,其目的系在回避"民法"第205条"约定利率,超过周年百分之十六者,超过部分之约定,无效"的规定。通说认为,在此情形,其企图回避者,系禁止当事人企图实现一定事实上效果之强行规定,表面上与法律文义虽无不合,但因实质上间接达成不法之目的,故仍违反法律规定之精神,自为法所不许,应属无效。实则,针对此种情形,"民法"第206条既已明定:"债权人除前条限定之利息外,不得以折扣或其他方法,巧取利益。"故在案例2,应直接适用"民法"第206条之规定,无依"脱法行为"处理的必要。①

---

① 参阅李模:《民法总则之理论与实用》,第105页。

第四项　赌债之更改与脱法行为①

在前揭案例3,涉及赌债之更改。"最高法院"1955年台上字第421号判例谓:"赌博为法令禁止之行为,其因该行为所生债之关系原无请求权之可言,除有特别情形外,纵使经双方同意以清偿此项债务之方法而变更为负担其他新债务时,亦属脱法行为不能因之而取得请求权。"按赌博系违反法令禁止规定或违反公序良俗之行为,应为无效(第71条、第72条),本不发生债之关系,赢家固无请求赌债之权利,输家亦无清偿赌债的义务。依此见解,赌债更改为金钱借贷新债务,殆无依脱法行为处理之必要。更改者,指变更标的物即债之内容,使成立新债务而消灭旧债务之契约而言,须以旧债务有效存在为前提,赌债非"债",既无债务,应无更改之可言。

第五项　脱法行为乃法律解释问题

关于脱法行为,"最高法院"著有二则判决,一则以通谋虚伪意思表示为脱法行为(1971年台再字第75号判决);一则以赌博更改为脱法行为(1955年台上字第421号判例)。前者混淆通谋虚伪意思表示与脱法行为的概念,后者原无适用脱法行为的必要。又学者有认为债权人除约定周年利率16%的利息外,巧取利益者,系典型之脱法行为,此就"民法"第205条规定观之,固有所据,但"民法"第206条既设有禁止明文,应无再依脱法行为处理的必要。脱法行为的无效,或基于其所违反规范的明示规定,或基于其所违反法规意旨的解释,或基于禁止规定连接"民法"第71条规定的适用。诚如德国法学者弗卢梅(Flume)所云:"脱法行为的问题,实际上就是法律解释的问题。就民法而言,一个独立脱法行为的理论根本不能存在。"②

---

① 参阅王泽鉴:《赌债与不法原因给付》,载王泽鉴:《民法学说与判例研究》(第二册),北京大学出版社2009年版,第88页。

② Flume, AT Ⅱ, S. 350 ff.; Bork, AT, S. 423; Medicus, AT, S. 268. "最高法院"1997年台上字第332号判决谓:"'民法'第188条雇用人责任之规定,系为保护被害人而设,故所称之受雇人,应从宽解释,不以事实上有雇佣契约者为限,凡客观上被他人使用,为之服劳务而受其监督者,均系受雇人。又将营业名称借与他人使用,其内部纵仅对于未具有信用或营业资格者,借与信用或资格,或系为达逃避雇用人责任之目的所为之脱法行为,但就外观而言,其是否借与营业名义,仍具有选任之关系,且借与名义,并可中止其借用关系,无形中对该借用名义者之营业使用其名义,仍有监督关系,是两者之间仍存有选任、服劳务及监督关系,与雇佣无殊。因之对于该借用名义者,对第三人所致之损害,借与名义者仍应负雇用人之责任。"其所涉及的实为解释问题。关于德国法及日本法上的案例,参阅黄瑞明:《契约自由与脱法行为》,台湾大学1981年硕士论文。德国教科书常引用的典型案例,系雇主为逃避"终止劳动契约限制法"(Kündigungsgesetz)的规定,而与劳工订立连续的短期劳动契约,或附以解除契约,参阅 Medicus, AT, S. 660。

第四款　法律行为背于公共秩序或善良风俗①
——"民法"第72条

一、试比较"民法"第71条及第72条规定,阐述其规范意义及解释适用的特色,并说明何谓公共秩序或善良风俗;何谓概括条款的具体化及类型化?

二、下列法律行为是否违反公共秩序或善良风俗?

1. 甲女受雇于乙银行,约定任职中结婚时即应辞职。
2. 旅行契约载明旅行业者就其代理人或使用人的故意过失不负责任。
3. 甲与乙离婚,约定甲于1年内结婚时,应给乙100万元。
4. 甲男与乙女同居,为断绝关系而订立和解书,甲给乙100万元。

三、甲母与其子乙约定,乙大学毕业后就职时,应返还甲支出的扶养费。请分析论证此种契约是否有效?

第一项　规范功能

一、概括条款与规范功能

"民法"第71条本文规定:"法律行为,违反强制或禁止之规定者,无效。"法律行为是否无效,非直接基于第71条规定,而是应经由解释强制或禁止规定加以认定。"民法"第72条规定:"法律行为,有背于公共秩序或善良风俗者,无效。"其判断法律行为无效者,不是具体的法律规范,而是存在于法律本身的价值体系(公共秩序),或法律外的伦理秩序(善良风俗)。善良风俗系伦理秩序与法律相关联的部分,"民法"第72条规定,非在于为伦理秩序而服务,使道德性的义务,成为法律义务,其规范目的乃在不使法律行为成为违反伦理性的工具。简言之,即不能使违

---

① 参阅孙森焱:《公序良俗与诚信原则》,载杨与龄主编:《民法总则争议问题》,五南图书出版公司1999年版,第81页;许政贤:《台湾法上之公序良俗》,载《月旦民商法杂志》2018年第62期,第26页;陈重阳:《代孕契约纠纷案:代理孕母契约到底违反了什么规定而无效?》,载《月旦医事法报告》2022年第65期,第69页。

反法律本身价值体系或违反伦理的法律行为具有效力。① "民法"第72条系"民法"最重要的概括条款之一,具有四种功能:

①继受功能:将不属于法律的其他社会规范赋予法律规范意义。

②转换功能:公共秩序、善良风俗在个案中的认定必须斟酌社会价值观念的变迁。

③正当化功能:法院面对新的问题,须依据既存的社会价值观念,将公共秩序、善良风俗予以具体化,对法院为法之续造,予以正当化。②

④法律发展功能:公共秩序、善良风俗具有不确定的开放性,得使法律能够适应法律价值理念的发展及社会伦理的变迁,而演变进步。

须强调的是,公共秩序、善良风俗是一个在适用上不易涵摄的不确定法律概念,系对法官具授权性的规定,具隐藏立法的功能。学说(法学)对公共秩序、善良风俗具体化的适用过程负有协力参与的义务,使法律适用的政策因素、价值判断更为显明公开,更具说服力与可检验性。

二、"宪法"基本人权规定的第三人效力

"民法"第72条规定亦具有实践"宪法"基本权利的功能。"宪法"规定的基本权利("宪法"第7条至第22条)不仅是个别、主观的权利,更是一种客观的价值体系,扩散到所有的法律领域,尤其是私法。基本权利的功能,除保护民众不受公权力侵害外,并在保护民众不受其他第三人的侵害。私人间的民事关系亦应受基本权利的规范,惟应采所谓的"间接效力说",即经由"民法"上的概括条款实现基本权利的价值体系,期能在法律体系上保障私法的自主性,使私法在其完整体系之内解决私法的问题,并

---

① 台湾地区"民法"使用"善良风俗"之概念者,除第72条外,尚有第184条第1项后段,即因故意以背于善良风俗之方法,加损害于他人者,应负损害赔偿责任。"民法"第72条与第184条第1项后段规定之用语虽同,但立法目的有别:前者系对权利保护的拒绝,即对违反公序良俗之行为否认其在法律上之效力;后者系权利保护的赋予,即被害人得对加害人请求损害赔偿。关于"民法"第184条第1项后段的解释适用,参阅王泽鉴:《侵权行为》(第三版),北京大学出版社2016年版,第325页。

② Vgl. Gunther Teubner, Standards und Direktiven in Generalklauseln (München 1971), S. 65. f. 值得注意的是,类如"民法"第72条的概括条款,亦可能因意识形态或政府专擅而被滥用,德国纳粹时期,德国法院曾将《德国民法典》第138条所称善良风俗解为系国民感情,而作出不利犹太人的判决,实足警惕,详见 Bernd Rüthers, Die unbegrenzte Auslegung (5. Aufl., Tübingen 1996),此书具高度可读性。

维持整体法秩序的一致性。准此以言,女性劳动者受雇之初,预立于任职中结婚之辞职书(案例二之1),违反"宪法"保障男女平等原则,并且限制民众有关结婚之自由权,该结婚即辞职之约定违反公共秩序与善良风俗,依"民法"第72条规定,应属无效。

第二项 公共秩序或善良风俗的判断及其违反的效果

一、公共秩序或善良风俗

(一)意义

公共秩序或善良风俗,指社会一般利益或道德观念而言。诚如洪逊欣教授所云,"民法"第72条将公共秩序与善良风俗并举,实为绵密周到,其范围虽未尽一致,但具有相依相成的作用。[①] 为使法律适用能够客观合理,原则上应分别判断其所违背者,究为公共秩序,抑或为善良风俗,实务上亦采此方法,实值赞同。又须注意的是,所谓公共秩序尚应兼括整个法秩序的规范原则及价值体系,尤其是关于基本权利的规定,前已述及,兹再强调。

(二)判断基准

1. 判断因素

在当代多元化开放的社会,关于公共秩序或善良风俗,难期有定于一尊的见解,在审判上终究有赖以法官的法感。然法律乃在规范社会生活、实现正义,故法律的适用自须克服个人的主观性,排除可能的偏见,而使评价"事理化"(合目的性)。诚如"最高法院"所云,应就法律行为的内容、附随情况和当事人的动机、目的及其他相关因素综合加以判断,并表现于判决理由之内。

2. 主观要件

行为人认识其法律行为违反公共秩序、善良风俗的相关情况即为已足,不以具有"违反公共秩序、善良风俗的主观意识"为必要。

[①] 参阅洪逊欣:《中国民法总则》,第341页。《德国民法典》第138条规定法律行为背于善良风俗(gute Sitte)者无效,是否包括公共秩序(ordre public)引起重大争论。Vgl. Wolf/Neuner, AT, S. 535 f; Mayer-Maly, Was leisten die guten Sitten, AcP 194 (1994), 1051; K. Simitis, Gute Sitten und ordre public (Elwert 1970)。

3. 判断时点

判断时点,原则上应以法律行为作成之时为准据。法律行为于作成时,违反公共秩序、善良风俗无效者,不因其后观念的变更,而使其复活,具有效力。关于遗嘱,应否于其作成时作为判断时点,尚有争论。衡诸立遗嘱人得随时变更遗嘱,而遗嘱系于遗嘱人死亡时发生效力,应以其生效时,作为判断时点。

(三)上诉第三审的法律问题

对于已确定之事实,认定其是否背于公序良俗,为法律适用问题,可为第三审上诉的理由。

二、违反公共秩序、善良风俗的法律效果

法律行为有背于公共秩序或善良风俗者,"无效"。其属无效者,通常仅为负担行为。为履行债务而作成的处分行为在伦理评价上系属中立,原则上不因违反公共秩序、善良风俗而无效,故一方当事人对其所为给付,得依不当得利规定请求返还(第179条),但其给付具有不法原因时,则不得请求返还(第180条第4款)。①

第三项 具体化及案例类型

第一目 概括条款具体化

"民法"第72条规定:"法律行为,有背于公共秩序或善良风俗者,无效。"系"民法"上最重要的概括条款。概括条款欠缺明确要件,难为法律适用上的涵摄,必须加以具体化,须从事案例比较,组成类型,建立构成要件的判断因素,以利适用,维护法律平等适用原则及法的安定性。兹将其思考模式,参照实务上案例,图示如下:

---

① 参见王泽鉴:《不当得利》,北京大学出版社2023年重排版,第167页。并参阅"最高法院"1994年台上字第3022号判决:"本件两造关于系争股份之买卖,违反'公司法'第163条第2项之禁止规定,其让与契约(债权行为)无效。上诉人主张依'民法'第113条规定,得请求被上诉人回复原状,返还价金,本质上仍为返还不当得利。惟本件双方交付股票及价金,均基于不法原因所为之给付,且双方均有所认识。上诉人请求返还价金非特必须主张自己之不法行为,且无异鼓励为不法行为,自不应准许。"

第六章　权利的变动　323

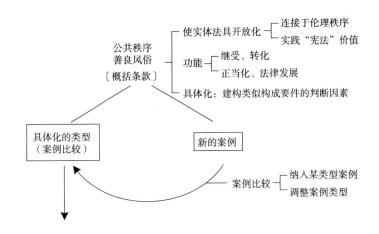

案例类型	具体案例:衡量因素、论证(请阅读相关判决)
法秩序价值	民众诉讼权:未取得律师资格、意图牟利、办理诉讼案件、约定标的物二分之一报酬(2014年台上字第41号判决、2006年台上字第2928号判决)①
滥用优势地位	1. 劳动契约竞业禁止的约定(2014年台上字第793号判决) 2. 雇主与员工约定不合理的离职条件、剥夺终止契约后原得享有的权利,并约定显不相当之高额惩罚性赔偿金(2007年台上字第165号判决) 3. 最低服务年限的约定:应依具体个案而认定(2007年台上字第1396号判决)
限制他人自由	1. 以人身为抵押标的之契约(1929年上字第1745号判例) 2. 诱使妇女同居,将土地所有权移转登记于该女名下,复约定一旦终止同居关系,仍须将该地返还,以资钳制,而达其永久占有私欲(1976年台上字第2346号判例)

---

①　"最高法院"2014年台上字第41号判决:按诉讼权系民众在司法上之受益权,旨在确保民众有依法提起诉讼及受公平审判之权益,不容他人从中牟利。故未取得律师资格,意图营利而办理诉讼事件,对可能涉讼之人,允诺提供服务负担全部费用,而与之约定应于胜诉后给予讼争标的物之一部分或其价额之若干比例为报酬,即与公序良俗有违,依"民法"第72条规定,应属无效。

案例类型	具体案例:衡量因素、论证(请阅读相关判决)
应受非难的动机、目的	1. 父母尚在,预立分管契约处分财产,预行剥夺母之应继份(1957年台上字第1068号判例) 2. 某男与未婚同居的妇女约定"若女不堕胎,应自负扶养责任"(2013年台上字第726号判决)①

第二目 案例类型

一、比较法上的案例类型

比较法有助于参考各国或地区的案例,形成类型,更深入了解各国和地区公序良俗原则的实际运用、法律解释适用的方法及法律文化。关于"民法"第72条的案例类型,洪逊欣教授曾参酌台湾地区及日本判例分类观察说明:①违反人伦之行为(如母子不同居之契约)。②违反正义观念之行为(如分赃或围标)。③剥夺个人之自由或限制个人自由过甚之行为(如人身买卖契约)。④限制营业过甚之行为(如同业者间为操纵市场所订立之竞争禁止同盟契约)。⑤破坏特殊政策,或社会经济上有重大障碍之行为(如故买卖汉奸之财产)。⑥射幸行为(如赌博、买空卖空)。②

德国学者就该国判例作如下分类:①过分限制契约当事人之人格及经济自由之契约(Knebelungsverträge)。②利用优势或垄断地位而缔约(Ausnutzung einer Macht-oder Monopolstellung)。③诈害债权人之担保契约(Gläubigergefährdung)。④娼馆买卖或租赁契约(Bordellverträge)。⑤贿赂契约相对人之职员以订立有利之契约(Schmiergelder)。⑥以诉讼结果依诉

---

① "最高法院"2013年台上字第726号判决:"丙○○请求代垫扶养费部分,原判决认依切结书之约定丙○○已免除甲○○之'扶养责任',其依不当得利法则请求甲○○返还123万元,尚乏依据一节。经查丙○○与甲○○签立之切结书略谓:丙○○所怀系私生子,慎重提醒宜予堕胎,未婚生子对任何家庭都是伤害,若女方(即丙○○)坚持产下,以后一切扶养责任自行负责等语。按未婚生子,并非堕胎法定要件,教唆堕胎本违公序良俗,依'民法'第72条规定,其法律行为无效。系争切结书约定丙○○如不堕胎执意生下乙○○应自负责任,该约定违反公序良俗,自属无效。况甲○○对乙○○之扶养义务乃法定义务,丙○○并非权利人,自无权免除甲○○之扶养义务。原判决未遑查明,遽以切结书为据,认丙○○不得请求返还代垫之扶养费123万元,自欠允洽。"

② 详阅洪逊欣:《中国民法总则》,第341页。

讼标的之成数支付律师公费(Erfolgshonorar für Rechtsanwälte),盖以有害律师作为司法机关之地位也(RGZ 115, 141, 142)。此与美国所采 contingency fee 不同。台湾地区律师通常亦以诉讼成败计算公费,而有所谓"前谢""后谢"收费方式,一般人多不认为其违反公序良俗。①

二、"宪法"上基本权利的保护

基本权利得经由"民法"第 72 条而具有间接效力。值得参照的系"最高法院"1998 年台上字第 2000 号判决:权利之抛弃,不得违背法律之强制或禁止规定或公序良俗,否则其抛弃行为无效。又"宪法"第 16 条规定,民众有诉讼之权,旨在确保民众有依法定程序提起诉讼及受公平审判之权利。查系争协议书第 4 条虽约定两造"不得再以任何方式追究他方刑责",其真意倘系抛弃刑事诉讼权,似有违"宪法"第 16 条保障诉讼权之意旨,难谓有效。又"最高法院"2006 年台上字第 2928 号判决谓:诉讼权系民众在司法上之受益权,旨在确保民众有依法定程序提起诉讼及受公平审判之权益,不容他人从中牟取利益。故对涉讼之人,提供证据资料或允诺负担费用,而与之约定应于胜诉后给予讼争标的物之一部分或其价额之若干比例,即与公序良俗有违,依"民法"第 72 条规定,应属无效。

三、契约上危险的合理分配:定型化契约条款的控制

如何控制定型化契约条款,是民法上的重大任务,"最高法院"自 20 世纪 80 年代以后,数著判解,担负起保护消费者的责任,其最初所采手段系适用"民法"第 72 条规定。在肯尼亚旅行事故案件("最高法院"1991 年台上字第 792 号判决)②,"最高法院"谓:"旅行契约系指旅行业者提供有关旅行给付之全部于旅客,而由旅客支付报酬之契约。故旅行中食宿及交通之提供,若由于旅行业者洽由他人给付者,除旅客已直接与该他人发生契约行为外,该他人即为旅行业者之履行辅助人,如有故意或过失不法侵害旅客之行为,旅行业者应负损害赔偿责任。纵旅行业者印就之定

---

① 关于德国的判例学说,详阅 Staudinger/Dicher, § 138 Rn. 20 ff; MünchKomm/Mayer-Maly, § 138 Rn. 22 ff.。
② 参阅王泽鉴:《定型化旅行契约的司法控制》,载王泽鉴:《民法学说与判例研究》(第七册),北京大学出版社 2009 年版,第 26—39 页。

型化旅行契约附有旅行业者就其代理人或使用人之故意或过失不负责任之条款,但因旅客就旅行中之食宿交通工具之种类、内容、场所、质量等项,并无选择之权,此项条款殊与公共秩序有违,应不认其效力。"

"民法"第72条具有控制定型化契约条款的功能,应予肯定,惟定型化契约条款多涉及契约危险的分配,为设更周全的规范机制,"消费者保护法"第12条第1项规定:"定型化契约中之条款违反诚信原则,对消费者显失公平者,无效。""民法"第247条之1亦设有规定。关于定型化契约条款的控制,乃由"民法"第72条移向"消费者保护法"第12条(由违反公序良俗,移向违反诚实信用原则),自"消费者保护法"施行后,实务上似无适用"民法"第72条规定的案例。①

四、婚姻

(一)预想他日结婚而为附负担的赠与

"最高法院"2011年台上字第130号判决谓:"被上诉人所支付予上诉人之上开二笔款项,乃以两造结婚为前提所为之赠与,可认系附有上诉人应与其结婚义务之约款,核其性质,属附负担之赠与,且依'民法'第979条之1增订之理由,不论系附负担之赠与抑附有解除条件之赠与,均无悖于公序良俗。"

(二)夫妻间关于离婚的约定②

夫妻间关于离婚的约定,违反"善良风俗"的实务上案例有二:

①预立离婚契约:夫妻间为恐一方于日后或有虐待或侮辱他方情事,而预立离婚契约(1961年台上字第2596号判例)。

②离婚不得再婚的约定:结婚乃男女双方感情结合,为个人的基本自由,在民众道德观念上为终身大事,若以契约限制在一定时期内不得结婚,实有违善良风俗,况"民法"对于男女离婚并无再婚期间之限制,故甲、乙协议离婚时所为约定甲在1年内不得再结婚,丙保证若甲男于1年

---

① 参阅杨淑文:《"消费者保护法"关于定型化契约在实务上之适用与评析》,载《政大法学评论》1998年第60期,第231页;杨淑文:《定型化契约之管制与契约自由》,载《政大法学评论》2013年第132期,第163页。

② 参阅刘姿汝:《离婚协议书中约定终身不得与小三结婚——契约自由? 违反公序良俗?》,载《月旦法学教室》2020年第208期,第72页;刘宏恩:《"婚前协议"约定未来离婚赡养费之性质与效力》,载《月旦法学教室》2022年第241期,第13页。

内再结婚时,愿付乙女 50 万元的约定,显然违背善良风俗,因此甲虽于离婚后未及 1 年再与他人结婚,乙仍不得请求丙给付 50 万元。①

五、家庭伦理:父母健在时预立财产分管契约

上诉人与被上诉人均为甲之养子,于养父母健在时预立分管合约为财产之瓜分,载明该约俟父百年后始生效力,固堪认系以甲死亡之日为契约发生效力之始期之法律行为,然两造对于其父之财产不待其父自行赠与,或于寿终后再行协议分析,乃急不暇择,于父生前预行订约剥夺母之应继份,此项蒙父欺母而订立之契约,衡诸崇尚孝悌之善良风俗,既属有违,依"民法"第 72 条,该契约即在无效之列(1957 年台上字第 1068 号判例)。

六、经济秩序

法律行为违反经济秩序,得被认定违反公共秩序的情形有三:

①外汇许可证买卖:"最高法院"1961 年台上字第 691 号判例谓:外汇在政府管制之下,必须特定人基于特定事故始得请求,而非得以自由买卖之权利,台湾银行所发结汇许可证结汇证实书内载"不得转让或抵押"等字,一若仅为该行片面之规定,然听任自由转让或出质之结果,实足影响外汇政策,即应解为有背公共秩序,依"民法"第 72 条,其行为为无效。"最高法院"于 2002 年 10 月 1 日认此判例不合时宜为理由,不再援用,体现台湾地区经济秩序自由化及国际化的发展。

②表决权拘束契约:即股东与他股东约定,于一般的或特定的场合,就自己持有股份之表决权,为一定方向之行使所缔结之契约,"最高法院"1982 年台上字第 4500 号判决认为此项约定将使"公司法"第 198 条第 1 项规定"股东会选任董事时,每一股份有与应选出董事人数相同之选举权,得集中选举一人,或分配选举数人,由所得选票代表选举权较多者,当选为董事",形同虚设,并导致选举董事前有威胁、利诱不法情事之发生,更易使有野心之股东,以不正当手段缔结此种契约,达其操纵公司

---

① 参阅"司法院"(1986)厅民(一)字第 1139 号函复台高院,《民事法律问题研究汇编》(第 5 辑),第 74 页。关于本件问题的评论,参阅詹森林:《待婚期间之约定与善良风俗》,载詹森林:《民事法理与判决研究》,第 357 页;并参阅詹森林:《借腹生子契约之违背善良风俗性与不当得利返还请求权》,载詹森林:《民事法理与判决研究》,第 439 页。

之目的,不特与"公司法"公平选举之原意相左且与公序良俗有违,自应解为无效。

③引诱他人违约:甲出卖某物(土地、房屋、古物)给乙,丙再向甲购买该物,无论丙是否知悉甲与乙间的买卖契约,丙与甲的买卖契约均属有效,以维护市场经济的竞争秩序。若丙购买该物,系以侵害乙为目的,尤其是表示愿承担甲对乙的损害赔偿,而引诱甲出卖该物(并受让所有权),德国通说认为此类买卖违反善良风俗无效,并系以故意违背善良风俗加损害于他人,应负损害赔偿责任。此项见解基本上应值赞同,盖市场须有一定的伦理,始能维护其竞争秩序。

七、性之关系

性与道德及法律的关系,涉及社会价值观念的变迁及性关系的自由化及市场化,在何种情形始构成违反善良风俗,实值研究。支付对价从事性行为的契约有背善良风俗,衡诸民众之一般的道德观念,实无疑问,即使相对人系属所谓之公娼,亦然。至于纳妾同居,现行"民法"虽不承认夫与妾的身份关系,但仍可发生类似夫妻之结合关系,早期判例及解释例多视妾与一般家属相同,以夫为家长,以妾为家属,故对妾供给生活费之约定,应不发生违背善良风俗之问题。应予辨别的是二则"最高法院"裁判:

①"最高法院"1980年台上字第2505号判决:"以相奸行为作为契约之标的,系以金钱之交付,维持不正常之关系,始属违背公序良俗。然本件为断绝不正常关系,约定给付金钱,即无违背公序良俗之可言。"

②"最高法院"1976年台上字第2436号判例:"上诉人为有妇之夫,涎被上诉人之色,诱使同居,而将系争土地之所有权移转登记与被上诉人,复约定一旦终止同居关系,仍须将该地返还,以资钳制,而达其久占私欲,是其约定自系有背善良风俗,依'民法'第72条规定应属无效。"[①]

八、偿还扶养费的契约与公共秩序、善良风俗

"最高法院"2014年台上字第2036号判决涉及如下案例:

---

① 参阅王泽鉴:《以同居为条件之赠与及不法原因给付》,载王泽鉴:《民法学说与判例研究》(第三册),北京大学出版社2009年版,第94—101页。

甲妇，夫早逝，劳苦工作养育乙、丙二子。为保障将来生活，甲与满20岁之子乙与丙共同签订协议，约定："甲耗尽金钱、精神，单独培育乙、丙二子，鉴于时下人多无伦理观念，唯恐老来仰人鼻息，故乙、丙在自力更生后，把收入纯利的百分之六十按月逐次摊还……5012万元整……日后如婚姻对象与甲商讨或孝心感人，将斟酌催讨金额。……甲方存款、○○路○○号房子由乙、丙两兄弟平分……。"乙毕业后行医，甲向乙请求履行该协议书的约定，乙以该协议书有背于公序良俗拒绝履行。甲得否向乙请求返还协议书约定的金额？

在阅读下文前，请思考"民法"第72条的规范目的，参照前揭说明，提出判断因素，说明自己的见解！

原审法院认定甲与乙的约定背于公序良俗无效，其理由谓："扶养制度之建立，具有直接实现'宪法'第15条生存权之功能，具'宪法'上重要价值，而有公益性。又父母对于未成年之子女，有保护及教养之权利义务，'民法'第1084条第2项定有明文。……父母对其未成年子女之扶养义务，系基于父母子女之身份关系而生，并为具有公益性之法定义务，倘父母与子女立约偿还，无异将父母子女之身份关系金钱化，害及子女利益，更悖于扶养制度之本旨。被上诉人签署系争协议书时，甫年满20岁，为牙医系二年级学生，上诉人即与之签署应返还上开扶养费用之协议书，使其甫成年即与丙须负担计5012万元之债务，显有违父母子女之伦常，且悖于亲属编关于扶养制度之规定，有违反社会一般利益及道德观念，乃背于公共秩序或善良风俗，应为无效。"

"最高法院"认为："按'民法'并非容认个人意思之绝对自由，必在与社会……之存在及其发展所必要之一般秩序与吾人立身处世之道理、法则暨社会道德相符，且不反于社会妥当性或正当性之限度内，始容许私法自治之原则。惟'民法'第72条所称之'法律行为，有背于公共秩序或善良风俗者，无效'，系指法律行为之标的，亦即法律行为之内容（当事人因该法律行为所欲使其发生之事项），与上开秩序、道理、法则暨社会道德不兼容，显然悖离社会之妥当性，或带有反社会性之动机经表现于外而成为法律行为标的之一部，或与其结合之法律行为，有助长反社会行为实现之具体危险，而为相对人有预见之可能者而言。复以'民法'关于'公序良俗'之规定,一为对私法自治之限制;他则系重建契约自由与维护'宪法'基本价值之工具,为落实'公序良俗'所蕴含'宪法'基本权之意涵,凡法律行为涉及生存等基本权之事项,自须兼顾缔约双方处境之优劣及该基本权是否被重大侵害而反于社会性,始得展现其真正意义。因此,审判法院于透过该'公序良俗'之抽象、概括规定,调整当事人之自治领域,检视法律行为是否为无效时,除斟酌法律行为之内容、附随情况、当事人之动机、目的等在该时、空环境下,是否符合首揭秩序、道理、法则、道德观念及社会妥当性外,尚应就法律行为之内容涉及生存等基本权者,并将当事人之一方是否在经济、学识、经验等处于严重劣势? 及该法律行为之成立,是否将对其基本权造成重大之损害而反于社会性等其他相关因素考量在内,以综合判断之。否则,即难谓有该条所定'法律行为,有背于公共秩序或善良风俗者,无效'之适用。被上诉人签立系争协议书时,为年满20岁以上就读医学院牙医系之学生,而系争协议书所约定之给付,有金额上限,复系按收入纯利百分之六十计付,并记载将来减少催讨金额及遗产分配之原则,则综合系争协议书之标的内容、当事人之动机、目的等因素,系争协议书是否悖离一般秩序、社会道德及立身处世道理、法则而反社会之妥当性? 可否谓被上诉人于签立系争协议书时,相对于上诉人,其经济、学识、经验等项处于结构性之劣势? 是否会肇致被上诉人将来难以生存? 此与系争协议书是否有背于'公序良俗'之认定,所关颇切,已非无进一步推求之余地。原审未遑逐一详予探求研析,遽认系争协议书违反'公序良俗'而为上诉人不利之判决,亦嫌速断。"

之所以摘述原审与"最高法院"判决,因其具有法律发展与法学方法论上的意义。"民法"第72条系抽象的概括条款,具有法律授权、弹性适用,继受"民法"外的法律价值及社会伦理的重要功能。公序良俗概括条款没有所谓的概念核心,不能采传统解释方法,必须加以具体化,在规范与案例之间组成中间类型,衡量具动态性的因素,加以认定判断。"最高法院"所提出契约自由、社会秩序变迁中的伦理观念、经济上是否具有结构性的劣势、生存权是否受到重大伤害等因素,连接于伦理秩序、基本权利,采取一种动态体系的思考方法,对于公序良俗的具体化、法之适用的思考方法及判决理由的构成,具有启示性的参考价值。

第四项　案例研习

甲为台南湾里人氏，因经营燃烧废电缆业致富，在高雄与乙女同居，为维持同居关系乃赠其所有房屋一栋，并已办妥移转登记。甲妻丙知其事，前往乙处哭诉，告以如何以糟糠之妇，协助其夫创业，受"二噁英"世纪之毒侵害，身体孱弱不堪等情，乙深受感动，再三向甲表示断绝同居关系，甲勉强同意，表示赠与乙200万元，供其生活之用，乙允受之，并经公证。半个月后，甲反悔，仍欲与乙继续同居，乙严拒之。试问（请先思考，写成书面）：

1. 甲得否向乙请求返还赠与之房屋？
2. 乙得否向甲请求给付200万元？

本案例写于1982年（本书初版），当时南台湾盛行燃烧废电缆，因此致富之人甚多，风化事件层出不穷，特设此例以反映台湾地区社会经济发展实况，虽时过境迁，仍加保留，以供追忆。设计本案例旨在使读者更深刻了解"民法"总则编与债编的适用关系及请求权基础的思考方法，就甲得否向乙请求返还赠与的房屋，先提出解题构造，再为解说。关于乙得否向甲请求200万元，请自行思考解题构造。

Ⅰ 甲之请求权基础：第179条
  1. 乙受有利益：取得房屋所有权
  2. 甲对乙为给付（乙受利益）
  3. 无法律上之原因：赠与契约无效
    （1）赠与契约背于公序良俗
      ①违反公序良俗
      ②行为人主观上认识致其法律行为有背于公序良俗之情况
      ③判断时刻：订立契约之际
    （2）法律效果
      ①无效
      ②债权行为无效？物权行为无效？
      ③不当得利请求权之排除：第180条第4款
Ⅱ 结论：甲对乙不得依第179条请求返还其赠与房屋所有权

一、甲对乙关于赠与房屋的返还请求权

甲得否向乙依"民法"第179条规定请求返还其所赠与房屋的所有权,须具备三个要件:①乙受有利益。②基于甲的给付。③无法律上之原因,并须无"民法"第180条第4款之适用。

(一) 不当得利请求权的成立

1. 乙受有利益

甲赠与房屋一栋与乙(第406条),并已办理移转登记,乙取得房屋所有权(第758条),受有利益。

2. 基于甲的给付

乙因甲的给付而取得甲移转房屋所有权,"致"甲的所有权消灭,受有损害。

3. 无法律上之原因

赠与系乙取得甲所移转房屋所有权的法律上原因。应检讨者,系甲赠屋于乙是否背于公共秩序或善良风俗而无效(第72条)。

"民法"第72条所谓公共秩序或善良风俗,指社会一般利益及整个法秩序的价值,或一般道德观念。本案例涉及性与道德的问题,因性关系的自由化,在何种情况始构成违背善良风俗,应斟酌法律行为之目的、附随情状及当事人动机等,就行为时的社会通念加以认定。甲为维持与乙的同居关系而赠与乙房屋,衡诸社会道德观念,应有背于善良风俗。其违背善良风俗而无效者,系房屋的赠与(负担行为),其为履行基于赠与而为房屋所有权的移转(物权行为、处分行为),在评价上系属中性,仍属有效,且不因赠与契约无效而受影响(无因性)。

据上所述,甲与乙女同居,为继续维持同居关系而赠与房屋,并办理所有权移转登记,其赠与契约背于善良风俗,无效。乙系无法律上之原因而受利益,应负返还之义务(第179条)。

(二) 不当得利请求权的排除

甲得对乙依"民法"第179条规定,请求返还其基于无效赠与契约而移转登记之房屋所有权,已如上述。惟依"民法"第180条第4款规定,因不法原因而为给付者,不得请求返还。不法原因,指法律行为违反强行规定或公共秩序、善良风俗者而言。甲赠与房屋既系违背善良风俗,其给付原因系属不法,不许请求返还。

二、乙对甲请求给付 200 万元

乙得向甲依"民法"第 406 条规定请求给付 200 万元,须以赠与契约成立及有效为前提。

乙欲与甲结束同居关系,甲表示赠与 200 万元,供其生活之用,乙为允受,当事人互相表示意思一致,赠与契约即为成立(第 406 条)。

为结束同居关系而约定赠与金钱,乃在于回复正常伦理秩序,就当事人行为社会价值综合加以观察,并不违背道德观念。至于赠与金钱的约定,无论是为对终止同居关系的对价,抑或对他方所为的损害赔偿,在所不问。甲因终止同居关系而对乙赠与生活费,与善良风俗未有违背。

甲与乙间赠与契约有效成立。惟依"民法"第 408 条第 1 项规定,赠与物之权利未移转前,赠与人得撤销其赠与。其一部分已移转者,得就未移转之部分撤销之。此项规定,于经公证之赠与,或为履行道德上义务而为赠与者,不适用之(第 408 条第 2 项)。甲终止与乙同居而赠与生活费,系为履行道德上之义务,该赠与既经公证,故不得撤销。

综据上述,甲与乙终止同居关系,约定无偿赠与 200 万元作为生活费,其赠与契约有效成立,乙得向甲依"民法"第 406 条规定请求给付。

第五款　暴利行为[①]
——"民法"第 74 条

> 甲年 50 余,其妻乙遭遇车祸,造成严重脑震荡。住院开刀须费至巨,乃求售仅存名画一幅于丙。丙见甲窘困,明知该画时值 50 万元,仅欲以半价购买,甲讨价再三,丙终不让步,甲迫于情势于 2022 年 2 月 1 日让售该画于丙,并即为交付。又丙于同日另贷与甲 10 万元,为期 1 年,周年利率 40%。半年后,甲病故,其妻乙于 2023 年 1 月 10 日请教于某法律人士,欲知得否向丙请求返还该画?得否拒绝支付超过周年利率 16% 的利息?及得否请求返还已支付的利息?

[①] 参阅郑冠宇:《从法学方法谈民法关于暴利行为之规定》,载《台湾法学杂志》2021 年第 407 期,第 69 页;吴从周:《论暴利行为》,载《台湾大学法学论丛》2018 年第 47 卷第 2 期,第 889 页。

第一项　规范功能、适用范围、要件及效果

一、规范功能：契约自由的实质化

"民法"第 74 条规定："法律行为,系乘他人之急迫、轻率或无经验,使其为财产上之给付或为给付之约定,依当时情形显失公平者,法院得因利害关系人之声请,撤销其法律行为或减轻其给付。前项声请,应于法律行为后一年内为之。"为保护弱者,各立法例对显失公平的行为,多设有规定。关于此种行为的效力,《德国民法典》明定为无效(《德国民法典》第 138 条第 2 项)。台湾地区"民法"仅许声请撤销或减轻给付,在立法论上是否妥适,学者见解不同,有认为其他立法例较诸台湾地区规定"殊多周密"。① 有认为台湾地区"民法"一方面规定暴利行为非当然无效,另一方面又规定非当事人之利害关系人,亦得声请法院撤销其行为或减轻给付,可谓最适合法律社会化的原则。② 须注意的是,暴利行为违背公共秩序、善良风俗者,依"民法"第 72 条规定,应属无效。

须强调的是,"民法"上关于法律行为(尤其是契约)的规定,多属秩序性规定,如契约订立的机制。"民法"第 72 条顾及契约内容的公平性,促进契约法的实质化,涉及契约正义(形式正义与实质正义),具有重大意义。③

二、适用范围

"民法"第 74 条适用于财产行为,包括负担行为(如买卖、租赁、消费借贷)及物权行为(如移转所有权、设定抵押权)。关于身份行为不适用之,例如不能以其结婚系出于急迫、轻率或无经验,而请求法院撤销(一则笑话:结婚殆无不出于急迫、轻率或无经验也!)。

---

① 参阅梅仲协:《民法要义》,第 88 页。
② 参阅洪逊欣:《中国民法总则》,第 354 页。
③ Vgl. Canaris, Wandlungen des Schuldvertragsrechts—Tendenzen zu seiner Materialisierung, AcP 200 (2000), 273.

三、要件及实务案例

(一)要件

"民法"第74条的适用,须具备二个要件:

①主观上,须系乘他人之急迫、轻率或无经验。轻率,系指行为人对其行为的结果,因不注意或未熟虑,不知其对自己的意义而言。出卖人不知买卖标的物的价值,而率与买受人订立契约,亦在轻率之列。

②客观上,须其为财产上之给付,或为给付之约定,依当时情形,显失公平。①

前述二个要件均应就具体事实加以认定,由原告负举证责任。古董商利用他人无经验以极低价额购买价值连城的旧画,系属暴利行为,有"民法"第74条的适用。

(二)实务案例

实务上有四个"最高法院"判决可供参考:

①"最高法院"2021年台上字第534号判决:被上诉人于2017年9月20日接获上诉人之系争通知,即委由董〇琪律师于同年10月11日寄发存证信函,复于同年月25日经由方〇光协调争议,且B区各户一楼与地下车位间原无楼梯或电梯通连,使用执照取得时,停车位由一楼对外进出,则被上诉人就当时房屋之现况及两造间争议之解决,似已有相当之信息可供斟酌或委请律师采取必要之权利保全程序,得否因上诉人预告可能将地下车位出售他人或提高价金,即谓被上诉人之现有法益受到紧急危害或陷于立即且迫切之重大困境?被上诉人已依系争协议书各取得地下车位部分之建物面积696.84平方公尺,权利范围六分之一所有权登记,可否认其所为价金之给付欠缺对价或严重失衡,依其情形法院难为公平之调整?两造以系争协议书第10条约定相互抛弃对他方违约之各项请求权,是否系使被上诉人为财产上之给付或为给付之约定?依其情形有无显失公平?凡此攸关上诉人是否有暴利行为及法院得否撤销被上诉人签订系争协议书之法律行为之判断,自待厘清,乃原审未予详查细

---

① 依罗马法所定非常损失的原则,出卖人迫于急需,贱价出售其物,所得价金,与实价相差过巨,虽系自愿出卖,实非完全自由意思,故规定出卖人以半价之额以下出售其货物时,对于买受人有契约解除权,为暴利行为之最早立法例,参阅 Reinhard Zimmermann, The Law of Obligations: Roman Foundations of the Civilian Tradition (Oxford 1990), pp. 176, 258 et seq., 268 et seq., 717 et seq.。

究,径以上开理由为上诉人不利之论断,自有可议。"

②"最高法院"2021年台上字第968号判决:被上诉人与林○成于2018年1月8日上午将离去系争旅馆之际,上诉人到场扬言提告或告知被上诉人配偶系争事件,嗣两造与林○成同意就该事件成立和解于当日签立系争和解书,于第6条约定被上诉人应给付300万元精神慰抚金与上诉人,为原审所认定。证人林○成证称:伊在系争旅馆所接受之压力系倘当天不接受条件,就要立刻找被上诉人之配偶,伊告诉自己尽量遵守要求不要刺激对方等语,上诉人则称林○成当时希望给予观察期,伊始签立系争和解书等语。果尔,被上诉人同意成立和解签立系争和解书,似为避免上诉人立刻将系争事件告知其配偶或其遭提告,为留有上诉人所称之观察空间,基于互相让步而同意就系争事件给付300万元精神慰抚金。则该300万元之约定是否显失公平,及倘显失公平得减轻给付之金额,似需并予审酌被上诉人因上诉人签立系争和解书所为让步所受利益为何。原审就此未加调查究明,仅衡量两造之身份、资力状况,遽认系争和解书第6条针对系争事件所为300万元精神慰抚金之约定,显属过高,应酌减为30万元,已嫌速断。

③"最高法院"2013年台上字第2378号判决:嘉○公司于2008年5月24日施工时,钻破系争油管,致油料流入排水系统,两造于同年月26日会勘时,上诉人已委由厂商抢修油管,在渠道内布设拦油索,并进行油水分离、油料污染清除等工作,为原审认定之事实。果尔,钻破上诉人所有系争油管者系嘉○公司,上诉人系防止损害扩大之被害人,则能否谓嘉○公司签立系争切结书,系于急迫情形下所为,其就钻破油管之行为,承诺负担全部抢修费用及油气所生损害,依当时情形显失公平,尚非无疑。原审遽谓上诉人系乘嘉○公司急迫,使嘉○公司签立系争切结书,依当时情形,显失公平,亦有未洽。

④"最高法院"2018年台上字第1505号判决:查上诉人罹患轻度精神分裂症,可在他人协助下,理解并从事不动产买卖之法律行为,于2012年8月24日与戴○真讨论后,决定以700万元出售系争不动产于被上诉人,加计所约定由上诉人继续收取之租金,该买卖对价计为7603903元,为原审认定之事实。果尔,参以桃园社会局访谈报告所载戴○真可念读法院来函,但无法理解内文所陈,访谈中,大多由诉外人吕○雄主答,戴○真回应较少且未主动发言表示意见,于访谈后段直接躺在访员身旁之

沙发午睡,综合评估戴○真理解判断能力不足;迎旭鉴定报告记载上诉人对日常用钱及财务处理缺乏概念,对于较复杂之事务缺乏理解及处理能力等情。倘戴○真之理解判断能力不足,其能否协助对日常用钱及财务处理缺乏概念且对较复杂之事务缺乏理解及处理能力之上诉人了解以700万元加计租金之数字出售系争不动产之价值概念?上诉人能否知悉系争契约对其所产生之意义?洵非无疑。

四、法律效果

关于"暴利行为","民法"第74条规定利害关系人得向法院声请撤销或减轻其给付。利害关系人,指法律行为的当事人、其继承人或债权人。为避免法律行为的效力久不确定,影响交易安全,利害关系人的声请期间为1年,性质上为除斥期间。此项诉讼,属形成之诉。[①] 法院究应撤销法律行为,抑或减轻其给付,应斟酌当事人的利益及交易安全加以认定。又由"使其为财产上之给付"的用语,可知法院得撤销者,除负担行为(债权行为)外,尚包括处分行为在内。其仅撤销负担行为(如买卖契约)时,得依不当得利规定请求返还其所为给付(第179条)。其一并撤销物权行为时,得依"民法"第767条第1项规定请求返还其所有物。

第二项 案例解说

在前揭案例,甲之妻乙遭车祸,甲迫于急需,出售其画,丙知甲的困境,坚持以半价购买,并贷与10万元,索周年利率40%利息,查其情事,系乘甲之急迫,使其为财产之给付及给付之约定,依当时情形,显失公平。甲为法律行为当事人,乙为其妻,甲病故,乙继承之,自属利害关系人,得声请法院撤销其法律行为或减轻其给付,但应于法律行为后1年内为之。甲于2022年2月1日作成买卖及消费借贷,乙至迟应于2023年2月1日前向管辖法院提出撤销其法律行为或减轻其给付的声请。

在买卖契约,以高价出卖某物时,法院得减轻其价金。以低价出卖时,法院原则上不能提高其价金,仅能撤销其法律行为。其得撤销的法律

[①] "最高法院"2020年台上字第894号判决:"查'民法'第74条第1项所定之撤销权,须以诉之形式向法院请求为撤销其行为之形成判决,始能发生撤销之效果,倘仅于给付之诉诉讼中主张行使此项撤销权,以之为攻击方法,尚不生撤销之效力,其法律行为仍不因此而失其效力。"

行为,除买卖契约外,尚应包括移转该画所有权的物权行为在内。甲与丙间买卖契约及物权行为经撤销时,均视为自始无效(第114条第1项),该幅名画所有权当然复归于甲,其继承人乙得依"民法"第767条第1项前段规定,向丙请求返还其画。

关于消费借贷契约,应分二个层次说明其法律关系:

①"民法"第205条规定:"约定利率,超过周年百分之十六者,超过部分之约定,无效。"依此规定可知约定利率超过周年16%者,其约定为无效。易言之,债务人得拒绝给付,如已给付,仍得依不当得利之规定请求返还。

②丙系乘甲之急迫而订立消费借贷契约,约定利息高达周年利率40%,应有"民法"第74条的适用。法院减轻其利息的给付时,就其减轻利息部分,甲未付时,甲无给付的义务。已为给付时,甲得依不当得利规定请求返还(第179条)。为不使为暴利行为之人获得最低利息的保障,及保护相对人,法院于为利息的减轻时,不应受"民法"周年利率16%的限制。易言之,即得将利率减轻至16%以下。

第六款 法律行为的方式
—— "民法"第73条

一、试整理综合"民法"关于要式行为的规定,何种法律行为具要式性?并说明其方式种类及不同方式的功能。

二、乙向甲借钱,由丙为保证人,甲于乙届期未清偿,向丙求偿时,丙以甲与乙间的消费借贷未订立书面,甲与丙未依约定办理公证,而拒绝履行,有无理由?

三、甲买卖A地,应否订立书面?

第一项 私法自治与法律行为的方式

一、方式自由原则

方式自由系私法自治的主要内容。法律行为(尤其是契约)的作成不以践行一定方式为必要。在罗马法,法律行为欲发生其法律上的效果,须在一定的地点、证人或法院的面前,使用一定的言辞或表征为之。其后,方式强制渐缓和,于17世纪自然法思想发达,当事人意思原则确立之后,乃基于私法自治原则肯定方式自由。台湾地区"民法"亦以方式自由为原则,法定方式强制为例外。

二、方式强制之目的

古代法之所以采方式强制,系认方式为法律行为内容的表现,乃法律行为具有拘束力的依据。易言之,即方式创造法律行为效力(效力性方式,Wirkform)。现代法之所以规定方式强制,则在达成一定法律政策上之保护目的(保护性方式,Schutzform)①:

①警告目的:使当事人了解其法律行为的意义及利害关系,俾免为仓促、轻率的决定。

②证据目的:为证据或内容明确,期能有助于认定法律行为是否成立及其内容。

③公开目的:确保一定法律关系的公开性,促进交易安全(第758条),尤其是关于不动产交易,并具保护第三人作用,如"民法"第425条第2项规定,于未经公证之不动产租赁契约,其期限逾5年或未定期限者,不适用买卖不破租赁原则(第425条第1项)。

④流通目的:为促进一定债权(如有价证券)的流通性。

何种法律行为应践行何种方式,乃立法政策上的考虑。就台湾地区"民法"观之,要式行为尚属不多。值得注意的是,"民法"债编的三种要式行为,一为合会(第709条之3),二为人事保证(第756条之1),三为关于不动产交易负担契约(第166条之1)。② 前二者应订立书面,后者须由公证人作成公证书。

三、约定方式

基于私法自治原则,契约当事人亦得约定其契约须用一定方式。"民

---

① 法制史上的论述,参阅 Honsell/Mayer-Maly/Selb, Römischers Rech (Berlin/New York 1987), 4. Aufl., S. 98; Reinhard Zimmermann, The Law of Obligations: Roman Fondations of the Civilian Tradition (Oxford 1990), p. 82 et seq.。比较法,参阅 Hein Kötz, Europäisches Vertragsrecht (München 1996), § 50, S. 118 f.。深入专题研究,参阅 Ludwig Häsermeyer, Die gesetzliche Form der Rechtsgeschäfte (Athenäum 1971)。

② 须特别注意的是,"民法债编施行法"第36条规定:"民法"债编修正条文及本施行法修正条文……自2000年5月5日施行。但"民法"第166条之1施行日期,由"行政院"会同"司法院"另定之。迄至目前仍未施行。

法"第166条规定:"契约当事人约定其契约须用一定方式者,在该方式未完成前,推定其契约不成立。"此为任意规定,当事人得反证证明方式的履行非契约的成立要件,仅为保全证据的方法。在前揭案例二,消费借贷与保证均属不要式契约①,故甲与乙虽未订立书面,消费借贷仍属有效。甲与丙约定其保证应经法院公证者,则有"民法"第166条规定的适用。②

第二项　民法上的要式行为

一、要式行为的类型及方式

现行"民法"系采法律行为方式自由原则,法定方式系属例外,已如前述。"民法"规定的法定方式以书面为原则,兹将其主要情形及法律所要求的方式,依条文次序例示如下,以便参考:

①设立社团章程(第47条)、设立财团之捐助行为(第60条):书面。
②不动产交易的负担行为(第166条之1):公证人作成公证书。
③1年以上之不动产租赁契约(第422条):书面(字据)。
④合会的会单(第709条之3):书面。
⑤人事保证(第756条之1):书面。
⑥不动产物权之移转或设定(第758条第2项):书面。
⑦债权质权之设定(第904条):书面。
⑧结婚(第982条):书面、二人以上证人之签名及向户政机关登记。
⑨夫妻财产制契约(第1007条):书面。
⑩两愿离婚(第1050条):书面、二人以上证人之签名及向户政机关登记。

---

① 最高法院1938年渝上字第3240号判例谓:"消费借贷契约之订立,法律上并无应以书面为之规定,民法第3条第1项所谓依法律之规定有使用文字之必要者,即不包含消费借贷契约之订立在内。"

② 司法官训练所公证实务研究会第二期曾提出如下之问题:甲、乙二人于2月1日同意订立房屋租赁契约书,订明租赁期间自2月1日起至12月31日止,契约内并约定:本契约自法院公证之日生效。双方因故迟至2月5日始相偕至法院请求公证,是否准许?研究结论采甲说,认为:"本件租赁契约虽于2月1日订立,但其有效成立则自公证之日起发生('民法'第166条:契约当事人约定其契约须用一定方式者,在该方式未完成前,推定其契约不成立),应解为约定的要式契约,可以公证。""司法院"第一厅研究意见认为:"如约定房屋租赁行为,经法院公证之日成立,自应采甲说为宜。"("司法院"1981年5月2日厅民3字第0287号函覆台高院、福建金门地院)

⑪收养(第 1079 条第 1 项):书面,并向法院声请认可。

⑫继承权抛弃(第 1174 条):以书面向法院为之,并以书面通知因其抛弃而应为继承之人。但不能通知者,不在此限。

⑬遗嘱(第 1189 条以下):书面;公证遗嘱(第 1191 条)。

二、债编的三个规定

关于"民法"就特定法律行为设一定的方式的立法理由,就债编的三个规定加以说明:

(一)合会

关于第 709 条之 3"合会应订立会单"的规定,立法理由谓:"查民间合会习惯上类多订立会单,但记载事项多不一致,致易引起纠纷,为期有助于合会之正常运作,第一项规定合会应订立会单,并明定会单记载之事项,俾资依据,而利实用。"

(二)人事保证

关于第 756 条之 1 第 2 项人事保证契约"应以书面为之"的规定,立法理由认系"为示慎重,并期减少纠纷"。

(三)不动产负担行为及处分行为的要式性

关于法律行为的方式,最值得提出讨论的,是不动产的交易。关于"民法"第 166 条之 1 规定不动产负担契约的要式性,关于第 1 项,立法理由谓:"不动产物权具有高度经济价值,订立契约约定负担移转、设定或变更不动产物权之义务者,不宜轻率。为求当事人缔约时审慎衡酌,辨明权义关系,其契约应由公证人作成公证书,以杜事后之争议,而达成保障私权及预防诉讼之目的。"兹分"民法"第 166 条之 1 增订前及增订后二种情形加以说明:

1. "民法"第 166 条之 1 增订前

在"民法"第 166 条之 1 规定增订前,关于不动产物权负担行为(如买卖、互易、赠与)的约定,均属不要式契约。惟旧"民法"第 760 条规定:"不动产物权之移转或设定,应以书面为之。"(本条于 2009 年 1 月 23 日因"民法"第 758 条增设第 2 项规定"不动产物权,依法律行为而取得、设定、丧失及变更者,非经登记,不生效力。前项行为,应以书面为之"而被删除)"最高法院"迭著判例,强调不动产物权之移转或设定之书面仅适用于物权行为而言,而不及于债权行为。兹摘录二则判例,以供参考:

①不动产物权之移转,应以书面为之,其移转不动产物权书面未合法成立,固不能生移转之效力。惟关于买卖不动产之债权契约,乃非要式行为,若双方就其移转之不动产及价金业已互相同意,则其买卖契约即为成立。出卖不动产之一方,自应负交付该不动产并使他方取得该不动产所有权之义务,买受人若取得出卖人协同办理所有权移转登记之确定判决,则得单独声请登记取得所有权,移转不动产物权书面之欠缺,即因之而补正(1968年台上字第1436号判例)。

②不动产抵押权之设定,固应以书面为之。但当事人约定设定不动产抵押权之债权契约,并非要式行为。若双方就其设定已互相同意,则同意设定抵押权之一方,自应负使他方取得该抵押权之义务(1981年台上字第453号判例)。

2. "民法"第166条之1增订后

"民法"债编第166条之1规定:"契约以负担不动产物权之移转、设定或变更之义务为标的者,应由公证人作成公证书。未依前项规定公证之契约,如当事人已合意为不动产物权之移转、设定或变更而完成登记者,仍为有效。"本条第1项规定之立法理由,前已述明。关于第2项规定,立法理由谓:"当事人间合意订立以负担不动产物权之移转、设定或变更之义务为标的之契约(债权契约),虽未经公证,惟当事人间如已有变动物权之合意,并已向地政机关完成物权变动之登记者,则已生物权变动之效力,自不宜因其债权契约未具备第1项规定之公证要件,而否认该项债权契约之效力,俾免理论上滋生不当得利之疑义;爰参考前开德国民法第313条第2项,增订第2项规定。此际,地政机关不得以当事人间之债权契约未依前项规定公证,而拒绝受理登记之申请。至对此项申请应如何办理登记,宜由地政机关本其职权处理,并此叙明。"

"民法"第166条之1使不动产交易发生重大变更,即在此之前,不动产的负担行为系属不要式行为,在此之后,则为要式行为。为便于观察,兹以买卖及抵押权为例,图示如下:

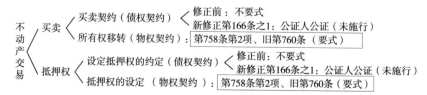

"民法"第166条之1立法政策具有二点特色：①此系第一次采用"由公证人作成公证书"作为法定方式。②第一次规定因物权行为（处分行为）的作成而治疗无效的负担行为（债权行为），为台湾地区"民法"带来了新的规范模式，实值重视。须注意的是，由于"民法"第166条之1规定尚未施行（"民法债编施行法"第36条），不动产买卖仍应适用原来规定。之所以尚未实施，涉及因素众多，包括公证人之员额是否足以因应等。

第三项　违反法定方式的法律效果

一、法律行为无效：原则及例外

法律行为，不依法定方式者，"无效"（第73条）。例如遗嘱应依法定方式为之。关于自书遗嘱，依"民法"第1190条规定，应自书遗嘱全文，记明年月日，并亲自签名。其非依此方式为之者，无效。① 但法律另有规定者，不在此限。例如"民法"第422条规定："不动产之租赁契约，其期限逾一年者，应以字据订立之。未以字据订立者，视为不定期限之租赁。"

二、无效法律行为因履行而治疗（第166条之1第2项）

"民法"第166条之1（尚未实施！）创设了一种新的规范模式，即未经公证人公证的不动产负担行为，系属无效，但如当事人已合意为不动产之移转、设定或变更完成登记者，仍为有效。此项无效法律行为得因履行而治疗，系属特别规定。

三、法律行为无效与否的附带效果

法律行为不依法定方式而无效时，虽不发生法律行为上的效果，但不排除得发生其他法律效果。例如一方当事人明知某种法律行为的要式性，故意不为告知，致他方因相信契约为有效，而受损害者，得依侵权行为

---

① "最高法院"1954年台上字第1160号判例："保证本票之债务，依'票据法'第120条准用第56条第1项之规定，应由保证人在本票上签名，此项签名，依同法第3条之规定，虽得以盖章代之，然必其盖章确系出于保证人之意思而为之，始生代签名之效力。若图章为他人所盗用，即难谓为已由保证人以盖章代签名，既未具备上开法条所定之方式，依'民法'第73条，自不生保证本票债务之效力。"

规定（第184条第1项后段），请求损害赔偿。此外，并有"民法"第245条之1关于先契约责任规定的适用。

又基于无效法律行为而为的给付，得依不当得利规定，请求返还。例如甲与乙约定，甲于乙的受雇人丙将来因职务上的行为而应对乙为损害赔偿时，由其代负损害赔偿责任（第756条之1，人事保证）。人事保证应以书面为之。甲对乙为损害赔偿后，发现其所为人事保证未以书面为之而无效时，甲得向乙依不当得利规定请求返还其所为的损害赔偿（第179条）。

四、方式瑕疵的主张与诚实信用原则

"民法"第73条系强行规定，不得依合意予以排除，纵使一方当事人因法律行为无效而遭受不利益，亦不得以他方当事人主张方式瑕疵而认其行使权利违反诚实信用原则（第148条第2项），不得基于衡平的考量而破坏法律的安全性，尤其是在身份行为及物权行为。

值得研究的是，在何种例外情况，得认一方当事人主张法律行为不依法定方式无效，系构成违反诚实信用原则？在台湾地区实务上尚无相关案例，学说亦少论及。德国法上案例甚多，兹举一个典型案例加以说明[①]：甲以毕生积蓄向乙购屋，乙明知《德国民法典》第311b条第1项规定不动产买卖必须公证（相当于台湾地区"民法"新修正但犹未施行的第166条之1），甲不知此项要式规定，乙故意不告知甲。乙于耗尽自甲受领的价金，成为无资力之人后，主张买卖契约未经公证无效，而向甲请求返还其已交付但迄未完成所有权移转登记的房屋。于此情形，德国联邦最高法院认乙系恶意主张方式瑕疵，危及甲的生存，诚难忍受，有违诚实信用原则。[②]

五、规范体系

为便于理解、思考法律行为方式的基本问题，图示如下（阅读条文！）：

[①] 此系比较法讨论甚多的重要问题，值得作较深入的探讨，参阅 Bernard, Formbedürftige Rechtsgeschäfte (München 1979); Häsemeyer, Die gesetzliche Form der Rechtsgeschäfte (Tübingen 1971)。

[②] 关于德国实务案例及学说的整理分析，参见 BGH NJW 2008, 2181; BGHZ 138, 339; Medicus, AT, S. 244; Wolf/Neuner, AT, S. 521。

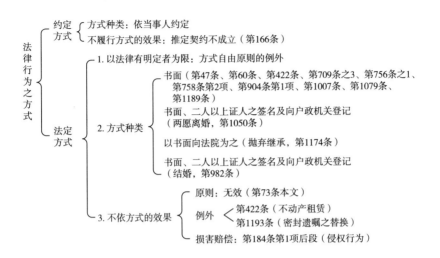

第四节　行为能力

第一款　行为能力制度的意义及功能

第一项　行为能力制度及类型化

何谓法律行为？行为能力？"民法"总则编第四章（法律行为）第二节规定行为能力，其功能何在？与权利能力、责任能力的区别？在阅读"民法"规定（!）及本书以下之说明前，请运用"法律思考能力"或一般人的常识，分析下列法律行为的效力及如何建立行为能力制度，并与"民法"规定加以比较：

1. 6岁之甲，将其生日礼物某名贵电动玩具赠与7岁之乙。
2. 16岁之甲以其iPhone与15岁之乙的电脑互易。
3. 17岁之甲以其压岁钱向乙购买彩券并中大奖，向丙购买重型机车。
4. 15岁之甲书立遗嘱，将其珍藏的漫画全集赠与乙图书馆。
5. 40岁之法律系教授甲因酒醉不省人事，将其所购买欲赠与其妻乙的钻石，误赠与女友丙，并为交付。

一、意思能力与行为能力制度

(一)行为能力的类型化

法律行为的成立,须有当事人。法律行为的生效,须当事人有行为能力。行为能力,指法律行为能力而言,即当事人得以独自的意思表示,使其行为发生法律上效果的资格。法律行为系实践私法自治的手段,私法自治的理念在于个人自主及自我负责,因此行为能力须以行为人对于事务有正常识别及能预见其行为可能发生如何效果的能力(意思能力)为前提。然而,对各个人的行为是否赋予法律上的效果,如须就个案加以审查,以决定其行为能力的有无,事实上殆不可能,且易滋争议,对当事人不利,非保护交易安全之道,故举各法域多采类型化或阶段化的行为能力制度。

(二)以年龄为基础的三种类型

类型化的行为能力制度,系以年龄为基础而区别行为能力的有无及其范围。盖人的思虑智慧因年龄而异,与年俱进,可作为判断意思能力是否健全的标准。现行"民法"亦采此制度,将行为能力分为三种:

①成年人:满18岁为成年(第12条,2023年1月1日施行),成年人有完全行为能力,得有效自为意思表示或受意思表示(第12条)。

②限制行为能力人:满7岁以上之未成年人为限制行为能力人(第13条第2项)。关于限制行为能力人所为意思表示及所受意思表示之效力,"民法"设有详细复杂的规定(第77条至第85条),原则上应得法定代理人允许(事前同意),未得允许者,单独行为无效(第78条),契约行为效力未定(第79条)。惟纯获法律上利益,或日常生活所必需者,未成年人得单独有效为之,不必得法定代理人之允许(第77条)。

③无行为能力人:未满7岁之未成年人为无行为能力人(第13条第1项),其意思表示无效(第75条前段),由法定代理人代为意思表示,并代受意思表示(第76条)。

(三)五种辅助方式

将行为能力的标准,一断于年龄,虽属客观,但不免失诸僵硬,故现行"民法"又采四种方式,借资缓和:

①创设监护制度,受监护宣告人无行为能力(第14条、第15条)。

②创设辅助宣告制度,受辅助宣告之人为限制行为能力人(第15条之1、第15条之2)。

③虽非无行为能力人,而其意思表示系在无意识或精神错乱中所为者,亦属无效(第75条后段)。

④关于亲属行为及继承行为另设特别规定。男女未满17岁者,不得订定婚约(第973条);男女未满18岁者,不得结婚(第980条)。无行为能力人,不得为遗嘱。限制行为能力人,无须经法定代理人之允许,得为遗嘱。但未满16岁者,不得为遗嘱(第1186条)。

兹将行为能力制度图示如下:

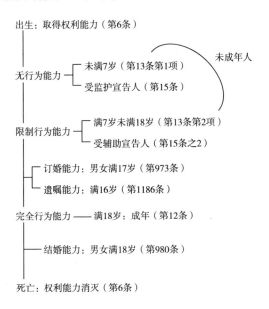

二、适用范围

"民法"总则编关于行为能力的规定,除亲属编及继承编之特别规定外,原则上对一切法律行为均有适用余地。其所称意思表示(法律行为)包括债权行为、物权行为及身份行为的意思表示。"民法"第78条所谓单独行为,包括形成权的行使(解除、终止、撤销)、捐助行为、所有权抛弃及债务免除在内。"民法"第79条所称契约,包括债权契约(买卖、租赁)、物权契约及准物权契约在内。此项认识关系法律适用甚巨,应予注意。

三、附合契约(定型化契约)与行为能力

"邮政法"第12条规定:"无行为能力人或限制行为能力人,关于邮政事务对……邮政公司所为之行为,视为有行为能力人之行为。""电信法"第9条规定:"无行为能力人或限制行为能力人使用电信之行为,对于电信事业,视为有行为能力人,但因使用电信发生之其他行为,不在此限。"此等条文,究系专对邮政电信业务而设的特别规定,抑或蕴含某种法律原则,得类推适用于其他类似契约?

洪逊欣先生认为邮电利用契约系属典型的附从契约(定型化契约),即当事人一方,单面指定契约内容,他方仅附从承诺其内容。附从契约具有某程度之制度的状态,以一般不特定人为其抽象的相对人,并不注重具体的相对人的个性,不论契约条款如何,相对人凡欲缔约者,皆须承认其内容,并不得予以变更。上开邮电利用契约系属典型的附从契约,立法者之所以将无行为能力人及限制行为能力人"视为"系有行为能力人,因邮电利用契约,具有四点特性:①利用人为多数,故邮电机关不能一一调查其行为能力。②附从契约特有的"制度的状态",此于邮电利用契约甚为显著,即一方面个人利用邮电为事实上不可避免,另一方面不许邮电机关自由选择其利用人,故虽为保护利用人,亦不须顾及其智能问题,利用人智能发达的程度,对其损益无影响。③利用人的负担较轻,与其重视该负担,毋宁注重其利用上的利益。④利用关系仅为暂时性,故利用人无行为能力,通常待利用后始能发现。基于此项对邮电利用契约所具附从契约特质及其一般原理的认识,洪逊欣先生乃强调"邮政法"及"电信法"的规定,应类推适用于利用电车等具此等特性之附从契约,其利用人虽无行为能力或其能力受有限制,对其契约之效力不生影响。惟附从契约不具上述特性时,则"邮政法"及"电信法"的规定即不得类推适用,例如就人寿保险契约而言,因保险人能一一调查要保人之能力,要保人就其订约与否,事实上仍有自由决定之余地,如订报契约、利用火车定期运送契约、劳动契约等亦依同样理由,不得类推适用此等规定。①

前揭"邮政法"及"电信法"规定及洪逊欣先生所提出的精致理论,有助于反省检讨传统行为能力制度,及现代附合契约(定型化契约)的功能。

---

① 参阅洪逊欣:《中国民法总则》,第271页。

第二项 体系构成及请求权基础方法

一、某甲遭遇车祸之后,因精神障碍致不能处理自己事务,受监护宣告。某日甲精神清醒,赴红牛牛排馆用餐,订A、B二份高级神户牛排,每份2000元。A份牛排当场吃之,B份牛排包装妥当,拟带回家消夜享受。甲离去之际,以受监护宣告人为理由,拒不付款。店主乙与其理论,甲甚怒,以手中所携牛排击乙的前额,牛排落地,乙头部负伤。问乙得向甲主张何种权利?

二、18岁之甲,向18岁之乙购买电子玩具,赠与8岁之丙,并交付之。丙玩腻后,以该电子玩具与6岁之丁之漫画书互易,并交付之。翌日丙与丁一起游玩,因细故争吵,丙向丁请求返还电子玩具,丁表示既已互易,焉得请求返还。试说明丙与丁间之法律关系。

一、二个基本原则

"民法"关于无行为能力人(或限制行为能力人)的保护及风险分配的二个基本原则:

①对行为能力的信赖,既不使法律行为因此成为有效,亦不使无行为能力人(或限制行为能力人)负信赖利益的赔偿责任。

②无行为能力人(或限制行为能力人)因其法律行为无效,虽不负法律行为上责任;但依其情形得发生三种非法律行为上责任:

A. 占有物返还义务(第767条第1项前段、第962条)。

B. 侵权责任,其成立以于行为时有识别能力为必要(第187条第1项)。

C. 不当得利返还责任(第179条),其成立系以损益变动是否具有法律上原因为断,当事人有无行为能力或识别能力,则所不问。[①]

二、行为能力制度的体系

为使读者对行为能力制度有较简明的认识,并借前揭案例说明请求权基础的思考方法,体会来回穿梭于案例事实及规范体系的思考过程。先将行为能力制度,图示如下,并请思考以下问题:

[①] 参阅王泽鉴:《未成年人与代理、无因管理及不当得利》,载王泽鉴:《民法学说与判例研究》(第五册),北京大学出版社2009年版,第96—107页。

①以年龄为基础的行为能力制度,有无改进之处?成年的年龄降低为18岁是否合理妥当?

②如何保护未成年人不因法定代理人"滥用法定代理权"致受侵害?

③关于限制行为能力人所为法律行为的效力,"民法"区别契约与单独行为而设不同规定,其理由何在?

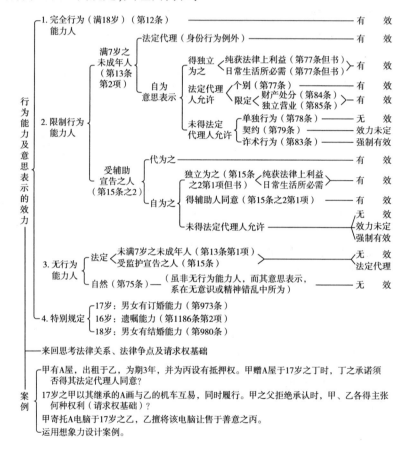

三、案例研习

(一)案例一

1. 乙对甲的价金请求权

在案例一,乙得向甲依"民法"第367条规定请求支付价金,须以买卖契约成立、有效为前提。当事人就标的物 A、B 二份牛排及价金互相意思表示一致,买卖契约即为成立(第 153 条、第 345 条第 2 项)。甲受监护宣告,无行为能力(第 15 条),其意思表示无效(第 75 条),纵使系回复本心时(Iucida intervalla)所为,亦同。盖监护宣告旨在使无行为能力制度化,避免就各个行为审究行为人的意思能力,以保护交易安全,并兼顾精神受有障碍者的利益。

须特别提出讨论的是,乙得否主张其系善意不知甲受监护宣告而无行为能力,应受保护。现行"民法"对于信赖他人对权利标的物之处分权,设有善意取得制度(不动产:第 759 条之 1;动产:第 801 条、第 886 条、第 948 条)。表意人撤销其错误之意思表示时,无过失之相对人得请求表意人赔偿因信其意思表示为有效而受之损害(第 91 条)。但关于当事人之行为能力,"民法"未设类似规定,系认无行为能力人(或限制行为能力人)的保护应优先于交易安全。

据上所述,甲与乙间成立二份牛排买卖契约,该买卖契约因甲受监护宣告,无行为能力而无效。乙不得向甲依"民法"第 367 条规定请求支付价金。

2. 乙对甲关于 A、B 二份牛排的请求权

如前所述,甲与乙间关于 A、B 二份牛排的买卖契约无效。甲系无行为能力人,物权行为(第 761 条)亦属无效,甲不能取得牛排所有权,故在甲食用之前,乙得依"民法"第 767 条第 1 项前段之规定,请求返还其物。甲已食用 A 份牛排时,乙的请求权基础有三:

①不当得利请求权:甲系无法律上之原因,消费乙所有之物,受有利益,侵害乙的权益归属,致乙受损害,应返还其利益(第 179 条)。此项利益不能返还,甲应偿还相当于牛排的价额(第 182 条)。

②侵权行为损害赔偿请求权:甲虽无行为能力,但于精神清醒之际,既能赴台北负盛名的牛排馆享用高级牛排,行为时具有识别能力,应与其法定代理人连带负损害赔偿责任(第 187 条第 1 项)。

③乙因身体受侵害的损害赔偿请求权:甲以牛排击乙的前额,致乙头部受伤,而甲有识别能力,已如上述,系故意不法侵害乙的身体(人格权),乙得依"民法"第 187 条第 1 项规定向甲请求损害赔偿。

关于 B 份牛排,甲尚未食用,应负返还之义务(第 767 条第 1 项前段)。甲以该牛排击乙的头部,牛排落地污损,系侵害乙的所有权,应依"民法"第 187 条第 1 项规定负损害赔偿责任。

(二)案例二

鉴于行为能力制度的重要性,特将案例二的基本法律关系图示如下,并附解题结构,用供参考。请读者自行解答(务必写成书面!),善自揣摩,融会贯通,举一反三,以强化法律思维能力及解题艺术(请阅读条文)。

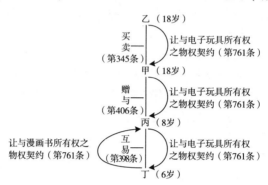

1. 丙对丁得主张的权利①:解题结构

I 丙对丁请求返还电子玩具的请求权基础:第767条第1项前段
　一、丙是所有人?
　　1. 甲取得电子玩具所有权
　　　(1) 买卖契约(第345条)
　　　　①甲有行为能力(第12条)
　　　　②乙亦有行为能力(第12条)
　　　(2) 物权契约(第761条)
　　　　①甲有行为能力(第12条)
　　　　②乙有行为能力(第12条)
　　　(3) 结论
　　　　①买卖契约及物权契约均有效成立
　　　　②甲取得电子玩具所有权
　　2. 丙取得电子玩具所有权
　　　(1) 赠与契约(第406条)
　　　　①甲有行为能力
　　　　②丙8岁,为限制行为能力人:纯获法律上利益(第77条但书)

---

① 未成年人主张此种权利时,在诉讼法上应由其法定代理人为之("民事诉讼法"第45条以下)。

(2)物权契约(第761条)
　　　　①甲有行为能力
　　　　②丙为限制行为能力人;纯获法律上利益(第77条但书)
　　(3)结论
　　　　①赠与契约及物权契约均有效成立
　　　　②丙取得电子玩具所有权
　3. 丙是否丧失电子玩具所有权?
　　(1)互易契约(第398条)
　　　　①丙系限制行为能力人(第79条)
　　　　②丁系无行为能力人(第13条第1项、第75条)
　　(2)物权契约(第761条)
　　　　①丙系限制行为能力人(第79条)
　　　　②丁系无行为能力人(第75条)
　　(3)结论
　　　　①互易契约及物权契约均属无效
　　　　②丙未丧失电子玩具所有权
二、丁系无权占有?
　1. 丙与丁间互易契约无效,丁无债权上占有本权
　2. 丙与丁间物权契约无效,丁未取得电子玩具所有权,无物权上占有本权
Ⅱ 丙得向丁依"民法"第767条第1项前段之规定请求返还其电子玩具。

2. 丁对丙得主张之权利

请参照丙对丁得主张电子玩具返还请求权之解题结构,自行研究丁对丙得主张的权利,兹不赘述。

第二款　无行为能力人及无意思能力人的法律行为

　　一、甲向乙租屋后,受监护宣告,甲精神回复正常,未得其法定代理人允许,向乙为终止租赁的意思,是否有效? 出租人乙终止租赁的意思表示,应向谁为之,何时发生效力?
　　二、5岁之甲,继承其母所遗土地。其父乙于甲6岁时以甲名义购置房屋。不久,乙投资失败,乃以甲的名义向某丙借款并以甲为保证人,并以甲的土地及房屋设定抵押,其效力如何?

第一项　无行为能力人的法律行为

一、法律行为无效

"民法"第75条前段规定："无行为能力人之意思表示，无效。""民法"规定二种无行为能力人：

①未满7岁之未成年人（第13条第1项）。
②受监护宣告人（第15条）。

所称意思表示，指法律行为而言，包括单独行为（如授与代理权）、契约（如协议分割共同共有的遗产）及合同行为（如行使股东表决权）。其是否因该法律行为而纯获法律上利益，在所不问。故对无行为能力人不能为有效的赠与。向无行为能力人为意思表示者，以其通知达到其法定代理人时发生效力。例如案例一，甲向乙租屋后，甲受监护宣告时，甲对乙终止租赁的意思表示，纵得其法定代理人允许亦属无效。乙对甲为终止租赁的意思表示于到达甲的法定代理人时发生效力（第96条）。

二、法定代理

无行为能力人，由法定代理人代为意思表示，并代受意思表示（第76条）。法定代理人为行使亲权的父母（第1086条）或监护人（第1091条以下、第1110条以下）。法定代理系代理权的一种，其代理行为的效果直接归属于本人（第103条）。须注意的是，对无行为能力人，法定代理人仅有代理权限，而无能力补充权（允许权或承认权），无行为能力人所为的法律行为，不因法定代理人同意而生效力。

三、无行为能力人的保护

如何保护无行为能力人不因法定代理人代理行为而受侵害？此为实务上的重要问题。① "最高法院"1964年度第一次民、刑庭总会会议决议

---

① 德国学者有认为《德国民法典》第105条（相当于"民法"第75条）否定未满7岁未成年人的行为能力，违反"过度禁止原则"，应属无效，而引发争论（Canaris, Verstöße gegen das Verfassungsrechtliche Übermassverbot im Recht der Geschäftsfähigkeit und im Schadensersatzrecht, JZ 1987, 993）。德国联邦宪法法院认为法定代理人代理未成年人为连带保证，使未成年人长期负担高额的债务，致其自由生活遭受妨碍者，系侵害未成年人的人格权，应属无效（BVerfG NJW 1986, 1859）。

(二)认为:"父母以其未成年子女之名义承担债务及以其未成年子女之财产提供担保,若非为子女之利益而以子女之名义承担他人债务,及为他人提供担保,依照(旧)'民法'第1088条及限定继承之立法意旨暨公平诚实之原则,除其子女于成年后,自愿承认外,不能对其子女生效。但子女之财产如系由父母以其子女之名义购置,则应推定父母系提出财产为子女作长期经营,故父母以子女之名义置产后,复在该价额限度内,以子女名义承担债务,提供担保,不能概谓为无效。"此项原则对无行为能力人(未满7岁者)及限制行为能力人,均得适用。

第二项　无意思能力人的法律行为①

"民法"第75条规定:"无行为能力人之意思表示,无效;虽非无行为能力人,而其意思表示,系在无意识或精神错乱中所为者亦同。"立法理由谓:"谨按无行为能力人者,即未满7岁之未成年人,及禁治产人是也。无行为能力人所为之行为使之无效者,盖为保护无行为能力人之利益也。至若虽非无行为能力之人,而其所为之意思表示,系在无意识或精神错乱中(例如睡梦中、泥醉中、疾病昏沉中、偶发的精神病人在心神丧失中皆是)者,其效力与无行为能力人之行为,并无区别,故亦当然无效也。"例如在疾病昏沉中自书遗嘱(第1190条),甲在泥醉中将某预定赠与其妻乙作为结婚礼物的钻戒赠与丙女并为交付。在诸此情形,其赠与契约(第406条)及物权行为(第761条)均属无效。

无意识,系指全然欠缺意思能力之谓。精神错乱,则指精神作用暂时发生异状以致丧失正常之意思能力而言,两者为不同之精神状态。此应就其个案所为意思表示为判断(如借款、签发本票、设定抵押权)。表意人行为时不具正常的意思能力,倘属精神耗弱而非全然欠缺意思能力,要难谓其意思表示系在无意识中所为(2006年台上字第877号判决、2021年台上字第2574号判决)。

须注意的是,意思表示是否在无意识或精神错乱中所为,须有具体事证足以证明,此常借助医师鉴定,而由法院加以认定②,不能"徒以被上诉

---

① 参阅黄诗淳:《无意识或精神错乱中所为之意思表示》,载《月旦法学教室》2015年第153期,第15页。
② 此为实务上重要问题,请阅读比较"最高法院"2010年台上字第1994号、2009年台上字第1702号、2004年台上字第924号判决。

人长期罹患精神分裂症,智能不佳,认知功能严重障碍等情,臆测被上诉人为本件借款及抵押权设定之行为均系在无意识中所为之意思表示"①。

第三款 限制行为能力人的法律行为

关于限制行为能力人的法律行为,如何在"有效"及"无效"之间加以规范,系立法政策上重大困难问题。其应考虑的因素包括对智虑不周者保护的必要,如何促进未成年人参与法律交易,为其成年后的行为而准备,以及兼顾交易安全。"民法"以法定代理制度为基础,规定如下的规范模式:

①法定代理人允许原则。

②若干法律行为不必得法定代理人允许(允许原则的例外)。

③分别就单独行为及契约,规定未得法定代理人允许之法律行为的效力。

第一项 须经法定代理人允许的行为

一、法定代理人的允许

甲受乙诈欺,允许17岁之子丙出租其所有邻近捷运站的店面于乙,试说明法定代理人允许的法律性质及当事人间的法律关系?

(一)允许的法律性质

"民法"第77条前段规定:"限制行为能力人为意思表示及受意思表示,应得法定代理人之允许。"法定代理人的允许,乃事先的同意;事后的

---

① "最高法院"2004年台上字第924号判决;另参阅"最高法院"2010年台上字第1994号判决:按无行为能力人之意思表示,无效。虽非无行为能力人,而其意思表示,系在无意识或精神错乱中所为者,亦同。"民法"第75条定有明文。此项规定,旨在兼顾表意人权益及交易安全,在2009年11月23日修正之"民法"第15条、增订之同法第15条之1等规定施行前,未受禁治产宣告之成年人,即非无行为能力人,其所为之意思表示,原则上应属有效,仅于意思表示系在无意识或精神错乱中所为,方得谓为无效。而所谓无意识,系指全然无识别、判断之能力;精神错乱,则指精神作用发生障碍,已达丧失自由决定意思之程度而言。故未受禁治产宣告之成年人,于行为时纵不具正常之意思能力,惟如未达上述无意识或精神错乱之程度,要难谓其意思表示无效。被上诉人为成年人,纵被诊断患有双相情感性疾病,惟未受禁治产之宣告,于签立系争保管条时,如未处于无意识或精神错乱之状态,即难谓其意思表示无效。原审未遑细究,徒凭彰基医院谓其精神耗弱,即认被上诉人所为之意思表示无效,未免速断。

同意,称为承认。二者均在补充限制行为能力人的能力。对无行为能力人,法定代理人仅有法定代理权。对限制行为能力人,法定代理人除法定代理权外,尚有能力补充权。

允许系有相对人的单独行为,其意思表示须向限制行为能力人或其相对人为之(第117条)。关于允许的方式,法无限制,得以书面或口头为之,明示或默示,均所不问。限制行为能力人所为的法律行为系要式行为时,法定代理人的允许亦不必依同一方式为之。此项允许于限制行为能力人未为法律行为前,法定代理人得予撤回,惟其允许的意思表示系对限制行为能力人的相对人为之时,其撤回的意思表示,应向相对人为之。

法定代理人的允许系对限制行为能力人的补充,而非限制行为能力人行为的一部,从而此项允许须具备法律行为的有效要件,受诈欺或胁迫而为时,亦得撤销之。法定代理人的允许无效或被撤销时,限制行为能力人已依该允许所为的法律行为,成为未经允许的法律行为。例如甲受乙诈欺允许其未成年之子丙,出租某房屋于乙,甲撤销其受诈欺所为允许的意思表示时,乙、丙之间的租赁契约归于未经允许的法律行为(参阅案例)。

(二)允许的范围

法定代理人的允许,系对限制行为能力人财产上行为而言,包括单独行为、契约、分割共同共有财产的协议与合同行为(如订定法人章程)。至于身份行为,除法律有特别规定(如第974条,阅读之!)外,原则上毋庸得法定代理人允许。

允许得针对特定行为为之,如购买A车、承租B屋;亦得针对一定种类的行为为之,如购买价额若干的电脑。行为的范围可依其目的或特定指示加以界限、可得预见时,亦得为一般的允许。例如法定代理人允许限制行为能力人环岛自助旅行时,其允许的范围包括实施旅行所必要的法律行为,比如订购火车票、旅馆住宿、租车及购买食物等。

法定代理人允许的范围不能加以界限及预见时(概括允许),不得为之,例如甲对其17岁之子乙曰:"你既已考进法律系,熟知法律,特允你为任何法律行为。"此项允许违反"民法"第77条保护未成年人的规范目的,应属无效。

(三)辅助行为的允许

法定代理人允许未成年人为一定法律行为(如购买机车、承租房屋)时,其允许是否及于解除、终止、撤销等辅助行为?"民法"未设明文,此应就个案解释"允许"的意思表示而为认定。有疑问时,应采否定见解,盖此较符未成年人保护原则。

二、一定财产处分的允许

甲17岁,就读高三,以父母给予之零用钱购买彩券,中奖50万元。甲以20万元,向乙购买野狼牌重型机车。甲之父丙知其事,以甲不应以重金购买机车,且学测当前,不宜分心,容易致车祸为由,即令甲向乙表示"退车还钱",有无理由?

"民法"第84条规定:"法定代理人允许限制行为能力人处分之财产,限制行为能力人,就该财产有处分之能力。"所称处分除债权行为外,尚包括物权行为(或准物权行为)。法定代理人允许限制行为能力人处分某种财产,得指定其用途,例如台东17岁之乙考上台北某大学,其父母给予5万元供入学生活之用。乙得用该笔金钱租屋、购买书籍及脚踏车、缴纳学费。未指定一定用途的一定财产,乃供其任意消费,无论用于购物或慈善捐献,均为有效。

限制行为能力人就处分其财产所得的财产(代替物)亦得为处分,如得以父母所给予的零用钱购买一只手机,而将该手机赠与他人。限制行为能力人以其零用钱购买彩券,对于中奖奖金得否任意处分?德国帝国法院判例(RGZ 74, 235)认为,奖金虽属代替物,但其价额超过允许处分的财产甚巨时,应解为不为法定代理人允许处分财产所涵盖,须经法定代理人允许,始得有效为之,此项见解,可供参考(参阅案例)。

三、独立营业

一、甲满17岁之际,经其父允许,赴高雄加工区就业,先受雇于乙电子公司。二个月后以该公司管理严苛,乃终止契约,进入丙电脑公司任职,并向丁赁屋居住。半年后甲加入工会。甲所为法律行为的效力如何?

二、17岁之甲经其父乙同意经营早餐店,乙负责烹熟,疏未发现食物不净,致客人丙中毒时,丙得向甲或乙主张何种权利?

(一) 关于营业法律行为的效力

1. 规范功能

"民法"第85条规定:"法定代理人允许限制行为能力人独立营业者,限制行为能力人,关于其营业,有行为能力。限制行为能力人,就其营业有不胜任之情形时,法定代理人得将其允许撤销或限制之。但不得对抗善意第三人。"此在行为能力制度甚为重要。目前初中或高中毕业的未成年人进入劳动市场,人数众多,关于其营业(或就业)所为法律行为效力,均以本条规定为依据。① 须注意的是,限制行为能力人就其营业既有行为能力,系属"民事诉讼法"第45条所称能独立以法律行为负义务之人,就其营业有关的诉讼事件,有诉讼能力,在此营业范围内,法定代理人不得代理["最高法院"1975年7月8日1975年度第五次民庭庭推总会议决议(三)]。

2. 营业的范围

所谓营业,凡以取得利益为目的之职业,无论其为农工商及其他实业,均属之。客观上与其营业具有关联的必要行为,无论其为契约或单独行为,限制行为能力人均具行为能力。例如甲经其父允许受雇于乙电子公司后,得终止契约再进入丙电脑公司任职。

未成年受雇人得否加入工会?工会系以促进劳工团结,提升劳工地位及改善劳工生活为宗旨("工会法"第1条),旧"工会法"第12条规定:"凡在工会组织区域内,年满16岁之男女工人,均有加入其所从事产业或职业工会为会员之权利与义务。"2020年6月23日修正"工会法",删除此条规定,于"工会法"第4条第1项明定:"劳工均有组织及加入工会之权利。"修正理由系:劳工团结权为劳动三权之首,对于劳动条件之确保及提升至为重要,爰参照《经济、社会及文化权利国际公约》《公民权利和政治权利国际公约》及国际劳工组织(ILO)第87号公约等精神,增列第1项明定劳工皆有组织及加入工会之团结权。限制行为能力人经其父允许受雇于他人时,其加入工会与营业有关,亦有行为能力(参阅案例一)。

---

① "商业登记法"第11条规定:"限制行为能力人,经法定代理人之允许,独立营业或为合伙事业之合伙人者,申请登记时,应附送法定代理人之同意书。法定代理人如发觉前项行为有不胜任情形,撤销其允许或加以限制者,应将其事由申请商业所在地主管机关登记。"

3. 未得法定代理人同意的独立营业

限制行为能力人未得法定代理人允许为独立营业时，关于其营业所为的法律行为，系效力未定，须得法定代理人承认，始生效力。例如未成年的学生未经其法定代理人同意，在快餐店打工时，其受雇的法律行为不生效力，仅能依不当得利规定向雇主请求其无法律上原因所为给付（劳动）的通常价额。至于打工所得报酬，原则上应归限制行为人能力所有，其处分则应适用"民法"第84条规定。

（二）关于营业的民事责任

限制行为能力人就其营业有行为能力，就其订立的契约，关于债务不履行，应依一般原则负责。值得注意的是，"民法"第224条规定债务人之代理人对于债之履行有故意或过失，负同一责任。所称代理人包括法定代理人。在前揭案例二，乙允许其17岁之子甲经营早餐店，甲有行为能力，得与客人丙订立买卖契约。丙因食物不洁中毒，甲就其法定代理人乙的过失应负同一责任，有可归责事由，故丙得依"民法"第227条关于不完全给付规定，向甲请求损害赔偿；并准用第195条规定，就其身体健康所受侵害，得向甲请求精神痛苦（非财产损害）的慰抚金（第227条之1）（契约责任）。此外，甲应与其法定代理人乙依第187条规定，对丙所受损害，负连带赔偿责任（侵权责任），并有第195条第1项规定的适用。

第二项　不必得法定代理人允许的法律行为

限制行为能力人之法律行为应得法定代理人允许，是为原则。"民法"第77条但书设有例外，即"纯获法律上利益，或依其年龄及身份、日常生活所必需者，不在此限"。分别说明如下：

一、日常生活所必需

限制行为能力人依其年龄及身份、日常生活所必需之行为，毋庸法定代理人之允许，限制行为能力人得独立为之。何种行为属于日常生活所必需，除考虑限制行为能力人的年龄、身份外，尚须就现代社会生活，从宽加以认定，以促进未成年人个性的自由发展，如初中生在麦当劳举办生日庆祝会。至于购买机车、自助旅行、隆乳美容手术，尚不属日常生活所必需。

二、纯获法律上利益[①]

甲17岁,为下列法律行为时,其法律效果如何?

1. 甲以时值3万元的电脑与乙所有时值4万元的机车互易,并同时履行之。
2. 甲擅将乙寄托的录音机作为己有,出售于善意之丙,并移转所有权时,丙得否主张善意取得?
3. 甲受赠设有抵押权的不动产。
4. 甲受赠有租赁关系的房屋。

(一)纯获法律上利益的判断基准

纯获法律上利益,指单纯取得权利,免除义务,即限制行为能力人不因其法律行为而在法律上负有义务,有无经济上利益,在所不问。

①纯获法律上利益:如允受单纯未附有负担的赠与;对赠与的撤销(第408条);对限制行为能力人为债务承认。

②非纯获法律上利益:无偿借用汽车使用,因须负返还义务,而违反此项义务时,应负损害赔偿责任,故非纯获法律上之利益。买卖、互易、消费借贷、消费寄托等双务契约,因契约互负债务义务,均非属纯获法律上之利益的法律行为。赠与的不动产上有租赁存在时,受赠人须承继租赁关系(第425条),亦非纯获法律上利益。

(二)负担行为与处分行为的区别

须注意的是,是否纯获法律上之利益,应分别就负担行为与处分行为加以判断。例如17岁的甲未得法定代理人允许,以时值3万元的电脑与乙时值4万元的机车互易,并同时履行时,其法律效果如下:

①该互易契约(负担行为,第398条)非属纯获法律上之利益,效力未定。

②甲将电脑所有权移转于乙,其物权行为非纯获法律上之利益,亦属效力未定。

③甲自乙受让机车所有权,为纯获法律上之利益,因甲系依乙的物权行为而取得所有权,并未因此受有法律上的不利益。

[①] 较详细的说明,尤其是对限制行为能力人清偿债务的效力,参阅王泽鉴:《纯获法律上之利益》,载王泽鉴:《民法学说与判例研究》(第四册),北京大学出版社2009年版,第27—40页。

甲的法定代理人对互易契约及甲移转电脑所有权于乙的物权行为，不为承认时，其法律行为确定不生效力，甲得依"民法"第767条第1项前段规定向乙请求返还电脑（所有物返还请求权）。乙得依"民法"第179条规定向甲请求返还机车所有权（不当得利请求权）。为便于观察其法律关系，图示如下：

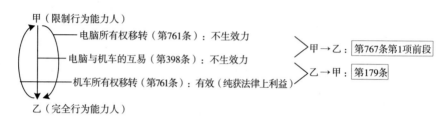

（三）不动产的赠与及所有权的移转

不动产赠与的允受本身（债权行为），系纯获法律上之利益。受让该赠与不动产所有权的物权行为，因涉及不动产上的公法上负担（尤其是税捐），或设有抵押权等，是否纯获法律上之利益？① 原则上应采肯定说，因税捐或抵押权系就不动产本身而发生或设定，得由不动产本身负担，或就不动产拍卖清偿，乃不动产价值问题，限制行为能力人不因此受有法律上不利益②，故其所让与不动产所有权行为虽未经法定代理人允许，仍属有效。

（四）中性行为（无损益行为）

法律行为未给予限制行为能力人法律上之利益，亦未使其受有法律上不利益者，学说上称为中性行为（rechtlich neutrale Geschäfte），如限制行为能力人所为的代理行为，因其法律行为的效果归本人，对限制行为能力人并无损益，"民法"第104条规定："代理人所为或所受意思表示之效力，不因其为限制行为能力人而受影响。"

学说上有认为限制行为能力人对他人权利的无权处分系属中性行为，亦为有效。例如17岁之甲将其同学乙所寄托的录音机作为己有，擅

---

① Vgl. Stürner, Der lediglich rechtliche Vorteil, AcP 173 (1973), 402.
② 德国通说，参阅 Flume, AT II, §13 76; Wolf/Neuner, AT, S. 375 ff.; Rüthers/Stadler, AT, S. 291.

行让售于善意的丙,并交付之。于此情形,甲与丙间的买卖契约系属效力未定;但移转该录音机的物权行为,则属有效,因对甲而言,该项处分因未涉及甲的财产,在法律上为中性行为,故丙仍得善意取得其所有权。①

第三项　未得法定代理人允许的行为

甲17岁,因继承而取得A屋所有权,经其法定代理人乙允许,出租于丙。丙支付租金迟延,甲定相当期限,催告丙支付租金。丙于期限内不为支付,甲即对丙为终止租约的意思表示,并将该屋出租于丁。试说明甲与丙间、甲与丁间租赁契约的效力。设法定代理人事后知其事,对甲表示同意其法律行为时,其效力又如何?

关于限制行为能力人未得法定代理人允许所为法律行为的效力,"民法"分别就单独行为、契约设有规定,说明如下:

一、单独行为

"民法"第78条规定:"限制行为能力人未得法定代理人之允许,所为之单独行为,无效。"单独行为,指由当事人一方意思表示而成立的法律行为,包括有相对人的单独行为(如契约的解除、终止或撤销、债务免除、代理权的授与)及无相对人的单独行为(如物权的抛弃、抛弃继承)。例如抛弃继承之继承人中,有甲、乙、丙三人,于书立抛弃书时均为限制行为能力人,其抛弃继承倘未得其法定代理人之允许,依"民法"第78条规定,应属无效(1980年台上字第2041号判例)。之所以设此规定,系为保护未成年人,盖单独行为皆有损于行为人,且相对人仍处于原来的状态,不至于有何积极的不利益。此项无效不能因法定代理人的"承认"而获得治疗,因为单独行为具形成作用,应维持法律行为效力的明确性。

须注意的是,单独行为系纯获法律上之利益者,则属有效(第77条但书),例如限制行为能力人为借与人时,得有效终止无偿(未附利息)的消费借贷。

---

① 德国通说见解,参见 Bork, AT, S. 376; Köhler, AT, S. 160; Larenz/Wolf, AT, S. 451; Wolf/Neuner, AT, S. 372; Rüthers/Stadler, AT, S. 291。

二、契约行为

(一) 效力未定及立法目的

"民法"第79条规定："限制行为能力人未得法定代理人之允许,所订立之契约,须经法定代理人承认,始生效力。"契约未得允许者,系处于不确定的状态,属效力未定行为。之所以不规定为无效,系为保护未成年人。为兼顾相对人利益,乃规定法定代理人的承认权,并使相对人有催告及撤回的权利。此涉及"民法"一种重要的规范模式,适用于效力未定的法律行为(如无权代理、无权处分),特图示如下:

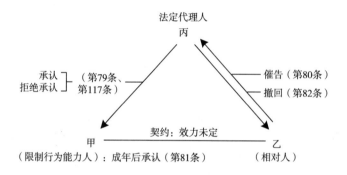

(二) 法定代理人的承认权

对未经事先同意(允许)的契约,法定代理人得于事后同意(承认),使生效力,并溯及行为时,发生效力(第115条)。承认系属形成权的一种,其意思表示得向未成年人或其相对人为之。限制行为能力人于限制原因消灭后(如成年而取得行为能力),承认其所订立之契约者,其承认与法定代理人之承认,有同一效力(第81条第1项)。法定代理人拒绝承认时,契约确定不生效力。

(三) 相对人的催告权及撤回权

限制行为能力人未得法定代理人允许所订立契约的效力,取决于法定代理人(或已取得行为能力之本人)的承认。在拒绝承认之前,相对人原则上应受拘束,须准备于法定代理人为承认时,履行契约上的义务。为排除此种不利于相对人的不确定状态,"民法"乃赋予相对人催告及撤回的权利:

①"民法"第80条规定:"前条契约相对人,得定一个月以上之期限,催告法定代理人,确答是否承认。于前项期限内,法定代理人不为确答者,视为拒绝承认。"催告的对象包括已取得行为能力的本人。催告未定期间或所定期间不足1个月时,为使法律关系早日确定,应认其期限为1个月,而仍维持其效力。

②"民法"第82条规定:"限制行为能力人所订立之契约,未经承认前,相对人得撤回之。但订立契约时,知其未得有允许者,不在此限。"此项撤回得向法定代理人或限制行为能力人为之。相对人为催告后,于法定代理人(或已取得行为能力之本人)承认前,原则上得为撤回,但应受诚实信用原则的限制。

三、强制有效的法律行为

"民法"第83条规定:"限制行为能力人用诈术使人信其为有行为能力人或已得法定代理人之允许者,其法律行为为有效。"所称诈术,如伪造法定代理人允许的函件,或户籍资料。为加重交易安全及对相对人之保护,对所谓"诈术",应从宽解释,并不限于积极的诈欺策略,如提示伪造之户口文件、法定代理人之允许书等,即单诈称其已成年,致使相对人发生错误,或对相对人之误信不加声辩,以欺其失察,苟故意引起相对人之误信或加强其误信者,均包括之。本条所谓法律行为应包括单独行为在内。例如限制行为能力人使用诈术使人(如出卖人)相信其得法定代理人允许,解除买卖契约。其理由有三:

①法律行为,依其通常文义,系兼括契约及单独行为。

②第83条所以强制法律行为有效,系以限制行为能力人既已能使用诈术,其智虑不薄,而且玩弄手段,无保护的必要,为贯彻此项立法意旨,单独行为应不例外。

③避免相对人因误信而遭受不利益。

四、案例研习

在前揭案例(本书第363页),甲17岁,为限制行为能力人,经其法定代理人允许出租其所有房屋于丙,其租赁契约有效(第77条)。甲定相当期限要丙支付租金的"催告",系单方表示行为,属意思通知,应类推适用关于意思表示之规定,因系纯获法律上之利益,纵未经法定代理人允许,仍为有效(第77条但书)。终止契约的意思表示乃单独行为,非纯获法律上之利益,未经法定代理人允许,应属无效。故甲与丙间租赁契约仍然存在。甲与丁订立租赁契约,未经法定代理人允许,系属效力未定。

甲对丙所为终止租赁契约的意思表示,既属无效,不因法定代理人乙"承认"而发生效力。其终止应由法定代理人为之,或由法定代理人"允许"甲为终止之意思表示,始生效力。甲与丁间的租赁契约得因法定代理人乙的承认,而溯及于为法律行为时发生效力(第115条)。此项承认得向限制行为能力人或其相对人为之。

第五节 意思表示

第一款 意思表示的概念及表示方法

第一项 意思表示的概念

一、在某扶轮社年会,主席宣布前任总监八十大寿,请会员签名致贺。社员甲发言,表示赞成后,即离席前往接听电话,回到会场见一书面文件,即签名其上。实际上该书面文件系乙出版社以1万元优待社员购买"台湾民法学全集"的认购单,甲离席之际,主席曾经宣布此事,甲不知之。乙出版社得否向甲请求支付价金?

二、试就前例说明何谓意思表示?意思表示的要件?欠缺某种要件的效果?

一、问题的提出

在前揭案例一,乙出版社得否向甲依"民法"第367条之规定请求支付价金,须以买卖契约成立为前提。"民法"第345条规定:"称买卖者,谓当事人约定一方移转财产权于他方,他方支付价金之契约。当事人就标的物及其价金互相同意时,买卖契约即为成立。"买卖契约系法律行为,其互相同意者,乃要约与承诺此二个意思表示。"台湾民法学全集"的认购单,为乙所提出的要约,问题在于甲签名其上,是否为承诺的"意思表示"?易言之,意思表示由何种要件所构成?

二、意思表示的意义及要件

(一)意思表示的意义

意思表示,指将企图发生一定私法上效果的意思,表示于外部之私行为。机关本于国家主权作用的行为(如税务机关的课税通知、法院的裁判),或虽为私人的行为,但系以发生一定公法上效果为目的时(如投票选举公职人员),皆非此所谓"意思表示"。

私人的表示是否企图发生一定私法上效果,应斟酌各项情事加以认定。邀请友人聚餐,当事人通常并不期望发生私法上效果,使被邀请者因此取得法律上的请求权,亦非意思表示。

甲嘱乙代购某特定号码的彩券,乙忘记其事。开奖后,发现该特定号码的彩券中第一特奖,奖金 200 万元时,甲得否依委任之规定向乙请求损害赔偿(第 528 条、第 535 条、第 544 条)?衡诸当事人的利益状态及一般情事,应否定甲与乙间有成立委任契约的意思。盖中奖与否,诚属难料,通常之人不会承担此项未尽注意可能发生的重大损害赔偿责任。①

(二)意思表示的要件

意思表示系由二个要件所构成:一为内心意思;二为此项内心意思的外部表示。内心意思如何,难以测知,须经由表示行为而使其在外部上可以认识。"意思"依其"表示"而客观化,二者合为一体,构成意思表示,故意思表示可分为客观要件及主观要件。②

①客观要件:指外部的表示行为(Erklärungshandlung)而言,即在客观上可认为其在表示某种法律效果意思,例如在契约书上签名、在拍卖场举手、在自助餐厅取食物食之、将硬币投入自动贩卖机。

②主观要件:指内心的意思而言。在通常情形,表意人客观所表示

---

① 关于此类所谓"好意施惠行为",参阅王泽鉴:《债法原理》,北京大学出版社 2022 年重排版,第 185 页。
② 以下关于意思表示构成要素的说明,系采德国通说,参阅 Brox/Walker, AT, S. 44 ff.; Bork, AT, S. 212 f.; Köhler, AT, S. 48 f.; Rüthers/Stadler, AT, S. 136; Wolf/Neuner, AT, S. 337 f.。台湾地区学者对意思表示要素的见解,参阅梅仲协:《民法要义》,第 63 页;洪逊欣:《中国民法总则》,第 355 页;史尚宽:《民法总论》,第 312 页;施启扬:《民法总则》,第 277 页;陈聪富:《当事人的缔约意思——效果意思或表示意思》,载《月旦法学杂志》2022 年第 327 期,第 79 页;陈忠五:《意思表示"不成立"与意思表示"有瑕疵"的区别》,载《台湾法律人》2021 年第 1 期,第 157 页。

者,与主观上的期望固属一致,但意思与表示不一致者,亦常有之。因此产生一个基本问题,即表意人方面应具备何种主观要件,始可将外部表示认系"意思表示",而赋予一定的法律效果?

传统学说为便于处理内心意思与外部表示不一致的各种情况,将意思表示的主观要件分为:①行为意思;②表示意识;③效果意思。分述如下:

①行为意思(Handlungswille),即表意人自觉地从事某项行为,例如少女含羞点头答应男友的求婚(婚约)、在自助餐厅取用食物、在收费停车场停车。贱卖古董,虽遭胁迫,仍系基于行为意思(vis compulsiva)。惟倘以药物麻醉他人,执其手签名于文书之上,则被麻醉(或催眠)之人系受物理上的强制,失其知觉,仅为加害人的机械作用,当无行为意思之可言(vis absoluta)。

②表示意识(Erklärungsbewusstsein,或称为表示意思,Erklärungswille),即行为人认识其行为具有某种法律行为上的意义,例如以邮件订货、打电话表示解除契约等。反之,不知身处拍卖场中举手招呼朋友,行为人不自知其行为在法律上有何意义,即不具表示意识。

③效果意思(Geschäftswille),即行为人欲依其表示发生特定法律效果的意思。表示意识与效果意思应严予区别:于表示意识,行为人认识其表示具有"某种"法律上意义;于效果意思,行为人企图依其意思表示发生一定的法律效果。例如甲写信给乙,欲以200万元购A屋,甲知其表示具有某种法律行为上意义,是有表示意识,而其欲以200万元购A屋,则为效果意思。倘甲误书以300万元购B屋时,虽仍具有表示意识,但其外部所表示者,与"效果意思"即属不一致。

欠缺客观上的外部表示时,意思表示不成立,例如甲内心意欲书立遗嘱,捐助财产设立财团法人,但未表示于外部前即死亡时,自无意思表示可言。在内心意思方面,行为意思系意思表示必备的构成要件部分,欠缺行为意思时(如受催眠而签字,总会决议时被强制举手),意思表示不成立。行为意思的作成系被诈欺或胁迫者,虽不影响意思表示的成立,但得撤销之(第92条以下)。须注意的是,效果意思非属意思表示的必要构成部分,效果意思的欠缺不影响意思表示的存在,外部的表示与内心的意思不一致时,乃意思表示错误(第88条以下)的问题,俟后再为详述。最具争议的是,表示意识(表示意思)是否为意思表示的要素?

(三) 表示意识与意思表示

1. 意思自主与信赖保护

欠缺表示意识的情形,除甲误认订购单为贺卡而签名外,尚包括在拍卖场举手招呼友人、误认某停车场不收费而停车等。此类案例之所以发生争议,涉及意思表示所蕴含的意思自主及信赖保护的核心问题,因而产生激烈的争议,有不同之见解。①

2. 无效说与有效说的争论

传统见解认为法律行为的基础在于当事人的自主决定,行为人欠缺表示意识,不知其表示行为具有法律上意义时,即不应使其因此受法律行为上的拘束,故欠缺表示意识时,意思表示即失其存在。梅仲协先生谓:例如在某拍卖场有就拍卖人所定之价格,拍买人得以举手表示同意之习惯。有某甲者,不知拍卖已经开始,忽举手以招其邻近之友人,此时甲不自知其举手有法律上之意义,即属欠缺表示意识,毋庸依"民法"第 88 条之规定,为错误之撤销,盖其根本上对于拍卖未有若何之意思表示也。②

本书认为,当事人因其外部行为而有所表示,相对人仅能就其客观上的表示行为予以信赖,表意人于为此表示时,是否具有表示意识,既难查知,相对人对其表示行为的信赖,应予保护。从而原则上表意人应对其表示行为负责,以维护交易之安全,表意人仅得类推适用关于意思表示错误的规定(第 88 条),撤销其意思表示,但应对相对人的信赖利益,负赔偿责任。③

3. 案例解说

乙出版社的认购单载明以 1 万元出售"台湾民法学全集",系属要约,甲签名于认购单之上,是为承诺,甲虽欠缺表示意识,不自知其签名具有某种法律行为上意义,对意思表示的成立不生影响。当事人就标的物及其价金互相同意,买卖契约即为成立(第 345 条),甲对乙出版社有支付约定价金及受领标的物的义务(第 367 条)。甲得类推适用关于意思表示

---

① 参阅梅仲协:《民法要义》,第 73 页;郑玉波:《民法总则》,第 238 页;王伯琦:《民法总则》,第 149 页;Bydlinski, Erklärungsbewusstsein und Rechtsgeschäft, JZ 1975, 1 ff.; C.-W. Canaris, Die Vertrauenshaftung im deutschen Privatrecht (München 1971), S. 427 ff., 548 ff.; BGHZ 91, 324。

② 参阅梅仲协:《民法要义》,第 63 页。

③ 参阅洪逊欣:《中国民法总则》,第 357、359 页(注 6);Bydlinski, Erklärungsbewusstsein und Rechtsgeschäft, JZ 1975, 1 ff.; Gudian, Fehlen des Erklärungsbewusstseins, AcP 169 (1969), 232 ff.; Flume, AT II, S. 414, 449; Rüthers/Stadler, AT, S. 139 f.; Wolf/Neuner, AT, S. 351 f.。

错误规定撤销其意思表示,但对乙出版社信其契约为有效而受的损害(如寄书所支出的费用),应负损害赔偿责任。

第二项　意思表示的方法

一、明示与默示的意思表示

意思表示,得以明示或默示为之。明示,指行为人直接将其效果意思表示于外,例如甲向乙表示愿以200万元购某屋;丙致函于丁,表示解除契约。

默示,指由特定行为间接推知行为人的意思表示,例如在烘焙坊取面包而食之,或将汽车停于收费的停车场。于此等情形,行为人虽未明言购买面包或利用停车场,但由食用面包或停车的事实,可推知其有买面包或利用停车场的意思。又例如戊受庚诈欺让售某古瓶,戊向庚请求返还该瓶时,应为系默示撤销其受诈欺而为的意思表示。

明示或默示具同一的表示价值,惟依"民法"第272条规定,连带债务之成立,除法律规定者外,以明示为必要,应予注意。

二、沉默与意思表示

沉默,指单纯不作为而言,即当事人既未明示其意思,亦不能借他项事实,推知其意思。沉默原则上不具意思表示的价值。例如甲致送聘书于乙,请其担任资优儿童英语班讲师,乙函复"愿应聘"时,为明示承诺。乙寄去上课用参考书时,则为默示承诺。乙退还聘书时,为默示拒绝承诺。设乙未有表示时,是为沉默,既非承诺亦非拒绝,甲的要约经过相当期间归于消灭(第157条)。

须注意的是,沉默得例外作为意思表示(Schweigen als Willenserklärung),其情形有二:

①当事人的约定:当事人得约定以沉默作为意思表示的方法(Willenserklärung durch Schweigen)。例如甲住台东,素好法学,购书不易,乃与乙书局约定,凡有新版法律书籍即寄于甲,不购买时,一周内退还。于此情形,甲的沉默(不退还书),系基于当事人约定而作为承诺的意思表示。

②规范化的沉默(Schweigen mit Erklärungswirkung):法律于特定情

形对于沉默赋予意思表示的效果,使沉默具有表示作用,拟制(视为)其为意思表示(所谓规范化的沉默,normiertes Schweigen),至于当事人是否希冀此种法律效果,在所不问。其拟制为不同意的,如"民法"第80条规定:"前条契约相对人,得定一个月以上之期限,催告法定代理人,确答是否承认。于前项期限内,法定代理人不为确答者,视为拒绝承认。"(另参阅第170条第2项、第302条第1项、第386条,请阅读条文!)其拟制为同意的,如第387条、第451条(请阅读条文!)。

兹为便于观察,将意思表示的成立及其表示方法图示如下:

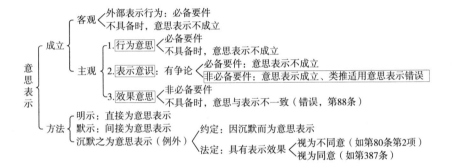

第二款 意思表示的发出、生效与撤回

第一项 问题提出、体系构成

意思表示系将内心企图实现一定私法上效果表示于外,因此意思表示须对外"发出",并在一定要件下生效(如意思表示达到相对人,或相对人了解),发生效力。因此意思表示的发出及达到乃成为意思表示发生效力的要件。此为意思表示及法律行为的核心问题,涉及表意人意思自主及相对人信赖保护,如何分配风险的困难问题。台湾地区"民法"对此设有规定(第94条、第95条、第96条,请阅读之!),有待阐释问题甚多,为增进了解,先将其规范体系简示如下,俾便反复对照研读,按图索骥,认定问题所在(请先略读体系纲要,再详读本文,来回数次,构想设计案例,培养体系构成、处理案例的能力):

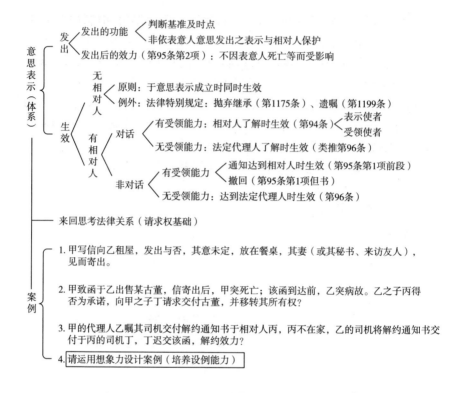

第二项 意思表示的发出

一、意思表示"发出"的功能、意义及时点

甲填妥乙出版社"爱因斯坦科学漫画丛书"订购单,签名其上,贴好邮票,因价金高达1万元,寄出与否,其意未定,乃放置桌上,前去上班。甲16岁之子丙整理书桌,发现该订书单,欣喜万分,即奔往邮局寄出。3日后甲接获乙出版社通知,请甲付款取书,甲不知如何是好,询问邻居法律系丁教授。试想丁教授将如何回答?

(一)发出的功能

意思表示的"发出"的概念,虽仅于"民法"第95条第2项使用之,但具有如下重要的功能:

①表意人是否有权利能力或行为能力,应就意思表示发出时加以认定。

②意思表示发出后,表意人死亡、丧失行为能力或其行为能力受限制者,其意思表示不因之失其效力(第 95 条第 2 项)。

③意思表示有无错误,亦以发出的时点为准据。

④意思表示的生效,以发出为要件,对未经发出的意思表示不得为承诺。例如甲至乙的办公室,见乙的桌上有一信件,载明愿承租甲的房屋,甲即对乙承诺时,其意思表示尚不生效力。

(二)发出的意义及其时点

1. 无相对人的意思表示

发出,指表意人已作成使其内心意思表示明确地表示于外的行为。在无相对人的意思表示,表意人完成其表示过程者,其意思表示即为发出,例如于自书遗嘱全文,记明年、月、日,并亲自签名(第 1190 条前段)。在对公众(无相对人)所为的意思,例如刊登悬赏广告,于广告人将广告张贴于墙壁时,其意思表示即已发出。

2. 有相对人的意思表示

在有相对人的意思表示,其口头意思表示的发出,须对受领者为之,使其客观上得为了解,否则不成立发出。例如某公司董事甲对其秘书表示决定购买乙的房屋,乙适在门口听到其事时,亦不能对甲为承诺的意思表示。又如某公司总经理丙在其办公室向人事室主任表示,其司机丁工作不力,应予解雇,丁在隔壁房间听到其事而"了解",仍未因此而遭解雇,盖丙还未对丁"发出"终止契约的意思表示。

在有相对人的意思表示,其以书面(或电报、传真等)为表示工具时,其发出时点非该书面等作成之际,而是使其进入得预期其到达受领者的过程之时。例如将书信投入邮筒、将电子邮件传送出去、将文件交与友人送达,皆属意思表示的发出。

意思表示发出后,不能适时到达相对人的,亦属有之,例如信件途中灭失,相对人手机被盗,其风险由表意人承担。

(三)遗失的意思表示与相对人的保护

在前揭案例,乙出版社得否向甲依"民法"第 367 条规定请求付款及受领漫画丛书,问题在于乙得否对甲"未发出"的要约为承诺。此种擅由他人"发出"的意思表示,学说上称为遗失的意思表示(abhanden gekommene Willenserklärung)。德国立法理由书认为意思表示须依表意人的意思而发出,乃属当然,否则不生效力。然为保护相对人的信赖,学说上有认为表意人对意思表示之进入交易过程,依其支配及管理范畴有可归责的事由时(如将贴好邮票的信件放餐桌上),应视其意思表示已为发出。反之,表意人无可归责的事由时,则认其意思表示未为发出,不生效力,虽不必撤销①,但应类推适用意思表示错误的规定(《德国民法典》第122条,相当于"民法"第91条),使表意人对相对人负信赖利益的损害赔偿责任。

本书倾向于认为本诸意思自主原则,遗失的意思表示,既未依表意人发出,应不生效力。惟表意人对其意思表示的"遗失"有可归责事由时(如未明示其尚不发出的意思,或未将信件放在抽屉之内),对发生有效意思表示的表征,具有过失,应类推适用意思表示错误的规定,对相对人信其意思表示为有效所受损害(信赖利益),负损害赔偿责任。在前揭订购漫画丛书之例,甲将贴有邮票之订购单放在桌上,具有过失,盖在此种情形,其家人通常会认定甲有发出的意思。因此甲与乙的买卖契约虽不成立,但对乙的信赖利益(如准备寄书费用),应负损害赔偿责任。②

尚须说明的是,遗失的意思表示与意思表示欠缺表示意识,在实务上虽不具重要性,但系德国民法案例研习必有的案例,并常为司法考试题目,因其可供较深入认识意思表示的意义及功能,如何调和意思自主及信赖利益,训练或测试法律人的思考能力。③

二、意思表示发出后表意人死亡

一、甲公司董事长乙,于3月1日下午告诉其女秘书丙致函于丁,表示愿以新台币5亿元购买其在南京东路的大厦。丙于3月2日上午发信,于3月4日到达丁处。经查乙于3月2日晚间因心脏病死亡,丁于3月3日遭遇车祸不治。设丁的继承人戊函复甲公司为承诺时,甲公司与戊是否成立买卖契约?

二、甲中风,行动不便,向乙订购为其量身打造的轮椅,通知于3

---

① Wolf/Neuner, AT, S. 350 f.; Flume, AT Ⅱ, S. 449 亦采相同见解,但认应由表意人撤销之。
② Vgl. Rüthers/Stadler, AT, S. 149.
③ 参阅王泽鉴:《民法思维》,北京大学出版社2022年重排版,第259页。

月3日发出,于3月4日到达乙前,甲死亡。乙不知甲死亡之事,以传真表示承诺,并即购买材料,准备制作轮椅。而后甲之子丙通知乙其父死亡之事。在乙、丙间是否成立订购轮椅契约?或乙得否向丙请求支付购买轮椅材料所支出之费用?

(一)案例一:要约购买房屋

在案例一,甲公司与戊间的买卖契约是否成立,应检讨的问题有二:①乙的死亡是否影响其要约的效力。②丁之继承人戊得否承诺。

"民法"第95条第2项规定:"表意人于发出通知后死亡或丧失行为能力或其行为能力受限制者,其意思表示,不因之失其效力。"所谓死亡,指真实死亡,不包括死亡宣告。所谓丧失行为能力,指监护宣告的情形。其所称"或其行为能力受限制"一语,立法理由认系指第85条第2项规定,学者亦多采此见解。① 乙的女秘书丙于3月2日上午发信,乙于当日夜晚病故,系于发出通知后死亡,其购买丁所有房屋的要约的效力并不因此而受影响。在该要约未达到前,丁已死亡,对丁的继承人戊能否生效,"民法"未设明文,应予肯定。盖买卖契约,依其性质,并不特别注重当事人其人的性质,得由其继承人承继被继承人财产法上的地位(第1148条)而为承诺。②

据上所述,乙的要约既已发出,不因其死亡而失其效力,于达到相对人丁时,对其继承人戊生效。丁的继承人戊得对甲公司为承诺,而成立买卖契约。

(二)案例二:要约购买轮椅

在案例二,问题在于甲向乙订购为自己量身打造的轮椅,此项契约给付具客观的个人关联性,解释上得认为依要约人假设的意思,要约因其死亡而消灭,不具承诺能力。在甲生前已与乙成立定作轮椅契约时,应由甲的继承人丙承担不能使用轮椅的风险。在本案例情形,甲于要约到达前死亡,要约不具承诺能力,应由乙承担契约不能成立的风险。但为顾及乙的信赖,丙应对乙因信赖对要约承诺所受损失(信赖利益),负赔偿责任

---

① 梅仲协先生于其《民法要义》(第75页)一书作有如下之说明,可资参照:"依'民法'第85条第2项规定,法定代理人对于独立营业之限制行为能力人,虽得撤回或限制其营业,但此亦不能谓为行为能力受限制,盖其性质上本系限制行为能力人也。"此项见解,可资赞同。

② 参阅王泽鉴:《债法原理》,北京大学出版社2022年重排版,第161页。

(类推适用第 91 条规定)。

第三项 意思表示的生效

第一目 无相对人的意思表示

意思表示有为无相对人,有为有相对人。无相对人的意思表示何时生效,"民法"未设明文,解释上应认为与其意思表示成立之同时发生效力。例如甲于 Facebook 宣称有发现其民法总则笔记本者,愿以电影票二张为报酬,此项悬赏广告的要约于为此意思表示时,发生效力。乙数度参加律师考试,每次皆因一分之差落第,愤时运不济,丢弃其书于垃圾车,其动产所有权于其抛弃行为(单独行为、物权行为)完成之时归于消灭(第 764 条)。惟此系原则,法律另有规定时,如遗嘱自遗嘱人死亡时发生效力(第 1199 条),应从其规定。①

第二目 有相对人的意思表示

有相对人意思表示可分为对话的意思表示及非对话的意思表示。前者,表意人与相对人能直接为意思表示,如打电话、旗语等;后者,指表意人与相对人仅能间接表示意思,如以书信、电报、传真、电子邮件等传达其意思。此项分类系以意思表示能否直接沟通为标准,故虽地隔千里,以电话直接表示其意思时,仍为对话,虽近在咫尺,以纸条为传达时,不能直接表达其意思,仍应适用非对话的规定。

一、对话的意思表示

"民法"第 94 条规定:"对话人为意思表示者,其意思表示,以相对人

---

① "最高法院"1968 年台上字第 3647 号判例:"对话人为意思表示者,以相对人了解时发生效力,非对话者,以通知达到相对人时发生效力,'民法'第 94 条及第 95 条定有明文。同法第 451 条所谓表示反对之意思是否发生效力,自亦应分别对话或非对话,以相对人已否了解或通知已否达到相对人为断。"

"最高法院"1963 年台上字第 1278 号判例:行政官署依"台湾省放领公有土地扶植自耕农实施办法",将公有土地放领于民众,系私法上之契约行为,依此行为所生法律上之效果,自应适用"民法"之规定,而契约因当事人互相表示意思一致而成立,其意思表示发生效力之时期,如为对话,以相对人了解时为准,如非对话,以通知到达相对人时为准,从而撤销意思表示之除斥期间,自应以意思表示发生效力之时起算。

了解时,发生效力。"所谓了解,指依通常情形,客观上可能了解而言,故对不懂中文的劳工,以中文为解雇的意思表示,不生效力。相对人漏听表意人的言语时,得请求重述。在通常情形,相对人可能了解,而主张未了解时,应负举证责任。

二、非对话的意思表示

(一)达到原则

1. 达到的概念及判断基准

"民法"第95条第1项本文规定:"非对话而为意思表示者,其意思表示,以通知达到相对人时,发生效力。"由是可知"民法"不采所谓表示原则(如信已写完)、发信原则(如信已投邮)①、或了解原则(如信已阅悉),而采达到原则(受信原则,如信已投入相对人的信箱)。此项规定,最能折中双方当事人的利益,实属妥适。第95条系任意规定,当事人得为不同的约定。

达到,指意思表示已进入相对人的支配范围,且置于相对人可以了解的状态而言。例如解除契约的信函于通常时间投入相对人的信箱、放入相对人住家的门内、放置于相对人办公桌上,即为达到。实际上纵未阅读,理由如何,究为生病住院或出外旅行,均所不问。准此以言,公司人事单位将终止雇佣契约通知放在受雇人办公桌面,其意思表示已置于相对人可能支配之范围,并使其居于可随时了解之地位,该通知发生意思表示效力。若解除契约的信函系于午夜11时投入信箱,应认为于翌日通常取信之时,始行达到。盖依社会一般观念,不能期望相对人于深夜随时开箱取信阅读。惟相对人于午夜11时半外出归来阅读该信函时,应认于其阅读时达到。

---

① "公司法"第172条规定:"股东常会之召集,应于二十日前通知各股东。股东临时会之召集,应于十日前通知各股东。……""最高法院"1998年台上字第1776号判决谓:"查股份有限公司股东会召集之通知,依'公司法'第172条第1项、第2项规定意旨,系采发信主义,通常固须于该条项所定之期限前并依股东名簿所载各股东之本名或名称、住所或居所发送召集股东会之通知,始生效力。惟公司如未依法备置股东名簿或所置股东名簿就上开事项之记载有所欠缺,致须对非属股东名簿上所载之股东住、居所发送开会之通知,而于客观上已足使该股东了解通知之内容者,解释上,应认仍生通知之效力。否则在股份有限公司之股东人数,恒逾千百甚至上万,苟因发送召集股东通知之争执,而迭陷股东会之决议于永不确定至不能执行之窘境,显失立法之原意。"

达到原则乃在合理分配意思表示于途中遗失、迟到或相对人未阅读函件等的危险，故应依社会一般观念，斟酌相关情事认定，此为实务上的重要问题，特举二个"最高法院"判决以供参照：

①"最高法院"1965年台上字第952号判例谓："'民法'第440条第1项所谓支付租金之催告，属于意思通知之性质，其效力之发生，应准用同法关于意思表示之规定（见1952年台上字第490号判例），而'民法'第95条第1项规定：'非对话而为意思表示者，其意思表示，以通知达到相对人时，发生效力'，所谓达到，系仅使相对人已居可了解之地位即为已足，并非须使相对人取得占有，故通知已送达于相对人之居住所或营业所者，即为达到，不必交付相对人本人或其代理人，亦不问相对人之阅读与否，该通知即可发生为意思表示之效力。"

②"最高法院"2006年台上字第2611号判决：非对话而为意思表示者，其意思表示，以通知达到相对人时，发生效力（"民法"第95条第1项）。本件2004年9月30日之董事会开会通知，系在"公司法"第204条所规定之期限前依董监事名册所载各董事、监察人之住址为发送。至寄交上诉人之通知分别于2004年8月3日及翌（4）日投递至上诉人及其配偶林陈○○之户籍地○○市○○○街○○号及董事名册所载之同市○○街○○号之○○址，但因无法投交，遂于同年月5日送交基隆市东信路邮局招领，招领期满未领取，而于同年月26日于封面加盖"招领逾期退回"之戳记，退还原寄件人，并有基隆邮局函为凭，为原审所合法确认之事实，则该通知已达到上诉人及其配偶之支配范围内，上诉人及其配偶随时可以了解其内容，应认该开会通知已送达而发生效力。

挂号信件的达到如何认定？本书以往的见解认为，邮差投寄挂号信，因收件人不在，留下领取通知时，尚不能认系已达到，盖其意思表示尚未进入相对人的支配范围。其达到之时，得认系依通知书记载最早可到邮局领取信件之日。① 例如接到领取挂号通知书，猜想系公司解聘或出租人终止租约的通知，不去邮局领取，应认该解聘或终止租约意思表示业已达到，发生效力。

须注意的是，"最高法院"2020年台上大字第908号民事大法庭裁定有不同的见解，认为："（一）'民法'第95条第1项前段规定'非对话而为

---

① Vgl. Behn, AcP 178 (1978), 505; Wolf/Neuner, AT, S. 358.

意思表示者,其意思表示,以通知达到相对人时,发生效力',乃采达到主义。所谓达到,系指意思表示已进入相对人之支配范围,置于相对人随时可以了解其内容之客观状态。而意思表示之生效,指表意人开始受其意思表示拘束而言。在非对话之意思表示,表意人无从依书面之交付,径使相对人了解其意思表示,尚须经由相对人之阅读始能了解表意人之意思表示,相对人之阅读行为,完全在表意人实力支配范围外,仅得由相对人为之,如相对人不阅读其受领之书面,即谓意思表示不生效力,将使其效力之发生任由相对人支配,显非事理之平。因此,书面所为之意思表示,如已进入相对人之实力支配范围,且处于依一般社会观念,可期待相对人了解之状态时,应认该意思表示已对相对人发生效力。(二)挂号邮件招领通知单虽非表征意思表示之邮件本身,惟依'邮件处理规则'第50条第1项规定,可知挂号邮件通知招领前,必经邮务机关按址投递而无法投递,始制作招领通知单通知领取邮件,如该招领通知单经置于相对人之住居所或营业所,依一般社会观念,可期待相对人受通知后,于邮局营业时间前往领取邮件,该邮件自斯时起进入相对人之支配范围,置于相对人可随时了解内容之状态,应认表意人之意思表示已到达相对人而发生效力,不以相对人实际领取邮件为必要,亦与该邮件事后是否经招领逾期退回无涉,并可避免相对人以任意性行为左右非对话意思表示效力之发生时点。惟基于相对人并非挂号邮件之发动者,其如能证明受招领通知时客观上有不能领取邮件之正当事由,自不在此限,以兼顾其权益。(三)综上,表意人将其意思表示以书面邮寄挂号寄送至相对人之住所地,邮务机关因不获会晤相对人,而制作招领通知单通知相对人领取者,除相对人能证明其客观上有不能领取之正当事由外,应认相对人受招领通知时,表意人之意思表示已到达相对人而发生效力,不以相对人实际领取为必要。"[1]

兹举一个邮政实务案例加以说明:邮局于3月29日上午11时制作招领通知单通知领取邮件,通知单上记载可自3月30日中午12时至4月13日止至招领邮局领取挂号信件。在此情形,依本书前述见解,以相

---

[1] 另有认为应采"招领期限截止日"为意思表示之达到时点,相关分析,参阅张韵琪:《非对话意思表示达到之台日比较——以"招领通知"作为达到为核心》,载《月旦法学杂志》2023年第341期,第118页。

对人可以到邮局领取信件的时点(3月30日中午12时)为意思表示达到之时点,"最高法院"则以相对人受领招领通知单之时点(3月29日上午11时)为意思表示达到之时点而发生效力。此项见解是否符合意思表示达到的要件,非无研究余地。

2. 达到的举证责任

关于意思表示的达到,应依一般原则由表意人就其达到及时点负举证责任。发出的证明本身尚有未足,如以传真为意思表示时,不能仅因有发出记录,即可认为达到相对人。为减轻举证责任的负担,表意人应选择适当的通知方法。

兹将意思表示的达到,依不同的意思表示方法(尤其是电子化之意思表示的达到),图示如下:

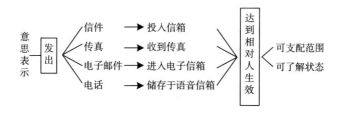

(二)经由中间人的意思表示:代理与使者

一、甲承租乙之房屋,约定得于6月30日前终止租约。甲于6月29日打电话给乙,欲终止契约。适乙不在家。试问于下列情形,是否发生终止租约之效力?

1. 甲告知接听电话之乙妻丙其终止租约的意思,而丙迟至7月1日始告知乙。

2. 接听电话者,系乙的司机丁,甲告以终止租约的意思,丁迟至7月1日始告知乙。

二、甲到乙宅交付解除租赁契约的文件,乙不在家,甲交由乙之邻居丙转交。丙迟未转交。试问解除租赁契约是否发生效力?

1. 代理

意思表示得经由所谓的"中间人"发出或受领。中间人为代理人时,其于代理权限内,以本人名义代为意思表示或代受意思表示,直接对本人发生效力(第103条)。甲的代理人乙以电话告知丙的代理人丁,表示"愿以所提条件承买 A 屋"。丁以传真回答"感谢来函,1 个月内交屋"。乙的意思表示(要约)于丙了解时发生效力,丁的意思表示(承诺)于乙通常收到传真之时因达到而发生效力(是否阅读,在所不问),相互表示意思一致,于甲与丙间成立买卖契约。

2. 使者

中间人亦得为使者(传达),其有传达意思表示权限者,为表示使者(Erklärungsbote);其有受领意思表示权限者,为受领使者(Empfangsbote)。在表示使者,须其传达意思表示于相对人时,发生效力,表意人须承担其未为适时传达的风险。在受领使者,于其将受领的意思表示置于相对人通常可支配之范围、可随时了解其内容的客观状态时,发生效力,误传、迟传或根本未传达于相对人的风险,应由相对人承担。例如甲嘱其司机乙将对要约为承诺的信函交付于相对人丙,丙适不在办公室,乙将该信函交与丙的秘书丁,丁迟误将乙承诺的信函传达于丙时,应由丙承担其风险。在此情形,乙为甲的"表示使者",丁为丙的"受领使者",兹将表示使者与受领使者的基本构造,图示如下:

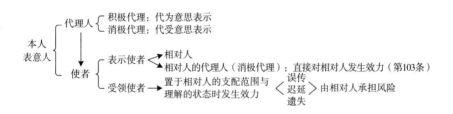

受领意思表示的权限,得由相对人明示或默示授权,应依交易通念、诚实信用原则加以认定。相对人的配偶或管家,公司行号的秘书、公寓大厦的管理员通常可认系受领使者。对受领使者为意思表示时,于相对人通常可支配了解时,发生效力。例如甲于星期日遇见乙的秘书丙,交付解除买卖契约的信件,须俟翌日丙上班之际,始可期望丙将该信件交于乙,而发生达到的效力。

兹就案例一、案例二分别说明如下:

①在案例一,甲于终止租约期限前一天,以电话向乙为终止租赁契约的意思表示,若由乙亲自接听时,系对话意思表示,于乙了解时发生效力。

电话系由受领使者人接听时,为对话意思表示。否则为非对话意思表示,于其通知达到相对人时,发生效力。

甲告知乙之妻丙:丙系乙之妻,依一般交易观念,应认为丙有受领权限,于丙了解甲于6月29日所为终止租约的意思表示时,甲的意思表示即达到相对人乙,而发生效力,丙虽迟至7月1日始告知乙,终止租约的效力,不因此而受影响。

甲告知乙的司机丁:司机,依一般交易观念,不具受领权限,应认系甲的表示使者,故须丁将甲终止租约意思传达于乙时,始为达到。丁迟至7月1日始将甲意思表示的内容告知乙,已逾越终止契约的期限,甲终止契约的意思表示不发生效力。

②在案例二,甲为解除租赁契约,到承租人乙家中交付解约文件,适逢乙不在家,甲请乙的邻居丙将该解约文件交付于乙。在此情形,应认丙系甲的表示使者,而非乙的受领使者,甲应承担丙未适时交付解约文件于乙的风险。

(三)达到的阻止或障碍

在对话间的意思表示,相对人掩耳不听本人或其使者口传之语时,依诚实信用原则,不得主张对意思表示不了解。在非对话间的意思表示,"最高法院"1986年台抗字第255号裁定谓:"若表意人以书信为意思表示,该书信达到相对人,相对人无正当理由而拒绝接收时,该书信既已达到相对人之支配范围内,相对人随时了解其内容,应认为已达到而发生效力。"相对人有拒绝受领正当理由者,如信件未贴邮票,须由收件人补付邮资;深夜敲门交付解除契约函件等。①

相对人因可归责事由阻碍意思表示达到,有背于诚实信用原则时,应视为已达到。例如伪称挂号信件的收信人不在,而使邮差带回其信件;甲与乙约定下午2时前,乙得以电话解除契约,甲故意取去听筒;丙与丁约定下午6时前,丁得以传真为承诺,丙故意关掉传真机。

---

① "最高法院"1969年台上字第715号判例:"非对话而为意思表示者,其意思表示以通知达到相对人时,发生效力,'民法'第95条第1项定有明文,所谓达到,系指意思表示达到相对人之支配范围,置于相对人随时可了解内容之客观的状态而言,上诉人送达之催告书中,其挂号邮件收件回执,盖有被上诉人租用之台南市邮局第〇〇〇号信箱之戳记部分,即属所谓意思表示之达到固无论矣,其经交付于被上诉人之工人王〇水收受部分,虽该王〇水并非专管收发,但既将原件连同租用信箱收受部分全部送交杨〇瑞转交渔市场,足见被上诉人租用之信箱,经常系由该王〇水开启,从而邮局将上诉人之催告书径行交付该王〇水,亦难谓为并未达到。"

第四项　意思表示的撤回

某大学信息系甲教授于 10 月 8 日致函于乙水泥公司,同意应聘担任办公室自动化中心主任,于星期日经邮差投入乙之信箱。甲于发信后获知另有高就,即另致函于乙公司,表示撤回应聘之事,于次日星期一经邮差投入乙的信箱,该日适逢补假。星期二上午乙水泥公司的人事主任丙先拆阅甲应聘之信,随即奉准办理发表人事命令。直至当日下午丙始拆阅甲撤回应聘之信。问甲与乙间的雇佣契约是否成立？

在前揭案例,甲与乙间的雇佣契约是否成立,视甲的承诺是否发生效力而定。"民法"第 95 条第 1 项规定:"非对话而为意思表示者,其意思表示,以通知达到相对人时,发生效力。但撤回之通知,同时或先时到达者,不在此限。"依此规定,应认定者有二:①甲的承诺何时达到乙？②甲撤回其承诺之通知是否同时或先时到达？

甲发出应聘之函,经邮差投入乙的信箱。书信投入对方的信箱,通常应属达到。惟该日适逢假日,次日又逢补假,公司休假不上班,所以甲的应聘函于乙公司开始办公之日达到,撤回通知亦始行达到,故应认为撤回的通知系与应聘之通知同时达到。相对人先行拆阅应聘通知书,对撤回通知之同时达到,不生影响,盖达到与否应就客观情事加以决定。

据上所述,甲撤回应聘的通知与应聘的通知同时达到乙,甲应聘担任乙公司办公室自动化中心主任的承诺,不发生效力,甲与乙间的雇佣契约不成立。

第五项　对于无行为能力人或限制行为能力人为意思表示

"民法"第 96 条规定:"向无行为能力人或限制行为能力人为意思表示者,以其通知达到其法定代理人时,发生效力。"此系对无受领能力人的规定。第 96 条系规定非对话人间的意思表示,关于对话人间的意思表示,于法定代理人了解时,发生效力。须注意的是,纯获法律上利益的行为(如对限制行为能力人为赠与电脑的要约),或经法定代理人之同意,于限制行为能力人有行为能力的范围(如独立营业的允许,第 85

条),则有受领能力。

第六项 以公示送达为意思表示之通知

"民法"第97条规定:"表意人非因自己之过失,不知相对人之姓名、居所者,得依'民事诉讼法'公示送达之规定,以公示送达为意思表示之通知。"系以公示送达替代意思表示的达到。关于公示送达,"民事诉讼法"于第149条至第153条设有规定。

"最高法院"2001年台抗字第324号裁定谓:"民事诉讼法"第149条公示送达之对象,以诉讼当事人为限,法院准许为公示送达之裁定,系诉讼程序进行中所为之裁定,依同法第483条之规定,不得抗告,本院1966年台抗字第326号判例所称公示送达之裁定不得抗告,系指上开对诉讼当事人所为者而言。至"民法"第97条规定表意人非因自己之过失,不知相对人之居所,得依"民事诉讼法"公示送达之规定,以公示送达为意思表示之通知,则系为避免表意人无从为意思表示之通知,而遭受不利益之结果,故使其意思表示得依"民事诉讼法"第149条规定之方法为送达,发生通知之效力,此项公示送达要属意思通知之性质,对之所为之裁定自非诉讼程序进行中所为之裁定,不受上开判例不得抗告之拘束。

第七项 意思表示生效的法律效果

意思表示生效时,通常即发生其所企图实现的私法上效果,如契约的解除或终止。其意思表示为承诺时,因与要约内容合致而成立契约。此系就一般情形而言,法律行为的成立或生效,除意思表示外,有尚须具备其他要件者,如自书遗嘱应自书遗嘱全文、记明年、月、日,并亲自签名而成立,但须于遗嘱人死亡时,发生效力(第1199条)。不动产所有权的移转,则须办理书面登记(第758条)。在完成此法定要件前,法律行为的法律效果虽尚不发生,表意人原则上仍应受其拘束,不得任意撤回而具有一定的法律效果,例如发生要约的拘束力(第154条以下)。

第六节　意思与表示不一致
——意思瑕疵

第一款　问题的提出及规范模式

请彻底思考下列案例,甲的意思表示究有何种瑕疵,如何归类？甲得否主张其意思表示为无效,或撤销其意思表示？试分析其所涉及的利益衡量及可能的规范模式(请耐心思考,不要急于查阅"民法"规定！法律思考先行于查寻法律规定！)：

1. 甲在白沙湾新筑别墅,乙再三赞羡其精致幽雅,乃度假写作之处。甲对乙曰："今夏借汝使用。"内心实欠真意,乙明知(或不知)甲内心的真意。

2. 甲于诸友人中,与乙之交情最深,欲赠某车,为避免人情困扰,乃与乙假装作成买卖。

3. 甲不知其妻已购买新出品的单反相机,仍向乙订购一部。

4. 甲误认某木材堪任大厦栋梁而购买,实则该木材的质量仅可用于建筑普通房屋。

5. 甲于路边见一乞妇,欲赠100元,误取1万元支票交付。

6. 甲受乙胁迫(或诈欺)将其传家古玉贱卖于丙(知情或不知情),并即交付之。

第一项　问题的提出

私法自治体现于法律行为,法律行为以意思表示为要素。意思表示系将企图实现一定私法上效果的意思表示于外部。因此意思表示必须健全,使足实现私法自治。所谓健全,指无瑕疵,即意思与表示一致；所表示者,为内心所欲；意思表示自由,不受诈欺或胁迫。

对前揭案例的六种情形,初步加以观察,可以发现一个共同的现象,即当事人的意思表示具有所谓的"瑕疵"(不健全)。再进一步加以分析,其瑕疵可分为二类,一为意思与表示不一致(案例1—5),二为意思表示不自由(案例6)。

意思与表示不一致,指行为人客观上所表示的,与其内心所意欲的,并未互相合致,学说上称为意思欠缺或非真意表示,亦有称为意思表示本身的瑕疵。此项意思瑕疵又可分为二种情形:

①表意人知其真意与表示不一致而为意思表示。即其意思的欠缺,系出于表意人的故意,是为虚伪意思表示(案例1—2)。虚伪意思表示又有二类:一为单独虚伪意思表示,即表意人一方所为的虚伪意思表示(案例1);二为通谋虚伪意思表示,即表意人与相对人通谋而为虚伪意思表示(案例2)。

②表意人不知其真意与表示不一致,而为意思表示的,即其意思的欠缺,为表意人所不自知,是为错误(案例3—5)。错误可分为二种:一为意思形成上的错误,即基于错误的动机而为意思表示(案例3—4);二为表示上的错误,即外部表示与内心的效果意思不一致(案例5)。

如何区别意思表示瑕疵的各种情形,使其发生不同的法律效果,系法律行为上的核心问题,详如后述。

第二项　意思自主与信赖保护

意思表示具有瑕疵时,应如何加以规范,定其效力? 学说上有三种见解①:

①意思说:以表意人内心的意思为准,强调意思表示的成立,必须有内心的效果意思的存在为基础,外部表示仅是内心的公开手段或证明方法。若无内心的效果意思,则外部的表示实无依据,应不发生法律上的效力,以保护表意人。

②表示说:以外部的表示为准,因表意人的内心意思如何,实难查知,故应就其表示所创设的外部状态,及由此可推知表意人的表示意思及效果意思的存在,赋予法律上效力,以保护相对人的信赖及交易安全。

---

① 关于此三种学说的讨论,参阅梅仲协:《民法要义》,第78页;洪逊欣:《中国民法总则》,第367页;史尚宽:《民法总论》,第339页;郑玉波:《民法总则》,第274页;施启扬:《民法总则》,第243页。德国资料文献,参阅 Flume, AT Ⅱ, S. 54 ff.; Brox/Walker, AT, S. 407; Jan Schapp, Grundfragen der Rechtsgeschäftslehre (München 1986); Wolf/Neuner, AT, S. 446 ff.; Larenz, Richtiges Recht: Grundzüge einer Rechtsethik (München 1979), S. 57 ff.; Manfred Wolf, Rechtsgeschäfliche Entscheidungsfreiheit und vertraglicher Interessenausgleich (München 1970)。

③折中说:意思说及表示说皆属极端,顾此失彼,故须折中二者之间,或以意思说为原则,而以表示说为例外,或以表示说为原则,而以意思说为例外,期能适当调和表意人及相对人的利益,兼筹并顾,以维护交易安全。

以上三说系以意思与表示的对立性为出发点,乃传统的思考方法。然本书认为,诚如拉伦茨教授所云,意思表示之所以发生一定法律效果的效力基础(Geltungsgrund),非仅在于意思或表示,而是在于意思与效果的协力,即法律行为上的意思经由表示而实现,仅能在表示之中,而不能在表示之外获得法律的承认。①

意思与表示构成功能性的一体性,具有双重作用:①使表意人得以之为手段,实现其内心上的法律效果意思;②经由其表示而使他人得为认知。意思表示系一种人与人间的社会沟通行为,乃相对人信赖与了解的客体。意思表示的双重作用一方面使表意人得自主决定其私法上的行为,他方面亦系表意人应对其意思表示瑕疵负责的归责原因。相对人信赖的保护,乃私法自治上自主决定的当然结果及其必要的调剂。②

第三项 现行"民法"的规范模式

关于意思表示的瑕疵,"民法"于第86条至第93条设其规定。为使读者对法律行为制度上的核心问题有更深刻的理解,先提出二个基本问题,请读者阅读上开条文,彻底思考:

①现行"民法"究采意思说、表示说或折中说? 就立法政策言,是否妥适?

②前揭六个案例,应如何定其意思表示的效力? 何者应为有效、无效、效力未定,或不得以其无效对抗第三人?

为便于观察,将现行法上的规范模式,图示如下(借助案例,思考理解体系构造上的价值判断与利益衡量以及规范目的,不要强行记忆):

---

① Vgl. Larenz, Die Methode der Auslegung des Rechtsgeschäfts (1930), S. 34 ff.; Larenz/Wolf, AT, S. 642 ff.

② Vgl. Franz Bydlinski, Privatautonomie und objektive Grundlagen des verpflichtenden Rechtsgeschäfts (Wien 1967), S. 46 ff.; Reinhard Singer, Selbstbestimmung und Verkehrsschutz im Recht der Willenserklärung (München 1995).

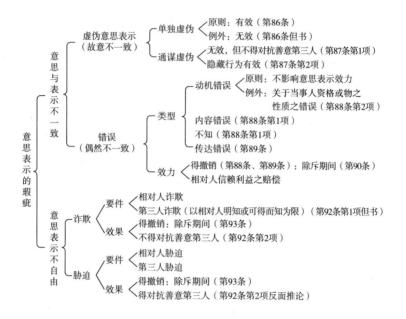

如上图所示，现行"民法"系区别"意思与表示不一致"及"意思表示不自由"二种基本类型加以规定，而发生三种不同的法律效果：

①有效：单独虚伪意思表示原则上有效。动机错误原则上不影响意思表示之效力，其例外影响意思表示效力的，如关于当事人资格或物之性质的错误。

②无效：通谋虚伪意思表示无效，但不得对抗善意第三人。单独虚伪意思表示为相对人明知者，亦属无效，得否对抗善意第三人，法无明文，通说认为应类推适用通谋虚伪意思表示的规定，其无效亦不得对抗善意第三人。

③得撤销：错误的意思表示得由表意人于自意思表示后1年内撤销之，但对于相对人或第三人之信赖利益应负赔偿责任。受胁迫或诈欺的意思表示，亦得撤销。其经撤销者，视为自始无效，受胁迫意思表示的撤销得对抗善意第三人，但受诈欺意思表示的撤销，则否。之所以规定得撤销，在使表意人有所选择。

综合言之，"民法"系以表示主义为原则，意思主义为例外，合理规范表意人的保护与交易安全，尚属妥善的立法。关于意思表示错误的规定，最足表现立法政策上价值判断及利益衡量。现行"民法"规定的解释及法律漏洞的填补，应本诸立法上的价值判断及利益衡量，致力于调和表意人"自主原则"及相对人的"信赖保护"。

第二款 单独虚伪意思表示(心中保留)

甲、乙兄弟二人,父死,分遗产不均,失和。某日,母病笃,招甲、乙至其床前,泣告甲曰:"汝弟,素好艺术,可否将汝所分得之 A 画赠与之。"甲为安慰其母,即对乙表示愿赠与该画,乙允受之,乙明知其兄内心实无赠画之意。试问:

1. 乙得否向甲请求交付 A 画?
2. 设甲当场即交付 A 画时,乙是否取得其所有权?
3. 设乙于受领甲交付之 A 画后,恐甲于母殁后索回该画,即以 20 万元,让售于善意之丁,并已交付时,甲得向丁主张何种权利?

一、单独虚伪意思表示的意义及当事人间的效力

(一)债权行为的效力

在前揭案例 1,乙得否向甲请求交付 A 画?乙得向甲请求交付 A 画,须以赠与契约成立、有效为要件。甲表示赠与 A 画,乙允受之,当事人互相表示意思一致,赠与契约成立(第 406 条、第 153 条)。赠与契约的生效,以当事人的意思表示有效为必要。

意思表示系由内心的效果意思及外部表示行为所构成。甲内心上并无赠画与乙之意,但为安慰其病笃之母,故意为赠与的表示。从保护表意人及贯彻私法自治当事人意思自主原则而言,此种将真意保留于心中,虚伪而为表示,应不生法律上的效力(意思说)。惟从保护相对人信赖及交易安全而言,不问表意人真意如何,应以已表示者为准,而发生效力(表示说)。现行"民法"系采折中说,于第 86 条规定:"表意人无欲为其意思表示所拘束之意,而为意思表示者,其意思表示,不因之无效。但其情形为相对人所明知者,不在此限。"[①]原则上采表示主义,例外采意思主义,其要件有三:

①须有意思表示的存在。

[①] 在一个涉及终止劳动契约,经协商改为资遣离职的案件,"最高法院"2007 年台上字第 2138 号判决谓:"双方既经沟通协商,达成上诉人自愿接受资遣离职之合意,纵令上诉人仍认被上诉人系违法资遣,其签回上开离职通知书之真意系为受领上开资遣费,以作为将来扣抵薪资之用,其无欲为该离职意思表示所拘束,惟该真意保留既为被上诉人所不知,上诉人所为离职意思表示,不因之而无效,洵无疑义。"

②须表示与真意不符。

③须表意人明知其表示与真意不符,而故为表示。

在前揭案例1,乙既明知甲无欲为其意思表示所拘束,其意思表示无效,乙不得向甲请求交付其画。"民法"第86条但书规定,仅限于有相对人的意思表示,始得适用。在无相对人的单独行为(如抛弃动产所有权),仍应适用本文规定,不得主张无效。

(二)物权行为的效力

在前揭案例2,乙受领甲交付A画时,是否取得其所有权?"民法"第761条第1项规定:"动产物权之让与,非将动产交付,不生效力。但受让人已占有动产者,于让与合意时,即生效力。"依此规定,动产所有权之移转须以让与合意及交付为要件。所谓让与合意,指当事人移转动产所有权意思表示之合意(物权意思的合致)而言。在前揭案例2,甲内心上无赠画之意,其为赠与之债权的意思表示,系属非真意表示,已如上述,其移转该画所有权的物权的意思表示,亦同,乙明知甲无受此物权的意思表示拘束之意,依"民法"第86条但书规定,其物权的意思表示亦属无效,乙不能取得该画所有权。甲得依"民法"第767条第1项前段规定向乙请求返还A画。

二、单独虚伪意思表示对第三人效力

在前揭案例3,乙将甲交付的A画让售于善意之丁时,甲得主张的权利?甲得向丁依"民法"第767条第1项前段规定请求返还A画,其须具备要件有二:①甲为所有人;②丁为无权占有。据上所述,乙明知甲无赠与A画及移转其所有权之真意,其意思表示无效,乙不能取得A画所有权,甲仍为该画的所有人。乙将非属其所有之画出卖于丁,其买卖契约虽属有效,但让与该画所有权的物权行为则属无权处分(第118条),效力未定。在此情形,丁得主张类推适用"民法"第87条第1项但书规定,认甲、乙间之赠与契约无效不得对抗善意第三人。① 又在此情形,丁系以A画

---

① "最高法院"1964年台上字第134号判决谓:"法人之代表机关冒名营私,除与之为法律行为之相对人明知其情,可类推适用'民法'第86条但书规定,视该行为乃代表机关个人之行为者外,原应解为法人本身之行为。且单独之虚伪表示,基于'民法'第86条但书规定而无效时,为保护交易安全计,尤应类推适用'民法'第87条第1项但书规定,认其无效不得以之对抗善意第三人,此等'民法'关于法律行为之规定,于票据行为,并不排斥其适用。"可供参照。惟请参阅"票据法"第13条之规定:"票据债务人不得以自己与发票人或执票人之前手间所存抗辩之事由对抗执票人。但执票人取得票据出于恶意者,不在此限。"

所有权之移转为目的，而受让该画之占有，纵乙无移转 A 画所有权之权利，仍得依"民法"第 801 条及第 948 条关于善意取得之规定，取得该画之所有权。甲即因此而丧失 A 画所有权，不得向丁依第 767 条第 1 项前段规定请求返还 A 画。甲仅得向乙依不当得利之规定（第 179 条）请求返还因让售 A 画而取得之价金（或价金请求权），或依侵权行为规定（第 184 条第 1 项前段）请求损害赔偿。

第三款　通谋虚伪意思表示

第一项　通谋虚伪意思表示的要件及效果

一、甲向乙购买 A 屋，其后乙见房价高涨，意图避免甲之强制执行，与丙约定假装作成买卖，办毕所有权移转登记，并交屋于丙。试问：

1. 甲得向谁主张何种权利？
2. 设丙擅将 A 屋让售于善意之丁，并办毕所有权移转登记时，甲得对丙或丁主张何种权利？

二、在前揭案例，设乙向戊贷款 500 万元，并擅将 A 屋抵押权设定于己银行时，其法律关系如何？甲得否向乙请求交付 500 万元贷款？（请认真思考！）

通谋虚伪意思表示系民法理论及实务上的重要问题，涉及复杂的法律关系及请求权基础，并为常见的考题，特就前揭案例一图示如下（此为重要基本案例，请彻底理解，自行研习，写成书面）：

一、要件

(一)要件及适用范围

"民法"第87条第1项规定:"表意人与相对人通谋而为虚伪意思表示者,其意思表示无效。但不得以其无效对抗善意第三人。"通谋虚伪意思表示,指表意人与相对人通谋而为虚伪的意思表示,其适用对象包括契约、合同行为①,及有相对人的单独行为等,无论其为财产上行为(债权行为及物权行为,如通谋虚伪买卖不动产,并移转其所有权)②,或身份行为(如通谋虚伪假离婚)③,均有适用余地,但对无相对人的单独行为(如遗嘱、动产所有权抛弃),则不适用之。

通谋虚伪意思表示应具备的要件有三:

①须有意思表示的存在。

②须意思表示与真意不符。

③须其非真意的意思表示与相对人通谋。

诚如"最高法院"1973年台上字第316号判例所谓:"所谓通谋为虚伪意思表示,乃指表意人与相对人互相故意为非真意之表示而言,故相对

---

① "民法"第87条对合同行为亦得适用,"最高法院"1968年台上字第2557号判例谓:"虚伪设立各种社团,亦为无效,如债务人为逃避连带清偿保证债务,将原开设之某冷冻厂改组为有限公司,假冒其子三人之名义,每人五万元,作为彼等出资,债权人可诉请确认该等股金为债务人所有。因'民法'第87条第1项规定,对财产上之行为,除于无相对人之单独行为不适用外,不仅有相对人之单独行为、契约等,皆得适用,即于合同行为,有时亦得适用。盖合同行为之各当事人,虽非相对人,但因须有二人以上,而于其间亦得通谋而为虚伪合同行为,故理论上,在合同行为之当事人间,不妨成立通谋虚伪意思表示,实际上亦须作如此解释,始能防止债务人假托设立各种社团,而避免财产之被扣押。"

② "最高法院"2016年台上字第2247号判决:"按表意人与相对人通谋而为虚伪之意思表示者,其意思表示无效,为'民法'第87条前段所明定。准此,因于通谋虚伪意思表示所成立之买卖债权契约及其所有权移转登记之物权行为,自应认为无效。纵使虚伪意思表示之一方(买受人),已因无效之法律行为(包括债权行为及物权行为)完成不动产所有权移转登记,仍不能取得所有权,该虚伪买受人当然不得本于所有人之地位,行使'民法'第767条之物上请求权。"

③ "最高法院"1963年台上字第722号判例谓:"虚伪设定抵押权,乃双方通谋而为虚伪意思表示,依'民法'第87条第1项规定,其设定抵押权当然无效……"又"最高法院"1971年台再字第5号判决谓:"'民法'第87条所定虚伪意思表示,对物权行为自亦有其适用。"可供参考。须注意的是,"民法"第87条第1项关于通谋虚伪意思表示无效之规定,对身份行为亦有适用余地,夫妻双方通谋而为假离婚之意思表示,依照"民法"第87条第1项规定,其意思表示无效。但不得以其无效,对抗善意第三人("最高法院"1962年台上字第215号、1973年台上字第316号判例及1980年台上字第3920号判决参照)。

人不仅须知表意人非真意,并须就表意人非真意之表示相与为非真意之合意,始为相当,若仅一方无欲为其意思表示所拘束之意,而表示与真意不符之意思者,尚不能指为通谋而为虚伪意思表示。"(相同见解,2018年台上字第1396号判决)通谋虚伪表示通常多在欺诈第三人,但不以此为必要。

(二)举证责任

第三人主张赠与或买卖之债权行为或物权行为均属通谋虚伪意思表示时,应对之负举证责任。不能仅因赠与或买卖契约当事人间有特殊情谊关系或价金之交付不实,即谓该赠与或买卖系通谋虚伪意思表示("最高法院"2008年台上字第543号判决)。

(三)通谋虚伪意思表示与诈害债权行为

与通谋虚伪意思表示应予区别的,系诈害债权行为。例如甲的债务人乙别无其他财产,提供其仅有土地为第三人的债权设定抵押权时,是为诈害债权行为,其法律行为本身系属有效,惟甲得声请法院撤销之(第244条第1项)。至于虚伪设定抵押权乃双方通谋而为虚伪意思表示,依"民法"第87条第1项规定,其设定抵押权契约当然无效,与得撤销之法律行为经撤销始视为自始无效者有别,故虚伪设定抵押权虽属意图避免强制执行,但非"民法"第244条所谓债权人得声请法院撤销之债务人行为("最高法院"1961年台上字第547号判例)。

二、效果

(一)当事人间

表意人与相对人通谋而为虚伪意思表示者,其意思表示于当事人间无效(第87条第1项)。例如在通谋虚伪设定抵押权的情形,其抵押权设定无效,所有人得请求涂销登记("最高法院"2016年台上字第2247号判决)。

(二)不得对抗善意第三人

通谋虚伪意思表示不得以其无效对抗善意第三人(第87条第1项但书),以保护交易之安全。所谓第三人,指通谋虚伪意思表示的当事人及其概括继承人以外的第三人,就该意思表示之标的新取得的财产上权利义务,因通谋虚伪意思表示无效而必受变动者而言,如虚伪买卖标的物的受让人,设定抵押权之人,但不包括该虚伪买卖标的物的承租人,因租赁契约的效力,本不受通谋虚伪意思表示的影响,例如甲通谋虚伪让售某地所有权于乙,乙将该地出租于丙,丙纵为善意,信赖乙为所有人,亦不受保护,甲仍得向丙请求返还该地(第767条第1项),丙仅得依债务不履行规定向乙请求损害赔偿。

须注意的是,在第三人利益契约,第三人之受益系以契约有效为前提,通谋虚伪意思表示依"民法"第87条第1项但书规定虽不得以其无效对抗善意第三人,惟此第三人并不包括第三人利益契约的受益人在内。例如甲因债台高筑,为图脱产与乙订立虚伪的买卖契约,将甲所有土地一笔出售于乙,并登记与乙指定不知情之丙。甲的债权人丁,得以甲、乙间买卖系通谋虚伪意思表示为由,代位甲诉请涂销丙的所有权移转登记("最高法院"1959年台上字第29号判例)。

所谓不得对抗善意第三人,指善意第三人固得主张其无效,但亦得主张其为有效;若主张其有效时,则表意人不得以无效加以对抗。第三人主张表意人与相对人通谋而为虚伪意思表示者,该第三人应负举证责任。

"民法"关于动产物权的善意取得(第801条、第948条以下)及不动产物权善意取得(第759条之1第2项)设有明文,故"民法"第87条第1项但书规定于无善意取得适用的情形(如通谋虚伪为债权的让与),具有实益。

(三)通谋虚伪意思表示与不当得利

关于通谋虚伪意思表示与不当得利(案例二),"最高法院"2012年台上字第1722号判决谓:"不当得利依其类型可区分为'给付型之不当得利'与'非给付型不当得利',前者系基于受损人有目的及有意识之给付而发生之不当得利,后者乃由于给付以外之行为(受损人、受益人、第三人之行为)或法律规定所成立之不当得利。又于'非给付型之不当得利'中之'权益侵害之不当得利',凡因侵害归属于他人权益内容而受利益,致他人受损害,即可认为基于同一原因事实致他人受损害,并欠缺正当性;亦即以侵害行为取得应归属他人权益内容的利益,而不具保有该利益之正当性,即应构成无法律上之原因,成立不当得利。本件原审认两造就系争房地之买卖契约及物权移转行为系出于通谋虚伪意思表示而无效,则张○强似非基于其有意识、有目的增益张○瑛财产。张○瑛以系争房地为担保,设定抵押权,侵害应归属于张○强之权益,张○瑛因而受有借款利益,似可认系基于同一原因事实致张○强受有系争房地附有抵押权之损害,并因张○瑛所受之借款利益实系应归属于房地所有人张○强,而欠缺正当性,构成无法律上之原因,属于非给付型不当得利。"

应特别说明的是,在本件判决,"最高法院"肯定房屋所有人得向抵押人依权益侵害型不当得利请求交付其以房屋设定抵押所受借款利益,非无疑问。依本书见解,其所受利益应系抵押权本身,而非借款。①

三、案例研习

(一) 通谋虚伪买卖房屋及其所有权的让与

1. 甲对乙的给付请求权

甲向乙购买 A 屋,甲得向乙请求交付其屋并移转该屋之所有权(第 348 条第 1 项)。乙为图避免甲对该屋的强制执行,与丙通谋虚伪为该屋的买卖,并移转其所有权,其买卖契约及物权契约均属无效(第 87 条),丙未取得该屋所有权,乙的给付尚属可能,甲对乙的给付请求权,不因此而受影响。

2. 乙对丙的请求权

乙与丙间的买卖契约,及移转标的物所有权的物权契约,既均为通谋虚伪意思表示而无效,丙不因登记而取得房屋所有权,土地登记与真正权利状态不一致,故乙得对丙依不当得利规定(第 179 条)请求涂销所有权移转登记。又丙占有乙交付的房屋,因欠缺债权及物权上依据,构成无权占有,乙并得依"民法"第 767 条第 1 项之规定请求返还其物。

3. 甲代位行使乙对丙的权利

于乙怠于行使其对丙的权利时,甲为保全债权,得以自己之名义,行使其权利(第 242 条、第 243 条)。甲代位债务人乙请求涂销不动产移转登记,仅得向该第三人丙为之,不得对债务人一并为此请求("最高法院"1982 年台上字第 4342 号判例)。关于该屋的交付,债权人甲得主张代位受领。②

---

① 详细论述,参阅王泽鉴:《不当得利》,北京大学出版社 2023 年重排版,第 38 页。
② "最高法院"1970 年台上字第 2556 号判例谓:"上诉人间之设定抵押权及买卖土地行为,如确属无效,被上诉人原非不得依据'民法'第 242 条及第 113 条之规定,代位行使上诉人之回复原状请求权,以保全其债权,惟此项回复原状请求权,与'刑事诉讼法'第 487 条之回复损害请求权有别,不容被上诉人依附带民事诉讼程序,行使其回复原状请求权。""最高法院"1970 年台上字第 4045 号判例谓:"债权人代位行使债务人对于第三人之请求权,得为代位受领,早经本院著有判例(1932 年上字第 305 号),该判例既未将交付特定不动产之清偿行为除外,则本件之给付,自不能谓上诉人无代位受领之权。"

4. 甲对乙、丙的侵权行为损害赔偿请求权

债务人欲免其财产被强制执行,与第三人通谋而为虚伪买卖,将其不动产所有权移转于第三人时,债权人可否依侵权行为规定,请求回复原状,诉请涂销登记?应向何人为之?此系实务上重大争论问题。

"最高法院"1980年4月1日1980年度第七次民事庭庭推会议(三)决议谓:按债务人与第三人通谋移转其财产,其目的虽在使债权无法实现,而应负债务不履行之责任,但将自己之财产予以处分,原可自由为之,究难谓系故意不法侵害债权人之权利,故与侵害债权之该第三人不能构成共同侵权行为(参看史尚宽先生著《债法总论》,第138页)。债权人如本于侵权行为诉请涂销登记时,参照"最高法院"1978年度第五次民庭庭推总会决议①,仅得向该第三人为之,债务人既非共同侵权行为人,自不得对其一并为此请求。

"最高法院"1984年台抗字第472号判例谓:"债务人欲免其财产被强制执行,与第三人通谋而为虚伪意思表示,将其所有不动产为第三人设定抵押权者,债权人可依侵权行为之法则,请求第三人涂销登记,亦可行使代位权,请求涂销登记。二者之诉讼标的并不相同。"

关于上揭"最高法院"的决议及判例,应说明的有二:

①所谓依侵权行为之法则,指"民法"第184条第1项后段而言,即故意以背于善良风俗之方法,加损害于他人。

②将自己之财产予以处分,原可自由为之,究难谓系故意不法侵害债权人之权利,固属正确,但通谋虚伪处分自己财产,仍得构成故意以背于善良风俗之方法,加损害于他人(第184条第1项后段)而成立侵权行为。例如甲与乙通谋将A屋出卖于乙,使乙得向丙银行取得购屋贷款时,丙银行就其所受损害,得依"民法"第184条第1项后段,向甲请求损害赔偿。

(二)通谋虚伪表示对第三人之效力

在前揭案例一之2,丙将房屋让售于善意之丁时,甲得依"民法"第

---

① "最高法院"1978年5月23日1978年度第五次民事庭会议决议(二)谓:"债务人欲免其财产被强制执行,与第三人通谋而为虚伪意思表示,将其所有不动产为第三人设定抵押权,债权人可依侵权行为之法则,请求第三人涂销登记,亦可行使代位权,请求涂销登记,两者任其选择行使之。""最高法院"1980年台上字第1233号判决谓:"债权人以债务人与第三人通谋而为虚伪意思表示,将其所有不动产为第三人设定抵押权时,仅以第三人为被告诉请涂销即可,无赘列债务人为对造之必要,为本院最近所持之见解。"

226条第1项规定向乙请求损害赔偿,其要件有三:①乙有给付义务。②乙给付不能。③因可归责于乙之事由致给付不能。

①乙出卖A屋给甲,负有交付A屋及移转其所有权之义务(第348条第1项)。

②乙图规避甲对该屋的强制执行,与丙通谋虚伪买卖,并办理所有权移转登记,其买卖契约及物权契约,均属无效(第87条第1项),丙不能取得该屋之所有权。其后,丙擅将该屋让售于丁,其买卖契约虽属有效①,但关于该屋所有权的移转,则属无权处分,效力未定,丁仍不能取得A屋所有权。丁系属善意时,其保护之道有二:

A. "民法"第87条第1项但书规定,通谋虚伪意思表示之当事人不得以其无效,对抗善意第三人。所谓不得以其无效对抗善意第三人,并非谓其虚伪之意思表示对该第三人为有效,而系谓善意第三人得主张其无效,但亦得主张为有效,若主张其为有效时,当事人不得以其无效对抗之。准此以言,倘丁主张乙与丙之法律行为有效时,乙不得以其无效对抗之,甲即无从代位诉请涂销丙、丁间的所有权移转登记。

B. "民法"第759条之1规定:"不动产物权经登记者,推定登记权利人适法有此权利。因信赖不动产登记之善意第三人,已依法律行为为物权变动之登记者,其变动之效力,不因原登记物权之不实而受影响。"此系为保护第三人起见,将土地登记事项赋予绝对真实之公信力,使信赖登记而受让不动产所有权的,得受到保护而取得其所有权。

"民法"第87条第1项但书系一般规定,第759条之1第2项系特别规定,应优先适用,故丙虽属无权处分,善意之丁仍能依"民法"第759条之1第2项规定,取得房屋之所有权。乙既因丁之善意取得而丧失其屋的所有权,不能依债之本旨对甲提出给付,应属给付不能。

③债务人就其故意或过失之行为,应负责任(第220条第1项)。乙与丙通谋虚伪意思表示,将该买卖标的物所有权移转于丙,致丙有机会得将该物让售于善意之丁,使其取得所有权,对甲给付不能,有可归责之事由。

综据上述,因可归责于债务人乙之事由,致给付不能,债权人甲得向乙依"民法"第226条第1项之规定,请求损害赔偿,或依"民法"第256

---

① 参阅王泽鉴:《出卖他人之物与无权处分》,载王泽鉴:《民法学说与判例研究》(第四册),北京大学出版社2009年版,第96—105页。

条规定,解除契约。

第二项　虚伪意思表示与隐藏行为

甲出卖 A 地给乙,实际交易价格为 1000 万元,经公证的买卖契约记载 700 万元时,其法律效果如何? 设甲与乙其后办妥所有权移转登记时,其法律效果又如何?

"民法"第 87 条第 2 项规定:"虚伪意思表示,隐藏他项法律行为者,适用关于该项法律行为之规定。"例如甲欲以 B 车赠与乙,为避免人情困扰,乃作成买卖契约,赠与系被隐藏的法律行为,并不因隐藏而无效,仍应适用关于赠与的规定(第 87 条立法理由)。是否有隐藏行为,隐藏何种行为,应就个案解释当事人的意思表示加以认定。①

关于隐藏行为最为常见的,系不动产买卖低报交易价格,以逃漏税捐,例如甲出售某地给乙,实际交易价格为 1000 万元,买卖契约记载为

---

① "最高法院"2012 年台上字第 1722 号判决谓:"查本件依张○强之主张,其系因罹患精神疾病,为免受骗,以买卖为原因,将系争房地所有权移转登记于张○瑛名下,俟病情稳定再行移转登记于己,则两造间签订之买卖契约似隐藏有借名、信托或他项法律关系之合意,并以张○强之病情稳定,作为系争房地再行移转登记予张○强之条件。原审认两造间就系争房地之买卖契约系出于通谋虚伪意思表示而无效,即应依'民法'第 87 条第 2 项之规定,进一步审究两造间系争买卖契约所隐藏之他项法律行为是否有效、当事人双方应否受该隐藏行为拘束。如隐藏移转系争房地所有权真意之他项法律行为,已具备该法律行为之要件时,似不能谓张○强就系争房地之移转登记仍具有无效之原因。原审未遑详为调查勾稽,系争房地登记于张○瑛名下系出于何种法律关系,遽为张○瑛败诉之判决,不免速断。""最高法院"2023 年台上字第 200 号判决谓:"查原审先则认定被上诉人系将系争房地出售予林俊魁,系争买卖契约系为配合上诉人向银行办理贷款而签署,两造间并未就系争房地由被上诉人以 1400 万元出售予上诉人一节成立买卖合意,继又谓系争买卖契约乃两造通谋虚伪而为,依'民法'第 87 条第 1 项规定应属无效等语。则究竟系争买卖契约因买卖之意思表示未合致而不成立,或通谋虚伪意思表示而无效?原审认定先后不一,已难谓无理由矛盾之违失。又倘原审认定上诉人系受林俊魁所托,以其名义签订系争买卖契约并登记为系争房地所有人,而与林俊魁间存有借名登记关系。则该借名登记关系似为上诉人与林俊魁间之内部关系,上诉人基于该内部关系,对外愿以自己名义与被上诉人订立系争买卖契约,能否谓于两造间不成立系争买卖契约之合意? 或即属通谋虚伪意思表示而无效? 尚非无疑。再被上诉人抗辩系依林俊魁之指示签订系争买卖契约,并将系争房地登记在上诉人名下,名义上受让人系上诉人,又系争买卖契约系为配合由上诉人向银行申办贷款而签署,并为原审所认定。究竟被上诉人与林俊魁间、林俊魁与上诉人间暨两造间关系各为何? 且原审既认定系争买卖契约系出于通谋虚伪意思表示而无效,即应依'民法'第 87 条第 2 项规定,进一步审究其等间有无隐藏他项法律关系,当事人双方应否受该隐藏法律行为拘束? 攸关上诉人得否本于系争买卖契约为请求之判断,原审未遑详究,遽以两造间就系争房地未成立买卖契约,而为上诉人不利之认定,尚嫌速断。"

700万元。在此情形，低报交易价额系通谋虚伪意思表示，无效。甲仍得向乙请求支付隐藏的交易价格1000万元。

值得注意的是，"民法"第166条之1第1项（尚未施行）规定："契约以负担不动产物权之移转、设定或变更之义务为标的者，应由公证人作成公证书。"设甲与乙的买卖契约作成公证书时，其经公证的买卖因系通谋虚伪意思表示而无效（第87条第1项），其未经公证的买卖（较高价格的买卖），则因违反第166条之1第1项规定而无效。惟该未经公证的买卖，如当事人已合意为不动产物权之移转，而完成登记者，仍为有效（第166条之1第2项）。

第三项　信托行为

甲欠乙200万元，将其坐落阳明山时值120万元之土地所有权让与乙，以供债权之担保。乙于其债权未届清偿期前，擅将该地以100万元让售于丙并办妥移转登记，丙明知甲与乙间之情事。甲的其他债权人丁得否以甲与乙系通谋虚伪意思表示，主张甲与乙、乙与丙间的法律行为无效，该地仍属甲所有，得行使代位权，请求涂销登记？

一、信托行为与通谋虚伪意思表示的区别

通谋虚伪意思表示，系指表意人与相对人通谋而为虚伪之意思表示。虚伪，指表意人无意为其意思表示所拘束之意，即表意人故意使其意思与表示不一致。通谋，则指相对人明知表意人之虚伪意思表示而与之同谋为之。在前揭案例，甲欠乙200万元，将其坐落阳明山时值120万元土地所有权移转于乙，以供债权之担保，系属信托行为。此种行为外表上系移转土地所有权，而内容上却在担保债权，外表与内部目的不相符合，与虚伪意思表示颇相类似，但当事人间均具有受其意思表示拘束之意思，具有效果意思，故与通谋虚伪意思表示有别，应属有效。

二、管理信托与担保信托

信托行为指当事人为达成一定之经济目的，而作成超过其目的法律关系之法律行为。信托行为有二类：一为管理信托，二为担保信托。前者

以管理财产或收取债权为目的,由一方(信托人)将财产权(如所有权)或债权移转于他方(受托人)(参阅"信托法"第1条);后者为以担保债权为目的,将担保物所有权移转于债权人,使债权人在担保目的范围内,取得担保物所有权的信托让与。

关于信托的让与担保,"民法"及"信托法"皆未设明文。① 惟基于契约自由,当事人得有效为之。"最高法院"1970年台上字第3870号判决谓:"信托行为与通谋虚伪表示,似同而实异,前者系出于真正之效果意思而为之表示,后者则为当事人通谋而阻止其法律行为效果之发生。本件两造所订房屋买卖契约与租赁契约,系为担保被上诉人所负欠上诉人五十万元借款本息,而被上诉人房屋未保存登记,无从设定抵押权,故以欠债数额作为房屋买卖,又以利息充租金等语,则该被上诉人所为,显为典型之信托行为,两造无阻止法律效果发生之事证尤明。"

又"最高法院"1981年台上字第104号判例谓:"债务人为担保其债务,将担保物所有权移转于债权人,而使债权人在不超过担保之目的范围内,取得担保物所有权之信托的让与担保,并非双方通谋而为之虚伪意思表示,不能认其为无效。本件被上诉人系为担保其对上诉人借款债务,将其所建造之讼争房屋所有权保存登记为上诉人所有,有卷附追加契约条件可稽,并为两造所不争。原审认讼争房屋登记为上诉人所有,为双方通谋而为之虚伪意思表示,于法无效,显有不合。"

此二个判决均肯定信托行为与通谋虚伪意思表示不同。

三、案例研习

在前揭案例,甲与乙所约定的是担保信托。在担保信托行为,债务人如不依约清偿债务,债权人得将担保物变卖而就该价金受偿,其于目的范围内行使权利,变卖担保物之法律行为有效。乙于其债权未届清偿期前,擅将信托标的物让与丙,其处分行为仍应解为完全有效。按担保信托行为应分内部关系及外部关系加以观察:就内部关系言,受托人对信托人,依信托行为之本旨,负有在不超过其经济上目的之范围,行使其权利

---

① 关于让与担保的有效性及法律构造等基本问题,参阅谢在全:《民法物权论》(下册),2023年版,第579页以下;王泽鉴:《民法物权》,北京大学出版社2023年重排版,第575页以下;铃木禄弥『物的担保制度の分化』(創文社,1992年)349页以下。

之义务。就外部关系言,受托人在法律上为真正权利人,应有处分受托财产之权限。今乙违反约定,于债权未届清偿期前,将甲让与信托之土地让售于第三人,对甲因此所受之损害,应负契约责任而发生债务不履行赔偿责任。又受让土地之第三人丙虽明知乙违反内部关系上之义务,仍能取得其所有权,盖在外部关系上乙既有处分权限,非属无权处分,相对人善意与否,对处分行为的效力不生影响。[1]

据上所述,甲为担保债权之目的将其房屋所有权移转于乙,当事人均有受其意思表示拘束之意思,依契约自由原则,应属有效。在信托关系终止前,乙为真正所有人。乙违反内部约定,于债权未届清偿期前,即将信托标的物让与丙,就外部关系而言,仍属有权处分,丙虽明知其事,仍能取得该地之所有权。甲的债权人丁不得主张甲与乙、乙与丙间的法律行为无效,该地仍属甲所有,而行使代位权,请求涂销登记。

第四项 借名登记与通谋虚伪意思表示

甲向乙购买A屋,以丙的名义办理所有权移转登记,试问:
1. 甲与丙为何作成此种所谓的借名登记契约?
2. 借名登记契约系何种类型的契约?
3. 借名登记契约是否为通谋虚伪意思表示?
4. 丙将A屋出售于丁(善意或恶意),并移转其所有权时,当事人间的法律关系如何?

一、问题

在台湾地区,借用他人名义登记不动产的案例甚多,其目的或为节税,或为脱产避免债务人强制执行,亦有为赠与等,系实务上重要问题,涉及民法总则的基本问题,特在此加以说明。[2] 兹将借名登记之基础法律

---

[1] 实务上见解,参照"最高法院"1995年台上字第265号判决:"信托行为之受托人在法律上为所有人,其就受托财产所为之一切处分行为完全有效。纵令其处分违反信托之内部约定,信托人亦仅得请求赔偿因违反约定所受之损害,在受托人未将受托财产移转信托人以前,不能谓该财产为信托人所有。是受托人违反信托之内部约定,而处分受托财产,仅对信托人负契约责任而发生债务不履行问题,尚无侵权行为可言。"

[2] 参阅詹森林:《借名登记出名人之无权处分及借名人回复登记之请求权基础,兼论出名人之不法管理责任》,载《台湾法学杂志》2011年第186期,第49页;陈聪富:《脱法行为、消极信托及借名登记契约》,载《月旦法学杂志》2005年第123期,第220页。

关系,图示如下:

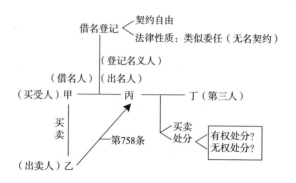

二、意义及性质

借名登记契约,指当事人约定,一方(借名人)经他方(出名人)同意,将其财产(土地、房屋、股票等)以他方名义,登记为所有人或其他权利人。借名登记契约系无名契约,其成立侧重于借名人与出名人间的信赖关系,性质上类似于委任关系,故其内部关系应类推适用"民法"关于委任契约的规定(第528条以下,尤其是第549条第1项、第550条、第541条第2项,请阅读之!)。借名登记契约非属信托契约,盖借名人仍保有管理使用登记于出名者的财产。

三、借名登记契约的效力

借名登记契约非属通谋虚伪意思表示,因当事人均有缔结借名登记契约的真意。借名登记仍本诸私法自治(契约自由及物权自由),其内容不违反公序良俗、法律强制或禁止规定者,应属有效。

四、出名人对登记财产的处分

(一)"最高法院"三种见解

甲借乙之名,登记甲所有的房屋,乙擅将该屋出卖于丙时,其买卖契约(负担行为)当属有效。问题在于乙擅将该屋所有权移转登记于丙时,其效力如何?此为借名登记契约的核心。问题在于出名人的处分权。

2017年2月14日"最高法院"2017年度第三次民事庭会议,法律问题:借名人甲与出名人乙就特定不动产成立借名登记关系,乙未经甲同意,将该不动产所有权移转登记于第三人丙,其处分行为效力如何?

①甲说(有权处分说,决议采此说):不动产借名登记契约为借名人与出名人间之债权契约,出名人依其与借名人间借名登记契约之约定,通常固无管理、使用、收益、处分借名财产之权利,然此仅为出名人与借名人间之内部约定,其效力不及于第三人。出名人既登记为该不动产之所有权人,其将该不动产处分移转登记于第三人,自属有权处分。

②乙说(原则上有权处分,例外于第三人恶意时无权处分):借名登记契约乃当事人约定,一方(借名者)经他方(出名者)同意,而就属于一方现在或将来之财产,以他方之名义,登记为所有人或其他权利人。出名人在名义上为财产之所有人或其他权利人,且法律行为之相对人系依该名义从形式上认定权利之归属,故出名人就该登记为自己名义之财产为处分,纵其处分违反借名登记契约之约定,除相对人系恶意外,尚难认系无权处分,而成立不当得利。

③丙说(无权处分说):出名者违反借名登记契约之约定,将登记之财产为物权处分者,对借名者而言,即属无权处分,除相对人为善意之第三人,应受善意受让或信赖登记之保护外,如受让之相对人系恶意时,自当依"民法"第118条无权处分之规定而定其效力,以兼顾借名者之利益。

(二) 分析说明

"最高法院"决议体现法律问题有不同的见解、法律解释方法及论证结构,有助于法律学习,请特别留意。

"最高法院"采有权处分说,使恶意相对人亦能取得标的物所有权,其意义有三[①]:

①出名人既登记为该不动产的所有人,得认其将该不动产处分登记于第三人,系属有权处分。

②法律解释应考虑其适用的社会作用。借名登记原因多端,产生许多问题,例如手足争产、逃避卡债强制执行、公司逃漏税捐,并影响物权登记制度等。使恶意相对人亦能取得标的物所有权,由借名人承担风险,具有匡正借契约自由创设所谓借名登记契约而产生的弊端。

---

① 参阅王泽鉴:《民法思维》,北京大学出版社2022年重排版,第340页,案例〔29〕借名登记:本土案例法的特色。

③关于出名人处分行为的效力,长年以来,实务见解分歧,使当事人心存侥幸、滥为起诉,形同诉讼上的赌博,浪费司法资源。本件决议采统一见解,具有促进法律适用平等原则及法之安定性的重要功能。

第四款　意思表示错误[①]

第一项　问题的提出、规范模式及解释原则

一、问题的提出及规范模式

人非圣贤,孰能无误,表意人于为法律行为上的意思表示时,难免会有不符事实的误认,而发生各种"意思"与"表示"不一致的情事,您能否发现以下各个案例的异同,而作归类,并思考应赋予何种法律效果(无效、得撤销或效力未定)?须否以表意人对错误的发生具有过失为要件?相对人明知其错误时如何?

1. 不知女友已与他人结婚而购买订婚钻戒。
2. 误真画为赝画而贱售之。
3. 以高价租屋观赏烟火,双方不知烟火秀业已取消。
4. 误认主债务人的信用,而为保证。
5. 不知A车为泡水车而购买之。
6. 误甲为儿时失散的生父而为扶养。
7. 欲赠A画,误说B画;赠与A画,误交B画。
8. 承揽粉刷他人围墙,因估算坪数错误,报价偏低。
9. 传达意思表示之人,将出租A屋,误说为B屋。

于前揭案例,如何区别类型,加以规范,较诸故意不一致(心中保留、

[①] 意思表示错误涉及法律行为及私法自治的核心问题,是一个应更深入研究的课题。比较法上的观察,参阅史尚宽:《民法总则》,第375页;杨桢:《英美契约法论》,第189页以下;陈添辉:《意思表示错误之起源与发展》,载《台湾大学法学论丛》2020年第49卷第1期,第51页;陈自强:《契约错误法律发展之一瞥:从罗马法到二十世纪初》,载《台湾大学法学论丛》2015年第44卷第2期,第457页(是一篇极有参考价值的论文);黄钰慧:《意思表示错误之研究》,中兴大学1991年硕士论文;小林一俊『錯誤法の研究〈増補版〉』(酒井書店,1997年);Kötz/Zweigert, Einführung in die Rechtsvergleichung (3. Aufl., Tübingen 1996), S. 405 ff.; Rothoeft, System der Irrtumslehre als Methodenfrage der Rechtsvergleichung (Tübingen 1968); Rüth Sefton-Green (ed.), Mistake, Fraud and Duties to Inform in European Contract Law (Cambridge 2005)。

通谋虚伪意思表示)更为复杂困难。现行"民法"为尊重当事人意思自主原则,并兼顾相对人信赖保护及交易安全,乃规定表意人就一定类型的错误,在一定的要件,得撤销其意思表示,惟应对相对人负信赖利益损害赔偿责任(第88条至第91条),为便于观察,图示如下:

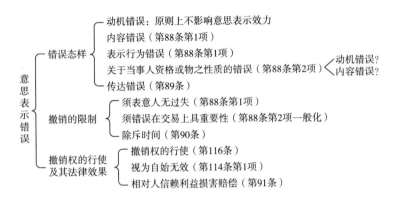

兹为便于认识动机错误与内容错误的不同,图示如下:

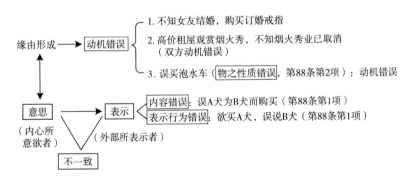

二、解释先行于撤销的原则①

意思表示有无错误,系解释问题,应先行处理,是为"解释先行于撤销"原则(Die Auslegung geht der Anfechtung vor)。例如甲与乙磋商 A 车

---

① 参阅 Brox/Walker, AT, S. 176; Rüthers/Stadler, AT, S. 338; Wolf/Neuner, AT, S. 458;陈自强:《意思表示错误之基本问题》,载《政大法学评论》1994年第52期,第331页。

的买卖,某日甲传真于乙,表示欲购 B 车,乙知甲的真意实为购买 A 车,而为承诺时,依"误载(或误言),无害真意"(falsa demonstratio non nocet)的解释原则,应认双方当事人关于 A 车的买卖意思一致,不生错误问题。

经由解释认定当事人意思与表示不一致时,于下列二种情形,仍应排除表意人的撤销权:

①有利于表意人:例如出卖某中古车,将价金 11 万元误书为 12 万元,相对人不知而承诺时,表意人不得因该中古车涨价到 13 万元,事后反悔,而撤销其意思表示。

②相对人愿意接受表意人内心所意欲的:例如在出卖中古车之例,价金误书为 10 万元,于发现错误后,相对人仍愿以 11 万元成交时,表意人主张撤销,不符"民法"关于意思表示错误规定的意旨,与诚实信用原则亦有违背,应不许之。

第二项　意思表示错误的态样①

依"民法"第 88 条及第 89 条规定,表意人得为撤销之错误的意思表示的情形有四:①意思表示之内容有错误(内容错误)。②表意人若知其事情即不为意思表示(不知、表示行为错误)。③关于当事人之资格或物之性质的错误(动机错误不得撤销的例外规定)。④意思表示,因传达人或传达机关传达不实。

一、动机错误

(一)表意人自己承担风险原则

甲经某消息灵通人士获知市政府将于近期开放北投纱帽山某地段作为商业区,即以高于时价一倍的价额向地主乙购地 1000 坪,准备兴建温泉土鸡城。经查该地段开放之事系属误传,而乙明知(或不知)此事。试问甲得否撤销其意思表示?

---

① 三篇重要论文:黄松茂:《初论错误之基本理论》,载《月旦法学杂志》2022 年第 321 期,第 36 页;陈聪富:《意思表示单方错误与双方错误》,载《月旦法学杂志》2022 年第 325 期,第 93 页;张永健:《购物网站标错价之合约纠纷与行政管制——经济分析观点》,载《政大法学评论》2016 年第 144 期,第 155 页。

在前揭案例,甲误信北投纱帽山某地段将开放作为商业区,而以高价向乙购买土地,系动机错误。动机错误乃意思表示缘由的错误,即表意人在其意思形成的过程中,对其决定为某特定内容意思表示具有重要性的事实,认识不正确,例如误认遗失某书而另外购买,不知女友已与他人结婚而购买订婚钻戒。

动机存于内心,非他人所得窥知,原则上应不许表意人主张撤销,而害及交易安全。此项意思形成上错误的风险应由表意人自己承担,自我负责。① 关于此点,"民法"虽无明文,但因"民法"对得撤销的错误设有规定,可以反面推论。"最高法院"1962年台上字第3311号判例谓:"'民法'第88条之规定,系指意思表示之内容或表示行为有错误者而言,与为意思表示之动机有错误之情形有别。"可资参照。兹举二则案例如下:

①"最高法院"1954年台上字第570号判例谓:"'民法'第88条第1项所谓意思表示之错误,表意人得撤销之者,以其错误系关于意思表示之内容为限,该条项规定甚明。两造成立之诉讼上和解,既未以被上诉人收回系争房屋,以供自住及开设诊所之需,为上诉人迁让之内容,则纵使如上诉人所称在和解当时,因误信被上诉人主张收回系争房屋,以供自住及开设诊所之需为真实,致所为迁让之意思表示显有错误云云,亦与上开条项得为撤销意思表示错误之要件不符,仍不得执此指该项和解有得撤销之原因,而为请求继续审判之理由。"

其所以否认上诉人的撤销权,系以其误信被上诉人主张收回系争房屋,以供自住及开设诊所之需,系意思形成上的错误,不影响法律行为的效力。

②"最高法院"2005年台上字第2040号判决:"'民法'第88条之规定,系指意思表示之内容或表示行为有错误者而言,与为意思表示之动机有错误之情形有别。是以'民法'第88条第1项所谓意思表示之错误,表意人得撤销之者,以其错误系关于意思表示之内容为限,该条项规定甚明。本件上诉人虽以'若知政府无意在埔里镇兴建劳工育乐中心,根本不

---

① 表意人作成某种意思表示,通常系基于对现在或将来各种事物利害关系所作的判断。例如公务员甲准备购买某房屋,其考虑的有:(1)听说公家宿舍退休后不能续住。(2)购屋有优惠贷款补助。(3)房屋附近将于2年内辟建社区公园。(4)预期1年内房价将大涨。甲于购屋后,发现宿舍可永住、购屋贷款补助取消、社区公园计划搁置、房价掉入谷底时,均发生动机错误问题!

可能出售系争土地'为由撤销出售土地之意思表示,但此属于动机错误之范畴,自无法援引'民法'第88条规定予以撤销。"

相对人明知表意人的动机错误时,是否影响意思表示的效力?关于此点,原则上应采否定说。盖相对人知悉表意人所以为此意思表示的缘由及其错误,尚不足作为转嫁表意人料事错误或投机失败的危险。惟相对人系以违反诚实信用的方法,利用表意人的动机错误而缔约时,例如医师明知病人已逝,仍开立昂贵药物之药单于不知情的亲人,其主张表意人应受其意思表示的拘束,应认系权利滥用,不受保护。

表意人为避免承担意思形成上错误的风险,得与相对人约定,使一定的缘由成为法律行为的内容,尤其是作为法律行为的条件。就前揭案例言,甲得与乙约定,以该地在某期间内开放为商业区作为买卖契约的停止条件。

(二) 动机错误视为意思表示内容错误

动机错误不影响意思表示的效力,是为原则,"民法"第88条第2项设有特别规定:"当事人之资格或物之性质,若交易上认为重要者,其错误,视为意思表示内容之错误。"是为动机错误得撤销之例外,容后再为详述。①

(三) 双方动机错误②

双方动机错误,指其错误同时发生于法律行为双方当事人。例如甲为观赏典礼,向乙承租某屋,不料因大地震取消典礼;甲以高价向乙购买某山坡地,双方均误认政府将于近期解除禁建;甲以高价租赁某饭店房间观赏烟火,不知烟火秀业已取消(或于订约后取消)。

在此等情形,双方当事人系以一定事实的发生或存在作为法律行为的基础,此项法律行为基础不存在的风险,应由双方共同承担,从而不能

---

① "民法"第738条关于和解撤销之规定,亦属动机错误的特别规定。"最高法院"1994年台上字第2383号判例谓:"和解不得以错误为理由撤之,但当事人之一方,对于他方当事人之资格或对于重要之争点有错误而为和解者,不在此限,此观'民法'第738条第3款之规定自明。此种撤销权之行使,既系以错误为原因,则'民法'第90条关于以错误为原因,行使撤销权除斥期间之规定,于此当有其适用。"

② 关于双方动机错误(beiderseitiger Motivirrtum),参阅彭凤至:《情事变更原则之研究》,五南图书出版公司1986年版,第111、145页以下;Brox/Walker, AT, S. 206; Köhler, AT, S. 92; Köhler, Grundprobleme der Lehre von der Geschäftsgrundlage, JA 1979, 498; Petersen, Der beiderseitige Irrtum zwischen Anfechtungsrecht und Geschäftsgrundlage, Jura 2011, 430; Rüthers/Stadler, AT, S. 396; Medicus, AT, S. 305; Goltz, Motivirrtum und Geschäftsgrundlage im Schuldrecht (Berlin 1973).

径认此系"动机错误",不影响法律行为的效力,使一方当事人受契约拘束,须支付租金(或高额的价金)。赋予受有不利的一方当事人撤销权,亦非合理,因其须对相对人负信赖利益的赔偿责任。其较能兼顾双方当事人利益的解决方法,系依诚实信用原则调整当事人的法律关系,在租屋观赏典礼或烟火秀之例,承租人于必要时得解除其租赁契约。在购买土地之例,如双方当事人欲维持其买卖契约时,得依补充契约解释,调整其价格(关于"民法"第 227 条之 2 情事变更原则规定的适用)。①

二、意思表示内容错误

意思表示内容有错(第 88 条第 1 项),指表意人表示其所欲为的表示,但误认其表示的客观意义(表示意义错误)。其典型情形有三:

①当事人本身的错误:如误认某人为救命恩人而为赠与,误某学生为故友之子而出借某屋。此种所谓"当事人同一性错误",多适用于赠与、借贷、雇佣、委托等注重当事人的法律行为。

②标的物本身的错误:如误 A 犬为 B 犬而购买之。

③法律行为性质的错误:如误买卖为赠与,而为承诺。

三、表示行为错误

"表意人若知其事情即不为意思表示者"(第 88 条第 1 项),指表示行为错误(Irrtum in der Erklärungshandlung)而言②,即表意人误为表示其所意欲者,如误言(欲赠 A 书,误说 B 书)、误写(纪念邮票售价 1230 元,误书为 1320 元)或误取(欲赠乞妇 100 元,误给 1000 元;误 A 笔为 B 笔而抛弃之)。

在表示行为错误,表意人使用了其所不欲使用的表示方法。在内容错误,表意人使用了其所欲使用的表示方法,但误认其意义。二者均属表示与意思不一致,故"民法"第 88 条将二者等同视之,使表意人得撤销其

---

① 参阅王泽鉴:《债法原理》,北京大学出版社 2022 年重排版,第 55、64、79 页。
② "最高法院"1992 年台上字第 323 号判决:"惟'民法'第 88 条所定'表意人若知其事情即不为意思表示',系指表意人虽知表示行为之客观意义,但于行为时,误用其表示方法之谓。亦即表示方法有所错误,以致与其内心之效果意思不一致,如欲写千公斤,误为千台斤是。被上诉人既未主张其签订同意书时,就所同意分配遗产之表示方法有误写之情形,而系主张误信遗嘱有效而签订同意书,其非表示方法之错误,自无许其援用'民法'第 88 条撤销意思表示之余地。"

意思表示。①

四、当事人之资格或物之性质的错误

甲有A农业用地,其四邻盖满建物,皆以建地价格出售,乙非因过失误认该不能建筑的农业用地为建地,遂以建地之价格而购买。试问:
1. 乙得否以意思表示错误,行使撤销权?
2. 乙得否主张物之瑕疵担保的权利?
3. 二者的适用关系如何?

(一)"民法"第88条第2项的规范意义

"民法"第88条第2项规定:"当事人之资格或物之性质,若交易上认为重要者,其错误,视为意思表示内容之错误。"关于此项规定的解释适用,应说明的有四点:

1. 动机错误? 内容错误?

当事人之资格或物之性质之错误,属于动机错误,本不影响意思表示之效力,但法律为保护表意人之利益,特例外将其拟制(视为)为意思表示内容错误,使表意人亦得撤销。②

"最高法院"2009年台上字第1469号判决谓:"按'民法'第88条第1项所称之错误,固仅存于'意思表示内容'之错误(误认其表示之内容)及'意思表示行为'之错误(误用其表示之方法),然存于"当事人之资格或物之性质"之错误(在本质概念上,只有动机之错误,并无意思与表示之不一致),若从社会经济而言,在交易上认为重要者,各该错误即等同误认人或物之同一性,同条第2项乃就此设有'其错误,视为意思表示内容之错

---

① "最高法院"1994年台上字第2960号判决:"错误与不知二者在观念上有别,不知谓正当认识之全不存在,而错误则不特无正当认识,且有积极的谬误之认识;但全无正当认识之不知,如表意人知其事情即不为意思表示者,其效力与错误同,均得为意思表示撤销之原因,'民法'第88条第1项分别就意思表示内容之错误或表示行为之错误而为规定。被上诉人因误信政府更正前土地公告现值,而就买卖标的物即系争土地之价格为错误之意思表示,系属'民法'第88条第1项本文上段意思表示内容之错误,并非同条项本文下段表示行为之错误。"

② Vgl. Bork, AT, S. 318; Rüthers/Stadler, AT, S. 348; Wolf/Neuner, AT, S. 466. 台湾地区学者采动机错误说者,参阅史尚宽:《民法总论》,第364页。实务上亦认为关于物之性质的错误,本质上属于动机错误("最高法院"2010年台上字第678号判决)。关于当事人资格或物之性质之错误,究为动机错误或内容错误的争论,参阅陈自强:《意思表示错误之基本问题》,载《政大法学评论》1994年第52期,第335页。

误'之规定,以资兼顾。是以当事人之资格或物之性质,在交易上认为重要而有错误,倘当事人主观上知其情事,即不为意思表示,而依一般客观上之判断,亦系如此者,当视同其表示内容之错误,盖其资格或性质,既在交易上认为重要,而其错误在主、客观上俱为严重,则通常可认其资格或性质为法律行为之基础,并应为相对人所明知或可得而知。于此情形,该错误之表意人自非不得依该条第 2 项规定将其意思表示撤销之,始不失该条项规范之真谛。"

2. 当事人资格

当事人之资格,指性别、职业、健康状态、刑罚前科、声望,支付能力等特征而言。例如甲误认乙富于支付能力及素孚信用,而贷予巨额金钱,实则乙已将全部财产转移,且为人轻诺寡信时,甲对乙其人的资格认识错误,得撤销其意思表示。

设丙误认乙的资格而为保证时,则不得撤销。盖保证者,当事人约定保证人于主债务人不履行债务时,由其代负履行责任(第 739 条),依此契约之规范目的,保证人本应承担主债务人无资力的不利益。主债务人不能支付或欠缺信用,系保证契约的典型危险,应优先于"民法"关于错误的规定而为适用。

须注意的是,所谓"人"的资格,亦及于第三人,如第三人利益契约的第三人。在租赁契约,与承租人同住的家人有吸毒、犯重罪前科,亦有"民法"第 88 条第 2 项规定的适用。

3. 物之性质

物之性质,指足以影响物的使用及价值的事实或法律关系而言。此等事实或关系须以物的本身为基础,如法定空地,其分割移转及使用受有限制①;建地的可建筑性;艺术品的来源及真实;汽车的制造年份、公里数及是否发生事故等。物的"形成价值"的因素(如戒指的含金量、雕刻品的作者)系物的性质,但物的市场价格则不属之,因其系依市场供需而由当事人自由决定,非直接存在于其物之上,具主观性,倘容许表意人得为

---

① "最高法院"2016 年台上字第 2080 号判决:"按物之性质交易上认为重要者,其错误视为意思表示内容之错误;表意人就其错误如无过失,得将意思表示撤销之,此观'民法'第 88 条规定即明。查系争土地为法定空地,其分割、移转及使用须受限制,为原审确定之事实。依一般交易情形,此将影响土地之价值,当属重要。至'强制执行法'第 113 条准用同法第 69 条规定,拍卖物买受人就物之瑕疵虽无担保请求权,惟此与其因不知该瑕疵,致误认物之性质,得否视为意思表示内容错误予以撤销无关。"

撤销,势将严重影响交易安全。又须注意的是,所谓"物",应从宽解释,指交易客体而言,包括权利、集合物或企业在内。

4. 交易重要性

当事人之资格,或物之性质,须为交易上认为重要。"民法"所以设此规定,旨在适当维护交易安全。关于交易重要性的认定,"最高法院"有二个判决可资参照:

①"最高法院"2000年台上字第465号判决谓:"土地之形状、坐落位置及对外联络之道路等因素,均足以影响土地之开发、利用及价值之判断,继而影响购买者之意愿。此等因素,无论在主观上及客观上均足以影响交易上之判断,当事人对上开因素如有错误之情形,于交易上自难谓非重要,自得视为意思表示之内容有错误。"

②"最高法院"2009年台上字第1469号判决强调:"当事人之资格或物之性质,在交易上认为重要而有错误,倘当事人主观上知其情事,即不为意思表示,而依一般客观上之判断,亦系如此者,当视同其表示内容之错误,盖其资格或性质,既在交易上认为重要,而其错误在主、客观上俱为严重,则通常可认其资格或性质为法律行为之基础,并应为相对人所明知或可得而知。于此情形,该错误之表意人自非不得依该条(按:第88条)第2项规定将其意思表示撤销之,始不失该条项规范之真意。"

关于交易重要性的认定,"最高法院"兼采主观及客观标准,基本上固可赞同,但其认为"并应为相对人所明知或可得而知",则值商榷,交易重要性的认定,应不以此为要件。"民法"第88条第2项所谓交易重要性,应分二个层次加以认定:

①首应确认当事人的资格或物之性质,是否因当事人合意成为契约内容,而具交易重要性。

②当事人资格或物之性质未纳入契约成为其内容时,关于其交易重要性,应就各该法律行为的典型交易目的加以认定。例如:

A. 妇女怀孕,仅属一时性,对长期性劳动关系非属重要的人之资格,故受雇女工纵未告知其怀孕,雇主亦不得以当事人资格错误为理由撤销劳动契约。①

---

① 参阅史尚宽:《民法总论》,第367页。德国通说,参阅 Bork, AT, S. 320; Köhler, AT, S. 77; BAG NJW 1983, 2958.

B. 色盲对美工人员言,系交易上的重要性,但对清洁人员言,则不具重要性。

C. 购地建屋,该地的可建筑性,具物之性质的重要性。[1]

D. 在跳蚤市场以廉价购买旧画,不得以其非属真品,或低价出卖具有价值的古董,而主张撤销,盖其非此类交易上的重要性质,应由当事人承担误判的风险。

(二)物之性质的错误与物之瑕疵担保责任

物之出卖人,对于买受人应担保其物交付于买受人时无灭失或减少其价值之瑕疵,亦无灭失或减少其通常效用或契约预定效用之瑕疵(第354条第1项),否则买受人得请求减少价金或解除契约(第359条以下)。买卖标的物具有瑕疵,该项瑕疵涉及物之性质,且在交易上认为重要者,甚属常见,例如购买泡水车、赝画或不能建筑的"建地"(参阅前揭案例)。

于此等情形,买受人除行使物之瑕疵担保权利外,得否主张"民法"第88条第2项的错误,而撤销其意思表示?易言之,关于物之瑕疵担保责任与物之性质错误的法律适用关系,究为排除性的特别规定[2],抑或得并存竞合?通说认为物之瑕疵担保系特别规定,本书则认为竞合说较值赞同[3],其理由有四:

①物之瑕疵担保责任旨在维持买卖契约对待给付间的等价性;错误意思表示的撤销系在确保表意人内心意思与外部表示的一致,二者规范目的不同。

②"民法"第365条第1项规定,买受人因物有瑕疵,而得解除契约或

---

[1] "最高法院"2010年台上字第678号判决:"查原审认定两造就系争土地之买卖,并无以可供建筑使用为契约之内容,系争土地使用分区虽为'第一种住宅区',且位于已建成之住宅区内,但事实上无法供建筑使用,与……目的不符,影响市场交易价值,可认系交易上重要之物之性质错误,依'民法'第88条第2项规定,得作为撤销之客体一节,揆诸前揭说明,固无可议。惟按'民法'第88条撤销权之规定,乃系为救济因表意人主观上之认知与事实不符,致造成意思表示错误之情形而设,其过失之有无,自应以其主观上是否已尽其与处理自己事务同一之注意为判断标准。"

[2] 学者通说,参阅梅仲协:《民法要义》,第256页;史尚宽:《债法各论》,第48页;林诚二:《瑕疵担保责任与错误》,载《中兴法学》1984年第20期,第253页。德国通说亦认为物之瑕疵担保规定(《德国民法典》第434条以下)应优先于物之性质错误的撤销(《德国民法典》第119条第2项),参阅 Rüthers/Stadler, AT, S. 370 f.。

[3] 较深入的论证,参阅陈彦希:《错误与物之瑕疵》,载杨与龄主编:《民法总则争议问题研究》,五南图书出版公司1998年版,第279页以下。

请求减少价金者,其解除权或请求权"于买受人依第三百五十六条规定为通知后六个月间不行使或自物之交付时起经过五年而消灭",与"民法"第90条所定"前二条之撤销权,自意思表示后,经过一年而消灭",其期间无相差悬殊问题,肯定意思表示错误撤销权的存在,不致影响买卖契约关系的安定。

③出卖人误某名家真画为赝品以贱价出卖时,得依"民法"第88条第2项规定撤销其意思表示。反之,买受人误信赝画为真迹而高价购买时,若不得撤销其错误的意思表示,与当事人利益平衡原则,实未相符。①

④在比较法上,《联合国国际货物销售合同公约》、欧洲契约法原则及其他国家或地区法律,多不设物之瑕疵担保责任优先适用规定,或不作此解释。②

实务上值得参照的,"最高法院"1993年台上字第215号判决谓:"系争土地既不能供建筑之用,而被上诉人根据土地登记簿誊本上地目为'建'之记载,误认以为可供建筑之用而予买受,自系对于买卖标的物之性质(用途与价值)发生误认。又自主观而言,若被上诉人购地之初,知悉该地不能供建屋之用,必不致支付上述高价购买,应可断言。再从客观而言,上诉人提出之土地登记簿誊本既记载地目为建,且上开土地周围复已盖满建物,而上诉人又以建地之价格出售,自足造成被上诉人对于上开土地产生无任何建筑限制之确信,以此,凡一般人若处于被上诉人之表意人地位,亦易为相同错误之意思表示,兹系争土地之性质,在交易上确属重要,被上诉人依'民法'第88条第2项规定,自得将此项错误之意思表示撤销。意思表示经撤销者,依'民法'第114条第1项规定,视为自始无效,因此,被上诉人依不当得利之法律关系,诉请上诉人如数返还买卖价金672万元及其法定迟延利息,于法自无不合。"

须注意的是,纵认物的瑕疵担保具有优先性,在下列情形出卖人或买受人亦得依"民法"第88条第2项撤销其意思表示:

①在物的瑕疵担保责任发生前(于因物的交付危险移转前,第354条),买受人得为撤销。

---

① Vgl. Larenz/Wolf, AT, S. 664; Wasmuth, Wider das Dogma vom Vorrang der Sachmängelhaftung gegenüber der Anfechtung wegen Eigenschaftsirrtum, Festschrift für Piper (Tünbingen 1996), S. 1083.

② Vgl. Larenz/Wolf, AT, S. 665.

②出卖人对其关于物之性质发生错误时(如甲不知其继承之旧画作系某大师作品而贱卖乙),得依"民法"第88条第2项规定撤销其意思表示,盖在此情形,无物之瑕疵担保问题。

五、传达错误

"民法"第89条规定:"意思表示,因传达人或传达机关传达不实者,得比照前条之规定撤销之。"所称前条之规定,指第88条第1项而言。传达人或传达机关(如电信局)属表示使者。传达不实,如使者误说买A画为买B画;电信局发送文件,误320万元为230万元。

传达人或传达机关故意变更表意人之意思者,亦时有之。例如电器商甲遣其受雇人乙告知丙厂商欲批发5部某类型冷气机。乙认冰箱销路不错,乃表示甲欲批发10部冰箱。于此情形,应认传达人故意违背表意人的指示,擅自变更意思表示的内容,其失实的传达,不能归由表意人承担,而对其发生效力。传达人故意误传表意人的意思,其情形与无权代理的利益状态相类似,应类推适用无权代理的规定(第110条),由传达人对善意的相对人,负损害赔偿之责。①

六、特殊错误类型

关于影响法律行为效力之一定类型的错误意思表示,"民法"设有规定,已如上述。若干错误态样如何归类,引起争议,分就法律效果错误、计算错误及签名错误说明如下:

(一)法律效果错误②

法律效果错误,指表意人对其意思表示所生的法律效果有所误认,得否撤销,应分二种情形处理之:

①法律效果系因当事人的法律行为直接发生者,关于此项法律效果错误,即为内容错误。例如甲不知租赁系有偿,使用借贷系无偿,内心实

---

① 德国通说,参阅 Flume, AT Ⅱ, S. 470; Köhler, AT, S. 77; OLG Oldenburg NJW 1978, 951。但亦有认为表意人使用他人传达其意思表示,造成传达人故意误传之危险,而表意人又较相对人易于控制此项危险,此项传达失实的危险理应由表意人承担,参阅 Marburger, AcP 173 (1973), 137; MüKoBGB, §120, Rz. 3。

② 关于法律效果错误(Rechtsfolgenirrtum),参阅 Flume, AT Ⅱ, S. 465; Köhler, AT, S. 78; Medicus, AT, S. 310; Wolf/Neuner, AT, S. 474。

欲出租某物于乙取得租金,而表示为使用借贷时,甲得依"民法"第88条第1项规定撤销之。

②法律效果非直接基于当事人的法律行为,而是基于法律为补充当事人意思而规定者(法定附带效果),此项法律效果错误,乃属动机错误。例如甲出卖某机车于乙,误以为不负物之瑕疵担保责任时,无依"民法"第88条第1项规定撤销的余地。又出租人于租赁物交付后,承租人占有中,纵将其所有权让与第三人,其租赁契约,对于受让人仍继续存在,乃"民法"第425条第1项所明定,非基于当事人意思而发生,非属意思表示内容错误,该租赁物的买受人不得依"民法"第88条规定撤销之。此非基于法律逻辑的必然性,而是基于目的性的考量,旨在对法律效果错误的撤销性加以适当限制,以维护交易安全。

(二)计算错误[1]

计算错误,指对用于决定给付数额的计算基础或过程发生错误,分二种情形加以说明:

1. 隐藏的计算错误

例如甲承揽为乙油漆大厦,甲内心决定每坪500元,将实为1000坪的油漆面积误估为900坪,而表示:"全部油漆费用为45万元。"在此种隐藏的计算错误,内心的计算基础未成为意思表示的内容,属于动机错误,不得撤销。

2. 公开的计算错误

在上举油漆大厦之例,若甲告诉乙:"每坪油漆费用为500元,面积共1000坪,费用共45万元。"于此情形,计算基础既已公开,得经由解释而认定当事人就其油漆费用50万元具有合意,无意思表示内容错误规定的适用。

(三)签名错误

签名于某文件书面发生"错误",于何种情形得为撤销,分述如下:

①签名之人不知其签名具有法律上意义,例如某歌星于演唱会后为歌迷签名,不知其中某书面载有慈善捐款,此属欠缺表示意识的案例类型,得主张撤销。

②签名之人认识其所为意思表示具有法律上意义(具有表示意

---

[1] 深入的讨论,参阅陈自强:《论计算错误》,载《政大法学评论》1995年第53期,第183页。

识),未为阅读而签名,例如著名艺人于震灾捐款簿上签名,故示大方,未为阅读,事后发现载明"捐款金额新台币10万元"时,原则上不得以误认系小额捐款而主张撤销,盖签名时既不介意其表示内容,自应承担其风险。

③签名之人误A函为B函,例如女秘书于送阅文件中夹有其私人贷款保证书,签名者误系一般文件而签名时,得以表示行为错误撤销之。

④当事人就其契约内容,口头上意思表示一致,书面记载不相符合,当事人不知而签名时,依"误载,无害真意"的解释原则,应以实际合意者为准,无撤销的必要。

第三项 撤销权的要件与效果①

第一目 撤销的要件:撤销权的限制

"民法"一方面规定就一定类型意思表示的错误,得为撤销,他方面对撤销权设有限制,即:①须表意人无过失。②须其错误在交易上认为重要。③须其错误与意思表示有因果关系。④须自意思表示后1年内撤销。

分述如下:

一、须错误非由表意人自己之过失所致

(一)问题提出

意思表示的错误因表意人之过失者,不得撤销(第88条第1项但书)。此之所谓过失,有认应解为重大过失(显然欠缺一般人之注意)②,学说上通说有采抽象轻过失,认为能兼顾意思自主与交易安全。③

(二)实务见解

1. 具体轻过失

"最高法院"1973年台上字第140号判决:"按'民事诉讼法'第

---

① Vgl. Hans Brox, Die Einschränkung der Irrtumsanfechtung (Berlin 1960); Bork, AT, S. 337.
② 参阅王伯琦:《民法总则》,第162页。
③ 参阅史尚宽:《民法总论》,第369页;洪逊欣:《中国民法总则》,第383页;李模:《民法总则之理论与实用》,第190页;施启扬:《民法总则》,第300页(以上学者均采抽象轻过失);郑玉波:《民法总则》,第285页(采具体轻过失)。

496条第1项第1款所谓适用法规显有错误,应以确定判决违背法规或现有判例解释者为限。若在学说上诸说并存,并无判解可据者,不得指为用法错误。'民法'第88条第1项但书所谓之过失,究何所指,在学说上,虽有抽象之轻过失、具体之轻过失及重大过失诸说之存在,但采抽象之轻过失说者,在现存判解中,尚难觅其依据,原确定判决对此过失之见解,不采抽象之轻过失说,自不得指为用法错误。况抽象之轻过失说,对于表意人未免失之过苛,致使表意人无行使撤销权之机会,本为多数学者所不采。"

2. 重大过失

"最高法院"2015年台上字第1901号判决谓:"上诉人于投标单填载标号所缴纳之保证金2954000元固非五五地号土地应缴纳之保证金2376000元,其填载标号之意思表示内容固有错误,但被上诉人办理系争标售案,事先即公告系争标售案之标售手册(含投标须知、标售清册及位置图)、投标单及投标专用信封等相关投标事宜,其中投标单左上角书列标号栏位,并于投标人出价栏位载明以此标价为比价及决标依据,记载至为明显。上诉人填写投标单,自应注意详阅上开规定,当时又无不能注意之情事,竟疏未注意,以填入投标单标号栏位致发生错误,自难辞过失之责。且系争标售案系以通讯投标之方式为之,上诉人有余裕详阅相关资料,足见上诉人稍加注意即可避免错误,其填写投标单,显然欠缺一般人之注意,有重大过失。上诉人以其欠缺填载投标单之经验为由,主张撤销错误之意思表示,殊有未合。"

(三) 本书见解:抽象轻过失

"最高法院"最近见解系采重大过失说,不符法律文义,因为关于重大过失,法律均设有特别规定。又表意人须具有重大过失,不足保护交易安全。依"非由表意人自己之过失"的文义,可知相对人是否知悉表意人意思表示的错误,或其不知是否具有过失,均不影响表意人的撤销权。权衡当事人利益(表意人的保护及交易安全),应以抽象轻过失较值赞同。

二、须错误在交易上认为重要

"民法"第88条第2项规定:"当事人之资格或物之性质,若交易上认为重要者,其错误,视为意思表示内容之错误。"于其他错误虽无"若交易上认为重要者"的限制,但应类推适用,以保护交易安全。① 错误是否在交易上认为重要,应依社会一般观念决之。例如于传统市场,误甲为乙而减价出售土鸡,此种错误在交易上无足轻重,不得撤销。

三、须错误与意思表示有因果关系

错误意思表示的撤销,须其错误与意思表示具有因果关系,即其意思表示系因错误而为之。例如误认手表遗失而另购新表,其意思表示与错误具有因果关系。

四、须自意思表示后1年内撤销:除斥期间

"民法"第90条规定:"前二条之撤销权,自意思表示后,经过一年而消灭。"此为撤销权的除斥期间,应自意思表示后起算,而非自知悉撤销事由时起算。撤销权乃形成权,系有相对人受领的意思表示,应于意思表示后1年内发出。其撤销系于发出时发生效力,而非达到相对人始发生效力。

第二目 撤销权的行使及其法律效果

一、撤销权的行使

撤销权系形成权的一种,其行使应以意思表示向相对人为之。此项撤销的意思表示,系非要式行为,不以明示"撤销"为必要,只要使相对人认识其有撤销的意思,即为已足,提起请求返还之诉,亦包括在内。

二、撤销权行使的法律效果

(一)意思表示视为自始无效:债权行为或处分行为的撤销

表意人以错误为理由撤销其意思表示时,该意思表示(法律行为)视为自始无效(第114条第1项)。关于其法律效果,须视其所撤销的究为债权行为,或为物权行为上的意思表示而定:

①债权行为上的意思表示有错误:如甲出卖某画给乙,误书价金,而甲撤销其意思表示时,若设画迄未交付,甲免给付义务。已为给付而让与其所有权时(第761条,物权行为、处分行为),得依不当得利规定请求返

---

① 参阅洪逊欣:《中国民法总则》,第382页;郑玉波:《民法总则》,第283页。

还该画所有权(第 179 条)。

②物权行为上的意思表示有错误:如甲出卖 A 画给乙,误交 B 画,而甲未撤销其意思表示时,得依不当得利规定请求返还 B 画所有权(第 179 条)。① 在撤销的情形,则得主张 B 画的所有物返还请求权(第 767 条第 1 项前段)。无论撤销与否,甲均有交付 A 画于乙,并负有移转其所有权的义务。

(二) 表意人的赔偿责任

表意人依"民法"第 88 条及第 89 条的规定,撤销意思表示时,"对于信其意思表示为有效而受损害之相对人或第三人,应负赔偿责任。但其撤销之原因,受害人明知或可得而知者,不在此限"(第 91 条)。应说明者有四:

①第 88 条系调和意思表示主观说(表意人的意思自主)及客观说(相对人的信赖保护)的一个重要原则性规定。

②表意人系负抽象轻过失责任,倘若相对人(受害人)对撤销原因明知或可得而知者,无保护必要,不得请求损害赔偿。

③受有损害的"相对人",指有相对人意思表示的受领人。所称"第三人",指于无相对人意思表示而受损害之人,非指从相对人受让标的物所有权之人,应予注意。例如甲欲丢弃 A 物,误取 B 物抛弃(物权行为错误),乙以无主物先占而取得 B 物所有权(第 802 条),乙即为"民法"第 91 条指称之"第三人"。甲撤销其意思表示时,得向乙请求返还其物(第 767 条第 1 项前段),但应对乙所受信赖损害(如搬运费用),负赔偿责任。

④法律行为上的损害赔偿,可分为二种:一为履行利益的损害赔偿(积极利益的损害赔偿),即因法律行为不履行而受损失的赔偿,如因履行买卖契约所得之利益。二为信赖利益的损害赔偿(消极利益的损害赔偿),即当事人相信法律行为有效,于该法律行为因某种事实之发生归于无效时而蒙受损失的赔偿。

"民法"第 91 条所称"信其意思表示为有效而受损害",指信赖利益之损害而言,其范围包括所受损害及所失利益在内(第 216 条第 1 项),如

---

① 关于物权行为错误与不当得利,较详细的讨论及实务见解的分析检讨,参阅王泽鉴:《物权行为错误与不当得利》,载王泽鉴:《民法学说与判例研究》(第五册),北京大学出版社 2009 年版,第 85 页;王泽鉴:《不当得利》,北京大学出版社 2023 年重排版,第 115 页。

订约费用、准备履行所需费用或丧失订约机会的损害。须注意的是，信赖损害与履行损害，系损害赔偿的二种不同计算方式，信赖损害的赔偿数额高于履行利益者，亦属有之。于此情形，信赖损害的赔偿数额是否以不超过履行利益为限，现行"民法"对此未设明文，解释上应为肯定。①

第四项 案例研习

甲继承其父所遗 A 画，非因过失误认为某名画家作品的复制品，以 3 万元出卖于乙，并同时履行之。乙支出缔约费用 2000 元。3 日后，乙以 4 万元将 A 画转卖于丙。1 个月后甲获知该画为真品，价值 50 万元。即向乙请求返还。试问：

1. 甲与乙间的法律关系如何？

2. 设乙于甲请求返还前已将该画所有权转于丙，而丙于订约时明知甲误认 A 画为复制品而贱售之事时，甲向丙请求返还该画，有无理由？

一、体系构成

本书曾多次强调学习法律，要能建构规范体系，并适用于具体案例，由具体案例寻找得适用的规范（尤其是请求权基础），由规范认定事实，从事法律适用的涵摄。意思表示错误系法律行为的重要问题，兹将其规范体系，图示如下（请参阅前揭相关部分说明，并查阅条文！）：

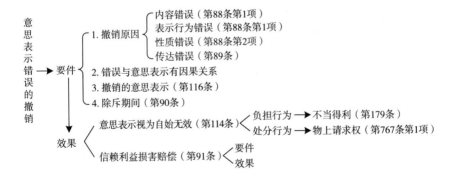

---

① 参阅王泽鉴：《信赖利益之损害赔偿》，载王泽鉴：《民法学说与判例研究》（第五册），北京大学出版社 2009 年版，第 150—168 页。

二、案例解说：请先自行解答，写成书面①

（一）解题思考

1. 图解基本法律关系

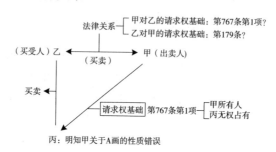

2. 解题思考构造

本案例涉及债权行为与物权行为的撤销及对第三人的效力，为使读者对于处理错误的问题，有较简明的认识，先将其解题思考结构，简示如下：

```
Ⅰ 意思表示的撤销（第 88 条、第 89 条）
 1. 撤销之原因：意思表示错误（物之性质错误）
 2. 错误在交易上认为重要（类推适用，第 88 条第 2 项）
 3. 表意人无过失（第 88 条第 1 项但书）
 4. 撤销的意思表示：撤销之客体（债权行为？物权行为？）
 5. 未逾越除斥期间（第 90 条）
Ⅱ 撤销的法律效果
 1. 意思表示视为自始无效（第 114 条第 1 项）
 2. 撤销客体与表意人的请求权
   （1）债权行为被撤销：不当得利（第 179 条）
   （2）物权行为被撤销：所有物返还请求权（第 767 条第 1 项）
 3. 相对人的请求权：信赖利益损害赔偿请求权（第 91 条）
   （1）要件
     ①表意人撤销其意思表示
     ②相对人因信意思表示为有效而受有损害
     ③相对人非明知或可得而知撤销的原因
   （2）赔偿范围
     ①所受损害及所失利益
     ②以履行利益为限
```

---

① 参阅王泽鉴：《民法思维》，北京大学出版社 2022 年重排版，第 88 页以下。

(二) 案例说明

案例1:甲与乙间的法律关系

1. 甲对乙的请求权

甲得向乙依"民法"第767条第1项前段规定请求返还A画,此须以甲系该画所有人,乙系无权占有为要件。甲因继承而取得A画所有权。其后甲将该画出卖于乙(第348条),并依让与合意,交付该画而由乙取得其所有权(第761条)。问题在于甲得否依"民法"第88条规定撤销其买卖契约及让与合意物权行为上的意思表示?

甲以A画为复制品,乃误认其在交易上重要性质,其错误视为意思表示内容的错误,且非因甲的过失,故得撤销之(第88条第2项)。甲于为意思表示后1个月内,向乙说明事由请求返还A画,系于"民法"第90条所定除斥期间内撤销其意思表示。

甲系因物之性质错误而为出卖A画(第345条)并同时让与其所有权的意思表示(第761条),得认其买卖契约及物权行为(让与合意)上的意思表示具同一瑕疵,甲得将二者并为撤销。① 须注意的是,若认甲仅得撤销买卖契约上的意思表示,则发生不当得利问题。法律行为经撤销者,视为自始无效(第114条第1项),买卖契约及物权行为溯及归于消灭,乙自始未取得该画所有权,并为无权占有。甲得向乙依"民法"第767条第1项前段规定请求返还A画。

2. 乙对甲的请求权

(1) 关于价金的不当得利返还请求权

甲出卖A画于乙,自乙受领价金,其受有利益系基于乙的给付。甲依"民法"第88条规定撤销其买卖契约上的意思表示,视为自始无效,既如上述,甲受领价金欠缺给付目的而无法律上原因,应依不当得利规定负返还责任(第179条)。受领的价金本身尚属存在时,应原物返还;已存入银行时,则发生动产混合(第813条),应适用"民法"第816条规定,偿还其价额。

甲对乙关于返还A画的请求权(所有物返还请求权、不当得利请求权)与乙对甲关于价金的不当得利请求权,系基于同一撤销的双务契约而发生,应类推适用"民法"第264条规定,双方得为同时履行的抗辩("最

---

① 德国通说采肯定见解,参阅 Brox/Walker, AT, S. 189 f.; Rüthers/Stadler, AT, S. 363。

高法院"2002 年台上字第 1991 号判决)。

(2)信赖利益的损害赔偿请求权

甲依"民法"第 88 条规定撤销其错误的意思表示,乙非因过失信赖其意思表示为有效,支出订约费用 2000 元而受的损害,得向甲依第 91 条规定请求赔偿。至于乙将 A 画以 4 万元出售于丙所获利益的 1 万元,则属履行利益,不在赔偿之列。

案例 2:甲对第三人的请求权

甲得向丙依"民法"第 767 条第 1 项前段规定请求返还 A 画,此须以甲系所有人,丙为无权占有为要件。甲依第 88 条规定撤销其物权行为的意思表示时,该物权行为视为自始无效,乙未取得 A 画所有权而将该画让与丙,系属无权处分(第 118 条)。丙于受让 A 画所有权时,既明知甲意思表示错误得为撤销,系属恶意①,不得依"民法"关于善意取得规定(第 801 条、第 948 条)取得 A 画所有权。甲得向丙依第 767 条第 1 项前段规定请求返还 A 画。

第七节　意思表示不自由②

第一款　概　说

何谓意思表示错误?何谓意思表示不自由?二者有何不同?试阅读"民法"第 92 条及第 93 条规定,并与"民法"第 88 条至第 91 条加以比较,探讨其规范内容的不同(包括除斥期间)及立法理由,并说明"民法"对诈欺与胁迫为何设不同的规定及立法上的利益衡量。

基于私法自治及当事人自主原则,表意人于其意思形成与意思决定受到不当干涉时,法律应有保护的必要。"民法"第 92 条规定:"因被诈欺或被胁迫而为意思表示者,表意人得撤销其意思表示。但诈欺系由第三人所为者,以相对人明知其事实或可得而知者为限,始得撤销之。被诈

---

① 参照《德国民法典》第 142 条规定:"得撤销之法律行为,被撤销者,其法律行为视为自始无效。知其可得撤销或可得而知者,于撤销时,其效果与知法律行为之无效或可得而知者同。"

② 参阅黄瑞明:《立法者奉送的毒苹果》,载《政大法学评论》2015 年第 142 期,第 47 页。

欺而为之意思表示,其撤销不得以之对抗善意第三人。"又依第93条规定:"前条之撤销,应于发现诈欺或胁迫终止后,一年内为之。但自意思表示后,经过十年,不得撤销。"应先说明者有三:

①错误与诈欺、胁迫。在意思与表示偶然不一致(错误)的情形,其意思表示受干扰的事由存在于表意人本身。在意思表示不自由,其不法干预系来自他人,故法律设不同的规范:A.意思表示不自由撤销权的除斥期间较长(请比较第93条及第90条)。B.表意人撤销其受诈欺、胁迫而为之意思表示时,对善意相对人不负信赖利益损害赔偿责任。

②诈欺与胁迫。对"胁迫"设二点不同于"诈欺"的规定:A.被胁迫而为意思表示,其胁迫系由第三人所为者,不问相对人明知与否,均得撤销之。B.被胁迫而为意思表示,其撤销得以之对抗善意第三人。盖以胁迫侵害意思自由较为严重,表意人应受较周全的保护。

③竞合关系。"民法"第92条规定得与侵权行为、意思表示错误及物之瑕疵担保责任发生竞合关系,在法律适用上甚属重要。

第二款 诈 欺

一、何谓诈欺?下列情形是否构成诈欺:

1. 店员对顾客说:"使用此面霜,1周内滑白如雪。"
2. 出卖某屋,未告知其系凶宅。
3. 甲雇用乙女为秘书时询问曾否堕胎,乙未据实告知。
4. 不实夹层屋买卖广告在何种情形构成对买受人的诈欺?
5. 甲出卖乙画家的A画给丙,未告知该A画未经乙盖章,而系由甲自己盖章。

二、甲刚考上驾驶执照,即至乙经营的中古汽车行购车,中意A车,价金10万元。甲怀疑A车曾发生车祸,店员丙表示确无其事,甲即付款取车。3日后,甲的友人详加检查,发现A车确曾严重肇事,甲即开车至乙处,表示撤销买卖契约,请求返还10万元,乙表示不知丙的不实陈述,拒不返还。试问甲之主张有无理由?

案例二简示解题结构如下,此可作为处理诈欺的基本思考模式,请与本文参照阅读意思表示受诈欺而为意思表示的基本问题。自行研习,演练请求权基础思维方法,组织所学法律知识,按图索骥发现争点,处理案例。

> Ⅰ 甲对乙的请求权基础：第179条
> 　一、乙受有利益
> 　二、甲的给付
> 　三、无法律上原因
> 　　1. 甲之撤销权：撤销的要件：第92条
> 　　　(1)受丙之诈欺
> 　　　(2)因果关系
> 　　　(3)故意
> 　　　(4)诈欺之人
> 　　　　①在无相对人之意思表示：得撤销之
> 　　　　②有相对人之意思表示
> 　　　　　A. 受领人之诈欺：得撤销之
> 　　　　　B. 第三人之诈欺：相对人明知或可得而知时，得撤销之
> 　　2. 撤销客体：债权行为(买卖契约)、物权行为(第758条、第761条)
> 　　3. 甲行使撤销权
> 　　　(1)甲已为撤销之意思表示
> 　　　(2)未逾越除斥期间
> 　　4. 撤销法律效果
> 　　　(1)视为自始无效：第114条第1项
> 　　　(2)撤销客体：买卖契约
> 　　5. 法律上之原因其后不存在
> Ⅱ 甲得向乙依"民法"第179条规定请求返还价金(请读者自行研究乙对甲的请求权!)

一、诈欺的要件

(一)四个基本要件

诈欺者，使人陷于错误而为意思表示的行为，其要件有四：①须有诈欺行为；②须诈欺行为与表意人陷于错误而为意思表示具有因果关系；③须有诈欺的故意；④须施行诈欺之人为相对人或第三人。

分述如下：

1. 须有诈欺行为

(1) 积极作为

诈欺,指对不真实的事实表示其为真实,而使他人陷于错误、加深错误或保持错误。诈欺得为积极作为,如捏造事实,伪称某车系原厂产品,某雕刻系真品。值得提出的是,画之出卖人未告知出卖之画系于画家亡故后出卖人自行盖章于其上,以该画作系画家自己完成者,亦得构成诈欺(案例一之5)。① 惟些微的夸张不包括在内,如卖瓜者自夸其瓜甜美如蜜,化妆品专柜售货员强调使用某面霜1周,将美白如雪(案例一之1)。

关于身份行为上的诈欺,"最高法院"认为下列二种情形不成立诈欺:

①收受聘礼后故延婚期。"最高法院"1967年台上字第3380号判例:"'民法'上所谓诈欺,系欲相对人陷于错误,故意示以不实之事,令其因错误而为意思之表示,收受聘礼后故延婚期,迫使相对人同意退婚,虽志在得财,但不得谓为诈欺,仅属'民法'第976条违反婚约,及同法第977条损害赔偿问题。"

②先受赠财产,拒不办理离婚协议。"最高法院"2006年台上字第1437号判决:"按以特定身份行为为条件之赠与行为,纵于赠与行为完成后,受赠与人即承诺为特定身份行为之一方未依约为特定身份行为,为尊重特定身份行为义务人有为特定身份行为之自由,自不能仅凭其嗣后未依约为特定身份行为,即认其有诈欺,而准许赠与人据以撤销赠与行为。"

(2) 单纯缄默

消极的隐藏事实(不作为),原则上不成立诈欺,诚如最高法院1944年上字第884号判例所谓:"民法第92条第1项所谓诈欺,虽不以积极之欺罔行为为限,然单纯之缄默,除在法律上、契约上或交易之习

---

① "最高法院"2016年台上字第48号判决:"按社团法人某画廊协会复原法院函记载'三、美术著作尚未完成前通常不会盖章或签名(落款),也是市场上判断该作品是否"完成"之主要依据之一,而完成与否,对其在交易市场价值通常有影响。此外,业界亦无法接受第三人私自在原作者之美术著作上加盖原作者之私章,即使该私章为真品',似见习惯上,美术著作人系以自己落款为是否完成该画作之依据。两造间买卖标的物之郭〇远画作,除系争22幅画作外,均经郭〇远签名并盖章,则郭〇远是否均在画作上签名并盖章以示该作品完成? 果尔,系争22幅画作既未经郭〇远盖章,得否认系郭〇远已完成之画作? 而被上诉人未告知上诉人系争22幅画作系其于郭〇远亡故后自行盖章于其上,即以该画作系郭〇远已完成者予以出售,是否不足以构成施行诈术?"

惯上就某事项负有告知之义务者外,其缄默并无违法性,即与本条项之所谓诈欺不合。"此应就不同法律行为,依诚实信用原则及交易习惯,并斟酌当事人间信赖关系等个案加以认定。例如古玩拍卖公司应对参加拍卖者,说明其真伪。倘若房屋为凶宅时,出卖人未主动告知,仍成立诈欺(案例一之2)。

(3)不当询问、不实回答

就相对人提出的问题,有无据实说明义务?对此,原则上应为肯定。但对法律上不容许的问题,如询问应征的女秘书曾否堕胎或怀孕,事涉隐私,若与工作无关,其隐匿事实并无违法性,当不构成诈欺(案例一之3)。

(4)举证责任

主张被诈欺而为意思表示之当事人,应就诈欺行为负举证责任。此为实务上重要问题("最高法院"2014年台上字第434号判决)。

2. 须诈欺行为与表意人陷于错误而为意思表示具有因果关系

意思表示错误的发生须由于诈欺,其为意思表示须由于错误,否则诈欺行为既未影响意思表示的作成,自不得撤销。例如甲对乙伪称某车为日本原装,而乙明知其非日本原装时,不构成诈欺。相对人是否尽交易上必要注意,对因果关系的成立,不生影响,例如出卖人伪称某车年份,纵买受人查阅行车执照即可知其不实,亦得撤销其意思表示。

3. 须有诈欺的故意

故意(直接故意及间接故意),指认识诈欺行为,希望表意人陷于错误,而为意思表示。须注意的是,"民法"第92条规定所称诈欺,不以致被诈欺之人受有财产上损害为必要,与"刑法"上诈欺意义不同("刑法"第339条)。盖其所保护者,非表意人的财产,乃其意思自由也!①

值得注意的是,"最高法院"2014年台上字第852号判决谓:"按'民法'

---

① 在一个涉及灵骨塔买卖的案件,"最高法院"2022年台上字第176号判决作有较详细的说明:"因被诈欺而为意思表示者,表意人得撤销其意思表示;故意以背于善良风俗之方法,加损害于他人者,负损害赔偿责任,'民法'第92条第1项本文、第184条第1项后段亦有明文。该所称诈欺,系指对表意人意思形成过程属于重要,而有影响之不真实事实,为虚构、变更或隐匿之行为,故意表示其为真实,使表意人陷于错误、加深错误或保持错误者而言。是项规定所欲保护之法益,为表意人意思表示形成过程之自由。盖诈欺者惯于利用受害人之需求、疏忽、恐惧、同情、贪财、迷信等心理状态,施以言语行动、传媒资讯或数人分工等手法交互运作,使受害人逐步陷于错误,而影响其意思表示之形成自由。又诈欺之不法行为,如符合故意以背于善良风俗之方法,加损害于他人之要件,受害人亦得依'民法'第184条第1项后段、第185条规定,请求加害人共同负侵权行为之损害赔偿责任。"

第 92 条第 1 项所谓因被诈欺而为意思表示,固指诈欺行为人基于使表意人陷于错误之故意而为诈欺行为,致表意人陷于错误而为意思表示者而言。行为人欠缺诈欺故意时,虽与该规定不符,但表意人因其行为而陷于错误,并因错误而为意思表示者,其情形如合于同法第 88 条之规定,表意人仍非不得依同法第 90 条规定,于意思表示后一年内撤销其意思表示。"

4. 须施行诈欺之人为相对人或第三人

(1) 有相对人及无相对人的诈欺

在有相对人的意思表示,如诈欺人为当事人一方,他方当事人得撤销其意思表示。在无相对人的意思表示(如权利之抛弃、书立遗嘱),不论其施行诈欺者为何人,均得撤销之。

(2) 第三人为诈欺

施行诈欺者为第三人时,须以相对人明知其受诈欺,或可得而知者,始得撤销之。盖善意无过失的相对人既未参与,不应使其蒙受不利也。为合理分配当事人承担的危险,"民法"第 92 条所谓"但诈欺系由第三人所为者,以相对人明知其事实或可得而知者为限,始得撤销之",所称第三人应作限制解释,不包括相对人使用于缔约行为的代理人或辅助人(与相对人属于同一阵营之人)。甲向乙购车,乙的业务员丙伪称该车并未遭车祸或非泡水车时(参阅案例二),纵乙不知其事,甲仍得撤销其意思表示。

(二) 夹层屋买卖不实广告与诈欺①

建商以夹层屋买卖不实广告"引诱"消费者购买房屋,在何种情形构成诈欺,系房地产交易的重要问题,纠纷不少,兹整理"最高法院"所采见解如下(请区辨案例事实):

1. 构成诈欺

(1) 广告上故为虚伪不实及引人错误之表示

"最高法院"2001 年台上字第 475 号判决谓:"上诉人在申请建造执照时,并未为任何夹层设计之申请,有两造不争之系争房屋竣工图及建造执照可稽,竟借由上开广告、海报及自由时报之报道等不实文字,佐以夹层屋之彩色照片,吸引消费者购买系争建物,其明知建造执照未获兴建夹

---

① 深入精细的研究,参阅陈忠五:《不诚实广告与夹层屋买卖契约(上)》,载《台湾本土法学杂志》1999 年第 2 期,第 66 页;陈忠五:《不诚实广告与夹层屋买卖契约(下)》,载《台湾本土法学杂志》1999 年第 3 期,第 70 页。

层之许可,又隐匿前述重大影响消费者权益事项,已足使消费者误认系争建物于交屋时或交屋后径行二次施工,即可合法设计夹层之使用空间,并可以较低之价格购买较多之坪数等,显然在广告上故为虚伪不实及引人错误之表示。其就系争'天母新宿'房地所为之前述销售广告,亦因同一理由,经'行政院'公平交易委员会认为该广告有违'公平交易法'第21条第1项之规定,处以应立即停止就建筑物销售广告上兴建夹层事项,为虚伪不实或引人错误之表示或表征之处分,有该委员会处分书可稽,且为上诉人所不争,堪认上诉人有诈欺之行为无讹。"

(2)广告图说夸大不实

"最高法院"2001年台上字第564号判决谓:"本件被上诉人出卖预售房屋时,系以广告图说招徕顾客,上诉人亦仅凭该广告图说以判断该房屋之价值并决定是否买受,倘该广告图说夸大不实,而上诉人即买受人误认广告为真实,致陷于错误而为买受之意思表示,即不能谓非因受诈欺而买受。"

2. 不构成诈欺:欠缺因果关系

"最高法院"2002年台上字第524号判决谓:"'民法'第92条第1项规定得撤销之意思表示,在意思表示因被诈欺而为之情形,须表意人因诈欺行为而陷于错误所为,始足当之。是被上诉人若未阅读广告内容,则其自无因上诉人刊登广告之行为陷于错误,而为买受系争房地之意思表示。"

二、撤销权的行使

(一)撤销的客体

因受诈欺所为意思表示,得仅为债权行为,例如当事人间仅订立买卖契约,或其债权行为不涉及物权变动(例如租赁、雇佣、委任等)。在前揭案例二,甲系撤销A车的买卖契约。

(二)撤销权及除斥期间

因被诈欺而为意思表示者,表意人得撤销其意思表示。为尽速明确法律关系,"民法"第93条规定,此项撤销应于发现诈欺后1年内为之,但自意思表示后已经过10年,纵令再发现,亦不得行使撤销权。

(三)撤销法律行为的效果

1. 撤销债权行为

意思表示(法律行为)经撤销者,视为自始无效。在前揭案例二,甲受乙诈欺购买 A 车,甲撤销其买卖契约的意思表示时,买卖契约无效。在此情形,甲得向乙依不当得利规定(第179条以下)请求返还其支付的价金。

2. 撤销物权行为

设甲受乙诈欺出卖 A 屋,甲已将该屋所有权移转于乙,而乙复将该屋转售于丙,而移转其所有权(第758条)。甲撤销其受诈欺意思表示时,涉及"民法"第92条第2项所谓"被诈欺而为之意思表示,其撤销不得以之对抗善意第三人"规定的解释适用,有进一步阐释的必要。

①郑玉波先生谓:"例如甲因被乙诈欺而让与其房屋于乙,乙受让后又转让于丙,若丙不知甲有被乙诈欺之情事时,即为善意第三人,此时甲行使撤销权后,甲乙间之买卖契约虽归无效,但甲不得以其无效,向丙对抗。易言之,即不影响乙丙间买卖之效力,甲只得向乙请求损害赔偿而已。但丙若属恶意,则不受此保护也。"①依此见解,甲所撤销者,系甲与乙间的买卖契约,并不及于物权行为。依本书见解,乙与丙间买卖契约(债权行为)的效力,应不因其撤销而发生可否对抗第三人的问题。纵丙为恶意,其买卖契约亦属有效。

②王伯琦先生谓:"如因诈欺而取得之物,已转让第三人时,该第三人为善意者,表意人虽撤销其意思表示,不得以其无效对抗该第三人,即第三人与相对人间之转让行为,仍属有效。"②其被撤销者,究为债权行为,抑或为物权行为,未臻明确,解释上应系指撤销债权行为(买卖契约)及物权行为(移转所有权)。

应特别强调的是,甲受乙诈欺,出卖某物,并移转其所有权时,均系因受诈欺而为意思表示,债权行为及物权行为具同一瑕疵,并得撤销之。乙将该物转售于丙,其买卖契约固属有效,其移转所有权的行为,则属无权处分,善意之丙得依"民法"第92条第2项主张甲不得以其撤销对抗之,故丙仍取得其所有权。在此情形亦有善意取得规定(第759条之1第2项、第801条、第948条)的适用。故第92条第2项规定于无善意取得情形(如债权让与),始具实益。

---

① 参阅郑玉波:《民法总则》,第293页。
② 参阅王伯琦:《民法总则》,第167页。

三、请求权竞合

(一)诈欺与侵权行为

1. "最高法院"见解

关于诈欺与侵权行为的适用关系,"最高法院"著有二个决议:

①1974年4月9日1974年度第二次民庭庭推总会议决议(二):"因受诈欺而为之买卖,在经依法撤销前,并非无效之法律行为,出卖人交付货物而获有请求给付价金之债权,如其财产总额并未因此减少,即无受损害之可言。即不能主张买受人成立侵权行为而对之请求损害赔偿或依不当得利之法则而对之请求返还所受之利益。"

②1978年11月14日1978年度第十三次民庭庭推总会议决定:1974年4月9日本院1974年度第二次民庭庭推总会议之决议(二)所谓"因受诈欺而为之买卖,在经依法撤销前,并非无效之法律行为,出卖人交付货物而获有请求给付价金之债权,如其财产总额并未因此减少,即无受损害之可言。即不能主张买受人成立侵权行为而对之请求损害赔偿……"旨在阐明侵权行为以实际受有损害为其成立要件。非谓类此事件,在经依法撤销前,当事人纵已受有实际损害,亦不得依侵权行为法则请求损害赔偿。

2. 分析说明

前揭二个决议,以后者较值赞同。所谓侵权行为法则,精确言之,乃指"民法"第184条"因故意或过失,不法侵害他人之权利者,负损害赔偿责任。故意以背于善良风俗之方法,加损害于他人者亦同。违反保护他人之法律,致生损害于他人者,负赔偿责任。但能证明其行为无过失者,不在此限"之规定,诈欺通常构成故意以背于善良风俗之方法,加损害于他人(第184条第1项后段)。"刑法"第339条以下关于诈欺罪之规定,属保护他人之法律(第184条第2项)。又诈欺系侵害表意人的意思自由,得否适用"民法"第184条第1项前段规定,视此项意思自由是否为人格权的保护范围,及所谓自由应否仅限于身体自由而定。①

---

① 参阅王泽鉴:《侵权行为》(第三版),北京大学出版社2016年版,第147页。关于凶宅的买卖,涉及诈欺、物之瑕疵及侵权行为,参阅吴从周:《凶宅与物之瑕疵担保》,载吴从周:《特种租赁、使用借贷与诉讼费用》,元照出版公司2013年版,第5章(第47页);吴从周:《凶宅、物之瑕疵与侵权行为》,载吴从周:《特种租赁、使用借贷与诉讼费用》,元照出版公司2013年版,第6章(第51页)。

须再予强调的是,诈欺所侵害的,系表意人的意思自由,是否受有财产上损害,在所不问。设甲施行诈欺以"高价"购买乙的古董,乙虽未受有财产上损害,亦构成侵权行为。出卖人(被害人)已为履行时,得依损害赔偿回复原状原则,向买受人(加害人)请求废止契约,返还标的物。

侵权行为损害赔偿请求权与表意人的撤销权得同时并存。申言之,被害人于撤销前或撤销权消灭后,均得主张侵权行为损害赔偿请求权。"民法"第198条规定:"因侵权行为对于被害人取得债权者,被害人对该债权之废止请求权,虽因时效而消灭,仍得拒绝履行。"对因受诈欺而为买卖所生的侵权行为损害赔偿请求权,亦应适用之。①

(二)诈欺、物之性质的错误与物的瑕疵担保责任

在前揭案例二,甲受乙诈欺购买事故车,于交付后发现其事时,除得主张乙应负侵权行为损害赔偿责任外,并得行使下列权利:

①诈欺:依"民法"第92条第1项规定,撤销其意思表示,使之视为自始无效(第114条第1项),再依不当得利规定(第179条)向乙请求返还其所受领的价金。

②错误:依"民法"第88条第2项规定,撤销其意思表示,使之视为自始无效,再依不当得利规定(第179条)向乙请求返还其所受领价金。

③物之瑕疵担保责任:依"民法"第359条关于物之瑕疵担保责任规定,得解除契约或请求减少价金。

甲得向乙主张的各种请求权,得竞合并存,究选择行使何者,应由甲就个案考量各请求权基础的要件、效果及举证责任等加以决定。

第三款 胁 迫

甲经营药厂,亏损甚巨,欲向乙贷款200万元。乙要求有殷实的保证人。甲一时难以寻找,情况窘迫。甲之弟丙在某医院担任检验师,知丁医师误用药物致人于死,以告发其事胁迫丁为甲作保,甲非因过失不知其事。3个月后,丁误用药物之事被举发,正由检察官侦

---

① "民法"第198条立法理由:"查民律草案第977条理由谓因侵权行为,对于被害人取得债权,例如因诈欺而对于被害人使为债务约束时,被害人对于加害人,有债权废止之请求权。然在请求权有因时效而消灭者,以原则论,既已消灭,则被害人不能据此请求权提出抗辩,以排斥债权人履行之请求。然似此办理,不足以保护被害人,故本条特设例外之规定,使被害人于债权废止之请求权因时效消灭后,仍得拒绝债务之履行也。"

查中。丁乃以受胁迫为理由向乙表示撤销保证。试问：

1. 丁对乙表示撤销保证，有无理由？
2. 乙对其因信丁之意思表示为有效所受之损害，得否向丁请求赔偿？
3. 丁自胁迫终止后1年内未撤销其保证时，有无其他救济方法？

一、胁迫的要件

在前揭案例，丁得否撤销其保证契约，端视其是否被胁迫而定。胁迫者，指相对人或第三人故意告以危害致生恐惧而为意思表示之行为而言。其构成要件有四：①须有胁迫行为。②须相对人因胁迫发生恐怖及为意思表示（因果关系）。③须胁迫人有胁迫之故意。④须胁迫系属不法。

主张被胁迫而为意思表示的当事人，应就此项事实负举证责任。此项举证责任分配同于被诈欺而为意思表示的情形。

（一）须有胁迫行为

胁迫行为，乃表示危害的行为。危害，指任何将来的不利益，如殴打、杀害、终止契约、泄露秘密或拘捕。① 为胁迫之人不以具有识别能力为必要，醉汉持刀索取财物，亦得成立胁迫。胁迫行为得由相对人为之，亦得由第三人为之。

胁迫系由第三人所为者，相对人虽属善意，表意人仍得撤销之（第92条第1项但书反面推论）。盖胁迫行为对表意人意思自由影响甚大，应优先予以保护。

在前揭案例，丙对丁表示，若不为保证，即举发其犯罪，告以将来发生的不利益，虽由第三人施行胁迫行为，不论乙是否明知其事，对丁的撤销权不生影响。

---

① "最高法院"1951年台上字第610号判决：甲将耕地出租于乙，订约时督导人员丙对甲声言，如不照乡公所指示订约，即予拘捕，致甲心生畏怖，而与乙依耕地正产物收获总额250‰订约。"最高法院"认为甲系受胁迫，得撤销其意思表示。又"最高法院"1966年台上字第1016号判决：某公司职员侵占会款42万余元，该职员之保证人为图减轻保证责任，向该公司经理要求仅赔偿12万余元，请公司抛弃其余部分之请求并咬舌示意自杀而至昏厥，该经理恐生意外，遂予同意，在和解书上盖章，其后该公司以该经理受胁迫为理由，请求撤销其意思表示。保证人咬舌自杀而至于昏厥，与表示加害他方之情形不同。

（二）须相对人因胁迫发生恐怖及为意思表示（因果关系）

丁系受丙之胁迫而发生恐怖，并因此恐怖而为甲作保，丙之施行胁迫与丁之发生恐怖及为意思表示，具有因果关系。

（三）须胁迫人有胁迫之故意

丙以举发丁误用药物致人于死之事相胁，具有使丁陷于恐怖及因恐怖而为保证之故意。

（四）须胁迫系属不法

胁迫行为须具不法性，"民法"第92条虽未设明文规定，但解释上应为肯定，"最高法院"2004年台上字第1810号判决谓："'民法'第92条所指之胁迫，须为不法之胁迫，包括手段不法、目的不法及手段与目的失其平衡，而其目的在于取得不当之利益者，始足当之。"同此见解。① 为胁迫者是否具有违法性的认识，在所不问。倘非不法，表意人不得撤销其意思表示。例如债权人甲告知债务人乙，若不于相当期间依债之本旨给付时，即解除契约，虽示之以利害，但不具可非难性，不构成胁迫。胁迫之具不法性，其情形有三：

①手段不法：如"若不出卖汝地，即杀害之"。买卖虽为法之所许，但以杀害为达成之手段，因其手段不当而具有不法性。

②目的不法：如"若不出资经营赌场，即告发逃漏税之事"。告发逃漏税，虽属合法，且为民众应尽义务；但因出于达成法律禁止或违反公序良俗之行为而具有不法性。

③手段与目的关联之不法：手段与目的，分别观之，均属合法者，如"若不偿债，即起诉请求"。盖偿债系债务人应尽之义务，而诉讼本为索债之正当方法。惟于例外情形，倘手段与目的失其平衡、欠缺相当性时，亦具有不法性，此应斟酌一切情事，尤其须考虑施行胁迫者对其所欲促成之意思表示是否具有正当利益，以及依胁迫之方法实现此项利益是否适宜加以判断。

---

① 相关案例，参阅"最高法院"1998年台上字第2173号判决："按'民法'第92条规定所谓因被胁迫而为意思表示，系指因相对人或第三人以不法危害之言语或举动加诸表意人，使其心生恐怖，致为意思表示而言。本件被上诉人公司空服处人评会就上诉人与刘○○间发生感情纠纷，影响其空服员形象等事件所为建议雇上诉人之决议，乃该会之职权行使，被上诉人所属空服处经理林○○于人评会结束后，将上开决议告知上诉人，并就其申请退职与提交被上诉人总公司人评会议处之结果，为上诉人分析其利弊得失，供其自行分析，并非不法之危害，即无胁迫之可言。"

关于手段与目的关联是否不法,实务上最值重视者,系告发犯罪。"最高法院"1965年台上字第2955号判决谓:"'民法'第92条第1项所谓被胁迫而为意思表示,系指相对人或第三人以故意告以危害,致生恐怖所由之意思表示而言,且此项胁迫必以不法之危害为限,系争和解契约,纵系因蔡某向'立监两院'等机关缠扰不休而被迫签订,但仅向'立监两院'陈述或警察机关告发,尚难认为不法之胁迫。"

甲无照驾车违规超速撞伤乙,乙对甲曰:"汝若不速为损害赔偿,即告发汝罪。"其目的与手段有内在关联,不具不法性,自不待言。"最高法院"1974年台上字第758号判决:丙虚设公司向甲诈购皮货,该公司营业所系由丙之兄乙承租,乙亦住该所,甲因认乙有参与诈欺之行为,向警方告诉,刑警向乙称未和解不能交保,乙卒于载明"乙因其胞弟丙为该公司之一份子,因欠甲贷款发生纠纷,由乙代丙分别偿付4万元"之和解书上签名盖章。"最高法院"认为刑警所为不能认系胁迫,乙以受胁迫为理由,撤销意思表示,为无理由。

在前揭案例,保证行为本为法之所许,告发犯罪亦无不当,但以告发犯罪为手段胁迫为人作保,其目的非在于回复所生的损害,与犯罪行为不具内在关系,显失平衡,具有不法性,实堪认定。

综据上述,在前揭案例丁系被第三人丙胁迫而与乙订立保证契约,乙虽不知或非因过失而不知丁遭胁迫之事,丁仍得撤销之。保证契约经撤销者,视为自始无效(第114条第1项),故丁于甲不履行债务时,不代负履行责任。

二、效果

(一)撤销的法律行为及其效果:债权行为、物权行为

因被胁迫而为意思表示者,表意人得撤销其意思表示(第92条第1项)。意思表示(法律行为)经撤销者,视为自始无效(第114条)。其得撤销者,包括债权行为及物权行为。例如甲以公开乙与丙妇的隐私,胁迫乙赠与A车时,乙并得撤销赠与契约(第406条)及移转该车所有权的物权行为(第761条),使二者归于无效,而向甲主张返还A车(第767条第1项前段)。

关于被胁迫者得主张的权利与其他请求权(尤其是债权行为)的竞合,请参照关于诈欺相关问题的说明,兹不赘述。

(二)信赖利益的赔偿？

在意思表示错误的情形,表意人撤销其意思表示时,对于信其意思表示为有效而受损害之善意相对人或第三人应负赔偿责任(第 91 条)。关于胁迫(或诈欺)并无类似规定,相对人本身为胁迫时,表意人不负任何损害赔偿责任,应属当然。设胁迫系由第三人所为时,善意相对人就其信赖利益得否请求损害赔偿？

德国学者有认为,在此情形应类推适用表意人撤销其错误意思表示规定(《德国民法典》第 122 条),而采肯定说,其主要理由系表意人应承担第三人为胁迫的风险。① 惟受胁迫之人,系处于不自由的状态而为意思表示,似有优先于善意相对人而受保护,故此项见解是否可采,仍有研究余地。② 王伯琦先生认为:"胁迫系由第三人所为者,不问相对人知之与否,只须表意人之意思系受胁迫而为者,即得撤销,相对人如以受有损害时,自得依侵权行为之规定请求该第三人赔偿。"③此项见解,可资赞同。故在前揭案例,乙就信其保证契约为有效所受损害(如缔约费用),不得向丁请求赔偿,但得向为胁迫的第三人丙主张"民法"第 184 条第 1 项后段的规定请求损害赔偿。

(三)除斥期间与拒绝履行因胁迫而负担的债务

受胁迫而为之意思表示,表意人应于胁迫终止后 1 年内撤销之,但自意思表示后经过 10 年,不得撤销(第 93 条)。在前揭案例,丁受丙胁迫为甲作保,而与乙订立保证契约,于胁迫终止后 1 年内,乙向丁请求履行保证责任时,丁以受胁迫为理由而拒绝时,在解释上并得认为丁系依默示意思行使撤销权。④

设丁于除斥期间经过后未行使撤销权时,得否拒绝履行保证责任？最高法院 1939 年渝上字第 1282 号判例谓:"因被胁迫而为负担债务之意思表示者,即为侵权行为之被害人,该被害人固得于民法第 93 条所定之期间内,撤销其负担债务之意思表示,使其债务归于消灭,但被害人于其撤销权

---

① Vgl. MükoBGB/Kramer, § 123, Rn. 41; Köhler, AT, S. 94; Rüthers/Stadler, AT, S. 382.
② Vgl. Erman/Brox, § 123, Rn. 72; Medicus, AT, S. 337.
③ 王伯琦:《民法总则》,第 170 页。
④ "最高法院"1969 年台上字第 1938 号判例谓:"因被胁迫而为意思表示,依'民法'第 92 条及第 93 条之规定,表意人非不得于一年内撤销之。而此项撤销权,只须当事人以意思表示为之,并不须任何方式,上诉理由状因亦为意思表示之一种,上诉人既于上诉理由状中表示撤销之意思,倘被上诉人果有胁迫上诉人立借据情事,即不能谓上诉人尚未行使撤销权。"可资参照。

因经过此项期间而消灭后,仍不妨于民法第 197 条第 1 项所定之时效未完成前,本于侵权行为之损害赔偿请求权,请求废止加害人之债权,即在此项时效完成后,依民法第 198 条之规定,亦得拒绝履行。"在前揭案例,丁虽系受第三人丙胁迫,而为保证,负担债务,亦为侵权行为之被害人,应解为仍得请求废止乙之债权,并依"民法"第 198 条规定拒绝履行。

(四)对抗善意第三人及第三人善意取得

被胁迫而为意思表示者,其撤销得对抗善意之第三人(第 92 条第 2 项反面推论)。惟"民法"设有善意取得规定者,应优先适用。例如甲对乙曰:"赠我 A 画,否则揭露婚外情。"乙赠与甲 A 画,并依让与合意交付之。甲转售于不知情的丙,并依让与合意交付之。于此情形,乙因受甲胁迫而为赠与 A 画及让与其所有权的意思表示,具有同一瑕疵,并得撤销,视为自始无效(第 114 条第 1 项),甲既溯及未取得 A 画所有权,其出卖该画于丙的契约(出卖他人之物),固属有效,但让与其所有权的物权行为(第 761 条),则属无权处分,乙得以其撤销对抗善意的丙,而向丙依"民法"第 767 条第 1 项前段规定行使所有物返还请求权,但丙得主张善意取得该画所有权(第 801 条、第 948 条),此乃特别规定,应优先适用。① 为便于观察,将其所涉及的法律关系图示如下:

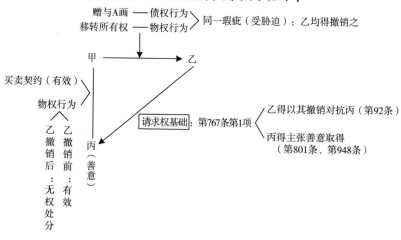

---

① 较详细的说明,参阅王泽鉴:《受诈欺或胁迫而为意思表示之效力在实例之分析》,载王泽鉴:《民法学说与判例研究》(第三册),北京大学出版社 2009 年版,第 25—32 页;陈添辉:《善意取得被胁迫之物?》,载《月旦法学教室》2017 年第 178 期,第 13 页。

第四款　体系构成与案例研习

第一项　体系构成

意思表示瑕疵系法律行为及私法自治的核心问题，兹综合前述，组成如下体系(查阅条文!):

意思表示瑕疵体系	内容类别	类型	条文	保护利益	要件	效果	除斥期间	竞合问题
	不一致（错误）	表示内容 表示行为 人物之性质	第88条第1项 第88条第1项 第88条第2项	意思健全	参阅本书相关部分说明	1. 得撤销 2. 负担行为或处分行为？	第90条	物之瑕疵担保？
	不自由	诈欺：第三人诈欺 （何谓第三人？） 胁迫：第三人胁迫	第92条 第92条	意思自主	参阅本书相关部分说明		第93条	比较异同及理由 侵权行为（第184条第1项前段或后段）

案例
— 来回思考、法律关系、请求权基础
- 甲卖乙A画（仿品），误交B画（真品），乙将该画让售于丙。
- 在前揭之例，甲系受乙（或第三人丁、乙的使用人戊）诈欺出卖B画（真品）于乙时，其法律效果如何？
- 在前揭之例，甲系受第三人丁胁迫出卖B画（真品）于乙时，其法律效果如何？
- 参阅本书案例。
- 运用想象力构思案例。

第二项　案例研习

甲向乙保险公司投保人寿保险，以其妻丙为受益人。乙要求甲提供公立医院身体检查表。某公立医院主治医师丁发现甲有末期直肠癌，因与甲熟识，未记入身体检查表，并将此事告知丙。半年后，甲因癌症死亡，丙请求保险金，乙保险公司调查后发现真相。试问乙得否以受诈欺为理由对丙撤销保险契约，拒付保险金？（请先自行研习，写成书面）

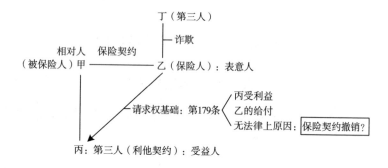

乙保险公司对丙拒付保险金，须以撤销保险契约为要件。"民法"第92条第1项规定："因被诈欺或被胁迫而为意思表示者，表意人得撤销其意思表示。但诈欺系由第三人所为者，以相对人明知其事实或可得而知者为限，始得撤销之。"甲与乙保险公司订立人寿保险契约，乙保险公司系表意人，甲系受领意思表示的相对人。甲未对乙为诈欺，对乙施行诈欺者，系第三人丁医师。在此情形，甲不知或非因过失而不知第三人丁施行诈欺，乙保险公司不得撤销其意思表示。丙系第三人利益契约之第三人，对于乙虽得直接请求给付保险金，但非属保险契约当事人，故纵其明知或可得而知诈欺之事情，乙（第三人利益契约上之债务人）仍不得依第92条第1项规定撤销其意思表示。此种结果不合事理，甚为显然，故《德国民法典》第123条第2项特别规定："意思表示相对人以外之人，因意思表示而直接取得权利者，以该取得人对于诈欺明知或可得而知者为限，得对之撤销其意思表示。"台湾地区"民法"虽无明文，解释上亦应相同，始符合诚实信用原则，并维持当事人间之公平，以实现协同的生活秩序。准此以言，乙保险公司因被第三人丁医师诈欺而与甲订立人寿保险契约，受益人丙明知第三人施行诈欺的情事，得对丙撤销保险契约。保险契约经撤销者，视为自始无效（第114条第1项），故乙保险公司对丙无支付保险金义务。

第八节　意思表示及契约的解释[①]

第一款　意思表示解释的基本问题

一、甲出售某店铺于乙，价金新台币（下同）20.8万元，书立契约，附有日后甲中奖，得以时价买回之条件。甲以中奖10元，条件已成就，请求买回该屋，有无理由？

二、法律系学生丙在大学附近甲经营的饭馆用餐，私自带走菜单作为纪念。多年后该生已成为有名法官，良心不安，秘密放回该菜单。某乙初次到甲饭馆，见该菜单，惊喜于菜美价廉，乃告诉甲曰："高级豪华特餐一份。"甲表示："谢谢。"乙尽情愉快享受晚餐。付款时，发现事实真相，该菜单所载价格已涨一倍。试说明甲与乙间的法律关系。[②]

一、意思表示解释的重要性

法律人的主要工作在于解释，其客体有二：一为法律，二为意思表示，二者均在正确理解其解释对象。意思表示（包括法律行为、契约）的解释应与法律解释同受重视，亦属法律人应予学习掌握的能力、技巧及艺术。[③]

意思表示及契约的解释涉及三个层次的问题：

[①] 参阅崔恩宁：《经验法则与意思表示之解释》，载《军法专刊》2018年第64卷第6期，第67页；吴从周：《法律行为解释、契约解释与法律解释》，载《"中研院"法学期刊》2018年第23期，第81页；王文宇：《契约解释与任意规定——比较法与案例研究（上）》，载《台湾法学杂志》2016年第290期，第21页；王文宇：《契约解释与任意规定——比较法与案例研究（下）》，载《台湾法学杂志》2016年第291期，第1页。

[②] 此例参照德国法儒耶林在其Zivilrechtsfälle ohne Entscheidung一书所设实例，引自Medicus, AT, S. 126; Larenz, AT (7. Aufl.), S. 540; Wieser, Zurechenbarkeit des Erklärungsinhalts?, AcP 184 (1984), 40 ff.。

[③] 关于法律解释，参阅本书第58页；王泽鉴：《民法思维》，北京大学出版社2022年重排版，第159页以下；关于契约解释在比较法上的分析，最属简明者，参阅Hein Kötz, Europäisches Vertragsrecht I (Tübingen 1996), S. 162 ff.; Karl Riesenhuber, Europäischer Vertragsrecht (Berlin 2003), S. 26 ff.; Hein Kötz, Vertragsauslegung—Eine rechtsvergleichende Skizze, in: FS Zeuner (Tübingen, 1994), S. 219 ff.。

①有无意思表示:某特定行为(作为或不作为)是否为意思表示?明示或默示意思表示?[①] 此常在决定该行为究系法律行为(契约),抑或为好意施惠行为。

②意思表示的内容如何:就契约言,其应经由解释而认定的,尚包括:

A. 一方当事人所表示,究为要约的引诱,抑或为要约?[②] 例如自动贩卖机的摆设?

B. 契约是否因当事人互相意思表示一致而成立?

C. 当事人所订立契约(如民宿提供三餐契约),究属何种类型:a. 有名契约,抑或为无名契约? 如为有名契约,则究属何种有名契约。如为无名契约,则究为纯粹无名契约、混合契约或准混合契约? b. 预约抑或为本约?[③] 此项认定的主要功能在于适用或类推适用某类型契约的强行或任意规定。

D. 当事人所约定契约的义务究为主给付义务、从给付义务或附随义务?

E. 契约附有约款时,其约款究为条件、期限或负担。如为条件,究为解除条件,抑或为停止条件?[④] 所约定的若为条件,其条件是否成就(参阅案例一)?

③契约漏洞补充:是否有所谓的"漏洞",应如何予以补充?

[①] "最高法院"2011年台上字第325号判决:"承租人放弃优先承买权,必于其知悉买卖条件后,始能为之,倘其仅知出卖之事实,不知买卖之条件,尚无从决定是否依同样条件优先购买,自无放弃优先承买权之可言。何况承租人就优先承买权,固得于知悉土地买卖之条件后,以明示或默示之方式表示抛弃;惟所谓默示之意思表示,系指依表意人之举动或其他情事,足以间接推知其效果意思者而言,若单纯之沉默,则除有特别情事,依社会观念可认为一定意思表示者外,不得谓为默示之意思表示。"

[②] "最高法院"1962年台上字第3121号判例:公产机关通知承租人办理特种房地申购手续,其性质为要约之诱引,上诉人既未依照通知,提出承购申请书为要约之意思表示,两造间之买卖契约显未合法成立。

[③] 关于契约类型及其认定,参阅王泽鉴:《债法原理》,北京大学出版社2022年重排版,第99页以下。"最高法院"1975年台上字第1567号判例:"预约系约定将来订立一定契约(本约)之契约。倘将来系依所订之契约履行而无须另订本约者,纵名为预约,仍非预约。本件两造所订契约,虽名为'土地买卖预约书',但买卖坪数、价金、缴纳价款、移转登记期限等均经明确约定,非但并无将来订立买卖本约之约定,且自第3条以下,均为双方照所订契约履行之约定,自属本约而非预约。"

[④] "最高法院"1951年台上字第1636号判例:"'土地法'第103条之规定,并非禁止租用基地建筑房屋之契约附有解除条件,亦不排除'民法'所定解除条件成就之效果,上诉人与某甲所订如业主需要随时可拆迁基地之特约,自应解为附有解除条件。"

二、案例研习

在前揭案例一(中奖买回房屋),甲与乙所立契约中关于甲于日后中奖,得以时价买回的停止条件,究系指甲于日后中奖金额在 20.8 万元以上时,条件始告成就;抑或指甲中奖时,条件即为成就,中奖金额多少在所不问;甚至系指甲有钱时,即得以时价买回,诚有疑义。既有疑义,必须经由解释探求当事人的真意。

"最高法院"1955 年台上字第 1103 号判决认为甲中奖 10 元,条件未成就,请求买回该屋,为无理由。盖该屋在买卖当时即值 20.8 万元,而契约又未记载得以中奖 10 元为条件可以买回,依据契约之文义,亦应解释为中奖金额在 20.8 万元以上时,始合于约定之真意,则契约中所谓中奖即不包括奖券之 10 元在内。

"最高法院"此项认定是否确实符合当事人真意,暂不具论,须强调的是,法律行为解释的必要,并为法律实务上的重要问题。

案例二(菜单案例)涉及意思表示解释的基本问题:菜单究为要约引诱抑或为要约?乙依旧菜单而点菜,若为要约,是否与甲的承诺内容一致而成立契约,故乙仅须依旧菜单支付价金。此涉及究应依表意人或相对人的立场解释意思表示?于此情形,甲得否以意思表示内容错误撤销其意思表示?抑或其买卖契约不成立,而有不当得利规定的适用?此一案例凸显意思表示及契约解释的任务在于衡量当事人的利益,合理分配因不同了解立场而发生不同认知的危险。[①]

三、意思表示(契约)解释、法律解释、法之适用

法之适用,系将抽象的法律规范适用于具体的案例事实,而处理案例事实所指向的法律问题。须特别提出的是,案例事实包括法律行为上的意思表示及契约,例如甲将其所有房屋借乙之名登记,乙擅将该屋让售于

---

① "最高法院"2006 年台上字第 151 号判决谓:"'民法'上所谓意思表示,系指表意人将企图发生一定私法效果之意思,表示于外部之行为而言。又依'民法'第 153 条规定观之,意思表示之方式,有明示与默示之分,前者乃表意人将其所欲发生之效果意思表示于外,例如买受人向出卖人表示愿以若干价格购买何物是;后者则由表意人之某项举动或其他情事间接推知其企图发生何私法效果之意思所在,例如进入餐厅坐于餐桌旁之座椅要求服务生提供菜单目录,有默示用餐之意是。"要求服务生提供菜单目录本身,是否为默示意思表示?尚有研究余地。

知情之丙,并移转其所有权(第758条)。此涉及二个契约关系:①甲与乙间的借名登记;②乙处分该屋(物权契约,第758条)的效力。从而发生甲得向丙或向乙主张何种权利。

为探寻请求权基础,须认定及解释甲与乙间的借名登记究系何种契约? 有名契约或无名契约? 若属无名契约,准用何种有名契约? 借名登记契约与信托行为及通谋虚伪意思表示的区别? 借名登记契约的内容(房屋的使用、收益、管理等)? 出名人擅将该屋所有权移转,究为有权处分,抑或为无权处分? 兹以下图显示此种实务上重要案例法之适用的构造:

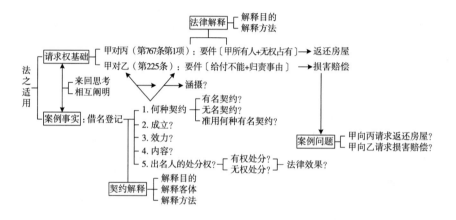

关于借名登记的法律关系,详见本书相关部分(本书第401页)。① 应说明的有二:

①关于契约关系的法之适用,必须结合契约解释与法律解释。

②意思表示解释及法律解释,因其客体不同,而有本质上的差异。法律系抽象概括的规范,以不特定的多数人为对象。法之适用,包括法律解释及法之续造。法律解释的目的在于探求规范意旨,采文义、体系、历史、目的等解释方法。法之续造在于以类推适用填补法律漏洞。意思表示通常系对特定人为之,须顾及相对人个别理解的可能性及当事人依该意思表示(法律行为、契约)所欲实现的私法上效果。故意思表示的解释应有

---

① 参阅王泽鉴:《民法思维》,北京大学出版社2022年重排版,第340页,案例〔29〕借名登记:本土案例法的特色。

不同于法律解释目的之客体及方法,将于下文详为论述。

第二款　意思表示解释之目的、客体及方法

第一项　意思表示解释之目的

"民法"第 98 条规定:"解释意思表示,应探求当事人之真意,不得拘泥于所用之辞句。"由是可知意思表示解释之目的乃在探求当事人之"真意"。问题在于"当事人之真意",究指何而言。意思表示旨在发生一定的法律效果,表意人内心的效果意思体现于外部的表示,意思表示解释所要探求的真意,应依意思表示的种类(如有无相对人)及解释的层次(阐释性解释及补充解释)而有不同:在有相对人的意思表示,应顾及相对人了解的可能性,以探求表示行为的客观意义;在补充解释,其所探求的,乃所谓"假设当事人的意思",以补充意思表示(尤其是契约)内容的不备。

第二项　意思表示解释之客体

意思表示解释之目的,在于探求当事人的"真意",已如前述,但其解释的客体,则是体现于一定行为(如信函、传真、邮件、举手、点头)的"表示"。最高法院 1930 年上字第 28 号判例谓:"解释当事人所立书据之真意,以当时之事实及其他一切证据资料为其判断之标准,不能拘泥于字面或截取书据中一二语,任意推解致失真意。"(已停止适用)其中探求"真意"为解释目的,"书据"为解释客体,"当时之事实及其他一切证据资料"等,则为解释所用的材料。

解释客体的表示行为,得为"作为"或"不作为"。作为包括明示或默示。不作为之构成意思表示须有当事人的约定,或依交易惯例及诚实信用原则而为认定。兹举三例加以说明:

①甲对乙曰:"前日受你诈欺,购买某泡水车,请返还所付价金。"此属明示表示,其真意究为"撤销"其受诈欺之意思表示(第 92 条),抑或行使物之瑕疵担保权利,"解除"契约(第 359 条),应依相关证据资料,探求当事人真意,加以认定。

②甲在乙快餐店径行取走一份三明治,放置 50 元于柜台,不发一语而离去,乙见而不语,微笑点头,乃默示表示订立买卖契约、甲移转 50 元

硬币所有权及取得该份三明治所有权的意思表示。

③甲对乙曰："贵书局出版民法新书,请即寄送。若不买,3日内退还。"乙寄某民法总则于甲,甲于3日内未退书,因其缄默而成立承诺的意思表示。

第三项　意思表示解释之方法

一、基本原则：整体性解释

关于如何解释意思表示,探求当事人真意,"最高法院"判例多涉及契约,认为："解释当事人之契约,应于文义上及论理上详为推求,不得拘泥字面,致失当时立约之真意"(最高法院1930年上字第58号判例,已停止适用);"契约应以当事人立约当时之真意为准,而真意何在,又应以过去事实及其他一切证据资料为断定之标准,不能拘泥文字致失真意"(最高法院1930年上字第453号判例,已停止适用);"解释当事人之契约,应以当事人立约当时之真意为准,而真意何在,又应以过去事实及其他一切证据资料为断定之标准,不能拘泥文字致失真意"("最高法院"1950年台上字第1053号判例);"解释当事人立约之真意,除双方中途有变更立约内容之同意,应从其变更以为解释外,均以当事人立约当时之真意为准"("最高法院"1960年台上字第303号判例)。其较综合的见解,见于"最高法院"1976年台上字第2135号判决："第按解释契约,应探求当事人立约时之真意,而于文义上及论理上详为推求当事人之真意如何？又应斟酌订立契约当时及过去之事实,其经济目的及交易上之习惯,而本于经验法则,基于诚实信用原则而为判断。"此为"最高法院"一再援用解释意思表示(契约)的基本原则(参阅"最高法院"2020年台上字第2283号、2021年台上字第214号、2020年台上字第2991号等判决),可称为契约和谐、一贯性及目的性的整体解释原则,应特别指出的有四点：

①契约文义与当事人真意：解释契约,固须探求当事人立约时之真意,不能拘泥于契约之文字,但契约文字业已表示当事人真意,无须别事探求者,即不得舍文字而更为曲解。惟须说明的是,契约文字业已表示当事人真意,乃解释的结果。

A. 在一个关于委任契约授与代理权让售房屋的案件,涉及其买卖契约不成立或无效时,其代理权的授与是否及于移转所有权的物权行为的案件,"最高法院"2017年台上字第1427号判决谓:"系争授权书记载被授权人周○,授权事项'代理本人(上诉人)就前开(土地、建物)(系争不动产)全权行使办理出售、移转等手续及其他有关权利变更管理、收益、处分等行为'。依其文义,能否谓其无上诉人系授权周○于有合法出售等债权行为时,得移转系争不动产所有权之真意,而有授权周○可于无合法出售等债权行为时,径将系争不动产之所有权移转之意思,即滋疑问,原审未细心勾稽,遽以前开理由,谓周○于两造就系争不动产无买卖关系存在之情况下将系争不动产所有权移转登记予被上诉人,对上诉人发生效力,爰为上诉人不利之判决,亦有未合。"

B. 在一个关于公司特别股认股契约有关发行股份解释的争议案件,"最高法院"2017年台上字第78号判决谓:"订约时,与契约履行攸关之法律限制规定,虽未订明于契约,惟依当事人订约时之真意及该规定之制度目的,可认当事人系以该限制规定为基础而为相关权利义务之约定者,除当事人就该限制规定失效后之权利义务关系预为约定外,应认该限制规定已成为契约之一部。纵该限制规定之全部或一部事后失效,当事人亦须另有合意,始得变更包含原限制规定在内之原有契约法律效果。"

②交易习惯与诚实信用(契约解释的客观化):将交易习惯及诚实信用原则作为解释的准据,在解释方法上具有突破性的意义,使意思表示的解释得以客观化。按"民法"第98条系仿自《德国民法典》第133条,该规定本身则沿自罗马法,以无相对人意思表示(尤其是遗嘱)为规范对象,致受批评。《德国民法典》于第157条又规定:"契约应顾及交易上惯例及依诚实信用原则解释之。"判例(裁判)学说均结合《德国民法典》第133条及第157条而解释意思表示及契约,足供参考。

③解释因素的综合判断:意思表示(尤其是契约)解释的思考方法同于法律解释,须综合其文义、体系(条款的关联性),发生史(缔约的磋商等过去的事实)及契约目的(经济目的或交易目的),本诸经验法则及诚实信用原则而为判断,并应详为论证,落实于个案的检验。

④符合法律及公序良俗解释:在法学方法论上有所谓的符合宪法的法律解释(Verfassungskonforme Auslegung des Gesetzes)。在意思表示(法律行为)的解释上,亦有所谓符合法律或公序良俗的契约解释,以维持契

约的效力。①

二、无相对人或有相对人意思表示的解释

意思表示,可分为无相对人的意思表示及有相对人的意思表示,其解释方法应有不同:

(一)无相对人的意思表示的解释:遗嘱的解释

无相对人的意思表示,指意思表示不必向相对人为之,即能生效,如权利的抛弃、书立遗嘱。于此等情形,既无相对人信赖保护问题,其应探求的当事人真意,指内心意思而言,但仍须依诚实信用及交易惯例加以认定。遗嘱具有三个特性:①可任意使用其文字。②要式行为。③无相对人的单独行为。在解释上应实现遗嘱之目的。例如甲嗜酒如爱书,常以图书馆称其酒窖,其遗嘱载明:"以图书馆遗赠乙。"乙为甲的酒友,探求甲的真意,应认甲遗赠于乙的,系酒窖的藏酒。②

(二)有相对人的意思表示的解释

有相对人的意思表示,须向相对人为之始能生效,如要约、承诺、解除、撤销、终止等,其目的在使相对人得能知悉意思表示的内容,从而其应探求的,非系表意人内心的真意。惟单从相对人的了解的立场而为解释,亦不足保护表意人。为平衡当事人的利益及合理分配危险,应以客观上的表示价值作为认定意思表示内容的准据(规范的解释,normative Auslegung)。例如甲致函于乙,内心意在出售 A 地,而误书为 B 地时,自客观化受领人的立场(der objektivierte Empfängerhorizont)加以判断,应认为甲的"真意"在于出售 B 地,惟甲得以表示行为上错误而撤销其意思表示,但须负信赖利益之赔偿责任(第 88 条、第 91 条)。在此种解释,一方面要求表意人于表示其意思时,应顾及相对人了解可能性;他方面相对人亦须尽必要注意去正确了解表意人之所欲,故在解释上应特别斟酌交易目的及利益状态、相对人明知或可得而知的事实,并就磋商过程,依交易惯例及诚实信用原则加以综合判断。

---

① Vgl. Johannes Hager, Gesetzes-und Sittenkonforme Auslegung und Aufrechterhaltung von Rechtsgeschäften (München 1983).

② 此为德国教科书常举的案例(Brox/Walker, AT, S. 61)。台湾地区实务上似未见关于无相对人意思表示解释的判决,特为引用,以供参考。

三、解释方法的位序关系及共同协力

契约解释有多种方法,如何定其位序关系及共同协力?"最高法院"1999年台上字第1671号判决称:"表意人所为表示行为之言语、文字或举动,如无特别情事,应以交易上应有之意义而为解释,如以与交易惯行不同之意思为解释时,限于对话人知其情事或可得而知,否则仍不能逸出交易惯行的意义。解释意思表示端在探求表意人为意思表示之目的性及法律行为之和谐性,解释契约尤须斟酌交易上之习惯及经济目的,依诚信原则而为之。关于法律行为之解释方法,应以当事人所欲达到之目的、习惯、任意法规及诚信原则为标准,合理解释之,其中应将目的列为最先,习惯次之,任意法规又次之,诚信原则始终介于其间以修正或补足之。"

关于本件判决应特别说明的有二:

①位序协力关系[①]:"最高法院"就法律行为的解释,提出各种解释方法,并明确其适用顺序。在规约解释的方法论上亦发生关于各种解释方法(文义、体系、历史、符合"宪法"解释)的位序问题。"最高法院"见解具有参考价值,以契约目的作为最先顺序,基本上可资赞同,但应顾及各种解释方法的协力关系,不能任由法院采取所谓从实或从严解释方式,将文义不明之不利益归由特定之一方承受("最高法院"2014年台上字第1364号判决)。

②论证义务:法律解释、契约解释均应详为论证,须就个案阐释如何采用解释方法而达成结论,不能仅笼统提出解释方法,而疏于事实认定及法律判断。诚如"最高法院"1996年台上字第2585号判决所强调:"解释当事人之契约,应于文义上及论理上详为推求,以当时之事实及其他一切证据资料为其判断之标准,不能拘泥字面,致失当时立约之真意。两造对于契约约定之真意如有争执,法院自应探求当事人订约之真意,而为判断,并将如何斟酌调查证据之结果,形成自由心证之理由载明于判决,否则即有判决不备理由之违法。"

[①] 关于法律解释方法的位序关系及解释客观性,参阅王泽鉴:《民法思维》,北京大学出版社2022年重排版,第198页以下。

四、解释准则

兹举四个"最高法院"所使用的解释准则:

(一)"用语错误无害真意"原则①

最高法院1948年上字第7691号判例谓:"契约解除权之行使,依民法第258条第1项之规定,应由当事人向他方当事人以意思表示为之,不得请求法院为宣告解除之形成判决。此项意思表示本不限于诉讼外为之,亦无一定方式,苟于诉讼上以书状或言词,由有解除权人向他方当事人表示其解除契约之意思,即应认为有解除之效力。"

本件判例系采"误载(或误言),无害真意"(falsa demonstratio non nocet)的解释方法。就表意人言,其真意乃在解除契约,就相对人可理解的表示意义言,亦属如此,"最高法院"肯定得发生解除的效力,实值赞同。在著名的 Haakjöringsköd 案件②,德国帝国法院认为如买卖双方当事人都使用 Haakjöringsköd 来表示鲸鱼肉,而该词通常定义是鲨鱼肉,则契约内容系关于鲸鱼肉,如卖方交付鲨鱼肉,买方得以债务不履行请求损害赔偿(RGZ 99, 148)。

(二)意义明确原则

"最高法院"1997年台上字第3873号判决谓:"按探求契约当事人之真意,应通观契约全文,依诚信原则,从契约之主要目的及经济价值等作全盘之观察,若契约文字,有辞句模糊,或文意模棱两可时,固不得拘泥于所用之辞句,但解释之际,并非必须舍辞句而他求,倘契约文字业已表示当事人真意,无须别事探求者,即不能反舍契约文字更为曲解。查系争协议书第4条第3项既明白约定契约当事人之一方如将其股份移转于第三人前,应征求他方之书面同意,则其契约文字,似无辞句模糊、文义模棱两可之情形,原审未遑就契约全文作全盘之观察,借以探求当事人间作此约定之主要目的何在?率以所谓书面同意之'书面',仅系证明业经同意之证据方法,并非必备之法定方式,而为不利于上诉人之判决,尚嫌速断。"

---

① Vgl. Semmelmayer, „Falsa demonstratio non nocet", JuS 1996, L9 ff.; Wieling, Die Bedeutung der Regel „Falsa demonstratio non nocet" im Vertragsrecht, AcP 172 (1972), 297 ff.

② Vgl. Cordes, Der Haakjöringsköd-Fall, Jura 1991, 352 ff.

"最高法院"系采所谓的"意义明确原则"(Eindeutigkeitsprinzip)[①],即契约文字不能违反其明确的文义而为解释。此就原则言,固属正确,但认定"其契约文字,似无辞句模糊、文义模棱两可之情形",实乃经由解释所获的结论。

(三)社会一般人通念

"最高法院"1997年台上字第1843号判决:"系争离婚协议书第5条虽仅记载'男方某名下坐落于台北市复兴南路二段○○○巷○号房屋一幢(原判决载为一栋)过户给女方',惟两造均非专习法律之人,其用字遣词自难与法律所规定完全一致,参酌两造系约定'房屋一栋过户'及社会一般人之通念,应认两造约定赠与者,除系争房屋外,尚包括该房屋坐落之基地。"

在本件判决,"最高法院"提出"社会一般人之通念"的解释标准,其应探求者,非表意人之内心意思,而是客观上得认知的意思,即所谓的"规范意义"(Normativer Sinn)。[②] 赠与房屋一栋过户,倘不包括该房屋坐落之基地,则受赠人占有基地的本权,将引起争议。又此项赠与系基于离婚协议,应特别考虑其交易目的及相对人的保护,衡诸诚实信用原则,肯定其赠与"房屋一栋过户"的约定及于该屋坐落的基地。

(四)书面契约完整

"最高法院"2004年台上字第988号判决谓:"按当事人于订立书面契约时,如未将先前洽商有关契约履行之事项以文字记载于契约者,除法律另有规定或另有变更契约内容之意思表示合致外,应仅得以该契约文字之记载作为解释当事人立约当时真意之基础,无须别事探求。本件纵认上诉人所主张:被上诉人于游说其投资时,于洽商中曾有多项之保证一节为真实,惟两造与建新公司订立系争保证书时,既未将攸关上诉人所主张应由被上诉人负履约责任之内容以文字加以记明,揆诸首揭说明,原审认应以系争切结书之记载,作为认定两造间权利义务关系之基础,因而为上诉人不利之判决,于法即无不合。"此种解释可称为契约文本完整性解释准则。

---

① 此为罗马法学家保罗(Paul)在学说汇纂(Dig. 32, 25, 1)所提出的解释原则:"文义无歧义者,不许探究内心意思"(Cum in verbis nulla ambiguitas est, non debet admitti voluntatis quaestio, also: Wo der Wortlaut keine Mehrdeutigkeit aufweist, ist die Frage nach dem Willen unzulässig),引自 Medicus, AT, S. 134; Scherer, Die Auslegung von Willenserklärungen „klaren und eindeutigen" Wortlauts, Jura 1988, 302 ff.。

② Vgl. Wieser, Empirische und Normative Auslegung, JZ 1985, 407 ff.

第四项 耶林的旧菜单案例

一、耶林的著名案例

19世纪德国法学教育采取案例教学,所有的教授都要担任案例研习课程。伟大法学家耶林所提出法学上著名的菜单案例(Speisekartenfall)(参阅本书第441页案例,请再阅读,思考如何解答),涉及意思表示解释的基本问题。在此有相对人的意思表示,表意人真意的探求,须顾及相对人的信赖,以受领者的立场作为出发点。受领者依诚实信用原则亦应尽其必要注意,考量其所可得而知的情况,探究表意人真意之所在。

饭馆的"菜单",具价目表的性质(第154条第2项),系属要约的引诱。对客人言,依其尽通常注意而为的了解,该菜单应属有效,其"点菜"系以该菜单的价格而为缔约的意思表示(要约)。对饭店主人言,其所理解者,系客人依目前有效的价格而为点菜。于此,发生订约当事人各依其立场而为不同的认知:饭店主人系欲以目前有效的价格为承诺,客人则理解为此项承诺系就旧菜单的价格而言。然不得因此即认双方意思表示不合致,买卖契约不成立。饭店主人对于旧菜单的出现应为防范,须承担旧菜单出现的危险,具有可归责事由,故应例外地使饭店主人对客人就其承诺的理解负责,而肯定双方当事人以旧菜单的价额成立契约。[①] 于此情形,无过失的饭店主人得以意思表示内容错误为理由,撤销其承诺的表示,惟应对相对人的信赖利益负损害赔偿责任。

二、案例研习

甲到乙经营的餐厅用餐,看见墙壁白板上菜单有300元的烤牛肉特餐,遂向乙点餐。乙询问甲内用或外带,甲回复内用。用餐后欲付款时,乙表示价金350元,并表示白板上为旧的菜单,价钱尚未更改,餐桌菜单是新的,有标价350元。甲表示未看桌上的菜单,和乙发生争论。适有某法律系学生在场,甲、乙请其提供法律见解。请参阅本书相关论述,思考如何解答,并以请求权基础方法,写成书面。

[①] Vgl. Medicus, AT, S. 121. 拉伦茨原认契约因意思不合致而不能成立(7. Aufl., S. 342),但 Larenz/Wolf, AT (8. Aufl.), S. 540 改采梅迪库斯(Medicus)见解。

第三款　契约漏洞与漏洞填补①

一、甲医生为小儿科专家，将其经营之儿童医院让售于乙医生，举家迁移他处。1年后因水土不服，乃回台在其原有医院近处开业，致乙之业务深受影响。乙诉请法院禁止甲在该处开业，甲以契约未设明文，提出抗辩。问乙之主张有无理由？

二、甲在A地上盖有B屋，分别将A地与B屋出售于乙、丙，并办理所有权移转登记。试问乙得否向丙主张无权占有，请求拆屋还地？

一、契约漏洞与填补的方法

（一）契约漏洞

契约因当事人互相意思表示一致而成立。在契约履行过程中常会发生关于某种事项，依其契约规范计划应规定而未规定，如清偿时、清偿地、运送费用负担等，学说上称为契约漏洞（Vertragslücke）。契约漏洞有于订约时即已存在，有于其后发生，不论其原因如何，当事人未获致协议时，即产生应如何填补的问题。

在一个涉及材料供货商应否提供原厂出厂证明及产品检验合格证明等相关文件的案例（"最高法院" 2016年台上字第1902号判决），原审法院谓："上诉人担任材料供货商之公共工程实际经验丰富，对提供相关证明文件有预见可能性，且上开文件之提供并非难事。系争工程为公共工程，对材料之查验收受等有严格之程序，未提供原厂出厂证明及产品检验合格等相关证明文件之材料，可能无法通过查验程序，基于诚实信用原则及契约之补充解释，应认上诉人负有交付系争材料相关证明文件之从给付义务。""最高法院"强调："就契约进行补充性之解释，非确认当事人于订约时，关于某事项依契约计划显然应有所订定而漏未订定，致无法完满达成契约目的而出现契约漏洞者不得为之，俾尊重当事人自主决定契约内容之权利，并免于任意侵入当事人私法自治之领域及创造当事人原有

---

① Vgl. Brox/Walker, AT, S. 66; Brehm, AT, S. 242; Bork, AT, S. 199; Medicus, AT, S. 132; Rüthers/Stadler, AT, S. 192; Wolf/Neuner, AT, S. 403. 相关论文，参阅 Henckel, Die ergänzende Vertragsauslegung, AcP 159 (1960), 106; Larenz, Ergänzende Vertragsauslegung und dispositives Recht, NJW 1963, 737。

意思以外之条款。"(请阅读判决书)此项见解具有二个重要意义：

①肯定契约漏洞及其补充解释。

②以补充解释填补契约漏洞的界限。

(二) 填补方法

"民法"第 153 条第 2 项规定："当事人对于必要之点，意思一致，而对于非必要之点，未经表示意思者，推定其契约为成立，关于该非必要之点，当事人意思不一致时，法院应依其事件之性质定之。"所谓法院应依其事件之性质定之，有认为系指法院应以客观标准，衡情度理，予以处断。① 有认为法院应考虑法律所定的原则(契约常素)、给付性质、当事人之目的及契约订立准备行为之经过等。② 有认为乃由法院解释，而以任意法规，习惯，法理为标准认定之。③ 本书认为应分二个层次加以处理：

①适用任意规定。

②对契约为补充解释。

二、任意规定

契约漏洞，原则上应先由任意规定加以补充。例如甲向乙购买地毡，长度短少具有瑕疵，而当事人关于物之瑕疵未设约定时，应依"民法"关于物之瑕疵担保之规定处理(第 354 条以下)。然任意规定有时而穷。再者，任意规定系立法者为某种契约的典型利益状态而设，以实现契约正义，倘当事人所订立契约与法定契约类型的内容未尽符合；或就整个契约内容观之，当事人无意适用任意规定时，即有对契约作补充解释的必要。

三、契约的补充解释

(一) 契约补充解释的意义及功能

契约的补充解释(ergänzende Vertragsauslegung，补充的契约解释)，指对契约加以解释，创设客观规范，以填补契约漏洞。其功能及方法不同于探求当事人真意的阐释性解释(erläuternde Vertragsauslegung)。

法院实务上并未明确区别此二种解释方法。在"最高法院"1961 年

---

① 参阅王伯琦：《民法债篇总论》，第 25 页。

② 参阅史尚宽：《债法总论》，第 16 页。

③ 参阅何孝元：《民法债篇总论》，第 25 页。

台上字第1158号判决,乙向糖业公司租用基地建筑房屋,约定未得出租人允许不得将"基地"转租他人使用,乙将"地上房屋"转让于丙。"最高法院"认为:依"民法"第98条规定,解释意思表示,不得拘泥于文字,房屋与基地有不可分离之关系,不能离开基地而单独占有房屋,故租约所定不得将基地转租他人使用之限制,应解释为包括基地上之房屋,亦不得转让,否则,原约定将毫无意义。然所谓"基地",无论采取如何广义的解释,均不能包括"地上房屋"。"最高法院"所称"解释",实已进入契约补充的阶段。"阐释性解释"与"补充解释"的区别并非泾渭分明,而是具有流动性,但其思考方法不同,基本上仍有区别的意义。

意思表示及契约的解释功能及方法,因其解释客体及解释阶段而异,为便于观察,图示如下:

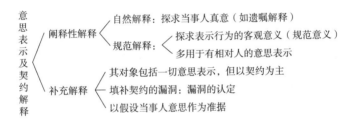

(二)假设的当事人意思

在契约的补充解释,其所探求的,系当事人明知契约未规定之点时,其合理所意欲者,究属如何,学说上称为假设的当事人意思(hypothetische Parteiwille,推断的当事人意思)①,即应以当事人于契约上所作的价值判断作为出发点,基于诚实信用原则并斟酌交易上习惯而为认定。② 契约的

---

① "最高法院"1989年台上字第1408号判决谓:"土地之租赁契约,以承租人自行建筑房屋而使用之为其目的者,非有相当之期限不能达其目的,故当事人虽未明定租赁之期限,依契约之目的,探求当事人之真意,亦应解为定有租至房屋不堪使用时为止之期限,并应受'民法'第449条第1项期限不得逾二十年之限制。"在本件判决,当事人既未明定租赁之期限,属应契约漏洞,依其契约之目的而探求之"当事人之真意",实乃"假设的当事人意思"。

② 契约漏洞如何补充是各国或地区契约法的共同问题,德国法上"假设的当事人意思",在功能上相当于英国契约法上的默示条款(implied term),参阅 Ewan McKendrick, Contract Law (4th edition, London 2000), pp. 202-205。在美国默示条款被认为是空缺补充规则(default rules),参阅 Farnsworth, Dispute over Omission in Contracts, 68 Colum. L. Rev. 860 (1968); Barnett, The Sound of Silence: Default Rules and Contractual Consent, 78 Va. L. Rev. 821 (1992)。

补充解释，本质上仍属解释。其所解释的，系当事人所创设的契约规范整体，其所补充的，乃契约未规定的内容。契约的补充解释不能用于变更契约内容，致侵害私法自治原则，故法院对契约作补充解释时，应认识此种危险性，而注意守其分际。

(三) 案例研习

在前揭案例一，乙主张甲不作为请求权的根据为其与甲订立的契约。契约书对乙所为主张，并未设有规定，具有契约漏洞。问题在于可否依契约的补充解释使乙取得请求权基础。甲将其经营的儿童医院让售于乙，乙所买受的，除医院设备外，尚有该医院的病患关系。当事人订立医院让渡契约，系以甲不致在原址近处重新开业为前提。设当事人虑及此点，依契约之目的及诚实信用原则和交易惯例判断之，当会禁止甲在其让售医院之近处重新开业，从而乙与甲间的契约应依此趣旨而为补充，认乙之主张有理由。①

四、契约的补充解释的界限及任意法规的制定

"最高法院"1959 年台上字第 1457 号判例谓："土地与房屋为各别之不动产，各得单独为交易之标的，且房屋性质上不能与土地使用权分离而存在，亦即使用房屋必须使用该房屋之基地，故土地及房屋同属一人，而将土地及房屋分开同时或先后出卖，其间虽无地上权设定，然除有特别情事，可解释为当事人之真意，限于卖屋而无基地之使用外，均应推断土地承买人默许房屋承买人继续使用土地。"

此项判例在实务上甚属重要，就结论言，应值赞同，否则将会发生无权占有拆屋还地，影响房屋承买人利益甚巨。所谓"有特别情事，可解释为当事人之真意，限于卖屋而无基地之使用"，乃当事人事实上经验的意思。所谓"均应推断土地承买人默许房屋承买人继续使用土地"，就契约补充的解释而言，系指"假设的当事人意思"，此应依契约目的、诚实信用原则及交易惯例而为认定。

须注意的是，在本件，"最高法院"认定土地承买人默许房屋承买人继续使用土地，房屋承买人自应支付相当对价，故其法律关系相当于契

---

① 本案例参照《德国联邦最高法院民事判例集》(第 16 卷)，第 17 页 (BGHZ 16, 17)；王泽鉴：《债法原理》，北京大学出版社 2022 年重排版，第 211 页。

约。准此以言，上开判例实已脱离契约解释的范畴，而为当事人创造了契约。为此，"民法"第425条之1规定："土地及其土地上之房屋同属一人所有，而仅将土地或仅将房屋所有权让与他人，或将土地及房屋同时或先后让与相异之人时，土地受让人或房屋受让人与让与人间或房屋受让人与土地受让人间，推定在房屋得使用期限内，有租赁关系。其期限不受第四百四十九条第一项规定之限制。前项情形，其租金数额当事人不能协议时，得请求法院定之。"

在案例二，涉及同属一人土地与房屋分别买卖的案例类型，为合理规范当事人间的法律关系，由"契约的补充解释"，移向"任意法规"的制定，有助于认识此二种填补契约漏洞方法的功能及界限。"民法"第425条之1系将"假设的当事人意思"，由法律加以推定，并容许以"经验上的真意"，反证予以推翻，旨在补充契约的不完整性，具有减轻契约磋商成本负担的功能。任意规定（如关于物之瑕疵担保责任等），不仅在于补充契约之不备，并在合理分配契约上的危险，平衡当事人利益，兼具有实践正义功能。

第四款　契约解释：事实问题？法律问题？

一、"最高法院"见解

意思表示（法律行为）的解释究为法律问题抑或为事实问题，向有争论，"最高法院"见解迭经变更，如最高法院1944年上字第6028号判例称："解释契约属于事实审法院之职权，当事人不得以其解释之不当，为第三审上诉理由。""最高法院"1975年台再字第140号判例称："解释意思表示原属事实审法院之职权，原确定判决不过就事实审法院所确定之事实为法律上之判断，事实审法院解释意思表示，纵有不当，亦不生适用法规显有错误问题。"惟"最高法院"1994年台上字第2118号判例则认为："解释契约固属事实审法院之职权，惟其解释如违背法令或有悖于论理法则及经验法则，自非不得以其解释为不当，援为上诉第三审之理由。""最高法院"1996年台再字第6号判决仍称："'民事诉讼法'第496条第1项第1款所谓适用法规显有错误者，不包括认定事实错误、取舍证据失当，解释契约不当及判决不备理由之情形在内。"但"最高法院"1996年台上字第2585号判决又认为："解释当事人之契约，应于文义上及论理上详为推求,以当时之事实及其他一切证据资料为其判断之标准,不能拘泥字面,致失当时立约之真意。两造对于契约约定之真意如有争执,法院自应探求当事人订约之真意,而为判断,并将如何斟酌调查证据之结果,形成自由心证之理由载明于判决,否则即有判决不备理由之违法。"

二、上诉第三审的肯定

按意思表示的解释,可分为二个阶段,其所涉及的,若为解释客体(如使用的文字、语言动作)及解释资料(如特定交易惯例的存在)的探究,属事实认定问题。至于解释本身,乃法律上评价,属法律问题。之所以不认为意思表示解释得为上诉第三审的理由,或系认为事实问题与法律问题虽属不同的过程,但常交错一起,宜保留于事实审法院,使其得有某种判断余地。纵采此见解,意思表示解释不合于论理法则或经验法则者,仍应许其援为上诉第三审的理由。或有认为第三审的功能乃在统一法律见解,法律行为上意思表示本身及其所生法律效果仅涉及个别当事人,故应限制其得上诉第三审。纵采此见解,法律行为上的意思表示具有超越个人,具一般重要性者,如定型化契约条款的解释,应得以其法律上判断不当援为上诉第三审的理由。

第七章　条件与期限

——法律行为的规划及风险管控

阅读下列案例,试作归类,说明何谓法律行为的附款?何者为条件(停止条件、解除条件)、期限(始期、终期)及负担?并分析讨论其意义、区别及功能:

1. 赠甲此屋,惟甲须月捐1万元给教会。
2. 考上律师时,赠甲此法袍。
3. 分期支付之价金完全清偿时,甲即取得此车所有权。
4. 吾子结婚时,甲应即返还所借房屋。
5. 明年3月3日参加甲旅行社专团,赴新西兰观赏哈雷彗星。
6. 自今日起借甲此屋,惟应于2030年7月7日返还。

第一节　风险管控与规范功能

第一款　法律行为的风险与管控

一、计划、风险及管控

法律行为旨在实现一定的私法上效果,契约更在于规划社会生活及经济活动。法律行为的作成、契约内容的形成常基于一定现实的认识及未来发展的期待。但世事难料,非己力全能控制,例如某球队以重金聘请某球员担任投手,订约后发现该球员曾参与球赛赌博而被禁赛。以分期付款出售汽车时,必须设计防范买受人不依约支付价金风险的机制。

法律行为(契约)的订立具有风险。管控法律行为的计划与现实不符的风险是法律人重要的任务。学习法律在某种意义上就是学习如何认知法律上的风险,如何管控风险、分散风险。风险管控有助于降低不确定性,减少交易成本,促进社会经济活动。

二、法律规范

法律规范具有合理分配法律行为(契约)风险的功能,"民法"总则编关于意思表示成立、生效、错误的规定均具分配风险的功能。表意人应否承担意思表示未经其同意而"发出"的法律效果?受领人如何承担受领使者未适时转达意思表示的不利益?双方动机错误如何处理,始能兼顾当事人利益?因此须以符合事理的风险分配去制定法律,解释法律规定,从事法律行为,订定契约。

关于法律行为的风险分配,值得提出的是"民法"第227条之2关于情事变更的规定:"契约成立后,情事变更,非当时所得预料,而依其原有效果显失公平者,当事人得声请法院增、减其给付或变更其他原有之效果。前项规定,于非因契约所发生之债,准用之。"在一件涉及钻探地质的案件,"最高法院"2015年台上字第132号判决强调:"按当事人为避开情事变更原则之适用,于契约中对于日后所发生之风险预作排除请求增加给付之约定者,倘综合当事人之真意、契约之内容及目的、社会经济情况、一般观念及其他客观情事,认该风险事故之发生及风险变动之范围,为当事人于订约时所能预料,当事人固不得再根据情事变更原则,请求增加给付。惟该项风险之发生及变动之范围,若非客观情事之常态发展,且已逾当事人于订约时所认知之基础或环境,而显难有预见之可能性时,本于诚信原则对契约规整之机能,自仍应许当事人依情事变更原则调整契约之效力,不受契约原订排除条款之拘束,庶符情事变更原则所蕴含之公平理念。"

三、私法自治与风险管控

私法自治强调当事人意思自主原则。私法自治具有风险,但也提供了控制风险的机制,例如当事人得以合意排除任意规定,可以为解除契约或终止契约的约定,可以约定债务人不履行时应支付的违约金。须特别提出的是,"民法"总则编规定了二个管控法律行为风险的制度:

①条件。
②期限。

第二款　条件与期限的功能

一、管控风险的功能

任何人为法律行为时,多基于对现状的认识及对其将来发展的预期。例如甲认识丙女,期待最近结婚,而向乙租屋,乙期待能适时收回已出租的房屋而为承诺。惟事情发展常难尽如人意,如甲的女友丙于结婚前夕变心,或乙的房客丁表示续租时,计划与现实即告脱节,因而发生风险分配问题。为顺应当事人需要,"民法"乃本乎私法自治原则,创设二种制度,俾供利用,一为条件,二为期限,前已说明。条件及期限,除分配交易上风险外,亦具有引导相对人为特定行为的功能,例如"倘你今年高中律师考试,赠你一套诉之声明用书并无偿出借邻近法院的房屋",或"二星期内不付清积欠租金时,即终止契约"。

二、条件与期限的区别

条件,指法律行为效力的发生或消灭,系于将来成否客观上不确定事实。①

期限,指法律行为效力的发生或消灭,系于将来确定发生的事实。

条件与期限乃同以将来的事实为内容,其主要区别在于条件系针对客观上不确定的事实,期限则为确定发生的事实。"最高法院"2021年台上字第1348号判决谓:"'民法'所谓条件,系当事人以将来客观上不确定事实之成就或不成就,决定法律行为效力之发生之一种附款。苟当事人仅以其履行系于不确定之事实之到来者,则非条件,应解释为于其事实之到来时,为权利行使期限之届至;惟主张其事实到来之人,仍应就其主张负举证之责。"

兹举四例说明如下②:

①甲对乙曰:"你结婚之日,赠你赴欧洲度蜜月费用。"此为附条件赠与,因乙是否结婚,何日结婚,皆难预料(时期不确定,到来亦不确定)。

---

① 与此项"条件"意义,应予区别者,系作为契约内容的"交易条件",如买卖契约中关于标的物、价金、清偿时、清偿地的条款。又条件亦指法律行为效力所系的不确定事实本身,如"民法"第99条第1项规定,附停止条件之法律行为,于"条件"成就时,发生效力,即指此意义而言。

② 参阅梅仲协:《民法要义》,第98页。

②甲对 17 岁乙曰:"你成年之日,赠你雷诺汽车一部。"此亦为附条件赠与,因甲的成年时期,虽属确定,但未达成年前死亡,亦属可能(时期确定,到来不确定)。

③甲对乙曰:"战争终止之时,购买你在该地的农场。"此为附期限的买卖,因战事何日结束虽难预料,但终有停止之日(时期不确定,到来确定)。

④甲对乙曰:"明年春节,参加你举办的东京迪士尼乐园旅行团。"此为附期限旅游契约,因其事实确定且必能到来(时期确定,到来亦确定)。

"最高法院"2019 年台上字第 2370 号判决谓:"'民法'所谓条件,系当事人以将来客观上不确定事实之成就或不成就,决定法律行为效力之发生或消灭之一种附款,倘当事人非以之决定法律行为效力之发生或消灭,仅以之为既存债务履行之期限者,则属清偿期之约定。又按当事人以不确定事实之发生为债务之清偿期,如该事实已确定不能发生,应认其清偿期已届至。"

三、条件与期限的并存

同一法律行为得同时附以条件与期限。例如甲向乙购买房屋,甲与丙约定:"若乙如期于 3 月 1 日交屋,出租该屋,租期 3 年。"在此情形,"若乙交屋"为条件,"为期 3 年"为期限。甲得并用二者,规划租赁契约,控制风险。

四、条件、期限与负担:法律行为的附款

(一)法律行为的附款

条件或期限均系当事人对其意思表示效力所附加的限制,构成意思表示(法律行为)的一部分,有此附款的法律行为,称为附条件(或附期限)的法律行为。应注意的有三:

①条件或期限为法律行为的内容,得以明示或默示为之。
②条件或期限依"要约与承诺"成为契约内容。
③契约附有条件或期限时,契约本身有效成立,仅其效力的发生或消灭,系于条件是否成就、期限是否到来。

(二)条件与负担

法律行为的附款,于条件及期限外,尚有负担(附负担的法律行

为),如附有负担的赠与(第412条)、附有义务的遗赠。关于条件(或期限)与负担的区别,可举一例加以说明:甲对乙曰:"烟酒伤人,如能戒之,当赠此车。"此为附条件的赠与。倘乙未戒烟酒,惟赠与不生效力,甲不能诉请乙履行。反之,倘甲对乙曰:"赠你此车,但须戒烟酒。"此为附负担的赠与,乙有履行戒烟酒的义务,如不为履行,甲得撤销其赠与,并请求乙返还其受赠的汽车(第412条第1项)。由是可知,条件虽有停止法律行为效力的作用,但无强制性。反之,负担虽有强制性,但无停止法律行为效力的作用。

第二节 条 件

第一款 条件的种类

试就下列案例说明当事人间的法律行为是否有附条件?何种条件?效力如何?(请思考当事人如何运用条件控制风险)

1. 甲向乙批发贩卖时装,约定月底结算货款,未出售者退还。
2. 甲对乙表示:"一周内未清偿积欠租金,即依法终止租赁契约。"
3. 甲对乙曰:"考上驾照,赠你此书。"实则乙于前日考上驾照,甲不知之。
4. 甲之子被乙驾车撞死,甲与乙订立和解契约,乙赔偿100万元,约定于甲撤回告诉时,始生效力。
5. 甲对同居的乙女曰:"赠你此屋,若不维持同居时,应返还之。"于办理该屋所有权移转登记后半年,乙对甲表示终止同居关系。

一、停止条件及解除条件

(一)停止条件

"民法"将条件分为停止条件及解除条件。停止条件乃限制法律行为效力发生的条件,即法律行为于条件成就时发生效力(第99条第1项),于条件不成就时不发生效力。兹录二则"最高法院"判例以供参考:

①债务人约定,以其将来可取得某特定不动产所有权为因供担保设

定抵押权之条件,即属"民法"第 99 条第 1 项所谓附停止条件之法律行为,于条件成就时发生效力,故在债务人取得某特定不动产所有权之前,所附停止条件尚未成就,其约定因供担保设定抵押权之法律行为,亦未发生效力,此际债务人自不负就某特定不动产,为因供担保设定抵押权登记之义务(1951 年台上字第 1682 号判例)。

②两造就系争工程款所为之和解契约,既附有须经上诉人之上级官署核准之停止条件,则其上级官署未予核准,即难谓非其条件不成就,依"民法"第 99 条第 1 项规定之反面解释,自属未生效力(1955 年台上字第 541 号判例)。

(二)解除条件

解除条件乃限制法律行为效力消灭的条件,即已发生的法律行为于条件不成就时保持其效力,于条件成就时,则失其效力(第 99 条第 2 项)。兹亦录三则"最高法院"裁判,以供参考:

①买卖契约:买卖货物之契约,订定买受人应将定金以外之货款尽本月底交付,到期不交,契约即告失效者,系以到期不交货款为其契约之解除条件,此项解除条件成就时,买卖契约失其效力,出卖人即免其交付货物之义务(1940 年渝上字第 1249 号判例)。

②租赁契约:租赁契约定有存续期间,同时并订有以出租人确需自住为收回之解除条件者,必于条件成就时,始得终止租约。所谓自住,系指客观上有收回自住之正当理由及必要情形,并能为相当之证明者而言,不以主观情事之发生为已足(1959 年台上字第 228 号判例)。

③附解除条件之契约与契约解除:按附解除条件之契约及契约之解除,系属不同之法律概念。附解除条件之契约,于条件成就时,不待当事人另为意思表示,该契约当然失其效力;而契约之解除,则须有解除权之人以意思表示行使其解除权,始生契约解除之效力。又解释契约,固须探求当事人立约时之真意,不能拘泥于契约之文字,但契约文字业已表示当事人真意,无须别事探求者,即不得反舍契约文字而更为曲解。上开系争契约第 5 条第 3 项之记载文义,已表明于系争房屋经鉴定为辐射屋、海砂屋或建物主结构损坏达危楼标准等重大瑕疵时,买卖双方同意无条件解除系争契约,自属附解除条件之契约,且为两造就买卖标的物之瑕疵担保责任所为特别约定,并排除"民法"第 359 条解除契约规定之适用(2010 年台上字第 1532 号判决)。

(三) 解释问题

当事人所约定的,究为停止条件抑或为解除条件,系属解释问题。例如甲经营服饰店,向乙批发时装,约定于某日结算货款,未出售者退还(案例1)。在此情形,解释上得认系对时装买卖附有条件,其所附的条件且为停止条件。甲出售其所批发的时装时,买卖契约始因条件成就而生效力,甲负有支付价金的义务。

二、条件依其内容而为的分类

(一) 偶成条件

偶成条件,指其条件成否无关乎当事人意思,而取决于偶然事实,包括天灾、政治、经济、社会事件、第三人的行为及意思决定等。例如出生、成年、股市指数、主管机关的核准、某一法律的公布施行等。

(二) 随意条件

1. 随意条件的种类

随意条件,指当事人一方的意思,可决定其成就与否的条件,尚可分为:

①纯粹随意条件。其条件成否纯由当事人决定,别无其他因素(德国法上称为 Wollensbedingung),例如:"此车赠你,我欲使用时得随时取回"(由债务人一方意思决定);"赠你此车,不用时则还我"(由债权人一方意思决定)。

②非纯粹随意条件。其条件成否除本于当事人的意思外,尚须有某种积极事实(德国法上称此种条件为 Potestativbedingung 或 Willkürbedingung),例如:"你如考上驾照,赠你此车。"在实务上最常见的保留所有权买卖(附条件买卖、物权行为附停止条件),其条件成否系于买受人是否支付价金(详见下文)。

2. 附纯粹随意条件法律行为的效力

法律行为附以偶成条件、非纯粹随意条件或混合条件的,均属有效。在附纯粹随意条件的情形,其条件系于债权人一方意思的,不论为停止条件(你若愿意,赠你此车)抑或为解除条件(此车赠你,不用时则还我),均属有效。"民法"第384条规定:"试验买卖,为以买受人之承认标的物为停止条件而订立之契约。"其立法理由谓:"试验买卖者,关于买卖之标的物,以买受人承认为条件之买卖也。买卖关系成立后,特附以必须买受人就于买卖标的物表示承认之条件,始生买卖契约之效力,故试验买卖契约,为附停止条件之契约。此本条所由设也。"此项试验买卖所附停止条件,系纯粹随意条件。

纯粹随意条件系于债务人一方意思的,若为解除条件(赠你此车,我欲用时,得随时取回),其法律行为有效;如为停止条件(我愿意时,赠你此车),则为无效。

在"最高法院"1966年台上字第214号判决,养父甲将土地赠与养子,养父去世后,因养媳行为不检,养母与养子同意终止收养关系,并另订立契约,由养母保留土地管理权,约定将来养媳如痛改前非遵守妇道,经养母认为名誉不再受损时,准回复收养关系,将土地返还养子。其后因养母不愿重新收养,养子诉求确认养母之管理权不存在,有无理由?

"最高法院"准养子之所请,其判决理由认为附停止条件之法律行为,如其条件仅系于债务人之意思者(纯粹随意条件之一种),无效。本件所订停止条件即养媳之痛改前非、遵守妇道,须经养母认定,是为附停止条件之回复收养关系,其条件仅系于债务人片面之意思,故附此条件之回复收养关系之法律行为无效,以此无效法律行为条件之土地管理权授与契约,亦属无效。

(三)混合条件

混合条件,指其成就与否取决于当事人及第三人的意思,例如:"你与某女结婚时,赠你此车。"

三、真正条件与不真正条件

条件得分为真正条件及非真正条件。真正条件,指以客观上不确定之事实为内容的条件。非真正条件,指徒具条件的外观,而不具条件实质者而言,亦称假装条件或表见条件。说明如下:

(一)法定条件

法定条件,指以法律对法律行为效力的发生或消灭所规定其须具备的要件,作为条件。例如限制行为能力人购买机车,约定以法定代理人事后同意(承认)为"条件"。此为法定条件,因"民法"第79条设有明文,无适用"民法"关于条件规定的必要。

(二)既成条件

关于既成条件(已定条件),"最高法院"1979年台上字第2861号判例作有详细之说明,认为:法律行为成立时,其成就与否业已确定之条件即所谓既成条件,亦即法律行为所附条件,系属过去既定之事实者,虽其有条件之外形,但并无其实质之条件存在,故纵令当事人于法律行为时,不知其成否已经确定,亦非"民法"第 99 条所谓条件。"民法"关于既成条件虽未设明文规定,然依据法理,条件之成就于法律行为成立时已确定者,该条件若系解除条件,则应认法律行为为无效。(相同见解,2014 年台上字第 516 号判决。)①

须说明的是,倘所附"既成条件"为停止条件,例如"考上律师,赠你一本最新版 Palandt 德国民法注释书",当事人不知昨日发榜业已考上时,应认为该法律行为无条件。至于条件之不成就,于法律行为时已确定者,其附停止条件时,法律行为为无效;附解除条件者,则为无条件。

(三)不能条件

不能条件,指以客观上不能成就的事实为内容的条件。如以之为停止条件时(如长江北流,赠此长江万里图),其法律行为无效;如以为解除条件,则视为无条件。

(四)不法条件

不法条件,指以违法或有背于公序良俗之事项为内容之条件。"最高法院"1976 年台上字第 2436 号判例谓:"上诉人为有妇之夫,涎被上诉人之色,诱使同居,而将系争土地之所有权移转登记于被上诉人,复约定一旦终止同居关系,仍须将该地返还,以资钳制,而达其久占私欲,是其约定自系有背善良风俗,依'民法'第 72 条规定应属无效,上诉人依据此项特约,诉请被上诉人移转系争土地之所有权殊非正当。"按在本件判例,当事人约定一旦终止同居关系,被上诉人仍须返还该地,应认赠与契约附有解除条件,以有背于公序良俗之事项为内容,应属无效,故被上诉人系无法律上之原因受有利益,应成立不当得利(第 179 条),但因系不法原因给

---

① 在一件涉及海砂屋买卖的案件,"最高法院"2010 年台上字第 1532 号判决认为:"法律行为成立时,其成就与否业已确定之条件即所谓既成条件,亦即法律行为所附条件,系属过去既定之事实者,虽具有条件之外形,但并无其实质之条件存在,故纵令当事人于法律行为时,不知其成否已经确定,亦非'民法'第 99 条所谓条件。……查两造约定系争房屋经检测确认为海砂屋者,两造双方同意无条件解除契约,属附解除条件之契约,而系争房屋经鉴定结果系为海砂屋,乃原审合法确定之事实。惟系争房屋是否为海砂屋,乃两造订立买卖契约前已既定之事实,检测鉴定不过其确认方法,是纵两造于订约时,主观的不知系争房屋系海砂屋,而仍以之为解除条件,依前揭说明,仍应认其买卖为无效。"

付,上诉人不得请求返还(第180条第4款)。①

第二款　不容许附条件的法律行为

一、法律行为得附条件的原则

基于私法自治原则,法律行为以得附条件为原则,包括负担行为及处分行为。

二、不容许附条件的法律行为

基于公益或私益的考量,使某种法律行为不得附条件,学说上称为不许附条件的法律行为,或禁忌条件的法律行为。分述如下:

(一)公益上不许附条件

此指婚姻、收养、离婚、认领等身份行为而言。禁止的理由在于维护公序良俗。

(二)私益上不许附条件

"民法"第335条第2项规定,抵销之意思表示附有条件或期限者,无效。此项规定蕴含一般法律原则,即解除、撤销、承认权之行使等单独行为本为确定法律关系,如容许附加条件,将使法律关系愈不确定,易陷相对人于不利,故为保护相对人利益,原则上应认不许附加条件。惟有二种例外:

①附加条件经相对人同意。
②条件之成就与否,纯由相对人决定。

(三)法律效果

在不许附条件之法律行为,如附以条件时,不能一概认为其法律行为全部无效,应视该行为性质,参酌"民法"第111条但书规定而定其效力。例如协议离婚时,以金钱之给付为离婚之条件,倘无法依当事人之意思将给付与离婚分开时,其身份关系系于不确定的事实,违反公序良俗,整个行为即为无效。反之,金钱给付与离婚表示可以分开时,离婚为有效("最高法院"1970年台上字第1284号判决)。

---

① 参阅王泽鉴:《以同居为条件之赠与及不法原因给付》,载王泽鉴:《民法学说与判例研究》(第三册),北京大学出版社2009年版,第94—101页。

第三款 条件的效力

甲擅将乙寄存的母犬,以10万元出售于善意之丙,先为交付,约定于丙完全清偿价金前,甲仍保留所有权。试问:

1. 此为何种法律行为,附何种条件?
2. 丙付清价款时,始知甲非所有人时,其法律效果如何?
3. 于丙付清价金前,该母犬生有小犬时,其所有权于条件成就时归属何人?甲、丙约定条件成就有溯及效力时,其法律效果如何?

一、条件成就及其效力

(一)条件成就

条件之成就,指其内容事实业已实现。甲对乙曰:"今年考上律师,赠此珍贵法袍。"乙果考中,则其停止条件成就。"民法"第101条第1项规定:"因条件成就而受不利益之当事人,如以不正当行为阻其条件之成就者,视为条件已成就。"例如:"不动产买卖契约纵附有卖方应于办理继承登记完毕,买方始支付价金及请求产权移转登记之约定,亦属附有以办毕继承登记为发生效力之停止条件问题,如卖方拒不办理继承登记,以不正当之消极行为阻其条件成就,依'民法'第101条第1项规定,应视为条件业已成就,买方非不得行使其请求权。"(1998年台上字第89号判决)条件之成就,应由主张之人负举证责任。

不正当行为之认定,"最高法院"2014年台上字第2068号判决谓:"又按因条件成就而受不利益之当事人,如以不正当行为阻其条件之成就者,视为条件已成就,'民法'第一百零一条第一项定有明文。此固为维护诚实信用原则,贯彻附条件法律行为之效力,于因条件成就而受不利益当事人以不正当行为阻止条件成就时,特设该条件视为已成就之规定。惟对于条件成就施以影响之行为,究应如何定性其为不正当行为?举凡故意妨害、违反法令或违背正义之行为均属之外,当视法律行为时当事人之意思依诚实信用之原则客观地评价,以决定该当事人所为是否可被允许?其评价之作成,并应考虑该当事人对系争条件之成就施以影响之动机、目的,再参酌具体个案情况予以认定之。倘系争条件成就之促成,系以不作为之方式为之,于评价该不正当性时,更应以作为义务之存在为前提。""最高法院"2017年台上字第2085号判决谓:"所谓以不正当行为阻其条件之成就,虽不以作为为限,不作为亦包括在内,惟均须具有阻却条件成就之故意,并其行为与条件之不成就有相当因果关系,始足当之。"

(二)条件成就的效力

"民法"第99条规定:"附停止条件之法律行为,于条件成就时,发生效力。附解除条件之法律行为,于条件成就时,失其效力。依当事人之特约,使条件成就之效果,不于条件成就之时发生者,依其特约。"关于本条的解释适用,应说明者有三:

1. 当事人能力准据时点

关于当事人的权利能力、行为能力、法定代理人的同意或善意等,系以法律行为作成时为准据,而非以条件成就为其判断时点。例如甲附条件赠与某车于乙,设乙于其后受监护宣告,于条件成就时,虽为无行为能力人,其赠与仍为有效。又甲擅将乙所有之画,以保留所有权方式(附条件买卖)让售于善意的丙,丙虽于其后知悉甲为无权处分,于条件成就时,仍能取得该画所有权。

2. 条件成就不溯及既往

条件成就的效力,应自条件成就时发生,并不溯及既往。当事人得以特约,使条件成就之效果,不于条件成就时发生,而溯及于法律行为作成之时发生。如附停止条件买卖母犬,条件成就时,母犬在此之前所生小犬,仍归出卖人所有。在附解除条件的租赁,在条件成就前承租人对租赁物的使用收益具有法律上原因,不成立不当得利。当事人的特约仅具债权效力。

3. 附解除条件之契约与契约之解除

买卖契约附解除条件者,于条件成就时发生解除契约的效力。关于其与"契约之解除"法律效果的不同,"最高法院"1985年台上字第1354号判决谓:"附解除条件之契约及契约之解除,二者法律效果截然不同。附解除条件之契约,于条件成就时,当然失其效力;而契约之解除则以解除权人行使解除权为必要,须以意思表示为之。契约之解除有溯及效力,解除条件之成就,原则上并无溯及之效力。又契约解除时,当事人偿还义务之范围,依'民法'第259条之规定;附解除条件之契约,于条件成就而失其效力时,当事人间之偿还义务,则依不当得利之规定。"

4. 债权行为附条件

条件的成就,如其行为系债权行为时,发生债权行为效力。附停止条件的房屋买卖,于条件成就时,买卖契约发生效力,一方得请求交付其物并移转其所有权,他方得请求支付价金并受领标的物(第348条、第367条)。附解除条件买卖契约,于条件成就时,买卖契约失其效力,其自他方而受领给付的法律上原因其后不存在,应依不当得利规定(第179条)负返还义务。当事人以特约使条件之成就有溯及效力时,仅具债权效力。

5. 物权行为附条件

条件的成就,如其行为系物权行为时,发生物权行为效力。例如甲向乙以分期付款方式购买母犬,乙交付母犬于甲,约定于甲付清价金前,乙仍保留所有权(物权行为附停止条件)。该母犬如生小犬,在条件成就前者,归属于乙,在条件成就后者,归属于甲。如当事人以特约使条件之成就有溯及效力时,其效力究为债的效力,抑或为物权的效力,涉及当事人及第三人利益甚巨。通说认为当事人的特约,应发生物权行为效力。①

准此以言,该母犬所生小犬系在条件成就之时前,仍属于乙。设甲占有该小犬,而将之让售于善意之丙时,其移转所有权系无权处分,但有动产善意取得规定的适用(第801条、第948条)。

二、条件不成就及其效力

(一)条件不成就

条件不成就者,指其内容事实确定不实现。例如在前举"今年考上律师,赠此珍贵法袍"之例,设乙未能考中,则其条件不成就。"民法"第101条第2项规定:"因条件成就而受利益之当事人,如以不正当行为促其条件之成就者,视为条件不成就。"所谓促其条件之成就,必须有促其成就之故意,始足当之,若仅有过失,不在适用之列("最高法院"1978年台上字第770号判例)。在前举之例,如乙以舞弊方法考上律师时,应视为条件

---

① 参阅史尚宽:《民法总论》,第449页;洪逊欣:《中国民法总则》,第432页;王伯琦:《民法总则》,第181页谓:"附停止条件之所有权转让行为,于条件成就时所有权当然移转,如甲向乙借用牛一头,约定如甲买得所耕之田,即取得牛之所有权,甲于买得所耕之田时,即取得牛之所有权,该牛如生小牛,在条件成就前者,归属于乙,在条件成就后者,归属于甲。"此例甚具启示性。有疑问的是,甲向乙借用牛一头,系债权行为,似非附停止条件之所有权移转行为。

不成就,乙不得向甲请求交付法袍。① 所谓以不正当行为阻止其条件之成就,包括不作为在内,倘依契约或通常情形,须当事人一方之协力行为,始能使其条件成就者,为图免因条件成就而受不利益,任意不为该行为,即系以不正当消极行为阻止条件之成就,自应视为条件业已成就("最高法院"2002年台上字第1212号判决,不同见解,参阅2016年台上字第683号判决)。

(二)条件不成就的效力

条件不成就的效力如何,"民法"无明文规定。在解释上应认为停止条件不成就时,法律行为确定不生效力;买卖契约附有停止条件者,于条件成就时,始生效力,若条件已属不能成就,则该项契约自无法律上效力之可言(1933年上字第1130号判例)。解除条件不成就时,法律行为继续发生效力。

第四款　附条件利益(期待权)的保护

一、甲与乙约定:"你若考上音乐系,卖你此小提琴。"设甲(或第三人)毁损该琴;或甲将该琴让售于丙,并移转其所有权,于条件成就时,乙得主张何种权利?

二、甲向乙购买新开发精密电脑一部,价金100万元,约定分10个月支付,惟须于价金全部清偿时,始取得标的物之所有权。甲于受领电脑后,已支付八期的价金。试问:

1. 甲与乙间的法律行为及其所附条件为何?
2. 设该电脑被丙不慎毁损时,甲、乙得对丙主张何种权利?
3. 设该电脑送回乙处检查,乙擅将之出售于丁,并移转其所有权于丁时,甲对丁得主张何种权利?
4. 设甲于付清价金前擅将该电脑让售于戊,并移转其所有权于戊时,乙得对戊主张何种权利?

---

① "最高法院"1999年台上字第2446号判决:上诉人依约所分得房屋之瑕疵,被上诉人业已修缮完毕,公共设施除网球场外亦均已兴建完成,而网球场部被上诉人于1994年六七月间即欲于后山施工,却为上诉人等部分地主所阻,迄今无法完成,亦为上诉人所不争执,则协议书所附退还保证金之条件,因上诉人以不正当行为阻止条件成就,依"民法"第101条之规定,应视为条件已成就,上诉人自应返还保证金。

一、条件成否未定前的法律状态：期待权

法律行为附条件时，于条件成就前处于未确定的状态，在法律行为效力悬而未定的期间，当事人仍应受其法律行为的拘束，不得单方予以撤回，尤其是发生所谓的法律行为先效力（Vorwirkung），当事人负有注意义务，使法律行为所企图实现的法律效果于条件成就时，得获实现。"民法"第100条规定："附条件之法律行为当事人，于条件成否未定前，若有损害相对人因条件成就所应得利益之行为者，负赔偿损害之责任。"附条件的法律行为，于条件成否未定前，当事人既应受其拘束，且有"民法"第100条规定的保护，其因条件成就得取得某种权利的先行地位，应予以权利化，学说上称为期待权（Anwartschaftsrecht），使其得为处分或继承的客体。

二、债权行为附条件

在前揭案例一，甲与乙约定："你若考上音乐系，卖你此小提琴。"若甲毁损该小提琴，而乙于考上音乐系（条件成就）时，乙得依"民法"第100条规定向甲请求损害赔偿，此是否须以甲有故意或过失（可归责事由）为要件，"民法"第100条未设明文，但应予肯定。盖过失责任为民法基本原则，于此种先契约义务亦应有其适用。

设甲将该琴出卖于丙，并移转其所有权，乙于条件成就时，虽得依"民法"第100条规定向甲请求损害赔偿，但不得向丙请求返还该琴。盖丙系自所有人甲受让该琴所有权，乙于条件成就时所取得者，乃基于买卖契约而生的债权，无"民法"第767条第1项规定的适用。第三人因过失毁损该小提琴时，乙于条件成就时，亦不得依"民法"第184条第1项前段规定向加害人（第三人）请求损害赔偿。

三、处分行为（物权行为）附条件

（一）保留所有权（附条件买卖）与物上期待权

在处理附条件的法律行为时，首须究明二事：

①何种法律行为附有条件，负担行为（债权行为）抑或为处分行为（物权行为、准物权行为）？

②其所附之条件，究为停止条件抑或为解除条件？

在前揭案例二,甲向乙购买电脑,价金 100 万元,约定分 10 个月支付,于价金全部清偿时,甲始取得标的物所有权,应认甲与乙间买卖契约有效成立,并未附条件;其附条件的,系移转该电脑所有权的物权行为(第 761 条),其所附的条件为停止条件。甲与乙间买卖契约既系有效成立,甲有依约定付款的义务,于价金全部清偿时,条件成就,当然发生物权变动的效果,甲即取得该电脑所有权。在价金未全部清偿前,该物权行为之效力发生与否虽仍处于未确定之状态,惟甲有一旦条件成就即取得电脑所有权的希望。此种因具备取得某种权利之部分要件而受法律保护的期待地位,学说上称为"期待权",前已论及。甲于条件成就时可取得的权利为电脑所有权,故其期待权又称为物上期待权(或所有权期待权)①,为便于观察,图示如下:

(二)侵害期待权的侵权责任

在前揭案例二,于条件成就前,第三人丙因故意或过失不法毁损该电脑时,乙系所有权人,得依"民法"第 184 条第 1 项前段规定请求损害赔偿。至于甲得否向丙请求损害赔偿,视"民法"第 184 条第 1 项前段所称权利,是否包括物上期待权而定?

对此问题,通说采肯定见解。盖此种期待权之目的乃在取得所有权,应与物权受相同的保护。故乙与甲各得以所有权及期待权受侵害为理由,向丙请求损害赔偿。因条件成否尚未确定,为兼顾双方当事人

---

① 关于期待权之一般理论及附条件买卖(保留所有权买卖)买受人的期待权,参阅王泽鉴:《附条件买卖中买受人之期待权》,载王泽鉴:《民法学说与判例研究》(第七册),北京大学出版社 2009 年版,第 177 页;游进发:《附条件买卖之结构》,载陈荣隆教授六秩华诞祝寿论文集编辑委员会:《物权法之新思与新为——陈荣隆教授六秩华诞祝寿论文集》,瑞兴图书股份有限公司 2016 年版,第 109 页以下。德文专论参阅 Georgiades, Die Eigentumsanwartschaft beim Vorbehaltskauf (München 1963); Ludwig Raiser, Dingliche Anwartschaften (Tübingen 1961); Serick, Eigentumsvorbehalt und Sicherungsübereignung, Bd. Ⅰ (Heidelberg 1963); Bd. Ⅳ (Heidelberg 1986).

利益,在解释上应认在乙与甲间成立不可分债权,各债权人仅得请求债务人向债权人全体为给付,债务人亦仅得向债权人全体为给付(第293条)。

(三)出卖人对标的物之处分

在前揭案例二,出卖人乙不慎毁灭甲送修的电脑,甲得依"民法"第100条之规定,请求损害赔偿。而乙将该电脑让售于丁时,应如何处理?

在条件成就前,乙尚系电脑之所有人,故乙将该电脑让与丁,系属有权处分,丁自能取得其所有权。惟为保护期待权人,通说认为附条件的法律行为,如具备公示方法而得对抗第三人者,则有害于期待权的处分行为应解为无效,例如土地之处分附有条件者,如已为预告登记,则于登记后,土地权利人对于其土地权利所为有碍期待权之处分为无效(参阅"土地法"第79条之1第2项)。① 前揭案例二涉及"动产担保交易法"关于附条件买卖规定的适用。

"动产担保交易法"第26条规定:"称附条件买卖者,谓买受人先占有动产之标的物,约定至支付一部或全部价金,或完成特定条件时,始取得标的物所有权之交易。"此所谓"附条件买卖"的概念,未臻精确,易滋疑义。查其内容,实系保留所有权买卖,买卖契约本身并未附有停止条件,其附停止条件者,乃移转标的物所有权的物权行为。"动产担保交易法"第5条第1项规定:"动产担保交易,应以书面订立契约。非经登记,不得对抗善意第三人。"易言之,附条件买卖(保留所有权买卖)之成立,须订立书面,未经登记时,虽仍得对抗恶意第三人,但须经登记始得对抗善意第三人。

据上所述,乙擅将甲送回检修之电脑所有权移转于丁时,甲对丁得主张何种权利,应依下列原则加以处理:

①甲与乙间已依"动产担保交易法"之规定,订立附条件买卖契约,并经登记者,则甲于条件成就时,得主张乙之处分行为有碍于其期待权,应为无效,而依"民法"第767条第1项之规定向丁请求返还其电脑。虽未经登记,但丁为恶意者,亦同。

②甲与乙间未依"动产担保交易法"规定订立附条件买卖契约者,甲

---

① 参阅洪逊欣:《中国民法总则》,第426页;史尚宽:《民法总论》,第443页;王泽鉴:《民法物权》,北京大学出版社2023年重排版,第554页。

不得对丁主张乙之处分行为无效。盖如前所述,在条件成就前,乙仍为标的物之所有人,其处分仍属有效也。纵使甲与乙约定,使条件成就之效果溯及于订约之时,善意之丁仍受"民法"关于动产善意取得规定之保护,取得电脑之所有权,甲仅得依"民法"第100条规定对乙请求损害赔偿。

(四)买受人对标的物之处分

在前揭案例二,期待权在法律上既为一种权利,得为法律交易之对象,故甲得以期待权作为处分之对象。惟在条件未成就前,甲尚未取得标的物之所有权,倘甲将其占有之电脑出售于戊,并交付其物以移转其所有权者,应构成无权处分。在此情形,甲与乙间如已依"动产担保交易法"之规定,订立附条件买卖之书面契约并经登记时,则得对抗善意第三人,乙得对戊主张取回占有标的物(参阅"动产担保交易法"第28条以下规定)。设未订立附条件买卖之书面契约,或虽已订立书面契约,但未经登记者,则善意之戊得依"民法"关于动产善意取得之规定,取得电脑之所有权,乙仅能依债务不履行或侵权行为之规定向甲请求损害赔偿。

第三节　期　限

第一款　期限的意义:关于条件规定的准用及类推适用

一、期限的意义

期限系使法律行为效力的发生或消灭,系于将来确定事实之附款。关于期限与条件的区别,前已述及,兹不赘述。期限与条件在概念上固有不同,在具体个案,有时难以判断,惟二者的法律效果实际上并无差异。

二、始期与终期

期限分为始期与终期。附始期的法律行为(2025年1月1日借你此车;你父死亡时,每月赠与扶养费5万元),于期限届至时,发生效力(第102条第1项),与停止条件相当。附终期的法律行为(2025年1月1日返还你借用的房屋),于期限届满时,失其效力(第102条第2项),则与解除条件相当。在同一法律行为同时附始期及终期者,颇为常见,如约定雇佣(或租赁)契约"始自 2023 年 7 月 1 日"(始期),"终于 2024 年 6 月 30 日"(终期)。

三、法律行为附期限原则及例外

法律行为原则上皆得附期限,包括负担行为及处分行为。法律行为基于公益或私益的理由不许附条件者,亦不得附期限(参照关于条件部分的说明)。

四、附条件规定的准用及类推适用

"民法"第 100 条关于附条件利益保护的规定,于附期限的法律行为准用之(第 102 条第 3 项)。当事人预期不确定事实之发生,以该事实发生时为债务之清偿期者,应认该事实发生时或其已不能发生时,为清偿期届至之时。倘债务人以不正当行为阻止该事实之发生,应类推适用民法第 101 条第 1 项规定,视为清偿期已届至。

"最高法院"2016 年台上字第 1749 号判决谓:"'民法'第 102 条第 3 项准用第 100 条第 1 项规定,系以法律明文拟制不确定事实之发生,使生清偿期届至之法律效果,实则该事实并未现实发生。原判决依其所认定上诉人以不正当行为阻止交屋之事实,适用上开规定,拟制交屋事实之发生,因认上诉人返还保证金及给付价金之清偿期业已届至,此与现实交屋系属二事。纵被上诉人尚未交付房屋钥匙,亦无碍于依上开规定拟制交屋事实,使生清偿期届至之法律效果。"

第二款 期限与清偿期

最高法院 1937 年渝上字第 163 号判例谓:民法第 102 条第 2 项所称附终期之法律行为,系指约明期限届满时,当然失其效力之法律行为而言。本件双方所订买卖布匹之契约,约定 1935 年 6 月内出清,不过定明应为履行之期限,并非同条项所称附终期之法律行为。

附始期法律行为所发生的债权与未届清偿期的债权,应严为区别。前者,如约定自 2023 年 7 月 1 日起承租某屋。后者,如约定租期 3 年,每月 15 日支付租金。"民法"第 316 条规定,定有清偿期者,债权人不得于期前请求清偿,如无反对之意思表示时,债务人得于期前为清偿。①

"民法"第 180 条第 2 款规定,债务人于未到期之债务因清偿而为给付者,不得依不当得利规定请求返还。在因附始期法律行为而生的债务,于期限届至前为清偿者,则得依不当得利规定请求返还。

第四节 体系构成与案例研习

第一款 体系构成

兹为便于综合观察,将法律行为附款、条件及期限的规范体系,图示如下(借助案例理解,不要强记):

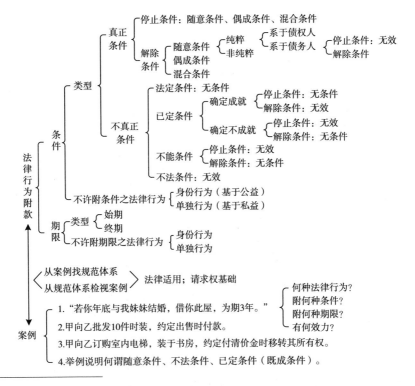

---

① "最高法院"1996 年台上字第 1576 号判决:"系争 2371737 元,既为工程保留款,乃系已确定发生之债权,并非附停止条件之债权,为原审所确定之事实,纵该保留款必须至将来工程全部完工,验收合格时,上诉人始予以支付,亦仅系清偿期是时届至,中鹿公司方得请求给付而已。"

应再强调的是，不要强记规范体系，要对照具体案例，慎思明辨，理解其理由。要以具体案例构建体系，借体系发现法律问题，以体系检视个案，反复思考，以培养体系构成及处理案例的能力。

第二款　案例研习

一、案例事实

甲向乙购某屋，乙逾期迟延给付。甲致函于乙，表示未于2个月内履行契约者，契约即告解除。乙置之不理。经过2个月后甲向乙请求返还支付的价金。甲的主张有无理由（请先思考，提出解题结构）？

二、案例说明

甲得向乙请求返还支付价金的请求权基础，为"民法"第259条第2款规定，此须以买卖契约解除为前提。甲对乙解除买卖契约的意思表示（单独行为）附有停止条件。法律行为得附条件，但解除契约等单独行为原则上不容许附加条件，以避免法律关系不确定，不利于相对人。但在本件案例，应例外认其附停止条件解除买卖契约的意思表示为有效。盖履行契约与否，纯由乙决定，不致损害甲的利益。又甲系以乙将来不履行契约发生解除权，为解除契约意思表示的条件。其解除契约的意思表示同时含有法定的条件，以履行期的届至为催告发生效力的要件。于乙不履行契约时，条件即告成就，买卖契约因而解除。甲得向乙依"民法"第259条第2款规定，请求返还其所支付的价金。

第八章 代 理

——私法自治的扩大与补充

第一节 总 说

甲10岁,继承其父A栋房屋,其母乙以甲之名义刊登出租广告。丙公司的总务主任丁见报后,即与乙联络,以丙公司名义订立租赁契约。试就此例说明:
1. 何谓代理及代理制度的社会功能?
2. 代理制度与私法自治的关系?
3. 何谓法定代理与意定代理?
4. 何谓积极代理与消极代理?

第一款 代理制度与私法自治

一、代理的意义

代理,指代理人于代理权限内,以本人(被代理人)名义向第三人所为意思表示或由第三人受意思表示,而对本人直接发生效力的行为(第103条)。就前揭案例言,丁以丙公司名义承租甲的房屋,乙以甲的名义出租甲的房屋,而在甲与丙公司间成立租赁契约(第421条)。为便于观察,图示如下:

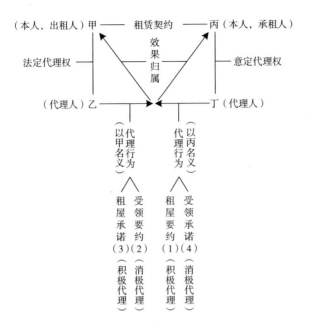

二、规范体系

代理系民法上的基本制度,现行"民法"将代理制度分置两处,于总则编规定一般原则(第 103 条至第 110 条);关于代理权之授与、共同代理及无权代理的部分,则规定于债编通则(第 167 条至第 171 条),其立法体例颇为学者所非议。本书为配合法典的次序,于此以总则编规定为重点,债编的规定亦一并简要叙述①,以呈现代理制度的全貌。

三、代理制度与私法自治

意定代理的作用在于扩张私法自治。在现行分工的社会,从事交易活动,事必躬亲,殆不可能,假手他人,实有必要。就公司言,有董事对外代表法人(第 27 条第 2 项),有受雇人为物之占有(占有辅助人,第 942 条),有使用人辅助为其履行债务(第 224 条)。此外,无论公司或个人,均可借助代理人为其作各种法律行为,尤其是订立契约,扩张私法自治的范围,以满足社会生活的需要。代理制度的发达与企业所有者与经

---

① 参阅王泽鉴:《债法原理》,北京大学出版社 2022 年重排版,第 239 页以下。

营者的分离、财产归属与财产管理的分化,具有密切关系。

法定代理的作用在于补充私法自治。自然人有权利能力,得为权利义务的主体。但为保护意思能力不足之人,"民法"设有行为能力制度,为使未成年人及受监护宣告之人亦得参与社会活动,法律特设法定代理,由法定代理人代为意思表示,并代受意思表示,直接对本人发生效力,俾收权利能力的实效。

四、代理的适用范围

代理的适用,限于为意思表示及受意思表示(法律行为)。对准法律行为(如催告、物之瑕疵的通知)得类推适用。事实行为,如占有、无主物先占、遗失物拾得或侵权行为①,则无代理的适用,应分别适用关于占有辅助人(第942条)或雇用人侵权责任(第188条)的规定。

第二款　代理的分类

代理的类型,依其方式、原因,分成法定代理与意定代理、积极代理与消极代理、共同代理与集合代理、有权代理与无权代理,分述如下:

一、法定代理与意定代理

代理依其发生原因,可分为法定代理及意定代理。代理权的发生基于法律规定的(第1086条、第1088条②、第1098条、第1113条,请阅读条文),称为法定代理;基于法律行为(第167条)发生的,称为意定代理。

---

① "最高法院"1991年台上字第2340号判决谓:"代理行为,或代理本人为意思表示,或代理本人受意思表示,均以意思表示直接对本人发生效力为要件,此观'民法'第103条之规定自明。侵权行为为违法行为,不发生意思表示发生效力之问题,无适用代理规定之余地。故代理人所为侵权行为之法律上效果,非得依代理之法则解为对于本人发生效力。"

② "最高法院"2014年台上字第2650号判决谓:"按'民法'第1088条第2项规定:父母对于未成年子女之特有财产,有使用、收益之权;但非为子女之利益,不得处分之。该条项所谓处分,就广义解释,虽包括事实上之处分与法律上之处分,而法律上之处分,包括债权行为与物权行为在内。惟处分与代理不同,处分系处分人以自己名义为之,代理则系代理人以本人名义为法律行为。而代理人于代理权限内,以本人名义所为之意思表示,直接对本人发生效力,'民法'第103条第1项定有明文。此项规定,无论法定代理或意定代理均有其适用。系争契约书系乙○○当时法定代理人陈○其代理乙○○与上诉人签立,乃原审所确定之事实,原审据而认上诉人未举证证明陈○其为乙○○之利益而处分系争土地,对乙○○不生效力,且乙○○成年后未承认系争契约书,益证系争契约书不生效力云云,不啻混淆处分与代理之观念,已有不当。"

二、积极代理与消极代理

"民法"第103条第1项规定:"代理人于代理权限内,以本人名义所为之意思表示,直接对本人发生效力。"学说上称为积极代理(主动代理),如向第三人为承租(或出租)某屋的意思表示。同条第2项规定:"前项规定,于应向本人为意思表示,而向其代理人为之者,准用之。"这指消极代理(被动代理)而言,如代为受领出租或承租房屋的意思表示。

三、共同代理与集合代理

数人共同行使一个代理权的代理,称为共同代理。在法定代理,父母之法定代理权,原则上应共同行使之(第1089条第1项)。在意定代理,代理人有数人者,其代理行为应共同行使;但法律另有规定或本人另有意思表示者,不在此限(第168条)。在共同代理,若仅由其中一人为代理行为时,即属无权代理,非经本人或其他数共同代理人承认,不生效力。

与共同代理应予区别者,系所谓"集合代理",此指同一内容的数代理权属于数人,而各代理人均有独立的代理权。此乃单独代理的集合,各代理人均有独立的代理权,各得单独为代理行为。

四、有权代理与无权代理

代理以其代理权之有无,可分为有权代理与无权代理。关于此项重要分类,请详阅本书相关部分说明(本书第514页)。

第三款 直接代理与间接代理

学说上有将代理分为直接代理与间接代理,此项区别甚具重要性。直接代理,指代理人于代理权限内,以本人名义所为之意思表示或所受之意思表示,直接对本人发生效力的代理。间接代理系以自己名义为本人之计算而为法律行为,其法律效果首先对间接代理人发生,再依内部关系移转于本人。关于间接代理,"民法"第576条设有行纪规定,系以自己名义为他人计算,为动产之买卖或其他商业上之交易,而受报酬之营业。于其他情形(如委任,第528条),应依其内部法律关系加以处理。

须注意的是,"民法"所称"代理",指直接代理。所谓"间接代理",乃代理的类似制度,并非代理。故直接代理与间接代理非系"代理"的分类。二者的区别甚具实益,再以案例作进一步的说明。

一、直接代理

甲收集古瓶,知乙有 A 古瓶待售,委任丙购买该瓶,并授与丙代理权。丙即以甲的名义向乙购买该瓶,并即付款且受领该瓶。试说明当事人间的法律关系。

甲委任丙向乙购买其待售 A 瓶,甲与丙间成立委任契约(第 528 条),甲并授与代理权于丙(第 167 条)。丙在代理权限内,以甲之名义向乙购买 A 瓶,其买卖契约直接对甲发生效力,故甲得向乙请求交付该瓶,并移转其所有权(第 348 条);乙得向甲请求支付约定价金及受领标的物(第 367 条)。丙支付价金与乙,系履行甲的债务,丙受领乙所交付之瓶,系代理甲为受让其所有权的意思表示(让与合意),并取得该瓶的直接占有,甲为间接占有人(第 941 条),该瓶所有权归属于甲,甲得依"民法"关于委任之规定请求丙交付该瓶(第 541 条第 1 项)。

二、间接代理

甲委任丙向乙购买 A 古瓶,犹豫于采直接代理或间接代理,有何法律上的考虑?

甲委任丙向乙购买 A 瓶,丙以自己名义与乙订立买卖契约,为间接代理。甲所以采间接代理,系为将自己隐身于背后,不显露于外,有不同的理由,或不欲人知其购古瓶之事,或避免乙知购瓶之人而以高价出售。

间接代理在法律构造上有二个各自独立的法律行为:一个存在于本人(委任人)与间接代理人(受任人)之间的委任契约;一个存在于间接代理人与相对人之间的买卖契约。为便于对照,将直接代理与间接代理的法律结构图示如下(请阅读条文):

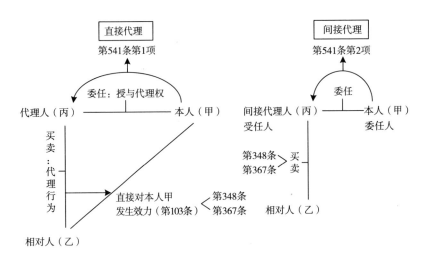

在间接代理,丙与乙间成立买卖契约,仅丙得向乙请求交付该瓶并移转其所有权,乙亦仅能向丙请求支付约定的价金及受领标的物,在甲与乙间不发生何等法律关系。受任人(间接代理人)以自己名义为债权人取得之权利,应移转于委任人(第541条第2项),委任人甲得向受任人丙请求移转其对乙的债权。丙于受领乙依让与合意交付之 A 瓶时(第761条),即取得其所有权。甲得本于委任关系,向丙请求移转该瓶所有权,丙亦得基于该委任关系,向甲请求清偿其已垫付之价金(第541条、第546条)。①

第四款　代理与其他类似制度的区别

——代理人、使者、代表、履行辅助人与占有辅助人

甲公司的董事乙遣17岁工读生丙告知丁,乙授权其以甲公司名义向戊购买某稀有鸡血石,戊的店员庚与丁从事磋商,订立买卖契约,丁刷卡付款予庚,清偿价金,庚即依让与合意将该鸡血石交付于丁。试说明甲、乙、丙、丁、戊、庚的法律上地位(资格)及当事人间的法律关系。此例请读者参照以下说明,自行研究(写成书面)。

---

① "最高法院"1963年台上字第2908号判例:"委任他人为法律行为,同时授与他人以代理权者,受任人所为之意思表示直接对于委任人发生效力,委任人固有请求权。即无代理权之委任,受任人以自己之名义为委任人取得之权利,包括损害赔偿请求权,已依'民法'第541条第2项之规定,移转于委任人者,委任人亦有请求权。"

一、代理人与使者

代理人与使者均系法律行为上本人的辅助人,在理论及实务上均值重视。关于二者的区别,先综合整理如下(请阅读条文),再详为说明(按图索骥,理解体系,发现问题,要理解,不要强记)。

类别	内容	法律规定	种类	发生	能力	意思表示生效	意思表示瑕疵
法律行为的辅助人	代理人	第103条	意定代理(积极代理)	代理权授与(法律行为)	须非无行为能力人	非对话:达到相对人	第105条
			法定代理(消极代理)	法律规定	完全行为能力人	对话:相对人了解	
	使者	第89条	表示使者	本人委托(不必为法律行为)	得为无行为能力人		第89条
			受领使者	本人授权、交易惯例、诚实信用原则		传达进入相对人可支配范围,可理解状态	

案例 — 来回思考法律关系

甲嘱咐其受监护宣告的老父乙将解除租赁契约的信件交于出租人丙,丙不在家,乙将该信件交付于下列之人,并请其转交。

丙之妻
丙7岁之子
大厦管理员
丙的邻居

甲的代理人乙向丙之中古车行购某车,丙的代理人丁明知该车系重大事故车,丙不知之。

表示使者?
受领使者?

甲嘱咐其友人乙告知丙购买10个200元鲑鱼便当,乙因过失(或非因过失或故意)说50个便当。

信件遗失
迟于交付

风险由谁承担?

代理人与使者的不同,在于代理人系"自为"意思表示(积极代理),或受意思表示(消极代理);使者则在"传达"他人的意思表示(表示使者),或受领他人的意思表示(受领使者)。代理人与使者的区别,应就其外部行为从相对人的立场客观地加以认定。代理人对其意思表示内容的形成,具有一定的空间。使者系传达内容已确定的意思,属于一种表示工具。以购书为例,甲授权乙:"到新学林出版公司选购一本民法总则。"乙为代理人。若甲告诉乙:"请通知新学林出版公司寄来某教授所著民法总则。"此时乙为使者(表示使者)。其区别的实益有三:

①行为能力:代理人须非无行为能力人(限制行为能力人亦得为代理人,第104条)。使者得为无行为能力人,例如甲叫其6岁之子乙,告知丙餐厅送来5个排骨便当。

②意思表示错误:代理人的意思表示有错误等情事时,其事实之有无依代理人决之(第105条)。使者系传达他人的意思表示,有无错误等情事,应就表意人决之。意思表示因传达人传达不实者,表意人得依"民

法"第 88 条规定撤销之(第 89 条)。

③身份行为:身份行为不可代理者,可借使者传达其意思表示。例如甲男欲与乙女订婚,羞于表示,得由 16 岁的幼妹传达其订婚的意思。①

应先说明的是,利用他人为代理或使者,一方面扩大私法自治的范围,但也发生风险承担问题,例如代理人意思表示错误、受诈欺或胁迫(或对相对人为诈欺或胁迫)、滥用代理人、传达使者传达不实、受领使者迟于传达等,将于本书相关部分再加以说明。

二、代理人与代表

"民法"第 27 条第 2 项前段规定:"董事就法人一切事务,对外代表法人。"董事为法人之代表。代理与代表的主要区别有二:

①代理人系自为意思表示,而其效果归属于本人。代表以法人名义所为之行为,系属本人(法人)的行为。盖法人无论其为社团或财团,皆不能自为法律行为,须由自然人为之。代表为法人的机关,犹如其手足,其所为的法律行为,即为法人自身所为。诚如"最高法院"1997 年台上字第 1782 号判决谓:"'代表'与'代理'之制度,其法律性质及效果均不同:'代表'在法人组织法上不可欠缺,代表与法人系一个权利主体间的关系,代表人所为之行为,不论为法律行为、事实行为或侵权行为,均为法人之行为;'代理'人与本人则系两个权利主体间之关系,代理人之行为并非本人之行为,仅其效力归属于本人,且代理人仅得代为法律行为及准法律行为。"

代表与代理的法律性质虽异,功能则相类似,故"民法"关于代理的规定得为类推适用。"最高法院"1985 年台上字第 2014 号判例谓:"代表与代理固不相同,惟关于公司机关之代表行为,解释上应类推适用关于代理之规定,故无代表权人代表公司所为之法律行为,若经公司承认,即对于公司发生效力。"

---

① 最高法院 1940 年渝上字第 1606 号判例谓:"两愿离婚,固为不许代理之法律行为,惟夫或妻自行决定离婚之意思,而以他人为其意思之表示机关,则与以他人为代理人使之决定法律行为之效果意思者不同,自非法所不许。本件据原审认定之事实,上诉人提议与被上诉人离婚,托由某甲征得被上诉人之同意,被上诉人于订立离婚书面时未亲自到场,惟事前已将自己名章交与某甲,使其在离婚文约上盖章,如果此项认定系属合法,且某甲已将被上诉人名章盖于离婚文约,则被上诉人不过以某甲为其意思之表示机关,并非以之为代理人,使之决定离婚之意思,上诉理由就此指摘原判决为违法,显非正当。"

②代理限于法律行为。代表除法律行为外，兼及事实行为及侵权行为。代理人使用诈术与相对人订立契约时，本人不因此而负侵权行为责任（但代理人同时为受雇人者，参阅第188条）。代表使用诈术与相对人订约时，法人应依"民法"第28条规定负损害赔偿责任。

三、代理人与债务履行辅助人、为侵权行为的受雇人

"民法"第224条规定："债务人之代理人或使用人，关于债之履行有故意或过失时，债务人应与自己之故意或过失负同一责任。但当事人另有订定者，不在此限。"本条所称代理人包括意定代理人及法定代理人（"最高法院"1984年台上字第2201号判例）。又依"民法"第188条第1项本文规定："受雇人因执行职务，不法侵害他人之权利者，由雇用人与行为人连带负损害赔偿责任。"（请参阅本条第1项但书及第2项、第3项）。

兹举一例综合加以说明。甲到乙经营的自助餐厅用餐，向店员丙订购排骨热汤，丙交付热汤于甲时，不慎泼洒在甲的身上，致甲的衣服污损、眼睛受伤。在此情形，丙系乙餐厅的代理人，与甲订立买卖契约。丙因过失泼洒热汤于甲的眼睛，致甲视力受损，系关于债之履行具有过失，乙应与自己过失负同一责任，依"民法"第227条及第227条之1规定负不完全给付损害赔偿责任。在此情形，丙亦系乙的受雇人，乙与丙应依"民法"第188条第1项规定，连带负损害赔偿责任。由此观之，同一人得同时为法律行为代理人、履行辅助人及为侵权行为的受雇人。

四、代理人与占有辅助人

代理限于法律行为。占有系属一种事实，不得代理，惟对占有可成立占有辅助关系。"民法"第942条规定："受雇人、学徒、家属或基于其他类似之关系，受他人之指示，而对于物有管领之力者，仅该他人为占有人。"如百货公司的店员对其经销的商品、司机对其驾驶的汽车、工人对其使用的机器，均属占有辅助人，以雇主（自然人或法人）为占有人。

代理人与占有辅助人并存者，颇为常见。例如甲百货公司店员乙出售某电脑于丙公司的总务丁。就买卖契约言，乙及丁各为其公司的代理人。关于电脑所有权的移转（物权行为），须乙、丁二人共同协力始可完成，即乙依让与合意将电脑交付于丁时（第761条），关于此项让与合意

(物权上意思表示的合致),系由乙及丁以代理人地位互为意思表示,互受意思表示而成立。关于物之交付(事实行为),乙系依其雇主甲百货公司的指示移转电脑的占有,丁系以为其雇主丙公司管领其物的意思,成立占有辅助关系,丙公司因受让占有而取得该电脑所有权。

第五款　民法上的归属规范

前曾论及代理人、使者、代表、履行辅助人、为侵权行为的受雇人、占有辅助人,"民法"借着此等人创设所谓"归属规范"(Zurechnungsnorm),使某人的行为归属于他人,使其发生一定的法律效果,涉及法律行为、债务不履行、侵权行为及占有关系等重要制度。为便于观察,图示如下,并请参照前揭说明,借助案例(请自己设例)彻底了解,对于学习"民法"甚为重要。

类别 \ 内容	当事人	法律规定（民法条文）	能力	法律效果
法律行为	代理人	第103条至第110条	至少须为限制行为能力人	对本人发生效力
	使者	第89条	得为无行为能力人	传达本人意思表示
	代表	第28条	完全行为能力人	其代表行为系法人的行为
债务不履行	履行辅助人	第224条	识别能力	归由债务人负责
侵权行为	执行职务受雇人	第188条	识别能力	雇用人与受雇人负连带损害赔偿责任
占有关系	占有辅助人	第942条	意思能力	成立占有辅助关系

归属规范 ← 来回思考法律关系

案例：
甲系公司董事,授权乙代为租屋,乙以丙(受监护宣告)为使者,告知丁,乙代理甲租其屋。
甲受雇于乙担任司机兼售票员,丙向甲购票乘车,途中因甲过失,发生车祸,丙受重伤(甲为乙的代理人、债务履行辅助人、受雇人)。
甲系乙公司外务员,向丙公司购买某某投影机,乙公司付款取货(甲系乙的代理人、占有辅助人,乙公司为占有人)。

第二节　代理的要件及法律效果

代理系由本人、代理人与相对人所构成,而发生三面关系,即:
1. 本人与代理人间的代理权关系(内部关系)。

2. 代理人与相对人间的关系,为代理行为问题。

3. 本人与相对人间的关系,以法律行为效力的归属为核心。

前二者涉及代理的要件,后者涉及代理的法律效果。分述如下:

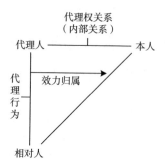

第一款 代理的要件

"民法"第 103 条第 1 项规定:"代理人于代理权限内,以本人名义所为之意思表示,直接对本人发生效力。"代理须具备的要件有四:

①容许的代理。

②意思表示。

③以本人名义为之。

④代理权(有代理权限):有权代理。无代理权时为无权代理。

一、代理的容许性

原则上法律行为均得为代理,包括负担行为(如买卖)及处分行为(如办理所有权移转登记)。但身份行为如结婚、离婚、遗嘱等,因须尊重本人意思,不许代理。关于幼年养子女的收养或终止收养、非婚生子女强制认领之请求(第 1067 条),得由法定代理人为之,此系法律就特殊情形而设的例外规定。

二、意思表示

代理人于代理权限内,所为的意思表示(积极代理)或所受的意思表示(消极代理),包括单独行为(如解除、终止等形成权的行使)、订立契约的要约或承诺、出席股份有限公司发起人会议共同订立章程,以及在社员总会的投票等。

三、以本人名义为之(显名原则)①

(一)显名原则与隐名代理

代理人于代理权限内所为的意思表示(或受意思表示),须以"本人名义为之",学说上称为显名原则(公开原则),其目的在于保护相对人,俾其知悉本人究为何人。代理意思的显名得为明示或默示。商店店员出售商品,通常系为商店主人的代理人,不必特别表明其系代理,相对人是否知悉谁为本人,在所不问。意思表示非以本人名义为之者,纵有代理权限,亦不成立代理,应由行为人自负其责。例如甲授权于乙,向丙购车,乙未使丙认识其系为甲购车时,应由乙本身与丙成立买卖契约。

为缓和显名原则,通说承认所谓的"隐名代理",即代理人虽未以本人之名义为法律行为,而实际上有代理之意思,且为相对人所明知或可得而知者,亦得发生代理的效果("最高法院"1993年台上字第672号判决)。

(二)对该当之人的代理

德国民法上发展出一种称为"对该当之人的代理"(Geschäft für den, den es angeht),认为在日常生活中的现金交易行为(如购买报纸、早餐等),其本人是谁无关紧要,应对该当之人发生代理效果。② 例如甲使其8岁之子乙到丙的餐厅购买便当,应认乙系代理其父甲为代理行为,此为显名原则的例外,因在此类交易相对人无保护的必要。在上举购买便当之例,若甲因食物不洁而中毒时,得依债务不履行规定向丙请求损害赔偿。

(三)冒名行为

值得提出说明者,系"假冒他人之名"而为法律行为(Handeln unter fremden Namen)③,例如甲自称为乙,而与丙订立契约。此类案例应分别二种情形加以处理:

①行为人系为自己订立契约而冒他人之名,相对人亦愿与行为人订

---

① 参阅陈添辉:《代理行为之显名原则》,载《月旦法学教室》2017年第172期,第15页。
② Vgl. K. Müller, Das Geschäft für den, den es angeht, JZ 1982, 777 ff.
③ 此为德国法上讨论热烈的问题,参阅 Larenz, Verpflichtungsgeschäfte unter fremden Namen, Festschrift für H. Lehmann, 1956, S. 243; Letzgus, Zum Handeln unter fremden Namen, AcP 137 (1937), 327; Lieb, Zum Handeln unter fremden Namen, JuS 1967, 106; Ohr, Zur Dogmatik des Handelns unter fremden Namen, AcP 152 (1952), 216 ff.。

立契约,而对其法律效果究归属何人在所不问,即姓名不具区别性的意义时,该契约对冒名的行为人仍发生效力。在现金交易、餐厅订位通常可作此认定。例如名作家甲向乙承租乡间小屋写作,为避免干扰,使用其弟"丙"之名订约,乙与甲间仍成立租赁关系。

②相对人对该被冒名之人有一定的联想,而意在与其发生法律关系时,例如甲冒名收藏家乙之名向丙画廊订购某画,丙因慕乙之名而同意出售该画,期望因此提高身价。于此情形发生同一性的混淆,不成立代理,丙与甲间原则上应类推适用无权代理的规定。

四、代理权

(一)代理权的性质

代理权系使以代理人名义所为法律行为的效力,得直接归属于本人的法律上权能。此种法律上权能本质上系一种资格或地位,虽为独立的法律之力,但非属所谓的权利或能力。之所以非属权利,因代理权非为代理人的利益而存在,而是为本人的利益而赋予。之所以非属能力,因其非在使代理人取得某种权利或义务,乃在扩大本人的法律上交易活动。

将代理权的存在作为代理的要件,旨在保护本人的利益,避免他人任意介入或干预其事务。代理人为意思表示或受意思表示须在其代理权限之内,逾越代理权的范围时,则为无权代理。又代理权须于代理人所为意思表示生效时存在,否则不生代理的效力。

(二)受领清偿之权限

法定代理人有受领清偿之权限。意定代理人受领权之有无,应依授与代理权范围定之。

(三)复代理权①

代理人经本人同意,得将代理权让与第三人。代理人得由使者传达其意思表示。代理人(主代理权人)得否以本人名义或以自己名义,将代理权授与第三人(次代理权人)而发生复代理(多层代理)?

关于复代理,"民法"未设明文。在法定代理,代理人得授与第三人

---

① Vgl. Bork, AT, S. 547; Medicus, AT, S. 175; Flume, AT, Ⅱ §49.5; Leipold, AT, S. 293, 317; MüchenKomm/Schramm §167 Rz. 96; Rüthers/Stadler, AT, S. 458. 较详细讨论,参阅 Petersen, Die Haftung bei der Untervollmacht, Jura 1999, 401 ff.。

次代理权,例如父母为管理未成年人财产,得委任他人出租房屋,并授与代理权。在意定代理,经本人许诺时,得为复代理。未有本人许诺时,应解释本人对代理人(主代理权人)自为代理行为是否具有可认知的利益而定。例如甲授权乙代购便当,乙得再授权丙为之,盖对本人(甲)而言,其购买便当不必由代理人(乙)亲自为之。若重视代理人其人的资格(如对房地产的专业知识、对古物的鉴定能力)时,原则上应不许复代理。次代理权的范围,由授与次代理权之人决定,得小于或同于主代理权,但不得超过之。次代理权人应以本人名义为代理行为,其所为意思表示或所受意思表示直接对本人发生效力。为便于观察,将复代理的法律构造,图示如下:

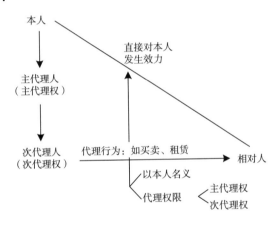

在复代理,除次代理人须以本人名义为代理行为外,主代理权及次代理权均须有效授与。次代理权不存在时,应由次代理人负无权代理人责任(第110条)。仅主代理权不存在时,若对相对人未表明其系复代理时,由次代理人负无权代理人责任。次代理人对相对人表明其代理权系来自主代理权人时,由主代理权人负无权代理人责任。

第二款 代理的法律效果

第一项 代理行为效力的归属

代理人于代理权限内,以本人名义所为之意思表示或所受之意思表示,"直接对本人发生效力",其法律效力与本人自为者同。例如甲在其代理权限内,以乙的名义,向丙购买电脑,并依让与合意,受让该电脑的占有时,在乙与丙间成立买卖契约,并在乙与丙间成立物权契约(第761条),由乙取得该电脑的所有权。丙所交付的电脑具有瑕疵时,丙应对乙负物之瑕疵担保责任。

代理行为何以对本人发生效力?学说上甚有争论。有采本人行为说(Geschäftsherrtheorie),认为法律系将代理人之行为,拟制为本人行为。有采共同行为说,认为其发生效力系基于本人对于代理人之意思,以及代理人对于相对人之意思的互相结合。通说系采代理行为说(Repräsentationstheorie),强调该代理行为乃代理人的行为,其效果直接归属于本人。①

第二项 代理行为的瑕疵

一、乙系甲的代理人,以甲的名义向丙购买在其店中展示的某紫砂壶。设乙受丙诈欺时,其事实有无应就何人决之?谁得撤销买卖契约?

二、承前揭案例,设该壶为丁所有,借丙展示,乙明知其事,而甲不知,或甲明知其事,乙不知其事而购买、受让其所有权时,甲得否主张善意取得该壶所有权?

第一目 "民法"第105条的解释适用

代理的效力虽直接归属于本人,但代理行为系由代理人为之,故"民法"第105条本文规定:"代理人之意思表示,因其意思欠缺、被诈欺、被胁迫,或明知其事情或可得而知其事情,致其效力受影响时,其事实之有无,应就代理人决之。"分四点加以说明:

①意思欠缺:指意思表示不一致、心中保留、虚伪意思表示、错误及不合意等。

②被诈欺或被胁迫:指意思表示不自由而言。

---

① 参阅郑玉波:《民法总则》,第326页。关于代理制度及其理论的发展,参阅 Beuthien, Zur Theorie der Stellvertretung im Bürgerlichen Recht, Festschrift für Dieter Medicus (Tübingen 1999), 1 ff.; Gerhard Frotz, Verkehrsschutz im Vertretungsrecht (Tübingen 1972); Giesen/Hegermann, Die Stellvertretung, Jura 1991, 357 ff.; Lüderitz, Prinzipien des Vertretungsrechts, JuS 1976, 765 ff.; Wolfram Müller-Freienfels, Die Vertretung beim Rechtsgeschäft (Tübingen 1955).

③明知或可得而知：指"民法"第91条但书及第92条关于撤销原因事实等，并包括"民法"第948条规定所称"善意"（非明知让与人无让与之权利）。

④其事实之有无，应就代理人决之：指代理人有无此事实，与代理行为无关。代理人有二人以上时，代理行为系共同为之时，其事实之有无，应就二人决之。

须特别注意的是，其应就本人决之者，乃其事实之有无，得主张其效力者，则为本人。例如代理人受诈欺而为租屋时，其撤销权人为本人，代理人得否撤销，视本人有无授权而定，此应就个案加以认定。对于上述原则，"民法"第105条但书设有例外规定："但代理人之代理权系以法律行为授与者，其意思表示，如依照本人所指示之意思而为时，其事实之有无，应就本人决之。"所谓"代理权系以法律行为授与者"，指意定代理而言。所谓"依照本人所指示之意思而为"，系依照本人特定指示而为表示意思，如依照本人指示向某人购买 A 车、承租 B 屋，于此等情形，意思表示的瑕疵（如错误、被诈欺、被胁迫），是否明知或可得而知其事情（如物之瑕疵），应就本人决之，与代理人无涉（案例一）。

设甲授与乙代理权向丙购车，乙选购 A 车，"明知"该车属某人所有，而丙为无权处分时，其非为"善意"，应就代理人（乙）决之，甲虽为善意，仍不受保护，不能取得该车所有权（参阅第 801 条、第 948 条）。若甲指示乙向丙购 A 车，甲明知丙无让与之权利，其非属善意的事实，应就本人决之，代理人乙纵属善意，甲仍不能取得该车所有权。

须再指出的是，"民法"第 105 条规定于代理人的其他行为，亦有其适用。例如代理人对相对人为诈欺者，相对人亦得撤销其被诈欺的意思表示。代理人故意不告知出卖之物的瑕疵，或于代理权限内为物之品质的保证时，本人（出卖人）应依"民法"第 360 条规定负责。

第二目 "民法"第 105 条的类推适用："知的归责"的扩大

一、"最高法院"2001 年台上字第 4 号判决：一个重要原则的创设

"最高法院"2001 年台上字第 4 号判决谓："按使用人系为本人服劳务之人，本人借使用人之行为辅助以扩大其活动范围，与本人借代理人之行为辅助者相类，且使用人为本人所为之意思表示，即为本人之意思表

示,故使用人为本人所为之意思表示,因其意思欠缺、被诈欺、被胁迫或明知其事情,或可得而知其事情,致其效力受影响时,宜类推适用'民法'第105条规定,其事实之有无,应就使用人决之,但其意思表示,如依照本人所指示之意思而为时,其事实之有无,应就本人决之。查杜○钦为上诉人公司之职员,上诉人于1998年5月28日资遣被上诉人之公告,系由杜○钦在任职之管理部所为,且杜○钦证称,伊于公告资遣名单前询问被上诉人其是否已与董事长商谈,被上诉人告知有,并称董事长已答应其资遣,伊才公告资遣名单,而未向董事长求证云云,为原审认定之事实。果尔,杜○钦乃上诉人之使用人,衡之首揭说明,其为上诉人所为前开资遣公告之意思表示有无被诈欺,其事实之有无,即应就杜○钦决之。"

"最高法院"前揭判决创设了一个重要原则,对"民法"的发展具有贡献,就法学方法论言,其意义有二:

①法律漏洞:"使用人"为本人处理一定事务,其"为本人所为之意思表示"具有瑕疵,或明知或可得知其事情,致其效力受影响者,"民法"未设明文,其情形相当于代理人,非立法有意地不予规定,乃依法律规范计划原应有所规定而未予规定,系属法律漏洞。

②类推适用:此项法律漏洞,得类推适用"民法"第105条加以填补。此项类推适用多发生于"使用人明知或可得而知其事情"的情形,扩大了"明知或可得而知"对本人的归责("最高法院"2015年台上字第206号判决),德国法上称为"知之归责"(Wissenszurechnung),系实务与理论发展的重要问题。①

二、使用人明知或可得而知其事情对本人的归责

"最高法院"前揭判决所称使用人,指在本人(企业厂商)的组织内从事一定职务之人,德国通说称其为所谓的"知的代理人"(Wissensvertreter),包括参与订约行为的辅助人。例如甲经营中古车行,其员工乙明知某车系重大事故车,未告知甲,甲将该车出卖于丙时,乙的"明知"其事情,应归责于甲,丙得以受诈欺为理由,依"民法"第92条规定,撤销其意思表示。

---

① Vgl. Medicus, AT, S. 370 f.; Beuthien, Wissenszurechnung nach § 166 BGB, NJW 1999, 3585 ff.; Markus Baum, Die Wissenszurechnung (Berlin 1998); Eberhard Schilken, Wissenszurechnung im Zivilrecht (Bielefeld 1983).

又甲使用乙与丙从事购买某屋的商议谈判,乙明知该屋有"民法"第354条第1项所称的瑕疵,甲虽不知其事,仍应承担乙明知其瑕疵的事实,出卖人丙不负瑕疵担保责任。

三、法人代表知之归责

"民法"第105条关于代理行为之瑕疵的规定,应类推适用于法人的"代表行为"或其使用人的"明知或可得而知其事情"的情形。法人系属组织体,不同于自然人,具有二个特色:

①业务分工,即其业务常分派于不同的机关及部门。

②知的分散(Wissensaufspaltung),即相关信息分散于不同业务单位及主管人员。相关人员常因离职、退休或死亡而发生变动。在此种情形,关于明知或可得而知其事情,自不能专就特定之人而决之。

德国通说为保护交易安全,创设一项基本原则,认为法人的董事原则上均有代表权,董事中之一人明知或可得而知其事情时,应归由法人承担其法律效果,学说上称之为"明知其事情之共同归属"(Wissenszusammenzurechnung)。至于该董事是否实际参与该项法律交易,在所不问。明知其事情的董事业已离职时,是否仍有"共同归属原则"的适用,甚有争议。学说上有以法人机关说的理论予以肯定,然此项归属的绝对化,将使法人长期承担其法律效果,难谓合理。其应归属于法人的,宜限于现职的董事或其他有代表权之人,其已离职者,犹如个人丧失记忆,不生归属于本人的问题,惟于此情形,仍应有下述法人信息组织义务的适用,应予注意。

四、法人、企业组织内"知之归责"

德国通说将"知之代理人"的"知之归责",更进一步类推适用《德国民法典》第166条第1项(相当于"民法"第105条),扩大及于公司、企业的组织。其主要论点系法人及企业应确保"知其事情"的可使用性,而对其信息为必要的组织。信息组织义务(Informationsorganisationspflicht)包括三种义务:

①信息储存义务:即应将通常可预期使用的信息予以储存,以克服信息分散、个人健忘、相关人员离职后,仍能使用信息的问题。

②信息传送义务:即应采必要的措施,使其信息能适时传达至相关人员。

③信息查询义务:即应确保业务人员于处理具体案件时,能适时查询相关信息。

法人或企业组织未尽信息组织义务时,应认为相关人员"明知或可得而知其事情",而由法人或企业经营者承担其法律效果。例如甲公司经营汽车买卖,分设"购买"及"销售"二个部门。购买部门人员明知所购进的A车系事故车,但未建立档案,储存数据。销售部门人员出售该车时,向买受人保证该车并无瑕疵。德国联邦最高法院以甲公司未能确保在组织内信息的储存、传送及沟通,应依知其事情的共同归属原则,类推适用《德国民法典》第166条第1项规定(相当于"民法"第105条)的立法意旨,认公司明知该车系事故车,乃恶意不告知瑕疵,应负债务不履行损害赔偿责任。

第三项　代理人的责任

代理行为直接对本人发生效力,代理人不是法律行为(尤其是契约)的当事人,不因其代理行为享受权利或负担义务。代理人因过失违反契约或有缔约上过失(如泄露缔约过程所获知的相对人营业秘密),应归责于本人,使其负债务不履行(第224条)或缔约上过失责任(第245条之1)。代理人与本人的法律关系,依其基本关系(委任、雇佣等)而决定。

第三节　代理权的发生、范围与消灭

第一款　法定代理权

一、法定代理

代理权依法律规定而发生者,称为法定代理。"民法"设有三种法定代理,分述如下:

(一)未成年子女父母的法定代理权

父母为其未成年子女的法定代理人(第1086条第1项)。所谓未成年子女,包括未满7岁的未成年人(无行为能力人)及限制行为能力人。此项法定代理权原则上应由父母共同行使之(第1089条,阅读之!)。向无行为能力人或限制行为能力人为意思表示者,以其通知达到其法定代理人时,发生效力(第96条)。又依"民法"第217条第3项规定,被害人应承担法定代理人对损害发生或扩大的与有过失。

(二) 监护人之法定代理权

监护人为受监护人之法定代理人(第1098条第1项,参阅第1091条、第1113条,阅读之!)。未成年人及受监护宣告人不得为监护人(第1096条)。关于此种法定代理,"民法"第96条及第217条第3项规定亦均有其适用。

(三) 夫妻日常家务之代理权

夫妻于日常家务,互为代理人;夫妻之一方滥用代理权时,他方得限制之,但不得对抗善意第三人(第1003条)。日常家务,指夫妻及其未成年子女共同生活所必需的事项,如食物、水电、医疗保健等。

"民法"第1003条之1规定:"家庭生活费用,除法律或契约另有约定外,由夫妻各依其经济能力、家事劳动或其他情事分担之。因前项费用所生之债务,由夫妻负连带责任。"

二、代理一般规定的适用

"民法"总则编关于代理的一般规定,原则上对于法定代理亦有其适用,包括第103条(代理行为的要件及效力)、第105条(代理行为的瑕疵)、第106条(自己代理、双方代理的禁止与例外)及第110条(无权代理人的责任)。须注意的是,第104条、第107条、第108条及第109条(阅读之!),系针对意定代理而设,于法定代理不适用之。

第二款　意定代理权[①]

甲委任乙,并对乙授与代理权,出卖A房屋,试说明下列问题:

1. 代理权授与行为的法律性质?何谓内部授权与外部授权?
2. 代理权的授与是否为债之发生原因;设乙迟不为代理行为,致甲受有损害时,甲得否向乙请求损害赔偿?
3. 甲对乙的委任或授与代理权,办理该屋所有权移转时,应否以书面为之(参阅第758条)?

[①] 参阅王泽鉴:《债法原理》,北京大学出版社2022年重排版,第257页以下;伊藤進『任意代理基礎理論』(成文堂,1990年);Gerhard Frotz, Verkehrsschutz im Vertretungsrecht (Tübingen 1972); Wolfram Müller-Freienfels, Die Vertretung beim Rechtsgeschäft (Tübingen 1955).

4. 甲系受乙诈欺或甲误认乙在交易上具重要性之人的资格时（如房地产专业能力）而为委任，并授与代理权，而乙已与第三人订立买卖契约时，其法律关系如何？

5. 乙与丙订立房屋买卖契约以后，发现委任不成立、无效或被撤销时，其代理行为的效力？

第一项　意定代理权的授与

一、代理权授与行为的法律性质（案例1）

（一）代理权授与系有相对人的单独行为

代理权依法律行为授与者，称为意定代理。此种依法律行为授与的代理权在德国法上称为 Vollmacht。"民法"第167条规定："代理权系以法律行为授与者，其授与应向代理人或向代理人对之为代理行为之第三人，以意思表示为之。"由此规定可知代理权之授与，是一种有相对人的单独行为，于相对人了解（对话），或到达相对人（非对话）时，发生效力，不以相对人承诺为必要。

代理权之授与，除明示外，亦得以默示为之，如雇用店员出售商品者，由此事实可间接推知其有授与代理权（"最高法院"2018年台上字第2441号判决）。

代理权之授与既属单独行为，故限制行为能力人未得法定代理人的允许，所为代理权授与行为无效（第78条）。但纯获法律上利益时（如授权他人代为承诺赠与），则为有效。代理权之授与仅在赋予代理人以一种得以本人名义而为法律行为的资格或地位，代理人并不因此享有权利或负担义务，故对限制行为能力人亦得为有效的代理权之授与，不必得法定代理人同意。

（二）内部授权与外部授权

代理权的授与系向代理人为之的，称为内部授与代理权（简称内部授权，Innenvollmacht）。代理权的授与系向第三人为之的，称为外部授与代理权（简称外部授权，Aussenvollmacht）。先为内部授权再为公告或通知第三人时，仍为内部授权，而非外部授权。二者区别的实益有三：

①关于代理权的范围，在内部授权，应以代理人了解的观点加以认

定。在外部授权,则应以第三人了解的观点加以认定。

②代理权授与行为有瑕疵(如错误、受诈欺或胁迫)时,于内部授权,其撤销原则上应向代理人为之;于外部授权,则应向第三人为之。

③"民法"第107条规定:"代理权之限制及撤回,不得以之对抗善意第三人。但第三人因过失而不知其事实者,不在此限。"此项规定适用于外部授权,而由授权人于内部对代理人限制或撤回代理权的情形。

二、代理权之授与是否为债之发生原因(案例2)?

"民法"债编于"债之发生"节中列有"代理权之授与"一款,致产生代理权之授与是否为债之发生原因的争论。通说认为本人虽对于代理人授与代理权,代理人对于本人并不因此而负有为代理行为的义务,其使代理人负有此项作为义务的,乃本人与代理人间的委任、雇佣等基本法律关系,而非代理权授与行为。代理权之授与本身在当事人间既不产生何等债权债务关系,自非为债之发生原因。例如甲授权于乙,以其名义出租某屋,乙虽因此取得代理权限,但并不负有为代理行为(出租房屋)的义务。甲纵使因乙怠于为代理行为而受有损害,亦无向乙主张损害赔偿的请求权基础。其理由至为明显,即任何人不能以单方的意思,而使他人在法律上负有某种作为的义务。为使乙负有处理一定事务之义务,甲须与乙订立委任契约,乙因可归责之事由致债务不履行时,甲得请求损害赔偿(第535条、第544条)。

三、代理权授与的方式(案例3)

代理权的授与是否须以书面等为之,"民法"原未设明文,基于方式自由原则,应认系不要式行为。"民法"第109条规定:"代理权消灭或撤回时,代理人须将授权书交还于授权者,不得留置。"此项授权书非指代理权授与的法定书面,乃授与代理权的证明文件。

修正前"民法"第531条规定:"为委任事务之处理,须为法律行为,而该法律行为,依法应以文字为之者,其处理权之授与,亦应以文字为之。"关于本条的适用,发生如下的疑问:依"民法"第758条规定,不动产物权依法律行为而取得、设定、丧失及变更,非经登记,不生效力,其法律行为应以书面为之。甲委任乙,办理不动产所有权移转登记时,其代理权之授与应否以书面为之?为避免争议,"民法"第531条于原规定增订:"其授与代理权者,代理权之授与亦同。"依此规定,为使处理委任事务,仅授与处理权者,该处理权之授与固应以文字为之。如同时授与处理权与代理权时,二者的授与,均应以文字为之。

四、代理权授与行为的瑕疵(案例4)①

代理权的授与系法律行为(单独行为),其有瑕疵时,应适用"民法"总则编的规定,但因代理权的授与行为与代理行为具有密切关联,涉及本人、代理人与相对人的利益,以下就意思表示错误及诈欺二种情形加以说明:

(一)错误

甲误信乙自称系古玉专家,特授与代理权向丙购买其收藏的汉玉。在此情形,甲得以关于乙之当事人资格在交易上重要性的错误,撤销其对乙授与代理权的行为(第88条第2项)。在乙为代理行为之前,此项撤销得对乙(代理人)或丙(相对人)为之。问题在于乙已为购买古玉的代理行为时,其撤销应向何人为之?

通说认为在此情形应由甲(本人)对乙(代理人)依"民法"第88条规定撤销其意思表示,使代理权的授与视为自始无效(第114条第1项),甲与乙间的古玉买卖契约成为效力未定,乙得向甲请求信赖损害赔偿(第91条)。乙对丙应依"民法"第110条规定负损害赔偿责任。值得注意的是,德国学说上有认为在此情形为保护第三人丙,应由甲对丙撤销意思表示,而由丙依《德国民法典》第122条规定(相当于"民法"第91条)向甲请求信赖利益损害赔偿。② 此项见解,可供参考,为便于理解,图示如下:

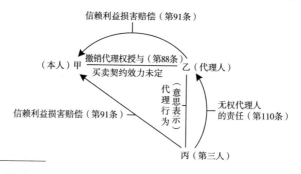

---

① 参阅杨佳元:《本人受代理人或代理行为相对人诈欺而为代理权授与行为》,载《月旦法学教室》2016年第170期,第15页;陈添辉:《代理权授与行为错误之法律效力》,载《月旦法学教室》2013年第135期,第12页。

② 三位德国著名法学家采此见解,参阅Flume, AT II, §52 c/e; Larenz/Wolf, AT, §47, Rn. 36; Medicus, AT, Rn. 495. 2 T;不同意见,Bork, AT, S. 540; Faust, Bürgerliches Gesetzbuch Allgemeiner Teil, S. 283。

(二)诈欺

1. 因被代理人诈欺而授与代理权

甲受乙诈欺,授与乙出售某古董车的代理权,在乙与他人(丙)订立买卖契约前,甲得撤回其授权的意思表示,或依"民法"第92条规定撤销其授与代理权的意思表示。在乙已与丙订立买卖契约后,甲撤销其授与代理权的意思表示时,其授权行为视为自始无效(第114条第1项),乙应对丙负无权代理人责任(第110条)。

2. 因被相对人诈欺而授与代理权

甲被丙诈欺,而授与代理权于乙,以甲名义向丙购车。于此情形,本人(甲)系被代理行为之相对人(丙)诈欺,致授权于不知情之代理人(乙)。"民法"第92条第1项规定,诈欺系由第三人所为者,以相对人明知或可得而知者为限,始得撤销之。甲得否对乙撤销其被丙诈欺而为授与代理权的意思表示,其关键问题在于丙是否为"民法"第92条第1项所称第三人。丙虽系代理人乙对之为代理行为之第三人,但非由代理行为直接享受权利,应认非属"民法"第92条第1项所称第三人,故甲的撤销权不受影响,仍得撤销对乙的授权行为。

五、代理权授与行为的独立性(案例5)

代理权之授与,通常有其基本法律关系(内部关系),如甲委任乙租屋、丙雇用丁为店员,而授与代理权。早期学说及立法例认为代理权之授与,乃委任或雇佣的外部关系,并不独立存在。其后经由长期的研究及德国学者拉班德(Laband)的发现①,终于将代理权之授与从委任或雇佣内部关系予以分离,使代理权之授与成为一个独立的制度。"民法"亦采此项原则,表现于"民法"第167条规定之上。其立法理由书谓:"查民律草案第221条理由谓授与意定代理权之行为,是有相对人之单独行为,非委任,亦非他种契约也。"

代理权之授与及基本法律关系的结合具有三种态样:

①仅有代理权之授与,而无基本法律关系:如甲知其同事乙到丙经营

---

① 参阅 Laband, Die Stellvertretung bei dem Abschluss von Rechtsgeschäften nach dem ADHGB, ZHR 10, 183 ff.;王泽鉴:《法学上之发现》,载王泽鉴:《民法学说与判例研究》(第四册),北京大学出版社2009年版,第1页。

的餐厅用餐,乃托乙以甲的名义,向丙购买10份便当,请丙送到甲处。于此情形,仅有代理权之授与,而无委任或雇佣契约的存在。

②有基本法律关系,而无代理权之授与:如甲雇乙为店员,命其观摩实习,不得出售货物。

③因基本法律关系而授与代理权:如甲委任乙出售某地,而授与代理权。于此情形,共有二个法律行为:

A. 委任契约。
B. 代理权之授与(单独行为)。

六、代理权授与行为的无因性(案例5)

乙17岁,受雇于甲经营的便利商店,担任店员,以甲之名义,出售物品。乙的法定代理人丁认为乙应专心读书,未为同意。试问:

1. 甲与乙间有哪些法律行为,其效力如何?
2. 乙与顾客丙所订的买卖契约是否对甲发生效力?
3. 试就此例说明代理权授与行为的独立性及无因性。

(一)问题的提起

代理权之授与虽属独立的制度,但交易上多因委任、雇佣等基本法律关系而发生。于此情形,代理权之授与与委任或雇佣的关系,可有三种情形:

①二者均有效成立。

②二者均无效、不生效力或被撤销。例如受监护宣告人甲委任乙出售某地,并授与代理权,其委任契约及代理权授与行为均属无效。

③基本法律关系无效、不生效力或被撤销,但代理权授与行为有效。例如甲雇用17岁乙为店员,并授与代理权,乙父不为同意时,雇佣契约虽不生效力,但代理权授与行为本身仍属有效(参阅前揭案例)。在此情形,代理权授与行为本身是否因基本法律关系(如雇佣)无效、不生效力或被撤销而受影响?易言之,代理权授与行为究为有因行为,抑或为无因行为?参阅下图:

(二)有因说与无因说的争论

1. 无因说

梅仲协先生采取无因说,论述綦详,可资引述①:代理权之授与常有其处理事务之法律关系存在,本人与代理人间,其内部权利义务若何,必受此法律关系之拘束,例如甲、乙间订立委任契约,甲以出卖土地事件,委托于乙,而同时亦必授与乙订立契约之全权,其授与订立契约之全权,即系代理权之授与,而甲、乙间内部之权利义务,则依处理事务之委任契约以决定之。故代理权之授与,并不因其基本的法律关系而受影响。如上示之例,买卖土地之委任契约,虽因乙系限制行为能力人,未得其法定代理人之允许,而失其效力,但乙所取得之代理权,仍属有效。倘乙已将土地出卖于丙,则此项买卖契约,并不因甲、乙间之委任契约失其效力,而亦罹于无效,盖限制行为能力人,亦得为他人之代理人,"民法"第 104 条设有明文规定。

2. 有因说

有因说认为授权行为与基本法律关系不可分离,基本法律关系归于无效、不生效力或被撤销时,授权行为亦因之而消灭,并以"民法"第 108 条第 1 项"代理权之消灭,依其所由授与之法律关系定之"的规定,作为其立论的依据。② 依此见解,在雇用或委任限制行为能力人的情形,若雇佣契约或委任契约因法定代理人不同意而不生效力时,其授与之代理权亦随之消灭,该未成年人以本人名义而为的法律行为,因欠缺代理权,应成立无权代理。

3. 分析说明

本书认为除当事人另有意思表示外,原则上应肯定代理权授与行为的无因性③,其理由有三:

①肯定无因性,并不违反授权人的意思或利益,因其本得独立授与代理权。此亦无害于代理人,盖其并不因代理行为而负有义务。若依有因

---

① 参阅梅仲协:《民法要义》,第 103 页;李模:《民法问题研究》,第 125 页。德国通说同此见解,参阅 Larenz/Wolf, AT, S. 615;不同见解,参阅 Wolfram Müller-Freienfels, Die Abstraktion der Vollmachtserteilung, S. 144, 164 ff.。
② 参阅郑玉波:《民法总则》,第 334 页;洪逊欣:《中国民法总则》,第 465 页。
③ 德国通说亦采代理权授与无因说(die Abstraktion der Vollmacht),参阅 Bork, AT, S. 560; Köhler, AT, S. 159; Rüthers/Stadler, AT, S. 453; Wolf/Neuner, AT, S. 609。

说,倘雇佣或委任等基本法律关系无效、不生效力或被撤销,而代理权应同归消灭时,则代理人自始欠缺代理权,应负无权代理人之赔偿责任(第110条),对未成年人实属不利。

②肯定无因性可使第三人(相对人)不必顾虑代理人的内部基本法律关系,有助于促进交易安全。

③"民法"第108条第1项规定:"代理权之消灭,依其所由授与之法律关系定之。"固在表示代理权之授与应受其基本法律关系之影响,但亦仅限于基本法律关系消灭的情形。例如甲雇用乙,并授与代理权,则期间届满,代理权自应随之消灭,不适用于雇佣契约或委任契约自始不成立或无效的情形。

(三)案例研习

关于前揭案例,可作如下说明:

①甲与乙(限制行为能力人)间有雇佣契约及甲对乙的代理权授与(单独行为)二个法律行为。

②基于代理权授与行为的独立性,甲对乙的代理权授与,独立于基本法律关系(雇佣契约)而存在。基于代理权授与行为的无因性,甲对乙的代理权授与,不因雇佣契约不生效力受影响。

③乙以甲的名义与顾客丙订立买卖契约,系有权代理。依"民法"第104条规定,代理人所为或所受意思表示之效力,不因其为限制行为能力人而受影响。

第二项　代理权的范围

法定代理权的范围依法律规定(第1088条、第1091条以下、第1101条等,阅读之)。

意定代理权的范围,由本人定之,可分为三类:

①特定代理权,即授权为特定行为,如出租某屋。

②种类代理权,即授权为某种类的行为,如买卖股票。

③概括代理权,即授权代理的行为不予限制。

本人究为何种授权,其范围如何,系解释的问题,应依诚实信用原则及斟酌交易惯例加以认定。又本人亦得决定代理得由一人为之(单独代理),或应由多数人共同为之(共同代理)。

第三项　代理权的滥用

一、外部关系的"法律上的能为"与内部关系的"法律上的得为"

授与代理权具有风险,其风险包括代理权的滥用。代理权滥用指代理人未注意其基于内部关系所生代理权范围的界限。其应区别的是代理权的外部关系与存在于本人及代理人间的内部关系。代理权涉及外部关系上"法律上的能为"(rechtliches Können),即代理能为某种代理行为而对本人发生。"法律上的得为"(rechtliches Dürfen)则来自内部关系,即代理权授与的范围。代理人逾越代理权(如授权出租 A 屋,擅为出租 B 屋),构成无权代理(第 110 条)。代理人在代理权范围内为代理行为,但违反内部关系的义务时(如出租 A 屋,但未依本人要求订定违约金条款),其代理有效,本人应受其约束,承担代理人违反义务的风险,代理人须依内部关系(如委任、雇佣)对本人负损害赔偿责任。

二、代理行为的效力

代理行为的相对人明知代理人逾越其代理权限时,不值信赖保护,应否定代理行为的效力,以保护本人。分二种情形加以说明:

①代理人与相对人合谋侵害本人。例如甲授权乙出卖某钻石,告知应尽量以不低于 100 万元之价格出售。乙拒绝丙以 120 万元购买该钻石的要约,而与好友丁合谋以 101 万元订立买卖契约。在此情形,乙代理行为虽尚在甲授与代理权范围之内,但与丁合谋侵害甲,应认该代理行为违反善良风俗而无效(第 72 条)。

②相对人明知或可得而知代理人逾越代理权。例如甲年老患病,委任乙授权处理财务,乙向丙借钱,擅以甲的名义为保证。设丙明知或可得而知乙逾越代理权,应适用无权代理,对甲不生效力。相对人原则上不负积极查问代理人是否逾越代理权的义务,课此义务将严重影响交易安全。

第四项　意定代理权的消灭

一、消灭事由

①代理权授与行为附有解除条件或终期。条件成就或期限届满

时,失其效力,代理权归于消灭。

②依授与代理权的法律关系。"民法"第108条第1项规定:"代理权之消灭,依其所由授与之法律关系定之。"如店员被解雇时,其代理权归于消灭。

③撤回。"民法"第108条第2项规定:"代理权,得于其所由授与之法律关系存续中撤回之。但依该法律关系之性质不得撤回者,不在此限。"代理权的撤回性旨在维护本人的利益及当事人间的信赖。在外部授权的情形,亦得内部撤回之。代理权因撤回而消灭。其不得撤回者,例如债务人授权其债权人出售某物,就其价金受偿,为兼顾代理人的利益,宜解为不能撤回。

④代理权的抛弃。代理权虽非权利,但属一种法律上的权限,系由本人单方授与,不必得代理人之同意。依一般法律原则,任何人不得依自己的意思将某种权益或义务加诸他人之上,故代理人得抛弃其代理权。至于代理人基其内部关系,得否抛弃代理权,乃另一问题。

⑤代理权是否因当事人死亡或丧失行为能力而消灭?"民法"未设规定,分别说明如下:

A. 死亡。代理人死亡时,代理权应归消灭,因代理系属一种信赖关系,且非属财产上权利,不能为继承之标的(参阅第550条、第551条)。本人死亡时,除当事人另有意思表示或法律另有规定(参阅第564条)外,其代理权归于消灭。委任关系不因委任人死亡而消灭时(第550条、第552条),其基于委任而授与的代理权,原则上亦不消灭,惟其继承人得撤回之。

B. 丧失行为能力。代理人丧失行为能力时,不能有效为意思表示,其代理权应归消灭。本人丧失行为能力时,业已授与之代理权原则上不因此而受影响,但其法定代理人得撤回之。

二、法律效果

代理权全部消灭时,代理人自不得再为代理行为,如再为之,即成为无权代理。本人曾授与代理人以授权证书者,代理人须将授权书交还于授权者,不得留置(第109条)。违反此项义务,致本人受有损害者,代理人应负赔偿责任。

第四节　自己代理与双方代理

甲有乙、丙二子,乙7岁,丙2岁。甲赠与 A 栋房屋于乙,B 栋房屋于丙,并已办理所有权移转登记。有丁委任甲代为租赁房屋,甲即一方面代理乙及丙,一方面代理丁,而缔结丁与乙及丁与丙之租赁契约。试问:
1. 甲与乙、甲与丙间之房屋赠与契约是否有效?
2. 乙、丙是否取得 A 栋或 B 栋房屋所有权?
3. 丁与乙、丁与丙间的租赁契约是否有效?

第一款　法学方法论上的利益衡量

"民法"第106条规定:"代理人非经本人之许诺,不得为本人与自己之法律行为,亦不得既为第三人之代理人,而为本人与第三人之法律行为。但其法律行为,系专履行债务者,不在此限。"本条规定二种代理。

①自己代理:指代理人自己与本人为代理行为。例如甲授权乙出卖某屋,乙(代理人)自己与甲(本人)订立买卖契约。

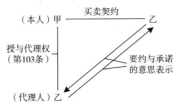

②双方代理:指同时代理本人及第三人为代理行为。例如甲授权乙出卖某屋,丙授权乙购买房屋,乙代理甲与代理丙订立买卖契约。

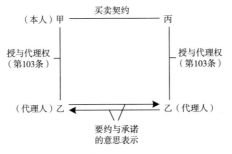

"民法"禁止自己代理及双方代理,其目的在避免利益冲突,于具体个案,其代理行为是否对本人有利、不生危害,在所不问。"民法"第106条系属于所谓形式程序规定,旨在避免侵害本人利益的可能风险(抽象风险)。对自己代理及双方代理的禁止,"民法"第106条设有二个例外:

①经本人之许诺。
②专为履行债务。

自己代理及双方代理涉及利益衡量①,系实务上常见的问题,在法学方法论上须采目的性限缩(teleologische Reduktion)及目的性扩张(teleologische Extention)而为法之适用②,深具意义,特详为说明。

第二款　自己代理

一、自己代理的禁止及例外

(一)对限制行为能力人的赠与(甲与乙间的法律关系)

在前揭案例,甲赠与 A 栋房屋给其子乙,乙仅 7 岁,为限制行为能力人。限制行为能力人对于纯获法律上利益的法律行为,无须得法定代理人允许,得单独有效为之(第 77 条但书)。不附负担之赠与系纯获法律上利益,故乙得允受甲无偿赠与 A 栋房屋所有权之意思表示而成立赠与契约,及为让与该屋所有权的物权契约,于办理登记后,取得 A 栋房屋所有权(第 758 条)。

(二)对无行为能力人的赠与(甲与丙间的法律关系)

在前揭案例,甲赠与 B 栋房屋给其子丙,丙仅 2 岁,为无行为能力人。无行为能力人之意思表示无效,应由法定代理人代为意思表示,并代受意思表示(第 76 条、第 1086 条),故甲须一方面以法定代理人的资格代理丙,一方面以自己系赠与人的地位,缔结甲与丙间的赠与契约,并作成物权契约,办理登记以移转 B 栋房屋所有权。此种代理人为本人与代理人

---

① 参阅向明恩:《自己与双方代理限制之解构与重塑——以利益冲突为导向》,载民法研究基金会编:《民事法的学思历程与革新取径:吴启宾前院长八秩华诞祝寿论文集》,新学林出版公司 2017 年版,第 27 页。

② 关于目的性限缩与目的性扩张此二种重要法学方法的思考方法,参阅王泽鉴:《民法思维》,北京大学出版社 2022 年重排版,第 228 页;Ernst A. Kramer, Juristische Methodenlehre (3. Aufl., Wien 2010), 213 ff.; Rüthers/Fischer/Birk, Rechtstheorie mit Juristischer Methodenlehre (6. Aufl., München 2011), S. 902。

自己为法律行为的代理,学说上称为自己代理(自己契约)。

(三)禁止自己代理的规则

禁止自己代理的规定于意定代理及法定代理均有其适用(1976年台上字第840号判例)。禁止自己代理的规定非属强行规定,如有违反,其代理行为并非当然无效,系属无权代理,如经本人承认,即为有效。诚如"最高法院"1996年台上字第106号判决谓:"禁止双方代理旨在保护本人之利益,依'民法'第106条前段规定,代理人经本人许诺,得为双方代理之法律行为。禁止双方代理之规定,既非为保护公益所设,自非强行规定,如有违反,其法律行为并非无效,经本人事后承认,仍生效力。""最高法院"2009年台上字第2050号判决:"按'公司法'第223条规定,董事为自己或他人与公司为买卖、借贷或其他法律行为时,由监察人为公司之代表,旨在禁止双方代表,以保护公司(本人)之利益,非为维护公益而设,自非强行规定,故董事与公司为借贷等法律行为违反该规定,并非当然无效,倘公司(本人)事前许诺或事后承认,对于公司(本人)亦发生效力,此观'民法'第106条及第170条第1项之规定自明。"

对禁止自己代理,"民法"第106条设有二项例外规定,前已提及,再作进一步说明:

①经本人之许诺。此指事前允许而言,并以意定代理为限,不适用于法定代理。

②法律行为系专为履行债务。之所以设此规定,系以履行债务,乃清偿债务,使已存在的债务因内容实现而消灭,并未发生新的权利义务,且不影响本人的利益。"最高法院"2001年台上字第1946号判决认为:"依'民法'第348条第1项规定,物之出卖人负交付其物于买受人,并使其取得该物所有权之义务,是申请该物所有权移转登记行为,应属出卖人专为履行债务之行为,依'民法'第106条但书规定,不在禁止自己代理之范畴内。"

所谓债务应包括本人与代理人间及本人与相对人间的债务,惟限于单纯的清偿行为,并不及于代物清偿。盖代物清偿系以债权人受领他种给付,以代原定之给付,使债之关系归于消灭的有偿契约(第319条),于代理人与本人间将发生利益冲突。

二、禁止自己代理的目的性限缩①

在前揭案例,本人丙系无行为能力人,无从为许诺的意思表示,又赠与房屋难谓系法定代理人甲履行其对未成年人丙的扶养义务。故就第106条的文义言,甲与丙间的赠与契约及物权契约应不生效力。然为实现私法自治原则及保护无行为能力人,应探求"民法"第106条之规范目的,而适当限制其适用范围。按"民法"所以禁止自己代理(或双方代理),乃为避免利益冲突,防范代理人厚己薄人,失其公正立场,以保护本人利益。基此规范目的,"民法"乃设二种例外,盖以于此等情形,并无利害冲突之虞。为贯彻此项立法意旨及"民法"保护未成年人的基本原则,于无行为能力人纯获法律上利益的情形,既不发生利害冲突,应对"民法"第106条规定的适用作目的性限缩②,不必加以禁止③,使甲得依自己代理的方式,将 B 栋房屋赠与 2 岁之子丙,使丙取得该屋所有权。④

---

① 参阅王泽鉴:《民法思维》,北京大学出版社2022年重排版,第277页,〔案例11〕自己代理:隐藏漏洞与目的性限缩。

② 此为德国判例、学者通说,参阅 BGHZ 50, 101; 59, 240; Hübner, Interessenkonflikt und Vertretungsmacht (1977)。最近相关论文,参阅 Thomas Lobinger, Insichgeschäft und Erfüllung einer Verbindlichkeit, AcP (2013), 327。洪逊欣(《民法总则》,第461页)亦认为法律行为不引起新利害关系之冲突时,得为自己代理及双方代理。

③ 关于"民法"第106条目的性限缩的另一案例类型,系股份有限公司发起人共同订立章程,苟彼此间并无利害之对立,一发起人授权他发起人代为订立章程之行为,应不受"民法"第106条规定之限制("法务部"〔1990〕法律字第16622号函,载《"法务部"行政解释汇编》第1册,第216页)。

④ 此为实务上的基本见解,参照《"内政部"公报》第1卷第11期,第41页以下:"按经函准'法务部'1996年4月16日法〔1996〕律决08801号函略以:'以第106条规定:"代理人非经本人之许诺,不得为本人与自己之法律行为,亦不得既为第三人之代理人,而为本人与第三人之法律行为。但其法律行为,系专履行债务者,不在此限。"上开关于禁止自己代理及双方代理之规定,旨在防止自己或第三人与本人间之利益冲突,且于意定代理及法定代理均有其适用("最高法院"1976年台上字第840号判例参照),前经本部1995年5月27日法〔1995〕律字第12144号函复贵部在案。惟为贯彻"民法"保护未成年人之精神,于无行为能力人纯获法律上利益之情形,既不发生利害冲突,似宜对"民法"第106条规定之适用范围再做目的性限缩,承认"纯获法律上之利益者"亦属"自己代理"之例外,不必加以禁止(王泽鉴著"民法总则"第367页至第369页、及"民法学说与判例研究第四册"第51页至第53页参照)。本件依来函所述,倘父或母对于未成年子女赠与不动产,致使该未成年子女"纯获法律上的利益",既不发生利害冲突,似宜认其不受禁止双方代理之限制,惟其如非使未成年子女"纯获法律上之利益",则本部上开函释仍有其适用,并此说明。'本部同意上开'法务部'意见。是以关于为未成年子女法定代理人之父或母,于申办建物所有权第一次登记时,将所购置数区分所有建物除登记为自己名义外,以基于附负担赠与之意思,登记予数未成年子女,使同为数区分所有建物之所有权人,并同时代理该数未成年子女就区分所有建物共同使用部分订定分配协议书者,因系使未成年子女'纯获法律上利益',既不发生利害冲突,故应认其不受'民法'第106条禁止双方代理之限制,惟其如非使未成年子女'纯获法律上利益',则仍有上开'民法'规定之适用,以保护未成年子女之利益。"

值得提起的是,"最高法院"亦采此见解,1970年台上字第4401号判决谓:被继承人一面以自己之立场,将其财产以死亡为原因,赠与被上诉人,一面又以被上诉人之法定代理人身份代被上诉人允受赠与,此种双重行为并无对价关系,于未成年之被上诉人并无不利,依照当时有效之日本民法及适用台湾地区之习惯与现行"民法"第77条、第106条但书之规定,自属有效成立。应说明者有二:

①本件判决具法学方法论上重大意义,值得作深入的研究。

②在法学方法上,此非"民法"第106条但书的适用,而是该条规定的目的性限缩,即衡诸禁止自己代理系为避免利益衡量,及为保护未成年人纯获利益(第77条),法律就此不发生利益冲突的情形未设例外规定,系为隐藏性法律漏洞,应依其规范意义,作目的性限缩,增设"但不在此限"的例外,使其自己代理有效。

三、禁止自己代理的目的性扩张

为贯彻"民法"第106条禁止自己代理(或双方代理)保护本人利益的意旨,亦须对此规定作目的性扩张的适用。例如甲委任乙并授与代理权,出租其屋,并允乙为复代理。乙以甲的名义授与代理权于丙,乙再与丙订立租赁契约,企图规避禁止自己代理。乙(代理人)与丙(次代理人)间的法律行为虽不为"民法"第106条规定的文义所涵盖,应依其规范意旨作目的性扩张,认乙(代理人)与丙(次代理人)的法律行为(买卖)亦在禁止之列,效力未定,须经甲的承认始生效力。

"最高法院"2022年台上字第514号判决谓:"未成年子女经法院选任特别代理人者,就该事件而言,该特别代理人为未成年子女之法定代理人。又'民法'第106条关于禁止双方代理之规定于意定代理及法定代理均有其适用,而遗产分割之协议,依其性质于继承人相互间有利益对立之情形,自有'民法'第106条本文禁止双方代理规定之适用。"

第三款 双方代理

在前揭案例,甲一方面以法定代理人之地位代理本人乙及丙,他方面又代理本人丁,缔结乙与丁间及丙与丁间之租赁契约,是为双方代理。"民法"第106条对此种代理人同时为本人又为第三人的代理人,而为双方间的代理行为,亦为禁止,惟仍设有二项例外,即经本人许诺及专为履行债务者,不在此限。本案例并不涉及履行债务的问题。至于甲的代理行为是否得丁之许诺,应解释授权行为加以认定。未经许诺时,此项双方代理即成为无权代理,须经丁的承认,其代理行为始生效力。①

"最高法院"2020年台上字第1269号判决亦采此见解:"禁止双方代理旨在保护本人之利益,依'民法'第106条前段规定,代理人经本人许诺,得为双方代理之法律行为。禁止双方代理之规定,既非为保护公益所设,自非强行规定,如有违反,其法律行为并非当然无效,经本人事后承认,仍生效力。"

第五节　无权代理

代理以其代理权之有无为标准,可分为有权代理与无权代理二种。"民法"称有权代理为"代理"而未标明有权或无权时,均指有权代理而言。其为无权代理时,均明示之(参照第110条)。

无权代理有广义及狭义之分。广义无权代理包括所谓表见代理(第169条)与狭义无权代理(第170条)。表见代理,指无权代理人具有代理权存在的外观,足令使人信其有代理权时,法律规定本人应负授权责任之制度。狭义无权代理,指不具表见代理的无权代理,可称为固有的无权代理,凡称无权代理时,通常指狭义无权代理而言。诚如"最高法院"2014年台上字第1360号判决所强调:"所谓表见代理,乃原无代理权,但表面上足令人信为有代理权,法律乃使本人负授权人之责任,故倘确有授与代理权之事实,即无表见代理之可言。又无权代理人以代理人名义所为之法律行为,经本人承认者,依'民法'第170条第1项之反面解释,对本人固生效力,惟究与应由本人负授权人责任之表见代理有间,不得不辨。"

---

① 参阅"最高法院"1998年台上字第1524号判决:"'公司法'第223条系规定'董事为自己或他人与公司有交涉时,由监察人为公司之代表',故董事倘无为自己或他人与公司有交涉情事,即毋庸由监察人为公司之代表。又首揭条文之规定,旨在禁止双方代表,以保护公司(本人)之利益,非为保护公益而设,自非强行规定,如有违反,其法律行为并非无效,倘公司(本人)事前许诺或事后承认,即对于公司(本人)发生效力。此观'民法'第106条及第170条第1项之规定自明。"

第一款　无权代理的要件[①]

一、甲函请表兄乙，代租房屋，乙以甲的名义向丙租屋，租期1年，租金每月1万元。丙支出介绍费2000元，并拒绝他人每月1.2万元租屋的要约。甲到台北后发现租屋住处不适读书。甲及乙乃请教就读法律系的朋友丁，并告以甲其仅17岁，乙不知其事。试问丁应如何提供法律意见？

二、甲公司非以保证为业务，该负责人乙以法定代理人的资格保证丙向丁的借款。试问：

1. 此项保证的效力如何？
2. 丁得向乙主张何种权利？

无权代理，指无代理权人以代理人之名义而为法律行为。其要件有四：

①须为法所容许。
②须为法律行为。
③须以本人名义。
④须欠缺代理权。代理权的欠缺，其情形有四：
A. 未经授与代理权。
B. 授权行为无效或被撤销。
C. 逾越代理权的范围。
D. 代理权消灭。

第二款　无权代理的法律效果

无代理权人以代理人名义而为之代理行为，效力未定。为使其确定发生效力或不发生效力，"民法"规定本人有承认权，相对人有撤回权。若确定不生效力，则于无代理权人与第三人间发生损害赔偿责任问题。其法律构造相当于未成年人未得法定代理人允许订立契约（效力未定），图示如下：

[①] 参阅王泽鉴：《无权代理人之责任》，载王泽鉴：《民法学说与判例研究》（第六册），北京大学出版社2009年版，第1页。

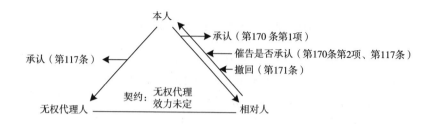

第一项 本人与第三人(相对人)间的法律关系

一、本人的承认权

无代理权人以代理人之名义所为之法律行为(单独行为及契约),非经本人承认,对于本人不生效力(第170条第1项)。承认系有相对人的单独行为,得依明示或默示为之。承认的意思表示究应向何人为之,"民法"未设规定,解释上应认得对无权代理人,或对代理人向之为代理行为之第三人(相对人)为之。无权代理的法律行为,因本人承认而溯及于其成立时发生效力。本人拒绝承认时,无权代理的法律行为确定不生效力。

二、相对人的催告权或撤回权

无权代理的法律行为系属效力未定,得由本人承认而生效力,此对本人固属有利;但于未承认前,法律行为悬而不定,对相对人甚属不便,为期平衡当事人利益,"民法"特赋予相对人二种权利:

①催告权:即相对人得定相当期限,催告本人确答是否承认,如本人逾期未为确答者,视为拒绝承认(第170条第2项)。催告应向本人为之,期限是否相当,应依代理行为的性质及交易惯例加以认定。相对人所定期间不相当时,于相当期间经过后,本人不为确答时,仍视为拒绝承认。

②撤回权:即相对人得撤回无权代理行为,阻止其因本人的承认而发生效力。相对人的撤回权不因业已对本人为催告而受影响,惟其撤回应于本人未为承认前为之。代理行为因本人承认而生效时,相对人不得撤回,乃属当然。撤回得向本人或无权代理人为之。相对人为催告后,于本人承认前,仍得撤回,盖为保护相对人,其撤回权不因催告而受影响(参阅第171条)。须注意的是,相对人于为法律行为时,明知代理人无代理权时,不得撤回,仅得行使催告权。

第二项 无代理权人的责任:无代理权人与第三人(相对人)间的法律关系

"民法"第110条规定:"无代理权人,以他人之代理人名义所为之法律行为,对于善意之相对人,负损害赔偿之责。"代理人与第三人(相对人)间的法律关系,乃无代理权人对相对人负损害赔偿责任的问题。兹就其构成要件、法律性质、法律效果、消灭时效、举证责任,分别说明如下:

一、构成要件

"民法"第110条规定无代理权人责任,其构成要件为:
①须为无权代理。
②须本人拒绝承认:须无代理权人以本人名义而为法律行为,而该法律行为因本人拒绝承认(或视为拒绝承认)确定不生效力。相对人于本人承认前,撤回其与无代理权人所为之法律行为时,无"民法"第110条之适用,盖相对人既已撤回,不使代理行为发生效力,自无保护的必要。
③须无排除责任事由:即相对人须为善意[1],即不知代理人系无权代理,有无过失,在所不问。

二、法律性质:法定担保责任[2]

"民法"第110条所定无代理权人责任,不以无代理权人不知其代理权有无过失为要件。"最高法院"1967年台上字第305号判例谓:"无权代理人责任之法律上根据如何,见解不一,而依通说,无权代理人之责任,系直接基于'民法'之规定而发生之特别责任,并不以无权代理人有故意或过失为其要件,系属于所谓原因责任、结果责任或无过失责任之一种,而非基于侵权行为之损害赔偿。"性质上属于法定担保责任。

---

[1] 参阅陈添辉:《无权代理人对善意相对人之责任》,载《政大法学评论》2016年第146期,第195页。
[2] 参阅陈添辉:《无权代理人之无过失担保责任》,载《月旦法学教室》2016年第161期,第12页。

三、法律效果:损害赔偿①

(一)问题提出:规范模式

"民法"第 110 条所称损害赔偿,究指何而言?参照比较法上之立法例②,解释上可有五种见解:

①请求履行或履行利益损害赔偿。

②不能请求履行,仅能请求履行利益(积极利益)。

③仅得请求信赖利益(消极利益):即仅得请求赔偿因信其有代理权而损失的利益。

④得选择请求履行利益(积极利益)或信赖利益(消极利益),但信赖利益的请求,不得大于履行利益。

⑤相对人得请求履行利益损害赔偿,但无代理权人如于行为时不知其无代理权者,仅负赔偿信赖利益的损害赔偿。

(二)"最高法院"见解

"最高法院"2012 年台上字第 641 号判决谓:"按无权代理人之责任,系基于'民法'第 110 条之规定而发生之特别责任,相对人依该条规定请求损害赔偿,不得超过相对人因契约有效所得利益之程度。是在原契约中如就契约债务履行不能或不为履行等应给付违约金有特别约定,且该约定之违约金属损害赔偿额预定性质者,相对人向无权代理人请求之赔偿额固应以该预定额数为限,惟此系指相对人所得请求之损害赔偿数额不得超逾契约原订违约金额,非谓相对人所请求者亦属违约金性质。"

---

① 参阅游进发:《无权代理人之损害赔偿责任》,载《月旦法学教室》2022 年第 232 期,第 18 页。

② 比较法上有三种规范模式:①履行或损害赔偿的选择。《日本民法典》第 117 条第 1 项规定:"作为他人的代理人而签订契约之人,不能证明自己的代理权,且未能获得本人的追认时,依相对人的选择,或者对相对人履行,或者负损害赔偿责任。"②区别无权代理人是否明知无代理权。《德国民法典》第 179 条规定:"以他人的代理人缔结契约,不能证明其系有权代理,而被代理人拒绝承认该契约时,对信赖其代理权而受损害的相对人,负损害赔偿责任。但其利益不得超过契约有效的数额。代理人不知其无代理权时,仅对因相信其有代理权而受损害的契约另一方当事人负损害赔偿责任,但赔偿额不得超过契约另一方当事人在契约有效时可得到的利益。契约另一方当事人明知或者可知代理人无代理权的,代理人不负责任。代理人为限制行为能力的,亦不负责任,但经其法定代理人同意的行为除外。"③《中华人民共和国民法典》第 171 条第 3 款规定:"行为人实施的行为未被追认的,善意相对人有权请求行为人履行债务或者就其受到的损害请求行为人赔偿。但是,赔偿的范围不得超过被代理人追认时相对人所能获得的利益。"

(请思考您对本件判决的理解及分析)

(三)分析说明

①"最高法院"认为无代理权人之责任,系基于"民法"第110条之规定而发生之特别责任,相对人依该条规定请求损害赔偿,不得超过相对人因契约有效所得利益之程度。关于此项见解,应提出二个问题:

　　A. 何谓"特别责任"?其"特别"何在?"特别"的理由为何?

　　B. 所谓"请求损害赔偿,不得超过相对人因契约有效所得利益之程度",此种用语在实务上甚为少见。

②"民法"上的损害赔偿,分为履行利益(积极利益)及信赖利益(消极利益),"最高法院"所称的特别责任,究为何种损害赔偿?就其用语及判决事实(违约金与无权代理损害赔偿),"最高法院"似认为"民法"第110条的损害赔偿,系指履行利益,即应赔偿因契约履行所得的利益。惟就法律文义言,"民法"第110条所谓"损害赔偿",究指履行利益或信赖利益,仍有解释空间。立法例上肯定其为履行利益时,多明确规定。

③无权代理人仅应负"履行利益"的损害赔偿,比较法甚为少见。《日本民法典》第117条第1项规定相对人得选择履行契约或负损害赔偿责任。问题在于无权代理人不知其无代理权,例如本人系无行为能力,或业已死亡等。在此等情形,仍令无代理权人负履行利益损害赔偿责任,是否合理妥当,非无疑问。

④"民法"第110条规定无权代理人应负损害赔偿责任。本书认为应权衡当事人利益,合理分配无权代理的风险,区别代理人是否明知或不知其无代理权,而负履行利益或信赖利益的损害赔偿责任。代理人明知无代理权时,应负履行利益损害赔偿责任;不知其无代理权时,负信赖利益损害赔偿责任(参照《德国民法典》第179条第1项、第2项)。

(四)无权代理人系未成年人

无权代理人系未成年人时,有无"民法"第110条规定的适用,"民法"未设明文。基于未成年人保护优先于交易安全的原则,对第110条规定应作目的性限缩,认为无第110条规定的适用,但得法定代理人允许而为代理行为时,不在此限。《德国民法典》第179条第3项、《日本民法典》第117条第2项均设有规定,可资参照。

四、消灭时效

关于"民法"第110条损害赔偿请求权的消灭时效,"最高法院"1967年台上字第305号判例认为,无权代理人之责任系直接基于"民法"之规定而发生之特别责任,而非基于侵权行为之损害赔偿,"是项请求权之消灭时效,在'民法'既无特别规定,则以'民法'第125条第1项所定十五年期间内应得行使,要无'民法'第197条第1项短期时效之适用"。

"最高法院"否认"民法"第197条第1项短期时效的适用,固属正确。另一种思考方向系认关于此项损害赔偿请求权,不必一概适用"民法"第125条规定,而应依无代理权人所为法律行为(尤其是契约)有效成立时,其履行请求权的时效期间定之。例如甲有代理权限,而以乙之名义向丙租屋,该代理行为有效成立时,丙对乙租金请求权的时效期间为5年,关于无权代理损害赔偿请求权的消灭时效,不能以"民法"无特别规定为理由,径适用"民法"第125条所定15年的长期时效期间。依"民法"第126条规定定其时效期间,较能贯彻"民法"设短期时效之规范目的。此项消灭时效期间,应自本人对无权代理行为拒绝承认时起算。

五、举证责任

相对人依"民法"第110条规定,请求损害赔偿时,须对代理人系无代理权,以本人之代理人名义为法律行为,以及本人拒绝承认,负举证责任。至于相对人非属善意,则由无权代理人负举证责任。

第三项 代理人与本人间之法律关系

本人对无权代理行为不为承认时,无代理权人对善意的相对人应负损害赔偿责任,已如上述。对于本人,无代理权人得依"民法"关于无因管理的规定主张其权利。例如甲于赴外地探亲期间,其住宅遭台风毁损,乙以甲之名义雇丙修缮,设甲不承认此项代理行为时,若乙管理事务利于甲,并不违反甲明示或可得推知之意思者,乙得依"民法"第176条规定,向甲请求清偿其对丙所负担的损害赔偿责任。

本人承认无权代理行为时,本人与代理人间的权利义务依其内部关系定之。例如甲建筑公司的业务专员乙,逾越其授权范围,与客户订立买卖契约,甲为维持信用而承认其法律行为时,甲就因此所受损害,得依关于债务不履行的规定,向乙请求损害赔偿。

第四项　无权代理规定的类推适用

"民法"关于无权代理(尤其是无权代理人责任)的规定,于其他类似的情形,得为类推适用:

①无权使者。
②无权代表。
③以事实上不存在之人的名义而为法律行为。

第六节　权利表见代理权

代理权是否有效授与,或继续存在,对相对人实难认知。为此"民法"特创设基于权利表征而发生的代理权。本无代理权,但有一定事实表征足认其有代理权者,学说上称为权利表见的代理权(Rechtsscheinvollmacht),以保护相对人的信赖及交易安全。"民法"于第107条及第169条设有规定,分述如下:

第一款　代理权继续存在的权利表征
——"民法"第107条

"民法"第107条规定:"代理权之限制及撤回,不得以之对抗善意第三人。但第三人因过失而不知其事实者,不在此限。"立法理由谓:"谨按本人将代理权授与代理人之后,非必不可加以限制也。又既经授与代理权之后,亦非不可仍将代理权撤回也。惟其限制及撤回,均不得对抗善意之第三人,盖代理权之受有限制及被撤回与否,第三人固无由知之,若许其得以对抗,是使善意第三人常蒙不测之损害也。故除其限制及撤回之事实,本可得知,而由于第三人自己之过失陷于不知者外,均不得以其代理权之限制及撤回为对抗之理由。盖为保护善意第三人之利益计也。"

"民法"第107条亦属一种表见代理权,其所表见的是代理权的继续存在,此在代理权撤回的情形特为显著,多发生于外部授权、内部撤回的情形,例如甲对乙表示授权于丙代其租屋,甲对丙撤回代理权,但未通知乙,丙与乙订立租赁契约时,甲不得以其撤回对抗善意非因过失而不知其事实的第三人乙。

实务上常见的是代理权的限制。立法理由强调系指于授权后对原授与代理权加以限制。例如授权以每月3万元租屋,其后限制为不得超过2.5万元。实务有认为亦包括授权时加以限制的情形,例如甲授权乙为其租屋,限制每月租金不得超过2万元,乙以3万元向丙租屋。"最高法院"2000年台上字第1326号判决谓:"代理权之限制及撤回,不得以之对抗善意第三人。但第三人因过失而不知其事实者,不在此限。'民法'第107条定有明文。上诉人与被上诉人之代理人林○卿订立系争房地买卖契约,总价金为630万元;而林○卿系被上诉人委请代理销售系争房地之人员,平时并持有被上诉人印章;同工地之其他房屋,亦均由林○卿代被上诉人销售,林○卿有代理被上诉人销售系争房地并签约之权限。则被上诉人于授权林○卿销售系争房地之同时,纵有销售价格之限制,揆诸前揭规定,既非上诉人所得知悉,被上诉人亦不得以此对抗善意之上诉人,林○卿本于代理人之地位,以被上诉人名义与上诉人签订买卖价金630万元之买卖契约,自直接对被上诉人发生效力。"本件判决认为所谓代理权的限制,包括自始授权的情形。自始授权的限制实乃代理权范围的问题。

第二款 表见代理
——"民法"第169条

"民法"第169条规定:"由自己之行为表示以代理权授与他人,或知他人表示为其代理人而不为反对之表示者,对于第三人应负授权人之责任。但第三人明知其无代理权或可得而知者,不在此限。"通说称之为表见代理,系实务上重要问题。兹综合整理判例、判决,简要说明如下。

一、立法目的、意义及区别

"民法"第169条规定表见代理,立法目的在于保护交易安全及善意相对人的信赖。表见代理乃原无代理权,但表面上足令人信为有代理权,故法律规定使本人负一定之责任。倘确有授与代理权之事实,即非表见代理,自无该条之适用。"最高法院"1955年台上字第1424号判例谓:

"'民法'第169条系为保护善意第三人而设,故本人有使第三人信以为以代理权授与他人之行为而与之交易,即应使本人负其责任。又此本人责任系指履行责任而言,并非损害赔偿责任,故本人有无过失在所不问。""最高法院"2017年台上字第2663号判决谓:"表见代理,本质上为无权代理,系因客观上有表见之事实,足使第三人信其有代理权,为维护交易安全,法律乃规定本人应负授权人之责任。所谓知他人表示为其代理人而不为反对之表示者,系指知他人表示为其代理人而与相对人为法律行为时,原即应为反对之表示,使其代理行为无从成立,以保护善意之第三人,因其不为反对之意思,致第三人误认代理人确有代理权而与之成立法律行为,自应负授权人之责任。"

二、适用范围

①不适用于法定代理:"民法"第169条表见代理之规定,唯意定代理始有其适用,若法定代理则无适用该规定之余地("最高法院"1990年台上字第2012号判例)。

②不适用于不法行为、事实行为:代理仅限于意思表示范围以内,不得为意思表示以外之行为,故不法行为及事实行为,不仅不得成立代理,且亦不得成立表见代理("最高法院"1966年台上字第1054号判例)。"最高法院"2011年台简上字第4号判决谓:"'民法'第169条之表见代理,代理人本系无代理权,因本人有表见授权之行为,足使交易相对人正当信赖表见代理人之行为,为保护交易之安全,始令本人应负授权人之责任。准此,所谓不法行为不得成立表见代理,系指不法行为之本身而言,非谓所无权代理之法律行为不得成立表见代理。"

三、行为表见代理:由自己之行为表示以代理权授与他人[①]

"民法"第169条规定二个类型的表见代理:
①行为表见代理。
②容忍表见代理。

[①] 系统性的整理,参阅张哲源:《表见代理之要件》,载林腾鹞教授七秩华诞祝寿论文集编辑委员会:《当代法学理论与制度的新视角——林腾鹞教授七秩华诞祝寿论文集》,瑞兴图书股份有限公司2016年版,第265页。

兹先说明行为表见代理：

(一) 意义

第一个类型系"由自己之行为表示以代理权授与他人"，即授与代理权行为的表见代理（行为表见代理，相当于德国法上的 Anscheinsvollmacht）（参阅"最高法院"2020 年台上字第 1929 号判决）。此系原无代理权，只因本人有表见之事实，足使第三人相信该他人有代理权之存在，为保护交易之安全起见，故法律规定使本人负授权人之责任，此异于本人确曾授与代理权之有权代理。表见代理的本质为无权代理，须有由自己之行为表示以代理权授与他人的表见事实。例如甲经营水产店，自乙批发大闸蟹，甲结束营业后，交由丙继续经营，甲任由丙使用甲的信封、传真、电话以甲的名义向乙订货。

(二) 实务案例

表见事实如何认定，系实务上的难题，兹举"最高法院"肯定及否定案例如下，以利对照：

1. 肯定案例

（案例1）交付盖有私章及厂章之空白合约与收据。上诉人既将盖有本人私章及所经营工厂厂章之空白合约与收据，交由某甲持向被上诉人签订契约及收取定金，显系由自己之行为表示以代理权授与他人，自应负授权人之责任，则某甲收取定金之行为与上诉人无异，至某甲曾将所收取之定金交付上诉人与否，乃某甲与上诉人间之问题，上诉人殊不能以未自某甲处收到定金，对抗被上诉人（"最高法院"1967 年台上字第 2156 号判例）。

（案例2）查印鉴章、身份证、不动产所有权状，均属有关不动产物权设定或移转之重要证件、文件，衡情被上诉人应妥为保管。而系争印鉴证明申请书、授权书、借据及本票上被上诉人甲之印鉴章，皆系与被上诉人同住之女儿乙向其母取得被上诉人甲置于家中之印鉴章所盖用，并连同被上诉人甲之身份证、系争不动产所有权状、印鉴证明及乙伪造被上诉人甲签章之系争本票、系争借据、系争授权书交与丁办理系争抵押权登记及系争预告登记；又于系争抵押权设定前，乙亦曾向其母取得被上诉人甲上开证件，冒用被上诉人甲名义，伪造土地登记申请书、抵押权设定契约书，将系争不动产设定最高限额抵押权予诉外人戊，向戊借款。果尔，以乙前后取用被上诉人甲印鉴章之日期不一，且相隔数月之久，被上诉人长期任由乙取用其印鉴章、身份证、系争不动产所有权状,并以之设定抵押权,而未为反对之表示,似此情形,能否谓被上诉人甲之行为尚不足使上诉人丙信其有对乙授以代理权,而有表见代理之情形,非无研求之余地。原审未详加审究,遽谓被上诉人甲并不因交付印鉴章、身份证及系争不动产所有权状而须负表见代理之责,进而为不利上诉人丙之判断,自有可议("最高法院"2021年台上字第2767号判决)。

2. 否定案例

(案例3)交付印章办理特定事项。由自己之行为表示以代理权授与他人者,对于第三人应负授权人之责任,必须本人有表见之事实,足使第三人信该他人有代理权之情形存在,始足当之。将自己印章交付他人,委托该他人办理特定事项者,比比皆是,倘持有印章之该他人,除受托办理之特定事项外,其他以本人名义所为之任何法律行为,均须由本人负表见代理之授权人责任,未免过苛。原审徒凭上诉人曾将印章交付于吕某之事实,即认被上诉人就保证契约之订立应负表见代理之授权人责任,自属率断("最高法院"1981年台上字第657号判例)。

(三)行为表见代理成立要件的再构成

根据前述三个案例,关于擅自使用他人不动产所有权状、印鉴、身份证等而为无权代理,在何种情形得成立行为表见代理?兹为明确法之适用,提出行为表见代理的成立要件:

1. 代理权表征

行为表见代理的第一项要件,系须有权利表见的要件事实,亦即须有一个可供信赖的事实(信赖的构成要件),此通常可由特定行为事实加以认定,例如交付授权证书、身份证件、所有权状、印鉴等。

2. 可归责性[1]

值得特别提出的是,在台湾地区"民法"中,表见代理不以本人有故意或过失为归责事由。惟本人对此权利表见构成要件的发生,仍须有客观的可归责性。实务案例多未明确提出此项要件,但应肯定此为行为表见代理的一个要件及判断基准。[2] 表见代理是一种风险分配。本人应就

---

[1] 参阅陈忠五:《论表见代理成立上本人之可归责性》,载《台湾法律人》2023年第24期,第148页。

[2] Vgl. Bork, AT, S. 1537 f., 1960 f.

其可支配风险范围而发生的信赖要件事实负责。对参与交易者,应可期待其组织规划,控制其风险领域,并就其风险负授权人责任,以合理分配其所生风险责任。

3. 相对人须为善意

善意指不知或非因过失不知代理人并无代理权。

4. 因果关系

在权利表见要件事实与信赖之间具有因果关系,在信赖与法律行为之间亦须具有因果关系。

(四)案例分析

兹依前述关于行为表见代理要件的说明,分析"最高法院"三个判决:

案例1:"最高法院"肯定表见代理,可资赞同。上诉人(本人)交付盖有私章及厂章之空白合约及收据,系以积极行为创设权利表见的要件事实,具有可归责性,应承担其风险而负授权人责任。

案例2:盗取他人印鉴、身份证件、不动产所有权状,而为代理行为,不足构成得使本人应负授权人责任的表见代理。惟若本人知其事,长期间任由他人多次取用,系以消极行为创设代理权表见事实,而未为必要的风险管控,原则上得认具有可归责性,应负授权人责任。类此情形,应就个案加以认定,得有不同判断,乃属当然。

案例3:"最高法院"强调不能徒凭将印鉴交付他人,即应负授权人责任,基本上应值赞同。在此类案例,应依交付印鉴予他人的相关情事,诸如交付目的、次数、期间等相对因素判断本人是否具备创设权利表见的信赖要件事实的可归责性。

四、容忍表见代理:知他人表示为其代理人而不为反对之表示

"民法"第169条规定表见代理的第二种类型系"知他人表示为其代理人而不为反对之表示"[相当于德国法上的"容忍表见代理"(Duldungsvollmacht)],指知他人表示为其代理人而与相对人为法律行为时,原即应为反对之表示,使其代理行为无从成立,以保护善意之第三人,竟因其不为反对之意思表示,致第三人误认代理人确有代理权而与之成立法律行为,自应负授权人之责任(其成立要件参照前述授与代理权行为的表见代理)。例如甲任职于乙水果批发商,向梨山老农丙订购富士苹果。甲离职后，自己摆摊贩卖水果，以谋生计，仍继续以乙名义向丙订购水果。乙知其事，念及旧情，未为反对。如于法律行为成立后，知其情事而未为反对之表示，对业已成立之法律行为已不生影响，自难令负授权人之责任（"最高法院"2011年台上字第596号判决）。知他人表示为其代理人而未为反对之表示者，以本人实际知其事实为前提，其主张本人知此事实者，应负举证之责（"最高法院"1979年台上字第1081号判例、2009年台上字第2280号判决）。

五、但书排除（消极要件）

"民法"第169条规定，第三人明知其无代理权或可得而知者，不成立表见代理。表见代理之规定，旨在保护善意无过失之第三人，倘第三人明知表见代理人为无代理权或可得而知者，其行为即出于恶意或有过失，而非源于"信赖保护原则"的正当信赖，纵有表见代理之外观存在，亦无保护之必要，依"民法"第169条但书规定，本人得免负授权人之同一责任（"最高法院"2020年台上字第234号判决）。

六、法律效果

"民法"第169条系为保护善意第三人而设，故本人有使第三人信以为以代理权授与他人之行为而与之交易，即应使本人负其责任。又此本人责任系指履行责任而言，并非损害赔偿责任，故本人有无过失在所不问（"最高法院"1955年台上字第1424号判例）。又由自己之行为表示以代理权授与他人者，对于第三人应负授权人之责任，必须本人有表见之事实，足使第三人信该他人有代理权之情形存在，且须第三人基此表见之事实，主张本人应负授权人之责任，若第三人不为此项主张，法院不得径将法律上之效果，归属于第三人（"最高法院"1971年台上字第2130号判例）。

第三款 体系构成与法律适用

"民法"基于一定的代理权存在的表征，分别于第107条及第169条规定由权利表征的代理制度。为便于区别判断，图示如下：

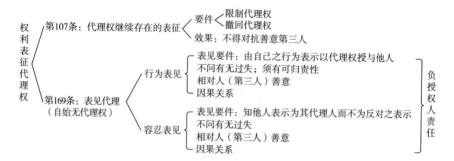

①在法律适用上，须无第107条规定的情形时，始适用第169条，二者不可混为一谈（"最高法院"2001年台上字第1774号判决）。

②在立法政策，现行法上权利表见代理权体系是否周全，尚有研究余地。例如本人出具授权证书于代理人，于授权行为无效或代理权消灭后，代理人提示该授权证书为代理行为时，善意相对人应否受保护，法无明文。此种提示证书，较诸代理权限制或撤回更具代理权存在的可信赖性，应类推适用"民法"第107条规定，认本人不得以代理权不存在对抗不知或非过失不知代理人无代理权的善意第三人。《德国民法典》第172条规定："授权人将授权书交付代理人，且代理人向第三人出示该授权书者，视同授权人发出授与代理权之特别通知。代理权存续至授权书被返还给授权人或被宣告为无效时为止。"可资参照。

第七节 代理制度的体系及案例研习

第一款 体系构成

代理制度旨在扩张私法自治（意定代理）及补充私法自治（法定代理），系当代法律生活赖以运作的重要机制。为使读者能对相关问题有较简明的认识，特图解代理制度的体系构造，以利参照：

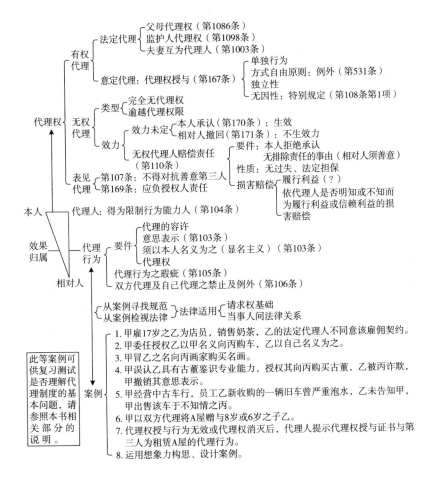

第二款 案例研习[①]

甲20岁,购买彩券,中奖20万元,知其友人乙17岁,就读汽车修理科,成绩优异,乃授权代购中古车。乙到丙经营的车行,由丁业务员接洽,乙以甲名义以5万元购A车,丁以丙名义为承诺。乙于付款取车后,即详加检查,发现该车曾严重泡水,具有重大瑕疵,丁知其事故意不告知,乙即通知丙。甲获知其事,即要乙速为处理,乙即

[①] 关于代理的案例研习,参阅王泽鉴:《民法思维》,北京大学出版社2022年重排版,第266页以下,案例[6]到案例[13]。

向丁要求返车退钱。甲得否向丙请求返还其所支付的价金？

特设此例，在使读者能有问题意识，并研习请求权基础的思维方法。请参照以下说明写成书面，简示解题结构如下，以便参照：

> 甲对丙的价金返还请求权(第259条第2款)：请求权基础
> 一、甲与丙间成立买卖契约
>   1. 乙代理甲对丁为要约
>   (1)代理的容许
>   (2)为意思表示
>   (3)以甲名义
>   (4)代理权
>   (5)乙为限制行为能力人(第104条)不受影响
>   2. 丁代理丙为承诺
>   3. 买卖契约成立：对甲、丙直接(第103条)发生效力
> 二、甲解除买卖契约
>   1. 要件
>   (1)解除权
>   (2)解除契约的意思表示
>   2. 效果
>   (1)解除权(第359条)
>   (2)物之瑕疵(第354条)
>   (3)乙为瑕疵通知(第356条、第357条)
>   (4)解除契约的意思表示：由乙代理甲为之：代理权限？
> 结论：甲得向丙依第259条第2款规定请求返还所支付价金

请先阅读案例，自己写成书面。兹采请求权基础方法鉴定体裁简要说明，以供参考。

①甲得向丙依"民法"第259条规定请求返还其所支付的价金，此须以甲解除其与丙间的买卖契约为要件。

A. 甲与丙间成立买卖契约：甲的代理人乙向丙的业务员丁表示以5万元购买A中古车，系代理甲对丁为要约，此项要约意思表示的代理，为法所容许，乙以甲的名义为之，并在其代理权限内，系属有效。丁系丙的业务员，为丙的代理人，丁为丙代受领意思表示并代为意思表示，对乙的要约为承诺，双方就标的物及其价金互相同意，买卖契约即为成立(第345条)，直接对本人发生效力(第103条、第104条)，甲与乙间成立买卖

契约。

B. 甲解除买卖契约:物之出卖人对于买受人应担保其物依"民法"第373条之规定移转危险于买受人时,无减少及价值获通常效用之瑕疵(第354条第1项)。甲向丙购买的中古车,严重泡水,减少其价值及效用,具有瑕疵。丙的业务员丁对乙故意不告知瑕疵,应归由丙承担(参照"最高法院"2001年台上字第4号判决),乙将物的瑕疵通知丙,通知系准法律行为,应类推适用代理规定。

甲纵未即时通知该车瑕疵,出卖人仍应负物的瑕疵担保责任(第357条)。甲得因该中古车的瑕疵解除其买卖契约(第359条)。甲要求乙即为处理购买的泡水车,解释上得认系授与乙解除契约的代理权,乙向丁要求退钱,系对丙的代理人为解除契约的意思表示,对本人丙发生效力(第103条)。解除契约时,双方当事人负回复原状之义务,受领之给付为金钱时,应附加受领时之利息偿还之(第259条第2款)。

②据上所述,甲与丙间成立A中古车的买卖契约,甲解除该买卖契约,甲得向丙依"民法"第259条第2款规定请求返还其支付的价金。

第九章　法律行为的效力

——无效、得撤销及效力未定

第一节　概　说

在阅读下文以前，务请先综合整理"民法"总则编关于法律行为无效、得撤销及效力未定的规定，比较分析其意义，检讨其规范模式，尤其是探究法律之所以就某法律行为设"无效""得撤销"或"效力未定"规定的立法理由，区别三者之不同，并分析说明以下三个问题(法律人要有法律政策的思维)：

　　1. 法律行为无效，严重影响私法自治，现行"民法"采何方式维持法律行为的效力？

　　2. 暴利行为究应为无效或得撤销？"民法"第74条规定有何特色？

　　3. 限制行为能力人未得法定代理人允许的单独行为(如授与代理权)或契约(如保证)，究应为无效、得撤销，或须法定代理人承认，始生效力？

一、立法政策及规范模式

法律行为具备成立要件及生效要件者，即发生当事人所欲实现的法律效果，成为有效的法律行为，学说上称为完全的法律行为。

法律行为不具备成立要件者，不能成立；不具备生效要件时，应如何处理？此涉及二个立法政策上的基本问题(法律人的能力，不仅在于解释适用法律，并在于能有法律政策的思维方法)：

①应赋予何种效力？"民法"所采的规范模式有三种：A. 无效。B. 得撤销。C. 效力未定。此为法律控制法律行为效力的手段、规范私法自治的机制。

②对不具备生效要件的何种法律行为,应赋予何种效力？此为评价问题,应视其所欠缺生效要件的性质及其严重性的程度而为决定。"民法"所采的原则为：其欠缺的要件,如有关公益,则使之无效。如仅有关私益,则使之得撤销。如仅属于程序(如未得他人同意)的欠缺,则使之效力未定,俾资补正。为便于观察,兹将"民法"总则编关于法律行为无效、得撤销与效力未定的规定,列表如下(要理解,不要强记)①：

原因 法律行为	欠缺生效要件			效力
	行为能力欠缺	标的不适当	意思表示不健全	
无效	1. 无行为能力人之行为(第75条) 2. 限制行为能力人未得到允许之单独行为(第78条)	1. 违反强行规定(第71条) 2. 违背公序良俗(第72条)	1. 真意保留之例外(第86条但书) 2. 通谋虚伪意思表示(第87条)	1. 当然、自始、确定无效(绝对无效) 2. 例外：相对无效(第87条第1项但书)
得撤销		暴利行为(第74条)	1. 错误及误传(第88条、第89条) 2. 被诈欺、胁迫(第92条)	1. 在撤销前发生效力 2. 经撤销视为自始无效(第114条第1项) 3. 暴利行为的撤销或减轻给付须诉请法院为之
效力未定	1. 限制行为能力人未得法定代理人允许之契约(第79条) 2. 无权处分(第118条) 3. 无权代理(第170条)			1. 效力未定 2. 经承认有效 3. 经拒绝承认而确定不生效力

---

① 此表参照郑玉波：《民法总则》,第320页。

二、分析说明

(一)不完全法律行为的上位概念

无效、得撤销或效力未定的法律行为,称为不完全行为。德国学说以不生效力(Unwirksamkeit)作为无效、得撤销及效力未定的上位概念。①

(二)无效法律行为效力的维持

"无效"的法律效果严重限制私法自治原则及影响第三人,"民法"另设有相对无效(不得以其无效对抗善意第三人,第87条第1项但书),一部分无效不当然导致全部无效(第111条),以及无效法律行为的转换的规定(第112条),维持无效法律行为的效力,缓和无效的绝对性。②

(三)得撤销法律行为

关于暴利行为、意思表示错误、被胁迫诈欺而为意思表示,"民法"不使之为无效③,而采得撤销的规范模式(第88条、第89条、第92条),俾当事人得自主决定是否继续维持其意思表示的效力,此项规范模式应值赞同。

值得提出的是,"民法"第74条规定:"法律行为,系乘他人之急迫、轻率或无经验,使其为财产上之给付或为给付之约定,依当时情形显失公平者,法院得因利害关系人之声请,撤销其法律行为或减轻其给付。前项声请,应于法律行为后一年内为之。"在比较法上特色有三:

①暴利行为非属无效。
②其撤销不须以诉讼为之。
③法律行为内容调整的实质性规范。

(四)效力未定的法律行为

关于如何规范限制行为能力人法律行为的效力,"民法"规定原则上应得法定代理人之允许,未得允许时,所为的单独行为无效(第78条);所订立的契约,效力未定,须经法定代理人之允许,始生效力(第79条)。

---

① Vgl. Wolf/Neuner, AT, S. 1603.
② 关于法律行为的绝对无效及相对无效,陈忠五在其《法律行为绝对无效与相对无效之区别》[《民法研究(三)》,1999年版,第110页以下]中,从法规目的论的观点重新检讨传统理论,并提出启发性的见解,深具参考价值。关于此一问题的专论及比较法的分析,参阅 Roland Michael Beckmann, Nichtigkeit und Personenschutz (Jus Privatum 34, Tübingen 1998)。
③ 《德国民法典》第138条规定:"暴利行为无效。"《日本民法典》第95条规定:"意思表示于法律行为之要素有错误者,无效;但表意人有重大过失时,不得自行主张其无效。"可资比较。

立法者所以作此区别,系以单独行为系由行为人一方意思表示即得成立,相对人原未参与其行为,使其无效,相对人亦仍处于原来的状态,不致有何积极不利益。至于契约,相对人已积极参与,倘使之无效,于限制行为能力人方面,保护固属周全,但对相对人,未免过于不利,故规定得经法定代理人承认而生效力。此项区别亦值赞同。

须特别强调的是,无论如何,不宜将限制行为能力人未得法定代理人允许所为单独行为或契约的效力,改为得撤销。就单独行为言,此将使当事人间法律关系陷于不安定的状态。就契约言,不足保护限制行为能力人的利益,盖法律行为效力未定时,于其效力确定发生前,未成年人尚无履行契约的义务。反之,于得撤销之情形,于撤销前,未成年人已负有履行契约的义务,撤销权因除斥期间经过而消灭时,契约仍继续其效力,撤销权人的不作为,势必导致不测的损害。

第二节 无效的法律行为

第一款 无效的意义及法律效果

甲向乙购买某中古车,价金20万元。双方履行后,发现甲为受监护宣告人时,其法律关系如何?乙得否依"民法"第113条规定主张其非因过失不知甲为受监护宣告人,不负返还价金的义务?试就此例说明法律行为无效的意义、法律效果,以及"民法"第113条的规范功能与存在价值。

一、无效的意义

无效,指法律行为当然、自始、确定不发生的效力。分三点言之:

①当然无效:指无效的法律行为无须任何人主张,当然不发生效力,任何人皆得主张其为无效,亦得对任何人主张之。当事人间对法律效力有争执时,固得提起确认无效之诉,但此项确认判决仅具宣示的性质。无效无待当事人在诉讼上主张,法院应依职权认其为无效,是为无效的绝对性。在特殊情形,法律规定不得以其无效对抗善意第三人(第87条第1项但书),则为相对无效。

②自始无效：指于法律行为成立时，即自始不发生当事人所意欲发生的效力。

③确定无效：指无效的法律行为在其成立时，即不发生效力，且以后无再发生效力的可能，亦不因情事变更而回复其效力，纵经当事人追认，亦不能径使其发生效力。关于此点，应说明者有二：

A. 法律行为当事人知其无效，而为追认时，于其具备法律行为的有效要件时，视为重新为法律行为，自追认时起发生效力。①

B. "民法"第166条之1（尚未施行）规定："契约以负担不动产物权之移转、设定或变更之义务为标的者，应由公证人作成公证书。未依前项规定公证之契约，如当事人已合意为不动产物权之移转、设定或变更而完成登记者，仍为有效。"违反第1项规定者，其法律行为无效。第2项所规定的，系此项无效法律行为的瑕疵治愈。

二、无效的法律效果

（一）一般原则

法律行为无效时，不发生当事人依该法律行为所欲实现的法律效果。例如买卖契约无效时，不生买卖契约的效果；解除契约的意思表示无效时，不生解除契约的效果。惟须注意的是，无效并不妨害发生其他法律行为外的效果：

①侵权行为损害赔偿请求权（第184条第1项）：如为诈害债权人而为通谋虚伪买卖（第87条）。

②缔约过失损害赔偿请求权（第247条、第245条之1）。②

③不当得利请求权（第179条）：如基于无效买卖契约而交付标的物，并移转其所有权。

④所有物返还请求权（第767条第1项前段）：如基于无效的买卖契约及物权行为移转标的物所有权。

（二）无效的损害赔偿（第113条）

关于法律行为无效的效果，"民法"第113条设有特别规定："无效法律行为之当事人，于行为当时知其无效，或可得而知者，应负回复原状或

---

① 参照《德国民法典》第141条第1项、《日本民法典》第119条规定。
② 参阅王泽鉴：《债法原理》，北京大学出版社2022年重排版，第236页以下。

损害赔偿之责任。"立法理由谓:"所以设此条文,在于保护相对人之利益。"衡诸各立法例,此为台湾地区"民法"的特色,解释适用上颇滋疑义①,分述如下:

①如前所述,关于无效法律行为,得分别情形适用侵权行为损害赔偿、缔约上过失、不当得利或所有物返还请求权等规定,足以合理规范当事人间的法律关系,无另设"民法"第113条的必要。

②依"民法"第113条规定,应负回复原状或损害赔偿者,须以无效法律行为之当事人于行为当时,知其无效或可得而知者为要件,实不足保护相对人。例如买卖契约因违反强制规定而无效,出卖人不知其为无效,或非因过失而不知时,不必返还其所受领的价金,显非合理。其因契约无效而应负回复原状的义务,不应因受领人明知或可得而知其法律行为无效与否而有不同。

③"最高法院"1994年台上字第3022号判决谓:"本件双方关于系争股份之买卖,违反'公司法'第163条第2项之禁止规定,其让与契约(债权行为)无效。上诉人主张依'民法'第113条规定,得请求被上诉人回复原状,返还价金,本质上仍为返还不当得利。惟本件双方交付股票及价金,均基于不法原因所为之给付,且双方均有所认识。上诉人请求返还价金非特必须主张自己之不法行为,且无异鼓励为不法行为,自不应准许。"此项见解具有转化"民法"第113条法律性质为不当得利的意义。然不当得利返还义务的发生并不以当事人明知或可得而知其法律行为无效为要件。又所谓回复原状尚包括返还所有物的情形,并非仅限于不当得利。由此判决可知,"民法"第113条规定的法律性质及规范功能未臻明确。

④"最高法院"1998年台上字第1396号判决谓:"按'民法'第247条第1项所定契约因目标不能而无效之缔约上过失责任,与同法第113条所定无效法律行为之当事人责任,二者法定要件未尽相同,且第113条既编列于'民法'总则编而规定,其适用之范围,自应涵摄所有无效之法律行为在内,而兼及于上开契约因目标不能而无效之情形。是契约因以不能之给付为目标而无效者,当事人除得依'民法'第247条第1项主张缔

---

① 参阅王泽鉴:《"民法"第113条规范功能之再检讨》,载王泽鉴:《民法学说与判例研究》(第四册),北京大学出版社2009年版,第41页;游进发:《信赖损害赔偿请求权理论的建构》,载《"中研院"法学期刊》2013年第13期,第37页。

约上之过失责任外,亦无排除适用同法第113条规定之余地。原审本此见解而为上诉人上开部分败诉之判决,经核于法并无违背。上诉人指'民法'第247条第1项乃特别规定,同法第113条应排除适用一节,即难谓原判决有何违背法令。"诚如詹森林所指出,"民法"第247条有其不同于"民法"第113条的构成要件及法律效果,依"最高法院"此项见解,则学说上认为"民法"第113条与第114条第2项规定应属赘文,反将使"民法"第247条等相关规定,成为具文,是否妥当,应值商榷。①

⑤关于"民法"第113条于第三人利益契约的适用,"最高法院"2000年台上字第1769号判决认为:"附第三人利益约款之契约,涉及债务人与要约人、要约人与第三人及债务人与第三人间之三面关系,第三人虽得直接向债务人请求给付,但并不因而成为契约当事人。故债务人于给付前,固得依'民法'第270条之规定以契约所由生之一切抗辩,对抗受益之第三人,包括债权未发生或消灭及同时履行抗辩等拒绝给付之抗辩,即于第三人为给付请求时,设债务人已解除契约,得以债务已消灭,拒绝给付而已,倘债务人已为给付后,债务人始解除契约,应负回复原状之义务者,依'民法'第113条规定,亦为要约人,而非第三人。准此而言,上诉人既系本于与张○琴间1991年7月9日之买卖契约之请求,该契约关系仅存在于上诉人与张○琴间,曾○火非该契约之当事人,上诉人复已将系争土地移转登记为被上诉人之被继承人曾○火,上诉人依契约无效、解除契约及本于所有权人之地位,请求被上诉人回复原状,即非法之所许。"本件判决基本上可资赞同。

(三)继续性契约的无效(向后失效)

法律行为无效所具"自始无效"的效力,对买卖、赠与等一时性契约,固属合理,但对劳动契约或合伙等具继续性关系的契约,在适用上将产生复杂法律状态。例如甲受雇于乙,2年后发现甲为受监护宣告人;甲、乙、丙三人成立合伙,半年后甲以意思表示错误(如关于当事人资格的错误)为理由,撤销其意思(视为自始无效,第114条第1项)。为避免依不当得利规定处理所为给付返还的问题,及对第三人法律关系所产生的困难,学说上倡导所谓的"事实上契约关系"(faktisches Vertragsverhältnis),备受重

---

① 参阅詹森林:《"民法"第——三条与其他规定之竞合关系》,载《台湾本土法学杂志》1999年第1期,第37页。

视。本书认为此系"有瑕疵劳动契约或合伙的理论",亦即劳动或合伙关系事实上业已开始,主张其为无效者,仅得向将来(ex nunc)发生无效之效力。①

第二款 绝对无效、相对无效与善意第三人的保护

甲委任乙,以其名义向丙购买猫熊皮。乙与丙商谈时,丙不愿割爱,乙乃以告发其贪污罪相胁,致丙心生恐惧而同意出售,并即交付其物。半年后,丙之贪污罪嫌获洗清,乃向法院诉请甲返还猫熊皮。此际发现甲早在2个月前已将该猫熊皮让售于善意之丁。问丙得否向丁请求返还该猫熊皮(参阅下列图示)②:

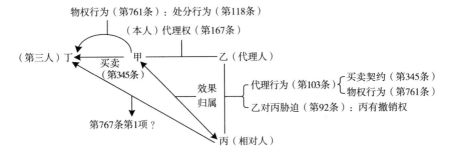

一、概说

法律行为无效以其效果的范围为标准,可分为绝对无效及相对无效。绝对无效,任何人均得主张,并得对任何人主张。相对无效系指不得以其无效对抗善意第三人。无效的法律行为以绝对无效为原则,相对无效为例外,并限于法律明定的情形,如通谋虚伪意思表示(第87条第1项但书)。法律行为经撤销者,视为自始无效(第114条第1项),原则上亦系绝对无效,然亦有为"相对无效",如因被胁迫而为之意思表示,其撤销得

---

① 参阅王泽鉴:《事实上契约关系》,载王泽鉴:《民法学说与判例研究》(第一册),北京大学出版社2009年版,第83页;Oetker, Das Dauerschuldverhältnis und seine Beendigung (Tübingen 1994), S. 424 f.。

② 此例设于1982年(本书初版),当时尚无明文禁止猫熊皮的买卖(参阅1989年6月23日公布施行的"野生动物保育法"),大陆猫熊惨遭捕杀,并于台湾地区出售猫熊皮获利,殊失人道,特保留此例,追忆其事。

对抗任何人,但因被诈欺而为之意思表示,其撤销即不得以之对抗善意第三人(第92条第2项)。

二、猫熊皮买卖:案例研习

鉴于法律行为的无效,涉及较为复杂的法律适用关系,特就前揭猫熊皮买卖之案例,作进一步的说明。为便于掌握思考过程,附解题结构如下(请先自行研习,写成书面):

> 一、丙对丁的请求权基础:第767条第1项前段
> (一)丙系所有人?
>   1. 甲取得猫熊皮所有权?
>   (1)丙撤销被胁迫而为的法律行为(第345条、第761条;第92条、第103条)
>   ①撤销权
>   ②撤销权的行使(意思表示)
>   ③撤销客体
>   ④除斥期间
>   (2)撤销的法律效果(第114条)
>   ①法律行为视为自始无效
>   ②甲未取得所有权
>   ③丙得对甲主张之权利
>   ④对抗善意第三人
>   2. 甲的无权处分与丁的善意取得
>   (1)买卖契约(第345条):有效
>   (2)处分行为(第761条)
>   ①甲无权处分(第118条第1项)
>   ②丁善意取得(第801条、第948条)
>   ③第三人善意取得的特别规定
> (二)丁系无权占有?
>   1. 债权上占有本权
>   2. 物权上占有本权
> 二、丙不得向丁依"民法"第767条第1项前段规定请求返还猫熊皮。

丙得对丁请求返还猫熊皮的规范基础为"民法"第767条第1项前段规定,此须具备二项要件:①丙系所有人。②丁系无权占有。

(一)丙系所有人？

①甲委任乙，以其名义向丙购买猫熊皮，并授与乙代理权(第167条)。丙受甲的代理人乙的胁迫，而与乙订立买卖契约(第345条)及作成让与该猫熊皮之物权行为(第761条)，得依"民法"第92条第1项之规定撤销之。对丙施行胁迫者，虽为代理人乙，然代理行为系对本人发生效力，代理人并非当事人以外的第三人，故不问本人知之与否，丙均得对甲撤销其意思表示。撤销应以意思表示为之(第116条第1项)，丙于被胁迫后半年内即向法院诉请返还猫熊皮，系于法定期间内行使其权利(第93条)，于诉状送达于甲时，发生撤销之效力(第95条第1项)。法律行为经撤销者，视为自始无效(第114条第1项)，丙与甲之代理人乙所订立之买卖契约及物权行为均溯及地失其效力，本人甲自始未因乙之代理行为而取得该猫熊皮所有权，丙得依"民法"第767条第1项前段(或第114条第2项、第113条)之规定，向甲请求返还猫熊皮。

②于丙撤销其被胁迫而为之法律行为时，甲已将该猫熊皮让售于丁，其买卖契约及物权行为均属有效。丙一旦撤销其被胁迫而为之法律行为，甲视为自始未取得该猫熊皮的所有权，甲与丁间的买卖成为买卖他人之物的契约，因系负担行为，仍属有效，但甲让与该猫熊皮所有权于丁的物权行为，则成为无权处分(第118条第1项)。惟丁系以该猫熊皮所有权之移转为目的，而善意受让该动产之占有，纵让与人甲无移转所有权之权利，丁仍能取得其所有权(第801条、第948条)。

被胁迫而为意思表示，其撤销得对抗善意第三人。丙得否以此为理由，主张丁虽属善意，仍不能取得该猫熊皮之所有权？关于此点，应采否定说。盖善意取得制度系物权编的特别规定，应优先于"民法"总则编的一般原则而适用，须作如此解释，始足保护交易安全。所谓因被胁迫而为意思表示之撤销，得以之对抗善意第三人者，于"民法"设有善意取得规定，应无适用余地。

(二)丁系无权占有？

丁与甲的买卖契约的效力，虽不因丙撤销其被胁迫之法律行为而受影响，但因买卖契约的相对性，对丙而言，丁不得以之作为占有猫熊皮之依据。惟丁既已善意取得该猫熊皮之所有权，具有物权上占有本权。

据上所述，丙非属所有人，丁系有权占有，丙不得向丁依"民法"第767条第1项前段规定请求返还猫熊皮。

第三款　法律行为一部分无效、全部无效

试就下列情形,说明何谓法律行为的单一性,部分无效与全部无效及当事人间之法律关系:

1. 甲与乙订约,购买乙所有的古厝及土地,准备改建大厦。其后发现古厝于订约前夕因地震倒塌。

2. 甲与未婚之丙女合意性交,经甲妻乙提出告诉,甲与乙协议离婚,约定由"甲与丙结婚后支付乙100万元,乙放弃撤销诉权;乙如行使撤销诉权,应放弃该项债权的请求"。乙于签定离婚协议书后,提起撤销甲、丙婚姻之诉,胜诉确定。

3. 甲向乙公司购买某种类越野车。受领后发现越野车具有严重瑕疵。乙公司使用的定型化契约条款,载明:"货物出门,概不负责。"该条款经法院宣告无效。

一、问题的提出

在案例1,甲得否向乙请求交付"土地",并移转其所有权?在案例2,乙得否向甲请求支付"100万元"?在案例3,甲得否向乙请求交付无瑕疵之物(第364条)?此等问题均须以法律行为(契约)有效为前提。在案例1,古厝于订约前夕因地震倒塌,构成自始客观给付不能,以之为标的之买卖契约无效(第246条第1项);在案例2,甲约定支付100万元,附有解除条件,该解除条件之约定违反善良风俗无效。在案例3,定型化契约某一个条款因违反诚实信用原则无效("消费者保护法"第12条第1项、"民法"第247条之1)。于此等情形发生一个重要问题:法律行为一部分无效时,究仅该部分无效,抑或法律行为全部无效?

二、"民法"第111条的解释适用

(一)立法目的

"民法"第111条规定:"法律行为之一部分无效者,全部皆为无效。但除去该部分亦可成立者,则其他部分,仍为有效。"系采不同于罗马法"有效之部分,不因无效之部分,而受影响"(Utile per inutile non vitatur)的原则,立法目的乃在维护私法自治,不使当事人受欠缺无效部

分之法律行为的拘束,此通常亦符合当事人之意思。

(二)解释规定及适用的要件

"民法"第 111 条系属推定当事人意思的解释性规定,其前提要件有三:

①单一的法律行为:此指数个外表各自分离的契约统一地结合成一个单一的法律行为,此应依当事人意思认定之。其属单一法律行为者,例如一个同以房屋及土地为标的的买卖;出租某便利商店,并让售店内设备;某有限公司股东二人,同时让与出资股权于其他股东,使其取得公司经营权等。

②可分性:法律行为须在其内容、当事人或给付具有可分性,即除去该部分,法律行为尚可独立存在。例如出卖毒品与冰箱;数人保证同一债务,其中一人具有无效原因。继续性债之关系(如劳动契约)的给付时间亦具可分性。

③部分无效:须单一法律行为的部分无效,其无效原因如何(违反公序良俗、强行规定等),在所不问。所谓"无效"应从宽解释,包括法律行为经撤销视为自始无效(第 114 条第 1 项)及效力未定的法律行为确定不生效力(第 80 条第 2 项)。

于此应特别提出的是,学说上有主张为缓和物权行为无因性,应认债权行为与物权行为具有一体性,得适用"民法"第 111 条规定,债权行为的无效,亦足导致物权行为无效,使二者同其命运。然物权行为无因性系以债权行为与物权行为互为独立存在为前提,此须当事人确有使二者相互结合,具有条件关联时,始可认为物权行为的效力亦受债权行为存否的影响。①

(三)当事人意思的解释

"民法"第 111 条但书所谓:"但除去该部分亦可成立者,则其他部分,仍为有效。"此应解释当事人的意思加以认定,分三点言之:

①解释基准。当事人无特别约定时,诚如"最高法院"1986 年台上字第 1261 号判例所云:"'民法'第 111 条但书之规定,非谓凡遇给付可分之场合,均有其适用。尚须综合法律行为全部之旨趣,当事人订约时之真

---

① 参阅王泽鉴:《物权行为无因性理论之检讨》,载王泽鉴:《民法学说与判例研究》(第一册),北京大学出版社 2009 年版,第 112 页以下。

意、交易之习惯、其他具体情事,并本于诚信原则予以斟酌后,认为使其他部分发生效力,并不违反双方当事人之目的者,始足当之。"(参照"最高法院"2019年台上字第1317号、2017年台上字第147号判决)

据此解释基准,"最高法院"作成如下判决:

A. 折价让与股权。1996年台上字第321号判决:"上诉人二人系同时将持股折价让与被上诉人,并同意将公司负责人名义变更为被上诉人,被上诉人显系为取得公司经营权而受让上诉人二人之出资,参照'最高法院'1986年台上字第1261号判例意旨,应可认为被上诉人如未能取得上诉人乙〇〇之出资股权,即不愿受让上诉人甲〇〇之出资转让,上诉人乙〇〇转让出资股权之法律行为既为无效,同一协议之上诉人甲〇〇转让出资股权部分,即无'民法'第111条但书规定之适用,亦应认为无效。"①

B. 同一协议之股票抵偿行为。1999年台上字第3431号判决:"'法律行为之一部分无效者,全部皆为无效;但除去该部分亦可成立者,则其他部分仍为有效。''民法'第111条定有明文。本件被上诉人以其所持前开七家公司之股票抵偿耀马公司积欠上诉人公司之债务,虽未分别估算其各自得抵偿之金额为若干,惟尚非不得予以分别估算,且虽系基于同一协议之抵偿行为,惟其中某一公司之股票不得抵偿,其他公司之股票似无必然亦不得抵偿。"

C. 三笔土地的出租。2013年台上字第1168号判决:"对照系争三笔土地所在位置各自独立,并非不可分,且各承租人就承租土地应给付之租额亦各不相同,亦无不可分之情形以观,堪信两造系在同一书面契约下,由各笔土地之所有权人将其所有土地,各自出租于租用该笔土地之承租人者至明。"

D. 发行股票。2010年台上字第1792号判决:"被上诉人上开于2001年6月间所发行之三百万股股票,并无法分辨出何者为二百万股之增资新股发行及何者为一百万股之非增资新股发行,应认该次所发行之三百万股票全部均属无效。"

②替代或救助条款的约定。当事人得订定所谓"替代或救助条款"(salvatorische Klausel),约定"契约部分无效者,不影响其他契约部分效

---

① 实务上其他案例,参阅"最高法院"1999年台上字第3431号判决。

力,当事人应协商订立有效的替代条款"。此项条款排除"民法"第 111 条规定,但应不适用于基本重要条款无效的情形,其主要作用在使主张契约全部无效者,负举证责任。①

③合伙契约。兹参照"最高法院"1986 年台上字第 1261 号判例所提出的解释标准,再以合伙为例加以说明。甲、乙、丙、丁四人合伙经营俄罗斯餐厅,其中甲系无行为能力时(受监护宣告),属当事人的部分无效。若甲系主厨,以其为招牌,对合伙具重要性,解释上得认为合伙全部无效。若甲对合伙经营不具重要性(如出于友情而挂名共襄盛举),得认其当事人部分无效,合伙契约在其他当事人间仍属有效。

三、案例研习

(一)古厝及土地的买卖:契约的补充解释

在案例 1,甲向乙购买乙所有的古厝及土地,其客体有二,但为单一法律行为,并具可分性。古厝于订约前遭地震倒塌,系自始客观给付不能,其契约一部分无效(第 246 条第 1 项)。甲向乙购买古厝及土地系在改建大厦,基于诚实信用原则及交易习惯加以判断,可认为当事人有除去古厝部分亦成立买卖契约的意思,故其买卖契约于土地部分仍为有效。

(二)离婚协议及支付一定金钱的约定:违反公序良俗的法律行为的可分性

案例 2 系实务上的法律问题②,研究结论认为甲、乙协议离婚,约明甲与丙结婚后甲应给付乙 100 万元,乙则放弃"民法"第 993 条之撤销诉权,复约定乙如行使撤销诉权,应放弃该 100 万元请求为解除条件,依此情形,无非为钳制原配乙妻,借以达成与丙结婚之目的,该附解除条件部分之约定,既与"民法"第 986 条及第 993 条所规定维护善良风俗之原旨有悖,依"民法"第 72 条规定,固属无效。惟该协议离婚之法律行为已办妥户籍登记,除去上开无效部分外,其他协议离婚及约定给付 100 万元部分并无不法性,揆诸上开说明,自应认为有效。

---

① Vgl. Larenz/Wolf, AT, S. 849.
② 参阅《民事法律问题研究汇编》(第 8 辑),第 68 页。须注意的是,本案例引用之"民法"第 986 条、第 993 条已于 1998 年 6 月 17 日删除。

(三)定型化契约条款之一部分无效:特别规定的优先适用

"消费者保护法"第 16 条规定:"定型化契约中之定型化契约条款,全部或一部无效或不构成契约内容之一部者,除去该部分,契约亦可成立者,该契约之其他部分,仍为有效。但对当事人之一方显失公平者,该契约全部无效。"此为"民法"第 111 条的特别规定,应优先适用之。在案例3,"货物出门,概不负责"的条款,违反诚实信用原则,对消费者显失公平,无效,但该契约之其他部分仍为有效,关于越野车之瑕疵担保责任,应适用"民法"相关规定。

第四款 无效法律行为的转换

一、甲向乙承租某自助餐厅,未定期限,约定每月之初日支付租金。3 个月后,甲发现营运收入未如预期,乃于第三个月的最后日以意思表示错误为理由,撤销租赁契约。乙抗辩此为动机错误,不得撤销,甲主张其意思表示得转换为终止契约,有无理由?

二、甲将乙之女登记为亲生子女,共同生活长达数十年,得否依当事人意思认为转而成立拟制亲子关系?

一、"民法"第112 条的立法目的及解释适用

法律行为无效时,不发生当事人所欲实现的法律效果,为贯彻私法自治原则,应在一定要件下使该法律行为得转换为其他行为,使其生效,以维持法律行为的效力。基此理由,"民法"第 112 条规定:"无效之法律行为,若具备他法律行为之要件,并因其情形,可认当事人若知其无效,即欲为他法律行为者,其他法律行为,仍为有效。"此为解释当事人意思的规定,属于解释上转换,不同于依法律特别规定而为的转换(法律上转换),如"民法"第 160 条第 1 项规定:"迟到之承诺,除前条情形外,视为新要约。"第1193 条规定:"密封遗嘱,不具备前条所定之方式,而具备第一千一百九十条所定自书遗嘱之方式者,有自书遗嘱之效力。"

二、转换的要件

①须有无效的法律行为。其无效原因如何,在所不问,但不包括法律行为效力未定的情形。

②该无效法律行为须具备其他法所容许法律行为的要件,其他有效行为称为替代行为。

③法律行为的转换,须符合当事人的意思,即"若知其无效,即欲为他法律行为"。此为转换的主观要件,其所应探求的,乃当事人假设的意思,此应依其所欲实现的经济目的及可认知的利益衡量认定之。当事人的真意可经由解释认定时,应依其意思,是为"解释优先于转换"的原则。在通谋虚伪意思表示的情形,如该虚伪意思表示隐藏他项法律行为时,应径适用该项法律行为之规定,与无效法律的转换,亦属有别,应予注意。

三、法律效果

无效的法律行为具备转换要件时,适用替代行为,此系依法律规定而发生,法律应依职权审究,使无效法律行为的效力,得予维持。

四、案例研习

无效法律行为转换的典型案例,系不具备法定方式的票据无效时,可转换为普通债券。其他事例,如设定地上权无效时,可转换为土地租赁契约。期限届满前无正当理由终止劳动契约而无效时,可转换为期限届满时因终止契约表示而终止。

在案例一,甲撤销的意思表示得转换为终止租赁契约的意思表示:①自助餐厅收益不如预期,系动机错误,其撤销不生效力。②该意思表示具备有效终止契约意思表示的要件。③衡诸本件情形,通常可认甲若知其以错误为理由的撤销不生效力时,即欲为终止契约的意思表示,故甲之租赁契约应自该意思表示后1个月,因终止而消灭(第450条)。

在案例二,登记他人子女为亲生子女案,"最高法院"2013年台上字第2310号判决谓:"按身份法系以人伦秩序之事实为规范对象,如将无效之身份行为,解释为自始、当然、绝对之无效,将使已建立之人伦秩序,因无法回复原状而陷于混乱。为弥补此缺失,宜依'民法'第112条规定,于无效之身份行为具备其他法律行为之要件,并因其情形,可认当事人若知其无效,即欲为他身份行为者,该他身份行为仍为有效。又在'民法'上之亲子关系未必贯彻血统主义,因此,在无真实血统联络,而将他人子女登记为亲生子女,固不发生亲生子女关系,然其登记为亲生子女,如其目的仍以亲子一般感情,而拟经营亲子的共同生活,且事后又有社会所公认之亲子的共同生活关系事实存在达一定期间,为尊重该事实存在状态,不得不依当事人意思,转而认已成立拟制之养亲子关系。……罗○祺以子女之意,自幼抚育被上诉人,迄其去世前,仍未改变其意,期间被上诉人亦与罗○祺以父子关系生活长达四十余年,果尔,能否认罗○祺对被上诉人无收养之意,非无研求余地。"本件判决涉及身份关系的转换,深具意义,值得研读。

第三节　得撤销的法律行为

一、17岁的甲让售其小提琴于乙,乙即将该琴出卖于丙,并依让与合意即交付之。甲的法定代理人丁对甲所订立的买卖契约及物权行为拒不承认,并发现甲系受乙的胁迫而让售其琴,丙明知甲受胁迫之事,但不知其为限制行为能力人。试问甲得否向丙请求返还小提琴?①

二、试思考以下问题:
1. 法律行为"得撤销"与法律行为"无效"有何不同?
2. 现行法上何种法律行为得为撤销?
3. 无效的法律行为得否撤销?

三、甲受丙胁迫撤销其受诈欺出卖土地于乙的买卖契约时,甲得否撤销其撤销买卖契约的意思表示?

第一款　撤销的意义、客体、要件及法律效果

一、撤销的意义

(一)法定撤销权

民法上的撤销,基于法律规定而发生,有多种意义。狭义的撤销,指

---

① 此为德国民法学者基普(Kipp)在其著名的论文《论法律行为的双重效力》[Über Doppelwirkungen im Recht, Festschrift für Martitz (1911), S. 211 f.]所举之例,但略有变更。参阅 Engisch, Einführung in das juristische Denken (9. Aufl., 1977), S. 39 ff.;王泽鉴:《无效法律行为之撤销》,载王泽鉴:《民法学说与判例研究》(第四册),北京大学出版社2009年版,第18页以下。

有瑕疵意思表示(或法律行为)的撤销,如因错误、误传、被诈欺、被胁迫等而为意思表示的撤销("民法"第88条、第92条)。广义的撤销,除狭义的撤销外,包括其他法律行为的撤销,如对限制行为能力人营业允许的撤销(第85条第2项)、赠与的撤销(第416条);以及非法律行为的撤销,如监护宣告的撤销(第14条第2项)、法人许可的撤销(第34条)。

本节所讨论者,系有瑕疵法律行为的撤销,即撤销权人行使撤销权,使法律行为的效力溯及地归于消灭。其与无效之不同,在于得撤销的法律行为业已发生效力,须经撤销始失其效力,视为自始无效。

(二)约定撤销权

当事人得否约定撤销权?"最高法院"2000年台上字第2501号判决谓:"'民法'第88条、第92条之规定,仅为法律列定之撤销权,并非禁止契约当事人间另有保留撤销权之特别约定;基于私法自治原则,非不得有契约撤销权之约定,其行使应依撤销权成立之契约内容及趣旨决定之。故买卖契约当事人间,就买受人一方之资格或买卖之要件有特别重要之约定,否则即得撤销买卖意思表示,如买受人不具资格或买卖要件不备者,出卖人一方自得依约撤销其意思表示。"

实务上较常见的是解除权的约定(约定解除权),当事人所约定的,究系解除权,抑或为撤销权,应依解释加以认定。

二、撤销的客体

(一)意思表示或法律行为

"民法"第88条、第89条及第92条规定"意思表示"的撤销。"民法"第114条则规定"法律行为"的撤销。为调和其用语的不一致,应认具有瑕疵的意思表示已成为某法律行为,不具独立性的部分时,其撤销及于整个法律行为。例如甲因错误而为要约时,得依"民法"第88条撤销其意思表示。若该要约业经承诺而成立契约时,其撤销的客体则为契约。法律行为的撤销,包括契约及单独行为(如解除契约的意思表示、代理权的授与)。

(二)一部分撤销

法律行为的内容可分时,得撤销其一部分。例如因受诈欺而购买A、B二车时,得撤销A车部分,而保留B车。对不可分的法律行为(如承租某间套房),仅能全部撤销之,其仅撤销一部者,不生撤销的效力。

(三) 负担行为与处分行为

撤销的客体得为负担行为或处分行为，视何者具有瑕疵而定，例如甲因受胁迫而出售某畸零地(负担行为)，并移转其所有权(处分行为，第758条)时，二者同受胁迫，均得撤销之，前已详为说明，兹不赘述。

三、撤销的要件

(一) 撤销的容许

"民法"第89条及第92条规定得撤销的法律行为，原则上包括契约及单独行为(解除契约的意思表示、代理权授与、抛弃所有权)。意思表示如有错误、受诈欺或胁迫时，亦得撤销之。

(二) 须有撤销权

1. 撤销权的发生

撤销权的发生，指有撤销原因的存在，"民法"设有规定者，如错误、误传及被诈欺、被胁迫而为意思表示(第89条、第92条)。

2. 撤销权的行使

撤销权为形成权的一种，撤销为单独行为，行使撤销权应以撤销权人一方的意思表示为之(第116条第1项)。撤销之意思表示系不要式行为，在被撤销的法律行为系要式行为时，亦然。撤销之意思表示得以书面或言词为之，明示或默示，皆无不可，不以使用"撤销"的法律概念为必要。为举证方便，得以邮局存证信函为之。除法律规定必须诉请法院为之者外(如第74条)，撤销以意思表示为之已足。为使相对人得检验撤销的有效性，在法律上有所因应，原则上应告知撤销原因，如甲对乙曰："前受诈欺出售某车，请即返还之。"但相对人得依相关情事而知者，不在此限。

3. 撤销权人及相对人

何人为有撤销权人，"民法"无一般规定，系于各条分别加以规定。因错误、误传、被诈欺、被胁迫而为意思表示，其撤销权人为表意人本人。在代理的情形，其撤销原因事实的有无，虽应就代理人决之，但其撤销权不属于代理人，而属于本人。惟代理人得依本人的授权而代为撤销，自不待言。撤销权不得单独让与，但得随法律关系(如债权让与、契约承担)而移转，或因继承而取得撤销权。

撤销权的相对人，为被撤销法律行为的他方当事人，在利益第三人契约,以该第三人为撤销的对象。相对人为多数人时,应对其全部为撤销的表示。在单独行为,其有受领人者,该受领人即为相对人。在无受领人的意思表示,其撤销的对象为基于该法律行为直接受有利益之人。例如甲误认 A 笔为 B 笔(仿冒品)而抛弃之,乙依无主物先占而取得其所有权。甲以意思表示错误(第 88 条第 2 项)对乙撤销其意思表示(抛弃 A 笔的物权行为)时,得依"民法"第 767 条第 1 项前段规定向乙请求返还 A 笔。

四、撤销的除斥期间

为使法律关系早日确定,法律限制撤销权人须于一定期间内行使撤销权(形成权),该期间的性质为除斥期间。在错误或误传的情形,自意思表示后 1 年而消灭(第 90 条)。在诈欺或胁迫的情形,自发现诈欺或胁迫终止后 1 年或意思表示后 10 年,不得再行撤销(第 93 条)。在暴利行为,其声请法院撤销(或减轻其给付),应于法律行为后 1 年内为之(第 74 条)。

五、撤销的抛弃(须无对得撤销法律行为的追认)

为尊重当事人的意思,"民法"第 115 条规定:"经承认之法律行为,如无特别订定,溯及为法律行为时发生效力。"所称承认,除对"效力未定的法律行为"的承认外,尚包括承认"得撤销的法律行为",性质上属于事后追认已发生效力的法律行为,实乃撤销权的抛弃。承认应以意思表示明示或默示为之,且不要式。关于默示的承认,应严格其认定的要求。例如甲受乙诈欺购买具有瑕疵的中古车,事后知之,仍支付余款,得认系默示承认,不得再为撤销。反之,甲向乙行使物之瑕疵担保权利时(如请求减少价金),非即径可认系承认该得撤销的买卖契约。

六、撤销的效力

(一)法律行为经撤销者,视为自始无效

"民法"第 114 条第 1 项规定:"法律行为经撤销者,视为自始无效。"所谓自始无效,指溯及地不发生预期的法律行为效力。此项"视为自始无效",亦属绝对无效,但法律为维护交易安全,设有例外,即被诈欺的意思表示,其撤销不得对抗善意第三人(相对无效,第 92 条第 2 项)。撤销的效力具溯及效力,乃一般原则。但法律有特别规定者,依其规定,以顾及公益、交易安全之法秩序安定,如"民法"第 998 条规定:"结婚撤销之效力,不溯及既往。"乃系身份关系的安定、避免所生子女成为非婚生子女等。

(二) 当事人间的效力

应再说明的是,法律行为经撤销者,视为自始无效,固不发生该法律行为上预期的效力,但不妨发生其他法律效果,如侵权行为损害赔偿请求权(尤其是在诈欺、胁迫情形)。负担行为被撤销时,一方当事人得依不当得利规定,请求他方当事人返还其所受领的给付(第 179 条)。在处分行为亦被撤销的情形,则得行使所有物返还请求权(第 767 条第 1 项前段)。

(三) 对第三人效力

撤销的效力不限于法律行为当事人间,亦及于第三人。例如甲为乙的债务与丙订立保证契约,甲得抗辩乙已撤销其受诈欺而为之消费借贷契约,不负代为清偿责任。然乙愿否行使此项撤销权,非甲所能影响,而为保证人的利益,"民法"第 744 条规定:"主债务人就其债之发生原因之法律行为有撤销权者,保证人对于债权人,得拒绝清偿。"

(四) "民法"第 113 条规定的准用

"民法"第 114 条第 2 项规定:"当事人知其得撤销或可得而知者,其法律行为撤销时,准用前条之规定。"关于"民法"第 113 条解释适用上的问题,前已详论,兹不赘述。

第二款　无效法律行为的撤销①

一、百年学说

无效系确定当然自始不发生法律行为上的效力。撤销系溯及地消灭法律行为的效力。因而发生一个深具意义的问题:无效的法律行为(或确定不生效力的法律行为)得否撤销?基普教授于 1911 年发表《论法律行为的双重效力》,肯定无效法律行为得为撤销,被誉为系法学上的重要发现,迄今已逾百年,尤为法学上关注的问题。②

---

① 参阅王泽鉴:《无效法律行为之撤销》,载王泽鉴:《民法学说与判例研究》(第四册),北京大学出版社 2009 年版,第 18 页(请阅读之)。

② 为纪念基普《论法律行为的双重效力》一百年,德国学者曾发表论文阐释此项理论的重要意义及其存在价值,参阅 Medicus, AT, S. 302; Oellers, Doppelwirkungen im Recht?, AcP 169 (1969), 67; Hasse, Doppelwirkungen im Recht, JuS 1997 L I; BGH JZ 1955, 500; Herbert, 100 Jahre Doppelwirkungen im Recht, JZ 2011, 503。

"最高法院"1961年台上字第547号判例谓:"虚伪买卖乃双方通谋而为虚伪意思表示,依'民法'第87条第1项规定,其买卖当然无效,与得撤销之法律行为经撤销始视为自始无效者有别,故虚伪买卖虽属意图避免强制执行,但非'民法'第244条所谓债权人得声请法院撤销之债务人行为。"细察其意,"最高法院"似认为虚伪买卖所以不得依"民法"第244条声请撤销,因其已属无效,而"民法"第244条所谓债权人得声请法院撤销之债务人行为,须以有效之法律行为为前提。

无效法律行为不得撤销的命题,究其根源,乃是建立在"法律上因果关系"(Theorie der juristischen Kausalität)的理论之上,并由此而认为一个法律效果不可能二次发生,或二次消灭。易言之,即无所谓之法律上双重效果(Doppelwirkungen im Recht)。例如某人已因法律行为而取得某物之所有权时,则不能再依其他构成要件(如取得时效)取得。某一法律行为已基于某一法律构成要件(例如无行为能力)罹于无效时,则不得再依其他构成要件(例如诈欺)撤销之。一个已经发生之权利,不能再度发生,一个不发生或已经消灭之权利,不能再为废止,无效的法律行为不能再行撤销。

惟须注意的是,法律对于一定事实,赋予特定的效果,引起权利的得丧变更,乃是基于利益衡量或价值判断。法律的适用在于规范世界,法律效果的归属,不能以自然因果关系加以理解。设某人遭遇车祸死亡,在医学上固不能使之再度死亡;但法律行为无效时,在法律上则仍可再行撤销。无效云者,并不是在消灭某种已存在之事物,而是在产生某种法律效果。撤销者,亦不是在毁灭某已既有之事物,而是在产生某种法律效果。同一法律事实,具备二个构成要件,同时产生无效的法律效果时,例如受监护宣告人甲向乙购买某屋,该屋于订约前已焚于火时,则其买卖契约,一则因甲为无行为能力人而为无效(第75条),一则因标的自始客观不能而无效(第246条第1项),甲得任择其一主张之,于主张前者之后,亦得再主张后者,以请求有过失之乙赔偿其于订约时非因过失而信契约为有效致受之损害(第247条第1项)。准此以言,倘同一法律事实具备二个构成要件,一为无效,一为得撤销,纵其撤销后所生之法律效果相同,最多亦仅能认为其撤销在实际上无必要,而不能认为其撤销在概念上不可能!①

二、案例研习

在前揭一(请再阅读,先思考解答),甲得依"民法"第767条第1项前段规定向丙请求返还小提琴,须甲系该琴所有人,丙为无权占有人。甲17岁,系限制行为能力人,其未得法定代理人允许所订立的契约,须经法定代理人之承认,始生效力(第79条)。甲与乙间的小提琴买卖契约,及移转该琴所有权的物权行为(第761条),未经法定代理人承认,均确定不生效力,因此乙虽受让其琴,仍未能取得其所有权。乙将该琴出卖于丙,其买卖契约虽属有效,但其移转该琴之物权行为则属无权处分(第118条第1项),故丙是否取得该琴的所有权,端视其是否善意受让该动产的占有而定。丙不知甲为限制行为能力人,对于乙未依有效之物权行为取得该琴之所有权,系属善意,故乙虽无让与该琴之权利,丙仍能取得其所有权(第801条、第948条)。惟设甲得依"民法"第92条规定,撤销其受胁迫而为之意思表示(买卖契约及物权行为)时(无效法律行为的撤销),乙自始不能取得该琴之所有权,丙因明知甲受胁迫的情事,即无主张善意取得余地。故甲仍得向丙依"民法"第767条第1项前段之规定请求返还其琴。(请参考前面说明,提出一个解题结构!)

---

① 法律的生命不是逻辑,而是经验(The life of the law has not been logic; it has been experience)。所谓经验,就是社会发展及保护当事人合理权益的需要。在某种意义上,一部法律发展史,可以说是"经验"克服所谓"逻辑上不可能之事"的记录。昔时曾以债权系特定人间请求特定行为的权利(债权相对性),而否定债权得为让与,但因交易上需要,债权之让与性终获肯定(参阅"民法"第294条)。所有人抵押,亦曾一度被认为逻辑上为不可能,今则已为立法例上的原则。交错要约是否得成立契约,夙有争议,但已为通说所接受。无效法律行为的撤销性,虽迭遭怀疑,但应予肯定。以经验克服所谓逻辑上不可能之事,系一种长期的奋斗过程,法律规范生命因此种长期奋斗而益臻坚韧,益臻充实。"法律的生命不是逻辑,而是经验",引自Oliver Wendell Holmes, The Common Law (Harvard 1981)。关于霍姆斯(Holmes)的生平及法学思想,参阅杨日然:《美国实用主义法学的哲学基础及其检讨(二)》,载《法理学论文集》,1997年版,第179页。《普通法》(The Common Law)一书是美国人所写关于法律的卓越著作(R. Posner, Cardozo: A Study in Reputation, 1990, p. 20)。Posner, Law and Legal Theory in England and America (Oxford 1996)亦值一读。

第四节　效力未定的法律行为
——须得同意的法律行为

请思考分析下列各法律行为的效力及当事人间的法律关系：

1. 17岁的甲未经其法定代理人允许,擅将其生日礼物(购自非洲乌干达的木雕)让售于丙。
2. 甲未经乙的同意擅以乙的名义购买某机车并受让其所有权。
3. 甲误认某古币系其父遗产,赠送于丙博物馆。实则该古币系丙所有,送请甲父鉴定。
4. 请比较案例1及案例2的法律关系(重要问题,写成书面)。

第一款　法律行为"效力未定"的意义

于特定法律行为,法律规定其效力的发生须得他人同意。所谓同意,包括事先同意及事后同意。"民法"条文称"事先同意"为"允许",称"事后同意"为"承认"。法律行为应经他人事先同意而未得其允许者,其效力未定,处于浮动不确定的状态,是为效力未定的法律行为(Schwebend unwirksame Geschäfte)。"民法"所规定效力未定的法律行为,即为须得第三人同意的行为。

第二款　须得第三人同意的法律行为

第一项　意　义

须得第三人同意的行为,指以第三人同意(允许或承认)为生效要件的法律行为,其主要有:①限制行为能力人为意思表示,或受意思表示(第77条、第79条);②处分他人权利;③无权代理。本书以此三者为论述对象。关于须得第三人同意的身份行为,如未成年人订婚(第974条),暂置不论。

特定法律行为之所以须以第三人同意为生效要件,有因其直接涉及第三人利益,而须得其协力,如无权代理及无权处分。有为使第三人得对法律行为的内容加以控制,具有保护之目的,如法定代理人对限制行为能

力人所为契约行为的同意。为便于综合了解及比较分析,图示如下:

内容 项目	"民法"条文	目的	同意权人	效力
限制行为能力人的法律行为	第78—82条	保护未成年人	法定代理人	1. 事先允许:有效 2. 未得允许 　　单独行为:无效 　　契约:效力未定
无权代理	第110条	保护本人利益	本人	1. 事先授权,有权代理 2. 未事先授权:无权代理:效力未定(负担行为、处分行为)
无权处分	第118条	保护权利人利益	有处分权人	1. 事先授权:有权处分 2. 未事先授权:无权处分:效力未定(处分行为)

第二项　同意或不同意的效力

一、同意或拒绝

"民法"第117条规定:"法律行为须得第三人之同意始生效力者,其同意或拒绝,得向当事人之一方为之。"

同意无须依一定方式为之,纵使该须同意的法律行为系要式行为,其同意仍为非要式行为。事先所为的同意(允许),在该法律行为作成前,得撤回之。事后所为的同意(承认),则不得撤回,以免妨害法律交易的安全。

须再为指出的是,第三人对法律行为的同意或拒绝,系单方须受领的意思表示,应适用意思表示的规定(到达、撤销、行为能力),例如其同意系受诈欺或胁迫时,得为撤销(第92条)。同意或拒绝得向当事人一方为之,如法定代理人对限制行为能力人所为单独行为之允许,或契约行为之承认,得向限制行为能力人,或其行为之相对人为之。本人对无权代理行为之承认,得对无代理权人或其相对人为之。

二、事先同意(允许)、事后同意(承认)

(一)事先允许

须得第三人同意的法律行为,若经事先允许,有效。

(二)事后承认

须得第三人同意的法律行为,若未经事先允许时,其效力有为无效(限制行为能力人的单独行为,第78条);有为效力未定,如限制行为能力人未得允许所为的契约行为(第79条)、无权代理人的代理行为(第170条)、无权利人就权利标的物所为的处分(第118条)。于效力未定情形,有同意权之人拒绝承认时,其法律行为确定不生效力。经承认时则溯及地确定发生效力。

第三款 授权处分与无权处分

一、甲有翡翠马,被乙所盗,乙即以100万元出售于知情之丙,丙再以120万元让售于不知情之丁。乙、丙及丁间均银货两讫。试问:

1. 当事人共有多少法律行为?其效力如何?何者为"无权处分"?

2. 设甲承认乙之处分行为时,当事人间之法律关系如何?

二、甲年老住赡养院,将翡翠马寄放乙处,表示该马具纪念性,不愿出售。乙遇丙,丙喜爱该马,乙见丙出高价购买,甲又无钱支付赡养费,乙乃以甲代理人名义与丙订立买卖契约,价金100万元,并即交马付款。丙明知或不知乙无代理权限,其后丙以120万元将该翡翠马让售于善意之丁。试说明当事人间的法律关系。

三、甲擅取其父乙所有的名画,为丙设定质权,丙明知该画为乙所有。甲遭车祸死亡,乙单独继承时,丙是否取得质权?

四、甲有房屋出租于乙,由其弟丙代收租金。丙擅将未到期之租金债权,先后分别让与丁及戊,以担保其对丁、戊所负之债务。其后甲对丙表示赠与该租金债权,并让与之。丁或戊何人取得该让与担保之租金债权?

第一项 授权处分

法律行为可分为负担行为及处分行为。负担行为系指发生债权债务之行为,故又称为债权行为(债务行为),如赠与、租赁、保证。处分行为指使某特定权利直接发生得丧变更之行为,包括物权行为及准物权行为。在处分行为,权利人得事先同意(允许)他人得以自己名义处分其权利,是为授权处分(Verfügungsermächtigung),"民法"对此未设明文,但本诸私法自治原则,应予肯定。①

"授权处分"在经济活动上甚为重要,其与代理之不同,在于处分者不必以本人名义为之,可使权利人隐身幕后,而从事法律交易。例如甲有某画,委乙出售,而授与处分权。其常见的案例是在保留所有权买卖(附条件买卖),保留所有权的出卖人授权买受人得于通常交易过程中处分标的物。

须注意的是,对负担行为不成立所谓的负担授权(Verpflichtungsermächtigung),使被授权者得以自己名义为负担行为,而直接对授权者发生效力。例如甲授权于乙,使乙得以自己名义,向丙购买某画而对甲发生效力。之所以不承认此项制度,旨在保护相对人的利益,使其得知悉究与何人发生法律关系(公开原则),实际上亦无承认必要。盖有代理制度可资利用。

第二项　无权处分

一、无权处分的意义

(一)处分行为与负担行为的区别

无权处分,指无权利人,以自己名义,就权利标的物所为的处分行为。对此种法律行为的效力,"民法"第118条设有三项规定:"无权利人就权利标的物所为之处分,经有权利人之承认始生效力。无权利人就权利标的物为处分后,取得其权利者,其处分自始有效。但原权利人或第三人已取得之利益,不因此而受影响。前项情形,若数处分相抵触时,以其最初之处分为有效。"无权处分在理论实务及法学方法论均甚重要,在对前揭四个案例作进一步阐释前,应先说明者有:

---

① 参照《德国民法典》第185条第1项规定:"无权利人经权利人的允许(Eiwilligung),就标的物之处分为有效。"除此种"授权处分"外,尚有得授权他人行使某种权利,如收取债权,学说上称为权利行使授权,或收取债权授权(Ausübungsermächtigung, Einziehungsermächtigung),参阅Köhler, AT, S. 285。

①"民法"第118条所谓"处分",指处分行为而言,包括物权行为及准物权行为,但不包括负担行为(如买卖契约)。出卖他人之物,非属本条所称处分,应属有效。① 例如共同共有人之一,擅自出卖共同共有物,该买卖契约有效。②

②所谓权利标的物,包括物权(所有权及其他物权)、准物权及债权等在内。

③无权处分人所为的处分行为,须以自己名义为之。若以权利人之名义为之,则构成无权代理行为,应适用"民法"第170条,以定其法律关系。③

④无权利人者,指无处分权者而言。所有人原则上有处分权,但不以此为限。法定代理人亦有处分权(例如第1101条)。所有人在某种情形下并无处分权,例如破产人对属于破产财团的全部财产,虽有所有权,但无处分权,不得处分("破产法"第75条)。

---

① 关于此项涉及"民法"基本概念的问题,笔者曾数度撰文详加阐释,参阅王泽鉴:《出卖他人之物与无权处分》,载王泽鉴:《民法学说与判例研究》(第四册),北京大学出版社2009年版,第96页;王泽鉴:《出租他人之物、负担行为与无权处分》,载王泽鉴:《民法学说与判例研究》(第五册),北京大学出版社2009年版,第52页;王泽鉴:《私卖共有物,无权处分与"最高法院"》,载王泽鉴:《民法学说与判例研究》(第八册),北京大学出版社2009年版,第102页。目前实务多采相同见解,"最高法院"1994年台上字第1138号判决:"买卖及和解行为,仅足使当事人之一方对他方负担给付义务,系负担行为而非处分行为。原审将处分行为与负担行为混为一谈,认两造间就系争土地所成立之买卖及和解行为,均须报经桃园县政府核准,否则不生效力,已属违误。"又"最高法院"1994年台上字第2828号判决:"买卖契约系债权行为及负担行为,而非处分行为。王○璋于出卖系争土地应有部分与被上诉人时,纵未得其他继承人陈○同意或对该应有部分无处分之权利,亦不影响其债权的买卖契约之有效成立。"

② "最高法院"1982年台上字第5051号判例:"买卖并非处分行为,故共同共有人中之一人,未得其他共同共有人之同意,出卖共同共有物,应认为仅对其他共同共有人不生效力,而在缔约当事人间非不受其拘束。苟被上诉人签立同意书,果为买卖,纵出卖人之标的为共同共有土地,而因未得其他共同共有人之同意,对其他共同共有人不生效力。惟在其与上诉人间既非不受拘束……""最高法院"2002年台上字第379号判决:"共同共有人中之一人或数人,以共同共有物所有权之移转为买卖契约之标的,其移转所有权之处分行为,虽因未经其他共同共有人之承认,不能发生效力,但其关于买卖债权契约则非无效。"

③ 无权代理与无权处分是民法上二个重要基本法律概念,应严予明辨,参阅王泽鉴:《债法原理》,北京大学出版社2022年重排版,第263—264页。参照"最高法院"1998年台上字第1049号判决:"无权代理,系行为人未经本人授与代理权而以本人名义所为之代理行为,或虽经本人授与代理权而逾越代理权限所为之代理行为。而无权处分,乃无权利人而以自己名义就他人权利标的物所为之处分。原判决先则认定谢○钦代谢苏○智将系争债权让与谢○楷,系属无权代理行为;继则谓上开权利让渡书之签订,为谢○钦之无权处分行为,自有判决所持理由自相矛盾之违法。"

⑤无权的处分行为系属效力未定的法律行为,经有权利人的承认,或无权利人处分后取得其权利,成为有权利人时,其处分行为溯及于处分时发生效力(自始有效),但原权利人或第三人已取得之利益,不因此而受影响。①

⑥无权处分他人的权利者,其处分行为效力未定,为维护交易安全,"民法"设有动产善意取得制度(第 801 条、第 886 条、第 948 条以下)及不动产善意取得制度(第 759 条之 1 第 2 项),作为无权处分的特别规定,以保护善意受让人。

(二)三个实务重要问题

无权处分系实务上重要问题,"最高法院"的三个判决,可供参照说明:

1. 强制拍卖第三人所有不动产与无权处分

"最高法院"2012 年台上字第 1064 号判决:"按强制执行中拍卖之不动产,为第三人所有,经拍卖终结并将不动产权利移转证书发给承受之债权人或拍定人者,应属无权处分。第三人如未予承认,该拍卖所为之处分行为应属无效,第三人于执行终结后,虽得提起回复所有权之诉请求返还;若有损害,并得本于侵权行为,请求执行拍卖之债权人赔偿损害。惟第三人亦得为承认,使物权移转之处分行为发生效力。"

在本件判决,"最高法院"一方面认为强制拍卖第三人所有不动产系无权处分,他方面又认为第三人如未予承认,该拍卖所为处分系属无效,其法律见解非无疑问。无权处分时,其处分行为系效力未定(第 118 条),第三人未予承认,系确定不生效力,而非无效。

2. 借名登记出名人的处分

(1)"最高法院"最新见解

"最高法院"2009 年台上字第 76 号判决:"出名者违反借名登记契约之约定,将登记之财产为物权处分者,对借名者而言,即属无权处分,除相对人为善意之第三人,应受善意受让或信赖登记之保护外,如受让之相对人系恶意时,自当依'民法'第 118 条无权处分之规定而定

---

① "民法"第 118 条第 2 项但书规定系 1982 年 1 月 4 日"民法"总则编修正时所增设,立法理由谓:"无权利人就权利标的物为处分后,迄其取得其权利之期间内,原权利人对该项标的物,未为使用收益者,固不生问题,倘仍使用收益,则承认无权利人之处分为自始有效,即显然足以妨害原权利人及第三人在该期间内使用收益之权能,殊不相宜,故增设第 2 项但书,以资补救。"

其效力,以兼顾借名者之利益。"值得注意的是,"最高法院"2017年度第三次民事庭会议,废弃无权处分的见解,改采有权处分说:"不动产借名登记契约为借名人与出名人间之债权契约,出名人依其与借名人间借名登记契约之约定,通常固无管理、使用、收益、处分借名财产之权利,然此仅为出名人与借名人间之内部约定,其效力不及于第三人。出名人既登记为该不动产之所有权人,其将该不动产处分移转登记予第三人,自属有权处分。"

(2)案例

兹设一案例说明此一实务及理论上的重要问题:甲借乙之名登记A屋,乙擅将该A屋让售于知情之丙,并移转其所有权。图解其基本法律关系如下①:

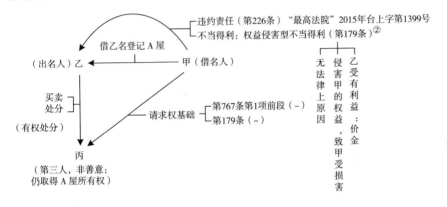

3. 债权双重让与

(1)"最高法院"最新见解

"最高法院"2016年台上字第1834号判决:"在债权双重让与之场合,先订立让与契约之第一受让人依'债权让与优先性'原则虽取得让与

---

① 参阅王泽鉴:《民法思维》,北京大学出版社2022年重排版,第340页,案例〔29〕借名登记:本土案例法的特色。

② "最高法院"2018年台上字第403号判决:"称借名登记者,谓当事人约定一方将自己之财产以他方名义登记,而仍由自己管理、使用、处分,他方允就该财产为出名登记之契约。在内部关系上,借名人为借名登记财产之所有人,出名人对之并无使用收益之权。倘出名人未经借名人之同意,占有使用借名登记财产,受有利益,致借名人受损害,即属欠缺法律上原因,违反权益归属内容而取得利益,应成立不当得利。"

之债权,但第二受让人之让与契约,并非受让不存在之债权,而系经债权人处分现存在之他人(第一受让人)债权,性质上乃无权处分,依'民法'第118条规定,应属效力未定,此为本院最新之见解。而无权利人就权利标的物为处分后,取得其权利者,其处分自始有效,同条第2项定有明文。"①

(2)案例

甲对乙有100万元债权,甲将该债权出卖于丙并为让与,未对乙为债权让与通知。其后甲又将该债权让与丁,对乙为债权让与通知。乙对丁为清偿。此涉及债权让与的核心问题,图解其基本法律关系如下(请查阅相关条文,并参考相关著作的说明)②:

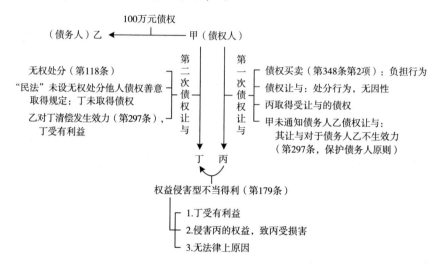

二、无权处分的效力及权利人承认:"民法"第118条的适用

(一)无权处分及负担行为

在案例一,乙盗甲所有的翡翠马,系属侵权行为。乙将该翡翠马出售

---

① 参阅许政贤:《债权让与的效果——以双重让与时的优劣决定之基准为中心》,载《月旦法学教室》2018年第191期,第31页;林大洋:《债权之双重让与及将来债权之让与》,载《法学丛刊》2018年第63卷第1期,第55页;林更盛:《重复让与债权之行为的效力》,载《月旦法学教室》2017年第179期,第10页。

② 参阅史尚宽:《债法总论》,1983年版,第698页。

于丙,并依让与合意为交付,以移转其所有权,乙与丙间有一个买卖契约(第345条),二个物权行为(第761条),除移转翡翠马的物权行为外,尚有丙支付价金的物权行为。买卖契约系属负担行为,不涉及处分能力的问题,乙虽系出卖他人之物,其买卖契约,仍属有效。该翡翠马为甲所有,乙擅将其所有权移转于丙,则为无权处分,效力未定,丙又属恶意,不能依"民法"关于动产善意取得之规定,取得其所有权。丙再将该翡翠马出卖于丁的买卖契约(负担行为)虽属有效,但其移转标的物所有权于丁之物权行为,仍属无权处分,丁得主张善意取得(第801条、第948条)。由上述可知,在本案例共有二个买卖契约(负担行为),二次移转翡翠马所有权的物权行为(无权处分);此外尚有丙、丁支付价金的物权行为(有权处分)。参阅下列图示：

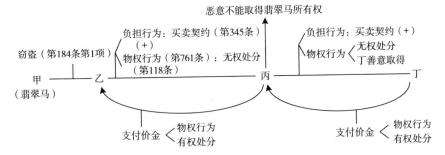

(二)权利人的承认

对于标的物无权利之人,就该标的物之处分,除为保护善意第三人,法律另有规定外,原则上效力未定。依"民法"第118条第1项规定："无权利人就权利标的物所为之处分,经有权利人之承认始生效力。"承认(事后同意),系属有相对人的单独行为,应向法律行为当事人为之(第117条)。在前揭案例一,权利人甲承认乙所为之处分时,乙移转该翡翠马所有权于丙之物权行为溯及于行为时发生效力,在当事人间发生如下的效果(请另行思考甲不承认乙的无权处分时,当事人间法律关系如何?)：

①乙无权处分甲的翡翠马(精确言之,为翡翠马所有权)的行为既属有效,丙因此取得其所有权,甲的所有权随之消灭。乙自丙受领价金,系无法律上之原因而受利益,致甲受损害,应依不当得利之规定负

返还责任。①

②丙因甲承认乙所为处分,而溯及取得翡翠马所有权,丙对该翡翠马所为之处分,亦溯及既往自始有效(第118条第2项),丁亦因此取得其所有权。

③无权利人就权利标的物为处分时,如其行为合于侵权行为成立要件,虽其处分已经有权利人之承认而生效力,亦不得谓有权利人之承认,当然含有免除处分人赔偿责任之意思表示(最高法院1934年上字第2510号判例,已停止适用),故甲对乙之侵权行为损害赔偿请求权,不因其承认而受影响。

三、无权处分与无权代理②

无权处分与无权代理是民法上二个重要基本法律概念。无权处分,乃无权利人以自己名义就他人权利标的物所为之处分。无权代理,系行为人未经本人授与代理权而以本人名义所为之代理行为,或虽经本人授与代理权而逾越代理权限所为之代理行为。前揭案例一涉及无权处分,案例二系无权代理。前者已说明如上,兹将后者图示如下,请参照本书相关部分,比较其法律构造及法律关系的不同,图示如下:

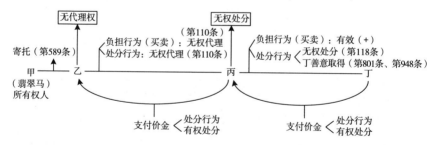

值得参照的是"最高法院"2014年台上字第2405号判决:"按债权债务之主体,应以缔结契约之当事人为准。又债权契约为负担行为,不

---

① 较详细说明,参阅王泽鉴:《无权处分与不当得利》,载王泽鉴:《民法学说与判例研究》(第二册),北京大学出版社2009年版,第77页。

② 参阅陈添辉:《无权处分、无权代理与善意取得》,载《月旦法学教室》2017年第182期,第12页;侯英泠:《无权处分行为——善意受让?"民法"第118条无权处分?》,载《月旦法学教室》2014年第147期,第12页。

以负担义务者对标的物具有处分权为必要,无处分权人所订立之债权契约,并不因其欠缺对标的物之处分权而影响该契约之效力。而'民法'第118条所谓无权利人就权利标的物所为之处分,经有权利人之承认始生效力者,仅指处分行为而言,并不包括负担行为在内。易言之,有权利人之承认,不过使无权处分人处分标的物之行为因而发生物权得丧变更之法律效果,尚不生有权利人因承认而取代该无权利人契约当事人之地位而成为债权债务主体之情事,此与无代理权人以本人名义所为之法律行为,因本人之承认,而使该法律行为之效果归属于本人之情形迥异。"

无权代理与无权处分是民法最基本的问题,必须彻底厘清其基本概念及法律关系。请参阅本书在相关部分的论述,分就案例一及案例二中,甲对乙的无权代理,或甲对丙的无权处分承认或不承认,丙明知或不知乙无代理权限,说明当事人间的法律关系,探寻请求权基础。为便于参考,提出以下纲要(请查阅条文)。学习法律,研习案例,不能单靠阅读或背诵。写成书面,深入思考、理解,勤于演练,最为重要(要理解,不要强记)①。

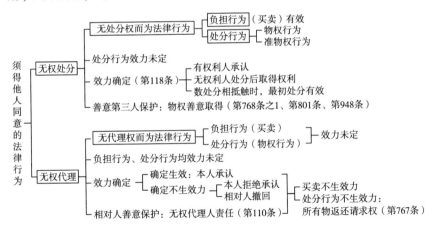

---

① 参阅参阅王泽鉴:《民法思维》,北京大学出版社2022年重排版,第288页,案例〔12〕无权代理;第422页,案例〔52〕无权处分与不当得利;第449页,案例〔54〕债权双重让与及不当得利:难懂的债权让与。

四、"民法"第118条第2项的类推适用

（一）权利人继承无权处分人

在前揭案例三，甲擅取其父乙之名画，出质于丙，丙系恶意，不能主张善意取得质权（第886条、第948条）。无权处分人甲死亡，乙为其单独继承人，虽无适用"民法"第118条第2项规定余地，惟最高法院1940年渝上字第1405号判例谓："无权利人就权利标的物为处分后，因继承或其他原因取得其权利者，其处分为有效，民法第118条第2项定有明文。无权利人就权利标的物为处分后，权利人继承无权利人者，其处分是否有效，虽无明文规定，然在继承人就被继承人之债务，负无限责任时，实具有同一之法律理由，自应由此类推解释（注：类推适用），认其处分为有效。"此项见解，可资赞同。故丙仍能取得该画之质权。在前揭案例三，设死亡者系权利人乙时，即有"民法"第118条第2项之适用。最高法院1942年上字第2898号判例谓："被上诉人甲于丙生前，将丙之田产让与被上诉人乙为业，纵令当时系无权处分，但其后甲因继承丙之遗产，而取得此项田产之所有权，依民法第118条第2项规定，其处分即属自始有效。"可供参考。

（二）"最高法院"1950年台上字第105号判例

关于"民法"第118条第2项的类推适用，实务上尚有"最高法院"1950年台上字第105号判例，略谓：系争房屋就令如上诉人所称，系因上诉人前往加拿大经商，故仅交其母某氏保管自行收益以资养赡，并未授与处分权，但某氏既在上诉人提出本件诉讼之前死亡，上诉人又为某氏之概括继承人，对于某氏之债务原负无限责任，以"民法"第118条第2项之规定类推解释，应认某氏就该房屋与被上诉人订立之买卖契约为有效，上诉人仍负使被上诉人取得该房屋所有权之义务，自不得借口某氏无权处分，请求确认该房屋所有权仍属于己，并命被上诉人回复原状。

本件判例认为某氏擅自出卖上诉人之房屋与被上诉人订立买卖契约，应类推解释（类推适用）"民法"第118条第2项规定使该买卖契约有效，系以此项买卖契约系属无权处分为前提而立论，似有商榷余地。盖买卖契约系负担行为，出卖他人之物，并非无权处分。依"最高法院"见解，某氏与被上诉人所订立之买卖契约，在某氏死亡前，尚不生效力，与民法基本原则似有未符，实不足保护相对人利益。实则，某氏与被上诉人所

订立出卖他人房屋之买卖契约本属有效,某氏应负履行之义务。某氏死亡,上诉人为某氏之概括继承人,应承受其债务,负履行之责任,并不发生无权处分或"民法"第118条第2项类推适用问题。①

五、债权的无权处分与数处分相抵触时的效力

例如甲将乙寄存的名贵照相机先出卖于丙,再出卖于丁,均采占有改定让与其所有权的方法(第761条第2项),于甲取得该照相机的所有权时,以对丙的最初处分为有效(第118条第3项),由丙取得其所有权。

在前揭案例四,丙擅将甲对乙的租金债权先后分别让与丁及戊,以供债务的担保。债权让与系准物权行为(第294条),丙作成二个关于他人债权的无权处分。其后甲对丙表示赠与该债权,并让与之(第294条),丙因此取得此项债权。丙对权利标的物(债权)所为二个处分(让与担保)的内容互相抵触,性质上不能并存,应以最初之处分为有效(第118条第3项),故以丙对丁的债权让与为有效,由丁取得该为担保目的而让与的租金债权。

---

① 参阅王泽鉴:《出卖他人之物与无权处分》,载王泽鉴:《民法学说与判例研究》(第四册),北京大学出版社2009年版,第96页。

第十章　期日与期间

——权利义务变动的时点

一、甲向乙购某车,约定自 2023 年 10 月 23 日起算 2 个月交车时,如何定交车之日?设该 2 个月期间,系自 12 月 31 日起算时,何日为其交车之日?

二、股份有限公司股东常会之召集,依"公司法"第 172 条第 1 项规定,应于 20 日前通知各股东。此项期间如何计算?某股份有限公司于 2023 年 12 月 7 日通知各股东于同年 12 月 27 日上午 9 时召开股东常会,其召集程序是否违反法令?

一、规范意义及适用范围

时间系重要的法律事实,举凡人的出生、死亡、权利能力、行为能力,公法上或私法上法律行为效力的发生与消灭等,皆与时间发生关系。时间是由"期日"与"期间"所构成,"民法"总则编第五章就其计算方法详设规定,并于第 119 条明定:"法令、审判或法律行为所定之期日及期间,除有特别订定外,其计算依本章之规定。"关于特别规定,参阅台湾地区"法规标准法"第 13 条、"票据法"第 65 条至第 68 条。特别法明定依"民法"之规定者,如"民事诉讼法"第 161 条、"刑事诉讼法"第 65 条。

二、期日的意义及期日的决定

期日,指不可分或视为不可分的一定时间,乃时的静态,可喻为时之点,如 2024 年 1 月 1 日、1 月 1 日上午 10 时,或 1 月 1 日下午 3 时 15 分。期日既为时之静态,可据此而定期日。须注意的是,以某日为给付或意思表示的期日时,则该日全日皆视为不可分的期日,但原则上应于通常营业或作息时间内为给付或意思表示,于凌晨或深夜为之者,依其情形,得构成诚实信用原则的违反。

"民法"第122条规定,于一定期日,应为意思表示或给付者,其期日为星期日、纪念日或其他休息日时,以其休息日之次日代之。纪念日包括官方纪念日、民俗节日(如端午节)及其他节日(如劳动节)。其他休息日如传统市场每月二次的公休。又台风过境,政府主管机关发布其地区各机关停止办公之日,亦属所谓休息日。

期日为特定或可得特定的时点(如情人节)。以月初、月中、月底定期日者,如何定其特定时点,"民法"未设明文,"票据法"第68条第3项规定:"票上仅载月初、月中、月底者,谓月之一日、十五日、末日。"可资援用。

三、期间的意义及其计算①

(一) 期间的意义

期间,指期日与期日之间而言,乃时间动态的一定长度,有其开始及终止,例如2023年至2024年,9月至12月,20日至30日,或某日起若干日,若干星期,若干月,若干年等。

(二) 期间的计算

1. 计算方法

期间的计算方法,分历法计算法及自然计算法:

①历法计算法,指依公历法(非依农历!)而为计算的方法。所称一日,指午前0时起至午后12时。所称一月,指1月1日至末日。所称一年,指1月1日至12月31日。月有大小,年有平闰,均依历法之所定。

②自然计算法指按实际时间精确计算之方法。所称1时为60分钟,1日为24小时,1星期为7日,1月为30日,1年为365日。月不分大小,年不分平闰,均依此标准计算,如约定于2月27日午后2时经过3日而为给付,则自该时起计足72小时为期间的届满。

历法计算法较属简便,但不甚精确,自然计算法虽较精确,但有缺简便,究采何者较为妥适?"民法"第123条规定:"称月或年者,依历计算。月或年非连续计算者,每月为三十日,每年为三百六十五日。"即在以月或年定之的连续期间,以历法计算之,盖"一月之日数不等,一年之日数亦不

---

① 参阅张哲源:《期间及年龄计算之疑义》,载《真理财经法学》2015年第15期,第45页。

等,依历计算于交易上较为明确,便利也"(立法理由)。年或月或非连续计算者,系采自然计算法。盖"工作之期间,时作时辍,而工资则系按月计算,则此际工作日期既非连续,即无从依历计算也"(立法理由)。

2. 期间的起算点与终止点

(1)期间的起算点

"民法"第120条第1项规定:"以时定期间者,即时起算。"如上午10时干洗衣服,约定6小时交付时,则自上午10时起算至下午4时,即为期间届满。

"民法"第120条第2项规定:"以日、星期、月或年定期间者,其始日不算入。"其始日所以不算入,盖"一日未满之时间为一日,实为不当也"(立法理由)。如于2023年12月26日订立买卖契约,约定10日内交货,则不从26日起算,而自27日起算,至2024年1月5日届满。

(2)期间之终止点

"民法"第121条第1项规定:"以日、星期、月或年定期间者,以期间末日之终止,为期间之终止。"所谓期间末日之终止,即该期间最后一日之午后12时。如甲出卖某物于乙,约定自3月1日起算3日内得解除契约时,于3月3日午后12时之终止为期间之终止。

"民法"第121条第2项本文规定:"期间不以星期、月或年之始日起算者,以最后之星期、月或年与起算日相当日之前一日,为期间之末日。"例如甲向乙购某车,约定自10月23日起算2个月交车,则其最后之月应为12月,即以该月23日(与起算日相当日)之前一日(22日)为末日(参阅案例一)。"民法"第121条第2项但书规定:"但以月或年定期间,于最后之月,无相当日者,以其月之末日,为期间之末日。"在上述甲向乙购车之例,设所订2个月期间,系自12月31日起算时,其最后之月为翌年2月,但2月无论平年闰年,均无31日,亦即无与相当日相当之日,故应以2月的末日为期间的末日。

(3)末日之延长

"民法"第122条规定,于一定期间内,应为意思表示或给付者,其期间之末日,为星期日、纪念日或其他休息日时,以其休息日之次日代之。关于纪念日或其他休息日,参照前面关于期日的说明。应注意者有三:

①每逢星期六,自经政府规定为休息时间,停止办公后,倘适为上诉期间之末日,应以星期一上午代之。故上诉期间之末日如为星期六,而其

上诉书状迟至星期一下午始行到达法院者，其上诉自应认为逾期（"最高法院"1995年台上字第2942号判决）。

②当事人于休息日为意思表示或给付，经相对人接受者，其效力不因于休息日为之，而受影响。送达经有收受送达权限之诉讼代理人收受，有送达证书附卷可稽，该日虽为星期日，但既未拒绝收领，其送达即属合法，不生"民法"第122条以次日代送达日之问题（"最高法院"1965年台抗字第128号判例）。

③休息日系在期间中而非期间之末日者，不得予以扣除，而以延长之日数替代之（最高法院1941年渝抗字第287号判例）。

(三)期间的逆算

期间的逆算者，指期间于自一定起算日溯及往前所为的计算，其期间之计算准用期间的顺算（自一定起算日往后所为的计算）。"公司法"第172条第1项规定："股东常会之召集，应于二十日前通知各股东。"股东会召集之通知系采发信主义，"公司法"对于如何计算期间之方法，未特别规定，依"民法"第120条第2项及第121条第1项规定逆算之，开会日为始日，不算入，故股东召集日为2023年12月27日上午9时，则应以其前一日（12月26日）为起算日，逆算至20日期间末日（12月7日）午前0时为期间之终止，则开会通知书至迟须于12月6日寄发，始符应于"二十日前"通知之意旨。若于12月7日始为通知，其股东会之召集程序违反法令（参照"最高法院"1995年度第一次民事庭会议决议，案例二）。

四、年龄计算法

关于年龄的计算，"民法"第124条设有特别规定："年龄自出生之日起算。出生之月、日无从确定时，推定其为七月一日出生。知其出生之月，而不知其出生之日者，推定其为该月十五日出生。"应说明者有二：

①年龄本为一种期间，所以不适用"始日不算入"，而自出生之日起算，旨在保护自然人的权利能力。"民法"系采周年计算法，自出生日起满1岁。

②第2项系属无实际出生日证明时的推定，得反证推翻之，自不待言。出生之"年"不能确定时，应依医学鉴定，或其他方法确定出生之年，再依本项规定定其出生的月日。

第十一章 消灭时效
——权利行使在时间上的限制

第一节 问题提出及法律规范[①]

甲向乙购买某农地,价金若干。甲先支付价金后,仍任由乙使用,种植果树。15 年后,政府开放该地所在地区为住宅区,地价大涨,甲始向乙请求交付该地,并办理所有权移转登记。乙主张甲长期未行使其权利,已造成无权利的状态,其请求权消灭。甲则以"欠债者还债""今生不还,来生还"反驳之,并责备乙无道德观念。试问"民法"应如何规范此项争议问题?甲提起诉讼时,法院如何判决?

在前揭案例,甲与乙间成立买卖契约,甲得向乙请求交付买卖标的物,并移转其所有权(第 348 条),是为甲对乙的债权,以请求权为其作用。传统观念的语境,甲主张权利的行使不应受时间限制,乃在强调权利应受保护的法律原则,及履行债务的伦理性。罗马法原亦肯定债权的永存性,直至狄奥多西(Theodosius)二世,始于公元 424 年承认得以一定期间(原则上为 30 年)经过为理由,而驳回原告之诉,在诉讼法上引进了消灭时效的观念。在 19 世纪,德国著名法学家温德沙伊德创设了请求权

[①] 参阅郑玉波:《民法总则》,第 440 页(附论:消灭时效制度在罗马法上之形成);温俊富:《消灭时效与诚信原则》,新学林出版公司 2018 年版;Mansel/Budzikiewicz, Das neue Verjährungsrecht (München 2000); Mansel/Budzikiewicz, Einführung in das neue Verjährungsrecht, Jura 2003, 1 f.; Reinhard Zimmermann, Die Verjährung, JuS 1984, 409; 黄松茂:《变动中之消灭时效法:比较法上之观察》,载《台湾大学法学论丛》2021 年第 50 卷第 4 期,第 1725 页(此为具有高度参考价值的论文);黄松茂:《民法消灭时效制度之基本理论问题》,载《台湾大学法学论丛》2020 年第 49 卷第 2 期,第 403 页。

(Anspruch)的概念,德国民法乃以之为基础,形成了实体法上消灭时效制度,而为"民法"所继受。

时效是动态时间的过程,请思考消灭时效制度的基本问题(立法政策的思维):

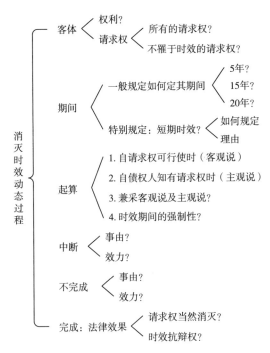

①消灭时效制度的存在理由?此涉及权利行使应在时间上受有限制的问题。

②消灭时效的客体为何?其因时效而消灭的,究为权利本身,抑或仅限于请求权?

③如何决定消灭时效期间的"一般期间"及"特别规定"?其期间如何起算?法定时效期间得否依当事人的意思加以缩短或延长?得否预先抛弃时效利益?

④消灭时效进行中,如何规定其"中断",或"不完成"的事由及效力?

⑤消灭时效完成的效果如何?

第二节　消灭时效的制度

甲受乙诈欺，向乙购买某具有重大瑕疵的中古汽车。半年后因该瑕疵肇致事故，车毁损，甲受重伤。试就此例说明甲得向乙主张何种权利？其权利的行使在时间上受有何种限制？并探究请求权竞合与消灭时效及除斥期间的关系。

权利行使之应受时间上的限制，其主要情形有三，一为消灭时效，一为除斥期间，一为权利失效。权利失效涉及诚实信用原则的适用，其详容后述之。兹就前二者说明如下：

第一款　消灭时效的意义、存在理由及其强行性

一、消灭时效的意义

时效者，指一定的事实状态，继续达一定期间，而发生一定法律上效果的法律事实。所谓"一定的事实"，指权利的行使或不行使等情形。所谓"继续达一定期间"，指无所间断的若干岁月。所谓"发生一定法律上效果"，指因而发生权利的取得或请求权行使的限制。时效依其成立要件及效果，可分为取得时效及消灭时效二种：

①取得时效：指占有他人的不动产或动产，行使一定的权利（如所有权、地上权），继续达一定的期间，即因之而取得其权利的法律事实。"民法"于物权编第768条至第772条规定之。

②消灭时效：指因一定期间不行使权利，致其请求权消灭的法律事实。消灭时效乃德文 Verjährung 的移译，其因时效而消灭者，不是权利本身，而是请求权。"民法"第125条本文规定："请求权，因十五年间不行使而消灭。"所谓 Verjährung 或请求权因不行使而消灭，乃在排除请求权的实现性，使债务人得拒绝给付（第144条），而为一种请求权排除抗辩权（anspruchsausschliessende Einrede）。"民法"于总则编就消灭时效设一般规定，于各编设特别消灭时效（第197条第1项、第245条之1、第247条第3项、第365条等，阅读之！）。

二、消灭时效制度的存在理由

(一)功能

消灭时效制度的存在,并非当然,难免牺牲权利人的利益,故须有合理的依据。立法理由认为:"规定请求权经若干年不行使而消灭,盖期确保交易之安全,维持社会秩序耳。盖以请求权永久存在,足以碍社会经济之发展。"简要言之,消灭时效制度存在的理由有四:

①保护债务人,避免因时日久远,举证困难,致遭受不利益。
②尊重现存秩序,维护法律平和。
③权利上之睡眠者,不值保护。
④简化法律关系,减轻法院负担,降低交易成本。

消灭时效既具有制度性的功能,除民事外,原则上亦适用于公法领域①,如"税捐稽征法"第23条第1项本文规定:"税捐之征收期间为五年,自缴纳期间届满之翌日起算;应征之税捐未于征收期间征起者,不得再行征收。"

(二)诉讼效率:律师第一个要问的问题

律师接办案件时,常会提出如下问题:"买卖契约何时订立?经过几年未请求交屋及移转所有权?""车祸(或其他意外事故)何时发生?何时知道肇事者,加害人是否承认要赔偿损害?"律师为何要问这些问题?因为此等问题涉及消灭时效。"民法"第125条规定:"请求权,因十五年间不行使而消灭。但法律所定期间较短者,依其规定。"法律所定期间较短者,例如第126条、第127条、第197条。第144条第1项规定:"时效完成后,债务人得拒绝给付。"此攸关当事人利益至巨,故"民法"对消灭时效详设规定(第125条至第147条)。消灭时效系诉讼上常见的案例,争议甚多,特在本书整理相关判决,作较详细的论述。

三、消灭时效规定的强行性

消灭时效的存在,事关公益,故"民法"第147条规定:"时效期间,不得以法律行为加长或减短之,并不得预先抛弃时效之利益。"本条属强行

---

① 参阅陈爱娥:《公法上请求权消灭时效的制度意义、适用范围与其起算》,载《法学丛刊》2013年第58卷第3期,第1页。

规定。《德国民法典》第 225 条规定："时效不得以法律行为排除或加重之。但时效之减轻,尤其是时效期间之缩短,则许可之。"系采所谓半强行性规定。

第二款 消灭时效、除斥期间

时间的经过,影响权利之存续或行使者,除消灭时效外,尚有除斥期间。除斥期间者,乃权利预定存续之期间,故亦称预定期间。法律所定期间究为除斥期间,抑或为消灭时效,须斟酌条文所使用"因不行使而消灭"或"时效"等字样、权利性质,以及法规实质具体内容而为判断。二者的不同,可分四点言之:

一、立法意旨

除斥期间乃在维持继续存在的原秩序。例如甲因意思表示错误(第88条第2项),而与乙、丙等人互约出资以经营共同事业者,其撤销权自意思表示后,经过1年而消灭(第88条、第90条)。此1年期间,即为除斥期间。甲的撤销权因除斥期间经过而消灭时,甲与乙、丙等人原有的合伙关系继续存在。消灭时效乃在维持新建立之秩序。例如甲出卖某地给乙,乙长达15年期间未行使其权利,其请求权罹于消灭时效时,甲得拒绝给付,以继续维持乙未行使其权利而形成之新秩序。

二、适用客体

除斥期间的客体,为形成权(如撤销权、解除权、终止权)。惟并非所有的形成权,"民法"皆设有除斥期间的规定。关于若干形成权,"民法"规定相对人有催告权(第80条、第170条第2项、第210条、第257条等)。关于若干形成权,无行使期间的限制,如共有物分割请求权(通说认系形成权)。消灭时效的客体为请求权,但亦非一切请求权均受消灭时效的规范。

三、期间计算

除斥期间为不变期间,除法律别有规定外(第93条、第245条),自权利发生时起算,短者有6个月,最长者不超过10年(第93条),并不得展期,以早日确定当事人间之关系。消灭时效,自请求权可行使时起算,以不行为为目的之请求权,自为行为时起算(第128条)。时效期间最短者为2个月(第563条),最长者为15年(第125条),有中断或不完成的规定(第129条以下)。

四、效力

除斥期间经过后,权利当然消灭,当事人纵不援用,法院亦应依职权加以调查。请求权罹于消灭时效者,请求权仍得行使,惟权利人行使请求权时,义务人得主张拒绝给付之抗辩权,故消灭时效非经当事人援用,法院不得依职权以之作为裁判之资料。

第三款 案例研习:消灭时效、除斥期间与请求权竞合

一、权利、除斥期间及消灭时效

在前揭案例(请再阅读深思),得发生多种权利:

①甲得撤销其错误的意思表示(第88条第2项)。此项撤销权为形成权,自意思表示后经过1年而消灭(除斥期间,第90条)。

②甲得撤销因其被诈欺而为的意思表示(第92条)。撤销权亦为形成权,应于发现诈欺后1年内为之,但自意思表示后,经过10年,不得撤销(除斥期间,第93条)。

③甲得依"民法"第184条第1项前段规定向乙请求其身体健康受侵害的损害赔偿。此项因侵权行为所生的损害赔偿请求权,自请求权人知有损害及赔偿义务人时起,2年间不行使而消灭,自有侵权行为时起,逾10年者亦同(第197条第1项)。

④甲得依"民法"第227条第2项规定请求因乙不完全给付致其身体健康所受损害的损害赔偿(参阅第227条之1)。关于此项债务不履行损害请求权的消灭时效,应适用"民法"第125条,因15年间不行使而罹于时效。

⑤甲得因物有瑕疵,而请求解除契约或请求减少价金。"民法"第365条规定:"……其解除权或请求权,于买受人依第三百五十六条规定为通知后六个月间不行使或自物之交付时起经过五年而消灭。前项关于六个月期间之规定,于出卖人故意不告知瑕疵者,不适用之。"

二、分析说明

前揭案例所发生的各种权利，足供吾人省思权利行使在时间上限制的若干基本问题：

①"民法"针对不同的请求权，设不同的消灭时效期间。请求权竞合的实益在于消灭时效的竞合。就此点而言，主张债务不履行损害赔偿请求权较侵权行为请求权为有利，即侵权行为损害赔偿请求权罹于时效后，被害人仍得行使债务不履行的损害赔偿请求权。

②"民法"对不同的形成权（如撤销权），设不同的除斥期间，显示立法上的利益衡量及价值判断。"民法"第92条规定的撤销权（诈欺）与第88条所规定的撤销权（错误）得成立竞合关系，由表意人选择行使之。

③"民法"第365条所定行使解除权或减少价金请求权的期间，性质为除斥期间，契约解除权、减少价金请求权具形成权的性质。如此认定具有二点意义：A. 更能周密保护买受人权益；B. 有助于肯定"民法"第88条及第90条所定关于物之性质错误的撤销权与第365条规定的竞合性。

④请注意各种消灭时效及除斥期间，其时效期间及除斥期间的不同及立法理由。

兹为便于观察在前揭案例甲对乙得主张各种权利在行使期间上的限制，图示如下（请阅读相关条文）：

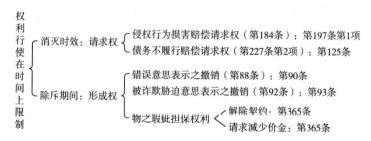

第三节 消灭时效的客体

请求权是否皆有消灭时效的适用？某种请求权不适用消灭时效，其理由何在？试就下列请求权加以说明：

1. 甲无权占有乙已登记(或未登记)的房屋及汽车而发生的请求权。
2. 隐私权被侵害的除去请求权及损害赔偿请求权。
3. 共有物分割请求权及履行协议分割请求权。
4. 妻对于夫的抚养请求权。

何种权利得为消灭时效的客体？比较法上有以债权及其他非所有权的财产权为消灭时效客体的，如《日本民法典》第166条规定："下列情形，债权因时效而消灭：一、债权人自知悉权利可行使之时起五年间不行使者。二、自权利可行使之时起十年间不行使者。债权或所有权以外之财产权，自权利可行使之时起二十年间不行使者，因时效而消灭。前二项之规定，对占有附始期权利或附停止条件权利之标的物之第三人，不碍自其占有开始之时起进行取得时效。但权利人为更新其时效，得随时请求占有人之承认。"［平成29年(2017年)修正］

"民法"第125条规定："请求权，因十五年间不行使而消灭。但法律所定期间较短者，依其规定。"系从德国及瑞士的立法例，以请求权为消灭时效的客体。请求权指特定人得向特定人请求一定行为的权利，有因债权而发生的，有因物权而发生的，有因身份关系而发生的，是否均为消灭时效适用的对象？此应就时效制度的作用及权利的性质而为判断。分述如下：

一、人格权上的请求权

以人格权为内容的请求权，如侵害除去请求权(第18条第1项)，为维护人格利益所必要，不因时效而消灭。但人格权被侵害而生的损害赔偿请求权，则有消灭时效的适用(第184条第1项、第197条第1项)(参照"最高法院"2017年台上字第2677号判决)。

二、债权的请求权

凡债权请求权，无论其发生原因及请求权内容为何，均得为消灭时效的客体，包括契约履行请求权及债务不履行损害赔偿请求权、缔约上过失损害赔偿请求权、不当得利返还请求权及侵权行为损害赔偿请求权等。

须注意的是，债权请求权，除契约的给付请求权(主给付义务及从给付义务,如名犬出卖人交付并移转其所有权,及交付名犬血统证明书)外,尚包括独立的附随义务的请求权(如建屋委任人应向承揽人提供申请建照同意书)。"最高法院"2009年台上字第2171号判决谓:"按契约成立生效后,债务人除负有主给付义务外,为辅助主给付之功能,使债权人之利益能获得最大之满足,基于法律之规定或当事人之约定或诚信原则及契约之补充解释(契约漏洞之填补),尚负有独立之附随义务(亦称为与给付有关之附随义务或从义务)。倘债务人不履行该项义务或有违反情事,致影响契约利益及目的之完成者,债权人固得对之诉请履行或不履行之损害赔偿。惟债权人此项基于该附随义务而取得之请求权,倘具有本身之目的得独立对债务人诉请履行,与一般之请求权性质上即无不同,自有消灭时效之适用。"

三、物权关系上的请求权

(一)所有权人的物上请求权

1. 物上请求权(第767条)

物上请求权,指于物权为他人所侵害时,以回复物权之圆满状态为标的之请求权,如所有人对于无权占有或侵夺其所有物者,得请求返还之(所有物返还请求权),对于妨害其所有权者,得请求除去之(妨害除去请求权),有妨害其所有权之虞时,得请求防止之(妨害防止请求权)(第767条第1项),于所有权以外之物权,准用之(第767条第2项)。

2. 已登记不动产

关于物上请求权是否亦得因时效而消灭,"司法院"释字第107号解释谓:"已登记不动产所有人之回复请求权,无'民法'第125条消灭时效规定之适用。""司法院"释字第164号解释更进一步指出:"已登记不动产所有人之除去妨害请求权,不在本院释字第107号解释范围之内,但依其性质,亦无'民法'第125条消灭时效规定之适用。"

3. 继承回复请求权

"司法院"释字第771号解释谓:"继承回复请求权与个别物上请求权系属真正继承人分别独立而并存之权利。继承回复请求权于时效完成后,真正继承人不因此丧失其已合法取得之继承权;其继承财产如受侵害,真正继承人仍得依'民法'相关规定排除侵害并请求返还。然为兼顾法安定性,真正继承人依'民法'第767条规定行使物上请求权时,仍应有

'民法'第125条等有关时效规定之适用。于此范围内,本院释字第107号及第164号解释,应予补充。"

4. 日据时期的不动产

"司法院"释字第107号及第164号解释系针对于已登记不动产所有人的物上请求权。其登记须依法令为之,台湾地区在日据时期依日本国法令所完成之不动产登记,不在此列("最高法院"2011年台上字第185号判决)。关于未依法令登记不动产及动产所生的物上请求权,仍应适用"民法"第125条规定。"最高法院"2021年台上大字第1153号大法庭裁定谓:日据时期已登记之土地,因日据后期改采契据登记制度,使登记仅生对抗效力,致该土地登记无法完全体现真正权利之归属者,与台湾地区光复后所采取之土地登记生效制度有异。故在此种对土地登记效力实行不同之法律制度下,对于未经依台湾地区相关土地法令办理土地登记之原所有权人,纵其土地于日据时期曾经登记,因成为河川、水道经涂销登记,嗣于台湾地区光复后浮覆,但在未依台湾地区法令办理土地总登记前,该土地仍属"未登记"之不动产,其原所有权人依"民法"第767条第1项规定行使物上请求权时,有消灭时效规定之适用。

应说明的是,"司法院宪法法庭"2023年宪判字第20号解释谓:日据时期为民众所有,嗣因逾土地总登记期限,未登记为民众所有,致登记为政府所有且持续至今之土地,在民众基于该土地所有人地位,请求政府涂销登记时,无"民法"消灭时效规定之适用。"最高法院"1981年台上字第311号民事判例关于……系争土地如尚未依法令登记为被上诉人所有,而登记为政府所有后,迄今已经过15年,被上诉人请求涂销此项政府所有登记,上诉人既有时效完成拒绝给付之抗辩,被上诉人之请求,自属无从准许的部分,不符"宪法"第15条保障民众财产权之意旨。

(二)共有物分割请求权及请求履行协议分割契约的权利

共有物分割请求权为分割共有物之权利,非请求他共有人同为分割行为之权利,其性质为形成权之一种,并非请求权,"民法"第125条所谓请求权,自不包含共有物分割请求权在内(最高法院1940年渝上字第1529号判例)。

须注意的是,共有人成立不动产协议分割契约后,其分得部分所有权移转请求权,乃系请求履行协议分割契约之权利,具债权请求权的性质,仍有"民法"第125条消灭时效规定之适用("最高法院"1978年台上字第 2647 号判例)。

(三)占有人的物上请求权

占有人之物上请求权,自侵夺或妨害占有,或危险发生后,1 年间不行使而消灭(第 963 条)。此乃指以单纯的占有之事实为标的,提起占有之诉而言。如占有人同时有实体上权利者,自得提起本权之诉,纵令回复占有请求权之 1 年短期时效,业已经过,其权利人仍非不得依侵权行为之法律关系,请求回复原状("最高法院"1964 年台上字第 2636 号判例)。

四、基于身份关系而生的请求权

请求权基于纯粹身份关系而生者,不适用消灭时效的规定。"最高法院"1959 年台上字第 1050 号判例谓:"请求权因十五年间不行使而消灭,固为'民法'第 125 条所明定,然其请求权若着重于身份关系者,即无该条之适用(例如因夫妻关系而生之同居请求权)。履行婚约请求权,纯系身份关系之请求权,自无消灭时效之可言。"准此以言,父母对第三人请求交还未成年子女的请求权,亦不罹于时效。至于非纯粹身份关系,如夫妻间的抚养请求权、损害请求权、赡养费各期给付请求权等,具财产权的性质,仍有消灭时效的适用。

五、体系构成及案例研习

为期醒目,兹将消灭时效适用的客体,图示如下(要理解,不要强记):

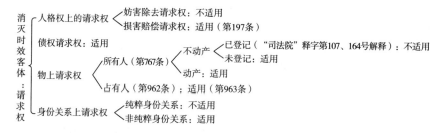

在前揭案例 1,甲无权占有使用乙所有已登记(或未登记)的房屋及汽车。乙得对甲主张如下请求权:所有物返还请求权(第 767 条第 1 项前段)、占有物返还请求权(第 962 条)、占有使用他人之物不当得利

返还请求权(第179条)及侵权行为损害赔偿请求权(第184条第1项前段)。兹参照上开说明,将消灭时效的适用及时效期间(详见下文),图示如下:

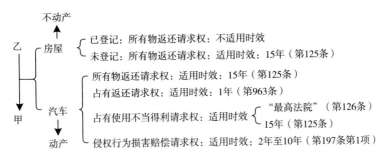

关于前揭案例2至案例4,请参照前述说明自行练习。

第四节 消灭时效的期间

一、试综合整理"民法"各编关于消灭时效期间的规定,分析检讨之所以设不同时效期间的理由,为何所有物返还请求权的消灭时效期间为15年(第125条),而占有物返还请求权的消灭时效期间为1年(第963条)?

二、请分析说明下列各例的请求权及其消灭时效期间,并思考其立法政策为何(确实查阅条文):

1. 甲承租乙的房屋,租赁关系消灭后,仍继续使用,拒不返还。
2. 甲经营家具行,出售1件仿宋高级家具于乙。乙转售于丙,关于甲与乙间、乙与丙间请求权的消灭时效。
3. 出租车司机甲驾车违规发生重大车祸,致乘客乙身受重伤。
4. 甲承揽修缮乙的屋顶,因施工不善,屋顶漏水,乙的名贵地毯遭受损害。
5. 甲参加乙旅行团到武陵农场春节赏樱三日游,关于旅游服务品质不佳,未依规定进行旅程,浪费时间,食物中毒,发生车祸,所受损害。

第一款　一般期间（长期消灭时效）：15 年

消灭时效期间的历史，整体加以观察，实乃朝向时效期间缩短的变迁。① 旧《德国民法典》第 195 条采罗马法规定，为 30 年。2002 年《德国民法典》就债法现代化全面检讨消灭时效，其修正重点系缩短时效期间，明定普通消灭时效期间为 3 年(《德国民法典》第 195 条)②，而辅之各种特别规定。《日本民法典》第 166 条规定债权的消灭时效分别为 5 年及 10 年，债权以外的财产权为 20 年。

"民法"第 125 条规定："请求权，因十五年间不行使而消灭。但法律所定期间较短者，依其规定。"除"民法"及其他法律(如"票据法"第 22 条)有特别规定外，请求权因 15 年间不行使而罹于时效。

第二款　特别期间（短期消灭时效）③

一、"民法"总则编规定

（一）定期给付债权的 5 年特别期间

1. 立法理由、解释适用

"民法"第 126 条规定："利息、红利、租金、赡养费、退职金及其他一年或不及一年之定期给付债权，其各期给付请求权，因五年间不行使而消灭。"立法目的在使债权人从速请求债务人履行，须注意者有三：

①定期给付债权：定期给付债权，为相隔一定期间继续为给付的债权，除"民法"第 126 条明定者外，任何定期性给付债权，如薪水、保险费，其各期相隔期间在 1 年以内者，均包括在内。其相隔期间超过 1 年者（包括第 126 条所列举者），仍应适用 15 年长期时效。利息虽系从权利，但已发生之利息则为独立的债权。故已发生的利息，各自发生时起适用 5 年的时效，但本金部分则仍适用一般 15 年的时效。

---

①　Vgl. Reinhard Zimmermann, Die Verjährung, JuS 1984, 410; Mansel/Budzikiewicz, Das neue Verjährungsrecht (München 2000); Mansel/Budzikiewicz, Einführung in das neue Verjährungsrecht, Jura 2003, 1 ff.

②　参阅黄立：《德国新债法之研究》，元照出版公司 2009 年版，第 1—72 页。

③　参阅吴明轩：《试论消灭时效之特别期间》，载《法律评论》1987 年第 53 卷第 10 期，第 25 页；孙森焱：《适用短期消灭时效之定期给付债权》，载《司法通讯》1968 年第 370 期。

②定期给付债权与分期给付债权不同:定期给付债权为数个各自独立、在一定期间内反复继续发生而为给付的债权。分期给付债权为一个独立、分数期而为给付的债权。分期付款的各期给付,或分期偿还债务的各期给付均非定期给付债权,不适用5年短期时效。

③违约金:违约金系为赔偿因迟延清偿金钱债务所生之损害而为约定者,仅于债务人给付迟延时,债权人始得请求给付,该违约金并非基于一定法律关系而定期反复发生之债权,自非"民法"第126条所定定期给付债权,而无该条短期时效之适用。至于违约金约定"按每百元每日壹角计算",仅系其金额计算方式,非一定期间经过而反复发生债权("最高法院"2015年台上字第79号判决)。"最高法院"2018年度第三次民事庭会议决议,违约金之请求时效为15年。

2. 无租赁关系使用租赁物:"最高法院"见解的分析检讨

关于无租赁关系使用租赁物的赔偿,是否有"民法"第126条短期时效的适用,"最高法院"1960年台上字第1730号判例认为:"租金之请求权因五年间不行使而消灭,既为'民法'第126条所明定,至于终止租约后之赔偿与其他无租赁契约关系之赔偿,名称虽与租金异,然实质上仍为使用土地之代价,债权人应同样按时收取,不因其契约终止或未成立而谓其时效之计算应有不同。"应说明的有三:

①终止契约后或其他无租赁契约而使用他人之物,其无法律上之原因而取得者,不是"相当于租金之利益",而是"使用他人之物本身",此项利益依其性质不能返还,应偿还其价额,依"相当之租金"计算之。又所谓无租赁契约关系之"赔偿",乃在回复被害人所受的损害,其名称与租金异,实质上亦非为使用土地之代价。原则上其消灭时效期间应为15年(第125条)。

②"民法"第126条所以规定租金等的消灭时效期间为5年,乃因其为定期给付债权,债权人本可从速请求债务人履行。在无租赁关系契约的情形下(例如甲外出多年,乙无权占用其房屋),应不能要求债权人同样按时收取,亦无从定各期给付请求权,衡诸"民法"第126条的文义及意旨,于不当得利或侵权行为损害赔偿请求权,应无适用或类推适用的余地。①

---

① 较详细说明,参阅王泽鉴:《不当得利》,北京大学出版社2023年重排版,第366页以下。

③"最高法院"2015年台抗字第776号裁定谓:"父母(包括已离婚之夫妻)对于不能维持生活而无谋生能力之直系血亲卑亲属,均负有扶养义务,此观'民法'第1114条、第1115条、第1117条等规定即明。倘该扶养费系由一方先行垫付者,该方非不得依不当得利之法律关系请求他方返还,且此项请求乃在使受利益之他方一次返还其所受之利益,除双方原有按年或不及一年之定期给付扶养费约定外,与'民法'第126条所规定'其他一年或不及一年之定期给付债权'并不相同,自无适用该条所定短期消灭时效之余地。"本件裁定强调第126条5年短期时效的适用在于"定期给付债权"。准此见解,在前述无权占有他人土地的情形,占有人受有相当于租金利益的不当得利,并非"定期给付债权",应无"民法"第126条规定的适用。

(二)2年短期消灭时效

"民法"第127条规定:"左列各款请求权,因二年间不行使而消灭:一、旅店、饮食店及娱乐场之住宿费、饮食费、座费、消费物之代价及其垫款。二、运送费及运送人所垫之款。三、以租赁动产为营业者之租价。四、医生、药师、看护生之诊费、药费、报酬及其垫款。① 五、律师、会计师、公证人之报酬及其垫款。② 六、律师、会计师、公证人所收当事人物件之交还。七、技师、承揽人之报酬及其垫款。八、商人③、制造人、手工业人

---

① 所称医生垫款,泛指诊费、药费以外与医生执行医疗业务相关,而通常由医院代为垫付之一切款项而言,包括供给病患及看护家属伙食之支出费用。

② "最高法院"1998年台上字第2309号判决:律师之报酬及其垫款请求权,因2年不行使而消灭,为"民法"第127条第5款所明定,法律之所以对此请求权特别规定短期消灭时效,乃系此请求权为律师因日常生活为他人提供专门智识之对价,有从速履行、尽快解决之性质。台湾地区律师之报酬及垫款请求权有此规定之适用,固无问题,即未依台湾地区法律取得律师资格之台湾地区外律师,其在台湾地区外本于律师之身份执行职务而取得之报酬及垫款请求权,亦系提供其专门智识之对价,同具从速履行,尽快解决之性质,仍应认有此规定之适用。又依"最高法院"2014年台上字第20号判决:"律帅、会计帅或公证人因处理委任事务,向他人收取之金钱、物品及孳息,并非本款所称当事人交付之物件,当事人依'民法'第541条第1项规定之交还请求权,其消灭时效,自不在本款适用之列。"

③ "最高法院"2013年台上字第524号判决:"民法"第127条第8款规定之商人虽不必具有一定之条件,惟必须系从事商品贩卖实业之人,即以贩卖为业务之人,始得谓"商人"。公司虽均以营利为目的,但从事之业务各异,若非从事商品贩卖实业,尚不得认系"民法"第127条第8款所指之"商人"。原审谓:公司在台湾地区亦应属"民法"第127条第8款规定之商人,上诉人系已办理设立登记之有限公司,本质上具备经营商业之营利目的,当然属于"民法"第127条第8款之"商人",亦嫌率断。

所供给之商品及产物之代价。①"

二、"民法"其他各编规定

"民法"于其他各编针对不同的请求权,尤其是各种契约类型,设有短期消灭时效。值得特别提出讨论的系"民法"第197条及第514条规定的短期消灭时效:

①侵权行为损害赔偿请求权。"民法"第197条第1项规定:"因侵权行为所生之损害赔偿请求权,自请求权人知有损害及赔偿义务人时起,二年间不行使而消灭,自有侵权行为时起,逾十年者亦同。"其特色在于关于消灭时效期间的起算兼采主观说及客观说。本条规定在实务上甚为重要。解释适用上,"应以请求权人实际知悉损害及赔偿义务人时起算"("最高法院"1983年台上字第738号、2010年台上字第387号判决)。应注意的是,"所谓知有损害及赔偿义务人之知,系指明知而言。如当事人间就知之时间有所争执,应由赔偿义务人就请求权人知悉在前之事实,负举证责任"("最高法院"1983年台上字第1428号、2015年台上字第1009号判决);"惟如请求权人为无行为能力或限制能力之未成年人,其知悉与否,按之'民法'第105条前段规定,当就法定代理人决之,尚不得以该未成年人本人未得知而主张自本人知悉之时起算"("最高法院"2015年台上字第1744号判决)。②

---

① 所称商人或产物供给之人,法律并未限定其须具备何种身份或资格,农会就其出售饲料予会员之行为,兼具商人身份。所谓商人所供给之商品,系指动产而言,不包括不动产在内,此观该款规定将商人所供给之商品,与制造人、手工业人所供给之产物并列,不难明了。又"民法"第127条第8款之请求权,仅指商人、制造人、手工业人所供给之商品及产物之代价请求权而言,不包含交付出卖标的物之请求权在内,关于交付出卖标的物请求权之消灭时效,仍应适用第125条之规定(参照"最高法院"1989年度第九次民事庭会议决议、"最高法院"1950年台上字第1155号判例)。第127条第7款及第8款不适用于具有承揽与买卖混合契约之不动产买卖承揽(即不动产制造物供给契约)("最高法院"2000年台上字第2594号、2006年台上字第2530号判决)。
② "民法"第197条第1项规定侵权行为损害赔偿请求权,系实务及理论上的重要问题,其争议重点总结于"最高法院"2019年台上字第778号判决:"按'民法'第197条第1项规定:'因侵权行为所生之损害赔偿请求权,自请求权人知有损害及赔偿义务人时起,二年间不行使而消灭,自有侵权行为时起,逾十年者亦同。'该条项所称'自请求权人知有损害时起'之主观'知'的条件,如系一次之加害行为,致他人于损害后尚不断发生后续性之损害,该损害为属不可分(质之累积),或为一侵害状态之继续延续者,固应分别以被害人知悉损害程度呈现底定(损害显在化)或不法侵害之行为终了时起算其时效。惟加害人之侵权行为系持续发生(加害之持续不断),致加害之结果(损害)持续不断,若各该不法侵害行为及损害结果系现实各自独立存在,并可相互区别(量之分割)者,被害人之损害赔偿请求权,即随各该损害不断渐次发生,自应就各该不断发生之独立行为所生之损害,分别以被害人已各知悉而各自论断其时效之起算时点,始符合'民法'第197条第1项规定之趣旨,且不失该条为兼顾法秩序安定性及当事人利益平衡之立法目的。"

"民法"第197条相当于旧《德国民法典》第853条。德国的时效制度系兼采主观说及客观说,以旧《德国民法典》第853条为规范模式,建构其规范体系(参照《德国民法典》第195条以下规定)。

②承揽契约定作人损害赔偿请求权。"民法"第514条规定:"定作人之瑕疵修补请求权、修补费用偿还请求权、减少报酬请求权、损害赔偿请求权或契约解除权,均因瑕疵发现后一年间不行使而消灭。承揽人之损害赔偿请求权或契约解除权,因其原因发生后,一年间不行使而消灭。"第1项修正于1999年,修正理由谓:"第495条第1项定作人之损害赔偿请求权,现行法尚无适用短期时效之规定,易滋疑义,为期明确,爰于第1项增列定作人之损害赔偿请求权亦因瑕疵发现后一年间不行使而消灭。"此为"民法"第125条的特别规定,应优先适用("最高法院"2010年台上字第1794号判决)。此项修正有助于合理处理不完全给付与承揽人瑕疵担保责任的损害赔偿。

三、综合整理

兹将"民法"关于消灭时效期间的主要规定,综合整理如下(查阅条文,理解设不同短期期间的理由):

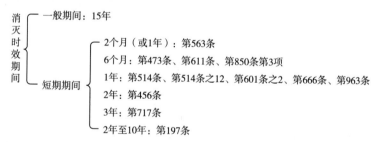

第五节　消灭时效期间的起算①

于下列情形，甲得主张何种权利，其请求权的消灭时效期间自何时起算：

1. 甲出卖某地给乙，并移转其所有权，事后发现买卖契约不成立，甲（或乙）不知其事。

2. 甲于2月1日寄放某唐代陶马于乙处，乙于3月1日擅将其让售于善意之丙，甲于4月1日知其事。

3. 甲于3月1日向乙买受中古车，该车于3月10日灭失，给付不能。甲于5月10日向乙请求债务不履行损害赔偿，何时起算其消灭时效期间？

时效期间的进行，如何定其起算点？"民法"第128条规定："消灭时效，自请求权可行使时起算。以不行为为目的之请求权，自为行为时起算。""民法"第128条系采客观计算方法，分述如下：

一、以作为为目的之请求权

（一）"民法"第128条的一般规定

以"作为"为内容的请求权，自请求权可行使时起算。所谓请求权可行使时，指权利人于法律上并无障碍，而得行使请求权之状态而言，至于义务人实际上能否给付，请求权人主观上何时知悉其可行使，则非所问（"最高法院"1974年台上字第1885号判例）。

（二）特别规定

"民法"第128条系一般性规定。其他关于消灭时效的特别规定对时效的起算另有规定时，应优先适用该特别规定，如"民法"第197条（侵权行为）、第514条之12（旅游契约）及第666条（运送契约）。

兹就常见的事例，说明如下：

---

① 参阅吴从周：《未定期限消费借贷返还请求权之消灭时效起算点》，载吴从周：《特种租赁、使用借贷与诉讼费用》，元照出版公司2013年版，第109页，此文讨论消灭时效期间起算的基本问题，可供参照；陈聪富：《论时效起算时点与时效障碍事由》，载《月旦法学杂志》2019年第285期，第5页；林诚二：《消灭时效进行之障碍事由》，载《台湾法学杂志》2015年第264期，第115页。

①条件期限：附停止条件或期限的权利，自其条件成就或期限届至时起算。

②清偿期：请求权定有清偿期者，自期限届满时起即可行使，其消灭时效应自期限届满时起算。债权未定清偿期者，债权人得随时请求清偿（第 315 条），故此项请求权自债权成立时即可行使，应自债权成立时起算。

③和解：诉讼上和解，应自和解成立时起算，并非有待于和解笔录之送达（"最高法院"1980 年台上字第 780 号判例）。

④基于法律规定而生的债权：

A. 不当得利请求权：于其成立时即可行使，而开始时效的进行。①

B. 关于侵权行为损害赔偿请求权之消灭时效：依"民法"第 197 条第 1 项前段规定，应以请求权人实际知悉损害及赔偿义务人时起算，非以知悉赔偿义务人因侵权行为所构成之犯罪行为经检察官起诉或法院判决有罪为准。所谓知有损害，系指知悉受有何项损害而言。至对于损害额则无认识之必要。即以后损害额之变更于请求权时效之进行无碍。鉴定机关之鉴定结果，仅供法院办案之参考，非为请求权人知悉时间之基准（"最高法院"2001 年台上字第 839 号判决）。最近实务见解，参阅"最高法院"2018 年台上字第 267 号判决（著名的 RCA 公司化学物质污染土地案）。

⑤契约关系的消灭：出租人对于承租人返还租赁物之请求权，其消灭时效应自租赁关系消灭时起算。信托财产返还请求权之消灭时效，应自信托关系消灭时起算。

⑥债务不履行：债务不履行所涉及的请求权消灭时效，系实务上重要问题，分三点言之：

A. 代偿请求权："民法"第 225 条第 2 项所定之代偿请求权，乃请求债务人让与其对第三人之损害赔偿请求权，或交付其所受领之赔偿物，通

---

① "最高法院"2002 年台上字第 1312 号判决："消灭时效自请求权可行使时起算，'民法'第 128 条定有明文。而依不当得利之法则请求返还不当得利，以无法律上之原因而受利益，致他人受有损害为其要件，倘利益授受之双方当事人，均不知其利益授受之法律上原因不存在，甚或误认其法律上之原因存在，则须权利人知悉其得行使权利之状态，时效期间始能起算。盖权利之行使可被期待甚或要求而不行使，乃权利依时效消灭之理由，若权利人不知已可行使权利，如仍责令其蒙受时效之不利益，自非时效制度之本旨。"在本件判决，"最高法院"将消灭时效的起算点加以主观化（参照"最高法院"2017 年台上字第 1512 号判决）。

说认系新发生之债权,其消灭时效应重新起算。是被上诉人因上开土地被征收所生之代偿请求权,其消灭时效自征收补偿款核发时起算("最高法院"2008年台上字第623号判决)。

B. 债务不履行损害赔偿:"民法"第226条第1项规定的损害赔偿之债,性质上为原债权之延长变形,要与"民法"第225条第2项所定之代偿请求权未尽相同,其消灭时效自应依原债权之性质定之。准此,债务人如因可归责之事由致给付不能,其原有之给付义务(第一次之义务),即转变成损害赔偿义务(第二次之义务),其损害赔偿义务应于债务人原来之第一次给付义务不能时即已发生,并于债权人得行使该请求权时为其消灭时效之起算时点。故债权人依"民法"第226条第1项规定对债务人请求损害赔偿者,既系请求债务人履行第二次之义务,而非第一次之义务,其损害赔偿请求权,仍应自债务人债务不履行即其第一次之义务陷于给付不能时即得行使,其消灭时效,亦应自债务人该第一次之给付不能而得行使时起算("最高法院"2011年台上字第1833号判决)。此为实务及理论的重要问题,常见于各种考试,务请注意,理解其论证内容。

C. 解除契约与债务不履行损害赔偿:"民法"第260条规定解除权之行使,不妨碍损害赔偿之请求。据此规定,债权人解除契约时,得并行请求损害赔偿。惟此请求损害赔偿,并非另因契约解除所生之新赔偿请求权,乃使因债务不履行(给付不能或给付迟延)所生之旧赔偿请求权,不因解除失其存在,仍得请求而已,故其赔偿范围,应依一般损害赔偿之法则,即"民法"第216条规定定之。此损害赔偿请求权,自债务不履行时起即可行使,其消灭时效,亦自该请求权可行使时起算("最高法院"1966年台上字第1188号判例)。

⑦属于继承财产之权利及对于继承财产之权利:于其请求权时效期间行将完成之际,因缺为中断行为人或缺受中断行为人,而使时效暂时不完成,与遗赠发生效力之同时,即无受意思表示之遗赠义务人之情形有别,自无从依"民法"第140条之规定,推论客观上无遗赠义务人存在时,时效仍自遗嘱人死亡时起算("最高法院"2017年台上字第127号判决)。

⑧借名登记返还请求权:消灭时效,自请求权可行使时起算,亦为"民法"第128条所明定。而借名登记契约系以出名者出借名义予借名人暂

时登记为目的,并非契约成立时即应返还登记之财产,自应于契约终止或消灭后,借名人始得请求出名人或其继承人返还借名登记之财产,其返还请求权之消灭时效,应自借名登记关系终止或消灭时起算。至于借名登记契约,如标的物因可归责于债务人之事由,致给付不能者,借名人请求损害赔偿之债,性质上为原债权之变形,与原债权具有同一性,其请求权之消灭时效,仍应自原债权请求权可行使时起算("最高法院"2022年台上字第205号判决)。

⑨行使支票权利:支票为绝对之有价证券,其权利之行使与支票之占有,有不可分离之关系,是支票权利之行使,自以占有票据为必要。查洪○祯因涉刑案,原执有之系争支票于2000年10月3日至2009年3月2日间,经检察官依"刑事诉讼法"规定予以扣押,而丧失其对各该票据之占有,致不能就系争支票行使对于发票人之票据权利,自属请求权之行使有法律上障碍之情形("最高法院"2017年台简上字第28号判决)。

⑩占有之物上请求权:占有人,其占有被侵夺者,得请求返还其占有物;占有被妨害者,得请求除去其妨害;占有有被妨害之虞者,得请求防止其妨害。前条请求权,自侵夺或妨害占有或危险发生后,1年间不行使而消灭。"民法"第962条、第963条分别定有明文。是于占有人之占有被侵夺者,其占有物返还请求权之消灭时效应自侵夺占有时起算;于占有遭妨害者,倘妨害之行为已停止,而该妨害行为所造成之妨害状态仍继续存在者,占有人之占有妨害除去请求权,应自妨害占有之行为发生时起算消灭时效("最高法院"2017年台上字第2729号判决)。

二、以不作为为目的之请求权

以不作为为目的之请求权,自义务人有违反行为时起算。例如甲与乙约定,不在同一地区为同种营业,或不在某地建筑停车场时,乙之不作为请求权,于甲违约经营同种营业或建筑停车场时起算。

第六节　消灭时效中断与消灭时效不完成

甲经营复印机出租业,乙于2020年3月1日向其承租复印机一部,为期1个月,约定租金5万元,于租赁期间届满时支付之。乙于租赁期间届满时,未支付租金5万元。甲于2020年6月6日以存证信函向乙催告付款,乙置之不理,直至 2021 年 8 月 17 日始自动偿还 5000 元,其后即避不见面。甲于 2023 年 8 月 16 日决定诉诸法律途径,当日适逢超级台风来袭,公私机关停止办公 3 天。甲因处理善后,迟至于 2023 年 9 月 16 日始行起诉。试问甲的租金请求权是否罹于消灭时效?

消灭时效开始进行后,如有行使权利的事实时,得发生"时效中断",将已进行的时效溯及地归于消灭。时效期间届满时,有特殊的情事发生时,得停止时效的进行,发生"时效不完成",而将时效期间延长。"时效中断"与"时效不完成"合称为时效障碍。

第一款 消灭时效中断

消灭时效中断,指时效进行中因有行使权利之事实,推翻时效的基础,使已进行的期间,全归无效而言。兹将时效中断的事由及效力分述如下:

一、消灭时效中断的事由

"民法"第 129 条第 1 项规定:"消灭时效,因左列事由而中断:一、请求。二、承认。三、起诉。"

(一)请求

1. 请求的意义

请求,系请求权之行使。无须何种之方式,只须债权人对债务人表示请求履行债务之意思,即为已足。债权人为实现债权,对债务人声请调解之声请状,如已送达于债务人,即属表示请求之意思("最高法院"1962 年台上字第 490 号判例)。"民法"第 129 条将请求与起诉并列为消灭时效之事由,可见含义有所不同,即请求系指于诉讼外行使其权利之意思表示,不包括提起民事诉讼以行使权利之行为("最高法院"1982 年台上字第 1788 号判例)。又诉之撤回,仅系原告于起诉后,表示不求法院判决之意思,诉经撤回者,仍不妨认请求权人于提出诉状于法院,并经送达之时,对义务人已为履行之请求,使其得于法定期间内另行起诉,而保持中断时效之效力("最高法院"1962 年台上字第 3500 号判例)。

2. 视为不中断

时效因请求而中断者,若于请求后 6 个月内不起诉,视为不中断(第 130 条),即视为未有请求,时效仍从原开始之时,继续进行。

(二)承认

承认,乃义务人对权利人承认其权利之存在,即因时效而受利益之债务人向债权人表示认识其请求权存在,承认无须一一明示其权利之内容及范围等,以有可推知之表示行为即为已足,如债务人对债权人之债权为抵销之表示,可视为对于全部债务之承认("最高法院"2018 年台上字第 436 号判决、2021 年台上字第 2404 号判决)。承认在性质上属观念通知,因义务人一方之行为即得成立,不以明示为限。默示的承认,如请求缓期清偿、支付利息等,亦有承认之效力("最高法院"1962 年台上字第 1216 号判例)。所称承认,系按"民法"第 129 条第 1 项第 2 款所谓之承认,为认识他方请求权存在之观念表示,仅因债务人一方行为而成立,是债务人如主张债权人对其负有债务,而以之与自己对债权人所负债务为抵销时,自可认系对于债权人请求权存在为承认,消灭时效因而中断;如明知时效已完成,仍为此承认,即属抛弃时效利益之默示表示("最高法院"2009 年台上字第 2240 号判决)。

应特别指出的是,承认足以表示权利人确有权利,明确推翻过去无权利之事实状态,故"民法"规定其为确定的中断事由,其已经过的时间自承认之表示生效时起归于消灭,而另一时效同时开始进行(绝对中断的效力)。

(三)起诉

1. 起诉的意义

起诉乃于诉讼上行使权利的行为。此之起诉指民事诉讼而言,不限于给付之诉、确认之诉或形成之诉,本诉或反诉均所不问。

2. 视为不中断

"民法"第 131 条规定:"时效因起诉而中断者,若撤回其诉,或因不合法而受驳回之裁判,其裁判确定,视为不中断。"时效因撤回起诉而视为不中断者,仍应视为请求权人于提出诉状于法院并经送达之时,已对义务人为履行之请求,如请求权人于法定 6 个月期间内另行起诉者,仍应视为时效于诉状送达时中断。然以诉状送达时,时效尚未完成者为限,否则时效既于诉状送达前已完成,即无复因请求而中断之可言("最高法院"

1973年台上字第2279号判例)。

(四)与起诉有同一效力之事项

"民法"第129条第2项规定:"左列事项,与起诉有同一效力:一、依督促程序,声请发支付命令。二、声请调解或提付仲裁。三、申报和解债权或破产债权。四、告知诉讼。五、开始执行行为或声请强制执行。"[1]

"民法"对此等事由,亦设有"视为不中断"的规定,即:

①时效因声请发支付命令而中断者,若撤回声请,或受驳回之裁判,或支付命令失其效力时,视为不中断(第132条)。

②时效因声请调解或提付仲裁而中断者,若调解之声请经撤回、被驳回、调解不成立或仲裁之请求经撤回、仲裁不能达成判断时,视为不中断(第133条)("最高法院"2014年台上字第1954号判决)。

③时效因申报和解债权或破产债权而中断者,若债权人撤回其申报时,视为不中断(第134条)。

④时效因告知诉讼而中断者,若于诉讼终结后,6个月内不起诉,视为不中断(第135条)。

⑤时效因开始执行行为而中断者,若因权利人之声请,或法律上要件之欠缺而撤销其执行处分时,视为不中断(第136条第1项)。

⑥时效因声请强制执行而中断者,若撤回其声请,或其声请被驳回时,视为不中断(第136条第2项)。

二、时效中断的效力[2]

(一)时的效力

"民法"第137条第1项规定:"时效中断者,自中断之事由终止时,重行起算。"申言之,即中断事由发生前,已经过的时效期间,全归无效。中断时效事由存续的期间,时效不进行。自中断事由终止时起,时效重新开始进行。所谓中断事由终止之时,指时效重新开始进行之时,因各种事由而不同:

①因请求或承认而中断者,于意思表示到达时即为终止。

---

[1] 此等规定多涉及民事诉讼法及强制执行法上的问题,在此不拟详论,参阅吴明轩:《试论与起诉中断时效有同一效力之事项》,载《法令月刊》1992年第43卷第2期,第43页。

[2] 参阅黄松茂:《试论立体化之比较法方法——以时效中断之相对效与绝对效为例》,载《台湾法律人》2023年第23期,第44页。

②因起诉而中断者,自受确定判决,或因其他方法诉讼终结(如诉讼上和解)时,重行起算(第137条第2项)。与起诉有同一效力之事由者,于各该程序终结时,重行起算。

③经确定判决或其他与确定判决有同一效力之执行名义所确定之请求权,其原有消灭时效期间不满5年者,因中断而重行起算之时效期间为5年(第137条第3项)。

(二)人之效力

"民法"第138条规定:"时效中断,以当事人、继承人、受让人之间为限,始有效力。"此之所谓当事人,指中断时效之当事人而言。债权人或债务人虽有多数,其中一人之时效中断,其效力不及于其他债权人或债务人(相对的效力)。但亦有例外规定,如连带债权人中之一人为给付之请求者,为他债权人之利益,亦生效力(第285条);债权人向主债务人请求履行,或为其他中断时效之行为,对于保证人亦生效力(第747条)(参阅"最高法院"2019年台上字第886号判决)。

第二款 消灭时效不完成

一、消灭时效不完成的意义

时效不完成,指于时效期间将近终止之际,因有请求权无法或不便行使之事由,法律乃使已应完成之时效,于该事由终止后,一定期间内,暂缓完成,俾因时效完成而受不利益之当事人,得利用此不完成之期间,行使权利,以中断时效的制度。其他立法例有规定时效进行中遇有一定事由时,停止时效的进行(《德国民法典》第203条以下),"民法"不采时效进行停止制度,故在时效期间进行中,不论遭遇任何事由,均不因之而停止,立法目的在于保护义务人。

二、消灭时效不完成的事由

消灭时效不完成关系当事人利益甚巨,"民法"明定限于下列五种法定事由:

(一)不可避的事变

"民法"第139条规定:"时效之期间终止时,因天灾或其他不可避之事变,致不能中断其时效者,自其妨碍事由消灭时起,一个月内,其时效不完成。"所称事变,指天灾及其他不可抗力之障碍,如因地震、水灾、暴动等。其事变之事由,须使请求、承认、起诉等各种中断时效之事由均属不能时,时效方不完成,如法院关闭起诉不能;邮电不通,无由借此向对方发出请求信函。事变发生于何时,在所不问,但时效期间终止时,必须有事变之存在。故事变于时效终止前一日结束,亦无不完成的问题发生。

(二) 关于继承财产之权利

"民法"第 140 条规定:"属于继承财产之权利或对于继承财产之权利,自继承人确定或管理人选定或破产之宣告时起,六个月内,其时效不完成。""民法"第 139 条因事变之不完成与"民法"第 140 条因继承之不完成,其不完成期间的计算方法不同。前者须于时效期间终止时,事变仍在存续中,如其事由于时效终止前已消灭时,不论其所余时间久暂,均不发生时效不完成的问题。后者则因权利人或义务人不确定的不完成,如其事由于时效终止前消灭,而所余时间已不满 6 个月,其时效仍应于其事由消灭时起,满 6 个月后始告完成(参阅"最高法院"2017 年台上字第 127 号判决)。

(三) 无行为能力人或限制行为能力人欠缺法定代理人

"民法"第 141 条规定:"无行为能力人或限制行为能力人之权利,于时效期间终止前六个月内,若无法定代理人者,自其成为行为能力人或其法定代理人就职时起,六个月内,其时效不完成。"例如未成年人甲,经其父母允许向乙购屋后,其父母不幸死亡,则在甲成为完全行为能力人(成年)或其法定代理人(监护人)就职时起,甲对乙请求权时效不完成。兹就此例说明三点:

①本条只适用于无行为能力人或限制行为能力人对他人之权利。

②他人对无行为能力人或限制行为能力人的权利(如乙对甲的价金请求权),则不适用之。于此情形,因无法定代理人,不能为有效的请求,得声请法院为其选任特别代理人("民事诉讼法"第 51 条)。

③本条仅适用于应由法定代理人或须经法定代理人同意(允许或承认)之行为。对于限制行为能力人无须得法定代理人允许之行为(第 77 条但书),以及已得法定代理人概括允许处分特定财产或独立营业(第 84 条、第 85 条第 1 项)者,无适用本条之余地。

(四) 无行为能力人或限制行为能力人对法定代理人之权利

"民法"第 142 条规定:"无行为能力人或限制行为能力人,对于其法定代理人之权利,于代理关系消灭后一年内,其时效不完成。"盖代理关系存续中,无行为能力人或限制行为能力人,既不能自己行使其权利;于代理关系消灭后,如已成为行为能力人者,固能行使其权利,但对其法定代理人,因感情等因素,难免有不便骤然行使之处,故法律特规定其时效 1 年内不完成。至于 1 年内,无行为能力人或限制行为能力人,仍未成为行为能力人时,在解释上应得适用"民法"第 141 条规定(参阅"最高法院"2022 年台上字第 522 号判决)。

(五) 夫妻相互间之权利

"民法"第 143 条规定:"夫对于妻或妻对于夫之权利,于婚姻关系消灭后一年内,其时效不完成。"其所称权利须为婚姻存续中所发生者,若为婚姻关系消灭后所生之权利(如裁判离婚所生损害赔偿请求权,第 1056 条),因夫妻名分既已不存在,自无本条之适用。其所以设此规定,盖婚姻存续中,难免忽略行使其权利,于婚姻消灭后,亦有不便速为主张之情事,特暂停时效的进行,以资适应。

三、消灭时效不完成的效力

消灭时效不完成的效力,在使时效于一定期间内暂缓完成,俾请求权人得于该期间内行使权利,以中断时效。于该时效不完成之一定期间内,如无时效中断事由发生,其时效即告完成。

第三款 时效中断与时效不完成的区别

一、时效中断与不完成的区别

时效中断与时效不完成二个制度合称为时效障碍,其目的均在保护因时效进行而受不利益的当事人。就其事由不同言,时效中断乃由于当事人的行为(第 129 条),时效不完成乃基于当事人以外行为,有为权利之无法行使(第 139 条、第 140 条、第 141 条),有为权利之不便行使(第 142 条、第 143 条)。就其效力不同言,在时效中断,时效自中断事由终止之时起重行起算,已经过期间归于无效,时效中断并具有对人的相对效力。在时效不完成,停止前已进行的期间仍有效,停止事由终止后仍须合并计算。时效不完成并具有对世的绝对效力。

二、案例研习

在前揭案例(在阅读下文前,先参照本书以上说明,自行研究,并请特别留意于时效的动态过程):

①甲得向乙请求支付基于租赁契约而生的租金5万元。此种基于债权而生的请求权,应有消灭时效规定的适用。甲系以租赁复印机(动产)为营业,关于其租价(租金)的请求权,依"民法"第127条第3款的规定,因2年间不行使而罹于时效。

②甲于2020年3月1日出租复印机于乙,约定为期1个月,租赁期间届满时支付租金,系以作为为目的之请求权,其消灭时效自其可行使时起算。故甲此项定有清偿期的租金请求权的消灭时效于2020年3月31日即可行使,其2年时效期间,始日不算入(第120条),应自2020年4月1日起算。

③甲于2020年6月6日以存证信函向乙为付款的催告,系于诉讼外行使其权利之表示,依"民法"第129条第1项第1款规定,消灭时效因此项请求而中断。时效,因请求而中断者,若于请求后6个月内不起诉,视为不中断(第130条)。甲于乙置之不理后,未于6个月内为诉讼上之请求,即视为自始不生时效中断之效力,时效期间仍自可请求时(2020年4月1日)起,继续进行,与未经中断同。

④乙于2021年8月17日自动偿还部分租金5000元,应解为系对权利人表示承认其权利之存在。"最高法院"1962年台上字第1216号判例谓:"所谓承认,指义务人向请求权人表示是认其请求权存在之观念通知而言。又承认不以明示为限,默示的承认,如请求缓期清偿,支付利息等,亦有承认之效力。""最高法院"1974年台上字第1948号判例亦谓:"上诉人所欠被上诉人货款6万元既以所得佣金3000元抵偿其一部分,自系对被上诉人为请求权存在之承认,依'民法'第129条第1项第2款,被上诉人之请求权消灭时效即因而中断。"可资参照。时效中断者,自中断之事由终止时,重行起算(第137条第1项),即时效中断事由发生前已经过之期间,概归无效,于中断事由存续中时效不进行;而自中断事由终止时起,时效重新开始进行。乙于2021年8月17日对甲承认其债权,则甲的租金请求权应自此日起重行起算,尚须经过2年,始能完成其时效。

⑤甲的租金请求权因乙于 2021 年 8 月 17 日承认,应重行起算其 2 年时效期间,既如上述,其始日不算入,故须至 2023 年 8 月 18 日始完成其时效。甲于 2023 年 8 月 16 日决定起诉,适值超级台风来袭,公私机关停止办公 3 天,依"民法"第 139 条规定:"时效之期间终止时,因天灾或其他不可避之事变,致不能中断其时效者,自其妨碍事由消灭时起,一个月内,其时效不完成。"本条之适用,其要件有三:A.须有事变。B.须其事变致不能中断时效。C.须其事变于期间终止时存在。此三者于甲的请求权,悉行具备,故自 2023 年 8 月 19 日(妨碍事由消灭时)起 1 个月内,其时效不完成。

⑥据上所述,甲对乙的租金请求权的消灭时效因事变而停止,须至 9 月 19 日始完成之,甲于 2023 年 9 月 16 日起诉,其请求权迄未罹于消灭时效。

第七节　消灭时效完成的效力

　　甲于 2020 年 4 月 1 日贷款 50 万元于乙,期间半年,利息约定每月 1 日给付一次,由丙保证,丁提供游览车设定动产抵押权。自同年 8 月 1 日起乙即未支付利息。试问:

　　1. 甲对乙请求权何时完成消灭时效?

　　2. 甲于其请求权罹于时效后,得向乙、丙、丁主张何种权利?

　　3. 乙、丙、丁对甲为清偿后,得否以不知时效消灭为理由,请求返还其所为的支付?

　　4. 乙预先或于时效完成后对甲表示抛弃时效利益时,甲得对乙、丙、丁主张何种权利?

第一款　拒绝给付抗辩权

一、债务人得拒绝给付:法律与道德的冲突

　　"民法"第 144 条第 1 项规定:"时效完成后,债务人得拒绝给付。"系采抗辩权发生主义,即消灭时效完成后,权利自体本身不消灭,其诉权亦不消灭,仅使义务人取得拒绝给付抗辩权而已。最高法院 1940 年渝上字

第 1195 号判例谓:"民法第 144 条第 1 项规定时效完成后,债务人得拒绝给付,是消灭时效完成之效力,不过发生拒绝给付之抗辩权,并非使请求权当然消灭,债务人若不行使其抗辩权,法院自不得以消灭时效业已完成,即认请求权已归消灭。""最高法院"2014 年台上字第 1196 号判决谓:"请求权之消灭时效完成后,依'民法'第 144 条第 1 项规定,债务人得拒绝给付,固系采抗辩权发生主义,惟如债务人行使此项抗辩权,表示拒绝给付,债权人之请求权利因而确定的归于消灭,债务人即无给付之义务。"(参阅"最高法院"2021 年台上字第 1639 号判决)

消灭时效制度使债务人得"欠债不还",造成"法律"与"道德"的紧张关系,是否行使拒绝给付抗辩权,应由当事人自行判断。

以消灭时效完成为理由行使抗辩权,不必使用消灭时效完成的字眼,亦不必引用规定消灭时效的法条,只要拒绝给付系以请求权因时效之经过而不得再为行使为理由的,即属已有此项抗辩权的行使。消灭时效抗辩权得在诉讼上或诉讼外行使。惟诉讼上,须在第一审或第二审的辩论中以攻击防御方法援用。在第三审即不得再行主张。罹于时效的权利,因债务人未为援用,经法院确定判决命给付后,债务人应即受既判力的拘束。债务人一次援用,即足使请求权"永久"消灭,又称为永久抗辩权,不同于仅具一时性的双务契约同时履行抗辩权。

二、诚实信用原则的适用

"民法"第 148 条第 2 项规定:"行使权利,履行义务,应依诚实及信用方法。"此亦适用于消灭时效抗辩权。"最高法院"2007 年台上字第 1885 号判决谓:"时效完成后,债务人仅取得拒绝给付之抗辩权,债权人之债权并不因而消灭,是否行使时效抗辩权,乃债务人之权利,得由债务人自由处分。而行使权利,履行义务,应依诚实及信用方法,'民法'第 148 条第 2 项定有明文。债务人行使时效抗辩权,违反诚信原则者,即为权利之不法行使,应予禁止。又债务人于债权人起诉前,与债权人协议抛弃时效抗辩权惟保留其余抗辩权,既为其处分权所得支配范围,自有拘束双方及法院之效力。如债务人违反其协议,于诉讼上仍为时效完成之抗辩者,即难谓非违反诚信原则。"诚如"最高法院"2016 年台上字第 1537 号判决所强调:"按债务人于消灭时效完成前,如因其行为(不论有无过失),使债权人信赖而未及时行使权利中断时效,俟时效完成后,债务人为时效抗辩,即与其前之行为有所矛盾,可认系违反诚信原则。"此种违背善良风俗的行为,多见于债务人表示愿清偿债务,进行磋商谈判,致债权人未适时行使权利("最高法院"2007年台上字第2250号、2015年台上字第2434号、2014年台上字第2501号判决)。①

第二款　消灭时效完成后的给付

一、消灭时效完成后债务人仍为给付

消灭时效完成的效力,既仅在发生债务人拒绝给付之抗辩权,其债权本身仍未消灭,故"民法"第144条第2项明定:"请求权已经时效消灭,债务人仍为履行之给付者,不得以不知时效为理由,请求返还;其以契约承认该债务或提出担保者亦同。"所谓不得以不知时效为理由,请求返还,指债权人系本诸债权受领给付,具有法律上原因,不成立不当得利。惟嗣后如因法院之强制执行而为给付,因非基于债务人任意为之,依"民法"第180条第3款规定之反面解释,债务人自得依不当得利之规定,请求债权人返还("最高法院"2003年台上字第1751号判决)。此种罹于消灭时效的债权,系属所谓不完全债权(或称自然债务),债权人请求力虽因债务人的抗辩权而减弱,但仍具可履行性,其受领给付的权能(债权的保持力),不因此而受影响(参阅"最高法院"2021年台上字第2203号判决)。

二、契约承认、提出担保

请求权罹于时效后,债务人以契约承认该债务,或提出担保时,亦不得以不知时效为理由,请求返还。所提出的担保包括保证及设定担保物权。时效完成后,如债务人知其债务已罹于时效,而仍以契约承诺该债务时,则可认为有时效抗辩权之抛弃。债务人纵不知该请求权时效已完成,然既经以契约承诺其债务,即仍有无因的债务承认之意思,自亦不得以不知时效为由,拒绝履行该契约("最高法院"2000年台上字第2638号

---

① 德国法上的判例学说,参阅 Bork, AT, S. 131; Wolf/Neuner, AT, S. 264。行使时效抗辩权违反诚实信用原则时,其效果系时效暂时不完成(Ablaufhemmung)。德国实务认为债权人须在债务人违反诚实信用原则主张消灭时效后合理期间(至迟1个月)内行使其权利(BGH NJW 1991, 974)。

判决)。

第三款 消灭时效及于从权利的效力

"民法"第 146 条本文规定:"主权利因时效消灭者,其效力及于从权利。"如主债权罹于时效,其保证债权的请求权亦同其命运,此乃原则。① 但法律有特别规定者,依其规定(第 146 条但书),其属此类特别规定的,如"民法"第 145 条第 1 项:"以抵押权、质权或留置权担保之请求权,虽经时效消灭,债权人仍得就其抵押物、质物或留置物取偿。"

所谓抵押权、留置权,除意定者外,尚包括法定者在内(第 445 条)。法律所以设此特别规定,系以此等供担保的权利,既为物权,债权人常有恃无恐,而疏于请求权之及时行使,故仍许其就物取偿,以实践担保物权之作用。然依"民法"第 880 条规定:"以抵押权担保之债权,其请求权已因时效而消灭,如抵押权人,于消灭时效完成后,五年间不实行其抵押权者,其抵押权消灭。"此 5 年期间,系除斥期间,而非时效期间,故不得谓有抵押权担保之请求权,其时效较 15 年为长。至于质权或留置权,"民法"未设除斥期间规定,不生因一定期间实行其权利而消灭的问题。

值得注意的是,"民法"第 145 条第 2 项规定:"前项规定,于利息及其他定期给付之各期给付请求权,经时效消灭者,不适用之。"明示对此等罹于时效的请求权不能复就担保物取偿,避免累积甚多,难以负担,以资保护债务人。

第四款 时效利益的抛弃

时效制度之设系为公益,关于时效期间的规定,为强行规定,故"民法"第 147 条规定:"时效期间,不得以法律行为加长或减短之,并不得预先抛弃时效之利益。"时效利益之所以不得预先抛弃者,旨在保护债务人。倘时效业已完成,保护之必要,已不存在,时效利益之抛弃自无须再为禁止(参阅"最高法院"2018 年台上字第 2064 号判决)。

时效利益之抛弃,为抛弃人不欲享受时效利益之意思表示,系属单独

---

① 参阅林诚二:《原本与利息请求权在时效上之牵连问题》,载《月旦法学教室》2016 年第 160 期,第 12 页。

行为,并为处分行为,债务人一旦表示抛弃其时效利益,即生效力,不必得债权人之同意,债务人明知时效完成之事实而为承认的,其承认可认为系抛弃时效利益之默示意思表示。时效完成之利益一经抛弃,即回复时效完成前之状态,债务人不得再以时效业经完成拒绝给付(最高法院1937年渝上字第353号判例、"最高法院"1961年台上字第2868号判例)。惟得援用抛弃时效利益后重行起算新时效利益。

时效利益之抛弃,须依意思表示为之,故因时效受利益之人如属多数,除有明文规定外,一人抛弃,其影响不及于他人("最高法院"1963年台上字第823号判例)。共同共有人中一人未得全体共有人同意,向他人为抛弃时效利益之意思表示者,依法即非有效("最高法院"1964年台上字第2717号判例)。①

第五款 案例研习
——请求权与时效抗辩的对立性思考

一、请求权与时效抗辩

消灭时效在实务上甚属重要,律师于处理民事上的请求权时,最先考虑的问题之一就是该请求权是否罹于消灭时效。对被告言,主张消灭时效抗辩权,拒绝给付,最属简便,而此关系原告利益甚巨。为使读者对请求权与时效抗辩的对立性思考方法有较简明的认识,兹将其基本问题,图示如下(请对照本书相关部分的说明,阅读条文):

---

① 关于请求权罹于消灭时效的效力,尚应注意二点:①"民法"第337条规定:"债之请求权虽经时效而消灭,如在时效未完成前,其债务已适于抵销者,亦得为抵销。"②"最高法院"1982年4月20日1982年度第七次民事庭会议决议:"'民法'第244条所定之撤销权,乃为保全债权之履行而设。甲对乙基于债权之请求权,既因罹于消灭时效而经败诉确定不能行使,则甲之撤销权,显无由成立。"

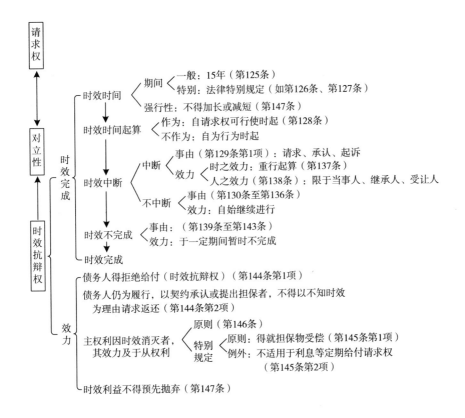

二、案例研习（请再阅读案例，参照前揭说明，先自行解答）

①甲于2020年4月1日贷款50万元于乙，为期半年，利息约定每月初日给付一次时，甲对乙本金返还请求权的消灭时效期间为15年（第125条），自其请求权可行使时起，即2020年10月1日起算；利息约定每月1日支付一次，系不及1年的定期给付债权，其各期利息请求权因5年间不行使而消灭（第126条）。

②消灭时效完成后，主债务人乙得拒绝给付（第144条第1项），主债务人的消灭时效抗辩，保证人丙得主张之（第742条第1项）。

③丁提供其游览车为甲对乙的债权设定动产抵押权（"动产担保交易法"第15条），系所谓的物上保证人，但非甲的债务人。"民法"第145条第1项规定以抵押权担保之请求权，虽经时效消灭，债权人仍得就其抵

押物受偿,其所称抵押权应包括动产抵押权在内,但于利息之各期给付请求权,经时效消灭者,亦不适用之(第145条第2项)。此外,并应类推适用"民法"第880条规定,如动产抵押权人于消灭时效后,5年间不行使其抵押权者,其抵押权消灭。

④乙系甲的主债务人,丙系甲的保证人,负有代为履行的义务,请求权已经时效消灭,仍为履行之给付者,不得以不知时效为理由请求返还(第144条第2项)。丁提供游览车设定动产抵押权,担保乙的债务,系属物上保证人,而非债务人,已如上述,丁为避免甲拍卖抵押物而清偿乙对甲的债务时,属第三人之清偿,因罹于时效的债权仍具可履行性者,为清偿的第三人亦不得以不知时效为理由请求返还。

⑤时效之利益不得预先抛弃,"民法"第147条设有明文,违反者,其抛弃无效。故乙仍得依"民法"第144条第1项规定,拒绝给付。惟乙得于时效完成后抛弃其时效利益,时效完成之利益一经抛弃,即回复时效完成前之状态,乙不得再以时效业经完成拒绝给付。

⑥在主债务人乙于时效完成后抛弃时效利益的情形,依"民法"第742条第2项规定:"主债务人抛弃其抗辩者,保证人仍得主张之。"所称抗辩包括消灭时效抗辩权在内,故保证人丙于主债务人乙抛弃其时效利益后,仍得拒绝代负履行责任。至丁为甲所设定的动产抵押权,仍应适用"民法"第145条第1项规定,即债务人虽于时效完成后抛弃时效利益,债权人仍得就担保物受偿。

第十二章　权利的行使

——权利行使的自由与限制

试说明何谓权利滥用？并据以分析下列案例，成立何种权利滥用？其要件及效果：

1. 甲与其子乙交恶，甲禁止乙进入墓园祭拜其母。
2. 甲与邻居乙不睦，甲在自地兴建高墙，阻断乙眺望青山绿水。
3. 甲组织将其所有土地无偿借乙使用，经营文教康乐中心，因被迫清理财产，将该地出售于丙，丙依"民法"第767条第1项前段规定请求拆屋还地。
4. 甲受雇于乙，因执行职务有重大过失，预期会被解雇。乙长期未为任何表示。2年后，甲追求乙的独生女，乙认为甲不配其女，乃借故对甲曰："汝前犯重大过错，终止雇佣契约。"

第一节　概　说

——凡权利皆受限制，无不受限制的权利

权利系法律所赋享受利益之力，具有一定的社会功能，而为社会秩序的一部分。在一个基于私法自治原则所构成的市民社会及肯定自由的市场经济体制，蕴含于权利的个人自主决定固居于核心的地位，惟权利与自主决定非自己所独有，他人亦享有之，不能仅知有己，不知有他人，违反彼此尊重的伦理原则。因此，为保障共存共荣、和谐的社会生活，权利的行使须受限制，乃属当然。凡权利皆应受限制，无不受限制的权利。

"民法"总则编第七章规定权利之行使，其内容有二：一为关于权利行使本身的限制（第148条）；一为关于权利保护（自力救济）的限制（第

149条至第152条)。在分别说明之前,须指出的是,个别权利得因其性质、法律规定或当事人的约定而受到不同的限制。例如债权基其相对性,仅能对债务人请求给付;形成权的行使须有其法定或约定的原因,并受除斥期间的限制;所有权的行使,"民法"第765条明定所有权人对其所有物得自由使用、收益、处分及排除他人干涉,但须在法令限制范围内,始得为之;人格权(尤其是名誉、隐私)的保护应予言论自由调和。①

值得注意的是,若干权利(尤其是亲权)具有义务的性质,须顾及特定人的利益,从而此等权利应受其义务关联的拘束,故"民法"第1090条规定:"父母之一方滥用其对于子女之权利时,法院得依他方、未成年子女、主管机关、社会福利机构或其他利害关系人之请求或依职权,为子女之利益,宣告停止其权利之全部或一部。"(参阅"儿童及少年福利与权益保障法"第49条、第56条及第71条。)

第二节　行使权利及履行义务

第一款　"民法"第148条的规范意义及适用关系

一、规范意义

"民法"第148条原规定:"权利之行使,不得以损害他人为主要目的。"1982年1月4日公布修正"民法"总则编,将本条修改为二项,其第1项规定:"权利之行使,不得违反公共利益,或以损害他人为主要目的。"第2项规定:"行使权利,履行义务,应依诚实及信用方法。"此项修正体现"民法"的重要发展,应说明者有六:

①权利行使限制的发展,系由"权利恶用的禁止"(Schikaneverbot)移向"权利滥用"(权利不当行使,Rechtsmissbrauch)的禁止。权利滥用得作为上位概念,包括:A. 权利之行使不得违反公共利益。B. 权利之行使不得以损害他人为主要目的。C. 行使应依诚实及信用方法等三个类型。

②权利的行使不得以损害他人为主要目的,其判断基准系由行为人主观意思的认定移向客观的利益衡量。

---

① 参阅王泽鉴:《人格权法》,北京大学出版社2013年版,第309页以下。

③权利的行使不得违反公共利益,旨在强调私权的公益性。

④诚实信用原则的适用,由债权的行使及债务的履行,扩大及于"权利的行使及义务的履行",成为一般法律原则。

⑤"民法"第148条的修正,使权利行使具有社会化的内涵、伦理的性质及客观的判断标准。有无权利滥用,应由法院依职权调查,实际上多由当事人主张,而由法院审究之。

⑥在比较法上,"权利之行使不得以损害他人为主要目的",系源自《德国民法典》第226条,加以修正。"行使权利,履行义务,应依诚实及信用方法"系将台湾地区旧"民法"第219条(相当于《德国民法典》第242条)加以一般化。"行使权利不得违反公共利益",为台湾地区"民法"所创,德国民法无类此规定。至于《瑞士民法典》第2条:"行使自己之权利,及履行自己之义务,应依诚实及信用为之。权利之显然滥用,不受法律之保护。"可供参考。

二、适用关系

"民法"第148条第1项区别"违反公共利益"或"以损害他人为主要目的"二种类型,第2项规定诚实信用原则,三者适用上亦会发生重叠情形,就具体个案,在方法论上则应先适用权利滥用(第148条第1项、次级规范),避免动辄直接诉诸有帝王条款之称的诚实信用原则(第148条第2项),在法律适用上应予以具体化,明确法律适用上的涵摄。三者的功能、要件及法律效果不同,应有区别的必要。"最高法院"若干判决常同时适用,而作概括性论证说明,致难精确认识其成立要件。先图示其基本构造,再分别加以说明。

权利行使的限制
- 行使权利不得以损害他人为主要目的 —— 利益衡量
- 行使权利不得违反公共利益 ⟨ 公益保护 / 权利社会化
- 行使权利应依诚实及信用方法 ⟨ 适用于一切法律关系(尤其特别结合关系)/ 依正义衡平理念加以调整,求其妥适正当

三、案例研究

"民法"第148条规定权利行使的限制,同于"民法"第71条(法律行

为违反强制或禁止规定者无效)及第72条(法律行为违反公序良俗者无效),均属抽象原则性规定,必须具体化始能适用,从而实务案例乃成为研究课题及本书论述的重点,并成为民法学的内容。应再强调的有三:

1. "民法"第71条、第72条及第148条的适用累积了大量的案例,系实务上常见的重要问题。

2. 学习法律者应重视案例,耐心、认真地理解案例事实(此为法律人的基本素养),认识抽象规范,如何建立判断基准,适用于具体案例(认事用法),并检视其涵摄评价的论证内容。本书引用"最高法院"重要判决,多仅摘录其要旨,务请研读判决全文。

3. 从事案例比较,建构案例类型,促进法律适用的安定及法律的发展!

第二款　权利的行使不得以损害他人为主要目的

——权利滥用禁止原则

第一项　要　件

一、利益衡量的判断基准

(一) 不得专以损害他人为目的

权利的行使不得以损害他人为主要目的。所谓"权利",包括物权、债权、身份权、形成权(如解除权)等各种权利。权利的"行使",包括诉讼行为。行使权利旨在维护自己权益的正当行为,法所不禁。例如向债务人讨债,致其须向银行贷款或出售财产偿还债务。惟行使权利出于损害他人之目的者,则须受限制。《德国民法典》第226条规定:"权利之行使,不许专以损害他人为目的。"其要件甚严,即使带着灯笼亦难找到肯定适用的案例。① "民法"第148条第1项规定不得以损害他人为主要目

---

① 引自 MünchKomm/Feldmann, § 226 Rn. I: „Entscheidungen hingegen, die Schikane nicht nur bejaht, sondern dies auch noch mit zutreffenden Erwägungen getan haben, muss man mit der Laterne suchen."德国实务上最著名的案例(RGZ 72, 251),系某城堡的所有人禁止其子探视埋葬于城堡公园内其母的墓地,其理由为父子交恶,其父因心脏病,避免与其子相会。德国帝国法院适用《德国民法典》第226条,认父之行使权系专以损害其子为目的,应构成权利恶用(Schikane)。学者对此判决批评甚多,认为依其事实应无《德国民法典》第226条规定的适用;其应适用者,系依《德国民法典》第826条规定而建立权利之行使不得违反善良风俗的原则(Verbot sittenwidrig schädigender Rechtsausübung),参阅 Bork, AT, S. 137; Medicus, AT, S. 57; Wolf/Neuner, AT, S. 231 f.。

的,适用范围较为宽广,较具合理限制权利行使的功能。

如何认定行使权利系"以损害他人为主要目的"？在"民法"第148条修正前,"最高法院"1980年台上字第1079号判决谓:"'民法'第148条所称权利之行使,不得以损害他人为主要目的者,系指行使权利,专以损害他人为目的之情形而言,若为自己之利益而行使,纵于他人之利益不无损害,然既非以损害他人为主要目的,即无该条之适用。"本件判决将"以损害他人为主要目的",解释为"专以损害他人为目的",窄化其要件,违背法律文义及规范功能,应难赞同。是否以损害他人为主要目的,不能单凭权利人主观意思而为论断。

值得提出的是,"民法"第148条修正后,在一个涉及土地永久使用权出售的案例,"最高法院"2017年台上字第2748号判决谓:"民法"第148条所规定权利之行使,是否以损害他人为主要目的？应就权利人因权利行使所能取得之利益,与他人及社会因其权利行使所受之损失,比较衡量以定之。倘其权利之行使,自己所得利益极少而他人及社会所受之损失极大者,基于权利社会化之基本内涵,虽非不得认为系以损害他人为主要目的;然在自由经济市场机制下,当事人倘斟酌情况,权衡损益,为追求其经济效益或其他正当之目的而缔结买卖契约,并据以行使其依法取得之权利,除系以损害他人为"主要"之目的,因此造成他人及社会极大之损害,而违背权利社会化之基本内涵与社会伦理外,尚难遽指其为权利滥用。又在私法领域,权利人本得自由决定如何行使其权利,除权利人就其已可行使之权利一再不为行使,且已达相当之期间,并因其行为造成特殊情况,足以引起相对人之正当信任,以为权利人不欲行使其权利,经斟酌该权利之性质,法律行为之种类,当事人间之关系,社会经济情况及其他一切因素,认为权利人忽又出尔行使权利,足以令相对人陷入窘境,有违事件之公平及个案之正义时,始得认权利人所行使之权利有违诚实信用原则而应受限制。

独占性经营日常生活必需的物品或劳务者(如在山区独家供应桶装瓦斯),故意以损害他人为主要目的,拒绝供应时,相对人得以"民法"第148条第1项规定(或"民法"第184条第1项后段),作为请求强制缔约的规范基础。

(二)利益衡量

所谓权利滥用,系指外观上徒具权利行使之形式,实质上违背法律之根本精神,亦即与权利之社会作用及其目的相背驰者而言。其判断应采客观标准,观察一切具体情事,尤应综合权利人因权利行使所能取得之利益,与他人及社会因其权利行使所受之损失,比较衡量以定之("最高法院"2019年台上字第1752号判决)。

"最高法院"1982年台上字第737号判例所采取的"利益衡量"判断基准,即:查权利之行使,是否以损害他人为主要目的,应就权利人因权利行使所能取得之利益,与他人及社会因其权利行使所受之损失,比较衡量以定之。倘其权利之行使,自己所得利益极少而他人及社会所受之损失甚大者,非不得视为以损害他人为主要目的,此乃权利社会化之基本内涵所必然之解释。应说明的有二:

①"最高法院"将以损害他人为主要目的的主观性要件,转变为客观的利益衡量,系一个值得肯定的法律发展。

②权利的行使必然涉及他人,就其利益衡量应详为调查,不能仅作抽象笼统、难以检验的论述。诚如"最高法院"2012年台上字第1106号判决所称:"系争建物相邻均盖满建物,共有人纵取回土地,其基地面积仅一百八十二余平方公尺(依附图各部分使用面积加总),如何利用?其可取得之利益若干?反之,系争建物属合法建筑,现供营业及居住使用,如经拆除,造成上诉人及社会经济之损害为何?原审俱未调查审认,比较衡量之,即认上诉人抗辩被上诉人属权利滥用为不可采,遽命林○生拆屋还地,自有可议。"另"最高法院"2011年台上字第1719号判决谓:原审就上诉人因权利行使取得之利益为何、被上诉人及社会受有何损害、上诉人如何违反公共利益,未为比较衡量,徒以上诉人行使权利具有恶意,遽认上诉人为权利滥用,据为上诉人败诉之判决,难谓无判决理由不备之违法。

二、实务案例

(一)否定案例(非权利滥用)

权利行使旨在行使法律所赋予之力,以满足一定利益,是为原则,否则无以保护私权,因此权利行使是否"以损害他人为主要目的"应慎于认定,有二个否定的案例,可供参考:

①图谋己利:(修正前)"民法"第148条系规定行使权利,不得以损害他人为主要目的,若当事人行使权利,虽足使他人丧失利益,而苟非以

损害他人为主要目的,即不在该条所定范围之内。出租人出售租赁物,因承租人出价过低,乃转售他人,图多得售价三四千元,其行为仅图利己,要非以损害他人为主要目的,依上说明,显无该条适用之余地("最高法院"1956年台上字第105号判例)。

②公用地役关系:所有土地虽为既成巷道,具公用地役关系,仅受公众通行之限制而已,他人占用该地摆摊时,具公用地役关系土地所有权人依"民法"第767条第1项规定排除无权占有该土地者,并无违反公共利益,而该无权占有土地,本即排除土地所有人之占有,且违反公众使用土地目的,是土地所有人对之请求,非以损害无权占有人为主要目的,自非属权利滥用("最高法院"2012年台上字第728号判决)。

(二)肯定案例(权利滥用)

关于"以损害他人为主要目的"的权利滥用,最近实务上出现一个重要的案例类型,即甲出借其所有的A不动产于乙,其后将A不动产所有权让与第三人丙,再由第三人丙对借用人乙主张所有物返还请求权,为便于观察,图示如下:

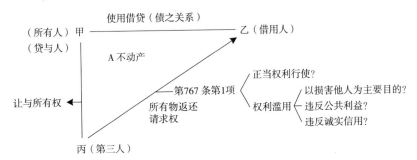

甲与乙就A不动产成立使用借贷关系,其后甲将该不动产所有权移转于丙,体现所有权的处分自由(第765条)。丙得依"民法"第767条第1项前段规定向乙主张所有物返还请求权,因丙系所有人,乙为无权占有。乙与甲间虽有债之关系,但债之关系具相对性,不得对抗丙,对丙而言,乙系无权占有人。丙对乙行使所有物返还请求权,原则上系属权利正当行使。

值得研究的是,在何种情形此种权利的行使得构成"民法"第148条规定的权利滥用。"最高法院"作有二个重要判决(请阅读判决,了解具体案例事实）：

①为使土地占有人无从基于债之关系主张抗辩：甲有土地，被乙无偿占有，甲将该地让售于丙，丙依第767条第1项前段规定向乙请求返还土地。"最高法院"2009年台上字第1319号判决谓："不动产之使用借贷等债之关系，固仅于当事人间有其效力，因该债之关系而占有不动产之人（债权人），不得执以对抗未继受该法律关系之第三人，是受让该不动产之第三人行使物上请求权，请求占有人返还所有物，于通常情形，固应认系权利之正当行使，但受让人若明知占有人系基于与债务人间之债之关系而占有该不动产，非属无权占有，惟为使占有人无从基于债之关系为抗辩，脱免债务人容忍占有之义务而受让该不动产者，其取得所有权之目的，显在妨害有权占有人之占有，其行使物上请求权，自应认系以损害他人为主要目的，而为法所不许。"

②土地借用同意书。"最高法院"2017年台简上字第40号判决："按土地使用权同意书系债之关系，仅于当事人间有其效力，土地买受人并不当然继受其前手与建物所有人间之债权关系。于具体个案，法院虽得斟酌当事人间之意思、交易情形及房屋使用土地之状态等一切情状，倘认土地所有人行使所有权违反诚信原则或公共利益或以损害他人为主要目的时，非不得驳回其拆屋还地之请求。然该土地上之建物所有人与土地所有人间倘未存有任何法律关系，其因而获有利益造成土地所有人无法使用土地受有损害，土地所有人仍得依不当得利或侵权行为之法律关系，请求返还不当利得或赔偿损害。"

2. 分析说明

①前揭"最高法院"判决显现民众如何为保护其私权而运用法律。权利行使应有限制，"最高法院"见解基本上可资赞同。问题在于如何认定受让人行使"民法"第767条第1项前段的所有物返还请求权构成权利滥用，应由个案结合法学方法为合目的性之评价。

②在2009年台上字第1319号判决，"最高法院"认系"以损害他人为主要目的"，其理由系为使占有人无从基于债之关系为抗辩，脱免债务人容忍占有义务而受让该不动产占有。在2017年台简上字第40号判决，涉及所有人土地返还请求权，"最高法院"强调应就个案认定，此应有明确的论证。就法律适用方法言，"最高法院"明确表示其属何种权利滥用，分别认系"以损害他人为主要目的"或"违背公共利益"。在此二件判

决,"最高法院"不认系违反诚实信用原则,其认定事实、适用法律,应值肯定。

③"最高法院"2018年台上字第2347号判决提出一个总结性的基本见解:"按'民法'上之债权契约,除法律有特别规定外,固仅于特定人间发生其法律上之效力,惟不动产之受让人若知悉让与人已就该不动产与第三人间订有债权契约,而犹恶意受让该不动产所有权,以行使物上请求权者,参照'民法'第148条第2项所揭橥之诚信原则,自应驳回其请求。故如当事人以权利人行使其权利有权利滥用及违反诚实信用原则为抗辩时,法院应就权利人有无权利滥用及违反诚信原则之情事均予调查审认,以求实质公平与妥当。"

第二项 法律效果

一、行使权利,法所不许

权利之行使以损害他人为主要目的者,仅其"行使"为法所不许,"权利"本身的存在不受影响,仍得以其他法所允许的方法行使之。法所不许的权利行使具有不法性,得对之行使正当防卫(第149条)。

二、违反保护他人之法律

"民法"第148条第1项规定系"民法"第184条第2项所称违反保护他人之法律。例如甲在景观优美的山坡地经营咖啡屋。邻居乙与甲因细故争吵,乃在其后院修建一以遮断甲的咖啡屋眺望为目的之高墙时,其权利之行使系以损害甲为主要目的,甲得依"民法"第184条第2项规定请求损害赔偿,请求回复原状,拆除高墙。又例如甲为迫使乙出卖其套房,乃在乙的隔壁套房经营色情行业,其权利之行使亦属以损害他人为主要目的。此等情形并得构成故意以背于善良风俗之方法加损害于他人,而有"民法"第184条第1项后段规定的适用。可据此进一步认为,权利的行使系出于故意以背于善良风俗加损害于他人者,亦构成权利滥用。

第三款　权利的行使不得违反公共利益

一、要件

"权利的行使不得违反公共利益",乃在强调私权的公共性,为权利社会化的重要内涵。"宪法"第22条规定不妨害社会秩序或公共利益的权利始受保障,第23条规定为维持社会秩序或增进公共利益之必要,得以法律限制民众之权利。权利除受法律限制外,于其行使亦应受公共利益的拘束。所谓公共利益指不特定多数人共同利益的通称,包括社会与个人利益在内,乃促进社会生存发展不可欠缺的合理秩序,应于个案就权利人的行为客观地加以判断。实务上有三个案例,可供参照:

①变电设施的拆除:设上诉人所辩系争土地上所建之变电设施,一旦拆除,高雄市都会区居民之生活势将陷于瘫痪,所有生产工厂均将停顿云云,并非夸大其词,而事实上复无其他适当土地取代,则被上诉人仍本于所有权请求上诉人拆除地上变电设施,交还系争土地,其行使权利显然违反公共利益,依"民法"第148条第1项规定,应为法所不许("最高法院"1990年台上字第2419号判决)。

②公共交通道路设施:系争土地既已成为供公众使用之公共交通道路,是否已成为公用物,不无疑义。倘为公众一般使用之物,则基于公益上的理由,虽属被上诉人所有,仍应受公众使用之限制。如果土地所有人竟主张所有权,排除公共交通道路之设施,请求交还土地,其所有权之行使,是否非违反公共利益,而与"民法"第148条第1项所定权利滥用之禁止规定有违,非无斟酌余地("最高法院"1991年台上字第2567号判决)。

③法定空地的抛弃:"建筑法"所称建筑基地,为一宗土地,供建筑物本身所占之地面及其所应保留之空地,为该法第11条第1项所明定。"建筑技术规则"第25条并有兴建建筑物遵守基地建蔽率之规定。是建筑物依法所应保留之空地,系与基地同为建筑物所必需使用之一宗土地,所有人将其单独予以抛弃,乃属违反"建筑法"应保留空地以维护公共利益之规定及意旨。亦即"民法"第148条第1项所禁止之行为,其抛弃依法自属无效,地政机关本于无效之抛弃而将建筑物依法应保留之空地登记为政府所有后,可径行办理涂销,回复为原所有人所有("行政院"台上〔1984〕财字第3141号函释)。

须注意的是,以"公共利益"作为控制私权行使的手段,适用之际,应予慎重,避免"滥用",其理由有三:

①私权的行使受"宪法"保护,为私法秩序的基石,原则上应得自由行使。行使私权违反公共利益,多属间接,应严格认定。

②"最高法院"关于权利行使是否以损害他人为主要目的,采利益衡量基准,亦含有公共利益的考量。

③因公共利益而限制私权的行使,影响个人权益。例如在山坡地种植槟榔树,容易造成山崩及泥石流,严重危害他人生命财产。[①] 甲出租某山坡地给乙,乙种植槟榔树,甲不得主张乙行使权利(种植槟榔树)违反公共利益。公共利益的保护,究应如何规范,基本上应由法律或法律授权命令定之。

二、法律效果

权利行使违反公共利益时,其法律效果系不得行使其权利(如依"民法"第 767 条第 1 项规定请求拆屋还地),或其权利抛弃无效等,应就个案加以认定。

第四款 行使权利、履行义务应依诚实信用原则

第一项 诚实信用原则功能的变迁

"民法"原于债编第 219 条规定:"行使债权、履行债务,应依诚实及信用方法。""最高法院"曾以保守的态度,拘泥法律条文文义及体系,认为诚实信用仅适用于债之关系,而不适用于物权等其他关系。[②] 尔后因法学发展及法学方法论的演进,重新认识诚实信用原则的机能,肯定其为具有伦理价值的法律原则,而于"民法"总则编修正(1982 年)、债编修正(1999 年)及"消费者保护法"增设三项规定:

①将旧"民法"第 219 条改列为"民法"第 148 条第 2 项:"行使权利,履行义务,应依诚实及信用方法。"

[①] 本例写于 2000 年 6 月 12 日,当日凌晨发生地震,南投地区因广种槟榔树再度发生泥石流,造成严重公共灾害,特志其事,以供追忆。

[②] "最高法院"1972 年台上字第 413 号判决,参阅王泽鉴:《诚信原则仅适用于债之关系?》,载王泽鉴:《民法学说与判例研究》(第一册),北京大学出版社 2009 年版,第 149 页。

②于"民法"第245条之1规定,当事人为准备或商议订立契约时,负有依诚实及信用方法提供信息,保守秘密等先契约义务,而创设缔约上过失制度。

③于"消费者保护法"第12条第1项规定:"定型化契约中之条款违反诚信原则,对消费者显失公平者,无效。"

上述三项修正使诚实信用原则成为君临法域的帝王法条,对"民法"的成长与发展,具有重大深远的意义。

第二项 诚实信用原则的功能及案例类型

一、规范功能及适用原则

所谓诚实信用之原则,系在具体的权利义务之关系,依正义公平之方法,确定并实现权利之内容,避免当事人间牺牲他方利益以图利自己,自应于权利行使之结果显然悖于正义公平之情形下,始能以该原则介入审查,并应以权利人及义务人双方利益为衡量依据,考察权利义务之社会上作用,于具体事实妥善运用,不宜仅因权利人行使权利稍有不妥,即率认有违诚信,使其权利受限或失效,以避免借由该原则之恣意适用致侵害法之安定性("最高法院"2017年台上字第354号判决)。诚实信用原则不仅在规定行使权利或履行义务的方法,并具有三种规范功能。

(一)补充的功能

诚实信用原则形成法律关系(尤其是债之关系)之主给付义务的内容,创设与给付具有关联的从义务,及避免使他方当事人的权益受侵害的保护义务。

(二)调整的功能

情事变更,非当事人所得预料者,法院得依当事人声请,依诚实信用原则,调整其法律效果。"民法"第227条之2设有规定,可资参照。

(三)内容控制的功能

以诚实信用作为任何权利的内在界限,作为控制权利行使的准则。诚实信用于权利行使上的适用,就其要件言,须当事人间有一定的特别关系。所谓权利,指基于此种特别关系所生的权利及法律地位,除请求权、形成权外,尚包括抗辩权(如消灭时效抗辩)等。权利的行使是否违反诚实及信用,应客观衡量当事人的利益加以认定,权利人的主观意思虽应斟酌,有无故意过失,则非所问。

违反诚实信用原则的权利滥用,可分为二类:

①个别权利滥用(individueller Rechtsmissbrauch):指个别权利的不当行使而言,例如甲向乙买受 A 屋后,虽发现有漏水情事,惟该漏水并非不得修补,乙亦多次应甲要求前往修补,纵所为修补结果不尽如上诉人之意,惟经建筑师公会鉴定为完整修补所需费用,仅 18.2 万元;如与 A 屋买卖价金 515 万元相较,其比例尚低,倘许甲行使契约解除权,按其情形,自显失公平,依诚实信用原则,甲先位声明自不应准许("最高法院"2016 年台上字第 210 号判决)。

②制度性的权利滥用(institutioneller Rechtsmissbrauch):指法律制度的不当利用,如房屋出卖人先告知买受人买卖契约不必订立书面,其后则又主张"法律行为不依法定方式无效"(第 73 条)。

二、案例类型

"民法"第 148 条第 2 项规定系属概括条款,具有授权法院,得就个案予以具体化的功能。为促进法律适用的安定性及可预见性,兹整理实务上案例,组成如下类型:

(一)细微的利益侵害及比例原则

一方当事人不为义务的履行,影响权利人利益轻微,其拒绝受领造成损害甚大,不合比例原则者(过度禁止),其行使权利违反诚实信用原则,兹举三个案例加以说明:

①债务人迟延 30 分钟付款,债权人拒绝受领。最高法院 1937 年沪上字第 69 号判例(已停止适用)谓:"债权人甲与债务人乙成立和解契约,约明如乙依此次所定日期、数额如数付清,则全部债款作为清偿,每期付款均应于午 12 时前为之,嗣后乙已将第八期以前各期应付之款如数付清,其最后第九、第十两期之款,应于上年 12 月 31 日付清,是日乙因须以即期支票换取银行本票始可付甲,而是日银行业务纷忙致稽时间,送交甲处已 12 时 30 分,乙于是日上午 11 时 32 分曾以电话致甲商缓数分钟,甲虽未允缓三十分钟,而乙之迟误时间,按其情形非无可原,双方之和解契约系因该地商业习惯,票据于下午 2 时送入银行,须作为翌日所收之款,故特约明须于午 12 时前付款,如甲于 12 时 30 分收款后即以之送入银行,银行仍可作为当日所收之款,于甲并无损失,乃甲以乙已迟延三

十分钟拒绝受领,主张乙应偿还全部债款,其行使债权,实有背于诚实及信用方法,依(修正前)民法第219条之规定,不能认为正当。"此为实务上有关诚实信用最早最重要的判例。

②债权人以债务人支付租金非以其本人名义,拒绝受领。"最高法院"1954年台上字第762号判例谓:"行使债权,应依诚实及信用方法,(修正前)'民法'第219条定有明文,上诉人支付被上诉人之租金,关于四百元之存折部分,其存入数额如非不实,则纵使有用被上诉人委托之收租人某甲名义为存款人情事,被上诉人尽可转嘱某甲盖章领取,亦于被上诉人并无损失,乃被上诉人竟以存款人非其本人名义,拒绝受领,并因而主张上诉人未于其所定催告期限内支付租金,应负积欠租金达二个月以上总额之责任,为终止系争房屋租赁契约之理由,其行使债权,不得谓非违背诚实及信用方法。"

③债权人在催告期间内受领债务人积欠的租金。"最高法院"1956年台上字第597号判例:被上诉人于1955年10月3日接受上诉人催告,限期3日支付积欠是年1月份至9月份租金后,即于同月5日将此项租金全部,向台北地方法院提存所提存,并经上诉人受领,既为上诉人所不争执,则上诉人受领被上诉人在催告期限内提存之租金,纵使被上诉人之提存,有不合法定要件情事,亦于上诉人无甚损害。依(修正前)"民法"第219条关于行使债权,应依诚实及信用方法之规定,上诉人自不得仅以提存不合法定要件,为主张不生清偿效力之论据。

(二)权利人妨害相对人履行义务

权利人的行为(作为或不作为)妨害相对人履行其义务,致影响其有利的法律地位,权利人据此而行使形成权等权利,有违诚实信用原则。"最高法院"1954年台上字第1143号判例谓:"出租人基于'土地法'第100条第3款承租人欠租之事由,并依'民法'第440条第1项规定,对于支付租金迟延之承租人,定相当期限催告其支付,承租人于其期限内不为支付者,固得终止契约。惟承租人曾于出租人所定之期限内,依债务本旨提出支付之租金,而因出租人或其他有代为受领权限之人拒绝受领,致未能如期完成时,尚难谓与上开条项所定之情形相当。依(修正前)'民法'第219条关于行使债权,应依诚实及信用方法之规定,出租人自不得执是为终止契约之理由。"

(三) 以不当方法取得的权利①

其与诚实信用原则有违者,系主张某种以不当方法而取得的权利,其值参照的有:

①"最高法院"1970年台上字第3940号判决:"凡以恶意方法所获致权利取得之主张,常有权利滥用之存在,本件系争地上房屋残余部分,如果尚可居住或供其他之使用,上诉人予以修复,在客观上能否谓无必要,倘在客观上有此必要,而被上诉人故意不为同意,以冀获得租约终止权,并据以请求上诉人拆屋还地及赔偿损害,能否谓为非权利之滥用,殊非无推究之余地。"

②"最高法院"1969年台上字第2929号判例:"媒介居间人固以契约因其媒介而成立时为限,始得请求报酬,但委托人为避免报酬之支付,故意拒绝订立该媒介就绪之契约,而再由自己与相对人订立同一内容之契约者,依诚实信用原则,仍应支付报酬。又委托人虽得随时终止居间契约,然契约之终止,究不应以使居间人丧失报酬请求权为目的而为之,否则仍应支付报酬。"

③"最高法院"2022年台上字第1744号判决:"当事人一方利用契约自由为包装,以间接迂回手段规避仲裁判断,借以达成仲裁判断所不容许之效果,即难谓无违反诚信原则,应为法所不许。"

(四) 矛盾行为

矛盾行为,出尔反尔的行为(venire contra factum proprium)破坏相对人的正当信赖,并致其受有损害者,其权利的行使有违诚实信用原则。例如买受人发现物的瑕疵后即通知出卖人,出卖人先则表示愿协商处理此项问题,其后则又主张买受人于通知后6个月未行使解除权或请求减少价金,其权利消灭(第365条第1项)。此项抗辩的行使违反诚实信用原则,买受人的权利不因此而受影响。

(五) 时效抗辩②

消灭时效抗辩亦受诚实信用原则的规范,法院得禁止其行使抗辩权。

---

① Vgl. Gernhuber, § 242 BGB—Funktionen und Tatbestände, JuS 1983, 764 f.; Reinhard Singer, Das Verbot widersprüchlichen Verhaltens (München 1993); Teichmann, Venire contra factum proprium—Ein Teilaspekt rechtsmissbräuchlichen Handelns, JA 1985, 497.

② 参阅温俊富:《诚信原则于时效抗辩中之适用——借鉴于日本尘肺诉讼案例》,载《台湾法学杂志》2016年第293期,第131页。

此为实务上常见的重要问题,兹举三个"最高法院"判决以供参照:

①地政机关就登记错误损害赔偿请求权提出消灭时效抗辩。地政机关任令土地分割面积登记错误延续30年未为更正,致债权人不知行使权利,其后向地政机关(债务人)请求损害赔偿时,债务人提出消灭时效抗辩。"最高法院"2014年台上字第2501号判决认为:"按时效完成后,债务人仅取得拒绝给付之抗辩权,债权人之债权并不因而消灭('民法'第144条规定参照)。是否行使时效抗辩权,虽为债务人之权利,惟依'民法'第148条第2项规定,其行使权利,仍应依诚实及信用方法,如有违反,即为权利之不法行使,自应予以禁止。又诚信原则原具有衡平机能,因债务人之行为,妨碍债权人行使权利,致其请求权罹于时效,如许债务人为时效之抗辩,依其情形有失公允者,法院自得本于该特殊情事,禁止债务人行使该抗辩权。"

②保险公司以保证保险提出消灭时效抗辩。"最高法院"2010年台上字第1234号判决谓:"富〇产险公司为前案确定判决之当事人之一,其于'教育部'请求其履行保证人之责任时,虽为专业保险公司,明知于受请求时,即应依约负保险责任,竟仍以普通保证之先诉抗辩权作为唯一抗辩,而未提出系保险契约责任之抗辩,致'教育部'因其行使先诉抗辩权而受败诉判决确定,复于'教育部'向参加人执行无效果后,诉请其履行保证人之义务时,另以系争预付款保证保险批单系保证保险,主张二年消灭时效之抗辩,所为显有违诚实信用原则,应认其不得再行主张时效抗辩。"

③RCA等四家公司就公害案件提出消灭时效抗辩。"最高法院"2018年台上字第267号判决:"RCA等四公司不仅未尽保护劳工安全及健康之义务,又未告知RCA公司员工上开系争化学物质毒害,甚且于知悉污染后掩藏相关事证,并以减资……方式恶意规避债务,而环保署专案小组早于1994年间即要求其等提出RCA公司场址内使用之化学品项目、使用量、处置方法、使用时间等相关资料以利整治及受害人健康影响调查作业,其等犹拒不提出,致RCA受雇劳工流行病学调查研究未能搜集到RCA公司有机溶剂作业环境相关资料,严重影响关怀协会会员之求偿。RCA等四公司对于债权人之未能行使权利既有可责难之事由,其等就已罹时效之选定人部分为时效抗辩,在客观上显有违诚信及公平正义,所为时效抗辩要属权利滥用,自不得拒绝给付。"

第三项　法律效果

权利的行使未依诚实及信用方法,构成权利滥用时,不受法律保护,不得行使其权利,此应视具体个案情形而定:

①"最高法院"1954年台上字第1143号判例认为,出租人不取得终止契约的权利。

②"最高法院"1970年台上字第3940号判决认为,债权人(上诉人)未取得租约终止权,不得据以请求债务人(被上诉人)拆屋还地及赔偿损害。

③"最高法院"2011年台上字第10号判决:"上诉人于被上诉人另件请求确认通行权存在事件中既自承买屋时,屋旁系铺设柏油之巷道,曾到地政机关看都市计划细部图为私设巷道,卖主亦告知系私设巷道等语,参以不动产买卖之交易价金非如日常生活费用,衡情买主不可能在不知土地实际使用情形及缘由之情况下轻率购买,上诉人在买受339、339之1地号土地及其上建物时,对于柯○准等四人提供所有511地号等4笔土地委由蔡○龙建筑房屋,同意系争土地供489巷内购屋住户通行之事,自难委为不知。准此,基于诚信原则,上诉人依'民法'第767条之规定,请求被上诉人不得通行系争土地,即非正当。"

④"最高法院"2011年台上字第463号判决谓:"按'民法'上之债权契约,除法律有特别规定外,固仅于特定人间发生其法律上之效力,惟物之受让人若知悉让与人已就该物与第三人间另订有债权契约,而犹恶意受让该物之所有权者,参照'民法'第148条第2项所揭橥之诚信原则,该受让人亦仍应受让与人原订债权契约之拘束。"

第四项　权利失效[①]

一、一项重要法律原则的创设

值得特别提出的是,"最高法院"基于诚实信用原则,创造了"权利失

---

① 参阅王泽鉴:《权利失效》,载王泽鉴:《民法学说与判例研究》(第一册),北京大学出版社2009年版,第154页(附有比较法参考资料);吴从周:《民法上"权利失效理论"之继受与发展:以拆屋还地之类型为中心》,载《台湾大学法学论丛》2013年第42卷第4期,第1203页;姚志明:《权利失效与诚信原则》,载陈荣隆教授六秩华诞祝寿论文集编辑委员会:《物权法之新思与新为——陈荣隆教授六秩华诞祝寿论文集》,瑞兴图书股份有限公司2016年版,第27页。

效理论",此为"民法"具有重要意义的发展,兹举二个裁判如下:

①"最高法院"1967年台上字第1708号判例谓:"上诉人就系争土地上虽非无租赁关系,然于被上诉人未履行出租人之义务达十一年之久,上诉人迄未行使其租赁权或声请为假处分,以保全强制执行,坐令被上诉人在系争土地上建筑房屋、种植果树,耗费甚巨,始引起诉讼,求命其除去地上物交付土地,核其情形,虽非给付不能,然亦系权利之滥用,有违诚信原则。"此为权力失效理论的原始案件,具有里程碑的意义。①

②"最高法院"2017年台上字第813号判决谓:"按权利之行使,不得违反公共利益,或以损害他人为主要目的。行使权利,履行义务,应依诚实及信用方法。'民法'第148条定有明文。而权利原得自由行使,义务本应随时履行,惟权利人就其已可行使之权利,于相当期间内一再不行使,并因其行为造成特殊之情况,足以引起义务人之正当信任,认为权利人已不欲行使其权利,或不欲义务人履行其义务者,经斟酌该权利之性质、法律行为之种类、当事人间之关系、社会经济之情况、时空背景之变化及其他主客观因素,如可认为权利人在长期不行使其权利后忽又出尔行使,足以令义务人陷入窘境,有违事件之公平及个案之正义时,始得认权利人所行使之权利有违诚信原则,其权利应受到限制而不得再为行使。"

这二个司法裁判相隔50年,在其发展过程中累积了许多案例,形成了"权利失效"(Verwirkung)的重要法律原则,亦即权利者在相当期间内不行使其权利,依特别情事足以使义务人正当信任债权人不欲其履行义务者,基于诚实信用原则不得再为主张。

二、规范功能

关于权利之行使,"民法"设有时间上之限制,一为消灭时效,一为除斥期间。"最高法院"另创权利失效此种限制权利行使的原则,甚具意义。盖"民法"规定的消灭时效,原则上为15年,在特殊情况未免过长,且并非所有形成权均受除斥期间的限制,为适应交易上之需要,权利失效制度的创设,确有必要。消灭时效、除斥期间及权利失效均系基于信赖保护原则而创设的制度。为便于观察,图示如下:

---

① 参阅王泽鉴:《权利失效》,载王泽鉴:《民法学说与判例研究》(第一册),北京大学出版社2009年版,第154页。

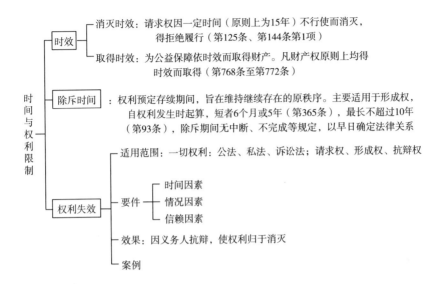

三、适用范围

权利失效既以诚信原则为基础,而诚实信用又为法律的基本原则,故权利失效就整个法律领域,无论私法、公法及诉讼法,对于一切权利,无论请求权、形成权、抗辩权,均有适用余地。

四、要件

权利失效的适用,必须有权利在相当期间内不行使之事实(时间因素)[1],并有特殊情况(情况因素),足使义务人正当信任权利人已不欲其履行义务(信赖因素),致权利之再为行使有违诚实信用原则。在作此项

---

[1] "最高法院"2018年台上字第1377号判决:"上诉人之业务员黄○凤于2011年6月17日以电话营销系争契约时,并未给予萧○生审阅期间,且告知萧○生系争契约之寿险保障为300万元固定不变,萧○生乃于当日在要保书等资料签名后回传予黄○凤,并于同年月27日缴纳第1期保险费,嗣于同年9月2日意外死亡,被上诉人旋于同年月27日请求上诉人给付保险金300万元等情,为原审合法认定之事实。上诉人之业务员黄○凤既系以电话营销,且告知系争契约之寿险保障为300万元固定不变;且自2011年6月17日起,算至萧○生死亡时止,仅2个月余,算至被上诉人请求给付保险金时止,亦仅3个月余,难谓萧○生、被上诉人有在相当期间内不行使其权利,而足使上诉人信任其已不欲行使权利之情事,是原审未采认上诉人所为被上诉人依'消保法'第11条之1第2项规定行使权利有违诚信原则之抗辩,而为其不利之判决,自未违背法令。"

判断时，必须斟酌权利的性质、法律行为的种类、当事人间的关系、经济社会状态及其他主观客观情事所形成的时间因素、情况因素及信赖因素加以认定。其值得特别重视的信赖因素，诚如"最高法院"2011年台上字第2155号判决谓："权利人在相当期间内未行使其权利，除有特别情事足使义务人正当信任权利人已不欲行使其权利外，尚难仅因权利人久未行使其权利，而认其嗣后行使权利违反诚信原则。"又"最高法院"2020年台上字第609号判决亦特别强调："按权利失效系源于诚信原则，以权利人不行使权利已达相当之期间，致义务人产生权利人将不再行使其权利之正当信赖，并以此作为自己行为之基础，而依一般社会通念，权利人嗣后如又对之行使权利，有违诚信原则者，始足当之。准此，倘权利人仅长时间未行使权利，别无其他足致义务人产生将不再行使其权利之信赖，并据此信赖作为嗣后行为之基础，而应予保护之情形者，即难认有权利失效原则之适用。"（"最高法院"2022年台上字第1380号判决同意旨）

权利失效的适用较具弹性，权利失效理论既系针对时效期间内，权利人不符诚实信用原则之前后矛盾行为规范上之不足，用以填补权利人长久不行使权利所生法秩序不安定之缺漏，剥夺其权利之行使，故在适用上尤应慎重，以免造成时效制度之空洞化（"最高法院"2014年台上字第854号判决）。

五、法律效果

权利失效的法律效果如何，德国通说认为义务人得主张权利消灭抗辩（rechtsvernichtende Einwendung）①，台湾地区实务亦有采此见解。"最高法院"1983年台上字第2673号判决谓："权利者在相当期间内不行使其权利，并因其行为造成特殊情况，足引起义务人之正当信任，认为权利人已不欲行使其权利，而权利人再行使时，应认为有违诚信原则，固得因义务人之抗辩，使其权利归于消灭。"在诉讼上法院应依职权审究，义务人对权利失效要件须负举证责任。

六、实务案例

实务上适用权利失效理论，累积甚多案例，有待整理分析。兹选择

---

① Vgl. Palandt/Heinrich, § 242 Anm. 97; BGH NJW 1966, 68.

四个肯定案例,以供参照。在此等案例,"最高法院"均先叙明权利失效理论,再适用该当个案。请了解其案例事实,检视其论证思维。

1. 行使契约解除权(形成权)

①"最高法院"2015年台上字第1083号判决:"上诉人向家○公司预购系争摊位供美食街小吃摊使用时,已明确知悉系争摊位专有部分面积,其于1999年4月15日取得交付后,复将之出租予家○公司收取租金,迨2011年8月4日始主张解除系争契约等情,为原审合法认定之事实。揆诸前揭说明,及'民法'第365条规范之法理,上诉人主张因系争摊位专有部分面积不足供经营小吃摊而解除契约,自有违诚信原则且碍交易安全,其解除权之行使,不生效力。"

②"最高法院"2015年台上字第1914号判决:"契约履行已达最后阶段,则陈○○抗辩:订立系争契约后,游○○已交付系争土地及地上物由其使用多年,并由伊缴纳地价税,致伊信赖游○○不欲解除契约,九年多后游○○再行使解除权,有违诚信原则,应属权利失效等语,似非全然无据。原审未斟酌双方多年来履约情形,遽谓游○○仅单纯未行使解除权,并无任何正当化陈○○信赖之状况,无权利失效之情事云云,已有可议。"

2. 主张雇佣契约存在(请求未罹于时效之薪资)

"最高法院"2013年台上字第1932号判决:"权利失效系基于诚信原则,与消灭时效制度无涉,要不因权利人之请求权尚未罹于时效而受影响。查上诉人于2001年9月、10月间资遣被上诉人,被上诉人已受领资遣费及预告工资,迄2010年10月8日提起本件诉讼,其间长达9年均无异议;两造间之雇佣关系是否存在,性质上不宜长期处于不确定之状态。似此情形,能否谓被上诉人主张两造间之雇佣关系存在,及请求给付未罹于时效之薪资,无权利失效原则之适用,尚非无研求余地。"

3. 行使优先承买权

"最高法院"2011年台上字第2019号判决:"'土地法'第104条之立法意旨,在于使土地与其上房屋同归一人所有,以维持房屋与基地权利之一体性,杜绝纷争,并尽经济效用,而非在使优先购买权人坐收渔利,是优先购买权人应于知悉土地所有权人出卖基地及买受人并买卖条件时,在相当期限内行使其权利,若长期不行使,不仅有悖于法之安定性,且如嗣后房地价格飙涨,若仍许其行使优先购买权,即难谓与法律规定依同样条件购买之本旨相符,自与诚信原则有违。"

4. 行使租地建屋关系消灭后的请求权

"最高法院"2008年台上字第745号判决:"本件系争土地于约定租期届满起,原所有权人即出租人周氏家族,或其后手,至被上诉人提起本件诉讼止,长达20年,即自被上诉人取得系争土地所有权起亦达14年,倘均未表示租地建屋之法律关系已消灭并据以主张权利,则被上诉人等之长期不行使权利之行为,是否已足以引起上诉人之正当信任,以为被上诉人已不欲行使其权利,而于陆续耗费巨资修缮房屋后,被上诉人始提起本件诉讼,是否因此致令上诉人陷入窘境,而有违诚信原则,即非无研求之余地。"

第三节 权利的自力救济

一、甲、乙同住一栋大厦,乙在该大厦内经营应召站,甲率同其他住户捣毁乙的私娼馆。甲得否主张系行使权利,防卫公序良俗,不构成违法?乙就其所有权所受侵害及不能营业所受损失,得否向甲请求损害赔偿?

二、甲所有名贵狼犬,因看管失周,追逐孩童乙甚急,丙见之,即夺路人丁的雨伞击之,狗伤伞毁。试说明当事人间的法律关系?

三、甲有某名画被乙抢夺数月后,甲于某画廊见乙销售该画,试问甲得否自乙夺回该画(正当防卫)或对乙的自由,施以拘束(自助行为)?

四、试比较分析正当防卫、紧急避难及自助行为的法律性质、成立要件及法律效果。

法律的最重要任务在于维持及确保社会平和,故权利遭受侵害或不克实现时,当事人应诉诸公权力,由司法机关依法定程序("民事诉讼法""强制执行法")排除侵害或实现权利。然而在特殊的情况,公权力的救济可能缓不济急,法律乃在一定的要件之下例外地容许权利人的自力救济,而规定"自卫行为"及"自助行为"。自卫行为分为"正当防卫"及"紧急避难",用于排除对自己或他人权利的侵害。自助行为系于情况急迫时用于保护自己的权利(请求权)。

第一款　正当防卫

一、要件

"民法"第 149 条规定："对于现时不法之侵害,为防卫自己或他人之权利所为之行为,不负损害赔偿之责。但已逾越必要程度者,仍应负相当赔偿之责。"本条规定称为正当防卫,性质上属适法行为,可阻却违法,不负赔偿责任。如便利商店的店员或顾客持木棍击伤抢劫的暴徒;被强暴妇女为解除被侵害而咬伤施暴者的舌头("最高法院"1963 年台上字第 103 号判例)。其要件如下：

①侵害:指侵害他人权利的行为,如抢夺路人钱包,驱犬伤人,但恶犬伤人非出于他人驱使时,则属紧急避难问题(案例二)。

②不法:指侵害行为为法令所不允许,不以构成犯罪为必要,对无意识能力人的侵害(如醉汉持刀伤人),亦可实施正当防卫。

③现时:指已着手于侵害行为的实施而尚未结束。如抢夺他人钱包尚在奔跑藏匿之中,但如丢掉钱包,其侵害行为即告结束。被害人事后发现抢夺之人持有其钱包时,仍不得主张正当防卫,仅发生"民法"第 151 条规定自助行为的适用问题。此项要件最属重要,旨在禁止对尚未发生或已过去的侵害"先发制人"或"事后报仇"。然倘侵害行为已过去,为报复所为之殴打行为,尚不得认为系正当防卫行为,亦无防卫是否过当之问题。①

④自己或他人权利:包括公权及私权,而私权则兼指财产权、人格权及身份权(如绑架未成年子女)。又防卫他人权利所为的行为亦称紧急救助。配偶之一方与配偶以外之人合意性交时,他方配偶得否为正当防卫,尚有争论,但应采否定说,夫妻虽负互守诚实,确保其共同生活之圆满安全及幸福义务,但非属得以实力防卫之权利。②

---

① 在窃取庙宇神明金牌的案件,"最高法院"2010 年台上字第 2038 号判决谓："致上诉人受伤之拉扯行为时点,系黄○安于镇安宫内制止上诉人窃取金牌之后,且系在宫外所发生,倘斯时上诉人并未持有镇安宫之财物,其不法侵害镇安宫财产权之行为,即属已经过去,如上诉人系于此时因黄○安之行为而受伤,揆诸上揭说明,能否犹谓黄○安之所为系不过当之正当防卫行为,不无详加研求之余地。"

② 司法院 1947 年院解字第 3406 号解释："本夫或第三人于奸夫奸妇行奸之际杀死奸夫,是否可认当场激于义愤而杀人,应依实际情形定之,但不得认为正当防卫。"德国判例学说亦同此见解,参阅 Palandt/Heinrich, §227 Anm. 2; Köln NJW 75, 2344。

⑤防御的认识:正当防卫系为防御自己或他人的意思,自须有认识防御状态的必要。

正当防卫系权利的自力救济,虽属以"正对不正",惟仍应受合理限制而有比例原则的适用,不得逾越必要程度,有多种防御方法时,应选择反击较轻而相当的方法为之,否则仍应负"相当"赔偿之责(第149条但书),如孩童闯入果园,驱逐即可,不必殴打;他人擅在自己屋前摆设摊位,可拆除搬离,无须加以毁损。正当防卫是否过当,应视具体客观之情事,及各当事人之主观事由定之,不能仅凭受害人一方受害情状为断("最高法院"1975年台上字第2442号判例)。而防卫行为有无逾越必要程度,则须就实施情节加以判断,即视不法侵害者之攻击方法,以及防卫者之反击行为是否出于必要而定。倘已无侵害行为之继续,仅为报复而为之殴打,自非正当防卫行为("最高法院"2010年台上字第2038号判决)。

关于正当防卫的法之适用,兹举以下实务案例以供参照:

①出租人甲于察觉承租人违约,将承租房屋转租于第三人开设工厂,表示不同意,而该第三人继续装设锅炉,意图开工营业,出租人即将第三人所有锅炉毁损时,当时情形虽属现时不法之侵害,但防御行为应以将第三人之装设拆离其房间与基地为限,乃竟加以毁损,已超过防卫之必要程度,不得谓为正当防卫,应构成侵权行为("最高法院"1953年台上字第97号判例)。

②于黑夜被伙匪多人撞门入室抢劫财物,起而抵抗,将盗伙之一人杀伤身死,其行为自属排除危害应采取之手段,且盗匪于行劫时将其父母砍伤捆缚,则当此急迫之际,持镖戳伤该匪徒致死,亦不得谓逾越防卫必要之程度(最高法院1939年上字第3115号刑事判例)。

③乙年仅17岁,因回家撞见甲正向其妹施暴,情急之下,取用斧头仅向甲之右手臂砍伤二下,以解其妹之被奸污,而未对其他要害攻击,自系对现在不法之侵害而出于防卫他人权利之行为,即属正当防卫之必要措施("最高法院"1969年台上字第2616号刑事判决)。

④二人互殴,无从分别何方为不法侵害者,不得主张正当防卫(最高法院1941年上字第1040号刑事判例)。

⑤甲认明乙黑夜无故侵入住宅时并未携有凶器,则此不法之侵害,显非除枪击外不能排除,竟持枪射击连续不已,致乙中弹身死,则其防卫显

然逾越必要之程度(最高法院1935年上字第4738号刑事判例)。

⑥甲见乙身带尖刀势欲逞凶,即用扁担打去,夺得尖刀,将乙杀死,是乙只带刀在身,并未持以行凶,即非有不法之侵害,甲遽用扁担殴打,不得认为排除侵害之行为(最高法院1938年上字第2879号刑事判例,已停止适用)。

二、法律效果

正当防卫具有违法阻却的效果,不成立侵权行为,此系对侵害者而言。对其他第三人所受损害,于有过失时,仍应依侵权行为规定(第184条第1项前段),负损害赔偿责任,如举棍击退窃贼,误伤他人。正当防卫、紧急避难及自助行为的性质虽有不同,但均非不法行为,不得再对之实施防卫行为。误以为有应防卫之状态存在而为之防卫行为(误想的防卫行为),其对误想防卫状态的存在有过失时,应依侵权行为规定负损害赔偿责任(第184条第1项前段)。

三、捣毁私娼馆、毁损出卖色情刊物摊位与正当防卫①

(一)捣毁私娼馆

关于正当防卫的解释适用,值得提出讨论的是"捣毁私娼馆案件"。台湾地区高等法院1991年度法律座谈会曾提出一则法律问题:甲、乙同住一栋住宅区之大厦,乙则在该大厦内利用住宅非法经营私娼馆,甲劝乙迁移私娼馆,不得结果,报警取缔,亦无效果。一日,甲乃率同大厦内其余住户,捣毁乙之私娼馆,逐散妓女,致乙不能营业。乙诉请甲赔偿私娼馆被捣毁致不能营业之营业损失,每月新台币(下同)10万元,提出历年账册为证据方法。经查核乙之私娼馆每月确有10万元以上之利润。甲则以乙在住宅区内经营私娼馆,有背公序良俗,非合法之营业,不受法律保障,拒绝赔偿。甲之抗辩有无理由(案例一)?

审查意见认为,私娼馆之营业行为为违背法令及违背公序良俗之行为,自不在保障之列,甲之抗辩为有理由:①按损害赔偿以权利受侵害,所生之损害为要件。本件乙在住宅区之大厦内经营私娼馆,严重妨害住户

---

① 参阅王泽鉴:《捣毁私娼馆、正当防卫与损害赔偿》,载王泽鉴:《民法学说与判例研究》(第八册),北京大学出版社2009年版,第147页。

之安宁,败坏社会善良风俗,系违法行为,无权利之可言,乙之请求欠缺法律上之基础。②违背公序良俗之行为,不受法律之保障(参看"违警罚法"第64条第1项第3款、第2项,该法已于1991年6月29日废止)。乙在住宅区内开设私娼馆,妨害社会风化,有背善良风俗,甲经劝导乙迁移,并经报警取缔,均无效果,甲捣毁乙之私娼馆,使乙不能继续营业,其行为系不得已,旨在排除社会污染源,系权利之行使,且不为过当,乙不能营业之损失,甲不负赔偿责任。

捣毁私娼馆应不构成正当防卫,分二点言之:

①乙经营私娼馆并未侵害甲或其家人的权利。甲、乙虽同住一栋大厦,甲的所有权或占有,并未因乙经营私娼馆而受侵害。对所有权的妨害,不包括精神侵害在内。又甲或其家人的人格权亦难谓因其大厦内其他住户从事违反公序良俗的行业(如开赌场、制造色情影片)而受侵害。

②住宅区社会的公益,非属"民法"第149条所称他人之权利。所谓他人,除个人外,尚有公法人,但不应及于"社会"在内。权利的概念虽可扩张解释,但不包括"公益"。维护社会不受色情污染乃政府的任务,不能任由个人自力救济。"甲劝乙迁移私娼馆,不得结果,报警取缔亦无结果,事非得已"不应作为率众捣毁私娼馆的正当依据。在台湾地区,违反善良风俗的行业尚有色情三温暖、赌博性电动玩具店、职业赌场、色情表演等,报警取缔,并无结果,颇为常见,倘若以此为理由,认为率众捣毁,乃在排除社会污染源,系权利之行使,具有正当性,则私力横行,法律秩序将告崩溃。

(二)毁损出卖色情刊物摊位

在德国联邦法院 BGHZ 64, 178 判决,被告等人系法律系及神学系学生,见原告在火车站前摆摊出售色情刊物,劝原告搬离,原告拒绝。被告等乃强行取走书刊,并损毁其设施,原告诉请损害赔偿。被告主张正当防卫。德国联邦最高法院认为正当防卫不能成立,强调个人的人格虽为宪法所保障,人民的道德价值亦应受尊重,但此并不表示每一个公民于他人从事背于善良风俗或违反刑法的行为时,皆得采自卫的方法加以排除。被告采取攻击行为,使公益成为私事,使自己成为维护道德及社会秩序的检察官,不受宪法所保障。

由前述可知,在一个法治社会,维持有秩序社会的社会生活,乃政府的任务,不能借助个人的私力救济。

第二款　紧急避难

一、"民法"第 150 条的适用

"民法"第 150 条规定:"因避免自己或他人生命、身体、自由或财产上急迫之危险所为之行为,不负损害赔偿之责。但以避免危险所必要,并未逾越危险所能致之损害程度者为限。前项情形,其危险之发生,如行为人有责任者,应负损害赔偿之责。"本条规定紧急避难,性质上为放任行为,亦可阻却违法,不负赔偿责任,例如甲的狼犬追逐乙,丙夺丁之伞击退(案例二);恶徒追杀,驾他人机车逃避。所谓"急迫危险",指近在眼前,刻不容缓,如为避免房屋延烧,将燃烧之油桶抛至店外,因热度过高,被迫抛掷,燃烧他人之物,其情危险,无考虑选择余地。

此类案件应从严认定。饥饿不能作为偷窃食物的借口,无屋栖身亦不足作为占用他人住宅的理由。所谓"危险",指一切危害而言,如天灾地变、战乱、强盗绑架、恶犬追逐等均包括在内。为逃避暴政,海上遭难,仅有一小救生圈,得之则生,失之则亡,数人互夺,法律无从保护,只得任其发展,故紧急避难系属所谓放任行为。

由上述救生圈之例可知,紧急避难较诸正当防卫更涉及不同的利益的取舍及其牺牲,除必要性及比例原则外,尚有所谓"法益权衡原则"的适用,即须以避免危险所必要,并未逾越危险所能致之损害程度,否则仍应负赔偿责任(第 150 条第 1 项但书),如见狼犬追逐某孩童,击伤足以避险时,不必击毙;不及避险时,则得击杀之,因人身安全重于财物利益。又在紧急避难的情形,其危险的发生,行为人有责任时,如挑逗邻居之狼犬,引起追逐,而在危险中将之击毙,亦须负赔偿责任(第 150 条第 2 项)。此之所谓行为人有责任,指因行为人的行为引发危险,有无过失,在所不问。

二、洞穴奇案:法律与道德

紧急避难(放任行为),常涉及法律与道德的冲突,例如在海难事故,为保护自己生命,众人抢夺救生圈。美国著名法学家朗·L. 富勒(Lon L. Fuller)在其名著《法律的道德性》(Morality of Law)一书中曾设计一个假想案例:五名洞穴探险家被困于洞穴之中,得知无法在短期内获

救。为了维生以待救援,五人约定以掷骰子的方式选出一名牺牲者,让另外四人杀死后吃其血肉。成员之一的威特莫尔是当初最早提出此一建议的人,却在掷骰子前决定撤回同意。但另四人仍执意掷骰子,并且恰好选中威特莫尔做为牺牲者。获救后,此四人以杀人罪被起诉。他们该被判有罪吗(尤其是在法律未规定的情形)?[①] 受困洞穴的五人、辩护的律师、审判的法官及社会通常之人,如何思考判断?

许多法律争议案例,究极言之,均涉及法律与道德调和的问题。您学习了民法总则,未来的法律人,请提出您的见解,并加以论证说理。[②]

第三款　自助行为

"民法"第151条规定:"为保护自己权利,对于他人之自由或财产施以拘束、押收或毁损者,不负损害赔偿之责。但以不及受法院或其他有关机关援助,并非于其时为之,则请求权不得实行或其实行显有困难者为限。"本条规定称为自助行为,此为法律所容许之权利保全措施,亦不负赔偿责任,但以不及受法院或其他有关机关援助,而且非于其时为之,则请求权不得实行或实行显有困难者为限。例如债务人变卖财物准备搭机潜逃,或在餐厅白吃白喝后,正欲乘车溜走时,得扣留其人或证件、取去其汽车钥匙,于必要时亦得毁损其轮胎,不使其驾车离去。甲有名画遭乙抢夺,甲随后追捕,乙幸得逃脱。数日后,甲见乙在某画廊销售该画,因乙对甲的不法侵害已非现时,甲不得主张正当防卫而夺回该画。但甲为确保其所有物返还请求权的紧急必要,得拘束乙的自由(案例三)。此等行为虽侵害他人权利,亦可阻却违法。

自助行为所保护的权利,系指请求权而言,不论债权的请求权或物权的请求权均包括在内。惟请求权不得强制执行者(如婚约履行请求权、夫妻同居请求权),或请求权已罹于消灭时效者,均不得为自助行为。

关于自助行为须不逾越保全权利所必要程度,"民法"虽未设明文,但其与正当防卫、紧急避难同系例外救济途径,"民法"第149条及第

[①] 萨伯(Suber)延续富勒教授之后,撰写 The Case of the Speluncean Explorers: Nine New Opinions (1998),颇值阅读。参阅〔美〕萨伯:《洞穴奇案》,陈福勇、张世泰译,生活·读书·新知三联书店2009年版。

[②] 论证说理(Arguments)是法律人的特征及基本能力,参阅王泽鉴:《民法思维》,北京大学出版社2022年重排版,第152页。

150条规定,应类推适用之。惟须注意的是,依"民法"第151条规定,拘束他人自由或他人财产者,应实时向法院声请处理(公力救济原则)。此声请被驳回或声请迟延者,行为人应负损害赔偿责任(第152条)。

第四款 体系构成

关于正当防卫、紧急避难及自助行为,已简述如上。三者均属权利的自力救济,为公权力救济制度的例外,而具违法阻却性,其法律性质、构成要件的不同,有助于认识立法上的权益衡量,增进法学上审思明辨的思考能力,特作下表,用供参照:

原因类别	性质	构成要件				法律效果	
		受保护的权利	侵害方式	救济方法		符合要件	不符要件
				方法	原则		
正当防卫	适法行为	自己或他人的权利	现时不法	反击行为	必要原则(比例原则)	阻却违法	损害赔偿
紧急避难	放任行为	自己或他人生命、身体、自由或财产	急迫危险	避险行为	1.必要原则 2.法益权衡原则		
自助行为	适法行为	自己权利请求权	不及受有关机关援助、及时自助的必要	对于他人自由或财产施以拘束押收或毁损	1.必要原则(类推适用) 2.诉求公力救济		

政府及法律的任务在于维护平和,提供法定救济程序,禁止私人将法律拿在自己手里。为补公权力救济之不足,法律乃创设正当防卫、紧急避难、自助行为三种制度,容许或放任当事人得在一定的要件下自我救济,以比例原则加以控制,并在一定要件下使其负损害赔偿责任。三者之中,实务上以正当防卫较多,紧急避难甚为少见,自助行为鲜有其例。综合观之,自力救济案件尚属不多,可见台湾地区已渐趋成为一个有秩序、有效率的法治社会。

主要参考书目

一、中文书籍

(依姓名笔画排列,出版年次以公元年度为准)

王伯琦:《民法总则》,1994年版
王泽鉴:《民法学说与判例研究》(共八册),2009年版
　　　　《民法思维》,2022年重排版
　　　　《债法原理》,2022年重排版
　　　　《不当得利》,2023年重排版
　　　　《侵权行为》(第三版),2016年版
　　　　《人格权法》,2013年版
史尚宽:《民法总论》,1980年版
吴光明:《民法总则》,2008年版
李宜琛:《民法总则》,1954年版
李　模:《民法总则之理论与实用》(增订),1998年版
林诚二:《民法总则讲义》,1998年版
姚瑞光:《民法总则论》,2002年版
施启扬:《民法总则》(增订),2007年版
洪逊欣:《中国民法总则》(增订),1997年版
胡长清:《中国民法总论》,1976年版
梅仲协:《民法要义》,1970年版
黄　立:《民法总则》(修订),2005年版
黄茂荣:《民法总则》,1982年版
黄阳寿:《民法总则》,2013年版
刘得宽:《民法总则》(修订),1996年版
郑玉波(黄宗乐修订):《民法总则》,2007年版

二、德文

Brehm, Allgemeiner Teil des BGB (6. Aufl., Berlin 2008), zitiert: Brehm, AT.

Bork, Allgemeiner Teil des Bürgerlichen Gesetzbuchs (2. Aufl., Tübingen 2006), zitiert: Bork, AT.

Brox/Walker, Allgemeiner Teil des Bürgerlichen Gesetzbuchs (36. Aufl., München 2012), zitiert: Brox/Walker, AT.

Enneccers-Nipperdey, Allgemeiner Teil des Bürgerlichen Rechts (15. Aufl., Berlin 1959–1960), zitiert: Enn.-Nipperdey, AT.

Erman, Handkommentar zum Bürgerlichen Gesetzbuch (12. Aufl., Köln 2008), zitiert: Erman-Bearbeiter.

Flume, Allgemeiner Teil des Bürgerlichen Rechts, Bd. 2, Das Rechtsgeschäft (3. Aufl., Berlin 1979), zitiert: Flume, AT, II.

Köhler, BGB, Allgemeiner Teil (37. Aufl., München 2013), zitiert: Köhler, AT.

Larenz/Wolf, Allgemeiner Teil des Deutschen Bürgerlichen Rechts (8. Aufl., München 1997), zitiert: Larenz/Wolf, AT.

Leenen, BGB Allgemeiner Teil (Berlin 2011), zitiert: Leenen, AT.

Leipold, BGB I, Einführung und Allgemeiner Teil (5. Aufl., Tübingen 2008), zitiret: Leipold, AT.

Medicus, Allgemeiner Teil des BGB (10. Aufl., Heidelberg 2010), zitiert: Medicus, AT.

Münchener Kommentar zum Bürgerlichen Gesetzbuch (6. Aufl., München 2012), zitiert: MünchKomm/Bearbeiter.

Palandt Bürgerliches Gesetzbuch (72. Aufl., München 2013), zitiert: Palandt/Bearbeiter.

Rüthers/Stadler, Allgemeiner Teil des BGB (17. Aufl., München 2011), zitiert: Rüthers/Stadler, AT.

Soergel, Kommentar zum Bürgerlichen Gesestzbuch (13. Aufl., Berlin 2000), zitiert: Soergel/Bearbeiter.

Staudinger, Kommentar zum Bürgerlichen Gesestzbuch (13. Aufl., Berlin 2003), zitiert: Staudinger/Bearbeiter.

Wolf/Neuner, Allgemeiner Teil des Bürgerlichen Rechts (10. Aufl., München

2012), zitiert: Wolf/Neuner, AT.

德文略称

AcP	Archiv für die civilistische Praxis
Anm.	Anmerkung
Aufl.	Auflage
BGHZ	Entscheidungen des Bundesgerichtshofs in Zivilsachen
BverfGE	Entscheidungen des Bundesverfassungsgerichts
ff.	folgende
JuS	Juristische Schulung
JZ	Juristenzeitung
MDR	Monatsschrift für Deutsches Recht
NJW	Neue Juristische Wochenshrift
Rn.	Randnumer
S.	Seite
VersR	Versicherungsrecht

索　引

一画

一方行为　256,594
一般人格权　87,89,149,151,156
一般生效要件　268
一般成立要件　268-269
一部分无效　284,542,

二画

人格权　31,90,147,151,579,

三画

《大清民律草案》　65
习惯　69
习惯法　69

四画

天然孳息　246
无权代理　483,514,564
无权处分　557
无权利能力社团　193,216
无过失责任　32,158,517
无因行为　280-282
无因性理论　282
无因管理　20,41,271
无行为能力人　139,353,383,510,597-598

无体物　229-230
无相对人之意思表示　426
无效法律行为的转换　546
无效法律行为的撤销　552
支配权　106-107
不可分物　234
不代替物　234
不当得利　44,111,287,289,394,537
不变期间　576
不法条件　467
不要式行为　501
不要因行为　280,285
不真正条件　466
不能条件　467
不融通物　235
历法计算法　569
中间社团　173-174
内容错误　405,408-410
反面推论　51,57,77,82,84,407
从物　244
公示送达　384
公示原则　279
公共利益　616
公共秩序　319
公序良俗　71
公法　9,625
公法人　172,185

公信原则　279
公益社团　173-174
心中保留　389,404,494
允许　356,360,363,557
双方代理　509

五画

正当防卫　629
可分物　234
平等原则　76-79,109
目的性限缩　84,512
失踪期间　133
代表　168,188,485,487
代理人　128,356,360,363,485-488,498
代理权的限制　522
代理权的授与　500
代替物　234
处分行为　276,314,341,361,473,550,558
处分能力　563
外部授权　500
主物　244
永久抗辩权　117
民事特别法　16,49
民商分立制度　17
民商合一制度　18
出生　125-130,571
发信主义　571
对人权　106
对世权　106

六画

动机错误　406,410,547
共有物分割请求权　120,581
共同代理　481-483,506
共益权　210-211

权利　1-14,104,111-113,129,210,226,254,577,607
权利失效　623
权利主体　124
权利体系　100
权利社会化　611-612
权利客体　227,252
权利消灭抗辩　117
权利能力　125,138,183,185-187,218
权利滥用　610,613,619
权利障碍抗辩　116
过失责任　27,32
有权代理　483,514
有体物　229-230
有相对人之意思表示　426
达到　377,382
死亡宣告　131
同时死亡　136
同时履行抗辩权　117,122,601
同意　555-557
先诉抗辩权　117,183,622
传达错误　415
任意法规　449,456
自力救济　628
自己代理　509,510
自助行为　634
自始无效　419,551
自然人　124-125
自然计算法　569-570
行为能力　137-138,187,203,345
全部无效　313,542
合成物　234
合同行为　275,293,392
合伙　167,193
企业　226,250

负担　437,462
负担行为　222,276,314,341,361,550,558,562
交易习惯　298,428,447,545
许可主义　177
设立中的社团　202,204
观念通知　207,272,599
约定要式　95

七　画

形成权　106,113
违法行为　140,256,632
抗辩权　106,113,600
时效不完成　596,598
时效中断　595,598
时效完成　600-602
时效期间　577,583,589,603
财团法人　172,186,220
财产　222,226,250
财产权　106,223
财产行为　334
私法　9,58
私法人　172,174,176
私法自治原则　102,261,266,339,468
住所　163-166,179
身份权　160,259,610
身份行为　21,392,427,487,547
条件　267,459
条件不成就　471
条件成就　469
间接代理　483
判例　52,90
沉默　370
完全行为能力人　139,597
社团自主原则　216

社团法人　172-173
社员权　210,251
识别能力　140,349,351
诈欺　425,503
附负担之赠与　326
附条件买卖　465,473,475
附条件的法律行为　468
附期限的法律行为　477
妨害除去请求权　592
纯获法律上利益　361

八　画

表见代理　522
表示行为　256,271-272,367
表示意识　369
取得时效　553,574,579
取缔规定　306,309-310
直接代理　483-484
事变　596-597
事实上契约关系　538
事实行为　270-271,482,487,523
非纯粹随意条件　465
非表示行为　256,258-259,271
非真正条件　466
非消费物　228,234
物上请求权　43,288-289,580,582
物上期待权　106,473-474
物权行为　236,284-285,390,431,471,473
物权行为无因性　283,288,543
物权法定主义　227,264
物权标的物特定主义　228
使者　380-381,485-486
往来交易安全义务　197-200
所有物返还请求权　111,536,580,582
胁迫　433

单一物　234
单方行为(单独行为)　275,293
单独虚伪意思表示　389
法人　124,166,497
法人自己侵权行为　195-198
法学方法论　50,52,509
法定代理　354,482,498
法定住所　165
法定条件　466
法定要式行为　96
法定孳息　246,249
法律行为　252,254,266,305,353,356,
　　459,468,532
法律行为之解释　449
法律行为方式自由原则　340
法律行为的附款　462
法律体系　11,64
法律现象　255-256
法律事实　254-256,267,574
法律效果　144-145,282,313,322,337,
　　343,384,419,468,489,508,518,527,
　　535,547-548,615,617,623,626,631
法律解释　58,318,443-444,447
法律漏洞　76,81,496
法理　74
法释义学　54,90,93-94
法源　50
定型化契约　35,325,348
定着物　232
诚实信用　11,344,601,617
居所　163-166
承认　557,563,594
限制行为能力人　139,356,383,510,
　　597-598
姓名权　156-157,219

始期　476
终期　130,476

九　画

契约自由原则　45,97,109,303,401
契约责任　189-190,194
相对无效　539
相对权　106,109
要式行为　340,448
要因行为　280
要物行为　268
冒名行为　491
选择权　120,122
适法行为　256,629
信托行为　399
信赖利益　424,437,518-519
侵权行为　153,183,193,432,488
侵权行为能力　193
侵权能力　139,190
胎儿　127-130,141
类推适用　76-77,80,83,477,521,566
总会决议　207
"宪法"　59,61,263,308,617
误传　381,549-551
误想防卫　631
既成条件　466-467
除斥期间　419,430,437,551,576-577
绝对无效　539
绝对权　106,109,113

十　画

捐助行为　221-222,275,347
真正条件　466
原始取得　255,258-259
监护制度　142-143

监察人　180,182,206-207,224
紧急避难　633-635
特别人格权　89,149,151
积极代理　480,482-483,490
债权行为　389,393,419,471,473,558
债权请求权　107,287,579
借名登记　401,444,560
准用　25,80,82,146,476-477,552
准物权行为　277-279,558-559,567
准法律行为　187,270,272
效力未定　364,532,534,555
效力规定　309-310
效果意思　368,386,445
消灭时效　192,520,572
消灭时效抗辩权　117,606
消极代理　483,486,490
消费物　234,586
请求权　106,113,129,151,153,332,395,423-424,579-580,582,589,592,604,634
请求权竞合　114,432,577
请求权基础　38-39,43,55,151,153,197,286,349,530
通谋虚伪意思表示　316,391,394,399,401
继受取得　254-255,258

十一画

授权处分　557-558
营利社团　173,175,177
停止条件　463-467
脱法行为　315-318
清算　181-182
清算人　180-183,191
混合条件　466
随意条件　465

隐名代理　491
隐藏行为　398

十二画

期日　568
期间　120,568,583
期待权　106,472
集合物　234-235,412
善良风俗　319,321,328
善意取得　394,438,563
强行规定　62,266,307,603

十三画

禁止规定　306-309,313
禁治产宣告　143
概括代理　506
感情表示　272
错误　404,406,409-410,413,415-420,433,502
催告　272,364-365,516,620
解除权　120-122,549,627
解除条件　463-464,470,542,545
意定代理　482,499-500,528
意定住所　165
意思说　104,386-387,389
意思主义　388-389
意思通知　271-272,365
意思能力　140,239,346,355

十五画

撤回权　364,516
撤销权　222,417,419,430,548-550,578
撤销死亡宣告　134-135
暴利行为　333,337,534,551
慰抚金　89,129,153-155,159-161,163,360